Pädagogisches Handeln professionalisieren

Für Erzieherinnen und Erzieher

von
Cornelia Averhoff
Dr. Lotte Herkommer
Godje Jeannot
Dorothea Strodtmann
Elke Weiß

4., aktualisierte Auflage

Handwerk und Technik – Hamburg

Blauer Rahmen: Wichtig, Merke

Blauer Farbraster: Quellentexte

Farbige Schrift in Kapitelfarbe: Wiederaufgreifen der Lernsituation

ISBN 978-3-582-10832-6 Best.-Nr. 4775

Verlag Handwerk und Technik GmbH
Lademannbogen 135, 22339 Hamburg, Postfach 63 05 00, 22331 Hamburg – 2019
Internetadresse: www.handwerk-technik.de
E-Mail: info@handwerk-technik.de

Layout: alias . medienproduktion GmbH, 12526 Berlin
Satz: Olaf Schlierf, Type & Design, 29331 Lachendorf
Umschlagbild: Harro Wolter, 20253 Hamburg
Druck: Druckerei Himmer GmbH, 86167 Augsburg

Vorwort

Das vorliegende Buch wendet sich an Studierende, die eine **Ausbildung zum Erzieher/zur Erzieherin** an Fachschulen und Fachakademien für Sozialpädagogik absolvieren. Dem Buch liegt ein konstruktivistisch geprägtes Lernverständnis zugrunde und es ist so konzipiert, dass Sie eigenständig damit arbeiten und sich in strukturierter Form das jeweilige Kapitel individuell erschließen können. Zudem erfolgen methodische Vorschläge, die bewusst darauf zielen, dass individuelle Bezugspunkte hergestellt werden.

Ihre Ausbildung ist handlungs- und lernfeldorientiert ausgerichtet. Das bedeutet, dass der Ausgangspunkt Ihres Lernens nicht mehr vorrangig die Vermittlung der fachwissenschaftlichen Theorie ist – vielmehr werden aus dem Handlungsfeld der Sozialpädagogik Problemstellungen entwickelt und didaktisch aufbereitet. Die notwendigen Fachbezüge sind darin integriert (Lernfeldkonzept). Am Ende Ihrer Ausbildung werden Sie nicht nur wissen, was Sie tun, sondern auch warum. Sie werden ebenso wissen, ob und wann sozialpädagogische Umgebungen und Interventionen angemessen und hilfreich sein können.

Zur 4., aktualisierten Auflage

Von Fachvertretern aller Bundesländer ist ein **„Kompetenzorientiertes Qualifikationsprofil für die Ausbildung von Erzieherinnen und Erziehern** an Fachschulen/Fachakademien" erarbeitet und am 01.12.2011 von der Kultusministerkonferenz beschlossen worden. Darüber hinaus wurde von einer Arbeitsgruppe auf der Basis dieses Qualifikationsprofils ein **länderübergreifender Lehrplan** erstellt.

Das vorliegende Werk bezieht sich konsequent auf die Ausbildungsinhalte der Länder und verwendet dabei alle Ergebnisse der länderübergreifenden Arbeitsgruppe.

In den letzten Jahrzehnten haben sich die Anforderungen an den Erzieherberuf stark verändert. Sowohl hinsichtlich der individuellen Voraussetzungen der Studierenden als auch der Bildungsvoraussetzungen der Klientel haben wir es heute mit einer völlig anderen Situation zu tun: Unterschiedliche Familienformen und heterogene Weltanschauungen, Einflüsse einer globalisierten Welt, technologische Innovationen, die Biografien der Kinder und Jugendlichen in den Gruppen oder die rasante Weiterentwicklung von objektivem Wissen seien als Beispiele genannt. Viele Räume prägen demnach heute das Leben der Kinder, Jugendlichen und jungen Erwachsenen.

Das Buch möchte Ihnen mit den ausgewählten und systematisch strukturierten Lernsituationen Vorschläge unterbreiten, wie Sie in beruflichen Situationen angemessen und professionell handeln können. Ziel ist es, dass Sie zu selbstständigen und eigenverantwortlichen Fachkräften ausgebildet werden. Dabei sind die Ihnen anvertrauten Kinder und Jugendlichen in ihrer jeweiligen Individualität und Lebenssituation Ausgangspunkt Ihrer professionellen Überlegungen. Die pädagogischen Aspekte für die Erziehung, Bildung und Betreuung von Menschen mit Migrationshintergrund und solchen mit einer Behinderung sind überwiegend in die einzelnen Kapitel integriert. Bei dieser Herangehensweise wird jeder Mensch als Mensch mit besonderen Stärken und Bedürfnissen angesehen.

Zum Aufbau der 6 Lernfelder: Jedes Lernfeld beginnt mit einer Lernsituation, wie sie in der sozialpädagogischen Praxis vorkommen kann. Von dieser aus wird betrachtet, über welche Kompetenzen die Erzieherin/der Erzieher verfügen muss, um die Situation zu meistern. Zu den Kompetenzen zählt dabei auch der Erwerb von Fachwissen. Dieses wird aus wissenschaftlicher Sicht dargestellt und auf die Situation bezogen. Aufgaben sollen Ihnen die Möglichkeit geben, das Gelernte zu wiederholen, zu festigen und anzuwenden.

Für den Kompetenzerwerb während der schulischen Ausbildung wesentlich ist das im Buch wiederkehrende Element des Durchspielens einer vollständigen Handlung in der Schrittfolge *Analysieren – Planen – Durchführen – Reflektieren und Bewerten – Dokumentieren und Präsentieren*, wobei die Übergänge fließend sind. Unter „vollständiger Handlung" wird ein Problem aus der beruflichen Wirklichkeit in seiner Gesamtheit verstanden, das gleichzeitig die Basis für eine zu erweiternde Handlungskompetenz in größeren Zusammenhängen bildet. Das hier vorgestellte Durchspielen der Handlung ist keinesfalls die einzig denkbare Möglichkeit des Vorgehens, es ist als ein Muster gedacht, wie Sie eine Situation strukturiert angehen können. Weitere Lernsituationen am Ende jeden Lernfelds laden dazu ein, diese nach dem Muster der vollständigen Handlung selbstständig zu bearbeiten.

Dieses Buch enthält Berufsbezeichnungen teils in männlicher, teils in weiblicher Form. Hierbei ist aber auch immer das jeweils andere Geschlecht einbezogen. Über Anregungen und Vorschläge zur Korrektur und Weiterentwicklung des vorliegenden Buchs freut sich das Autorenteam.

Autorinnen und Verlag

Inhalt

1 Berufliche Identität und professionelle Perspektiven weiterentwickeln

1 Lernsituation

Als Jana überlegt, was sie nach ihrem Schulabschluss machen soll, ist für sie klar: etwas mit Kindern. Also wird sie Sozialassistentin, um die Voraussetzungen für den Beruf der Erzieherin zu bekommen. Hier wird ihr bereits klar, dass ein pädagogischer Beruf sehr viel mehr ist, als nur mit Kindern zu spielen. Daher fühlt sie sich im Grunde gut vorbereitet, als sie ihre erste Praxisstelle in der Erzieherinnenausbildung kennenlernt und dort hospitiert. Es handelt sich um eine Einrichtung mit offener Arbeit in funktionsorientierten Räumen mit Elementarbereich und Hort. So eine Einrichtung hat Jana bisher noch nicht kennengelernt.

Am ersten Tag beobachtet sie nur, was um sie herum geschieht: Kinder kommen und gehen, gruppieren sich nach ihr zunächst nicht durchsichtigen Prinzipien und arbeiten an Projekten mit unterschiedlichsten Aufgaben und Materialien. Erzieher und Erzieherinnen begleiten sie dabei, beobachten, geben Impulse und lassen den Kindern Raum zum Forschen; bei Fragen der Kinder unterstützen die Erzieherinnen dabei, eigene

Antworten zu finden. Alles geschieht mit einer großen Selbstverständlichkeit und Gelassenheit.

Zur Mittagszeit werden die ersten Kinder abgeholt. Jana erlebt, dass einige Elternteile sich in einer Sitzecke unterhalten, andere in einem Regal nach Informationen suchen. Eine Mutter fragt Jana nach den Angeboten für ausländische Mütter. Jana ist überrascht und macht sich mit der Mutter auf die Suche.

Da es Mittagszeit ist, treffen sich alle anwesenden Kinder im Restaurant zum Essen. Die ersten zurückkehrenden Schulkinder gesellen sich dazu. Jana fragt, ob sie die Kinder bei den Hausaufgaben unterstützen kann. Da eine Kollegin heute krank ist, ist dies ein willkommenes Angebot. Am Nachmittag nimmt sie an einer Teamsitzung teil, auf der sich alle Pädagogen des Hauses Gedanken über die Einrichtung einer Integrationsgruppe machen.

Am Abend geht Jana mit vielen Anregungen, schwirrendem Kopf und sehr nachdenklich nach Hause.

2 Angestrebte Kompetenzen

Der in der Lernsituation vorgestellte Tag in der Kindertagesstätte verdeutlicht eine Vielzahl von Aufgaben, die ein Erzieher oder eine Erzieherin heute bewältigen muss. Dabei ist die Fachkraft mit ihrer ganzen Person und Persönlichkeit gefordert. Um die unterschiedlichen Aufgabenfelder angemessen zu bewältigen, muss sich eine Schülerin mit der Herausbildung von Sozial-, Personal- und Fachkompetenz beschäftigen.

Das Selbstverständnis des Berufs hat sich geändert. Heute werden viele Fragen mit dem Kind in die Kindertagesstätte getragen, die bis in die jeweilige Familiensituation hineinreichen und auch gesellschaftliche Änderungen wie unterschiedliche Familienformen, Arbeitslosigkeit oder kulturelle Vielfalt streifen. Hierüber gibt **Kapitel 3** in diesem Kapitel weitere Auskunft.

Die Überprüfung der eigenen Motivation und Einstellung zur Wahl dieses Berufs hilft, eine angemessene berufliche Identität und professionelle Haltung zu entwickeln und sich für den notwendigen Erwerb wesentlicher Kompetenzen zu öffnen. Die Auseinandersetzung hiermit findet sich in **Kapitel 4**.

Die Arbeitsfelder für Erzieherinnen sind vielfältig: Kinder im Kleinkind-, Elementar- und Grundschulalter besuchen Kindertagesstätten. Diese wiederum präsentieren sich mit den unterschiedlichsten Ansätzen, was die Arbeit durchaus verändert. Zudem sind Aufgabenbereiche in der

- Jugendarbeit,
- Heimerziehung oder auch
- Grundschule

zu finden. Die Vielfalt der Aufgaben fordert die ganze Person und zwingt zur Reflexion der eigenen Kindheit und Erziehung. Dabei sollte sich im Laufe der Ausbildungszeit die Einsicht in eigene Stärken und Ansätze entwickeln, sodass eine berufliche Identität entsteht sowie der rechtliche und pädagogische Rahmen verschiedener Einrichtungen deutlich wird.

Um in einem zeitlich engen Rahmen sowohl den Kindern in verschiedenen Altersgruppen als auch Eltern kompetent zu begegnen, muss eine professionelle Haltung entwickelt werden, die sich aus hoher Fach-, Selbst- und Methodenkompetenz speist. Die Fähigkeit, die eigene Arbeit reflektierend zu hinterfragen und in einem konzeptionellen Entwurf neu zu ordnen, ergänzt diese Professionalität.

Immer mitbedacht werden in erzieherischen Prozessen sollen pädagogische Querschnittsaufgaben, z.B. Sprachförderung oder Inklusion, die grundlegend gelten. Zu all diesen Aspekten der beruflichen Aufgabenstellungen als Erzieherin siehe **Kapitel 5**.

Die Vielzahl der Eindrücke lässt Jana den Kopf schwirren – mancher Tag im Berufsalltag kann dasselbe Gefühl bei einer Erzieherin auslösen. Daher ist es sehr wichtig, Methoden zur Stressbewältigung und zum Umgang mit Zeit und Anforderungen zu beherrschen. Hierzu führt das **Kapitel 6** Weiteres aus.

Gesellschaft verändert sich und damit ihre Mitglieder und Institutionen. Wissenschaft bringt immer wieder neue Erkenntnisse über den Menschen und damit über sich verändernde Bildungsprozesse. Das Selbstverständnis lebenslanger Fortbildung sollte in der Ausbildung bereits wachsen. Zudem entstehen Interessengebiete, in denen Vertiefung und Weiterbildung gesucht werden. **Kapitel 7** setzt sich damit auseinander.

Das Wissen um arbeitsrechtliche Grundlagen gehört ebenfalls zur Ausbildung einer Erzieherin, davon handelt das abschließende **Kapitel 8** in diesem Lernfeld.

3 Gesellschaftlichen Wandel als Hintergrund sozialpädagogischer Arbeit beachten

Die gesellschaftlichen Bedingungen, unter denen Kindererziehung und Bildung zunehmend in außerfamiliäre Hände gelegt werden, haben sich seit Fröbel (s. **Lernfeld 4**, Kapitel 12) erheblich geändert. Dies wirkt in alle Arbeitsbereiche von Erzieherinnen hinein und verändert damit sowohl die Arbeit in der Praxis als auch die Anforderungen an die Ausbildung.

Unsere Gesellschaft bietet Kindern und Jugendlichen nur an speziellen Plätzen die Möglichkeit, ihren besonderen Bedürfnissen nachzukommen: Kinderspielplätze, Kinderhäuser, Kindertagesstätten oder Jugendzentren verdeutlichen, dass die gesellschaftlichen Rahmenbedingungen in der Regel nicht die kindliche Entwicklung, sondern Effizienz oder kinderfreie Räume für Erwachsene im Blick hat. Die Verstädterung des Lebensraums hat aber Folgen für Kinder und auch Jugendliche: Weniger Raum zum Sich-Ausprobieren, erhöhte Gefahren, Bewegungsdefizite sind nur einige Stichworte.

Aufgabe

Untersuchen Sie Ihr persönliches näheres Umfeld auf Aufenthaltsmöglichkeiten für Kinder oder Jugendliche.

Dadurch verändern sich auch Inhalte – Freizeiterfahrungen werden weniger im Erkunden des tatsächlichen Raums vollzogen, sondern virtuell und in den verschiedenen Medien. Aufenthalte in Kaufhäusern und Konsumzentren gelten – gerade in Großstädten –schon fast als normale Freizeitbeschäftigung. Schnelle Befriedigung und permanenter Reiz lenken von Langeweile ab. Kindheitserfahrung ist dabei dem Diktat von großer Kontrolle (wo können Klein- und Vorschulkinder noch unbeobachtete Erfahrungen machen?) und zum Teil früher Verselbstständigung (vorverlagerte Pubertät mit erwachsenenorientierten Selbstständigkeitswünschen) unterworfen. Dies gilt umgekehrt im Jugendalter dann, wenn größer gewordene Kinder nicht ausziehen und einer Arbeit nachgehen, sondern noch weit ins Jungerwachsenendasein hinein schulische Laufbahnen und Ausbildungen verfolgen, weil Perspektiven für Arbeit und Zukunft fehlen.

An den 4 nachfolgenden Punkten soll gezeigt werden, wie sich die Strukturen der Gesellschaft ändern und bis ins Aufgabenfeld einer Erzieherin hineinwirken:

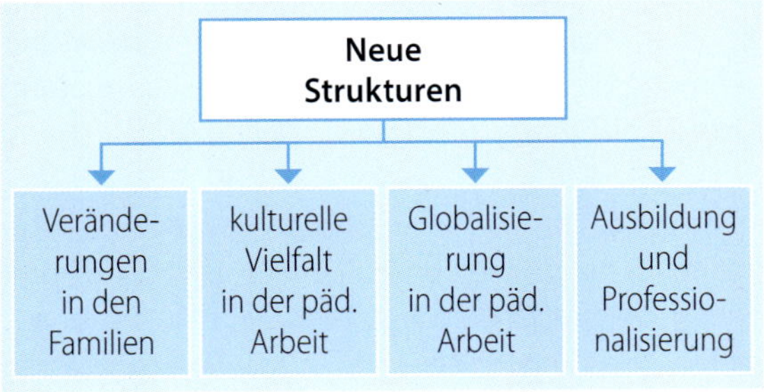

Literaturtipps

zum Thema Lage von Kindern und Jugendlichen

Nationaler Bildungsbericht (alle 2 Jahre veröffentlicht) www.bildungsbericht.de

Unicef-Bericht zur Lage der Kinder in Deutschland (2013) www.unicef.de

Vierter Armuts- und Reichtumsbericht der Bundesregierung (2013)

3.1 Veränderungen der Familien

Seit 3 Jahrzehnten ist die Auflösung der traditionellen Kleinfamilie – Eheleute und Kinder – festzustellen. Viele Ein-Kind-Familien und hohe Scheidungsraten verdeutlichen dies. Kurzzeitehen und Patchworkfamilien gehören in etlichen Regionen zur Normalität. Trennen sich Eheleute und haben Kinder, wird oft eine neue am Muster der Kleinfamilie orientierte Beziehung aufgenommen. Gemeinsame Kinder komplettieren das Muster der Patchworkfamilie. Dies kann im günstigen Fall eine Erweiterung familiärer Beziehungen von der Kleinfamilie auf die Großfamilie und die Verlagerung der Erziehungsverantwortung auf mehrere Schultern bedeuten und zu einer Vielfalt der verwandtschaftlichen (Stief-)Beziehungen führen. Diese positive Seite der veränderten individuellen Entwicklung trägt mit sich (bei mehreren Versuchen der Eltern) aber auch die Hypothek der Trennungen und Neuanfänge. Die skizzierte Entwicklung ist für die Vorschulerziehung nicht neu im Erscheinungsbild, wohl aber in der quantitativen Ausprägung.

Dabei ist ein weiterer Aspekt zu beachten. Bei Scheidungen bleiben die Kinder meist bei der Mutter, auch wenn zunehmend mehr Väter diese Verantwortung übernehmen (wollen). In den Vorschuleinrichtungen sind es ebenfalls meist Frauen, die dort arbeiten. Die Folge ist, dass die betroffenen Kinder vor allem von Frauen erzogen werden, der männliche Part und die damit verbundenen Aufgaben können nur teilweise übernommen werden. Die Vorschulerziehung muss hier verstärkt eine Aufgabe wahrnehmen, die sie „als etwas Eigenständiges im Sinne gesellschaftlicher Sozialisation begreift und nicht lediglich als familienergänzend" (Büttner, 2004). Wenn eine sichere Beziehung des Kindes eine Voraussetzung zur positiven Entwicklung ist, muss die Erzieherperson verstärkt eine der Personen sein, an denen Kinder die Übernahme von gesellschaftlicher und sozialer Verantwortung wahrnehmen und lernen können (s. auch Querschnittsaufgabe Wertevermittlung). Dies ist der nächste Lernschritt des Kindes nach dem Heranwachsen in der mütterlichen Beziehung. Die Vorschulerziehung ersetzt damit die Rolle, die sonst der Vater einnimmt, um allmählich der Abhängigkeit zur Mutter zu entwachsen.

Veränderung heißt aber auch, dass sich Haltungen in der Familie verschieben. Eine gewünschte Demokratisierung der Strukturen und Mitsprache aller Familien-

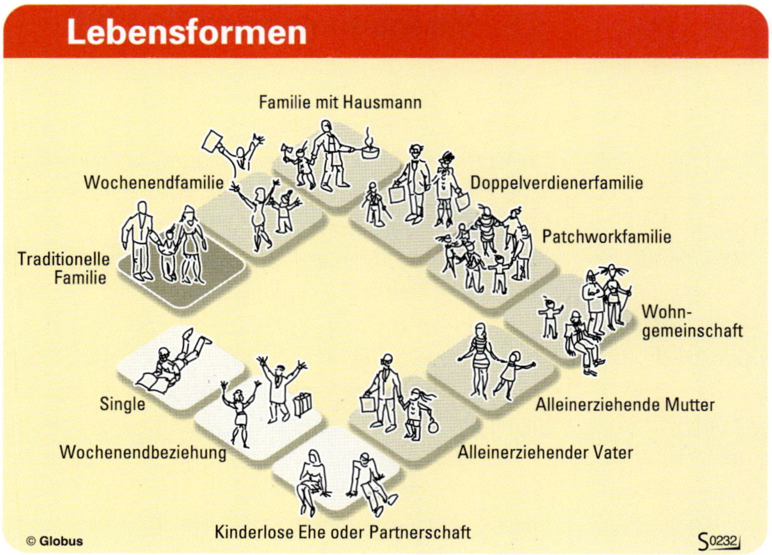

Formen von Familie und Zusammenleben

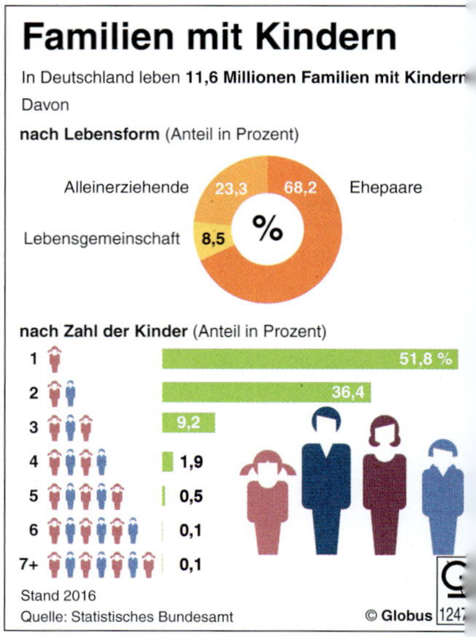

Stand 2016

mitglieder gleiten manches Mal in Orientierungslosigkeit und Nachlässigkeit: Eltern übernehmen keine oder weniger Verantwortung oder Sorge für ihre Kinder, die sich damit selbst überlassen bleiben. Dies hat unter Umständen gravierende Folgen, z. B. für die Ernährung (s. Kapitel 3.3) oder bei der Akzeptanz von Grenzen.

Aufgabe

1. Überprüfen Sie Ihr eigenes Verständnis von Familie.
2. Bringen Sie in Erfahrung, wie der Anteil von Erziehern und Erzieherinnen in Ihrer Praxiseinrichtung aussieht. Gibt es geschlechtsspezifisch bedingte Aufgabenzuschreibungen?

3.2 Pädagogische Arbeit und kulturelle Vielfalt

Erziehung in einer Gesellschaft mit kultureller Vielfalt ist eine schon länger bestehende Situation. Neben geglückten Ansätzen ist jedoch immer wieder festzustellen, dass das Arbeiten mit Eltern nicht deutscher Herkunft als schwierig erlebt wird und der Druck nach Anpassung entsteht. Vor allem unterschiedliche Vorstellungen der Geschlechterrollen und damit verbundene Erziehungshaltungen führen zu Irritationen. Hier gibt es von der (grundsätzlich christlich geprägten) Kultur abweichende Vorstellungen, sodass eine Integration in ein allgemein verbindliches vorschulisches Konzept schwierig sein kann.

Es gibt eine Reihe fruchtbarer und positiver Erfahrungen im Umgang mit anderen Kulturen, Familien und besonderen Beziehungsformen. Inzwischen geht man im Bildungsbereich den Weg der Inklusion. Schwierigkeiten im konkreten Verhalten sind damit nicht immer aufgehoben. Unter den derzeitigen Bedingungen der weltweiten Auseinandersetzung gerade auch mit muslimischen Ländern wird die Situation nicht einfacher – Vorurteile, Rückzug auf einseitig nationale Identität und tatsächliche Unvereinbarkeiten erschweren die Suche nach gangbaren Wegen. Diese politische Situation erschwert die bereits vorhandenen Rahmenbedingungen für ausländische Familien: Rechtlich sind sie unter Umständen nicht gleichgestellt, in der Wahrnehmung bleiben sie oft auch nach der Einbürgerung türkisch, griechisch oder anderer Nationalität.

Inzwischen gibt es eine Anzahl von ausländisch-inländischen Erzieherinnen und Erziehern der zweiten und dritten Generation, die mit ihrer Identität aus unterschiedlichen kulturellen Anteilen ein Brückenglied in den Einrichtungen zwischen Kollegen und Kindern mit Migrationshintergrund bilden können und dies zum Teil bereits verwirklichen. Ein verstärktes Selbstbewusstsein in Bezug auf die eigene kulturelle Identität kann dazu beitragen, die **Chancen der kulturellen Vielfalt** besser in den Alltag zu integrieren, Unverständliches zu klären und für Unvereinbares gemeinsam mit den Kollegen Lösungen zu entwickeln. Sicherlich ist die Aufgabe nicht leicht, einerseits kulturelle und religiöse Vorstellungen unterschiedlicher Familien in ihrem Einfluss auf die Kinder zu berücksichtigen, andererseits auch dem deutschen Grundgesetzanspruch gerecht zu werden, der gleiche Rechte und Chancen für jeden vorsieht. In diesem Balanceakt bewegt sich jedoch jede Erzieherin und jeder Erzieher: Deutschland wird zunehmend ein Einwanderungsland und ist Heimat von Generationen von Menschen mit Migrationshintergrund (mit zum Teil unterschiedlichen Wertvorstellungen), gleichzeitig verfügt es über eine freiheitlich-demokratische Werteordnung, die die Richtlinie des erzieherischen Handelns sein muss.

Migrationshintergrund als etwas Selbstverständliches in der Einrichtung

In der Lernsituation wird deutlich, dass die Einrichtung, in der Jana ihr Praktikum absolviert, über Angebote für Mütter mit multikultureller Herkunft die Zusammenarbeit erleichtern will – sei es, dass es hierfür ein starkes Bedürfnis dieser Frauen in der Gemeinde gab, das die Kindertagesstätte aufgriff, sei es, dass die Kindertagesstätte von sich aus ein Integrationsangebot macht, um die **Erziehungspartnerschaft** (s. auch **Lernfeld 5**) zu stärken.

Der Prozess der interkulturellen Kooperation wird auch von anderer Seite zunehmend gefordert werden. Wenn der Europäisierungsprozess voranschreitet und europäische Berufskolleginnen sich auch im Ausland einen Arbeitsplatz suchen, kann es zu interessanten Auseinandersetzungen über Erziehungskonzepte (z.B. école maternelle in Frankreich) kommen.
Zur Mehrsprachigkeit von Kindern s. auch **Lernfeld 3**, Kapitel 10.3.6.

Aufgabe

Informieren Sie sich über die Vielzahl kultureller Einflüsse in Ihrer Praxiseinrichtung.

3.3 Pädagogische Arbeit und Globalisierung

Unter den Bedingungen der Globalisierung ist in Deutschland eine veränderte Arbeitsplatzsituation entstanden. Unverhältnismäßig viele Betriebe und die Politik haben darauf mit dem vermehrten Angebot von Arbeitsplätzen im Niedriglohnbereich sowie der Umstellung der Sozialhilfe auf Arbeitslosengeld II und Hartz IV reagiert. Die Folgen sind erhöhte Erwerbstätigkeit, aber auch erhöhtes Risiko von Armut für Erwerbstätige im Niedriglohnsektor. Denn die Realeinkommen sanken in den letzten Jahren faktisch. Entstehende Arbeitslosigkeit bedeutet häufig ein stark **abgesenktes Niveau des Lebensstandards**, das auch die Familien betrifft. Besonders problematisch sind die Folgen für Familien mit hoher Kinderzahl, Ein-Eltern-Familien sowie Familien, in denen die Eltern keinen hohen Bildungsstand haben. Aber zunehmend „wächst" die Arbeitslosigkeit mit Langzeitfolgen auch in die Mitte der Gesellschaft. Auch Familien mit Einkommen sind von der wachsenden Armut betroffen, weil das Geld nicht mehr für einen bedürfnisdeckenden Lebensstandard reicht.
Die Folgen tragen vor allem Kinder und Jugendliche; Kinderarmut ist in 2015 in Deutschland zwar regional unterschiedlich vertreten, aber zwischen 13 und 25 % aller Kinder trifft sie (vgl. Boeckler-Stiftung/WSI, 2017) Eine Folge kann sein, dass Kinder ohne Frühstück in Kindergarten oder Schule kommen, nur dreimal wöchentlich zu Hause eine warme Mahlzeit erhalten oder zunehmend öffentliche Essensausgaben aufsuchen.
Einkommensarmut (auch relative Armut genannt) be-

deutet laut AGENDA 21, dass einer Familie weniger als 60 % des durchschnittlichen Haushaltsnettoeinkommens zur Verfügung steht. Die Konsequenz in einem Industrieland heißt häufig:

- ausgeschlossen zu sein von Freizeitvergnügungen der Altersgenossen,
- mangelnde Bildung,
- schlechtere Gesundheitsversorgung und
- Hängenbleiben in einem Kreislauf von Armut und Erwerbslosigkeit.

Einkommensarmut: Besuch von öffentlichen Essensausgaben (Berliner Armenküche Arche)

Gesundheitserziehung und Mahlzeiten gehören zum Aufgabenbereich

Für die Vorschulerziehung ist nicht nur ein aufmerksamer Blick notwendig mit folgendem Versorgungsangebot (eine angebotene und nicht nur mitgebrachte Mahlzeit), sondern es müssen auch **Aufgaben übernommen** werden, die vormals der Familie zugeschrieben wurden, wie Gesundheits- oder Freizeiterziehung. Langzeitarbeitslosigkeit führt auch bei Erwachsenen zu verminderten Außenkontakten, zunehmender Orientierungslosigkeit und Unselbstständigkeit.

In der Auseinandersetzung mit Elternarbeit haben Kindertagesstätten bereits gemerkt, dass neue Wege gesucht werden müssen, um eine Erziehungspartnerschaft zu erreichen. Das wird unter den skizzierten Bedingungen nicht leichter – im Gegenteil. Angebote, wie sie bereits in manchen Vorschuleinrichtungen für Sorgeberechtigte und ganze Familien (Early-Excellence-Centres) existieren, werden in Zukunft zunehmen müssen.

Die Eingangssituation zeigt ein Szenario, in dem die Kindertagesstätte bereits auf Bedürfnisse nach Austausch (Kaffeeecke) und Information (Angebote vor allem für ausländische Familien) reagiert hat.

Aufgabe

Informieren Sie sich über das Einzugsgebiet Ihrer Praxiseinrichtung und die allgemeinen Lebensbedingungen dort. Welche Angebote für Familien gibt es in Ihrer Praxiseinrichtung?

3.4 Ausbildung und Professionalisierung

Der Beruf der Erzieherin steht unter einem starken Professionalisierungsdruck. Spätestens ausgelöst durch die Ergebnisse von internationalen Schulleistungsstudien (PISA u. a.), geriet die Vorschulerziehung verstärkt in den Blick. Unterstützt durch neue Erkenntnisse über Kindheit, Bildung sowie Erziehung, hat Vorschulerziehung einen Bildungsanspruch, Kinder und Pädagogen werden als Bildungspartner erkannt. Der „Zwölfte Kinder- und Jugendbericht der Bundesregierung" stellte dazu fest: *„Die Verknüpfung von alltagsweltlichen und bildungssystemspezifischen Strategien, die gleichermaßen für die individuelle und die gesellschaftliche Integration, Reproduktion und Entwicklung erforderlich sind, erscheint deswegen als die eigentliche Herausforderung beim Abbau von ungleichen Bildungschancen."*

Weitere Arbeitsfelder liegen in der Heilpädagogik mit der Zielgruppe Kinder bis junge Erwachsene, in der Arbeit mit Jugendlichen in seiner ganzen Bandbreite (z. B. Erlebnispädagogik mit Jugendlichen) oder auch in Arbeitsfeldern mit dem Schwerpunkt interkulturelle Bildung.

Die Aufgabenstellungen für die Erzieherinnen werden anspruchsvoller. Der Berufsalltag ist geprägt durch die Mehrdimensionalität von Bildungs-, Erziehungs- und Betreuungsprozessen. Es verdichten sich die Anforderungen und werden komplexer, wie die oben genannten Ausführungen verdeutlicht haben: Die Orientierung am Kind und an der Familie, am individuellen Bedarf und am Gemeinwesen im Sinne von **Vernetzung** wird notwendig, der **Bildungsauftrag** tritt neben den Dienstleistungsauftrag. Größere Autonomie der Einrichtungen und Konkurrenzdruck der Institutionen untereinander erhöhen die Notwendigkeit, das „Qualitätsprodukt Erziehung" auf dem Markt anzubieten und mit einer eigenen „Corporate Identity" zu werben (s. auch **Lernfeld 6** Institutionen entwickeln/Netzwerke).

Das bringt den Ruf nach einer Anhebung des Ausbildungsniveaus auf Fachhochschulebene mit sich. Diese ist notwendig, da die Ressource Bildung wichtig für die weitere Entwicklung von Deutschland ist. In der Zwischenzeit wurde das Niveau der fachschulischen Erzieherausbildung im **Deutschen Qualifikationsrahmen** (DQR; KMK 2011) auf Level 6 (entspricht Bachelor-Niveau) angehoben, um eine bessere Anerkennung von in Deutschland ausgebildeten Erziehern auf dem europäischen Arbeitsmarkt zu gewährleisten (Stichwort berufliche Mobilität). Damit einhergehen muss beizeiten ebenso eine Anhebung der Entlohnung, um auch Männer verstärkt für diesen Ausbildungszweig zu gewinnen. Die Diskussion und die Suche nach Ansätzen werden weitergehen.

Dennoch hat sich die Ausbildung zur Erzieherin auf den Weg gemacht. Um dem Ziel näher zu kommen, den wachsenden Anforderungen der Praxis gerecht zu werden, wurde die Fächerkonstruktion zugunsten einer stärkeren Vernetzung der Fachinhalte aufgegeben. Themen werden von Studierenden und Lehrkräften im Gesamtzusammenhang und an Praxisbeispielen (Lernsituationen) orientiert bearbeitet. Diese Arbeit ermöglicht eine Auseinandersetzung mit und eine Vertiefung von komplexen Fragestellungen und hilft, dass sich die deutsche Ausbildung auf den Weg nach Europa begibt.

Kompetenzorientiertes Qualifikationsprofil für Erzieherinnen/Erzieher

Die wichtige Veröffentlichung der Kultusministerkonferenz vom Dezember 2011, das „kompetenzorientierte Qualifikationsprofil für die Ausbildung von Erzieherinnen/Erziehern" definiert das **Anforderungsniveau** des Berufs und konkretisiert die beruflichen Handlungskompetenzen, über die eine qualifizierte Fachkraft verfügen muss, damit sie den Beruf dem Anforderungsniveau entsprechend kompetent ausüben kann.

> „Das Qualifikationsprofil bildet die Grundlage für die Ausbildung an Fachschulen/Fachakademien für Sozialpädagogik. Die Länder sehen in dem Qualifikationsprofil einen Beitrag zur besseren Vergleichbarkeit der erworbenen beruflichen Qualifikation und Erhöhung der Transparenz für die Nachfrageseite."
> (KMK 2011)

Besonders betont wird eine Entwicklung einer **professionellen Haltung** (s. auch Kapitel 4.2). Darüber hinaus verfolgt das Qualifikationsprofil das Ziel, die Anrechnung von an Fachschulen erworbenen Qualifikationen auf ein Hochschulstudium und umgekehrt zu ermöglichen und treibt somit die **Akademisierung** des Berufs voran.

> „Mit der Beschreibung der beruflichen Handlungsfelder ist zudem eine weitere Professionalisierung des Berufsbildes verbunden. Diese steht im Kontext der neu entstehenden Qualifikationsprofile von akademisch ausgebildeten frühpädagogischen Fachkräften und soll mit dem Berufsbild der an Fachschulen/Fachakademien ausgebildeten staatlich anerkannten Erzieherinnen und Erzieher die Tätigkeit in den unterschiedlichen Arbeitsfeldern verankern.
> Die Kompetenzbeschreibungen verdeutlichen in den unterschiedlichen Handlungsfeldern das Niveau der Ausbildung. Dieses ist notwendig, um Anschlussfähigkeit für eine horizontale und vertikale Durchlässigkeit von fachschulischen und akademischen Bildungswegen zu ermöglichen […]"
> (KMK 2011)

In der Lernsituation wird deutlich, dass die Arbeit in dieser Einrichtung eine Vielzahl von Fähigkeiten verlangt: Neben der nach neuesten Erkenntnissen ausgerichteten Arbeit mit dem einzelnen Kind bzw. der Gruppe werden konzeptionelle Kompetenzen sowie Umsetzungsfähigkeit in Pädagogik und Raum erwartet. Hintergrundwissen über die Familien und daran ausgerichtete Entwicklung von Informationsangeboten gehören ebenso dazu wie die räumliche Integration von Sorgeberechtigten in die Kindertagesstätte.

4 Persönliche und berufliche Identität ausbilden

In der Rahmenvereinbarung zur Ausbildung und Prüfung von Erzieherinnen/Erziehern fasst die Kultusministerkonferenz die Qualifikationsbeschreibungen für Erzieherinnen zusammen:

Erziehung, Bildung und Betreuung von Kindern, Jugendlichen und jungen Erwachsenen fordert Fachkräfte, ...

- die das Kind und den Jugendlichen in seiner Individualität sehen,
- die deren Bedürfnisse, Entwicklungsmöglichkeiten und Kompetenzen erkennen und daraus entsprechende pädagogische Angebote entwickeln,
- die selbst ethisch und menschlich integer sind sowie ein hohes Maß an sozialer und persönlicher Kompetenz besitzen,
- die fähig zur Zusammenarbeit sind,
- die ganzheitliches und an der Lebensrealität von Kindern und Jugendlichen orientiertes Lernen erkennen und nutzen können,
- die über Einfühlungsvermögen sowie Selbstbehauptungsstrategien verfügen und Vermittlungs- und Aushandlungsprozesse organisieren können,
- die über die notwendige Kommunikationsfähigkeit verfügen,
- die soziale und gesellschaftliche Zusammenhänge kompetent erfassen und in Konfliktsituationen Unterstützung bieten können,
- die im Gemeinwesen vernetzen und kooperieren können,
- die betriebswirtschaftliche Zusammenhänge erkennen und sich einer zunehmenden Wettbewerbssituation pädagogischer Einrichtungen stellen können.

(KMK 2000)

4.1 Berufswahlmotive

Die Motive, die zur Wahl des Erzieherinnenberufs führen, unterscheiden sich von dem oben genannten zunächst erheblich. Was Armin Krenz in einer Befragung herausfand (Kompetenz und Karriere, 1994), gilt auch heute noch, wie dies aber auch nahezu jede Lehrkraft in der Fachschulausbildung schon gehört hat, suchen junge Menschen diesen Beruf, weil sie ...

- nicht im Büro arbeiten wollten,
- sich selbst verwirklichen wollen im Spiel mit Kindern,
- gerne mit Kindern zusammen sind,
- sich darin gut auf die Rolle als Mutter vorbereitet sehen,
- eigene Missstände in der Kindheit für andere Kinder verhindern helfen,
- gefühlsbetonte und kreativ begabte Menschen sind,
- im Kindergarten weniger Stress und selbstbestimmteres Arbeiten erwarten.

Die Entscheidung für einen Beruf hat immer etwas mit eigenen Entwicklungen und Begabungen zu tun. Doch in den genannten Motiven spiegelt sich nicht die Komplexität des Berufsbildes wider – um Enttäuschung und falsche Vorstellungen zu verhindern, soll einmal hinter die Fassade dieser Motive geschaut werden:
Der Wunsch, nicht im Büro arbeiten zu wollen, bedeutet noch keine Entscheidung für diesen Beruf. Unklar formulierte eigene Ziele können hier unweigerlich zu Enttäuschung führen.
Selbstverwirklichung als Motiv beinhaltet den Wunsch, eigene Bedürfnisse und Vorstellungen zu verwirklichen. Dabei besteht die Gefahr, dass Kinder nur zu Randfiguren des Geschehens werden. Dies kann nicht im Sinne einer lebendigen Pädagogik sein.
Wer gerne mit jungen Menschen zusammen ist, trägt eine wichtige Motivation für diesen Beruf in sich. Nicht übersehen darf man jedoch dabei, dass dies nur ein Ausschnitt aus den vielschichtigen Anforderungen ist. Die Arbeit mit Kindern neben der Auseinandersetzung mit Kollegen, Eltern, Träger und Öffentlichkeit kann sich gelegentlich in einer Form konzentrieren, die durchaus als Stress erlebt wird und eines guten Selbstmanagements sowie Methoden der Stressbewältigung bedarf.
Nicht selten ist zu beobachten, dass gerade Frauen aus dem Wunsch der Wiedergutmachung eigener Erfahrungen von Ungerechtigkeit und Bedrückung Erzieherin werden wollen. So verständlich dieses Motiv ist, ist es so lange für die Arbeit mit Menschen nicht hilfreich, wie die eigene Vergangenheit unreflektiert in die Beziehung einfließt im Sinne einer zu stark behütenden Sorge: Vor allem Kinder erleben die Welt dadurch als Gefahr und gehen mit weniger Optimismus an sie heran. Der Wunsch zu helfen (dieser wird in **Lernfeld 2, Kapitel 3** noch näher beleuchtet) hat noch eine andere Seite: Helfen sollte sich in der Balance mit einer aus-

gewogenen Eigenwahrnehmung befinden. Werden eigene Bedürfnisse und Gefühle vom Helfersyndrom erdrückt, kann dies mittelfristig zu Frustration und Burn-out führen.
Auch der letzte Grund, als gefühlsbetonter und kreativer Mensch gut für diesen Beruf geeignet zu sein, trägt stimmige Elemente in sich, geht jedoch insgesamt von einer naiven Vorstellung von Pädagogik aus: Die Beziehungsgestaltung zu Kindern und Jugendlichen ist umso echter, je mehr tatsächliches Mitgefühl enthalten ist – jedoch findet es da seine Grenzen, wo Fachlichkeit und Sachwissen sowie didaktisch-methodisches Know-how gefragt sind.

Aufgabe

Zur Klärung der eigenen Berufswahlmotive bietet sich eine Übung nach Gudjons an:
Zeichnen Sie auf ein großes Blatt Papier mittig einen Kreis, in den Sie Ihren Beruf eintragen. Fügen Sie um den Kreis herum weitere Kreise mit den Stichworten:

- Familientradition
- Kinderträume
- Verbotene Berufe
- Lebensumstände
- Vorbild
- Meine Clique, Freunde
- Schule, Lehrkraft

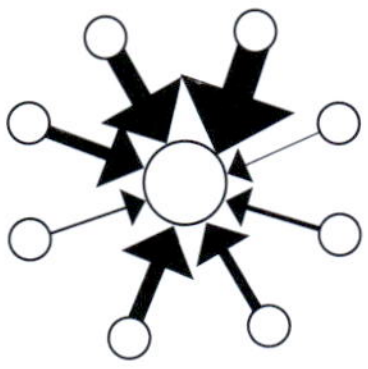

Ein Kreis bleibt frei für Weiteres, was Ihnen vielleicht fehlt. Zu jedem Stichwort schreiben Sie nun, was zur Zeit der Berufsentscheidung in den Bereichen für Sie wichtig war. Zeichnen Sie Pfeile von den Kreisen zur Mitte hin – je größer der Einfluss, umso dicker der Pfeil. Betrachten Sie Ihr Werk. Decken Sie einzelne Kreise mit der Hand ab und schauen Sie, was sein würde, wenn dieser Einfluss damals nicht vorhanden gewesen wäre. Werten Sie abschließend in der Kleingruppe aus:

- Wie würde die Entscheidung heute ausfallen?
- Was gefällt mir an der Ausbildung?
- Wie wird sie weitergehen und wovon hängt dies ab?

4.2 Eigene Einstellungen zur Erziehung und erforderliche Kompetenzen

Wertschätzender Umgang mit dem Kind

Mehr noch als in anderen Berufen müssen Erzieherinnen sich mit ihrer Persönlichkeit auseinandersetzen. Die Arbeit mit Kindern und Jugendlichen, die in ihr ein Vorbild sehen, erfordert in hohem Maße Zuverlässigkeit und Takt, Einfühlungsvermögen und eine positive Grundeinstellung sowie die Fähigkeit zur Selbstreflexion. Nicht nur die Berufswahlmotive müssen beleuchtet werden, sondern auch die eigene Einstellung zur Erziehung sollte von Beginn der Ausbildung an reflektiert und kritisch hinterfragt werden. Dies kann auch schmerzliche Prozesse auslösen, da man erfahrene Vorstellungen von Erziehung verabschieden oder sich mit unangenehmen Erfahrungen auseinandersetzen muss. Doch nur so entsteht eine lebendige Auseinandersetzung, die zur Entwicklung des angestrebten Kompetenzmodells von Selbst-, Fach-, Methoden- und Sozialkompetenz führt.

Die **Selbstkompetenz** bezeichnet persönliche Fähigkeiten wie eine physisch und psychisch stabile Persönlichkeit, Geschicklichkeit, Spontanität und Kreativität. Geduld und Flexibilität gehören ebenso dazu wie Ausdauer und Verantwortungsbewusstsein. Besonders

wichtig sind Offenheit und Kontaktfähigkeit sowie die Fähigkeit zum Kompromiss und Lernen. Die hier zugrundeliegende Einstellung von Erziehung geht von einem lebenslangen Lernen im gegenseitigen Geben und Nehmen aus, d. h., Erzieherinnen lernen mit und von den Kindern wie umgekehrt und sind offen und bereit für diesen Prozess.
In der Lernsituation zeigt Jana einen positiven Ansatz dieser Kompetenz, als sie sich mit der fragenden Mutter offen und flexibel im Kontakt mir ihr auf die Suche nach den gewünschten Informationen begibt.

Die **Sozialkompetenz** als personale Kompetenz umfasst sozial-emotionale Fähigkeiten, die eine positive Grundhaltung, Orientierung an Werten und Normen des Zusammenlebens und der Wahrnehmung beinhalten. Wertschätzender Umgang mit dem Kind, es annehmen, wie es ist, sowie empathisch einfühlendes Verhalten und echter eigener Ausdruck verdeutlichen dies. Zuneigung zu geben und anzunehmen ist genauso wichtig wie die Fähigkeit, sich mit schmerzhaften Erlebnissen sensibel auseinandersetzen zu können. Eigene Kindheitserlebnisse schmerzvollen Charakters müssen bearbeitet sein, um Kindern offen und einfühlsam gegenübertreten zu können. Liebevolle Zuneigung muss erlebt oder aufarbeitend reflektiert worden sein, um Kindern einen liebevollen Umgang zu ermöglichen.
Janas positive Grundhaltung wird zunächst im Kontakt mit der Mutter deutlich, da sie sich den Kindern überwiegend als Beobachterin präsentiert.

Die **Fachkompetenz** beinhaltet fachliche Fähigkeiten wie das Wissen über die Entwicklung von Kindern und Jugendlichen, das Beobachten, Wahrnehmen von Veränderungen in der Entwicklung und Wissen um adäquate Angebote für die ganzheitliche Entwicklung junger Menschen. Die Auseinandersetzung mit der Gruppe, die Zusammenarbeit mit Eltern oder das Erkennen eigener Grenzen und Anfordern von professioneller Hilfe, wenn man nicht weiterweiß, gehören ebenfalls dazu. Möglicherweise muss hier die eigene Vorstellung von Erziehung dahingehend neu überdacht werden, dass erkannt wird, welche Kompetenzen bereits kleinste Kinder mitbringen und wie sie diese durchaus zielgerichtet in den Beziehungskontext mit dem Erwachsenen einbringen. Eigene Vorstellungen der stets auf die Erzieherin angewiesenen Bedürftigkeit von Kindern müssen verändert werden.
Hier bringt Jana durch ihre erste Ausbildung bereits eine Basis mit, die sie nun erweitern will. Bereits beim Erkunden der Einrichtung wird ihr dieses deutlich, da sie den Ansatz der Einrichtung noch nicht kennengelernt hatte.

Die **Methodenkompetenz** bezeichnet die Bereitschaft und Befähigung zu zielgerichtetem, planmäßigem Vorgehen bei der Bearbeitung von Aufgaben und Problemen. Teil der Fachkompetenz.

Professionelle Haltung

Die Entwicklung einer professionellen Haltung sollte das Ziel einer Erzieherin sein. Professionalität meint das Verhältnis von Wissen und Handeln zueinander. Es setzt auf einen Wissensfundus, der sich im angewandten Handeln manifestiert. Professionalität bedeutet zudem, in doppelter Hinsicht verantwortlich zu sein – dem Einzelnen und der Gesellschaft gegenüber. Gelingt es der Erzieherin vorausschauend, Chancen und Risiken ihrer Zielgruppe zu erkennen, entwickelt sie ein hohes Maß an professioneller Haltung. Dies kann sie in der Beziehung zum Einzelnen erreichen, auf den sie ihren Wissenstand immer wieder neu anwendet. Ist sie sich ihrer eigenen Professionalität sicher und kann von daher abwägen, was ihr jetzt und demnächst möglich ist und was nicht – was auch Nein-sagen-Können bedeutet –, schützt sie sich zugleich vor Stress (vgl. Prang).

Im „kompetenzorientierten Qualifikationsprofil für Erzieherinnen/Erzieher“ (KMK 2011) wird die Wichtigkeit der beiden *personalen* Kompetenzen betont, nämlich
- Sozialkompetenz und
- Selbstständigkeit,

die zusammen mit der *fachlichen* Expertise (Fachkompetenz) als „professionelle Haltung“ zusammengefasst wird. Somit ist die Entwicklung einer professionellen Haltung ein wesentliches Ziel in der Ausbildung und stellt in der späteren Praxis ein zentrales Element des pädagogischen Handelns dar.
Die professionelle Haltung wird dabei eingenommen gegenüber:
- den Kindern und Jugendlichen,
- den Bezugspersonen und Eltern,
- den Mitgliedern des Teams (Kooperation),
- den Akteuren des Sozialraums (Vernetzung),
- sich selbst und seinem professionellen Selbstverständnis.

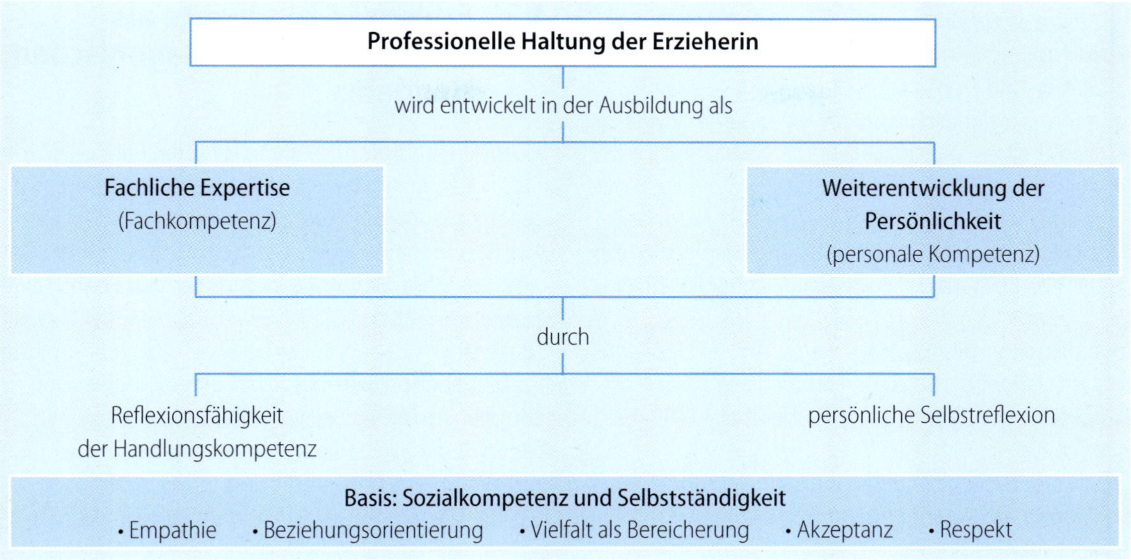

Folgende Kompetenzen als Aspekte der professionellen Haltung werden im Laufe der Ausbildung angestrebt:

Sozialkompetenz

„Die Absolventinnen und Absolventen

- sind der Welt, sich selbst und Mitmenschen gegenüber offen, neugierig, aufmerksam und tolerant.
- akzeptieren Vielfalt und Komplexität gesellschaftlicher Lebenslagen in einer demokratischen Gesellschaft.
- respektieren und beachten Diversität und Komplexität in sozialen Kontexten und bejahen diese als Quelle von Lernerfahrungen und als Möglichkeit der Initiierung und Mitgestaltung von Bildungsprozessen.
- pflegen einen Kommunikationsstil auf der Grundlage wechselseitiger Anerkennung und Wertschätzung.
- zeigen Empathie für Kinder, Jugendliche, ihre Familien und deren unterschiedliche Lebenslagen.
- respektieren die Vielfalt von Zielen und Werten in der Bildung von Kindern und Jugendlichen.
- handeln präventiv gegenüber den Tendenzen der Exklusion.
- verstehen Vielfalt, Individualität und Verschiedenheit aller Menschen als Bereicherung und Normalität.
- sind in der Lage, pädagogische Beziehungen aufzubauen und professionell zu gestalten
- berücksichtigen die Bedeutung emotionaler Bindungen und sozialer Beziehungen bei der pädagogischen Arbeit.
- haben ein Bild vom kompetenten Kind als Leitlinie ihrer pädagogischen Arbeit.
- sehen Kinder, Jugendliche und junge Erwachsene als Subjekte ihrer Entwicklung und begegnen ihnen mit einer ressourcenorientierten Grundhaltung.
- unterstützen alle Bereiche der Persönlichkeitsentwicklung der Kinder, Jugendlichen und jungen Erwachsenen.
- unterstützen Kinder, Jugendliche und junge Erwachsene dabei, ein positives Selbstkonzept zu entwickeln.
- fördern die Selbstbildungspotenziale von Kindern, Jugendlichen und jungen Erwachsenen.
- fördern die Bereitschaft von Kindern, Jugendlichen und jungen Erwachsenen, produktiv und selbständig Probleme zu lösen.
- übernehmen die Verantwortung für die Leitung von pädagogischen Gruppen.
- verfügen über die Fähigkeit, vorausschauend initiativ zu sein und selbständig im Team zu arbeiten.
- haben die Fähigkeit zur Kooperation mit allen Akteuren des Arbeitsfeldes.

Selbstständigkeit

Die Absolventinnen und Absolventen

- reflektieren die eigene Sozialisation und Berufsmotivation.
- sind sich bewusst, dass sie für Kinder, Jugendliche und junge Erwachsene eine Vorbildfunktion haben.

- reflektieren und bewerten die Subjektivität eigener Wahrnehmungen im Spannungsfeld von Selbst- und Fremdwahrnehmung.
- haben eine kritische und reflektierende Haltung zu Handlungen ihres beruflichen Alltags.
- haben die Bereitschaft zur Überprüfung eigener Werte, Normen und Stereotype auf der Grundlage einer stetigen Reflexion und Auseinandersetzung mit den eigenen kulturellen und religiösen Prägungen.
- reflektieren die biographischen Anteile des eigenen Handelns und ziehen entsprechende Schlussfolgerungen für die Entwicklung ihrer beruflichen Identität.
- sind in der Lage, ein pädagogisches Ethos zu entwickeln, prozessorientiert zu reflektieren und Erkenntnisse argumentativ zu vertreten.
- lassen sich auf offene Arbeitsprozesse ein und können mit Komplexität und häufigen Veränderungen im beruflichen Handeln umgehen.
- haben die Fähigkeit, berufstypische Anforderungen zu erfüllen und Tätigkeiten in verschiedenen sozialpädagogischen Arbeitsfeldern nachhaltig zu gestalten.
- verfügen über eine ausgeprägte Lernkompetenz, durch die sie die Entwicklung ihrer Professionalität als lebenslangen Prozess verstehen, um ihn nachhaltig zu gestalten.
- haben die Fähigkeit, die Berufsrolle als Erzieher/Erzieherin weiterzuentwickeln."

(Kompetenzorientiertes Qualifikationsprofil für die Ausbildung von Erzieherinnen/ Erziehern, KMK 2011)

4.3 Ethische Grundwerte als Leitlinien sozialpädagogischen Handelns

Erzieherinnen sind Vorbild und erziehen und regeln mit Blick auf zentrale Werte und Normen der Gesellschaft. Daher ist es unabdingbar, sich mit diesen auseinanderzusetzen und eine eigene Position zu bestimmen. Gerade vor dem Hintergrund globaler Auseinandersetzungen und Abgrenzungen, wie sie in Kapitel 3.2 und 3.3 genannt wurden, bedarf es einer klaren Besinnung auf die eigene Einstellung und einer Auseinandersetzung mit den ethischen Leitlinien der Gesellschaft.
Das sind die Wurzeln der gesellschaftlichen Normen und Werte im Christentum und in der Aufklärung sowie ihre Weiterentwicklung und gelebte Umsetzung in der von weiteren Kulturen gefärbten Demokratie. Das **Einstehen für Freiheit im gleichberechtigten Miteinander** gehört dazu, auch die gleichberechtigte Hilfe und Wahrnehmung von Chancen, die gegenseitige Akzeptanz und Anerkennung auch unterschiedlicher Auffassungen. Ebenso das **Erlernen demokratischer Regeln** von Kindheit an, sei es im Umgang mit Konflikten oder bei der Mitsprache von Gestaltungsspielräumen – dies muss gelten für Groß und Klein, für Personen männlichen oder weiblichen Geschlechts, deutscher oder anderer kultureller Herkunft. Für die Umsetzung dieser Werte gibt es **demokratische Instrumente** wie Wahlen, Mitspracheforen, Mehrheitsprinzip oder Minderheitenrecht, die die Erzieherin kennen und in der Arbeit mit Kindern und Jugendlichen anwenden können muss (s. auch **Lernfeld 2**, Kapitel 7 Partizipation).

5 Berufliche Aufgabenstellungen erkennen

5.1 Vom Idealismus zur Realität

Auch bei reflektierter Entscheidung für diesen Beruf ermöglicht die Auseinandersetzung mit der Praxisrealität eine Reihe an Einsichten:

- In vielen Einrichtungen sind die Rahmenbedingungen ungünstig: Große Gruppen, wenige Räume, manchmal Personalmangel bedingen wenig Zeit für das einzelne Kind und seine Bedürfnisse; gesteigerte Anforderungen der Gesellschaft bringen Druck und fordern Energie zur Auseinandersetzung, die wiederum für den jungen Menschen fehlt.
- Je nach Einzugsgebiet bringen die Kinder unterschiedliche Erfahrungen und Probleme mit in die Einrichtung und konfrontieren die Erzieherin mit Themen, denen sie sich stellen muss – sei es Scheidung, Tod und Geburt, fehlende häusliche Unterstützung, emotionale Unterversorgung.
- Die Zahl der Kinder nimmt zu, die fehlende Erfahrung mit anderen Kindern und somit keine Strategien zur

Problemlösung mitbringen, denen Spiel- und Naturerfahrungen fehlen und die mit eingeschränkten Entwicklungsmöglichkeiten bereits in die Kindertagesstätte kommen.

- Gewaltbereite Auseinandersetzung als einzige Verhaltensmöglichkeit ist nicht nur bei Jugendlichen, sondern auch bereits im Vorschulbereich anzutreffen.
- Die hier aufgezeigte pädagogische Komplexität des Berufsalltags wird ergänzt durch die organisatorischen Aufgaben im pädagogischen Alltag sowie auf Institutionsebene, durch Vernetzungen mit unterschiedlichen Partnern auf verschiedenen Ebenen, was ebenfalls Spannungspotenzial in sich bergen kann, sowie durch konzeptionelle Arbeit im Team zur Weiterentwicklung der Einrichtung und Umsetzung im Alltag.

Durch diese kurzen Schlaglichter auf den Berufsalltag wird deutlich, dass der Beruf der Erzieherin ein sehr verantwortungsvoller Beruf ist, der an der Basis der Gesellschaft agiert und zu ihrer Entwicklung wesentlich beitragen kann.

5.2 Rechtliche Rahmenbedingungen – KJHG und Aufsichtspflicht

An dieser Stelle wird nur knapp auf 2 gesetzliche Quellen eingegangen. Hinweise auf weitere bedeutende Rechtsquellen gibt es im **Anhang** unter „Wesentliche Regelungen des Bundes und der Länder". Diese werden im Rechtskundeunterricht ausführlich behandelt.

> Literaturtipp
> Recht und Organisation – Kompaktwissen für Erzieherinnen und Erzieher. (Hrsg. W. Ellermann) 2013

Das Kinder- und Jugendhilfegesetz (SGB VIII)

S. auch **Lernfeld 5**: praktische Anwendung des KJHG

Das Kinder- und Jugendhilfegesetz trägt den offiziellen Namen „Achtes Buch Sozialgesetzbuch (SGB VIII) Kinder- und Jugendhilfe", die Abkürzung KJHG wird allerdings oft verwendet. Es regelt die Erfordernisse für die Erziehung junger Menschen und die Formen ihrer Umsetzung. Dazu heißt es im Einzelnen:

SGB VIII Kinder- und Jugendhilfe

§ 1 Abs. 1 Recht auf Erziehung
„Jeder junge Mensch hat ein Recht auf Förderung seiner Entwicklung und auf Erziehung zu einer eigenverantwortlichen und gemeinschaftsfähigen Persönlichkeit."

Hieraus ergeben sich die übergeordneten Ziele (Leitziele) für die Arbeit mit Kindern und Jugendlichen. Diese Ziele sollen in bestimmter Weise in unterschiedlichen Aufgabenbereichen verwirklicht werden.

§ 22 Abs. 3 Grundsätze der Förderung
„Der Förderungsauftrag umfasst Erziehung, Bildung und Betreuung des Kindes und bezieht sich auf die soziale, emotionale, körperliche und geistige Entwicklung des Kindes. Er schließt die Vermittlung orientierender Werte und Regeln ein. Die Förderung soll sich am Alter und Entwicklungsstand, den sprachlichen und sonstigen Fähigkeiten, der Lebenssituation sowie den Interessen und Bedürfnissen des einzelnen Kindes orientieren und seine ethnische Herkunft berücksichtigen."

Die Aufgaben werden in Kooperation mit der Familie wahrgenommen und als Ergänzung der Erziehung in der Familie gesehen (§22 Abs. 3). Mit der Entwicklung eines Anspruchs des Kindes auf einen Kindergartenplatz ist auch die Einsicht in die wünschenswerte außerfamiliäre Erziehung und Bildung gewachsen.

§ 24 Anspruch auf Förderung in Tageseinrichtungen und in Kindertagespflege
(2) „Ein Kind, das das 1. Lebensjahr vollendet hat, hat bis zur Vollendung des 3. Lebensjahres Anspruch auf frühkindliche Förderung in einer Tageseinrichtung oder in Kindertagespflege."
(3) „Ein Kind, das das dritte Lebensjahr vollendet hat, hat bis zum Schuleintritt Anspruch auf Förderung in einer Tageseinrichtung."

Die einzelnen Länder haben eigene Gesetze für die Kinder- und Jugendhilfe (KJHG) aufgestellt, die genauer Auskunft geben über die Vorstellungen des Landes hinsichtlich der Aufgaben und Ziele der Kindertageseinrichtungen, der Mitwirkung und Beteiligung anderer an der Kinder- und Jugendhilfe, des pädagogischen Personals sowie Fragen finanzieller und verwaltungstechnischer Art.

§ 11 Abs. 1 Jugendarbeit
„Jungen Menschen sind die zur Förderung ihrer Entwicklung erforderlichen Angebote der Jugendarbeit zur Verfügung zu stellen. Sie sollen an den Interessen junger Menschen anknüpfen und von ihnen mitbestimmt und mitgestaltet werden, sie zur Selbstbestimmung befähigen und zu gesellschaftlicher Mitverantwortung und zu sozialem Engagement anregen und hinführen."

Das KJHG regelt somit auch die Ziele für die Entwicklung von Jugendlichen.

§ 8a Schutzauftrag bei Kindeswohlgefährdung
(4) In Vereinbarungen mit den Trägern von Einrichtungen und Diensten (...) ist sicherzustellen, dass
1. deren Fachkräfte bei Bekanntwerden gewichtiger Anhaltspunkte für die Gefährdung eines von ihnen betreuten Kindes oder Jugendlichen eine Gefährdungseinschätzung vornehmen, (...)

Aufgabe

Informieren Sie sich über das für Ihre Praxiseinrichtung geltende Kindertagesstätten- bzw. Kindergartengesetz oder den Paragrafen der Jugendhilfe. Welche weiteren Aufgaben und Ziele können Sie diesen entnehmen?

Die Aufsichtspflicht

Der pädagogischen Aufgabe, junge Menschen zu eigenverantwortlichen und selbstständigen Persönlichkeiten zu erziehen, wie sie im SGB VIII geregelt ist, steht die Aufforderung des Bürgerlichen Gesetzbuches (BGB) gegenüber, Minderjährige zu beaufsichtigen. Dazu heißt es:

Bürgerliches Gesetzbuch BGB
§ 823 Abs. 1 Schadensersatzpflicht
„Wer vorsätzlich oder fahrlässig das Leben, den Körper, die Gesundheit, die Freiheit, das Eigentum oder ein sonstiges Recht eines anderen widerrechtlich verletzt, ist dem anderen zum Ersatz des daraus entstehenden Schadens verpflichtet."

§ 832 Haftung des Aufsichtspflichtigen
(1) „Wer kraft Gesetzes zur Führung der Aufsicht über eine Person verpflichtet ist, die wegen Minderjährigkeit oder wegen ihres geistigen oder körperlichen Zustandes der Beaufsichtigung bedarf, ist zum Ersatz des Schadens verpflichtet, den diese Person einem Dritten widerrechtlich zufügt. Die Ersatzpflicht tritt nicht ein, wenn er seiner Aufsichtspflicht genügt oder wenn der Schaden auch bei gehöriger Aufsichtsführung entstanden sein könnte.
(2) Die gleiche Verantwortung trifft denjenigen, welcher die Führung der Aufsicht durch Vertrag übernimmt."

Für den Alltag lassen sich daraus 2 Leitlinien ziehen. Um die Persönlichkeit des Kindes zu entwickeln, müssen Eltern und Erzieherinnen dem Kind Freiräume gewähren. Diese Freiräume wachsen mit dem Zutrauen, das der Verantwortliche in die Selbstständigkeit des Kindes hat. Bei der Abschätzung orientiert sich der Personensorgeberechtigte an:

- dem Alter des zu Beaufsichtigenden,
- der Persönlichkeit des zu Beaufsichtigenden,
- der Gruppengröße,
- der Art der momentanen Tätigkeit und Situation,
- den räumlichen Gegebenheiten,
- der Erfahrung der Fachkraft.

Eine ähnliche Prämisse gilt auch für die auszubildende Erzieherin: Ist diese zuverlässig, umsichtig, verantwortungsbewusst und bei Gefahr entscheidungswillig, ist ihr die Aufsicht über die Gruppe oder Teile der Gruppe in Absprache für einen überschaubaren Zeitraum zuzutrauen. Dies muss jedoch aus der pädagogischen Notwendigkeit erwachsen, der Auszubildenden zunehmend Verantwortung zu übertragen, damit sie mit ihren Aufgaben wachsen kann, nicht aber aus Personalknappheit heraus.

5.3 Aufgabenfelder einer Erzieherin

Den Berufswahlmotiven in Kapitel 4.1 war zu entnehmen, dass die Vorstellungen der Öffentlichkeit über die Aufgaben einer Erzieherin häufig nur einen Teilbereich ihrer Aufgabenfelder betreffen. Dabei ist in diesem Beruf eine hohe Anzahl zum Teil sehr unterschiedlicher

Aufgaben zu bearbeiten – Erzieherinnen werden im Grunde als „Allroundtalent" gefordert, auch wenn der Schwerpunkt auf den pädagogischen Aufgaben liegt, zugleich jedoch mit der Forderung versehen, eigene Grenzen zu erkennen.

Auseinandersetzung mit der eigenen Biografie

Die eigenen Erlebnisse, Erfahrungen, Gefühle und Gedanken prägen die Persönlichkeit des Einzelnen und beeinflussen somit sein Handeln. Dies fließt in die Auseinandersetzung mit den Menschen ein, denen die Erzieherin im Alltag begegnet. Es beeinflusst ihre Wahrnehmung von Situationen und die Entscheidungen, die getroffen werden.

Betrachtet man Janas Entscheidung aus der Lernsituation für den Beruf, so lassen sich daraus mehrere Fragen ableiten. Sie wollte auf jeden Fall etwas mit Kindern machen. Wenn sie sich mit den Motiven zu diesem Wunsch auseinandersetzt, kann sie z. B. auf folgende Fragen stoßen:

- In welchen Beziehungen hat sie als Einzel- oder Geschwisterkind gelebt? Was hieße das für sie z. B. in Situationen, in denen Kinder sich bewusst zurückziehen wollen und Ruhe suchen?
- Welche Aufgaben musste sie bereits als Kind übernehmen bzw. wurden ihr nicht zugetraut? Was bedeutet das dann für sie, wenn sie Kinder selbst ihren Weg suchen lassen soll, sie begleiten statt führen soll?

Eigene Erfahrungen, Gefühle, Vorstellungen beeinflussen ebenfalls die Auseinandersetzung mit Eltern anderer kultureller Herkunft oder offene, zunächst unübersichtlich wirkende Raum- und Angebotsgestaltung.

- Zu Kindern gehören Eltern, die wiederum ganz unterschiedliche Wurzeln haben. War Janas Wunsch, einen Beruf mit Kindern zu ergreifen, eine Entscheidung gegen die Auseinandersetzung mit Erwachsenen?
- Hat sie eigene Erfahrungen mit kreativen Angeboten und setzt sich entsprechend konstruktiv mit deren Weiterentwicklung auseinander? Oder fehlte ihr genau dies in ihrer eigenen Jugend?

Die reflektierende Auseinandersetzung mit sich selbst ist ein wichtiger Aufgabenbereich dieses Berufs, um die Bedürfnisse des Kindes, des Jugendlichen und des jungen Erwachsenen angemessen zu erfassen und eigene davon zu trennen. Durch die Einsicht und die Bewusstwerdung in die eigene Geschichte wird der Weg zur Problemlösung verändert. Immer wieder gibt es auch Situationen, die eher wenig mit der eigenen Biografie zu tun haben. Es gehört jedoch zu einer professionellen beruflichen Kompetenz, zu erkennen, wann pädagogische Entscheidungen allein aus der Notwendigkeit der Situation und nicht aus eigenen Sozialisationserfahrungen heraus angebracht sind.

Mögliche Aufgabenfelder einer Erzieherin / eines Erziehers	
Kindertagestätte – Krippe (Kinder von 0 – 3 Jahre) – Elementarbereich (Kinder von 3 – 6 Jahre) – Hort (i. d.R. Grundschulkinder)	städtische, konfessionelle, freie Träger, unterschiedliche Konzepte
Vorschularbeit	Kinder 1 Jahr vor Schulpflicht, an Schule oder Kindertagesstätte
Jungen- und Mädchenarbeit	nur Jungen/ nur Mädchen, freie oder kommunale Träger
Integrationsgruppen	i. d. R. Kinder mit und ohne besonderen Förderungsbedarf, freie und kommunale Träger
Offene Kinder- und Jugendarbeit	freiwillige Nachmittagsangebote, verschiedene Träger
Jugendarbeit	Nachmittags-/ Abendangebote, oft kommunale und kirchliche Träger
Familienzentren	pädagogische und Beratungsangebote für Kinder und Eltern, oft kommunale Träger
Heimerziehung	Kinder aller Altersgruppen, kommunale, konfessionelle und freie Träger
Jugendwohngruppen	Jugendliche zwischen 14 und i. d. R. 18 Jahre, unterschiedliche Träger

Dies gilt für alle Berufsbereiche der Erzieherin, besonders jedoch für die Tätigkeit in der **Heimerziehung** (stationäre Kinder- und Jugendhilfe), da die Kinder und Jugendlichen hier ihren Alltag erleben und somit die Erzieherin mit ihrer ganzen Person und all ihren Ressourcen fordern (s. auch **Lernfeld 2**, Lernsituation Jugendwohngruppe).

Querschnittsaufgaben

Durch den gesellschaftlichen Wandel erlangen folgende Querschnittsaufgaben in der Arbeit sozialpädagogischer Fachkräfte besondere Bedeutung. Dies gilt arbeitsfeldübergreifend. Das Kompetenzorientierte Qualifikationsprofil für die Ausbildung von Erziehern (KMK 2011) gibt folgende Querschnittsaufgaben vor, die in allen pädagogischen Prozessen mitbedacht werden sollen:

Querschnittsaufgabe Sprachbildung

Sprachliche Bildung im Sinne einer kontinuierlichen Begleitung und Unterstützung der Sprachentwicklung mit dem Ziel, Kinder, Jugendliche und junge Erwachsene zu einer weitreichenden sprachlichen Kompetenz zu führen, die sie befähigt, sich angemessen und facettenreich ausdrücken zu können und vielfältigen Verstehensanforderungen gerecht zu werden.

Querschnittsaufgabe Partizipation

Im Sinne der Vermittlung einer Haltung, die auf eine Beteiligung von Kindern, Jugendlichen und jungen Erwachsenen entsprechend ihrem Entwicklungsstand an allen sie betreffenden Entscheidungen des öffentlichen Lebens abzielt, mit dem Ziel einer demokratischen Teilhabe an der Gesellschaft.

Querschnittsaufgabe Wertevermittlung

In einer pluralistischen Gesellschaft ist Wertevielfalt Herausforderung und Chance sozialpädagogischen Handelns. Sozialpädagogische Fachkräfte sind sich dessen bewusst, welche Wertvorstellungen das Leben und das Zusammenleben in unserer Gesellschaft bestimmen und in welcher Beziehung diese zu religiösen und weltanschaulichen Orientierungen stehen. Sie sind fähig, junge Menschen bei der Entwicklung persönlicher Werthaltungen zu begleiten, sie als Subjekte ihres eigenen Werdens ernst zu nehmen und dabei zu unterstützen, eine Balance zwischen Autonomie und sozialer Mitverantwortung zu finden. Bei aller Unterschiedlichkeit müssen sich Wertvorstellungen immer an der Würde des Menschen messen lassen, wie das im Grundgesetz der Bundesrepublik Deutschland und in den Verfassungen der Länder niedergelegt ist. S. Kapitel 4.3.

Querschnittsaufgabe Förderung von Medienkompetenz

Medienkompetenz bezeichnet die Fähigkeit, Medien und ihre Inhalte den eigenen Zielen und Bedürfnissen entsprechend zu nutzen. Als Medien werden von Kindern, Jugendlichen und jungen Erwachsenen sowohl neue Medien wie Internet und Handy wie auch traditionelle Medien wie Bilderbücher genutzt. Sie sind ein wesentlicher Teil ihrer Erfahrungswelt.

Sozialpädagogische Fachkräfte unterstützen Kinder, Jugendliche und junge Erwachsene bei der Entwicklung ihrer Medienkompetenz. Medienkompetenz umfasst 4 Dimensionen: Medienkunde, Medienkritik, Mediennutzung und Mediengestaltung. Mit Medienkunde ist das Wissen über die heutigen Mediensysteme gemeint. Medienkritik bedeutet ihre analytische Erfassung, kritische Reflexion und ethische Bewertung. Mediennutzung meint ihre rezeptive und interaktive Nutzung, Mediengestaltung ihre innovative Veränderung und kreative Gestaltung.

Querschnittsaufgabe Inklusion

Das Konzept der Inklusion ist zu verstehen im Sinne des Verstehens von Verschiedenheit (Heterogenität) als Selbstverständlichkeit und Chance. Inklusion berücksichtigt zahlreiche Dimensionen von Heterogenität: geistige oder körperliche Möglichkeiten und Einschränkungen, soziale Herkunft, Geschlechterrollen, kulturelle, sprachliche und ethnische Hintergründe, sexuelle Orientierung, politische oder religiöse Überzeugung. Diversität bildet den Ausgangspunkt für die Planung pädagogischer Prozesse.

Querschnittsaufgabe Prävention

Prävention im Sinne einer sozialpädagogischen Ressourcenorientierung, um die Kinder, Jugendlichen und jungen Erwachsenen der unterschiedlichen Zielgruppen bei der Bewältigung von Lebensphasen und Übergängen zu unterstützen und ihre Fähigkeit, erfolgreich mit belastenden Situationen umzugehen (Resilienz) zu stärken. Dabei sind Erzieherinnen und Erzieher in allen Aufgabenfeldern dem Schutz des Kindeswohls verpflichtet.

Aufgabenfeld Gruppe

Ein großer Aufgabenbereich ist die Gestaltung des Tages in der Gruppe, mit der Gruppe und für deren Mitglieder. Liebevolle Zuwendung und konstruktive Konfliktlösung stehen neben kreativer Gestaltung und vertiefendem Forschen. Die Elemente Erziehung, Bildung, Betreuung prägen den pädagogischen Alltag.

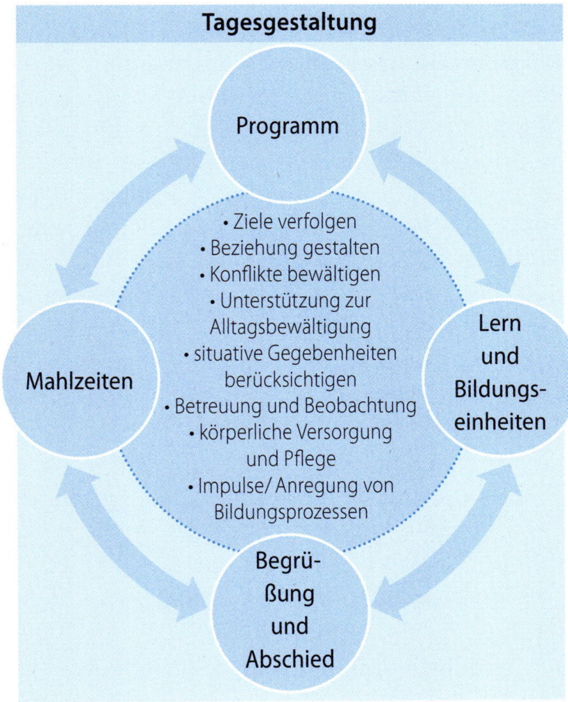

Jana erlebt dieses Aufgabenfeld in den forschenden Angeboten, die sie in der Kindertagesstätte findet: Erzieherinnen haben auf der Grundlage ihrer Beobachtungen über die Bedürfnisse und Interessen der Kinder ein Thema gefunden, das die Kinder nun forschend weiterentwickeln. Dazu mussten unterschiedlichste Materialien zusammengestellt werden, Aufgabenstellungen und Methoden überlegt sein. Dieser Prozess kann nur dann in der von Jana festgestellten Gelassenheit geschehen, wenn die Kinder

- an diese Art zu arbeiten herangeführt wurden,
- ihre Interessen aufgegriffen worden sind und
- sie an den Aufgabenstellungen beteiligt werden.

So arbeiten sie aufgrund ihrer eigenen Interessen mit großer Konzentration. Mithilfe von Beobachtungen der Erzieherinnen kann der Prozess begleitet und unterstützt werden. Den Erzieherinnen ist dabei bewusst, welche Bildungsprozesse sie mit diesem Vorhaben angestoßen haben (s. auch **Lernfeld 4** Sozialpädagogische Bildungsarbeit gestalten).

Diese Aufgaben sind am Beispiel der Kindertagesstätte verdeutlicht. Grundsätzlich gelten sie für die Arbeit in allen Aufgabenfeldern. Besonderheiten für einzelne Aufgabenbereiche sollen hier herausgegriffen werden:

- **In der Integrationsgruppe** müssen Prozesse noch genauer und kleinschrittiger geplant und verwirklicht werden, die Gestaltung klarer Strukturen ist hier noch wichtiger für den pädagogischen Alltag. S. auch **Lernfeld 3** Lebenswelten und Diversität wahrnehmen, verstehen und Inklusion fördern
- **In der Heimerziehung** mit ihren vielfältigen Formen entwickeln sich die Bildungsprozesse direkt bei der Alltagsbewältigung: Das einzelne Kind fordert die Zuwendung noch unmittelbarer und lernt, dass sich z.B. in einer regelmäßigen Mahlzeit eine Form von Zuwendung ausdrücken kann (Näheres dazu in **Lernfeld 2**).
- **In der Jugendarbeit** liegt der Hauptakzent auf der Entwicklung von Selbstständigkeit, Unterstützung bei der Identitätsfindung aber auch Hilfe bei der konstruktiven Nutzung von Medien.
- **In der Jungen- und Mädchenarbeit** werden Fragen nach Freundschaft, Liebe, Sexualität oder Gewalt speziell vor dem Hintergrund der selbst erlebten oder gesellschaftlich erwarteten Geschlechterrolle bearbeitet. Dies geschieht in der geschützten Atmosphäre einer geschlechtshomogenen Gruppe. In dieser Arbeit ist es besonders erforderlich, dass Erzieher und Erzieherinnen sich mit ihrer Identität und ihrem Rollenverständnis auseinandergesetzt haben. Erforderlich sind hier Männer und Frauen mit Migrationshintergrund, die Geschlechtsrollenbilder der Herkunftskultur mit der der beheimateten deutschen Kultur vereinen können.

Für die weitere Nutzung bei Gesprächen mit Sorgeberechtigten oder Ämtern müssen **Beobachtungen** festgehalten, Entwicklungsverläufe dokumentiert werden (s. auch **Lernfeld 4**, Kapitel 7 Beobachten und analysieren).

Neben den pädagogischen Aufgaben ist auch **Organisatorisches** zu bedenken: Essenszeiten müssen eingehalten werden, Material muss beschafft werden. Informationen sollen für die Eltern ausgelegt werden, Ruhe für die Hausaufgaben der Hortkinder muss ermöglicht werden. Dazu gehört auch das Feststellen der Anwesenheit oder die Führung der Gruppenkasse.

Die **Räume** in ihrer Ausstattung und Gestaltung müssen zu der Art des forschenden Lernens passen. Sie wurden in der Beispielsituation von den Erzieherinnen entsprechend umgestaltet. Zudem müssen sie altersgerecht ausgestattet sein und allgemeinen Bedürfnissen der Kinder entsprechen (passend in der Farbgebung, was nicht bunt heißen muss), sie sollen mit Rückzugsmöglichkeiten, guten Lichtverhältnissen und Dokumentationsflächen ausgestattet sein.
Auch das **Außengelände** erfüllt pädagogische Anforderungen: Freiflächen zum Bewegen und Gestalten, Spiel- und Sandbereiche, möglichst mit Wasseranschluss, sollten ebenso gegeben sein wie Büsche und Winkel, die Rückzug ermöglichen.

Außengelände

Aufgaben in der Institution

Auch über die Gruppe hinaus muss die Erzieherin Aufgaben übernehmen. In Dienstbesprechungen werden allgemein interessierende Dinge besprochen. Dabei kann es um den Personaleinsatz gehen oder um konzeptionelle Fragen.
In der Lernsituation geht es um Überlegungen zur Einrichtung einer Integrationsgruppe. Dies wird alle Bereiche in der Kindertagesstätte betreffen, besonders, wenn wie hier offen und in funktionsorientierten Räumen gearbeitet wird.

Je nach Institution müssen die Erzieherinnen zusätzliche Aufgaben beherrschen. Arbeiten sie mit Menschen mit besonderem Förderbedarf bzw. Behinderungen, werden es pflegerische Aufgaben sein. Geschieht dies in Heimen oder Internaten, kommen hauswirtschaftliche Arbeiten dazu. In der Horterziehung müssen Kinder bei schulischen Aufgaben unterstützt werden.
Auch die Zusammenarbeit mit dem **Träger** kann Aufgaben für die Erzieherin mit sich bringen. Dies ist jedoch von Einrichtung zu Einrichtung verschieden und hängt wesentlich von der Größe der Institution ab. In kleineren Einrichtungen, die möglicherweise nicht pädagogische Verantwortliche in der Leitung haben – dies kann bei Elterninitiativen oder auch kirchlichen Einrichtungen der Fall sein –, sind vielerlei Absprachen zur Koordination und Pädagogik zu treffen (s. auch **Lernfeld 6** Institution entwickeln).

Aufgabenfeld außerhalb der Einrichtung

Öffentlichkeitsarbeit ist die zentrale Aufgabe, die außerhalb von Gruppe und Institution übernommen werden soll. Sie ist die professionelle Präsentation einer Einrichtung und transportiert Aufgaben und Inhalte, die der Einrichtung wichtig sind. Ziel soll es sein, die Arbeit der Einrichtung öffentlich bekannt zu machen, die Aufgaben der Erzieherinnen zu verdeutlichen, Vertrauen zu schaffen und zur Zusammenarbeit einzuladen.
Um zu einer guten Öffentlichkeitsarbeit zu gelangen, ist ein interner Prozess vorauszusetzen.

Die Mitarbeiterinnen identifizieren sich mit den Zielen der Einrichtung.

Sie entwickeln ein Zusammengehörigkeitsgefühl.

Es entsteht ein positives Arbeitsklima mit hoher Motivation.

Die Bereitschaft zur Öffnung nach außen stellt sich ein.

Öffentlichkeitsarbeit zeigt sich bereits in der Arbeit mit den Eltern. In dem Maße, wie sie Vertrauen in die Einrichtung gewinnen, da sie angemessen und transparent informiert werden, gelingt nicht nur die Erziehungspartnerschaft zum Wohl des Kindes und Jugendlichen besser, sondern der Ruf der Einrichtung wird positiv.

Nach außen öffnen

Dies setzt sich fort, wenn sich die Einrichtung im Gemeinwesen verankert, wenn sie mit wichtigen Einrichtungen der Kommune/Gemeinde verlässlich und vertrauensvoll zusammenarbeitet bzw. in der Umgebung vernetzt ist. Damit kann sie möglicherweise Aufgaben übernehmen, die andere nicht anbieten, aber für die Einrichtung selbst wichtig sind.

In der Lernsituation sind es die Angebote für Mütter ausländischer Herkunft. Sie tragen zusätzlich zu mehr Information und damit Kompetenz der Erzieherinnen bei, sodass diese sichere Antwort geben können.

Dazu gehört auch die Vernetzung mit anderen sozial und erzieherisch tätigen Einrichtungen wie Grundschulen, Therapieeinrichtungen, soziale Dienste.

Aufgabe

1. Erkundigen Sie sich nach den Aufgaben in Ihrer Praxiseinrichtung. Ordnen Sie sie nach Bereichen ein.
2. Informieren Sie sich, in welchen Ausbildungsabschnitten diese Aufgabenbereiche näher behandelt werden.

5.4 Konzepte und Strukturen von Einrichtungen erkennen und nutzen

Die Prinzipien der verschiedenen Aufgabenfelder müssen den Gegebenheiten der jeweiligen Einrichtung angepasst sein. So ist deutlich geworden, dass durch die generalistisch angelegte Ausbildung Erzieherinnen mit Kindern, mit Kindern mit besonderem Förderbedarf oder Behinderung, mit Jugendlichen, in der Hilfe zur Erziehung, aber auch mit Erwachsenen mit geistiger Behinderung arbeiten können. Jeder Arbeitsbereich hat eine andere Schwerpunktsetzung der Aufgabenfelder, auch wenn sicherlich alle in irgendeiner Form auftreten. Für die Entwicklung der beruflichen Identität ist es wichtig zu erkennen, welcher Bereich der zukünftigen Erzieherin am meisten liegt. Um dies zu erfahren, werden im Laufe der Ausbildung mindestens 2 Praxisfelder in Form von Praktika kennengelernt.

Jana aus der Lernsituation war bereits klar, dass sie mit Kindern arbeiten möchte. Durch Erfahrungen in anderen Bereichen kann dieser Wunsch gefestigt oder aber auch in Frage gestellt werden – möglicherweise erkennt sie durch die Auseinandersetzung mit der Integrationsgruppe, dass ihr besonderes Interesse hier liegt. Bleibt sie bei ihrer Entscheidung für den Vorschulbereich, wird sie im Laufe der Ausbildung erkennen, dass es eine Vielzahl unterschiedlicher pädagogischer Ansätze für die Arbeit mit Kindern gibt, die je nach Einrichtung mehr oder weniger stark entwickelt und institutionsabhängig ausgeprägt sind.

Möchte Jana in einer klar an der Montessori- oder Reggio-Pädagogik ausgerichteten Kindertagesstätte arbeiten oder bevorzugt sie ein funktionsorientiertes Konzept? Liegt ihr mehr eine überschaubare Einrichtung oder findet sie Institutionen, die sich eher als Familienzentren verstehen, interessant?

Auch in der Jugendarbeit müssen Unterscheidungen in der Art der Einrichtung geklärt werden: So erfordert die Arbeit in einem Jugendhaus oder -zentrum die Bereitschaft, eher nachmittags und abends zu arbeiten, und grenzt sich durch ein anderes Klientel von z. B. der jugendlichen Freizeitpädagogik ab.

In dieser Auseinandersetzung entwickelt die Erzieherin ihre eigene berufliche Identität.

Aufgabe

Beschreiben Sie die Einrichtung, in der Sie zurzeit Praktikum machen. Mit welcher Zielgruppe wird gearbeitet, welche Strukturen in der pädagogischen Arbeit und in der Raumgestaltung erkennen Sie? Erkundigen Sie sich nach dem zugrundeliegenden Konzept.

5.5 Das Praktikum

Das ausbildungsbegleitende Praktikum in der Fachschulausbildung findet statt, um eine Verzahnung von Theorie und Praxis zu gewährleisten. Die Organisation des Praktikums ist in den Bundesländern unterschiedlich. Die Erwartungen an diese Schnittstelle zwischen den Lernorten Schule und Praxiseinrichtung gleichen sich: „Die Studierenden haben in der sozialpädagogischen Institution die Gelegenheit, ihr unter schulischen (...) Bedingungen kognitiv und überwiegend theoriegeleitet erworbenes Wissen in den erzieherischen Alltag umzusetzen. Im Kontakt mit den Berufskollegen können sie ihre Motivation überprüfen und schrittweise eine berufliche Identität entwickeln" (Hofer u.a., 2005).

Die Rolle der Praktikantin

Die Auszubildende begibt sich mit dem Schritt ins Praktikum in ein ganzes „Rollen-Feld", dessen einzelne Rollen zum Teil mit unterschiedlichen Erwartungen verknüpft sind.

- Zunächst ist sie Schülerin und damit in der Ausbildung. In der Regel ist sie erwachsen und hat mehr oder weniger Vorerfahrungen im Umgang mit Menschen in sozialpädagogischen Einrichtungen, je nach Stand ihrer Ausbildung und weiterer Erfahrungen vor der Ausbildung.
- Als Lernende begibt sie sich zeitlich begrenzt unter die Anleitung einer erfahrenen Kollegin. Sie wird damit abhängig von Ausbildungsstätte und Anleitung.
- Sie wird zudem Mitarbeiterin der Einrichtung, eventuell Teammitglied und zukünftige Kollegin.
- Sie wird vor allem auch Bezugsperson für die Zielgruppe, z.B. die Kinder und deren Eltern.

Damit ist sie mit einem Bündel unterschiedlicher Erwartungen konfrontiert:
In der Rolle der **Lernenden** wird von ihr die Erfüllung übertragener Aufgaben erwartet, um das Ausbildungsziel zu erreichen. Bereits hier kann es zu divergierenden Anforderungen kommen: In der Praxis wird zunehmende Selbstständigkeit erwartet und eigenverantwortliches Erkennen von Aufgaben mit anschließender Erfüllung. Ein vorgeschriebener Bildungsplan der Schule und seine didaktische Umsetzung schränken diese Selbstständigkeit jedoch teilweise ein.
Als **Mitarbeiterin** wird Loyalität gegenüber der Einrichtung erwartet. Über Informationen, die sie erhält, ist sie zu Schweigen verpflichtet.
Als **Bezugsperson** werden von ihr zugewandte Kommunikation und angemessener Beziehungsaufbau bei gleichzeitig beginnender professioneller Distanz erwartet.

Nicht zuletzt sei genannt, dass die Auszubildende, obwohl sie erwachsen ist, dennoch oft noch den Schritt von der weniger verantwortlichen Kindrolle in die nun verantwortungsvoll handelnde und Verantwortung übernehmende Rolle der **Erwachsenen** machen muss (vgl. Schütt, 1997).

Die Praktikantin hat berechtigte Ansprüche auf Anleitung und Berücksichtigung der schulischen Forderungen. Aufgrund ihres Status ist es jedoch nicht sicher, dass diese Ansprüche der Praktikantin bewusst sind und gegebenenfalls auch eingefordert werden.
Nicht verschwiegen werden soll die schwierige finanzielle Situation für einige sozialpädagogische Einrichtungen. Dies hat auch Auswirkungen auf die Situation der Praktikantin. Aufgrund der bei einigen Praxiseinrichtungen sehr begrenzten Finanzmittel rückt die Praktikantin mancherorts in eine weitere nicht vorgesehene Rolle, die der **Zweitkraft in der Gruppe** (z.B. der Kindertagesstätte). Hier ist sie in einem Intrarollenkonflikt – einerseits die Erwartung, Aufgaben zu übernehmen, da sie getan werden müssen. Dies erfüllt auch mit Selbstbewusstsein und Stolz, wenn die Aufgabenerfüllung gelingt. Andererseits besteht die Ausbildungsrolle natürlich fort und die mit ihr verbundenen Erwartungen und Einschränkungen, was in der Summe zu Überforderung führen kann.

Aufgabe

1. Klären Sie, in welchen Rollen Sie sich in Ihrer Praxiseinrichtung befinden.
2. Welche Erwartungen werden mit den Rollen verbunden?

Die Rolle der Anleitung

Als Anleitung fungiert meist eine berufserfahrene Person mit einer wenigstens ebenbürtigen sozialpädagogischen Ausbildung. In manchen Bundesländern müssen Mentorinnen zudem eine Anleiterfortbildung absolvieren. In der Regel handelt es sich bei der Anleitung auch um die Gruppenleitung. Auch die Mentorin befindet sich in verschiedenen Rollen, die sich auf ihr Anleitungsverhältnis zur Praktikantin auswirken.

Die Mentorin:
- Sie ist Delegierende, die Aufgaben weitergibt und die Folgen abschätzen kann bzw. dafür Verantwortung trägt.
- Für die Praktikantin wird sie in ihrer Berufsrolle und

den vermittelten Werten und Normen Vorbild, wenn nicht gar Identifikationsfigur sein.
- Ebenso ist sie Mitarbeiterin des Hauses mit der damit verbundenen Loyalität gegenüber der Einrichtung. Das bedeutet, dass sie auch Verantwortung trägt für das, was durch die Praktikantin nach außen vermittelt wird (z. B. über Berichte an die Schule).
- Zudem ist sie Bewertende, die die Leistungen der Praktikantin zu beurteilen hat.
- Letztlich ist sie Vertragspartnerin zwischen Praktikantin und Ausbildungsstätte.

Die Mentorin ist nicht „Kumpel“, Mutter, Freundin oder Koalitionspartnerin, die der Praktikantin bei vor allem privaten Schwierigkeiten zur Seite springt oder ihr gegenüber keine Forderungen formulieren kann.
Die erste Aufgabe der Mentorin ist es, den Anforderungen gegenüber der Zielgruppe gerecht zu werden. Die hier liegende Zuständigkeit und Kompetenz sollen der Praktikantin vermittelt werden; in diese Zuständigkeit soll die Praktikantin einbezogen werden. Dabei geht es nicht um Vermittlung von Perfektion, sondern um Unterstützung des Lernvorgangs in der Praxis.

Die Zusammenarbeit mit der Praxiseinrichtung
Die Motivation, eine Praktikantin zu übernehmen, ist ganz unterschiedlicher Natur. Sicherlich geht es in erster Linie darum, geeigneten Nachwuchs ausbilden zu helfen. Darüber hinaus wird gerade von den Anleiterinnen die Erwartung geäußert, mit einer Praktikantin „neuen Wind“ in die Einrichtung zu bekommen – man hofft auf neue Ideen und Zugang zu aktuellem Wissen, das über die Praktikantin von der Schule in die Praxis gelangen solle. Seitens des Trägers wird die Aufnahme einer Praktikantin auch als Entlastung für fehlendes Personal gesehen, was von den Anleiterinnen selbst weniger so gesehen wird.
Die Motivation der Praktikantin für ihr Praktikum kann von einer ganzen Bandbreite von Gründen bestimmt sein: angefangen bei der freudigen Erwartung, „endlich“ praktisch in dem angestrebten Beruf zu arbeiten, begleitet von Ängsten, ob man den Anforderungen gerecht wird, bis zur gewissen Gelassenheit, da eventuell schon eine Reihe von Vorerfahrungen gemacht wurden.

Das Praktikum bedeutet dann die Auseinandersetzung mit einer großen Palette von Aufgaben:
- Der persönliche Kennlernprozess zwischen Anleitung und Praktikantin bedeutet auch das Überprüfen eigener Erwartungen und Abschätzen des Kenntnisstands der Praktikantin.
- Beide sehen sich konfrontiert mit einer Reihe von Rollenerwartungen, die sie wahrnehmen, annehmen und mit denen sie sich auseinandersetzen müssen.
- Das tätige Handeln der Praktikantin wird in der Regel durch 2 Anforderungsstränge strukturiert:
  - zum einen durch die Aufgabenstellungen, die seitens der Ausbildungsschule an sie herangetragen werden,
  - zum anderen durch die täglichen Anforderungen der Praxis und der Zielgruppe. Auch hier lässt sich ein aufbauender Prozess feststellen: angefangen von der Komplexität, die die Arbeit mit der Zielgruppe beinhaltet, zur Elternarbeit, über gruppenübergreifende Aufgaben im Haus mit Kollegen bis hin zum Einblick in Aufgaben, die auf Trägerebene liegen.
- Der letzte Aufgabenkomplex besteht in der Reflexion eigenen Handelns mithilfe der Anleitung und von Zeit zu Zeit der betreuenden Lehrkraft, die in die Praxiseinrichtung geht.

Die Bewältigung der Aufgaben unterliegt einer Einteilung in 4 Phasen nach Schütt, nämlich:

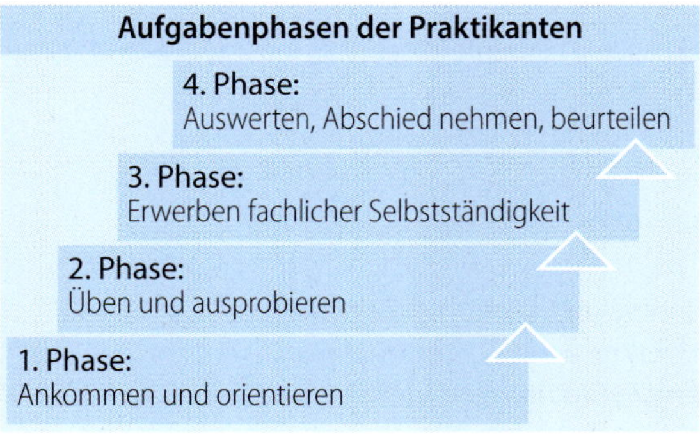

Je nach Struktur der Praxisbausteine in der Ausbildung werden diese Phasen in einer Einrichtung oder in unterschiedlichen Praxisstätten durchlaufen. Werden verschiedene Praktika gemacht, verschiebt sich die jeweilige Länge der Phase je nach Ausbildungsstand, wobei Phase 3 zu Beginn der Ausbildung nicht zu erwarten ist.

Aufgabe

Mit welchen Erwartungen sind Sie in Ihr Praktikum gegangen? Tauschen Sie sich mit Ihren Schulkolleginnen aus.

Anleitungsgespräche

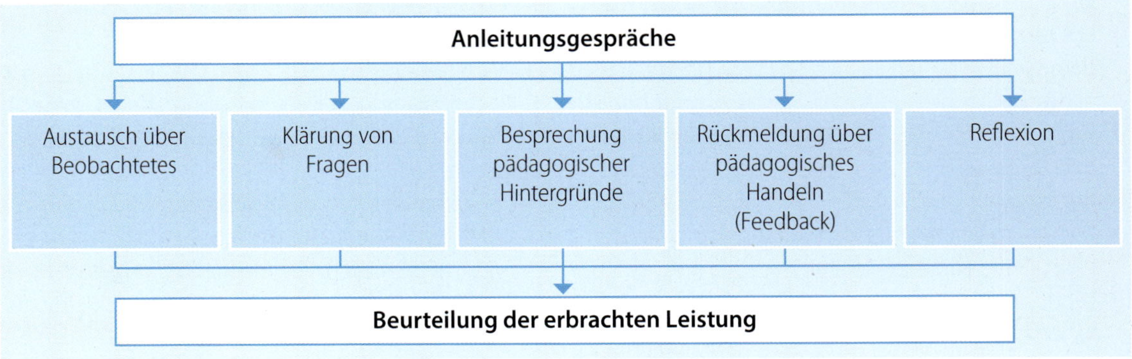

Die Arbeit in der Praxis dient den Ausbildungszielen und muss von daher von Zeit zu Zeit kritisch überdacht – reflektiert – werden. Dies soll in regelmäßig stattfindenden Anleitungsgesprächen stattfinden. Diesen Gesprächen kommt eine besondere Bedeutung zu. Sie sollten daher sowohl von der Praktikantin gegenüber der Anleitung als auch durch die Anleitung vom Träger als Zeitressource eingefordert werden (s. auch **Lernfeld 6**, Kapitel 8 Anleiten im Praktikum).

Vor dem Hintergrund regelmäßiger und verlässlicher Anleitungsgespräche, die intensiv zu Gesprächen mit angemessener Rückmeldung genutzt werden, ist der Akt der Beurteilung weniger schwierig, als er zunächst für beide, Praktikantin und Mentorin, erscheint. Ist eine offene, kritische aber wertschätzende Atmosphäre zwischen beiden entstanden, müsste die Praktikantin in weiten Teilen selbst in der Lage sein, sich angemessen zu beurteilen. Entsprechende Rückmeldungen durch die Anleiterin sollten dadurch bereits gut vorbereitet sein.

Die Beurteilung orientiert sich an den Forderungen des Ausbildungsplans und den erwarteten Lernschritten in der jeweiligen Ausbildungsphase. Diese liegen für die Praxiseinrichtungen zum Teil in ausdifferenzierter Form seitens der Ausbildungsstätten vor.

Im Laufe der Anleitungsgespräche sollten sich Mentorin und Praktikantin Teilziele vornehmen und diese in einem abgesprochenen Zeitraum erproben, um zunehmende fachliche Kompetenz und Selbstständigkeit zu erwerben. Die anschließende feedbackgeleitete Reflexion ermöglicht genauere Aussagen über den erreichten Lernzustand bzw. Lernzuwachs und Prognosen über die weitere Entwicklung der Praktikantin.

Für die das Praktikum abschließende Beurteilung werden damit bereits Bausteine vorbereitet, die für die Praktikantin nachvollziehbar sind.

Für das Beurteilungsgespräch selbst sollte, wie bei jedem anderen wichtigen Gespräch, ein angemessener Rahmen gesucht werden, der Zeit, Ungestörtheit und offene Bereitschaft zum Gespräch beinhaltet.

Eventuell vorliegende Störungen in der Beziehung der 2 Sozialpartner sollten vor der Beurteilung geklärt werden.

Jana sollte in ihrer Einrichtung die Möglichkeit erhalten, diesen ersten Tag im Anleitungsgespräch zu reflektieren – die verschiedenen Eindrücke zu klären, die dabei entstandenen Gefühle wahrzunehmen und erste institutionsbezogene Erkenntnisse für ihre Rolle und die damit verbundenen Aufgaben zu entwickeln.

Aufgabe

Bereiten Sie Ihr nächstes Anleitungsgespräch vor. Dokumentieren Sie dazu Aufgaben und Beobachtungen, die Sie in der Zwischenzeit gemacht haben. Entwickeln Sie Fragen und eigene Überlegungen.

5.6 Ausbildung in der Schule

Die Schule ist für die Erzieherschülerin ein Lernort mit unterschiedlichen Funktionen. Zunächst findet der überwiegend theoretische Teil der Ausbildung in der Schule statt. Hier wird anhand von (der Praxisrealität nachempfundenen) Lernsituationen das notwendige Fachwissen erarbeitet. Die Methoden sind weitgefächert. Neben die Impulsgebung durch die Lehrkraft tritt das selbstständige Lernen und Erarbeiten von Themen in Einzel-, Gruppen- und Projektarbeit. Für die Schülerin bedeutet dies, sich Zeit außerhalb von Unterrichtszeiten und Praktikum für die Ausbildung einzuräumen.

Im Klassenverband

Gruppenarbeit

Zugleich ist die Lerngruppe, in der Regel die Klasse, auch ein „Lernfeld" für viele Prozesse, die im Praktikum bei der Zielgruppe gesehen bzw. im Unterricht behandelt werden: Auch in der Klasse gibt es Gruppenprozesse, geht es um das Erreichen von Bildungszielen, werden Gefühle angesprochen, müssen Prozesse organisiert werden, um nur einige Beispiele zu nennen. Dieser Ort kann besonders gut für den Unterricht und zur Reflexion genutzt werden. Dabei wird deutlich, wie die Ausbildung sich direkt mit der Persönlichkeit der Auszubildenden befasst und diese zur **Reflexion ihrer eigenen Biografie** aufgefordert werden.

Als dritten Bereich hat die Schule die Aufgabe, Kommunikationsprozesse zwischen Praxisanleitung, Schülerin und Schule zu vermitteln und zu gestalten. In der Regel geschieht dies in Form von Anleitertreffen, zu denen alle **Mentorinnen** der Schülerinnen, eventuell die Schülerinnen selbst und die entsprechenden Fachkollegen zu allgemein interessierenden Themen des derzeitigen Ausbildungsniveaus eingeladen werden. Häufiger sind die Gespräche zwischen Anleitung, Praktikantin und Fachlehrerin, wo ein gemeinsames Reflektieren des jeweiligen Ausbildungsstands und anschließendes Festlegen der weiteren individuellen Ausbildungsziele geschieht.

6 Strategien zur Berufsbewältigung

Stressfaktoren und Umgang mit Stress

Mit dem Berufsbild der Erzieherin wird von außen betrachtet wenig Stress verbunden. Stress gehört danach nicht zum Spiel mit Kindern und zu relativ freier Zeiteinteilung. Gänzlich im Gegensatz zu diesem Vorurteil gehört Stress sogar in hohem Maße zum sozialen Berufsalltag. Neben der Zufriedenheit, die dieser Beruf bringt, entstehen auch Bereiche, die stressanfällig sind:

- Dies ist zum einen der manchmal erhebliche Lärm von Kindern, vor allem, wenn die Räumlichkeiten wenig Differenzierung zulassen.
- Die Forderungen und Ansprüche von Eltern können belastend werden, zumal wenn unzureichende Arbeitsbedingungen wie Personalknappheit, mangelnde Räumlichkeiten hinzukommen. Auseinandersetzungen mit Jugendlichen gehören ebenso dazu.
- Spannungen im Team, schlechte Zusammenarbeit mit dem Träger oder anderen Diensten können frustrierend sein und damit zu Stress führen.
- Idealismus und hohe Anforderungen an sich selbst verschärfen den Zustand und lassen eine permanente Anspannung und Belastung des Organismus entstehen.

Obgleich das Wort Stress allgegenwärtig und im Allgemeinen negativ besetzt ist, hat Stress durchaus auch eine positive Funktion. Eine gewisse Anspannung als Anpassung an Ausnahmezustände ist erforderlich (in bestimmten Situationen sogar lebensnotwendig), um zur Lösung einer schwierigen Situation zu gelangen. Erst wenn Stress als Dauerzustand wahrgenommen wird und Körper und Geist nicht mehr in der Lage sind, sich zu entspannen, schlägt Stress in einen gesundheitsbeeinträchtigenden Zustand um.

Lang andauernder Stress im beruflichen Alltag, der ignoriert wird oder dessen Ursachen nicht beseitigt werden (können), kann auch zum Burn-out-Syndrom führen, das eine weitere berufliche Tätigkeit in diesem Bereich vorerst verhindert.

Die bereits beschriebene Aufgabenvielfalt erfordert ein gutes Management, um nicht in Dauerstress zu verfallen. Dies gilt insbesondere bei den vielen Erzieherinnen, die in Teilzeit in diesem Beruf arbeiten (müssen) und/oder eine eigene Familie haben, der sie in ähnlicher Weise gerecht werden möchten wie den Kindern im beruflichen Alltag.

Es dreht sich einem der Kopf

Um Stress gar nicht erst entstehen zu lassen, gehört zur guten beruflichen Arbeit die realistische Sorge um sich selbst. Das meint kein permanentes Wehleiden bei kleinsten Anforderungen.

1. Ein klarer Einsatz für den Beruf (= Anspannung) bedarf einer Entspannung, die schon bei einer guten Ernährung, angenehmer körperlicher Bewegung sowie geistiger Anregung beginnt.
2. Ein gutes soziales Netzwerk außerhalb des sozialen Berufsfelds neben erfüllten beruflichen Sozialkontakten hilft, belastende Situationen aufzufangen oder durch andere Anregungen die Gedanken zu entlasten.
3. Ist eine Stresssituation entstanden, sollte die belastende Situation zunächst reflektiert und analysiert werden, sodass die Belastungsursache deutlich wird. Dabei werden Bewältigungsmöglichkeiten und Konsequenzen einander gegenübergestellt, um abzuwägen, welche Verhaltens- bzw. Reaktionsmöglichkeit die Erzieherin für sich sieht. Dies müssen nicht die tatsächlich vorhandenen, sondern nur die von der Erzieherin zu leistenden Möglichkeiten sein.
4. Kurzfristige Maßnahmen zur ersten Entspannung können nach Wahrnehmung von Stress eine kurze Auszeit (ein kleiner Spaziergang und Entfernen aus dem Raum), gezieltes Atmen, Dampf ablassen (auf ein Kissen hauen o. a.) oder positive Selbstinstruktionen (ich schaffe das jetzt) sein.

Zeitmangel und Arbeitsdruck sind häufig entscheidende Auslöser für Stress. Eine gute Arbeitsorganisation und Zeitmanagement kann man jedoch lernen.

Arbeitsorganisation

Eigenständige Planung und Ausführung übertragener Arbeiten führen zu hoher Motivation der Erzieherinnen. Insofern geht es darum, den Handlungs- und Entscheidungsspielraum der Erzieherin zu erweitern. Hierfür ist einerseits der Träger zuständig. Im Gespräch mit diesem sollte geklärt werden, was möglich ist. Das gelingt dann eher, wenn die Erzieherin die eigene Arbeit und die daraus erwachsenen Anforderungen transparent machen kann.

Andererseits kann die Erzieherin durch Kreativität und gutes Zeitmanagement sich selbst ihren Spielraum erweitern. Hier ist auch der professionelle Austausch im Team erforderlich. Regelmäßige Termine mit konstruktivem Ablauf – Austausch, Feedback, konzeptionelle Planung – unterstützen einen übersichtlichen Arbeitsrhythmus.

Zeitmanagement

Um zu einem guten Zeitmanagement zu gelangen, können folgende Schritte gegangen werden:

Schritt 1: Die Erzieherin sollte sich zunächst einen Überblick der anfallenden Aufgaben verschaffen.

Schritt 2: Anschließend sind die zu erreichenden Ziele zu verdeutlichen. Beziehen sie sich auf die Kinder, werden die Ziele im Team festgelegt und sollten schriftlich festgehalten werden. Der Entwicklungsplan eines Kindes enthält zudem langfristig und unmittelbar zu erreichende Ziele. Auch eigene Zielsetzungen sollten schriftlich fixiert werden, um einen Überblick zu behalten.

Schritt 3: Danach gilt es, eine Prioritätenliste zu erstellen: Was muss sofort erreicht/getan werden, was kann delegiert werden und was kann warten? Entscheidend ist hier, Nebensächlichkeiten auch als solche zu erkennen und eigenen Perfektionismus zur Seite zu stellen.

Schritt 4: Wird ein abschließender Plan erstellt, sollte maximal 60 Prozent der Zeit verplant werden. Die restliche Zeit wird für Unvorhergesehenes benötigt, was im pädagogischen Alltag schnell auftauchen kann.

Ein übersichtlich gestalteter Zeitrahmen trägt zur Motivation bei, da Ziele klarer geworden, Prioritäten verdeutlicht sind und damit Zuversicht gewonnen worden ist.

Hilfe durch Supervision

Stressige Ereignisse können mithilfe von Supervision, wie sie in **Lernfeld 2**, Kapitel 3.10 beschrieben wird, allein oder im Team neu betrachtet werden. „Durch eine andere Sicht auf die Konfliktsituation, die möglicherweise auch positive Anteile enthält, lassen sich kreative Vorgehensweisen oder einfache Lösungen entwickeln, die vorher nicht gesehen oder für möglich gehalten wurden: Plötzlich ist eine Weiterbildung nicht mehr undenkbar, ein klärendes Gespräch mit der Kollegin nicht mehr beängstigend oder ein Arbeitsplatzwechsel nicht mehr ausgeschlossen" (Prang, 2002).

Eine Teamsupervision hilft, die gemeinsame Verantwortung in der pädagogischen Arbeit zu klären, oder unterstützt in der konzeptionellen Arbeit, sodass sich jeder mit der Vorgehensweise identifizieren kann.

7 Fort- und Weiterbildung

Musiktherapie mit Kindern als Weiterbildungsmöglichkeit

Stete gesellschaftliche Veränderungen und neue wissenschaftliche Erkenntnisse erfordern ein lebenslanges Lernen, das sich in einer Auffrischung ehemals gelernter Erkenntnisse, Erkennen neuer Entwicklungen, Vertiefung in spezielle Themen oder der Erweiterung beruflicher Handlungskompetenzen ausdrücken kann.

Weiterbildung bemüht sich um die Erweiterung der beruflichen Handlungskompetenz. Hier ergeben sich eine Reihe von Bereichen:

- Heilpädagogische Zusatzausbildungen sind in unterschiedlicher Form möglich.
- Betriebswirtschaftliche Kenntnisse sind in einer Weiterbildung zum/zur Fachwirt/-in im Sozial- und Gesundheitswesen zu erlangen.
- Verschiedene Zusatzausbildungen in Bereichen wie Musik, Theater, Motorik, Psychomotorik, Sprache sind möglich, z. B. Motopädie, Musikpädagogik.
- Kommunikationskompetenzen oder Gesprächsführung sind weitere Weiterbildungsbereiche.
- Als ausgebildete Erzieherin kann außerdem ein Studium zur Frühpädagogik absolviert werden; hier wird ein Teil Berufserfahrung angerechnet. Ebenso ist ein Studium zum staatlich geprüften Kindheitspädagogen möglich.

Fortbildung ist spezieller ausgerichtet und meist auch kürzer im Lernzyklus. Sie vertieft zu einem bestimmten Thema unterschiedliche einzelne Aspekte oder trägt zur persönlichen Entwicklung der Erzieherin bei. Da es eine Vielzahl von Angeboten gibt, sollen Beispiele an dieser Stelle nicht genannt werden. Vielmehr muss sich die Erzieherin einige Fragen stellen, um bei dem großen Angebot das Richtige auswählen zu können:

- Soll es sich um eine Teamfortbildung handeln oder möchte die einzelne Fachkraft sich fortbilden?
- Welchen Bedarf hat das Team oder der Einzelne? Entspricht das dem Bedarf in der Einrichtung? Wird diese Fortbildung interessant sein?
- Was ist zeitlich und finanziell möglich?
- Bei Teamfortbildungen: Ist ein externer Anbieter

gerechtfertigt oder bieten die vom Träger vorgeschlagenen Fortbilder auch entsprechende Inhalte?

Werden diese Fragen vor der Fortbildung hinreichend geklärt, wird der Nutzen für die tägliche Arbeit ausreichend groß sein, um nicht die Motivation zu verlieren. Nach Roosen-Nef (2004) ist der Erfolg einer Fortbildung von steuerbaren Faktoren abhängig, nämlich dass

- Erzieherinnen ihr Selbstvertrauen stärken und an ihre Kompetenzen glauben müssen, um den steigenden Anforderungen gerecht zu werden;
- sie Erfolge erleben müssen, die sie ihrer Anstrengung zuschreiben können. Entwicklung von Nahzielen und Bewältigungsstrategien unterstützen diesen Prozess;
- für die Umsetzung der erworbenen Kenntnisse neben der Gewissheit in die eigene Handlungskompetenz das Vertrauen auf ein Netzwerk (= das Team) als unterstützender Faktor erforderlich ist.

So ausgerichtet kann Fortbildung auch ein wichtiger Baustein in der Qualitätssicherung sein. Siehe dazu auch das **Lernfeld 8** Institution und Team entwickeln.

8 Arbeitsrechtliche und tarifrechtliche Grundlagen und Berufsverbände

Arbeitsrechtliche und tarifliche Grundlagen

Erzieher und Erzieherinnen sind in der Regel Angestellte, deren Pflichten und Rechte in einem Arbeitsvertrag geregelt sind. Dem Arbeitsvertrag liegen die §§ 611 bis 630 des BGB zugrunde. Im Arbeitsvertrag werden grundsätzlich die Vergütung, die Arbeitszeit sowie der Urlaubsanspruch geklärt. Im Arbeitsvertrag ist auch die **Stellenbeschreibung** notiert, die die Aufgaben, die gegenüber dem Arbeitgeber zu erfüllen sind, verdeutlicht. Diese Stellenbeschreibung ist im Falle eines Konflikts über zu leistende Arbeiten zwischen Arbeitnehmer und Arbeitgeber die Grundlage.

Übergreifend wird hier auf **ausgewählte Regelungen** Bezug genommen:

- Gehaltsfortzahlung im Krankheitsfall. Seit 2009 gilt das Recht im Krankheitsfall, angesammelten Urlaub über den 31.03. des Folgejahres hinaus zu nehmen.
- Mutterschutz. Die werdende Mutter soll im Interesse ihres Kindes und ihrer eigenen Gesundheit sofort nach Bekanntwerden der Schwangerschaft den Arbeitgeber darüber unterrichten. Dieser muss sicherstellen, dass aufgrund der Tätigkeit der Arbeitnehmerin keine gesundheitliche Beeinträchtigung stattfindet. In diesem Zusammenhang gilt für die Kita oft der Passus die Vermeidung von schweren Lasten und erhebliches Beugen und Strecken.
- Pausenregelung während der Arbeitszeit
- Jugendschutzgesetz
- Kündigungsschutz. Es gibt einen besonderen Kündigungsschutz von Schwangeren.
- Arbeitnehmern beiderlei Geschlechts darf nicht wegen ihrer privaten, homosexuellen Lebensführung gekündigt werden, da diese nicht eine unverzichtbare berufliche Anforderung darstellt.

Zusätzlich wird der Arbeitsvertrag durch eine **Dienstordnung** des jeweiligen Arbeitgebers ergänzt, indem z.B. Vor- und Nachbereitungszeiten, Teambesprechungen geregelt sind.

In der Regel ist im Arbeitsvertrag kein Recht auf **Fortbildung** festgeschrieben. Um den Anforderungen des Arbeitsplatzes jedoch zu genügen, kann es erforderlich sein, an Fortbildungen teilzunehmen. Dies kann sowohl vom Arbeitgeber als auch vom Arbeitnehmer beantragt werden.

Die **Vergütung** des Arbeitsverhältnisses sowie Arbeitszeit und Urlaubsanspruch beziehen sich auf den zuständigen Tarifvertrag. Dieser wird zwischen den tariffähigen Parteien wie Gewerkschaften und Arbeitgebern für einen bestimmten Zeitraum ausgehandelt. Für die Arbeitgeberseite der kommunalen oder kirchlichen Kindertagesstätten oder Jugendhäuser ist dies der TVöD (Tarifvertrag öffentlicher Dienst), der VkA (Vereinigung der kommunalen Arbeitgeberverbände) oder KAT (Kirchenangestelltentarif). Die Arbeitnehmerseite wird vertreten durch Verdi (Vereinigte Dienstleistungsgewerkschaft) und GEW (Gewerkschaft Erziehung und Wissenschaft).

Die Mitbestimmungsrechte von Gewerkschaften und Betriebsräten lassen sich aus dem allgemeinen Arbeitsrecht ableiten.

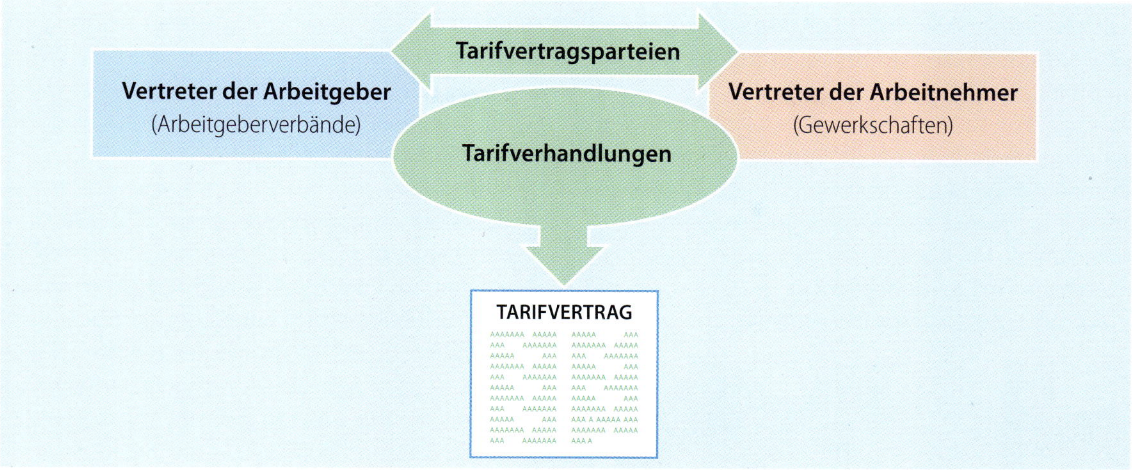

Berufsverbände und Gewerkschaften
Erzieher und Erzieherinnen können sich im Interesse der Weiterentwicklung ihres Berufsfelds oder der Ausbildung dazu in Berufsverbänden organisieren. Beispiele für diese Berufsverbände sind der Bundesverband evangelischer oder katholischer Erzieherinnen und Erzieher oder der Pestalozzi-Fröbel-Verband. Der Einsatz für die berufspolitischen Interessen erfolgt auf verschiedenen Ebenen, sowohl im Gespräch mit den betreffenden Ministerien als auch fachlich durch das Anbieten von Fortbildungen oder Beratung.
Gewerkschaften wie die GEW oder Verdi setzen sich gezielt für die Arbeitsbedingungen der Arbeitnehmer ein und versuchen dies gegenüber den Arbeitgebern mit unterschiedlichen Instrumenten, u.a. auch Arbeitskampfmaßnahmen, durchzusetzen.

9 Durchspielen einer vollständigen Handlung

9.1 Analysieren und planen – erste Planung

In der Lernsituation auf Seite 8/9 verdichten sich alle Fragestellungen und Aufgaben der Berufsausbildung bzw. des Berufsalltags. Zu Beginn einer Ausbildung bieten sich 3 Bereiche an, die näher zu betrachten sind, um die Ausbildung und Berufswahl von Anfang an „auf solide Füße zu stellen". Durch ihre berufliche Vorerfahrung ist Jana bereits klar, dass sie als Praktikantin und als Schülerin in unterschiedlichen Rollen tätig ist. Zudem ist ihr das Recht auf Anleitung deutlich und sehr wichtig geworden.

Planen und Ziele formulieren
Jana will als Erstes den Aufgabenbereich als Praktikantin klären sowie Zeit und Form der Anleitung besprechen. Das erste Gespräch mit der Anleitung will sie bereits nutzen, um sich weitere Ziele zu erarbeiten.

Kurzplanung I

Ziel	Handlungsschritte
Anleitung klären	Mit der Anleiterin werden Zeit und Ort der Anleitungsgespräche geklärt.
Umgang mit Berufsfragen	Verständigung über die inhaltliche Struktur.

Jana sucht das Gespräch mit ihrer Anleiterin. Beide verständigen sich auf einen festen Termin für die Anleitung. Dafür nehmen sie sich eine Stunde Zeit. Es wird geklärt, wer im Fall von Abwesenheit der Anleiterin die Vertretung übernimmt. Für im Alltag auftretende Fragen stellt sich die Anleiterin jederzeit zusätzlich zur Verfügung, wenn es die Situation erlaubt. Diese Gespräche ersetzen jedoch nicht die Anleitungsgespräche. Die Anleiterin regt an, ein **Ausbildungstagebuch** zu führen, um Fragen im Alltag ebenso festzuhalten wie Stichworte, die die Vielschichtigkeit des Alltags

verdeutlichen und Vernetzungen erkennen lassen. Diese Mitschriften sollen als Einstieg in die Anleitungsgespräche dienen.
Anschließend soll gezielt eine grundsätzliche Frage erörtert werden, die von beiden vorbereitet wird. Zuletzt werden gemeinsam weitere Schritte geplant, um den Kompetenzbereich zu erweitern. Dies können sein

- bestimmte Übernahme von Aufgaben im Haus,
- Aufgaben mit den Kindern oder
- Aufgaben mit weiteren Personen und Institutionen.

Ein Ausbildungstagebuch führen

Hier wird sichtbar, dass die Aufgaben im Laufe der Ausbildung verantwortungsvoller werden und zunehmend mit erhöhter Eigenständigkeit verbunden sind. Organisatorische Aspekte sollen an dieser Stelle nur insoweit besprochen werden, wie sie Janas Rolle als Praktikantin betreffen – alles darüber Hinausgehende wird auf den Teambesprechungen mit den anderen Kolleginnen festgelegt.
Nach der Feststellung dieser grundsätzlichen Struktur der Anleitungsgespräche spricht Jana die Anleitung auf die Vielfalt von Eindrücken an, die sie an ihrem ersten Tag hatte. Der Anleitung wird deutlich, dass Jana sich gerne aktiv mit diesem Einstieg auseinandersetzen möchte, aber nicht weiß, wo sie anfangen soll. Sie bietet Jana an, nach der **TZI-Methode** (s. **Lernfeld 2**, Kapitel 3) die verschiedenen Ebenen zu beleuchten.
Zunächst geht es um Jana, um das ICH:
Jana will klären, was ihre eigene Motivation für diesen Beruf ist, welche Einstellungen sie mitbringt. Der Wunsch, mit Kindern zu arbeiten, ist zwar eine positive Basis, sollte aber noch weiter hinterfragt werden. Die gezeigte Offenheit und Flexibilität sind gute Voraussetzungen: Kann Jana sie als Grundmuster bei sich erkennen? Hilfreich ist auch das Überprüfen der eigenen Erziehung, um zu einer bewussteren Haltung zu gelangen. Was waren ihre eigenen Vorbilder, Werte und Normen?
Als Nächstes sieht sie ihr Arbeitsfeld mit verschiedenen Akteuren, Kindern und Kolleginnen, das WIR:
Die Arbeitsweise der Erzieherinnen erinnert sie an Projektarbeit, die ihr nur ungefähr bekannt ist. Die Komplexität dieses Ansatzes will sie näher kennenlernen. Sie erkennt, dass die Erzieherinnen Aufgaben mit Kindern und Eltern übernehmen: Beides geschieht in einer Weise, die sie sich näher ansehen möchte. Ihr wird deutlich, welche Vielzahl von Aufgabenbereichen innerhalb einer Einrichtung zu meistern ist sowie welche unterschiedlichen Möglichkeiten der Arbeit als Erzieherin es gibt.
Der letzte Bereich vom TZI ist das Thema, das ES:
Das Thema kann für Jana kaum festgelegt werden, so vielfältig sind die Ansätze, die sie verfolgen möchte. Die Anleiterin hilft ihr, sich zunächst jenes als Thema zu suchen, das ihre Aufnahme- und Verarbeitungskapazität unterstützen hilft: Stress und Arbeitsorganisation.

9.2 Weitere Planung

Weitere Ziele formulieren

Die analysierten Ebenen nimmt sich Jana nun mit Unterstützung vor und formuliert Zielsetzungen und Kurzplanungen.

1. a) Die eigene Erziehung soll überdacht werden: hinsichtlich des Bildes vom Kinde, Werte und Normen, Einstellung zu Menschen mit differentem Hintergrund.
   b) Bisher vorhandene Kompetenzen werden geklärt und in Bezug gesetzt zur Berufsmotivation.
2. Die Komplexität des Berufsalltags wird erst im Laufe der Zeit klarer; es soll jedoch ein Verfahren erreicht werden, um Eindrücke festhalten und damit später thematisieren zu können.
3. Ein Zeitmanagement soll helfen, größeren Stress zu vermeiden.

Überlegungen zur Umsetzung

Janas Anleiterin ist bewusst, dass am ersten Tag ihres Praktikums eine ganze Reihe vielfältiger Aufgabenbereiche für Jana sichtbar wurden. Dadurch wurde der Schülerin die Komplexität dieses Berufs noch deutli-

cher, als es ihr durch ihre sozialpädagogische Vorerfahrung bereits war. Dennoch ist der Anleiterin klar, dass sie Jana Zeit und Raum geben will für Austausch, Anleitungsgespräche und Rückmeldungen.
Nicht alles lässt sich sofort klären, aber es soll mit Jana eine Struktur gefunden werden, die Klärungsprozesse ermöglicht. Außerdem sollte Jana Gespräche mit den verschiedensten Menschen führen, um eigene Haltungen zu überprüfen.

Kurzplanung IIa

Ziel	Handlungsschritte
Eigene Erziehung überdenken	Sich eigene Erinnerungen zu ausgewählten Stichworten bewusst machen. Gespräche mit Eltern/evtl. Großeltern dazu führen. Austausch mit Mitschülerinnen.

Jana überlegt und schreibt auf, wie sie ihre eigene Erziehung wahrgenommen hat. Was war wichtig für sie, was hat sie gestört? Wie waren die Bedingungen in ihrer Familie? Welches Verständnis von Kind hatten ihre Eltern oder Großeltern? Wie sieht ihr eigenes aus? Was hat sich daran geändert? Welche Institutionen hat sie selbst als Kind kennengelernt? Gab es ethische Leitlinien in ihrer Familie und welche davon sind ihr immer noch wichtig? Inwiefern hatte ihre Familie Kontakt mit anderen Kulturen? Was bedeutet es als Angehörige einer Minderheitenkultur, sich mit anderen Erziehungsvorstellungen auseinanderzusetzen? Wo wird dies deutlich? Wie wurde mit Konflikten in der eigenen Familie umgegangen? Erkennt sie bei sich Verhaltensmuster aus der Familie, die sie eigentlich nicht oder nur bedingt gutheißt?
Jana wird deutlich, dass es zu viele Aspekte sind, um sich einmalig über die eigene Erziehung Gedanken zu machen. Sie legt ein **Tagebuch** speziell für die Eigenreflexion an. Dann versucht sie, mit ihren Eltern über ausgewählte Punkte ins **Gespräch** zu kommen. Ihr ist klar, dass es dabei zu Konfliktgesprächen kommen kann. Daher informiert sie ihre Eltern zunächst darüber, warum ihr diese Gespräche wichtig sind und wozu sie dienen. Sie versucht, mit ihnen eine zeitliche Begrenzung zu finden.

Im Unterricht gibt es gelegentlich Raum für den Austausch mit anderen Schülern zu diesem Bereich. Sie sucht hier bewusst das Gespräch auch mit denen, die ihr auf Anhieb nicht ähnlich sind.

Kurzplanung IIb

Ziel	Handlungsschritte
Eigene Kompetenzen erkennen und Berufsmotivation klären	Sich eigene Kompetenzen bewusst machen und Berufswahlmotive nennen. Zusammenhänge herstellen. Kompetenzen in Anleitungsgesprächen immer wieder hinterfragen.

Jana ist zunächst wieder auf sich allein gestellt. Sie macht sich eine Liste mit den Gründen, warum sie diesen Beruf gewählt hat. Daneben stellt sie eine Liste von Negativgründen. Sie hinterfragt, so gut es geht, wie es zu diesen Gründen kommt.
Anschließend denkt sie anhand der o.g. Tabelle über ihre eigenen Kompetenzen nach. Auch diese schreibt sie auf. Dabei helfen ihre bisherigen Beurteilungen, die sie jedoch nur nach kritischer Prüfung übernimmt. Nun versucht sie Zusammenhänge zwischen ihren Motiven und ihren Kompetenzen zu finden: Sie hat festgestellt, dass sie offen auf andere Menschen zugehen kann und Anregungen schnell aufgreift (Frage der Mutter nach Infomaterial). Ein Grund für diese Ausbildung war für sie möglicherweise, dass sie Menschen und menschliches Verhalten interessant findet und sehen möchte, wie es sich von klein auf entwickelt. Sie hilft außerdem gerne anderen und hat auch einen offenen Blick dafür, wo Unterstützung gebraucht wird (bietet ihre Hilfe bei der Hausaufgabenbetreuung an, da eine Erzieherin krank geworden ist).

Kurzplanung III

Ziel	Handlungsschritte
Wahrnehmung der eigenen Rolle	Klären der eigenen Rolle mit den damit verbundenen Aufgaben.
Erkennen verschiedener Aufgabenbereiche	Beschreiben der Aufgabenbereiche der Kolleginnen.

In einem weiteren Gespräch mit der Anleitung reflektiert Jana, welche Erwartungen sie an die Rolle der Praktikantin hat und welche Erwartungen ihre Einrichtung an sie hat. Gemeinsam besprechen sie Unterschiede im Erwartungshorizont. Jana erhält als Aufgabe von der Anleitung, die Aufgabenbereiche der verschiedenen Erzieherinnen (zunächst in ihrer

Bezugsgruppe) zu beschreiben. Dies deckt sich mit der Hausaufgabe der Schule. Dazu wird sie verschiedene Gespräche mit ihren Kolleginnen führen und diese genau in unterschiedlichen Aktivitäten beobachten.

Kurzplanung IV

Ziel	Handlungsschritte
Zeitmanagement andenken zur Stressverminderung	Sich informieren über entsprechende Möglichkeiten Ein Gerüst für den eigenen Alltag entwickeln

Durch die klare Regelung und Gliederung der Anleitung erhofft Jana sich auch weniger Stress. Da die Aufgabenbereiche regelmäßig thematisiert werden und Kompetenzzuwächse angestrebt sind, wird ihre Arbeit transparenter.
Für ihren privaten Bereich versucht Jana, sich klare Zeiten für die Bewältigung der anfallenden Schulaufgaben zu verschaffen. Da sie neben ihrer Ausbildung noch jobben muss, ist es besonders wichtig, dass auch noch Zeit zur Entspannung bleibt. Sie macht sich klar, was ihr dabei am meisten hilft bzw. gefällt, und richtet sich dafür einmal in der Woche einen ganzen oder mindestens einen halben Tag ein. Sie überdenkt ihre Schlafgewohnheiten und ihre Ernährung, um sich auch hierüber ausreichend Entspannung zu holen. Da sie ein aufgeschlossener und hilfsbereiter Mensch ist, weiß sie, dass ihre Hilfsbereitschaft sie gelegentlich in Stress bringt – sie mutet sich dann zu viel zu. Sie nimmt sich vor, verstärkt darauf zu achten, auch einmal „Nein" zu sagen, ohne diese positive Eigenschaft grundsätzlich ablegen zu wollen.

9.3 Durchführen

Die angestrebten Vorhaben führt Jana durch. Dabei zeigt sich, dass die Klärung mit der Anleiterin sehr gut verlief, da auch diese sich ähnliche Gedanken zur Umsetzung gemacht hatte wie Jana. Die eigenen Niederschriften waren sehr umfangreich. Jana musste sich erst einmal eine eigene Struktur der Herangehensweise machen, um nicht vor dem Berg an Aspekten zu kapitulieren. Hier war es hilfreich, sich einmal am Tag für einen begrenzten Zeitraum hinzusetzen und eigene Gedanken aufzuschreiben. Diese sollten am besten zu Beginn gegliedert sein. Die Gespräche mit ihren Eltern waren an manchen Stellen unerwartet erhellend, bei anderen Punkten auch mühsam. Manches wussten die Eltern nicht zu benennen, da sie sich bisher weniger detailliert Gedanken gemacht hatten.

9.4 Reflektieren und bewerten

Relativ schnell stellt sich der Vorteil der aufbereiteten Anleitung heraus. In der Regel ist klar, was besprochen werden soll. Jana erlebt sich als aktive Teilnehmerin, da sie Teile des Gesprächs vorbereitet. Dadurch wird sie auch gezwungen, im Alltag genauer hinzusehen und sich Fragen und Stichworte zu notieren, die dann das Verständnis für die einzelnen Aspekte des Berufsalltags wachsen lassen.
Zunächst erscheint ihr das Aufschreiben eigener Fragen und Gedanken eher mühsam und zeitraubend. Nach einigen Wochen kann sie jedoch erkennen, dass ihre Stichworte hilfreich im Gespräch sind: Sowohl in der Anleitung kann sie auf beobachtete Beispiele oder Fragen zurückgreifen als auch im Gespräch mit anderen wie im Unterricht oder mit anderen Praktikantinnen unterstützt es sie. Allmählich bemerkt sie, dass die Notizen ihr helfen, ihre Gedanken zu strukturieren und Zusammenhänge zu erkennen.
Die Gespräche in der Familie helfen ihr, Aspekte ihrer Haltung zu verdeutlichen. Das Verhältnis zu ihren Eltern wird positiv beeinflusst. Sie trifft jedoch auch auf Themenbereiche, die sie lieber verdrängen wollte. Hier hilft ihr das Tagebuch zur Niederschrift damit einhergehender Gedanken und Gefühle.

9.5 Dokumentieren und präsentieren

Die Dokumentation dieses Prozesses geschieht in Form von Aufzeichnungen in Tagebuchform. Diese sind unterteilt in private Bereiche und Aspekte zum Berufsalltag, die ausschnittsweise in den Anleitungsgesprächen präsentiert werden. Eine darüber hinausgehende Präsentation ist nicht sinnvoll, da es sich um die Reflexion zum Teil sehr privater Überlegungen handelt. Es bietet sich jedoch bei passender Gelegenheit (z.B. im Unterricht) an, die Struktur der Aufzeichnungen vorzustellen.

Weitere Lernsituationen

Lernsituation A

Jan macht sein Praktikum in einer Grundschulklasse mit Integrationskindern. Außer der Klassenlehrerin ist noch eine Sozialpädagogin anwesend – und seit heute er als Praktikant. Da es ein Montag ist, scheint es besonders laut zu sein – die Kinder flitzen durch die Klasse und springen über die Bänke. Wenn dabei etwas herunterfällt, wird es nicht bemerkt. Jan war bereits vor den Lehrkräften da und wollte sich der Klasse eigenständig und freundlich vorstellen. Aber er wurde gar nicht wahrgenommen – also setzte er sich nach hinten in eine der Bänke.

Plötzlich wird es leise. Frau Schulte und Frau Kraft haben den Raum betreten. Die Kinder gehen zu ihren Tischen und setzen sich. Nach einem Begrüßungszeremoniell wird Jan als neue Unterstützung vorgestellt. Dann weist Frau Schulte auf die Arbeitsaufträge hin, die in den Körben für die Kinder liegen. Frau Schulte erklärt Jan derweil, dass für jedes Kind ein individueller Arbeitsplan in seinem Körbchen liegt. Jan fragt sich, wann und wie dieser erstellt wurde.

Die Kinder machen sich unterschiedlich schnell an die Arbeit – einzelne malen zunächst, andere fragen, ob sie am Computer arbeiten dürfen. Frau Kraft nimmt Jan mit, wenn Kinder sie um Unterstützung bitten. Dabei stellt er fest, dass die Aufgaben unterschiedliches Niveau haben. Einzelne Kinder sollen eine Schnecke malen – erst nach Vorgabe, dann eigenständig. Jan beobachtet ein Mädchen, das mit großer Konzentration bei der Sache ist und bedächtig den ganzen Arm dabei bewegt. Ein anderes Kind mit der gleichen Aufgabe kann sich gar nicht konzentrieren und springt immer wieder von seiner Arbeit auf. Eine Gruppe von 3 Kindern hilft sich gegenseitig am Computer – sie haben einen kleinen Text zum Thema Schnecke aufgeschrieben und wollen diesen nun eintippen. Die ersten Kinder kommen zu Jan und bitten ihn um Hilfe: Sie wollen Papier, das auf dem Schrank liegt. Alle sind beschäftigt. Nach einiger Zeit stellt Jan fest, dass es keinen

Stundenrhythmus gibt, sondern die Kinder sich die Zeit selbst einteilen. Erst zur Mittagszeit gibt es eine größere gemeinsame Pause. Dazu werden die Arbeitsmaterialien weggepackt und die Pädagogen teilen den Tischdienst ein. Nach dem Essen wird gemeinsam gespielt, gesungen und vorgelesen. Wenn die Kinder um 15 Uhr das Haus verlassen, erarbeiten Frau Schulte und Frau Kraft die Arbeitsblätter für den nächsten Tag. Dazu tauschen sie sich zunächst über ihre Beobachtungen der Kinder aus, wozu sie Jan ebenfalls befragen. Für ihn war so viel neu, dass er noch keine zusätzlichen Beobachtungen einzelner Kinder festhalten konnte. Dies nimmt er sich für den nächsten Tag vor, fragt sich aber, wie er das alles behalten soll.

Lernsituation B

Katja ist neu in einem Praktikumsplatz in der offenen Kinder- und Jugendarbeit in einer ländlichen Region. Obgleich auch Jugendliche angesprochen werden, sind es überwiegend Kinder der Grundschule sowie der Klasse 5 bis 7, die die Angebote aufsuchen. An Katjas erstem Tag soll sie die Erzieherin Ulli begleiten, die eine Tanzgruppe anbietet. Zehn Mädchen kommen in den ersten 20 Minuten in den Raum, dabei soll das Angebot bereits um 16 Uhr losgehen. Nicht alle haben Kleidung zum Wechseln mit, obwohl die Kinder schnell ins Schwitzen kommen, denn Ulli „powert" ganz schön los. Als die Gruppenstunde zu Ende ist, guckt Katja noch in die anderen Räume und fragt, was sonst noch angeboten wird. Sie erfährt von einer Hausaufgabenbetreuung, einem Mittagessenangebot zweimal in der Woche, sowie von einer Bastelgruppe und einer Kochgruppe, die aber gerade nur spärlich läuft. Als Katja nachfragt, erfährt sie, dass es den Kindern schwerfällt, sich auf die gesunde Küche einzustellen.

Plötzlich hört sie großes Geschrei. Aus einem Raum stürzt ein ca. 13 Jahre alter Junge und schimpft wütend vor sich hin. Kurz darauf folgt ein größerer Junge, läuft ihm nach und tritt ihm von hinten an die Wade. Katja beobachtet, dass der Erzieher Ben die beiden zur Rede stellt. Anschließend geht der Erwachsene in den Raum zurück. Die Praktikantin folgt ihm und findet neun Jungen zwischen 12 und 14 Jahren vor, die offensichtlich Boxen trainieren.

Als sie Ulli wiedertrifft, fragt sie, was sie denn dagegen mache, dass die Kinder so spät zu ihrer Tanzgruppe kommen. Ulli erwidert, dass sie zunächst froh sei, dass die Mädchen überhaupt kommen – alles Weitere würde sie ihr später erklären, sie müsse jetzt los. Etwas später erwischt Katja den Erzieher Ben und erkundigt sich, ob Jugendliche das Haus gar nicht nutzen. Er erklärt, dass zurzeit nur eine Gruppe abends den Musikraum zum Üben nutze, aber das Team gerade überlege, wie sie noch mehr Jugendliche ansprechen können. Dazu diene die Teamsitzung morgen um 11 Uhr – sie sei herzlich eingeladen.

Als Katja gegen 21 Uhr nach Hause geht, fühlt sie sich reichlich verwirrt.

Aufgabe

Bearbeiten Sie eine dieser Lernsituationen nach den folgenden Schritten:

- Analysieren
- Planen
- Durchführen
- Reflektieren und bewerten
- Dokumentieren und präsentieren

Anregungen zur Selbstreflexion

Zur Selbstreflexion empfiehlt sich eine Übung nach Gudjons, um über nächste Ziele und Schritte in der Berufsplanung nachzudenken. Arbeiten Sie dazu zunächst allein und bei der Auswertung der Ergebnisse in Dreiergruppen.

Schreiben Sie auf ein Blatt Ihre **Berufsziele**. Notieren Sie alles, was Ihnen einfällt. Nach 3 Minuten reflektieren Sie diese Ziele nach folgenden Aspekten:

- wahrscheinlich erreichbar
- zweifelhaft
- irreal

3 oder 4 der realistischen Ziele schreiben Sie auf ein neues Blatt. Für dieses Blatt gilt die Überschrift „Meine nächsten 3 Jahre". Notieren Sie für jedes Ziel, was Sie zum Erreichen dieses Ziels tun müssen. Ein drittes Blatt wird mit der Überschrift „Meine nächsten 6 Monate" versehen. Verfahren Sie mit jedem Ziel wie zuvor – in ganz konkreten Schritten. Auf einem vierten Blatt schreiben Sie nun alle erforderlichen Aktivitäten, die sich aus Blatt 3 ergeben.
Erstellen Sie anschließend auf Blatt 5 einen ganz konkreten Handlungsplan mit Terminen, Gesprächen, Entscheidungen.

In der nachfolgenden Dreiergruppe werten Sie aus nach folgenden Gesichtspunkten:

- Widersprüche zwischen Zielbereichen
- Motiv der Auswahlentscheidung
- Gefühle gegenüber diesem Versuch der Berufsplanung
- Verbindlichkeit der Entscheidungen

2 Pädagogische Beziehungen gestalten und mit Gruppen pädagogisch arbeiten

1 Lernsituation

Marion, 19 Jahre alt, arbeitet seit 6 Wochen in einer Wohngruppe mit 8 Jugendlichen. Es ist ihre erste Anstellung nach ihrer Ausbildung als Erzieherin. Die Gruppe lebt in einem separaten Haus und gehört zu einer Einrichtung, in der es 6 solche relativ eigenständige Wohngruppen gibt.

In Marions Gruppe arbeiten noch ein Erzieher (Hans, 30 Jahre, seit 3 Jahren in dieser Gruppe tätig), ein Sozialpädagoge (Christian, 25 Jahre, seit einem Jahr in dieser Gruppe tätig), eine Erzieherin (Sabine, 35 Jahre, seit 2 Jahren in der Gruppe) und eine Kinderpflegerin (Ursula, 52 Jahre, seit 25 Jahren in dem Heim tätig) im Schichtdienst.

Im Allgemeinen sehen die Schichten so aus, dass man um 12:00 Uhr in den Dienst kommt und bis zum nächsten Tag um 14:00 Uhr bleibt. So gibt es eine Überschneidungszeit von 2 Stunden, in der mit den Kindern gegessen wird und eine Dienstübergabe erfolgen kann.

Marion war bisher, da sie noch so neu ist, immer zum Tagesdienst von 12:00 bis 19:00 Uhr eingeteilt. Nun

wurde Sabine plötzlich krank und Marion wird gefragt, ob sie sich schon einen Sonntagsdienst von 8:00 bis 16:00 Uhr zutraue. Marion will den Dienst gern übernehmen, zumal sie das Gefühl hat, inzwischen einen „Draht" zu den Jugendlichen zu haben. Außerdem möchte sie gern einmal ausprobieren, wie es ist, allein in der Gruppe zu sein.

Vor einer Woche hat Marion begonnen, die Akten der Kinder zu studieren. Dadurch kann sie nun manches Verhalten der Jugendlichen besser verstehen:

Mustafa (15 Jahre) lebt seit seinem 8. Lebensjahr im Heim. Seine Familie stammt aus dem Osten der Türkei. Mustafa lebte als Säugling und Kleinkind zeitweise von seiner Mutter getrennt, die, während sie in Deutschland arbeitete, ihn in der Familie in der Türkei zurücklassen musste. Er ist Bettnässer, hat Hospitalismussymptome, stottert in manchen Situationen und braust manchmal völlig unangemessen auf. Er besucht die 9. Klasse der Förderschule. Außerhalb des Heims hat er keine Bezugspersonen. Ursula gegenüber, die schon seit 25 Jahren in dieser Einrichtung arbeitet und die Mustafa von Anfang an kennt, verhält er sich sehr anhänglich.

Lutz (13 Jahre) kam mit 5 Jahren in eine Pflegefamilie. Das Pflegeverhältnis wurde beendet, als er 9 Jahre alt war. Danach kam er in eine zweite Familie, dieses Pflegeverhältnis scheiterte bereits nach anderthalb Jahren. Seither lebt er hier in der Wohngruppe. Er besucht die 5. Klasse der Hauptschule. Wegen seiner vielen Umzüge und Schulwechsel fasst er nur schwer Fuß in der Klasse. Er schwänzt außerdem sehr häufig die Schule. Lutz lässt sich nur von den männlichen Erziehern etwas sagen. Er ist häufig aggressiv gegenüber Erwachsenen. Für Melanie hingegen scheint er alles zu tun.

Patrick (14 Jahre) und **Pepita** (12 Jahre) sind Geschwister. Ihre Mutter, die in einer Nachtbar arbeitet, kommt alle 4 bis 5 Monate einmal vorbei, überschüttet die beiden mit Geschenken, beschimpft die jeweils diensthabenden Erzieher, sie kümmerten sich nicht ordentlich um ihre Kinder, und lässt dann ihre ihr sehnsüchtig nachblickenden Kinder wieder zurück. Die beiden sind schon seit 5 Jahren in der Wohngruppe.

Lilli (14 Jahre) geht zur Realschule. Sie lebt seit gut einem Jahr in der Gruppe. Sie ist intelligent und stark suizidgefährdet. Regelmäßig ritzt sie sich die Haut auf. Sie will mit der Gruppe nichts zu tun haben und hält es für eine Strafe, mit diesen – wie sie sagt – „primitiven" Menschen zusammenleben zu müssen. Das Benehmen der anderen bei Tisch ekelt sie an. Ihre Mutter, mit der sie vorher allein lebte, war mit ihr überfordert. Marion glaubt, zu Lilli einen guten Zugang zu haben.

Thomas (15 Jahre) lebt seit 3 Jahren in der Wohngruppe, seitdem seine Mutter starb. Thomas' Vater schaut regelmäßig vorbei und an den Festtagen, an einigen Wochenenden und in den Ferien ist Thomas häufig bei ihm zu Hause. Thomas ist Einzelgänger. Er sitzt die meiste Zeit vor seinem Computer. Marion kennt sich mit den Spielen nicht aus, die er spielt. Sie scheinen aber sehr Gewalt verherrlichend zu sein. Manchmal hat Marion den Eindruck, dass Thomas vielleicht computersüchtig ist.

Melanie (16 Jahre) ist der „Kopf" der Gruppe. Sie hat vor allem Lutz im Griff, der fast unterwürfig allerlei Dienstleistungen für sie erledigt oder bei Konflikten den aggressiven Beschützer spielt. Melanie besucht die Schule für ein Berufsvorbereitungsjahr. Sie lebt seit 3 Jahren in der Gruppe und hat so gut wie keinen Kontakt mehr zu ihrer Familie. Ihre Mutter lebt mit 3 Halbgeschwistern von Melanie und einem neuen Ehemann 600 Kilometer weit entfernt.

Kerstin (15 Jahre) lebt seit einem Jahr hier. Sie hat sich sehr schnell integriert, versteht sich gut mit Melanie. Ihre Mutter ist Alkoholikerin. Kerstin leidet darunter, dass ihre Mutter noch kein einziges der vielen Versprechen eingehalten hat, die sie ihr immer wieder macht.

Marion hat den Nachtdienst abgelöst, der diesmal von einer Aushilfe übernommen wurde. Außer Thomas, der noch am Computer sitzt, sind alle Jugendlichen anwesend. Nun deckt sie einen gemütlichen Frühstückstisch für das Sonntagsfrühstück. Sie hat extra Blumen besorgt und eine Tischdecke mitgebracht, ihr ist die Atmosphäre sehr wichtig. Es gefällt ihr nicht, wie die Jugendlichen sonst frühstücken. Gegen 10:00 Uhr tauchen endlich Melanie und Kerstin auf. In Unterwäsche, ungewaschen und unfrisiert, mit einer Decke als Umhang machen sie sich über den Frühstückstisch her. Sie begrüßen Marion nicht, sind stattdessen lauthals dabei, einen sehr brutalen Film, den sie in der Nacht als Video gesehen haben, in allen Einzelheiten nachzuerzählen. Marion wird es schlecht. Ihr ist der Appetit vergangen. Das merken die beiden und nun schmücken sie die brutalen Szenen umso deutlicher aus, Marions angewidertes Gesicht genießend. Nach und nach kommen die anderen zum Frühstück. Der Fernseher wird angemacht und man macht es sich auf den Sofas mit Nussnugatcreme-Brötchen und Kakao gemütlich.

Lilli kommt dazu, schaut sich um, sieht Marion an und zieht die Augenbrauen hoch. „Tja, so hab ich mir ein gemütliches Sonntagsfrühstück mit euch vorgestellt!", meint Marion enttäuscht. „Das geht in dieser Behindertengruppe nicht, siehst du ja!", stellt Lilli befriedigt fest. Sie macht sich ein Brötchen zurecht, schenkt sich Saft ein und zieht sich wieder in ihr Zimmer zurück.

Mustafa kommt zum Schluss dazu. Es ist kein Ei mehr für ihn übrig. Er rastet aus und wirft das Nussnugatcreme-Glas an die Wand. Lutz legt sich mit ihm an und wirft aus Wut ein ganzes Regal um. Das alles geschieht so schnell, dass Marion von dem Geschehen völlig überrascht wird und handlungsunfähig ist.

Jetzt weiß sie, warum man sie vor Sonntagsdiensten im Heim gewarnt hat.

2 Angestrebte Kompetenzen

Wenn sich eine Erzieherin für das Arbeitsfeld „Hilfe zur Erziehung" entscheidet, wie es bei Marion der Fall ist, so muss sie sich vielleicht mehr noch als in anderen pädagogischen Bereichen mit ihrer ganzen Person, mit ihren Stärken, Schwächen, Vorlieben und Abwehrhaltungen auf die Beziehung mit den ihr anvertrauten Kindern und Jugendlichen und mit den Teammitgliedern einlassen. Natürlich darf und muss sie ihren persönlichen Bereich schützen. Ihre „blinden Flecke" (Eigenschaften und Eigenarten, die man von sich selbst nicht kennt, die nur andere wahrnehmen) sollten jedoch nicht zu groß sein, sodass ihr die Abgrenzung zwischen privatem, persönlichem und professionellem Bereich gelingt.

Die Professionalität besteht in der Heimarbeit also gerade darin, dass der Pädagogin der angemessene Umgang mit Distanz und Nähe gelingt: Ohne Nähe kann kein pädagogischer Bezug entstehen, ohne Distanz fehlt die Metaebene in der Kommunikation. Die notwendigen Kompetenzen, die Marion in diesem Zusammenhang benötigt, sind der Selbstkompetenz, der Fachkompetenz und der Sozialkompetenz zuzuordnen. Der erste Abschnitt des vorliegenden Kapitels beschäftigt sich damit, woher der Begriff „pädagogischer Bezug" kommt und mit dem sogenannten „therapeutischen Milieu" (**Kapitel 3.1** und **3.2**), mit dem Phänomen des Helfersyndroms, das mit der Unfähigkeit, sich abgrenzen zu können, zusammenhängt (**Kapitel 3.3**), und mit dem Thema Übertragung und Gegenübertragung (**Kapitel 3.4**).

Was sind „Hospitalismussymptome"? Wieso ist Mustafa Bettnässer? Hat es etwas damit zu tun, dass Mustafa als kleines Kind teilweise von seiner Mutter getrennt lebte? Man kann davon ausgehen, dass die meisten Kinder, die Hilfe zur Erziehung (s. auch **Lernfeld 5** für Hilfe zur Erziehung) in Anspruch nehmen müssen, keine liebevolle frühe Kindheit erleben durften. Die Mutter-Kind-Beziehung war in den meisten Fällen gestört und es dürfte traumatische Erlebnisse gegeben haben. Daher gehört es auch zum Handwerkszeug, d. h. zur Fachkompetenz einer Erzieherin, fundierte Kenntnisse über die Primärbeziehung des Kindes zu haben – hierzu s. **Kapitel 3.5**.

Mustafa hat nicht nur die Trennung von seiner Mutter verarbeiten müssen, auch musste er mit unterschiedlichen Kulturen zurechtkommen, da er als Kind aus dem Osten der Türkei nach Deutschland kam. Dies ist ein zusätzlicher Bruch in seiner Sozialisation. Hierauf geht das **Kapitel 3.6** ein. Das Wahrnehmen von Vielfalt (gleich ob kultureller, ethnischer oder anderer sozialer Vielfalt) ist eine Grundkompetenz, die eine pädagogische Fachkraft erwerben soll. Das Verstehen von Heterogenität als Selbstverständlichkeit und Chance im Sinne von Inklusion ist eine Querschnittaufgabe der Erziehertätigkeit, die immer mitbedacht werden soll.

Welchen Unterschied macht es, ob in der Gruppe nur Mädchen oder nur Jungen leben? Wie ist der Einfluss von weiblichen oder männlichen Erziehern auf die Jugendlichen? **Kapitel 3.7** beschäftigt sich mit der Geschlechterrollenthematik. Im Sinne von Inklusion soll auch hier die Fachkraft Verschiedenheit wahrnehmen, diese wertschätzen und angemessen damit umgehen. Ein hilfreiches Instrument zur Analyse von Beziehungen und zur Verbesserung der Kommunikation kann die Transaktionsanalyse sein. Auf das Eingangsbeispiel bezogen ist es hilfreich zu fragen, welche Rolle Marion den Mädchen Melanie und Kerstin gegenüber einnimmt, als diese von dem brutalen Film erzählen. Außerdem sollte Marion dringend hinterfragen, wie sie ihren „Zugang" zu Lilli gestaltet. Dadurch kann Marion ihre Professionalität deutlich erhöhen. Kenntnisse in der Transaktionsanalyse und Übungen dazu stärken die Handlungskompetenz. Sie finden sich im **Kapitel 3.8**.

Marion findet eine Gruppe mit eigenen Strukturen, Kommunikationsmustern und eigener Geschichte vor, gleichzeitig verändert sie mit ihrem Hinzukommen das System. Mit diesem Prozess beschäftigt sich **Kapitel 3.9**.

Der jungen Erzieherin Marion ist zu wünschen, dass ihr die Möglichkeit zur Supervision gegeben wird. Sie muss unbedingt – am besten mit jemand Außenstehendem – über diesen Sonntagmorgen sprechen können. Ihren Kolleginnen wird sie diese Situation vielleicht aus Angst, man halte sie noch nicht für kompetent genug, nicht offen erzählen wollen, es sei denn, dies kann in einem dafür institutionalisierten Rahmen, z. B. einer Supervisionssitzung, geschehen. Über die Notwendigkeit von Supervision in diesem Arbeitsfeld und über die unterschiedlichen Arten von Supervision berichtet **Kapitel 3.10**.

Im Fallbeispiel heißt es, Kerstin habe sich schnell in die Gruppe integriert oder Thomas sei Einzelgänger. Was ist das für eine Gruppe, mit der wir es da zu tun haben? Sie leben nicht freiwillig zusammen, aber sie müssen sich arrangieren – und jede Gruppe organisiert sich nach bestimmten Gesetzen. Es sind immer bestimmte Gruppenphasen erkennbar, Rollen bilden sich aus und es gibt implizite und explizite Gruppenregeln. Entscheidungen werden in spezifischer Weise getroffen, Konflikte werden in für die Gruppe typischer Weise ausgetragen. Rituale werden eingeführt, bestimmte Abläufe wiederholen sich. Es gibt gute und schlechte Gruppengeheimnisse. Aus einem Wir-Gefühl entwickelt sich im guten Fall eigenständiges erwachsenes Verhalten der Gruppenmitglieder. Im schlechten Fall entwickeln sich Abhängigkeiten. Wie kann man als Gruppenleiter erreichen, dass eine Gemeinschaft entsteht, auf deren Basis die einzelnen Mitglieder sich ihren individuellen Möglichkeiten entsprechend in guter Weise weiterentwickeln können? Wie erreicht man Regeln des Miteinanderumgehens? Wie verhält man sich als Gruppenleiter bei Konflikten und wie implementiert man in der Gruppe Konfliktlösungsmuster, die für alle akzeptabel und praktikabel sind?

Der Mikrokosmos einer Wohngruppe ist eingebettet in einen gesellschaftlichen und rechtlichen Rahmen. Die Regeln in der Wohngruppe sind gesellschaftlichen Regeln und Normen unterworfen. Gleichwohl haben Heimkinder mit Verhaltensweisen in bestimmten Systemen gut überlebt, mit denen sie in anderen Systemen Schwierigkeiten bekommen. Normen, unausgesprochene und ausgesprochene Regeln gelten zunächst nur für das jeweilige System. Da besonders Heimkinder aber bereits in vielen Systemen nacheinander und parallel leben mussten und müssen, werden an sie hohe Anforderungen bezüglich ihrer Flexibilität und Anpassungsfähigkeit gestellt, denen sie nicht immer genügen. Man denke an die meist hohe Mitarbeiterfluktuation im Heim und die Schichtwechsel.

Ein System verändert sich mit jedem neuen Mitglied. Hier sei an Lutz aus dem Fallbeispiel mit seinen gescheiterten Pflegeverhältnissen erinnert: Jede Familie hatte ihre spezifischen Regeln. Einen mit Liebe gedeckten Frühstückstisch kann Lutz vielleicht gar nicht erkennen und wertschätzen, zumal Marion von ihm möglicherweise ohnehin als eine Erzieherin eingeordnet wird, die nur vorübergehend da ist. Wer könnte ihm diese Einstellung übel nehmen?

Die Biografien mancher Kinder und Jugendlicher weisen solche tiefgreifenden Verletzungen auf, dass auch die Betreuung in einem heilpädagogischen Heim keine Erfolge zeigt. Wenn Jugendliche bereits straffällig geworden sind, müssen unter Umständen besondere Maßnahmen ergriffen werden. Hier helfen in einigen Fällen individualpädagogische Maßnahmen oder auch erlebnispädagogische Projekte, die die Jugendlichen aus ihrem gewohnten Umfeld herausholen und es ihnen ermöglichen, neue Erfahrungen zu machen und ihr Verhalten zu ändern.

Von der Arbeit mit Gruppen handelt ausführlich das **Kapitel 4** (s. auch **Kapitel 3.9**).

In dem Fallbeispiel ist auch von Thomas die Rede, der viel Zeit am Computer verbringt. Marion kennt sich mit den Spielen, die Thomas spielt, nicht aus. Hier ist also Medienkompetenz der Erzieherin gefragt und die Kenntnis vom pädagogischen Umgang mit Medien. **Kapitel 6** handelt von der Medienkompetenz.

Mit Kindern und Jugendlichen zu arbeiten, bedeutet heute auch, sich eine Haltung anzueignen, die Mitbestimmung ermöglicht und die vermittelt, dass sich Kinder als gleichwertige Aktionspartner erleben können. Geht es um diese Teilhabe, so spricht man fachsprachlich von Partizipation. In **Kapitel 7** werden methodische Möglichkeiten aufgezeigt.

Speziell auf die Konfliktbewältigung im pädagogischen Alltag geht **Kapitel 8** ein.

Ebenfalls von Interesse:
Erziehungsmittel (**Lernfeld 4**, Kapitel 10.2)
Grundlagen der Kommunikation (**Lernfeld 5**, Kapitel 5)
Pädagogische Handlungskonzepte der Gruppenarbeit (**Lernfeld 4**, Kapitel 12)

3 Sich einlassen und sich abgrenzen können

3.1 Pädagogischer Bezug

In der beschriebenen Situation haben wir es mit einer professionellen Erziehungssituation in einem Kinderheim zu tun.
Die Wohngruppe ist das Zuhause für die Jugendlichen. Sie ist keine familienergänzende Einrichtung wie eine Kindertagesstätte, sondern eine familienersetzende.
Für die Pädagogen ist die Wohngruppe nicht das Zuhause, sie ist die Arbeitsstätte. Während die Jugendlichen in die Wohngruppe nach ihrer Schule oder Arbeit „nach Hause" kommen, fängt in derselben Wohnung für die Erzieher die Arbeit an, für die sie bezahlt werden. Letzte haben die Möglichkeit, sich den Beziehungen zu entziehen. Sie können sich z. B. krankmelden und fernbleiben, sie können kündigen. Manche sind nur für eine bestimmte Zeit dort, z. B. für die Dauer des Praktikums.

In einer Jugendwohngruppe

„Natürliche" Beziehungen in einer Familie	„Professionelle" Beziehungen in einer Heimerziehung
grundsätzliche Beständigkeit der Personen und der Rollen trotz Veränderungen	Personen und Konstellation sind nur für eine bestimmte Zeit gültig.
Selbstverständlichkeit; Erziehungspersonen zahlen für Betreuung, die sie zeitweise in Anspruch nehmen.	Erziehungspersonen werden für die „Beziehungsarbeit bezahlt.
Betreuung rund um die Uhr	Schichtdienst, Wechsel der Personen
Die Wohnung ist das gemeinsame Zuhause.	Die Wohnung ist nur das Zuhause der zu Betreuenden.
eher situativ reaktive Pädagogik	eher langfristig geplante Pädagogik
Erziehung findet im privaten Raum statt (Öffentlichkeit, z. B. Nachbarn, greift nur bei ganz auffälligem Verhalten ein).	Erziehung findet unter öffentlicher Kontrolle statt.
grundsätzlich starke Bindung (Identifikationen, Projektionen)	grundsätzlich schwache Bindung (eher rational)
implizite Erziehungsziele (eigene Sozialisation der Eltern beeinflusst auch das Erziehungsverhalten)	explizitere Erziehungsziele, Konzept für die Einrichtung und Hilfepläne für die zu Betreuenden
rechtlicher Rahmen für die Erziehungspersonen: **Sorgerecht**	rechtlicher Rahmen für die Erziehungspersonen: **Aufsichtspflicht**
persönlicher Erfahrungsvorsprung der Erziehenden	fachlicher Erfahrungsvorsprung der Erziehenden
eher intuitives Verhalten	eher reflektiertes Verhalten
Gegenseitiges Vertrauen ist grundsätzlich vorhanden.	Vertrauen muss erst aufgebaut werden.
Das Miteinander wird durch zahlreiche unausgesprochene Regeln bestimmt.	Auf die Einhaltung expliziter Regeln wird geachtet.

„Natürliche" Beziehungen in einer Familie	„Professionelle" Beziehungen in einer Heimerziehung
Die Eltern stehen in einem engen persönlichen Verhältnis zueinander, sei dies nun gut oder schlecht.	Die Erziehungspersonen haben eine sachliche, professionelle Beziehung zueinander mit klar geregelten Zuständigkeiten.
Selbst bei Patchworkfamilien sind die Beziehungen überschaubar, ist das System geschlossen.	Da jedes Kind „natürliche" Eltern hat, zu denen es unterschiedlich enge Beziehungen pflegt, und die Pädagogen ebenfalls ihre persönlichen Beziehungen haben, wirken auf das System Heimgruppe eine Vielzahl unüberschaubarer Einflüsse ein.
Lebensform entspricht gesellschaftlichem Standard → gesellschaftliche Anerkennung	Lebensform wird in der Gesellschaft als defizitär betrachtet → Stigmatisierung

Die Kinder und Jugendlichen müssen dort bleiben, sie haben wenig Möglichkeiten, das Heim zu verlassen. Sie haben in der Regel zahlreiche Erziehungspersonen kennengelernt, diese kommen und gehen sehen, sich auf die unterschiedlichsten Menschen eingelassen, Beziehungen aufgebaut. Immer wieder müssen sie Abschied nehmen. Sie werden beobachtet, analysiert, verglichen, therapiert, sie müssen sich an Regeln halten, auf die sie selbst oft keinen Einfluss hatten und die sich mit neuen Erzieherteams wieder ändern. Sie müssen mit den anderen Kindern in ihrer Gruppe auskommen, deren Eigenarten ertragen, nicht selten sogar ein Zimmer mit ihnen teilen. Sie müssen „beziehungsfähig" sein – meinen jedenfalls die Erzieher, die eine Beziehung zu ihnen aufbauen, die ihr Vertrauen erlangen wollen.

Aufgabe

Diskutieren Sie die Behauptung: „Eine schlechte Familie ist für das Kind immer noch besser als das beste Heim."

Hermann Nohl (1879–1960)

Pädagogischer Bezug

Der Begriff „Pädagogischer Bezug" stammt ursprünglich von Hermann Nohl, einem Pädagogen, der 1919 eine beispielhafte Volksschule in Jena gegründet hatte. Er gehörte der pädagogischen Reformbewegung an, die um 1900 die Hinwendung zum Kind einleitete: Das Kind wurde gleichsam neu entdeckt. Die damalige Schule und deren autoritäre Erziehungs- und Unterrichtsweise wurde von den Reformpädagogen kritisiert und für dringend reformbedürftig erachtet. Pädagogik sollte nun von den Bedürfnissen des Kindes ausgehen.

Der pädagogische Bezug war für Nohl die Grundvoraussetzung, die Basis, auf der Erziehung erst möglich wurde. Eingebettet waren Nohls Ideen in die hermeneutisch geisteswissenschaftliche Pädagogik des beginnenden 20. Jahrhunderts.

> Bis heute gibt es in der Pädagogik ein grundsätzlich unterschiedliches Verständnis von Wissenschaft: Die *Hermeneutiker* sehen die Pädagogik als eigenständige Wissenschaft. Sie arbeiten mit den Methoden der Analyse und Interpretation. Die *Empiriker* dagegen verstehen die Pädagogik als Teil der Sozialwissenschaft und arbeiten mit empirischen Methoden wie Beobachtungen, Befragungen und Experimenten. (S. Tabelle rechts)

Für den Hermeneutiker Nohl ist das pädagogische Verhältnis der Kern geisteswissenschaftlicher Pädagogik. Erzieherisches Handeln wird für ihn daran gemessen, ob es sich am Kind orientiert. Der Pädagoge muss die Anforderungen der Kultur und Gesellschaft so umwandeln, dass das Kind zu seinem Recht kommt, sein Lebensziel erreicht.

Pädagogik unterliegt dem historischen Wandel, und die Ziele müssen in jeder geschichtlichen Situation neu ausgelegt werden (hermeneutische Methode). Der pädagogische Bezug wird definiert als das „leidenschaftliche Verhältnis eines reifen Menschen zu einem werdenden Menschen, und zwar um seiner selbst willen, dass er zu seinem Leben und seiner Form komme" (Nohl, 1948). Vonseiten des Kindes bedarf es des **Vertrauens zum Erzieher**. Das Vertrauen kann nicht erzwungen wer-

Hermeneutik	Empirie
Analyse und Interpretation • geschichtlicher Gegebenheiten, • gesellschaftlicher Gegebenheiten, • konkreter Erziehungssituationen im Hinblick auf • die Selbstbestimmung des Menschen, • die Ziele der Pädagogik, • die Aufgaben der Erzieher ▼ Autonomie der Pädagogik gegenüber anderen Wissenschaften	Erforschung von • Faktoren, • Zusammenhängen und • Gesetzmäßigkeiten, • Lern- und Entwicklungsprozessen, • Steuerungsmöglichkeiten, • Verhaltensweisen, • Abhängigkeiten von inneren und äußeren Ursachen, • Wirkungen ▼ Pädagogik als Teil der Sozialwissenschaft
Theorie: Nicht verallgemeinerbare pädagogische Ideen, Einrichtungen oder Handlungsweisen, die aus geschichtlich-gesellschaftlichen Zusammenhängen und Situationen entstanden sind.	Theorie: System von in sich widerspruchsfreien Gesetzesaussagen und Ableitungszusammenhängen, die objektiv und allgemeingültig sind. Beschreibung von Ursache-Wirkungs-Zusammenhängen auf der Grundlage empirisch-quantitativer Forschung.
Pädagoge ist Anwalt des Kindes und der Gesellschaft.	Pädagoge versucht auf der Grundlage der wissenschaftlichen Erkenntnisse, sein Erziehungsverhalten so effektiv wie möglich zu gestalten.
Vertreter: Wilhelm Dilthey Eduard Spranger Hermann Nohl Theodor Litt Wolfgang Klafki Wilhelm Flitner	Vertreter: Klaus Hurrelmann Jochen Grell Anne-Marie und Rheinhard Tausch Hans-Günther Rolff Helmut Fend

den. Die Beziehung zum Kind muss vom Pädagogen von Anfang an so gestaltet werden, dass das Kind sich schrittweise wieder lösen und selbstständig werden kann. Nohl spricht in diesem Zusammenhang vom „pädagogischen Takt", das bedeutet, dass der Erzieher die Eigeninitiative des Kindes fördern soll.

Im pädagogischen Verhältnis muss sich der Erziehende einerseits an der gegenwärtigen Verfassung des Kindes orientieren und gleichzeitig an seinen Potenzialen. Das Ziel des pädagogischen Bezugs ist die „Mündigkeit des Zöglings".

In die heutige Sprache übersetzt heißt das, dass der Erzieher eine Beziehung zum Kind herstellen will, um es auf seinem Prozess zur **Selbstständigkeit** begleiten zu können. Genau darum geht es in der Pädagogik auch heute noch. Dass in der professionellen Erziehungspraxis auch Methoden angewandt werden, die erwünschtes Verhalten verstärken und unerwünschtes Verhalten löschen sollen (Ergebnisse empirischer Wissenschaft), widerspricht dem Anspruch an Beziehungsarbeit nicht.

Was bedeuten diese Erkenntnisse nun für Marion aus der Eingangssituation?

Marions Aufgabe nach Nohl ist es, zuerst einen Bezug zu den Jugendlichen in der Gruppe herzustellen. Realistischerweise gelingt ein solcher pädagogischer Bezug nicht zu allen Jugendlichen in der Gruppe. Schafft sie es, zu Beginn eine Beziehung zu einem Jugendlichen aufzubauen, wäre das schon ein sehr guter Anfang. In der Heimerziehung ist es üblich, dass sich die Erzieherinnen die Kinder in sogenannte „Bezugskinder" aufteilen, dieses wird im Team abgesprochen. Natürlich muss sich

eine Erzieherin, wenn sie allein im Dienst ist, um die ganze Gruppe kümmern. Aber auch die Kinder haben unterschiedlich gute Beziehungen zu den Erwachsenen in der Gruppe und warten oft ab, bis ihre Bezugsperson Dienst hat, um bestimmte Dinge zu besprechen.
Wie ist eine solche Beziehung zu gestalten? Der erste Schritt für Marion müsste sein, sich in einen Jugendlichen hineinzufühlen, sich dafür zu interessieren, wie es ihm geht, seine Geschichte kennenzulernen, und aufzuspüren, welche Potenziale in ihm oder ihr stecken.
Wenn Marion glaubt, zu Lilli einen guten Zugang zu haben, so wäre es sinnvoll, sich mit ihr näher zu beschäftigen. Dieses darf sie jedoch nicht in dem Sinne eines „Bündnisses" gegen die Gruppe tun, in der sich Lilli nicht wohlfühlt. Vielmehr sollte sie an Lillis Potenzialen ansetzen: Sie wird als intelligent beschrieben und aus ihrer Ablehnung des Verhaltens der anderen lässt sich ein kultiviertes Benehmen ableiten. Wenn Marion sich die Zeit nimmt, mit Lilli zu reden, kann sie vielleicht Vertrauen aufbauen, sodass Lilli sich ihr gegenüber öffnet und Marion an die Ursachen ihres autoaggressiven Verhaltens herankommen könnte. Oft reicht es schon, wenn die Jugendlichen über ihre Schwierigkeiten mit einer Person ihres Vertrauens sprechen können. Blockaden können sich lösen und Potenziale werden freigesetzt.

Diese Potenziale ausfindig zu machen und sie hervorzulocken, ist nach Nohl Aufgabe des Erziehers. Dieser begleitet das Kind schließlich auf dem Weg in ein selbstbestimmtes Erwachsenenleben und macht sich am Ende selbst überflüssig.

3.2 Therapeutisches Milieu

Großen Einfluss auf die Arbeit im Erziehungsheim hatte Bruno Bettelheim. Er wurde in Wien als Kind liberaler Juden geboren. Früh kam er mit den Schriften Sigmund Freuds in Berührung. Er studierte Germanistik, Kunstgeschichte und Philosophie.

Bruno Bettelheim (1903–1990)

Mit seiner ersten Frau nahm Bettelheim 1932 ein autistisches Kind aus Amerika bei sich auf, dem bis dahin niemand helfen konnte. 1938 kam Bettelheim in das Konzentrationslager Dachau, später nach Buchenwald. Nach 10 Monaten wurde er freigelassen mit der Auflage, nach Amerika zu emigrieren. Dort unterstützte ihn dann die Mutter des autistischen Mädchens.
1940 bekam er eine Stelle als Forschungsassistent an der Universität Chicago. Seine Erfahrungen im Konzentrationslager schrieb er 1943 in der Studie „Individuelles und kollektives Verhalten in Extremsituationen" nieder. Ab 1944 leitete er die „Sonia Shankman Orthogenic School", ein Heim für emotional schwerstgestörte Kinder. Der Schwerpunkt dieser Heimschule lag in der Arbeit mit autistischen Kindern.
Wichtige Werke von Bruno Bettelheim sind u. a.:

- „Liebe allein genügt nicht" (1950, Studien zur Milieutherapie, die auf der Arbeit der Orthogenic School beruhen)
- „So können sie nicht leben" (1955, Erfahrungen aus der Orthogenic School auf der Grundlage der Psychoanalyse)
- „Kinder brauchen Märchen" (1975, eine psychoanalytische Deutung der Volksmärchen)
- „Ein Leben für Kindererziehung in unserer Zeit" (1987)

1990 nahm Bettelheim sich das Leben. Nach seinem Tod geriet er in heftige Kritik von ehemaligen Schülern der Orthogenic School, die veröffentlichten, er sei ein autoritärer Tyrann gewesen.
Bettelheim hat auf der Grundlage der Psychoanalyse, seiner eigenen biografischen Erfahrungen, vor allem im Konzentrationslager, und aufgrund seiner Erfahrungen mit autistischen Kindern seine **Milieutherapie** entwickelt. Diese beinhaltet eine sensible, auf das einzelne Kind und mit diesem abgestimmte Gestaltung der räumlichen Umwelt. In seinem Buch „Liebe allein genügt nicht" beschreibt Bettelheim, wie wichtig für das Wohlbefinden die Einrichtung und **Gestaltung der Räume** sind, wie bedeutsam das Essen ist.
Um einen Einblick in die pädagogische Arbeit im Sinne des therapeutischen Milieus zu geben, hier ein Ausschnitt aus James K. Whittakers „Das tägliche Aufstehen":

Frühstückszeit
Nahrungsmittel sind ein entscheidendes Austauschmedium im therapeutischen Milieu, und zwar eines, das zu dieser frühen Tageszeit eine besondere Bedeutung hat.
Die Kinder haben sich nun von dem Schlafzimmer in die größeren Wohnräume nach unten begeben. Ein kleines Grüppchen sitzt vielleicht vor dem Fernseher, ein anderes macht noch Schularbeiten, ein drittes

unterhält sich mit dem Erzieher, in einem vierten wird ausgehandelt, wer wo vor dem Fernseher sitzen darf oder in welcher Reihenfolge die Jungen beim Vorbereiten des Frühstücks helfen sollen usw.
Wenn die Kinder noch fernsehen und nicht hungrig zu sein scheinen, setzt der Erzieher sich meist mit einem Becher Kaffee in der Hand zu ihnen und erzählt, was es alles zum Frühstück geben wird. Dieser geschickte Wettkampf mit dem Fernsehprogramm führt allmählich zum Sieg; die Kinder fangen an, sich das gewünschte Frühstück zu bestellen bzw. selbst vorzubereiten. Wenn 2 Erzieher gleichzeitig im Dienst sind, wäre es gut, wenn sich einer in der Küche und Speisezimmergegend aufhielte, während der andere noch in den Schlafräumen den letzten Nachzüglern hilft.
Ein Erzieher verstand es, die Küche zu dieser Zeit besonders vorteilhaft ins Spiel zu bringen. Einige Kinder unterhielten sich vielleicht ruhig, während sie auf das Frühstück warten. Ein anderes Kind, das mit der Gruppe Streitigkeiten hatte, mag allein am Tisch sitzen und warten, bis der Erzieher Zeit hat, es anzuhören und sich mit ihm zu befassen. Vielleicht legt der Gruppenleiter manchmal Papier und Schere zurecht für ein Kind, das gern einfache Bastelarbeit macht, bevor es zur Schule geht oder während es auf das Frühstück wartet. So manchen Morgen hat er viel friedliche Kinder bei sich in der Küche sitzen und unterhält sich mit ihnen, vielleicht sogar über Probleme, während er das Frühstück fertig macht. Es kann vorkommen, dass der Erzieher sich gleichzeitig mit der ganzen Gruppe und einem Kind im Besonderen unterhält, während er mit der Arbeit fortfährt.

Für Bettelheim gehört zum therapeutischen Milieu vor allem der psychische **„Beziehungsraum"**. Die Beziehung der Betreuerinnen, die bei Bettelheim jeweils Bezugskinder haben, für die sie verantwortlich sind, ist die Grundlage dafür, dass emotional gestörte Kinder lernen können, wie man ein gesellschaftlich nützliches und emotional befriedigendes Leben führt. Dies ist eine konsequent vom Kind ausgehende Pädagogik. Das Kind soll in allem, was es tut und was es möchte, ernst genommen werden.
Auch wenn die von Bettelheim entwickelte Theorie über die Ursache und Genese vom Autismus inzwischen als überholt gilt, so haben seine Schriften über das „therapeutische Milieu" im Kinderheim seit den 1970er- und 1980er-Jahren auch im deutschsprachigen Raum nachhaltigen Einfluss auf die Heimerziehung gehabt.

Aufgabe

Arbeiten Sie heraus, woran in der Situation „Frühstückszeit" das therapeutische Milieu zu erkennen ist.

Was kann Marion aus dieser Theorie lernen? Ihr Ansatz, eine gute Atmosphäre vor allem bei den Mahlzeiten zu schaffen, ist richtig. Auch ist richtig, dass sie sich als Erzieherin für die Rahmenbedingungen (z. B. beim Frühstück) verantwortlich fühlt. Bei ihrer Planung darf sie allerdings nicht an ihren eigenen Vorstellungen von einem gemütlichen Sonntagsfrühstück anknüpfen, sondern sie muss sich die Erfahrungen, die die einzelnen Jugendlichen bisher mit Mahlzeiten und insbesondere mit Frühstücken an Sonntagen gesammelt haben, sowie die aktuellen Bedürfnisse der Jugendlichen vor Augen führen, vielleicht erfragen, um eine zielgerichtete Planung zu machen. Die Planung sollte sie vorher im Team absprechen.
Denn ein therapeutisches Milieu ist ein ganzheitlicher Ansatz, der vom gesamten Team gewollt und getragen werden muss. Es geht dabei um die Einführung und Einhaltung von Ritualen bei den Mahlzeiten, beim Wecken, beim Schlafengehen, beim Einrichten der Räume, beim Umgang mit Zerstörungen und weiteren Regeln des alltäglichen Zusammenlebens im Heim.

3.3 Helfersyndrom

Eine Erzieherin, die das Arbeitsfeld Erziehungsheim wählt, weiß, dass sie sich auf intensive zwischenmenschliche Beziehungen einlassen muss, und nicht nur das: Sie tritt mit ihrer ganzen Person in den Kontakt ein. Persönliche Schwächen, Vorlieben, aktuelle Empfindlichkeiten lassen sich auf solch engem Raum nur schwer verstecken.
Die Anforderung, die eigene Person als professionelles „Instrument" für eine pädagogische Beziehungsarbeit einzusetzen, erfordert eine ständige Gratwanderung zwischen Nähe und Distanz.

- Nähe bietet für das Kind Schutz, Sicherheit, Rückhalt und Verständnis, kann aber auch in Abhängigkeit, Kontrolle und Machtmissbrauch abdriften.
- Distanz beinhaltet die Fähigkeit des Sich-trennen-Könnens, die Erfahrung von Selbstständigkeit; im negativen Fall wird aus Distanz Bindungslosigkeit, Oberflächlichkeit und Isolation.

Auf eine Gefahr des Bedürfnisses von zu großer Nähe hat Wolfgang Schmidbauer Mitte der 1970er-Jahre aufmerksam gemacht: auf das **Helfersyndrom**. Schmidbauers Theorie basiert auf dem Persönlichkeitsmodell von Sigmund Freud. Das Helfersyndrom tritt danach in Helferberufen auf, z. B. bei Pflegern, Seelsorgern, Ärzten, Lehrkräften, Sozialarbeitern und Anwälten.

Die Theorie sei im Folgenden vereinfacht und zugespitzt dargestellt, damit die Grundidee deutlich wird. Selbstverständlich kann diese Theorie nicht als definitive Wahrheit stehen bleiben. Sie kann aber wichtige Hinweise auf die Motivation von Berufswahlen geben und auf die Notwendigkeit, gerade in Helferberufen die Motive des eigenen Handelns immer wieder zu reflektieren, um den professionellen Abstand zu erhalten.
Die Theorie besagt, dass Menschen in Helferberufen nur deshalb diesen Beruf gewählt haben und vor allem deshalb Menschen helfen, weil sie damit ihre eigenen Schwächen und Probleme relativieren können. Sie sehen nämlich, dass es anderen noch viel schlechter geht als ihnen selbst. Unbewusst sind die Helfer auch nicht ernsthaft daran interessiert, dass ihre Hilfe erfolgreich ist, da sie somit die Möglichkeit verlieren, ihre eigenen Probleme zu relativieren.
Die Menschen mit Helfersyndrom kann man nach Schmidbauer daran erkennen, dass sie kontaktscheu, schwach, ängstlich und hilfsbedürftig sind, was sie allerdings verleugnen. Scheinbare Stärke und Sicherheit bekommen sie von Schwächeren, die sich an sie wenden. Manchmal drängen Helfer ihre Hilfe auch anderen Menschen auf. Dagegen fällt es ihnen selbst schwer, Hilfe anzunehmen.
Sie glauben daran, dass sie die Einzigen seien, die sich selbst und anderen helfen können. Oft helfen sie bis zur völligen Selbstaufgabe. Das Helfen kann zu einer Art Sucht werden, weil die Helfer von den Hilfesuchenden Dankbarkeit bekommen. Nach dieser Dankbarkeit sehnen sie sich, sie wollen für ihr Verhalten geliebt werden. Schmidbauer sieht die Ursachen für das Helfersyndrom in der frühen Kindheit. Wenn eine Mutter z. B. häufig in der Weise mit ihren Kindern redet wie

- „Mama hat jetzt Kopfschmerzen, weil du eben so frech warst."
- „Weil du so schlecht in der Schule bist, muss ich zu Hause bleiben und kann nicht arbeiten gehen.",

dann kann sich im Unterbewusstsein des Kindes festsetzen:

- „Ich bin schuld, wenn es anderen schlecht geht."
- „Ich bin für das Wohlergehen meiner Mutter verantwortlich."

Aus dieser Art von Kommunikation zwischen Eltern und Kindern kann sich eine Persönlichkeitsstörung entwickeln, die sich auf die Wahl des Berufs (Helferberuf), auf die Beziehung zu den Klienten, zu den Berufskollegen und auf das private Leben auswirken kann. So suchen sich Menschen mit Helfersyndrom oft einen schwächeren und hilfsbedürftigen Lebenspartner. Sie empfinden Beziehungen mit nicht Hilfsbedürftigen als lästig und störend und sie können ihre eigenen Wünsche oft nur indirekt äußern, z. B. durch psychosomatische Krankheiten. Im schlimmsten Fall leiden Menschen mit Helfersyndrom irgendwann unter der Unfähigkeit, sich zu erholen, oder unter dem **Burn-out-Syndrom** (einer Form der Depression). Burn-out heißt übersetzt „ausgebrannt". Darunter versteht man einen Zustand der inneren Leere, der seelischen Verausgabung, der Kraftlosigkeit und Erschöpfung, bei der die Betroffenen in ihrer Substanz angegriffen und geschädigt sind.

Wie kann man der Falle des Helfersyndroms entgehen? Bevor man einen Helferberuf ergreift, sollte man sich die Fragen stellen (s. auch **Lernfeld 1**, Kapitel 4.1):

- Was ist meine persönliche Motivation für den Beruf?
- Warum möchte ich Erzieherin werden?

Wenn dabei herauskommt, dass man den Kindern und Jugendlichen helfen will, so sollte man sich fragen, warum:

- Was ist für mich persönlich attraktiv daran, jemandem zu helfen?
- Was bedeutet für mich „Helfen" genau?

Vielleicht kommt bei dieser Selbsterforschung heraus, dass es tatsächlich nicht um die anderen, sondern um einen selbst geht. Zeichen der Professionalität ist dann, es zu erkennen und daran zu arbeiten. Beratung, Therapie, Coaching und Supervision (s. Kapitel 3.10) sind Möglichkeiten, die helfen können, Privates und Berufliches voneinander zu trennen. Auch das Erkennen der Notwendigkeit von Regenerationsphasen, die Stärkung der eigenen Gesundheit und die Professionalisierung des beruflichen Handelns (professionelle Haltung) zielen in die Richtung.
In diesem Zusammenhang sei auf Marions „gute Absicht", den Jugendlichen einen schönen Sonntagmorgen bereiten zu wollen, hingewiesen. Bei genauer und

ehrlicher Betrachtung ihrer Motive muss sich Marion vielleicht eingestehen, dass es ihr dabei weniger um die Jugendlichen, als um sie selbst ging.

Aufgabe

1. Woran kann man in der konkreten Arbeit am Helfersyndrom leidende Menschen erkennen?
2. Tauschen Sie sich darüber aus, wie man sich selbst vor einem Burn-out-Syndrom schützen kann.

3.4 Übertragung und Gegenübertragung

Ein Kapitel über Beziehungen im sozialpädagogischen Kontext wäre nicht vollständig, wenn nicht auf das Phänomen der Übertragung und Gegenübertragung hingewiesen würde. In der Eingangssituation haben wir es grundsätzlich mit einer komplementären Beziehung (s. **Lernfeld 5**, Kapitel 7: Theorie von Watzlawick u. a.) zu tun, d. h., es besteht eine gewisse Abhängigkeit des Kindes oder Jugendlichen von der Erzieherin. Wenn man den tiefenpsychologischen Theorien folgt, die auf der Psychoanalyse basieren, so prägen die Primärbeziehungen (vor allem die Beziehung zur Mutter) das ganze weitere Leben.

Die Theorie von der **Übertragung** besagt, dass es geschehen kann, dass man Gefühle, die man ursprünglich für seine ersten Bezugspersonen empfunden hat, unbewusst auf sein Gegenüber überträgt. Dieser Person gegenüber verhält man sich unbewusst so, wie man sich vielleicht gern seiner Mutter oder seinem Vater gegenüber verhalten hätte.

Bei der sogenannten **Gegenübertragung** nimmt z. B. die Erzieherin diese ihr unbewusst zugewiesene Rolle wiederum unbewusst an, verspürt entsprechende Gefühle und verhält sich entsprechend.

Die Kommunikation in dieser Beziehung bezieht sich dann nur scheinbar auf die tatsächlichen Personen. Im Hintergrund sind weitere Kommunikationspartner als „Schatten" bedeutsam, auf die sich in Wirklichkeit das Gesagte richtet. Viele Konflikte in der Kommunikation basieren letztendlich auf einer Übertragungssituation oder auf Übertragung und Gegenübertragung.

Um solche komplizierten Beziehungsstrukturen verstehen zu können, benötigt man mindestens die Reflexion im Team darüber, im idealen Fall besteht die Möglichkeit der Supervision.

Übertragung

Die Situation, in der Melanie und Kerstin genüsslich von dem brutalen Film erzählen und in der sie sich der Wirkung auf Marion voll bewusst sind, könnte eine Übertragungssituation sein. Aus der Lernsituation geht das allerdings nicht eindeutig hervor, dazu müsste man mehr über die Beziehung der Mädchen zu Marion wissen. Möglicherweise steht Marion für die Mutter einer der beiden oder beider, an der sie sich gerne unbewusst rächen wollen. Wäre es eine Übertragung, dann könnte Marion Gefahr laufen, unreflektiert auf das Kampfangebot einzusteigen, und sich damit auf das „Glatteis" der Gegenübertragung begeben: Das heißt, sie nähme unbewusst die ihr auch unbewusst zugewiesene Rolle an und reagierte aus diesem Gefühl heraus, hier geschwächt und angeekelt.

Zusammenfassend lässt sich sagen, dass die Aufnahme einer vertrauensvollen Beziehung zu einem Kind oder Jugendlichen die Voraussetzung für dessen Entwicklung zur Selbstständigkeit ist. Der Erwachsene trägt die Verantwortung für die Ausstattung der Beziehung. Von seiner Professionalität ist es abhängig, wie gut ihm die Balance zwischen Distanz und Nähe gelingt. Er muss auch dafür sorgen, dass er zu seinen Erholungspausen kommt, und muss die Grenze zwischen privatem und beruflichem Bereich für die Kinder und Jugendlichen und Kollegen klar definieren.

Aufgabe

In pädagogischen Zusammenhängen kommt es nicht selten vor, dass sich Heranwachsende in eine Erzieherin oder einen Erzieher verlieben. Erklären Sie dieses Phänomen mithilfe der Übertragungstheorie.

3.5 Hospitalismus

Spätestens seit den Forschungen von René Spitz in den 1950er-Jahren ist der wissenschaftlichen Fachwelt die Bedeutung der frühen Mutter-Kind-Beziehung bekannt (s. Tabelle).

Hospitalismus ist inzwischen ein Sammelbegriff für Entwicklungsstörungen, die bei der Ablehnung oder Vernachlässigung einer Person entstehen. Mangelnde emotionale Zuwendung und Reizvermittlung durch Fehlen der Bezugsperson, durch Aufenthalt im Krankenhaus, Heim, im Altersheim oder in einer Anstalt führen zu Verkümmerungserscheinungen und Störungen.

Symptome und Folgen können sein:

- Weinerlichkeit
- erhöhtes Abhängigkeitsgefühl
- depressive Zustände
- gehemmte Motorik
- starke motorische Unruhe
- Ersatzbefriedigungen, z. B. Daumenlutschen, Nägelbeißen
- Verlangsamung der körperlichen und geistigen Entwicklung bei Kindern
- schlechter Gesundheitszustand, z. B. Anfälligkeit für Infektionen, Magen-Darm-Störungen, Ernährungsstörungen, Hauterkrankungen
- Aggressivität
- Schaukeln mit Kopf oder Körper
- zunehmende Passivität
- Scheu vor Alltagsanforderungen
- Autismus

Seither gibt es Forschungen über die Auswirkungen der Schwangerschaft und der Geburt auf die Mutter-Kind-Beziehung. Außerdem wurden in der sogenannten **Bindungsforschung** Bedingungen für eine gute Mutter-Kind-Beziehung herausgefunden. Darüber, dass die erste Beziehung des Kindes alle weiteren Beziehungen des Menschen prägt, ist man sich einig (s. auch **Lernfeld 4**, Kapitel 5.1).

Aufgrund der Untersuchungen von Spitz und weiteren Forschungen zum Hospitalismus wurden Bedingungen in Krankenhäusern, Anstalten und Heimen nachhaltig verbessert. Es setzte sich z. B. auf Geburtsstationen und in Kinderkliniken das sogenannte Rooming-in durch, auch der Wert von psychologischer Betreuung wurde erkannt und das Fachpersonal darin geschult.

Untersuchungen von René Spitz

Spitz führte Untersuchungen in Waisenhäusern und auf einer Säuglingsstation eines Frauengefängnisses in den USA durch. Die Kinder wurden medizinisch und hygienisch gut versorgt und ausreichend ernährt. Allerdings war die emotionale Zuwendung der Pflegerinnen bzw. der Mütter ungenügend oder fehlte vollkommen. Spitz und seine Mitarbeiter beobachteten die Kinder und konnten folgendes Verhalten feststellen:

Im ersten Monat der Untersuchung
Die Kinder werden weinerlich und versuchen, sich an den Besucher zu klammern.

Im zweiten Monat
Die Kinder schreien und es kommt zu Gewichtsverlusten.

Im dritten Monat
Die Kinder brechen den Kontakt ab und liegen den ganzen Tag teilnahmslos in ihren Bettchen.

Nach weiteren Monaten
Die Kinder weisen erhebliche Entwicklungsrückstände auf.

Nach zwei Jahren
Der Entwicklungsrückstand ist nicht mehr aufzuholen.

Von Mustafa wird berichtet, dass er Hospitalismussymptome aufweise. Es heißt in der Lernsituation auch, Mustafa sei anhänglich gegenüber Ursula. Dass Mustafa solche Symptome hat, verwundert nicht, da er im Säuglings- und Kleinkindalter mehrere Trennungen von seiner Mutter erleiden musste. Vermutlich war für seine Ernährung und hygienische Versorgung hinreichend gesorgt, aber die Bezugspersonen wechselten häufiger, und die Mutter-Kind-Beziehung war offensichtlich so gestört, dass Mustafa mit 8 Jahren in ein Heim gegeben wurde – was seine Defizite vermutlich noch verstärkt hat.

Aufgabe

Recherchieren Sie Ursachen und Erscheinungsformen von Hospitalismussymptomen in Altersheimen.

3.6 Menschen mit Migrationshintergrund

Mustafa wurde in der Türkei geboren, in einer Zeit, als seine Mutter bereits zeitweise in Deutschland lebte. Diese oder eine ähnliche Biografie teilt er mit vielen Menschen, die in unserem Land leben.

Deutschland ist eine Einwanderungsgesellschaft. Jeder Dritte unter 35 Jahren hat Migrationserfahrung, d. h., dass er selbst Einwanderer ist oder das Kind von Einwanderern. Der Anteil der Kinder mit Migrationshintergrund nimmt zu. 2017 kamen laut Mikrozensus 39 % der unter 5-Jährigen in Deutschland aus Einwandererfamilien. Dabei gibt es regional sehr große Unterschiede. In Ballungszentren liegt der Anteil der Kinder mit ausländischen Wurzeln bei mehr als der Hälfte mit steigender Tendenz. Seit 2015 gibt es durch die Vielzahl minderjähriger unbegleiteter Flüchtlinge ein neues Thema in der Jugend-Sozialarbeit. Die Migration der letzten 50 Jahre hat die deutsche Gesellschaft grundlegend verändert. Deutschland ist ethnisch, sprachlich, kulturell und religiös vielfältiger geworden. Nicht nur die Gesellschaft insgesamt, auch die Migrantenbevölkerung ist im Vergleich zur Zeit der „Gastarbeiter-Generation" vielfältiger geworden und hat sich ausdifferenziert.
Migranten in Deutschland, das sind heute

- Einwandererkinder der dritten Generation,
- alte und neue EU-Bürger,
- ausländische Senioren und ebenso
- junge Akademiker,
- (minderjährige unbegleitete) Flüchtlinge.

Erzieherinnen und Erzieher sind vor allem mit Einwandererkindern der dritten Generation beschäftigt. In einer **Studie über Familien in Deutschland** untersuchten Merkle und Wippermann 2006 bis 2007 verschiedene Lebenswelten, u. a. auch die von Migrantenfamilien. Dabei zeigte sich, dass es *die typische* Migrantenfamilie nicht gibt. Im Vergleich zu den Milieus deutscher Familien sind die Migrationskulturen noch vielschichtiger. Das liegt daran, dass sich die Lebenswelt von Einwanderern von der von Nichtmigranten mindestens in 3 Punkten unterscheidet:

1. durch die eigene oder die Migrationserfahrung der Eltern oder Großeltern;
2. durch den Status „Ausländer", auch wenn der/die Betreffende einen deutschen Pass besitzt;
3. durch das Leben in mehreren Kulturen, wobei die Kultur der Einwanderer eine andere ist als die des Herkunftslands und die Kultur des Aufnahmelands häufig unreflektiert und bruchstückhaft übernommen wird.

Merkle und Wippermann unterscheiden 8 unterschiedliche Migranten-Milieus in Deutschland:

- das religiös-verwurzelte Milieu
- das traditionelle Gastarbeitermilieu
- das statusorientierte Milieu
- das entwurzelte Flüchtlingsmilieu
- das intellektuell kosmopolitische Milieu
- das adaptive Integrationsmilieu
- das hedonistisch-subkulturelle Milieu
- das multikulturelle Performermilieu

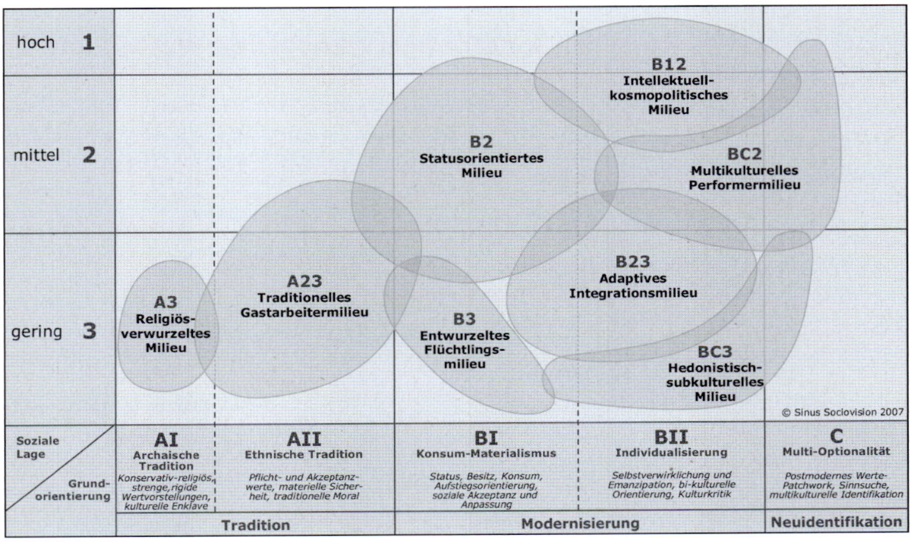

Die Migranten-Milieus in Deutschland 2007, Soziale Lage und Grundorientierung (Merkle/Wippermann)

Diese Milieus werden von den Autoren je nach **Grundorientierung** – angefangen von „Tradition" über „Modernisierung" bis hin zu „Neuidentifikation" – und **sozialer Lage** in ein Schaubild eingeordnet (s. Seite zuvor):

Je nachdem, in welchem Milieu die Einwandererkinder der dritten Generation aufwachsen, wird ihnen eine Integration in die Aufnahmegesellschaft schwerer oder weniger schwer gemacht. Der familiäre Hintergrund wirkt sich auch auf die Identitätsbildung der Heranwachsenden, auf das Geschlechtsrollenverhalten, auf das Selbstbewusstsein, das soziale Verhalten und natürlich auf die schulischen Leistungen aus.

So wird die Erziehung im **religiös-verwurzelten Milieu** auf Dinge Wert legen wie:

- Achtung der Familiendisziplin
- Einhaltung der religiösen und moralischen Gebote
- gute Bildung/Ausbildung der Kinder (Jungs dürfen studieren, Mädchen sollen einen Frauenberuf erlernen)
- stark geschlechtsspezifische Erziehung der Kinder (Verwöhnen der Jungs, Mädchen sollen Pflichten im Haushalt übernehmen)

Die Erziehung im **traditionellen Gastarbeitermilieu** setzt auf:

- autoritäre Erziehungsleitbilder der Männer und eine warmherzige Erziehungspraxis der Mütter
- mehr Freiraum, Liebe und Unterstützung, als man selbst erfahren hat
- Erziehungsziele wie Gehorsam, Respekt, Höflichkeit, Anstand und Treue, aber genauso Ehrlichkeit, Selbstständigkeit, Freiheit, Verantwortungsbewusstsein und Hilfsbereitschaft
- gute Ausbildung der Kinder
- keine so strenge geschlechtsspezifische Erziehung, Jungs haben allerdings mehr Freiheiten

Das **entwurzelte Flüchtlingsmilieu** zeichnet sich aus durch:

- rigide, autoritäre Rollenvorstellungen der Männer
- Ablehnung der deutschen Sitten und Gebräuche
- strenge Erziehung bis hin zu körperlicher Züchtigung
- nostalgische Erziehungsvorstellungen
- Überhäufung der Kinder mit materiellen Dingen
- ethnische, religiöse und familiäre Traditionen, die von den Kindern eingehalten werden sollen

Beim **statusorientierten Milieu** steht Folgendes im Vordergrund:

- Beide Eltern beteiligen sich an der Erziehung. Wichtige Entscheidungen werden gemeinsam getroffen.
- wichtigstes Ziel für die Kinder: gute Bildung und Ausbildung, sozialer Aufstieg
- Vorbereitung der Kinder auf das Leben in Deutschland, Achten auf den „richtigen" Umgang der Kinder
- Mädchen und Jungs werden bis zur Pubertät gleich erzogen, danach stärkere Kontrolle der Mädchen
- Erziehungsstil autoritativ, aber starker Leistungsdruck

Wenn man den Wandel von Werten und Lebensstilen betrachtet, so ergibt sich folgende Einordnung:

Der langfristige Wandel von Werten und Lebensstilen

■ Traditionelle Werte und religiöser Dogmatismus (oft: islamisch) ■ Patriarchalisches Weltbild, überkommene Familienwerte und Zwangsnormen ■ Rigide-konventionalistischer Lebensstil, strenge Moral ■ Kulturelle Enklave, keine Integrationsbereitschaft	■ Selbstverständnis als (dauerhafter) "Gast" – auf niedrigem Integrationsniveau ■ Traditionelle Pflicht- und Akzeptanzwerte, Sparsamkeit, Bescheidenheit ■ Materielle Sicherheit, bescheidener Wohlstand als Lebensziel ■ Festhalten an den Traditionen und Gebräuchen des Herkunftslandes, aber Respektieren der deutschen Mehrheitskultur	■ Soziale und kulturelle Entwurzelung, materialistische Ersatzwerte ■ Streben nach Besitz und Status, Konsum und Genuss ■ Bemühen um soziale Akzeptanz und Anpassung, Aufstiegsorientierung	■ Individualisierung der Überzeugungen und Lebensstile, Selbstverwirklichung als zentraler Wert ■ Kritische Auseinandersetzung mit der Herkunftskultur ■ Streben nach Aufklärung und Emanzipation ■ Bi-kulturelle Orientierung	■ Aufhebung kultureller Identitäten und Gruppen-Zugehörigkeiten ■ Unsicherheit als Grunderfahrung, Sinnsuche ■ Postmodernes Werte- Patchwork, Flexibilität und Mobilität ■ Multikulturelle Identifikation, Subkultur-Bildung
Parallelkultur	**Arbeitsmigrantenkultur**	**Teilhabekultur**	**Integrationskultur**	**Multikultur**
AI Archaische Tradition	**AII** Ethnische Tradition	**BI** Konsum-Materialismus	**BII** Individualisierung	**C** Multi-Optionalität
Tradition		**Modernisierung**		**Neuidentifikation**

Pluralisierung von Migrationskulturen (Merkle/Wippermann, 2008)

Die Erziehung im **adaptiven Integrationsmilieu** wird wie folgt beschrieben:

- Die Väter engagieren sich für das Familienleben, sie verbringen in ihrer Freizeit viel Zeit mit den Kindern.
- freie, offene und selbstbestimmte Erziehung
- Werte wie Achtung vor anderen, gutes Benehmen, Befolgen von Regeln werden in einer Atmosphäre von Geborgenheit und Liebe vermittelt, die angstfrei ist.
- intensives Kümmern um die schulische Laufbahn der Kinder

Die Erziehung im **intellektuell-kosmopolitischen Milieu** legt Wert auf:

- freie Entfaltung der Kinder, Unbeschwertheit, Glück
- liebevollen Erziehungsstil mit Laissez-faire-Tendenz
- Kinder dürfen den Beruf wählen, der ihren Talenten entspricht und der ihnen Spaß macht.
- vielseitige Förderung der Kinder
- Erziehungsziele: Eigenständigkeit, Selbstbewusstsein, Weltoffenheit, die allseitig gebildete Persönlichkeit

Im **multikulturellen Performer-Milieu** und **hedonistisch-subkulturellen Milieu** findet man nicht viele Eltern. Angehörige dieses Milieus sind oft noch auf der Suche nach eigener Identität oder haben ihre berufliche Weiterentwicklung im Blick.

Kinder und Jugendliche aus Migrantenfamilien, die nach dieser Einordnung im religiös-verwurzelten Milieu, im traditionellen Gastarbeitermilieu und im entwurzelten Flüchtlingsmilieu aufwachsen, leben in 2 sich diametral entgegengesetzten Welten. Im Elternhaus müssen sie sich einem autoritären, patriarchalischen, geschlossenen, rigiden Wertesystem unterordnen. Ihre Eltern werden auf einem starren Geschlechtsrollendenken, der Einhaltung von traditionellen und religiösen Bräuchen, Riten und Regeln bestehen und nicht zuletzt wird in der Familie die Muttersprache gesprochen. Deutsche Lebensstile und Anforderungen an die Kinder, zum Beispiel von der Schule, die nicht in die Tradition passen, werden abgelehnt, verteufelt oder tabuisiert. Das Herkunftsland wird aus der Ferne idealisiert und Traditionen werden unreflektiert von dort übernommen, die im Herkunftsland selbst oft bereits überholt sind.

> **Literaturtipp**
> Kinder-Migrationsreport. Lebenslagen und Lebenswelten von Kindern mit Migrationshintergrund. DJI (2013)

In den Institutionen

In der Kita, in der Schule oder in anderen deutschen Kinder- und Jugendeinrichtungen gelten vollkommen andere Werte, hier wird von den Kindern und Jugendlichen verlangt, sich an Werten wie Selbstbestimmung, Selbstständigkeit, Selbstwirksamkeit, Selbstbewusstsein, Toleranz gegenüber Andersartigkeit, Entscheidungsfreiheit, Chancengleichheit und Emanzipation zu orientieren. Auch wenn nicht alle dieser Ziele in den pädagogischen Einrichtungen der Mehrheitsgesellschaft erreicht werden, so wird den Heranwachsenden eine große Auswahl von Menschen mit unterschiedlichen Lebensentwürfen als Vorbilder angeboten, die mitunter im krassen Widerspruch zu den Vorbildern zu Hause stehen.

Wenn Elternhaus und Schule für diese Kinder so unterschiedliche Kulturen darstellen, in denen sie sich zurechtfinden sollen, so verwundert es nicht, dass auch bei den PISA-Studien die zweite und dritte Generation von Einwanderern in Deutschland besonders schlecht abgeschnitten hat. Diese Einwandererkinder können sogar deutlich schlechter lesen und rechnen als Einwanderer der ersten Generation (PISA 2007). Damit es den Kindern aus diesen Milieus überhaupt ansatzweise gelingen kann, in dem Widerspruch zwischen diesen Kulturen zu leben, ihre Identität zu entwickeln und die Unvereinbarkeit der Ansprüche beider Lebenswelten auszuhalten, muss ihnen mehr Zugang zur Bildung gewährt werden – was bislang offensichtlich noch nicht gelungen ist. Nur so kann eine emotionale und kognitive Verarbeitung der Konflikte gelingen.

Jugendliche mit Migrationshintergrund erreichen in Deutschland immer noch überproportional keine oder nur niedrige Bildungsabschlüsse.

Allerdings geht aus dem nationalen Bildungsbericht 2018 hervor, dass der Anteil von Abiturienten mit Migrationshintergrund steigt.

Eine **Werteorientierung** jenseits von Fundamentalismus und relativistischer Gleichgültigkeit ist ein anspruchsvoller Prozess. Werteorientierung vollzieht sich in der Auseinandersetzung mit geschichtlichen und lebenden Vorbildern. Wenn der Heranwachsende aber in unterschiedlichen, sich widersprechenden Kulturen lebt und ihm eine freie Wahl durch die eine Kultur verboten wird, kann eine Orientierung, wie überhaupt die Identitätsentwicklung, schwerfallen.

Interkulturelle Pädagogik und Elternarbeit

Lehrkräfte, Sozialpädagoginnen und Erzieherinnen müssen sich noch mehr als bisher in der **Elternarbeit** engagieren, die Familien besuchen und so „Brücken" zwischen den Kulturen bauen, über die die Kinder von einer zur anderen Welt gelangen können. Beide Systeme müssen mehr voneinander kennenlernen, die kulturelle Vielfalt wertschätzen lernen, damit gegenseitiges Vertrauen aufgebaut werden kann und damit den Kindern der Prozess der eigenen Entwicklung, der Zugang zur Bildung und die Integration in die deutsche Gesellschaft erleichtert wird. Von einem solchen Prozess können alle Heranwachsenden einer Gruppe profitieren. Deshalb richtet sich interkulturelle Pädagogik an alle Kinder und Jugendlichen.

Ziel der interkulturellen Pädagogik ist die Entwicklung einer Persönlichkeit, die ihre eigene kulturelle Herkunft reflektiert und Fremdheit nicht nur aushalten, sondern für sich nutzen kann. Dies kann durch die **biografische Methode** erreicht werden. Bei dieser Methode geht es um die Entdeckung der eigenen Lebensgeschichte, um ein Selbstverstehen, und dadurch um eine Weiterentwicklung der subjektiven Potenziale. Die Methode der biografischen Selbstreflexion geht davon aus, dass Erfahrungen lebenslang aufgeschichtet werden und in gegenwärtiges Handeln bewusst oder unbewusst einfließen. Während bestimmter Lebensphasen in bestimmten Kontexten bilden sich so Verarbeitungs- und Handlungsmuster heraus, die das Individuum meist unbewusst auf spätere Lebensphasen und andere Kontexte überträgt. Durch das Verstehen dieser eigenen Konditionierungen lassen sich Kräfte freilegen, die für die Entwicklung neuer Handlungsperspektiven genutzt werden können.

Es wird davon ausgegangen, dass es neben einem *psychischen* auch ein *Körpergedächtnis* gibt. Die subjektiven Erfahrungen hinterlassen auch im Körper Spuren. Es gibt verschiedene Zugangsweisen, um Erfahrungen der Lebensgeschichte wieder in Erinnerung zu rufen:

- Durch rationale Herangehensweisen werden Ereignisse beschrieben, die auf der bewussten Ebene gespeichert sind.
- Durch narrative Methoden, indem „Geschichten" aus dem eigenen Leben erzählt werden, wird das Gedächtnis auf der vorbewussten Ebene aktiviert.
- Durch projektive Verfahren, z. B. Fantasieren und Visualisierung, können Ereignisse hervorgeholt werden, die ins Unbewusste verdrängt worden sind.

Aufgabe

1. Reflektieren Sie für sich, wie Sie Ihre Herkunftsfamilie beschreiben würden. Passt Ihre Beschreibung in eines der von Merkle/Wippermann beschriebenen Milieus?
2. a) Schreiben Sie spontan auf, welche Glaubenssätze, Sprichwörter und Ratschläge Ihnen von Ihren Eltern, Großeltern, Familienmitgliedern fürs Leben mitgegeben worden sind.
   b) Überlegen Sie, ob diese Ratschläge für Sie heute noch handlungsleitend sind.
   c) Tauschen Sie sich in einer Kleingruppe aus über die ersten 3 Punkte Ihrer Listen aus.
3. Sprechen Sie in der Gruppe darüber, ob es Familien der von Ihnen betreuten Kinder und Jugendlichen gibt, die Sie in das Schema von Merkle/Wippermann „einordnen" könnte. Was müssten Sie noch beobachten, um eine solche ungefähre Einordnung vornehmen zu können?
4. Überlegen Sie gemeinsam, ob und wie die Beschreibung der genannten Milieus für Ihre konkrete pädagogische Arbeit von Nutzen sein könnte.

Ziel der interkulturellen Pädagogik ist eine inklusive Gesellschaft. Was bedeutet das nun für die Arbeit mit Mustafa und der Gruppe?

Mustafa braucht sicherlich ergänzend therapeutische Hilfsangebote, damit er die traumatischen Ereignisse seiner Kindheit verarbeiten kann. Da er eine Bindung zu Ursula aufgebaut hat, könnte auch Ursula diejenige sein, der er von seinen Erinnerungen an die frühe Kindheit in der Türkei erzählt. Dadurch könnte er Ereignisse reaktivieren, die verdrängt waren. Vielleicht kann Ursula auch eine Brücke für Mustafa zur Gruppe bilden und durch das Schaffen einer guten Atmosphäre in der Gruppe den Jugendlichen das Erzählen von früheren Erlebnissen erleichtern. Wenn es gelingt, dass die Jugendlichen einander zuhören und sich füreinander interessieren, ist ein wichtiger Schritt für die individuelle Entwicklung und die Entwicklung in der Gruppe getan.

> **Interkulturelle Pädagogik:** beschäftigt sich mit den Folgen der Migration und Globalisierung für Bildung und Erziehung. Interkulturelle Bildung und Erziehung richtet sich grundsätzlich an alle: an Lernende wie Lehrende. Sie ist kein spezielles Konzept für Bildungssituationen mit Personen mit Migrationshintergrund. Sie zielt vor allem auf die Veränderungen von Deutungsmustern, Einstellungen und Haltungen.

3.7 Geschlechterrollen und Jugendarbeit

In der Heimgruppe leben die Jungen Mustafa, Lutz, Thomas und Patrick und die Mädchen Kerstin, Lilli, Melanie und Pepita – 4 Jungen und 4 Mädchen. Es gibt männliche und weibliche Erzieher. Man erfährt, dass sich Lutz nur von den männlichen Erziehern etwas sagen lässt, er für Melanie aber fast alles tut. Für die Jugendlichen in einer Heimgruppe macht es einen großen Unterschied, ob sie in einer geschlechtshomogenen oder in einer gemischten Gruppe leben.

Die Themen Geschlechterrolle, Geschlechtergerechtigkeit, Rollenfindung, Sexualität, Homosexualität, Heterosexualität, Transgender und traditionelle und heutige Rollenbilder spielen für die Identitätsfindung von Jugendlichen eine bedeutende Rolle.

Gender Mainstreaming ist in der Mehrheitsgesellschaft noch lange nicht umgesetzt. So sind immer noch 70 % der deutschen Führungskräfte männlich und hochqualifizierte Frauen verdienen in Deutschland im Durchschnitt 21 % weniger als ihre gleich qualifizierten männlichen Kollegen (Stand 2018). In der deutschen Gesellschafft scheint noch ein altes Rollenbild in den Familien vorzuherrschen, mindestens wenn es um die Betreuung der Kinder geht: 2018 arbeiten nur 27 % der Frauen mit einem Kind unter 6 Jahren Vollzeit, aber 94 % der Männer.

> Was bedeutet „Gender"? Unter Gender versteht man das soziale und psychologische Geschlecht im Unterschied zum biologischen Geschlecht. Gender ist eine soziokulturelle Konstruktion.

Je nachdem, in welcher Gesellschaft und in welcher Kultur ein Mensch lebt, wird ihm als Frau oder als Mann eine bestimmte Geschlechtsrolle zugewiesen. Sie oder er lernt im Laufe ihrer oder seiner Sozialisation durch Erziehung, Ge- und Verbote und durch männliche und weibliche Vorbilder bewusst und unbewusst, wie sie sich als Mädchen oder als Frau und er sich als Junge oder Mann zu verhalten hat. Zur Frauen- bzw. Männerrolle gehören äußere Merkmale, z. B. Kleidung, Gebräuche und Rituale oder das Verhalten gegenüber Älteren, Jüngeren und Gleichaltrigen sowie gegenüber Männern und Frauen in der Familie und im gesellschaftlichen Umgang.

Dieses alltägliche Verhalten und Erleben macht Jungen dann zu Männern und Mädchen zu Frauen in der jeweiligen Gesellschaft, Kultur und Subkultur in dem Sinne, dass auch ihre Interessen und Vorlieben, ihre Gefühle, ihre Sexualität, ihre persönlichen Glaubenssätze und Wahrheiten weibliche bzw. männliche werden. Diese Geschlechtsrollen, die soziokulturell konstruiert sind und tradiert werden, nennt man „Gender".

Beispiel für Mädchenarbeit

In der professionellen Sozialarbeit muss das Geschlechterverhältnis berücksichtigt werden. Aus dieser Erkenntnis heraus entwickelte sich die sozialpädagogische Gruppenarbeit in geschlechtshomogenen Gruppen.

Diese Arbeit begann zunächst mit der **Mädchenarbeit** in den 1960-/1970er-Jahren. Mädchenarbeit bedeutet konkrete sozialpädagogische Arbeit *mit* Mädchen und Öffentlichkeitsarbeit und politische Arbeit *für* Mädchen. Vor allem in der offenen Jugendarbeit etablierten sich Mädchengruppen, die von Sozialpädagoginnen betreut wurden.

Prinzipien der Mädchenarbeit sind:
- Parteilichkeit
- Ganzheitlichkeit
- das Bieten von (Schutz- und Frei-)Räumen, in denen sich Mädchen entfalten können
- Eintreten für Mädcheninteressen
- Öffentlichkeitsarbeit

Ziele der Mädchenarbeit sind:
- Erhöhung des Selbstbewusstseins und Selbstwertgefühls von Mädchen

- Abbauen von Benachteiligungen
- Partizipation
- Chancengleichheit
- Stärken der Persönlichkeit
- Bildung

Literaturtipp
3. Atlas zur Gleichstellung von Frauen und Männern in Deutschland vom 27. Februar 2017, Website BMFSF

Themen, mit denen sich Mädchengruppen beschäftigen, sind z. B.:
- mädchengerechte Kultur
- Freizeitgestaltung
- Sexualität
- sexuelle Gewalt
- Süchte (z. B. Essstörungen)
- mädchengerechte Konzepte der Lebensweltorientierung
- Autoaggression

Workshops: 14:00–17:00 Uhr
Du kannst an EINEM dieser Workshops teilnehmen (1. und 2. Wahl angeben).

1. DJane: Lust die Turntabels zu rocken? Hier lernst du alle Grundlagen für dein DJ-Set.
2. Styling: Eine Stylistin zeigt die, wie du dich richtig stylen kannst. Und was bedeutet eigentlich schön sein?
3. Sprayen/Graffiti: Verwirkliche deinen Traum von einem eigenen Graffiti-Kunstwerk.
4. Kitchen-Club: Wir machen kreative Snacks und überraschen die Teilnehmerinnen mit einem köstlichen Znacht-Buffet.
5. Event-Factory: Wir planen gemeinsam ein cooles Abendprogramm: Tontechnik, Licht, Moderation, Feedback zu den Auftritten, Programmgestaltung, Plakat, Party usw.
6. Streetdance: Dancehall, Hip Hop ... zeig, was deine Dancestyles sind oder lerne etwas Neues dazu.
7. Fotokunst: Inszenieren und fotografieren. Du kannst Fotos von dir auf Blechplättchen drucken und daraus Schmuck und andere Accessoires herstellen.
8. Siebdruck: Verziehre dein eigenes Shirt mit einem eigenen Siebdruck und lass es einzigartig werden.
9. Operation T-Shirt: Langweiliges T-Shirt im Schrank? Bring es mit und mach ein cooles und trendiges Shirt daraus.
10. ImPulsLatin: Mit Zumba über coole Hip Hop Moves, Latindance und körperkräftigenden Übungen gestaltet ihr eine eigene Tanzchoreografie.

Außerdem...
Cocktailbar
Button-Factory
Henna-Tattoos
Fotoshooting
Liebe, Sex, Verhütung
Stylingpoint

ab 18:00 bis 19:00 Uhr
Gemeinsames Abendessen (vegetarisch)

ab 19:00 bis 21:00 Uhr
Offene Bühne für eigene Beiträge z.B. Gesang, Theater, Tanz...
Achtung: Die Musik muss auf CD oder Stick mitgenommen werden. Keine MP3-Player!

Allgemeine Informationen:
Für den Workshop musst du dich bis zum 9. November anmelden, damit du daran teilnehmen kannst. Die Stände und das Abendprogramm dürfen auch spontan besucht werden.

- Abhol- und Begleitdienst vom Zürich HB (beim Treffpunkt um 13:00 Uhr). Zurück zum HB seid ihr dann um 21:30 Uhr.
- Weitere Infos gibt dir deine Jugendarbeiterin oder findest du auf Facebook (meitlipower Züri) oder unter meitlipower@gmx.ch
- Am Mädchenpowertag werden Fotos und Videos gemacht, die für Berichte (Sponsoren, Medien und Facebook) genutzt werden. Es werden natürlich keine unvorteilhaften oder peinlichen Fotos veröffentlicht.

mädchenpowertag

Die Frauenbewegung löste wichtige Diskussionen über die Erziehung von Mädchen aus. Stillschweigend nahm man bei all den Bemühungen, Benachteiligungen von Mädchen abzubauen, an, dass es den Jungen gut ginge, dass Jungen frei, zufrieden und gesund aufwüchsen. Ende der 1980er-Jahre wurde dann die gesellschaftliche Aufmerksamkeit verstärkt auf die **Situation von Jungen** gelenkt, weil immer deutlicher wurde, dass es Jungen in unserer Gesellschaft offensichtlich nicht immer gut geht:

- Die Mehrzahl der „schwierigen" Kinder sind Jungen.
- Jungen sind häufiger krank als Mädchen und zwar sowohl körperlich als auch seelisch.
- Die Sterberate in jeder Altersgruppe ist bei Jungen höher.
- In Erziehungsberatungsstellen, Sonderschulen, in der Kinder- und Jugendpsychiatrie und in Jugendgefängnissen sind Jungen weitaus häufiger anzutreffen als Mädchen.
- Sozial sind Jungen erheblich auffälliger als Mädchen.
- Die schulischen Leistungen von Jungen sind häufig deutlich schlechter als die von Mädchen.
- In den PISA-Studien schnitten Jungen in einigen Kompetenzbereichen erheblich schlechter ab als Mädchen.

Ursachen dafür, dass Jungen in unserer Gesellschaft offensichtlich große Probleme damit haben, ein Mann zu werden, könnten unter anderem auch darin zu suchen sein, dass in der Kindertagesstätte und auch in der Grundschule männliche Erzieher und Lehrer Mangelware sind. So ist zu vermuten, dass in der Kindheit eher weibliche Interessen in den Blick genommen werden, dass eher weibliche Kompetenzen gefördert und gefordert werden und dass sich die weiblichen Pädagoginnen eher auf Mädchen einstellen können. Umgekehrt haben Mädchen ausreichend erwachsene Vorbilder, während die Situation für Jungen hier bedeutend schwieriger ist. Auch zu Hause ist die Erziehung überwiegend in der Hand von Frauen.

Gender Mainstreaming, so ist spätestens seit den 1990er-Jahren klar, bedeutet also nicht nur die Lebenssituation von Mädchen und Frauen zu berücksichtigen, sondern auch die von Jungen und Männern.

Die Sozialarbeit reagierte auf die Benachteiligungen von Jungen und Männern in unserer Gesellschaft mit **Jungen- und Männerarbeit**. Jungenarbeit ist pädagogische Arbeit mit geschlechtshomogenen Gruppen. Im heterosozialem Kontext neigen Jungen wie Mädchen leicht zu Stereotypisierung. In einer reinen Jungengruppe kann männliches Imponiergehabe, wie bei der Anwesenheit von Mädchen, wegfallen. Jungenarbeit wird vornehmlich von männlichen Pädagogen angeleitet. Voraussetzung ist, dass die Pädagogen eine geschlechtsbezogene Kompetenz und eine geschlechterreflektierende Haltung nachweisen und diese pädagogisch und methodisch umsetzen können. Jungenarbeit ist speziell auf die Sorgen und Wünsche von Jungen zugeschnitten.

Jungen- und Männerarbeit

Es geht um Themen wie:

- das Selbstverständnis als Junge/Mann
- die persönliche Lebenssituation
- Gewalterfahrungen
- Sexualität
- Sprechen über Gefühle
- authentisch sein
- Sorgen, Wünsche, Ängste
- Männlichkeit als kulturell konstruiertes Phänomen, das sich in stetiger Entwicklung befindet

3.8 Transaktionsanalyse

Die Transaktionsanalyse (kurz TA) wurde von dem amerikanischen Psychiater Eric Berne (1910–1970) entwickelt. Sie ist eine aus der Psychoanalyse abgeleitete Theorie. Sie beschreibt u.a. ein Ich-Zustands-Modell und analysiert Kommunikationsverläufe (Transaktionsanalyse zwischen verschiedenen Ich-Zuständen).

Vier große tiefenpsychologische Richtungen

Psychoanalyse
Begründer: S. Freud (1856–1939)

Charakterpsychologie	**Analytische Psychologie**	**Individualpsychologie**	**Neopsychoanalyse**
Begründer: W. Reich (1897–1957)	Begründer: C. G. Jung (1895–1961)	Begründer: A. Adler (1870–1937)	Vertreter: • K. Horney • E. Fromm • H. Schultz-Henk • H. Stack Sullivan

hieraus entwickelten sich

verschiedene Richtungen der Körpertherapie	auch die moderne Esoterik (beruft sich oft auf Jung)	unter anderem die Transaktionsanalyse (E. Berne)

Die Transaktionsanalyse geht von 3 Grundanschauungen aus:

1. Die Menschen sind in Ordnung.
2. Jeder hat die Fähigkeit zum Denken.
3. Der Mensch entscheidet über sein eigenes Schicksal und kann seine Entscheidungen auch ändern.

Alle 3 Ich-Zustände sind immer gleichzeitig präsent, allerdings werden sie in der Kommunikation mit einem anderen Menschen unterschiedlich stark angesprochen und aktiviert.

- Das Eltern-Ich (EL) lässt sich noch in das kritische und fürsorgliche Eltern-Ich unterteilen.
- Beim Kind-Ich ist das natürliche, rebellische und angepasste Kind-Ich möglich.

Das Ich-Zustands-Modell der TA besagt, dass jeder Mensch aus 3 verschiedenen Ich-Zuständen heraus reagieren kann, die er bereits in der Kindheit entwickelt hat. Die 3 Ich-Zustände nennt Berne auch „psychische Organe".

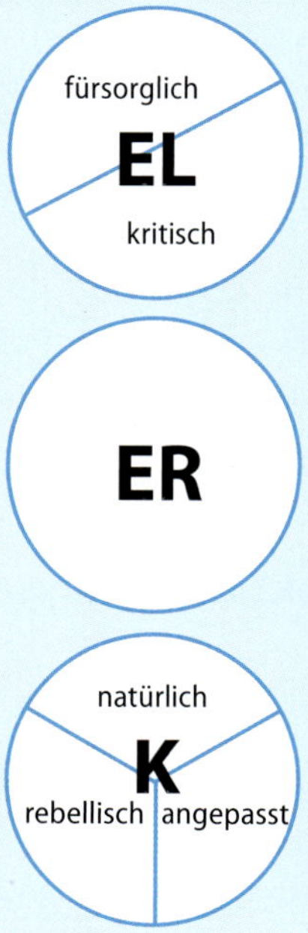

Es handelt sich um den:

- **Eltern-Ich-Zustand = EL**
  In diesem Zustand fühlt, denkt oder handelt der Mensch, wie er es von anderen Autoritätspersonen früher (Eltern) oder gegenwärtig übernommen hat.

- **Erwachsenen-Ich-Zustand = ER**
  In diesem Zustand fühlt, denkt oder handelt der Mensch, wie er es in der Gegenwart nach den Gesichtspunkten der Situation und der Realität selbst bewusst entschieden hat.

- **Kind-Ich-Zustand = K**
  In diesem Zustand fühlt, denkt oder handelt der Mensch, wie er es als Kind aufgrund seiner Lebenssituation unbewusst oder bewusst selbst beschlossen hat zu tun.

Interessant wird das Modell, wenn die Kommunikation zweier Menschen mit diesem Modell analysiert wird. Dadurch wird es möglich, dass man sich des eigenen Kommunikationsverhaltens bewusst wird und man es ändern kann.

Die Kommunikation wird in der Transaktionsanalyse analysiert, indem jeweils eine Äußerung einer Person A und die direkte Reaktion von Person B betrachtet werden. Es sind **parallele oder überkreuzte Transaktionen** oder verdeckte Kommunikationen möglich (s. Abbildungen).

Beispiele

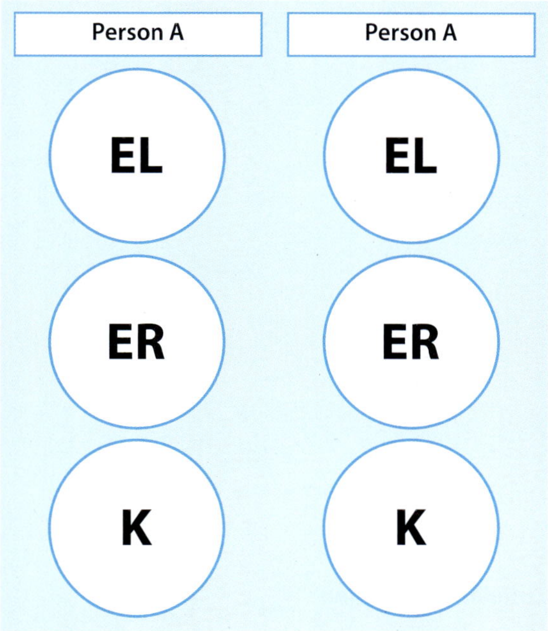

Beispiel 1 parallele Kommunikation

1. Mutter zum Kind: „Zieh dir eine Jacke an, es ist kalt draußen."
2. Kind zur Mutter: „Max ist auch ohne Jacke rausgegangen, dann brauch ich auch keine."

Beispiel 1 überkreuzte Kommunikation

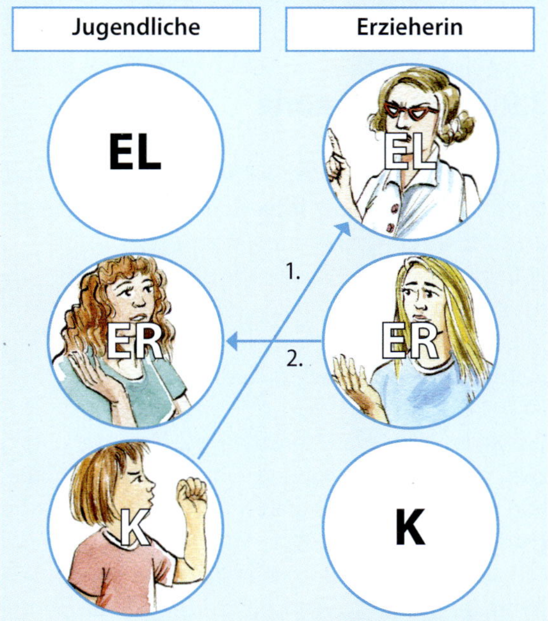

1. Jugendliche zur Erzieherin: „Du hast ständig was an mir auszusetzen!"
2. Erzieherin zurück: „Wie meinst du das? Das verstehe ich nicht! Lass uns mal darüber reden!"

Im Beispiel 1 wendet sich die Mutter an das Kind im fürsorglichen Eltern-Ich: „Zieh dir eine Jacke an, es ist kalt draußen." Sie spricht in ihrem Gegenüber das Kind-Ich an. Die normale Reaktion darauf ist, dass das Kind auch aus dem Kind-Ich heraus reagiert. Es kann in dieser Situation angepasst oder rebellisch reagieren. In diesem Beispiel reagiert es eher rebellisch. Es spricht mit seiner Aussage das Eltern-Ich der Mutter an und reagiert damit erwartungsgemäß, d. h., die Transaktion verläuft *parallel*.

Im Beispiel 2 durchkreuzt die Erzieherin die Kommunikation der Jugendlichen, indem sie anders als erwartet reagiert. Sie spricht mit dem Satz „Lass uns mal darüber reden!" von Erwachsenen-Ich zu Erwachsenen-Ich. Durch *überkreuzte* Transaktionen können gewohnte Kommunikationsmuster durchbrochen werden.

Auch wenn die Beispiele etwas klischeehaft gewählt sind, muss betont werden, dass die Mutter ebenso einen Kind-Ich-Zustand besitzt, wie das Kind den Eltern-Ich-Zustand.

In der Transaktionsanalyse geschulte Menschen haben die Möglichkeit, eigenes Kommunikationsverhalten zu analysieren und mehr Klarheit über die Beziehungsebene einer Kommunikation zu erhalten. So können sie ihre Kommunikationsmuster gezielt verändern.

Von **verdeckten Transaktionen** spricht man, wenn unter einer offenen Botschaft noch eine zweite liegt, die meist nonverbal aus einem anderen Ich-Zustand als dem der offenen Botschaft vermittelt wird.

In der Kommunikation mit den Jugendlichen sollte sich Marion daraufhin beobachten, in welchem Ich-Zustand sie mit den Jugendlichen spricht und welche Wirkung das hat.

Aufgabe

Erfinden Sie einen kurzen Dialog zwischen Marion und Kerstin aus der Situation heraus. Analysieren Sie den Dialog anschließend mithilfe des Instruments der Transaktionsanalyse.

3.9 Systemtheorie

Ein Mann läuft, ständig in die Hände klatschend, durch die Straßen einer Stadt. Es begegnet ihm ein anderer Mann, der ihn erstaunt fragt:
„Warum klatschst du dauernd in die Hände?"
„Weil ich die wilden Elefanten vertreibe."
„Aber es sind doch gar keine wilden Elefanten da."
„Da kannst du sehen, wie gut es wirkt!"

Verhaltensweisen von Menschen und die Beziehungen zwischen Menschen hängen von der jeweiligen Situation und der Umgebung ab. So kann sich ein Kind zu Hause ganz anders verhalten als zum Beispiel in der Schule. Eltern wundern sich manchmal über das Verhalten ihres Kindes, wenn z.B. die Lehrerin davon berichtet, welche Rolle ihr Kind in der Klasse spielt.

In der eingangs geschilderten Situation handelt es sich um eine Gruppe in einem Kinderheim. In dieser Gruppe, in der die Jugendlichen viel Zeit miteinander verbringen und wo sie die intimsten Dinge voneinander erfahren, bilden sich im Miteinander bestimmte Verhaltensweisen heraus, die für den Einzelnen und für die Gruppe eine bestimmte Bedeutung genau in diesem Kontext haben.

Die Systemtheorie eröffnet durch ihre analytische Herangehensweise an menschliche Systeme immer neue Sichtweisen. Während in physikalischen Systemen **linear-kausale Zusammenhänge** wirken (z.B. Ich lasse den Stein los, er fällt zu Boden), sind in lebenden Systemen eher **zirkuläre Interaktionen** wirksam:

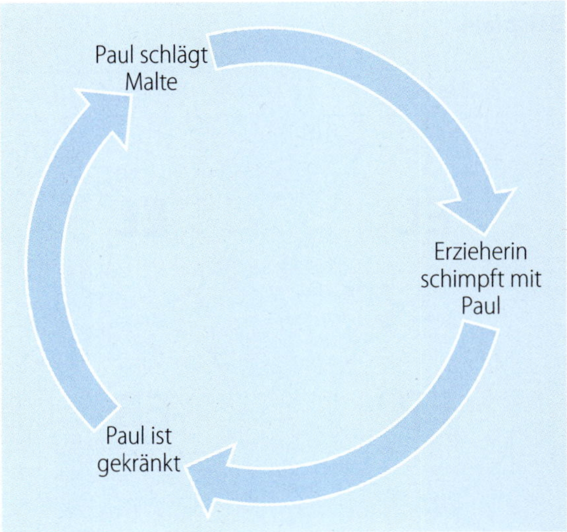

Zirkuläre Interaktion

Zirkuläre Interaktion

Die Systemtheorie geht davon aus, dass das Problem das System und das System das Problem bestimmt, daher muss das Problem jeweils im Kontext des relevanten Systems gesehen und bearbeitet werden. Jedes Teil eines Systems ist mit den anderen Teilen so verbunden, dass eine Änderung in einem Teil eine Änderung in allen Teilen und damit dem ganzen System verursacht.

Beispiel: Das System einer Familie war im Gleichgewicht. Als ein weiteres Geschwisterchen dazukam, geriet das System zunächst ins Ungleichgewicht. Die Familie hat nun damit zu tun, ihr System wieder ins Gleichgewicht zu bringen. Alle Rollen und Beziehungen verändern sich, das bisher jüngste Kind wird nun zum mittleren Kind.

Das System der oben genannten Familie kann als Mobile folgendermaßen aussehen:

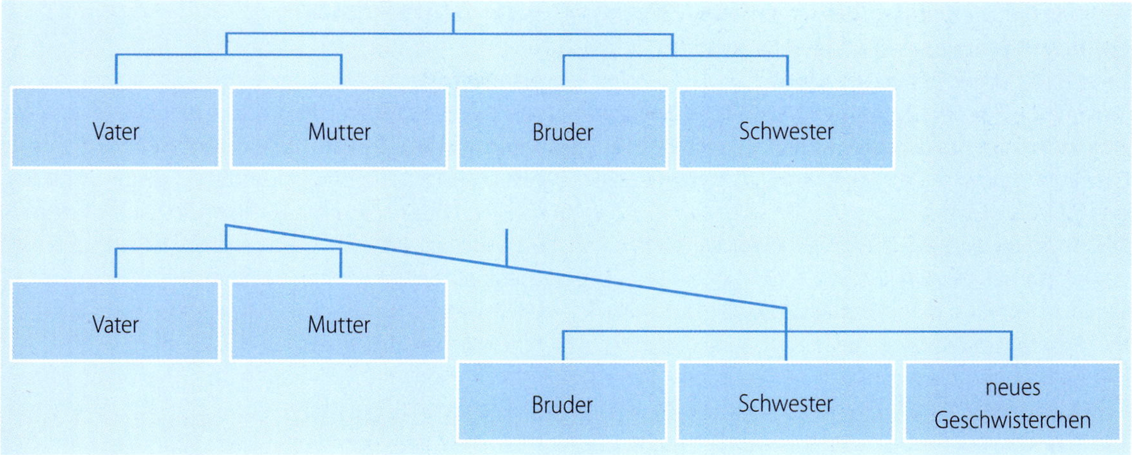

Das heißt, ein System verhält sich nicht wie eine einfache Zusammensetzung voneinander unabhängiger Elemente, sondern als ein zusammenhängendes untrennbares Ganzes. Das Verhalten jedes Menschen ist sozial, d.h., alle Reaktionen müssen im Zusammenhang mit ihrem sozialen Kontext gesehen werden. So wird das Verhalten eines Individuums von der Gruppe, in der es sich befindet, gesteuert und kontrolliert. Gleichzeitig beeinflusst der Einzelne das Verhalten der anderen Gruppenmitglieder. Verändert sich der Kontext in einer Gruppe, so verändern sich die Erfahrungen und Reaktionen aller Gruppenmitglieder.

Die Ursache eines problematischen Verhaltens eines Einzelnen kann nach dieser Einsicht nicht mehr nur in der Person selbst gesucht werden, sondern es müssen die Systeme betrachtet werden, in der die Person sich bewegt.

Das Problem für Marion sind die Missachtung des von ihr liebevoll gedeckten Sonntagsfrühstückstisches und die Erzählungen von dem brutalen Film während des Essens. Für Melanie und Kerstin ist möglicherweise Marion das Problem, die eine neue Essenskultur in der Gruppe einführen will und damit „nervt".

Marion hätte gut daran getan, zunächst einmal

- das Heim als die übergeordnete und regelsetzende Instanz zu analysieren,
- dann sich die Kommunikationsstruktur in der Gruppe sowie
- die ausgesprochenen und unausgesprochenen Regeln, die dort herrschen, anzuschauen.

Außerdem fragt die Systemtheorie zuerst nach dem Selbstwert der einzelnen Mitglieder einer Gruppe oder anders ausgedrückt: Sie fragt danach, wie sich jedes Mitglied des Systems in diesem System fühlt. Geht es nämlich einem Mitglied schlecht, sagt dies etwas über das ganze System aus.

Zum **Heim** als regelnde Instanz ist hier zu sagen, dass es in der Einrichtung noch 5 weitere relativ eigenständige Gruppen gibt. Es wird eine Heimleitung geben und einen Träger, der bestimmte Ziele verfolgt. Davon wird auch das Zusammenleben in der Gruppe beeinflusst. Der Träger wird nach wirtschaftlichen Gesichtspunkten arbeiten und mehr oder weniger dafür sorgen, dass die Heimplätze belegt sind. Dies hängt wiederum von der gesellschaftlichen Situation ab, die selbstverständlich auch einen Einfluss auf das Mikrosystem, nämlich die Gruppe, hat. Der Träger entscheidet üblicherweise gemeinsam mit der Heimleitung über die Einstellungen. Der Arbeitsplatz von Marion ist also ebenfalls abhängig davon, was wiederum die Arbeit von Marion beeinflussen dürfte.

Die Arbeit ist in Schichten organisiert. Zusätzlich gibt es die Möglichkeit, Nachtdienste von Aushilfen übernehmen zu lassen. Schichtdienst beeinflusst die Kommunikationsstruktur in der Heimgruppe insofern stark, als Jugendliche, die zu einer bestimmten Erziehungsperson eine Beziehung aufgebaut haben, oft tagelang warten müssen, bis diese Person wieder im Dienst erscheint. Oder im umgekehrten Fall gehen sie vielleicht einer Erziehungsperson, die sie nicht mögen, gezielt aus dem Weg. Auf diese Weise entwickelt sich eine bestimmte Kommunikationsstruktur in der Gruppe.

Die **Kommunikationsstruktur** muss einmal mit und einmal ohne die Erzieher betrachtet werden. Außerdem ist sie abhängig von den Außenkontakten, die die Einzelnen zu ihren Familien und Freunden haben.

Von **Mustafa** wird gesagt, dass er besonders anhänglich gegenüber Ursula sei und außerhalb des Heims keine Bezugspersonen habe.
Melanie ist Star der Gruppe. Lutz ist abhängig von ihr. Zu ihrer Familie hat sie wenig Kontakt.
Lutz lässt sich nur von männlichen Erziehern etwas sagen.
Kerstin ist Melanies Freundin. Sie leidet darunter, dass ihre Mutter sie im Stich lässt.
Genauso enttäuscht ist das Geschwisterpaar **Patrick** und **Pepita** von seiner Mutter.
Lilli fühlt sich in der Gruppe nicht wohl, versteht sich aber mit Marion.
Thomas ist in der Gruppe Einzelgänger. Er hat noch einen guten Kontakt zu seinem Vater.
Ausgesprochen wurde unter den Erzieherinnen, dass Sonntagsdienste in der Gruppe anstrengend seien. **Unausgesprochen** scheint es Regel in dieser Gruppe zu sein, dass man sich während des Essens vor den Fernseher setzen oder sich mit dem Essen in sein Zimmer zurückziehen darf. Außerdem erscheint man in dieser Gruppe nicht unbedingt angezogen und gewaschen zum Frühstück.
Auch wenn es nicht explizit erwähnt wird, so ist davon auszugehen, dass das **Selbstwertgefühl** der Jugendlichen eher schlecht ist. Alle leiden unter bestimmten Symptomen und unter der Situation, dass sie im Heim leben müssen. Es ist wahrscheinlich, dass sie sich selbst für ihre Lage, nicht mehr in ihrer Familie leben zu können, die Schuld geben. Nun leben diese Jugendlichen zusammen in einem System. Sie verursachen in diesem System bestimmte Strukturen und sind gleichzeitig betroffen von diesen Strukturen. Auch die Teammitglieder sind Teile dieses Systems. Sie beeinflussen es und werden beeinflusst.

Aufgabe

Zeichnen Sie 2 Schemata des Systems der Heimgruppe aus dem Eingangsbeispiel – eins mit und eins ohne die Erzieher und Erzieherinnen.

3.10 Supervision

Die wörtliche Übersetzung des Begriffs Supervision, der sich aus dem Lateinischen von „super videre" ableitet, ist „etwas von oben her überblicken". Unter Supervision versteht man eine berufsbezogene Beratung von Personen, deren berufliches Handeln auf zwischenmenschliche Beziehungen gerichtet ist, also z.B. von Therapeuten, Lehrkräften, Erziehern und Managern.

- Die Person, die die professionelle Beratung anbietet, nennt man Supervisor/-in.
- Die Person, die die Supervision in Anspruch nimmt, nennt man Supervisand/-in.
- Die Personen, mit denen der Supervisand arbeitet, nennt man in diesem Zusammenhang Klienten/Klientinnen.
- Das Verb heißt supervidieren.

Supervision findet im Spannungsfeld Person-Klientel-Institution statt. Sie dient

- der Förderung professionellen Handelns,
- der Erweiterung der emotionalen Kompetenz,
- der Verstärkung systemischer Sichtweisen und
- der Unterstützung bei der Stärkung bzw. Wiedergewinnung eigener Kräfte und Fähigkeiten im Arbeitsfeld.

Je nach dem konkreten Fallerlebnis fokussiert Supervision besonders:

- die Institution, d. h., es werden die institutionellen Rollenerwartungen an den Supervisanden betrachtet,
- die Klientel, hier geht es um die besondere Betrachtung der Beziehungsdynamik zwischen Klienten und Supervisanden,
- die Person des Supervisanden mit besonderer Aufmerksamkeit auf die Anteile der Persönlichkeit, die in der beruflichen Tätigkeit aktualisiert werden.

Gruppensupervision

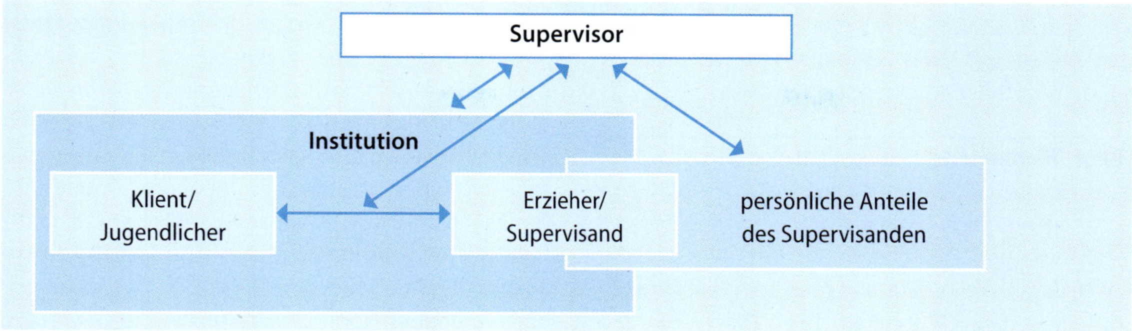

Supervision und ihre Bestandteile

Formen der Supervision sind
- Einzelsupervision,
- Gruppensupervision,
- Teamsupervision,
- Lifesupervision und
- Coaching.

Einzelsupervision
Bei der Einzelsupervision sucht der Supervisand oft auf eigene Kosten einen Supervisor auf, weil er berufsspezifische Probleme bearbeiten, sich individuell mit seiner beruflichen Rolle auseinandersetzen und sein persönliches Arbeitsverhalten reflektieren will. Der Schwerpunkt liegt hier beim Fühlen und Erleben des Einzelnen. In einigen Berufen – z. B. bei Therapeuten – ist das in der Anfangszeit der Berufstätigkeit sogar vorgeschrieben.

Gruppensupervision
Gruppensupervision wird von mehreren einzelnen Kollegen aus unterschiedlichen Institutionen in Anspruch genommen. Sie zielt auf die gemeinsame Reflexion der verschiedenen Aspekte der jeweiligen Berufsarbeit ab und ist stark prozess- und personenorientiert. In der Berufsausbildung hat man es zumeist mit Gruppensupervision zu tun. Die eigenen Kompetenzen werden durch die Mitarbeit an „fremden Fällen" erweitert. Eigene reflektierte Erfahrungen in der Gruppendynamik erhöhen die Sensibilität gegenüber Prozessen in Gruppen. So können Probleme mit Abgrenzung, Ausgrenzung, Konkurrenz, Leistungsstress, Überforderung und Selbstbehauptung in einem geschützten Rahmen geäußert und Lösungen gefahrlos „durchgespielt" werden. In einer Gruppe lässt sich mit Gedanken und Verhaltensweisen experimentieren, von denen dann manche in den Arbeitsalltag übertragen werden können.

Eine kontinuierliche Mitarbeit in einer Supervisionsgruppe ist notwendig. Der Vorteil gegenüber einer Teamsupervision ist der, dass sich die eigene subjektive Sichtweise von der Zusammenarbeit im Team anders gestaltet und die eigene Lage durch den Einblick in Teams anderer vergleichbarer Einrichtungen relativiert wird.

Teamsupervision
Teamsupervision nehmen Kollegien oder Teilkollegien in Anspruch, die ein gemeinsames Anliegen haben, z. B. die Verbesserung der Kommunikation untereinander, die Umstrukturierung ihrer Einrichtungen, aktuelle Konfliktsituationen, oder neue Teams, die sich gemeinsam eine funktionierende Struktur geben wollen. Hier geht es also um Kooperation, Verbesserung des Arbeitsklimas und Offenlegung von Unausgesprochenem. Durch Metakommunikation ist es möglich, vergangene Situationen zu reflektieren und Strukturen zu erkennen. Kompetenzen können klar definiert und isoliertes Arbeiten kann in Zusammenarbeit umgewandelt werden. Die Arbeitszufriedenheit kann durch die gewonnene Offenheit gesteigert werden.
Die Supervision ist beendet, wenn bestimmte Probleme gelöst, Projekte in Gang gebracht oder vorher gesetzte Ziele erreicht worden sind. Teamsupervision kann auch berufsübergreifend sein, wenn ein Team aus Kollegen unterschiedlicher Berufe zusammengesetzt ist.

Lifesupervision
Unter Lifesupervision versteht man das Supervisieren des Supervisanden in einer Realsituation. Der Supervisor nimmt z. B. an einem Therapie- oder Beratungsgespräch des Supervisanden mit seinen Klienten teil. Eventuell greift der Supervisor sogar in das Geschehen mit ein. Meist wird jedoch die Situation im Anschluss

reflektiert. Eine weitere Form der Lifesupervision ist die, dass der Supervisor das Geschehen durch eine Scheibe aus dem Nachbarraum beobachten kann.

Begrifflichkeiten
Da Supervision manchmal mit Kontrolle und Aufsicht verwechselt wird, werden auch Begriffe wie Praxisberatung, Teamberatung, Institutionsanalyse oder Organisationsberatung für eine Arbeit verwendet, die eigentlich Supervision ist. Unter Coaching verstand man ursprünglich eine Supervision von Führungskräften, meist in Wirtschaftsunternehmen. Inzwischen wird der Begriff Coaching auch alternativ für Supervision verwendet. So spricht man z. B. von „Lerncoaching" in der Schule, wenn mit einzelnen Schülern Lernstrategien entwickelt werden.

In den letzten Jahren ist die Nachfrage nach Supervision in den pflegerischen, therapeutischen, pädagogischen und sozialarbeiterischen Berufsfeldern sprunghaft angestiegen. Dies ist einerseits eine Folge von einem veränderten Verständnis in der Sozialarbeit – von Administration und Ausgrenzung hin zu Sozialisierung, Resozialisierung und Integration – und andererseits Folge von immer problematischer werdender Klientel. Schlagworte wie „Erziehung in der Krise", „Gewalt in der Schule", „Burn-out-Syndrom", „hilflose Helfer", „Konsum- und Computer-Kids" deuten solche Tendenzen an. Insofern ist es sinnvoll, in allen Institutionen, in denen Kinder betreut werden, Supervision einzuführen.

Da jede psychologische Richtung ihren eigenen Supervisionsansatz entwickelt hat und jeder Supervisor sein Schwergewicht je nach Ausbildung auf bestimmte Methoden legt, gibt es viele unterschiedliche Methoden der Supervision. Ein guter Supervisor besitzt ein großes **Methodenrepertoire**, damit er kreativ auf die jeweilige Situation reagieren kann.

Psychoanalytisch orientierte Supervision
Eine eher psychoanalytisch ausgerichtete Supervision fokussiert sehr stark die Phänomene der **Übertragung und Gegenübertragung** (s. Kapitel 3.4), d. h., es geht um die Prozesse, die sich zwischen Klient und Supervisand abspielen. Der Supervisor hilft dem Supervisanden dabei, seine Beziehung zum Klienten genauer zu betrachten, zu schauen, wo er, der Supervisand, eine besondere emotionale Ladung verspürt und wie er damit professionell umgehen kann.

Für den Supervisor ist hierbei das **Spiegelphänomen** zu bedenken, d. h., der Supervisand spiegelt im Verhältnis zum Supervisor die Beziehungskonstellation wider, die er in der Institution hat, beziehungsweise die er mit seinem Klienten hat. So kann zum Beispiel der Supervisand im Supervisionsprozess unbewusst in die Rolle des Klienten „rutschen", während der Supervisor in die Rolle des Supervisanden kommt.
Aus der Kenntnis dieser Prozesse setzt der Supervisor die Gegenübertragung bewusst als Instrument ein. Dies vermittelt er dem Supervisanden im Laufe der Beratung auch als Technik, die er in seiner Praxis anwenden kann. So wechselt er ständig zwischen Distanz und Probeidentifikation. Die Fähigkeit zur Distanz und Abgrenzung ist dabei sehr entscheidend, damit die Spiegelfläche – um im Bild zu bleiben – klar bleibt und präzise reflektieren kann.
In einer psychoanalytisch orientierten Supervision wird die Wahrnehmung auf diese Prozesse gelenkt. Supervisanden werden z. B. angehalten, bei sich selbst zu überprüfen, auf welche typischen Merkmale von Personen sie selbst mit Übertragung reagieren.
Marion würde in einer psychoanalytisch ausgerichteten Supervision z. B. gefragt, welches Verhalten von welchem Jugendlichen sie besonders stört, wo sie die größte emotionale Ladung hat. Wenn sie das beantworten kann, wird sie möglicherweise aufgefordert, sich genau anzusehen, was sie daran schlimm findet. Wenn sie das Gefühl richtig spürt, käme die Frage, ob sie sich erinnern könne, so ein Gefühl früher gegenüber einem anderen Menschen schon einmal gehabt zu haben. Damit soll nachgespürt werden, ob es sich um eine Übertragungsreaktion handelt.

In einer Supervision, die mit Methoden des **Psychodramas** arbeitet, werden intra- und interpsychische Konflikte im dramatischen Spiel nachgestellt. Dadurch wird eine Distanz erreicht, die andere Perspektiven ermöglicht und neue kreative Lösungen offenbart.
Man geht davon aus, dass jedes Individuum in seinem Leben bestimmte Verhaltensmuster gelernt hat, die sich eine ganze Zeit lang bewährt haben und deshalb nicht ständig überprüft werden mussten, sodass diese Muster unbewusst weiter eingesetzt werden. Dies funktioniert so lange, bis dieses Verhalten mit den Verhaltensweisen anderer Individuen derart aufeinandertrifft, dass es zu Konflikten kommt – an dieser Stelle ist dann der Zeitpunkt gekommen, an der das eigene Verhaltensmuster überprüft werden muss.

Vor allem muss sich das Individuum nun überlegen, ob es nicht angemessenere Reaktionsweisen in einer bestimmten Situation gibt. Spontaneität bedeutet also die Fähigkeit, in einer neuen, bisher unbekannten Situation nicht die alten Reaktionsweisen unreflektiert anzuwenden, sondern eine neue Situation schnell zu erfassen, die Folge von eigenem Handeln auf die Dynamik zu antizipieren und bewusst und verantwortungsvoll zu handeln. Auch bei schon bekannten Situationen kann die Fähigkeit trainiert werden, unbewusste Reaktionen durch mehr bewusste Aktionen zu ersetzen.

Psychodrama, eine spielerische Form der Metakommunikation, trainiert die Fähigkeit der Spontaneität. Wenn spontan und kreativ gehandelt wird, findet keine Übertragung und Gegenübertragung mehr statt.

Marion, die noch neu in ihrem Beruf ist, läuft Gefahr, in Konfliktsituationen in der Heimgruppe so zu reagieren, wie sie im Privatleben auch reagieren würde. Supervision mit der Psychodramamethode könnte ihr helfen, neue noch nicht erprobte Reaktionen im Rollenspiel auszuprobieren. Damit würde ihr Handeln bewusster und somit professioneller.

TZI Themenzentrierte Interaktion

Es gibt auch Supervisoren, die ihren Schwerpunkt in der Themenzentrierten Interaktion (TZI) haben. Die hemenzentrierte Interaktion ist eine Methode des Gruppenleitens, die in vielen Bereichen gut eingesetzt werden kann. TZI stammt aus der humanistischen Psychologie. Sie bietet gleichzeitig Handwerkszeug für die Praxis der Supervisanden.

Ausgehend von 3 Axiomen, existenziellen Postulaten wie „Leite dich selbst", „Störungen haben Vorrang" und dem Strukturmodell, hat die Psychoanalytikerin und Begründerin der TZI, Ruth Cohn, eine Reihe von ganz konkreten Hilfsregeln für die Kommunikation in Gruppen aufgestellt. Geübte Gruppen weisen sich gegenseitig auf die Beachtung dieser Regeln hin, sodass ein verantwortungsbewusstes und respektvolles Umgehen miteinander erreicht wird.

Eine Supervisionssitzung nach den Regeln der TZI sieht etwa folgendermaßen aus:

Die Teilnehmerinnen äußern sich zu Beginn, indem sie berichten, wie es ihnen zurzeit geht, und jede nennt ein Thema (Es), das sie in der Supervision bearbeiten möchte. In der Anfangsrunde werden auch Änderungen und Ergebnisse bezüglich der vorangehenden Sitzungen besprochen, sodass die Arbeit in ein zeitliches Kontinuum eingebettet ist.

In der Regel wird nach der Runde entschieden, welches der genannten Themen in dieser Sitzung intensiver bearbeitet werden soll. Nach der Entscheidung berichtet die Protagonistin über ihren „Fall". Durch Nachfrage der Gruppe wird die Aufmerksamkeit auf andere Teilfragen, Hypothesen oder scheinbar unwichtige Informationen gelenkt. Am Ende dieses Prozesses wird das Thema von der Protagonistin neu formuliert, indem sie einen realistischen Bezugsrahmen (Globe) auch für mögliche Lösungen mit einbezieht und sich selbst in der Fragestellung nennt. Es ist wichtig, schon bei der Fragestellung darauf zu achten, dass sie ein positives Ziel enthält und realistische Lösungen ermöglicht (s. hierzu auch **Lernfeld 6**, Kapitel 7.3).

Die Bearbeitung des Themas ist dann der nächste Schritt. Hier arbeitet eine TZI-Supervision im Allgemeinen mit Anleihen aus anderen Schulen, z. B. Psychodrama oder Psychoanalyse. Durch die Anteilnahme und Solidarität, die die Protagonistin in einer solchen Gruppe erlebt, kann sie zu eigenen Lösungen gelangen. Andere Supervisoren nehmen die Transaktionsanalyse zur Grundlage (s. Kapitel 3.8). Transaktionsanalysen sind Erklärungsmuster, die für die Analysen von Praxissituationen in Supervisionssitzungen herangezogen werden können, wenn die Theorie den Beteiligten bekannt ist.

Gestalttherapeutische Supervision

Eine auf der Gestalttherapie aufbauende Supervision geht davon aus, dass Menschen stets als Einheit von Körper, Seele und Verstand agieren. Ein Bereich von Zielen ist es deshalb, die Dimensionen ihres leiblichen, gefühlshaften und intellektuellen Handelns zu erfassen und individuelle, noch ungenutzte Potenziale freizusetzen.

Der Interaktionsstil zielt auf echte Subjekt-Subjekt-Begegnungen und einen in seiner Form immer intensiver werdenden Kontakt zwischen Menschen ab. Man spricht dabei vom Hier-und-Jetzt-Prinzip; es geht um das Erleben des Augenblicks der Gegenwart und die in der Situation vorhandenen Phänomene.

Die Gestaltpsychologie geht davon aus, dass der Mensch die Phänomene in übergeordneten „Gestalten" wahrnimmt; das sind Sinn oder Bedeutung tragende Einheiten. Das heißt, dass der Mensch in allem, was er wahrnimmt, einen Sinn erkennt. Der Mensch nimmt

danach die Dinge nie objektiv wahr, sondern er verknüpft das Wahrgenommene immer mit subjektiven Vorerfahrungen und aktuellen Befindlichkeiten.
Das Handeln des Menschen wird grundsätzlich von 2 unterscheidbaren Kräften bestimmt. Vorrang hat ein im Vordergrund stehendes aktuelles Bedürfnis: Dieses bestimmt das Denken, Fühlen und die Wahrnehmung – und zwar so lange, bis es erledigt ist.
Beispiel: Als alltägliches Thema kann „Hunger" dienen. Diese augenblickliche Unterversorgung lässt das Denken nicht los, es stellt sich ein Mangelgefühl ein und es geraten in der Wahrnehmung der Umwelt jene Einzelheiten in den Vordergrund, die mit Essen zu tun haben oder geeignet sind, dem Mangel abzuhelfen. Sobald der erste Hunger gestillt ist, tritt das Bedürfnis in den Hintergrund, neue Gestalten können auftauchen, um dann ihrerseits das Denken, Fühlen und die Wahrnehmung zu bestimmen.

Der Hunger steht temporär im Vordergrund des Denkens

Eine weitere bestimmende Kraft sind unerledigte Vorgänge aus der Vergangenheit und (häufig daraus resultierende) ängstliche Erwartungen bezogen auf die Zukunft. Das sind nicht abgeschlossene Gestalten, unerfüllte Wünsche, nicht erledigte Aufgaben, nicht verarbeitete Erfahrungen oder ungesühnte Kränkungen. Die Kraft zur Bestimmung von Gedanken, Gefühlen und Wahrnehmung resultiert aus einem spezifischen Bedürfnis, der Tendenz zur Bildung von geschlossenen Gestalten.

In der Zusammenarbeit in einem Team oder in der erzieherischen Arbeit kann es zu Missverständnissen oder Meinungsverschiedenheiten kommen, die Wünsche (nach Harmonie) unerfüllt lassen oder Kränkungen produzieren. Diese können dann das weitere Geschehen möglicherweise untergründig, aber wirksam bestimmen.
Möglich ist auch, dass in einem aktuellen Konflikt unbewusst an noch ältere offene Gestalten, d. h. an frühere Kränkungen im bisherigen Leben, erinnert wird. Das kann dazu führen, dass die damit verbundenen Emotionen so heftig werden, dass sie dem Anlass nicht mehr angemessen zu sein scheinen.
Diese Kräfte können sowohl die echte Begegnung zwischen Menschen als auch den Zugang zu den eigenen Talenten und Potenzialen blockieren: Sie wirken als Kontaktunterbrecher. Die Situation kann steif, gezwungen, beklemmend oder aggressiv werden.
Der Supervisor spürt solche Blockaden auf, indem er mit dem Supervisanden am Phänomen der Kontaktunterbrechung arbeitet und den konkreten Charakter der Blockade untersucht. Dabei dient die Supervisionssituation als Spiegel der zu supervidierenden Situation. Der Supervisor kann sich als Modell oder als Verbündeter anbieten. Ziel der Anstrengung ist das Auffinden und Auflösen der Blockaden.
Mit dem Schließen der Gestalt ist die Wiederherstellung des Kontakts zu den eigenen Ressourcen und Potenzialen möglich und es kann wieder ein Kontakt im Hier und Jetzt hergestellt werden.

Systemische Supervision

In einer systemischen Supervision erkennt der Supervisor als außen stehender Beobachter die Kommunikationsmuster. Diese werden oft als „Spiele" bezeichnet. Er macht sie der Gruppe, dem Team, dem Supervisanden bewusst. Dabei ist auch klar, dass der Supervisor nicht ganz außen vor bleiben kann. Indem er mit den Mitgliedern des Systems arbeitet, beeinflusst er das System. Seine Beobachtungen sind nicht neutral, sie sind durch ihn selbst beeinflusst.
Das System ist ein anderes durch die Anwesenheit eines Beobachters. In der systemischen Supervision wird diese Erkenntnis mit in die Arbeit integriert, d.h., dies wird gemeinsam mit den Mitgliedern der jeweiligen Gruppe beachtet und reflektiert.

Jeder Mensch und so auch jedes System hat eine Selbstorganisation und Selbstheilungskräfte. Die Beachtung des Selbstwerts, der Verantwortlichkeit, der Entscheidungs- und Handlungsfähigkeit aller Beteiligten ist ein wichtiger Bestandteil der Systemtheorie.

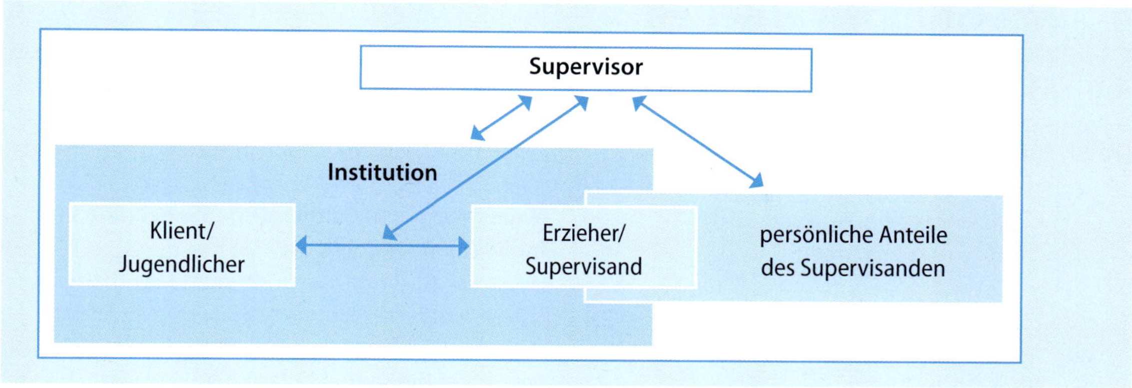

Systemische Supervision – auch der Supervisor beeinflusst das System

Der Supervisor ist gleichzeitig Beobachter, Ideenproduzent, Interaktionsteilnehmer und Mitkonstrukteur eines Interaktionsmusters. Er ist nicht im Besitz einer Lösung für die Supervisanden, sondern überlässt ihnen selbst die Chance zur Veränderung. Als vorübergehender Teilnehmer des Systems hat er die Möglichkeit, auf verschiedenen Ebenen durch Störung des Prozesses neue Ideen einzuführen, wie das System besser funktionieren könnte. Er sucht nach vorhandenen Regeln und Mustern und fragt nach deren Funktion.

Bei der Verstörung soll der Supervisor neutral bleiben und nicht beim alten Spiel mitspielen. Wäre er parteilich, würde er die Regeln des Spiels, die er verändern will, bestätigen. Da davon auszugehen ist, dass auch Supervision ein Spiel ist, läuft der Supervisor immer Gefahr, ein Mitspieler des bestehenden Systems zu werden, vor allem wenn man bedenkt, dass die interessiertesten Kollegen meist den Supervisor engagieren. Im schlechtesten Fall verbündet sich der Supervisor unbewusst mit denen, die am engagiertesten sind, und bestätigt so bestehende Spielregeln, anstatt sie störend zu verändern.

Eine Aufgabe der Supervision ist es auch, die verschiedenen **Kontexte** auseinanderzuhalten. In der pädagogischen Arbeit hat man es mindestens mit 3 Kontexten zu tun:

- dem Kontext des Klienten,
- dem Kontext des Pädagogen und
- dem Kontext der Institution.

Hier kann es zu einer Konfusion kommen. Jeder Kontext hat schließ lich andere Spielregeln, die aufeinandertreffen und in den seltensten Fällen bewusst reflektiert werden. Von der Supervision wird hier verlangt, dass sie offenlegt, wenn solche verschiedenen Kontexte sich vermischt haben. Durch diese Bewusstmachung wird oft schon eine Auflösung der Problematik erreicht.

Damit

- eine Analyse der Kommunikationsstruktur innerhalb der Gruppe gelingen kann und Konfusionen mittels Metakommunikation reflektiert werden können sowie damit
- Kompetenzunklarheiten im System benannt und aufgelöst werden können,

muss Supervision extern sein, d. h., der Supervisor darf nicht institutionell gebunden sein, er muss unabhängig von der Institution sein, für die er Supervision anbietet. Während der Kontext des zu beobachtenden Systems analysiert wird, muss immer gleichzeitig der Kontext der Supervision Gegenstand der Beobachtung sein. Eine folgerichtige Konsequenz ist, dass auch ein Supervisor Supervision braucht.

2

4 Mit Gruppen arbeiten

4.1 Methoden der sozialen Arbeit

Die 3 klassischen Methoden der Sozialarbeit sind:

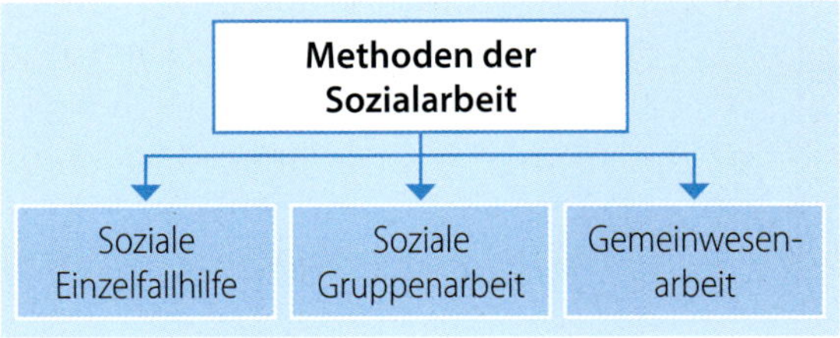

Die **soziale Einzelfallhilfe** ist eine individualisierende professionell helfende Intervention, die die Ich-Stärkung des Klienten zum Ziel hat. Schon um 1900 gab es in den größeren Städten Deutschlands Beratungsstellen für Gesundheits- und Rechtsfragen, z.B. die Seemannsfürsorge oder die Auswandererberatung. Staatliche Fürsorge und private Wohlfahrtspflege hatten in den Anfängen der Sozialarbeit Einzelne oder einzelne Familien im Fokus ihrer Hilfsangebote.

Die **soziale Gruppenarbeit**, die sich aus der Jugendbewegung, der Reformpädagogik und dem Unternehmen „Reeducation[1]" entwickelte, hatte den Einzelnen als soziales Wesen im Blick. Dieser sollte mit den Methoden der Gruppenarbeit und durch das Lernen in Gruppen soziale Kompetenzen erlangen.

Vor allem in der Jugendarbeit wurden Gruppen eingerichtet, Gruppendynamikprozesse erforscht und geeignete Methoden erprobt. Konzepte der humanistischen Psychologie fanden Eingang in das Feld der Gruppenpädagogik, so zum Beispiel die Themenzentrierte Interaktion (TZI) nach Ruth Cohn, das Psychodrama nach Jacob L. Moreno, die Konzepte der Gestaltarbeit nach Fritz Perls oder die Transaktionsanalyse (TA) nach Eric Berne.

Eine Politisierung der Sozialarbeit unter dem Leitziel der Emanzipation fand in den 1970er-Jahren statt. In dieser Zeit entwickelte sich auch die **Gemeinwesenarbeit**. In sozialen Brennpunkten wurden Hilfsangebote für die dort Lebenden miteinander vernetzt. Gemeinwesenarbeit hat nicht nur die Verhaltensänderung Einzelner als Ziel, sondern sie versucht in Zusammenarbeit mit möglichst vielen Betroffenen, die Lebensqualität im Stadtteil zu verbessern, die Probleme eines Gemeinwesens aufzugreifen und mit den dort lebenden Menschen nach Lösungen zu suchen.

Neue Begriffe: sozialräumliche Vernetzung und Individualpädagogik

Heute spricht man vom Sozialraum und sozialräumlicher Vernetzung, nicht mehr von Gemeinwesenarbeit. Statt dem Begriff soziale Einzelfallhilfe wird heute oft der Begriff **Individualpädagogik** verwendet. Hierunter versteht man eine Eins-zu-eins-Betreuung eines Kindes (oder Jugendlichen), das sich in einer schwierigen Lebenssituation befindet und einen besonderen Hilfsbedarf hat.

Als weiteren Begriff der sozialen Arbeit hat Buchkremer (2008) neben der Individualpädagogik und der Sozialpädagogik den Begriff **Globalpädagogik** eingeführt. Globalpädagogik ist die pädagogische Antwort auf die Globalisierungsprozesse. Ziele sind: Weltoffenheit, Empathie, Verwirklichung der Menschenrechte, globale Gerechtigkeit und Frieden. Die Methoden der Globalpädagogik sind offen und partizipativ, z.B. Projektarbeit, Lernlabor und Stationenlernen.

Systemtheorie und Konstruktivismus

Seit den 1980er-Jahren haben die Systemtheorie und der Konstruktivismus auch in der Sozialarbeit zu einem Paradigmenwechsel beigetragen. Der einzelne Mensch wird im Kontext seiner Lebenswelt betrachtet. Die Entstehung der Probleme wird nicht individuell, sondern als Systemstörung gesehen. Prozesse der Wahrnehmung, des Lernens, der offenen und der verborgenen Kommunikation und der offenen und latenten Konflikte sind Gegenstand der Analyse.

Der Konstruktivismus geht davon aus, dass jeder Mensch nur das wahrnehmen kann, was in sein bisheriges Weltbild passt. Jeder Mensch hat sich durch die Erlebnisse und Erfahrungen in seinem Leben bestimmte Schemata der Erklärung für Phänomene zurechtgelegt. In diese Schemata sortiert er zunächst alle weiteren Wahrnehmungen ein, die ihm beachtenswert erscheinen. Vieles nimmt er, weil es keinen Anknüpfungspunkt für ihn gibt, überhaupt nicht erst wahr. Seit Jean Piaget weiß man, dass Lernen nichts anderes bedeutet als einerseits die Einordnung neuer Wahrnehmungen in bereits vorhandene (Denk-)Schemata und andererseits die Veränderung der Schemata, weil neue

[1] Die von den USA unterstützte Reeducation hatte das Ziel, die Deutschen nach dem Zweiten Weltkrieg umzuerziehen und zu demokratisieren.

Wahrnehmungen nicht mehr einzuordnen sind (Assimilation und Akkumulation).
Das bedeutet, dass Wahrnehmung und damit auch Lernen höchst individuelle Prozesse sind. Die Antworten der Pädagogik darauf sind individualpädagogische Maßnahmen und individualisierte Lernkonzepte. Dennoch bleibt Leben und Lernen ein sozialer Prozess, der in sozialen Systemen stattfindet (s. **Lernfeld 4**).

Die Systemtheorie lenkt die Aufmerksamkeit auf die Tatsache, dass das Verhalten des einzelnen Menschen immer im Kontext mit dem System zu sehen ist, in dem er sich gerade befindet oder in dem er sich befunden hat und das ihn noch beeinflusst. Jedes System, sei es eine Familie, eine Schulklasse oder eine Heimgruppe, hat die Tendenz, sich zu erhalten und immer ein Gleichgewicht herzustellen. Dass das System funktioniert, geht manchmal auf Kosten eines einzelnen Mitglieds. Das heißt, wenn z. B. ein Kind verhaltensauffällig wird, wird nicht nur das Kind behandelt, sondern man schaut sich die Familie an, in der das Kind lebt. Vielleicht hat das Symptom des Kindes für die Stabilität des Gesamtsystems einen Sinn.
Neben der Analyse von Kommunikations- und Lernprozessen bieten der Konstruktivismus und die Systemtheorie Lösungsansätze für effektivere Prozess-, Organisations- und Teamentwicklung.

4.2 Primärgruppe Familie

Der Mensch ist ein soziales Wesen. Er gehört gleichzeitig und nacheinander verschiedenen Gruppen an. Gruppen, die einem gefühlsmäßig sehr nahestehen, die die Persönlichkeitsentwicklung durch intensiven, häufigen und frühen Kontakt beeinflussen, nennt man Primärgruppen. Gruppen, die einem nicht so nahestehen, auch wenn man zu ihnen gehört, werden Sekundärgruppen genannt. Bei den Primärgruppen ist vor allem an die Familie zu denken.
Das System Familie wurde von der Familientherapeutin **Virginia Satir** (1916–1988) besonders gut analysiert. Bei der Analyse sind ihr 4 Aspekte wichtig:

- der Selbstwert,
- die Kommunikation,
- die Offenheit oder Geschlossenheit des Systems,
- der gesellschaftliche Rahmen.

Unter dem Begriff „Selbstwert" versteht Satir, wie sich jedes einzelne Familienmitglied fühlt. Geht es einem Familienmitglied schlecht, so sagt das etwas über das ganze System aus. Denn der Einzelne ist in den meisten Fällen nur der Symptomträger – krank ist das System.
Die Kommunikation wird nach der Struktur von Watzlawick (s. **Lernfeld 5**, Kapitel 7.2) untersucht. Es geht auch um Kommunikationsmuster in einer Familie und um „Spiele", um kongruente und inkongruente Kommunikation, um ausgesprochene und unausgesprochene Regeln in der Familie.
Ein geschlossenes Familiensystem schirmt sich möglichst vollständig von äußeren Einflüssen ab und die Familienmitglieder haben starr festgelegte Rollen.
In einem offenen Familiensystem steht der Selbstwert an erster Stelle, d. h., er ist Macht und Pflichterfüllung übergeordnet. Veränderungen sind willkommen und werden als normal betrachtet. Ein offenes Familiensystem ist in der Lage, darauf zu reagieren.
Bei der Betrachtung eines jeden Systems spielen die äußeren Rahmenbedingungen eine Rolle. Die Beziehungsmuster in einer Familie werden von gesellschaftlichen Rahmenbedingungen beeinflusst. Andererseits bildet die Gesamtheit aller Familien die Gesellschaft.
Eine Sekundärgruppe ist die **Peergroup**, die Gleichaltrigengruppe. Im mittleren und späteren Kindesalter und im Jugendalter orientieren die Individuen sich zunehmend stärker an Gleichaltrigen als an ihren Eltern. In den letzten 50 Jahren haben Gleichaltrige für Jugendliche immer stärker an Bedeutung gewonnen. Das zeigen Vergleichsstudien des Jugendwerks der Deutschen Shell (Shell-Jugendstudie).

Literaturtipp: Shell-Jugendstudie

Die Kinder und Jugendlichen verbringen ihre Freizeit mit Gleichaltrigen, sie erproben für sie neue Verhaltensweisen, machen neue Erfahrungen auf unterschiedlichen Gebieten, überprüfen ihre vom Elternhaus übernommenen Ansichten, reflektieren ihre Erziehung, lernen neue Freiheiten kennen und erleben sich in anderen Rollen. Insofern übernehmen Gleichaltrigengruppen bei Kindern und Jugendlichen wichtige Sozialisationsfunktionen und dienen der Emanzipation vom Elternhaus. Auch bei Konflikten mit den Eltern können Peergroups wichtige Funktionen übernehmen.
Der Übergang ins Erwachsenenalter wird in diesen Gruppen gleichsam erprobt. Nicht selten werden einige

Attribute des Erwachsenenstatus angeeignet, die begehrt sind, den Jugendlichen aber offiziell verweigert werden. Hierzu gehören z. B. Rauchen, Alkohol und Sexualität.

4.3 Soziogramm

In jeder Gruppe gibt es eine offizielle, formelle und eine inoffizielle, informelle Struktur. Oft ist die untergründige, gefühlsmäßige Beziehungsstruktur in einer Gruppe bedeutsamer als die formelle Rollenstruktur. Deshalb ist es für den Umgang mit Gruppen sehr wichtig zu wissen, welche Zuneigungen und Abneigungen zwischen den Mitgliedern bestehen und welche informelle Machtstruktur eine Gruppe hat.

Mit soziometrischen Verfahren kann man die informelle Struktur einer Gruppe erfassen.
Eine Möglichkeit ist der soziometrische Test. Bei dieser Methode müssen alle Mitglieder einer Gruppe z. B. aufschreiben, wen sie aus der Gruppe am meisten bzw. wen sie am wenigsten mögen. Die Fragen können natürlich auch indirekt formuliert werden. Die Auswertung nimmt man dann entweder in einer Tabelle vor oder man fertigt eine Zeichnung an.
Bei der Auswertung ist zu beachten, dass das Soziogramm immer nur eine Momentaufnahme der Gruppe darstellt und die Daten im Hinblick auf die spezielle Fragestellung hin gedeutet werden müssen. Deshalb sollte ein soziometrischer Test nie isoliert betrachtet werden, sondern es sollten immer auch andere Beobachtungen und Informationen herangezogen werden.

Aufgabe

Die Mitglieder einer Jugendgruppe (Anne, Anja, Ines, Marie, Malte, Ole, Florian, Nils, Boris) wurden gefragt: Dir wird eine Reise geschenkt und du darfst aus der Gruppe noch eine Person mitnehmen. Wen nimmst du mit? Wen nimmst du auf keinen Fall mit?
Erstellen Sie ein Soziogramm für die Personen in der Eingangssituation des Lernfelds 2.

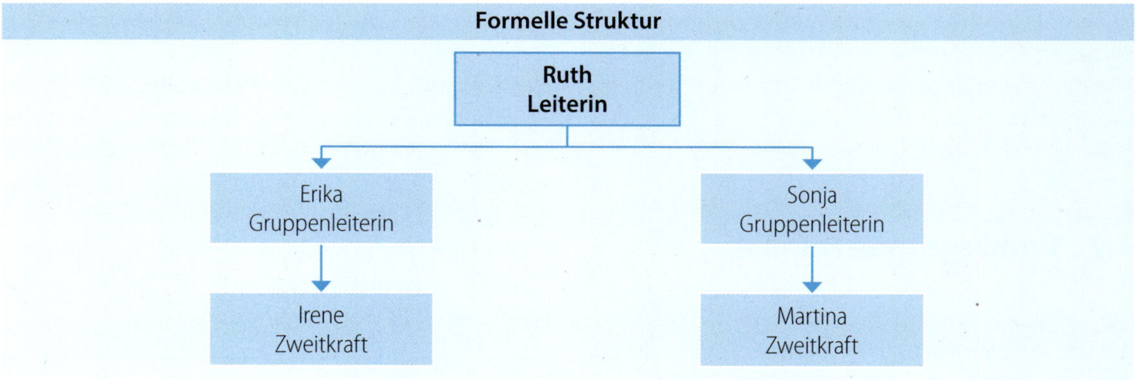

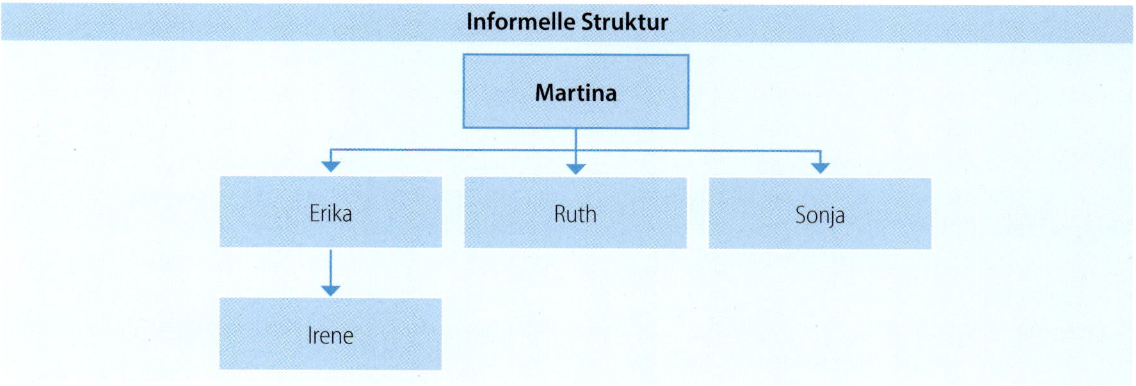

Beispiel Soziomatrix												
Gewählte / Wähler	Anne	Anja	Ines	Marie	Malte	Ole	Florian	Nils	Boris	abgegebene Stimmen	positv	negativ
Anne		+			–					2	1	1
Anja	+				–					2	1	1
Ines						–		+		2	1	1
Marie			+			–				2	1	1
Malte						+			–	2	1	1
Ole							+	–		2	1	1
Florian					–			+		2	1	1
Nils			+			–				2	1	1
Boris						–	+			2	1	1
erhaltene Stimmen	1	1	2	0	3	5	2	3	1			
positiv	1	1	2	0	0	1	2	2	0			
negativ	0	0	0	0	3	4	0	1	1			

Beispiel Soziogramm

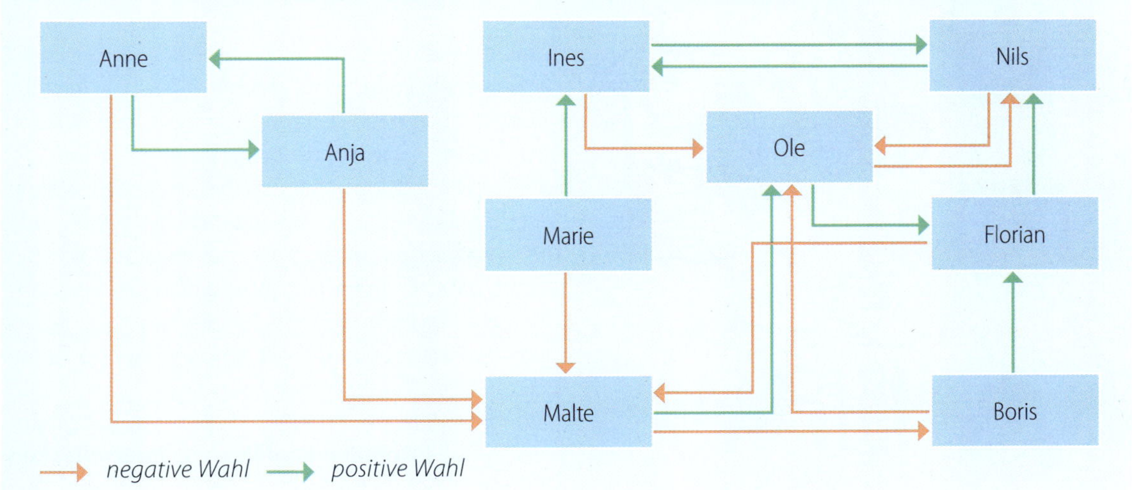

4.4 Rollen

Eine soziale Rolle definiert sich einerseits durch den Platz, auf dem eine Person innerhalb der Gesellschaft oder einer Gruppe steht, und andererseits durch die Erwartungen der anderen an diese Person auf dieser Position. Der Platz, auf dem sich eine Person befindet, kann ein zugeschriebener (z.B. Mann oder Frau) oder ein erworbener (z.B. Leiterin einer Kindertagesstätte) sein. Er wird auch soziale Position genannt. Eine Person nimmt unterschiedliche Plätze in der Gesellschaft und in verschiedenen Gruppen ein. Eine Rolle ist demnach ein Verhalten eines Menschen in einer bestimmten Situation und Umgebung. Sie beschreibt nicht sein gesamtes Verhalten.

Marion ist 19 Jahre alt. Seit 6 Wochen ist sie Erzieherin im Heim. Bis vor Kurzem war sie noch Erzieherschülerin und in dieser Zeit war sie auch Praktikantin in einer Einrichtung. Wie sie lebt, wissen wir nicht. Ob sie zum Beispiel noch bei ihren Eltern wohnt oder eine eigene Wohnung hat, ist nicht bekannt.
In ihrem Privatleben nimmt sie in jedem Fall weitere Rollen ein:

- Frau
- Tochter
- evtl. Schwester
- Enkelin
- Freundin
- Kundin
- u.a.

Wie sie diese Rollen ausfüllt, weiß man nicht, ob sie eine brave Tochter o.Ä. ist. In jedem Fall wird sie ihre Rollen individuell ausfüllen und dadurch weitere Rollen einnehmen, z.B. die der Beschützerin. Auf ihrer Arbeitsstelle ist Marion u.a.

- die Neue im Team,
- die Kollegin,
- die Erzieherin.

Als Neue traut sich Marion bereits zu, alleine den Sonntagsdienst zu übernehmen. Das Verhalten, das man zeigt, wenn man neu in eine Gruppe kommt, kann sich schnell zu einer Rolle verfestigen. Die anderen haben bestimmte erste Eindrücke und daran geknüpft bestimmte Erwartungen, die sie bestätigt sehen wollen. Durch die misslungene Frühstückssituation wurde Marion in eine Rolle gebracht, aus der sie wahrscheinlich so schnell nicht wieder herauskommt.

An Frauen werden in der Gesellschaft andere Erwartungen gestellt als an Männer, auch wenn die Frauenrolle und Männerrolle von den jeweiligen Personen ganz unterschiedlich ausgefüllt wird. Das Ausfüllen der Frauen- bzw. Männerrolle hängt auch wesentlich von der gesellschaftlichen Position ab, die diese Person einnimmt, vom Beruf, vom Familienstand, vom Alter, vom Wohnort, vom sozialen Status und vielen anderen Faktoren.
Als Frau hat Marion in der Gruppe eine andere Rolle als ihr männlicher Kollege. Die Jugendlichen haben andere Erwartungen an sie. Vielleicht erwarten die Mädchen, dass sie ihnen ein gutes weibliches Vorbild ist und ihnen zuhört, wenn sie Probleme mit Jungen haben. Vielleicht erwarten die Jungen, dass sie sie bedient …?
Marion wird hin und wieder in Rollenkonflikte geraten. Dabei sind **Intrarollenkonflikte** von **Interrollenkonflikten** zu unterscheiden.

Unter **Interrollenkonflikten** versteht man die Konflikte, die eine Person mit 2 verschiedenen Rollen und den damit verbundenen sich widersprechenden Erwartungen hat.

So ist Marion einerseits Erzieherin und andererseits hat sie ein Privatleben. Wenn sie gefragt wird, ob sie spontan einen Sonntagsdienst übernehmen könne, aber an diesem Tag bereits eine Unternehmung mit ihrem Freund geplant hat, gerät sie in einen Interrollenkonflikt.

Auch innerhalb einer Rolle kann es zu Konflikten kommen. Als Erzieherin kann sie zwischen den Ansprüchen eines Jugendlichen und eines Kollegen stehen und muss sich entscheiden. Z. B. könnte ein Jugendlicher einen Film zu Ende sehen wollen, im Team gibt es aber die Abmachung, dass dieser Jugendliche nur eine bestimmte Zeit am Tag fernsehen darf. Diese Zeit hat er bereits überschritten. Hier handelt es sich um einen **Intrarollenkonflikt**.

Rollen in Gruppen kann man unterscheiden in:

- Rollen, die sich danach richten, wie Aufgaben in Gruppen bearbeitet werden: Hier kann jemand die Rolle übernehmen, Vorschläge zu machen, jemand anderes die Rolle zu moderieren, wieder jemand, alles aufzuschreiben, jemand, kritische Fragen zu stellen usw.
- Rollen, bei denen es um den Gruppenzusammenhalt geht: Hier hat vielleicht jemand die Rolle übernommen zu ermutigen, jemand anderes fordert zum Hinhören auf, jemand kann gut zuhören und auf andere eingehen, wieder jemand hat die Rolle, einen Angegriffenen zu schützen usw.
- sogenannte negative Rollen: Diese Rollen tragen nicht zur Weiterentwicklung in einer Gruppe bei. Gemeint ist z. B. feindselig sein, andere angreifen, rivalisieren, ständig den Clown spielen, sticheln, andere lächerlich machen usw.

Eine Rolle ist zunächst ein beschreibender Begriff. Eine Bewertung bekommt sie erst dann, wenn die Bedeutung für den Einzelnen und die Gruppe angesehen wird. Eine Rolle bedeutet auch, einen Platz in der Gruppe zu haben. Rollen können je nach Situation und Entscheidung ganz bewusst eingenommen werden.

Die Erfahrung lehrt, dass Menschen auch dazu neigen, sich in einer Gruppe auf bestimmte Rollen festzulegen:

- Mustafa braust manchmal völlig unangemessen auf.
- Lutz ist häufig aggressiv gegenüber Erwachsenen. Für Melanie tut er alles.
- Die Mutter von Patrick und Pepita überschüttet ihre Kinder mit Geschenken und beschimpft die Erzieher.
- Lilli fühlt sich bestraft, dass sie in dieser Gruppe leben muss.
- Thomas ist Einzelgänger.
- Melanie ist der Star der Gruppe.

Man kann eine Rolle übernehmen, weil sie einem liegt oder sie der Eigenart entspricht. Die Reaktionen der anderen haben ebenfalls einen großen Einfluss auf das Rollenverhalten. Eine Rolle entsteht in der Wechselwirkung zwischen dem Rolleninhaber und den anderen Gruppenmitgliedern.

Die Erwartungen der anderen an den Rolleninhaber und das Verhalten des Rolleninhabers können sich gegenseitig verstärken.

Beispiel: Ein Kind, das neu in die Gruppe kommt, schneidet vielleicht aus Unsicherheit Grimassen. Die anderen Kinder finden das witzig und lachen. Das Kind freut sich über die Aufmerksamkeit, denkt sich noch witzigere Grimassen und Gesten aus und sagt vielleicht zusätzlich etwas Witziges mit verstellter Stimme. Die anderen Kinder sind nun erst recht begeistert und erwarten weitere unterhaltsame Gags. Das neue Kind erwirbt so seine Rolle als Clown. Wenn die Erzieherinnen erreichen wollen, dass sich diese Rolle nicht verfestigt, müssen sie überlegen, welche Bedürfnisse des Kindes hinter seinem Verhalten stehen und welche Vorteile es von diesem Verhalten hat. Die Vorteile der Rolle des Gruppenclowns könnten sein:

- Anerkennung,
- Aufmerksamkeit der ganzen Gruppe,
- Zuwendung,
- Verhaltenssicherheit,
- Verstecken der wahren Gefühle.

Dahinter verbirgt sich vielleicht das Bedürfnis nach Zuwendung, geliebt zu werden, gesehen zu werden, und die Angst, nicht so sein zu dürfen, wie man eigentlich ist, in der Gruppe nicht anerkannt zu werden. Natürlich hat so eine Rolle auch Nachteile, z. B.:

- Anstrengung, immer witzig sein zu müssen,
- sich immer verstellen müssen,
- der Versuch, ernsthaft zu sein, wird nicht ernst genommen.

Das Kind wird aber die Rolle erst aufgeben können, wenn es seine Bedürfnisse in der Gruppe auch anders befriedigen kann und es durch geeignete Angebote die Chance bekommt, andere Verhaltensweisen zu zeigen.
Richtet sich jemand in einer Rolle ein, so hat er Gedanken, Gefühle und Verhaltensweisen, die zu dieser Rolle passen. Ein Mädchen, das in der Gruppe als „Heulsuse" stigmatisiert ist, wird vielleicht denken: „Wie gemein, dass mir Malte die Puppe weggenommen hat!"
Es wird vielleicht dabei fühlen: „Aua, das tut weh, wie er sie anfasst!"
Wahrscheinlich wird es sich so verhalten, wie alle es von ihm erwarten – es wird weinen.

Aufgabe

Überlegen Sie, welche Rolle Lilli aus der Lernsituation in der Gruppe hat. Versuchen Sie sich in ihre Gedanken und Gefühle hineinzuversetzen. Welche Vorteile und welche Nachteile entstehen aus der Rolle?
Wie sehen Sie in diesem Zusammenhang Marions Verhalten zu Lilli?

4.5 Phasen

Seit den Veröffentlichungen von **Bernstein** und **Lowy**, die in den USA in den 1960er-Jahren Forschungen zur sozialen Gruppenarbeit betrieben, findet man in der Literatur immer wieder die 5 Phasen, die die gruppendynamische Entwicklung in einer Gruppe von Beginn bis zur Auflösung beschreiben:

1. Voranschluss- und Fremdheitsphase
2. Machtkampf- oder Kontrollphase
3. Intimitätsphase
4. Differenzierungsphase
5. Abschlussphase

Ebenso wie sich in jeder Gruppe Rollen herausbilden, verläuft ein Gruppenprozess immer mehr oder weniger in diesen Phasen. In welcher Phase sich eine Gruppe gerade befindet, lässt sich erkennen

- am Verhalten der Mitglieder untereinander und zur Gruppenleitung,
- an den Rollen,
- am Gefühl der einzelnen Mitglieder zur Gruppe,
- am Umgang mit Konflikten,
- an den Entscheidungsprozessen in der Gruppe und
- am Umgang mit Nicht-Gruppenmitgliedern und mit anderen Gruppen.

Aufgabe der Gruppenleitung ist es, wahrzunehmen, wo die Gruppe, steht und dieses bei der Planung von Vorhaben zu berücksichtigen.

Voranschluss- oder Fremdheitsphase

Wenn sich eine Gruppe neu bildet oder mehrere neue Mitglieder aufnimmt, ist das Verhalten der Einzelnen normalerweise zuerst einmal eher abwartend, zögerlich, vielleicht sogar schüchtern.

- „Will ich in dieser Gruppe bleiben?"
- „Was sind das für Leute?"
- „Mag ich die?"
- „Mögen die mich?"
- „Was wird hier von mir verlangt?"
- „Wie muss ich mich verhalten?"
- „Welchen Vorteil habe ich von der Gruppe?"
- „Gefällt mir die Leitung?"
- „Woran erinnert mich das, was hier geschieht?"

Solche Gedanken mögen den Einzelnen durch den Kopf gehen. Man ist sich noch keineswegs sicher, ob

Aller Anfang ist schwer

man sich dieser Gruppe anschließen möchte. Erfahrungen und damit verbundene Gefühle aus anderen Gruppen kommen wieder hoch, möglicherweise machen sich Ängste breit. In dieser Phase hat man es mit Zaungästen zu tun, Personen, die innerlich oder auch sprichwörtlich am Rande bleiben, mit der Möglichkeit, jederzeit wieder gehen zu können.
Kennt man schon jemanden in der Gruppe oder kommt man mit jemandem zusammen neu in die Gruppe, so hält man sich in dieser Phase an der bekannten Person fest.

Ein Soziogramm einer Gruppe in der Voranschlussphase könnte so aussehen:

Soziogramm

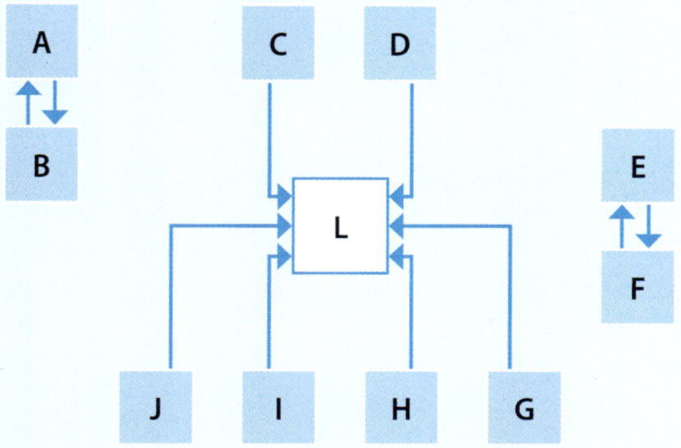

Die Personen A + B und E + F kannten sich vielleicht schon, als sie in die Gruppe kamen. C, D, G, H, I + J kennen einander noch nicht und orientieren sich zunächst einmal an der Leitung (L).

Die Aufmerksamkeit aller Gruppenmitglieder ist am Anfang auf die Leitung ausgerichtet. Diese muss einen klaren Rahmen vorgeben, die ersten Aktivitäten planen und vorschlagen und den Einzelnen Gelegenheit geben, sich innerhalb eines festen äußeren Rahmens kennenzulernen. In der Anfangsphase empfiehlt es sich, in dem Raum zu bleiben, der für die Gruppe vorgesehen ist. Der Raum bietet genauso wie die anderen Rahmenbedingungen die notwendige Orientierung.
Regeln und Normen, die in der Gruppe gelten sollen, müssen bereits in dieser Phase vorgegeben werden. Da sich die Gruppenmitglieder noch stark an der Gruppenleitung orientieren, ist es einfach für diese, Gruppenregeln aufzustellen und ein entsprechendes Verhalten einzufordern. Es ist äußerst schwierig, Gruppenregeln nachträglich einzuführen.

Machtkampf- oder Kontrollphase

Wenn nach der ersten Phase klar ist, wer bleibt, tritt die Gruppe in eine neue Phase ein, die Machtkampfphase. Bereits in der ersten Phase bildeten sich Rollen heraus. Es gibt die Mutigeren, die schnell das Wort ergreifen, und die Abwartenden, die noch vorsichtig sind und erst einmal beobachten. In dieser zweiten Phase beginnt nun in einem Klima der mehr oder weniger offenen Konkurrenz ein Wetteifern um Status, Anerkennung und Durchsetzung von Interessen. Die Anerkennung erhofft man sich in dieser Phase von der Gruppenleitung und auch von den anderen Gruppenmitgliedern. So bilden sich die einzelnen Rollen in der Gruppe heraus.
Je nachdem, welche Möglichkeiten die Gruppenleitung eröffnet, kann dieser Prozess so flexibel gestaltet werden, dass alle sich auch in unterschiedlichen Rollen ausprobieren können. Im schlechtesten Fall verfestigen sich die Rollen in dieser Phase. Das ist vor allem für die negativ besetzten Rollen, wie z. B. die Sündenbockrolle oder die Außenseiterrolle, fatal. Spätere Phasen eignen sich nicht mehr so gut für Interventionen, die der Rollenfestlegung entgegenwirken.
Gut wäre es, wenn die Gruppenleitung ein abwechslungsreiches Programm anbieten würde, damit jedes Gruppenmitglied einmal seine besonderen Stärken präsentieren kann. Die Rahmenbedingungen sollten so gestaltet sein, dass der Fokus auf unterschiedliche Fähigkeiten ausgerichtet und somit die Aufmerksamkeit auf unterschiedliche Gruppenmitglieder gelenkt werden kann.

Ein Soziogramm in dieser Phase könnte so aussehen:

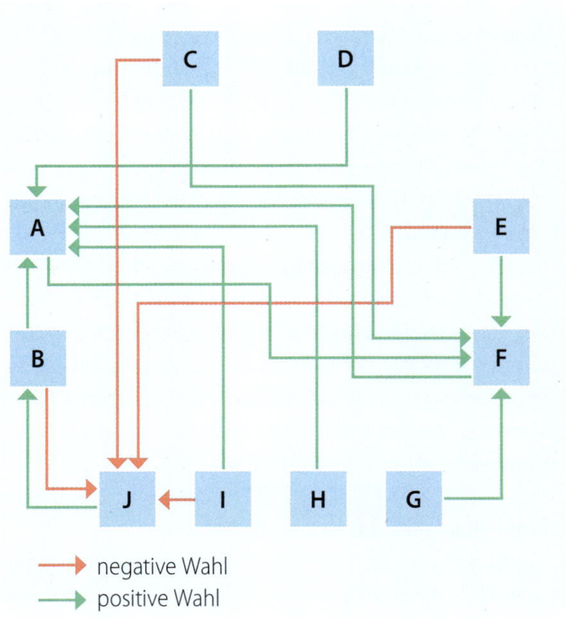

A und F sind hier die beliebtesten Personen. Sie wählen sich auch gegenseitig. A vereinigt 5 Wahlen auf sich, F 4. A, der B schon vorher kannte, wird auch von B gewählt, er wählt selbst aber F. Ähnlich wie B ergeht es E. Die Personen, die selbst nicht gewählt werden, orientieren sich an einem der beiden „Stars" in der Gruppe, außer J, der B wählt. J könnte sich zum Sündenbock der Gruppe entwickeln. Er wird sogar von B abgelehnt, obwohl J B wählt.

Für die Rolle des Außenseiters bieten sich noch mehrere Personen an: C, D, E, H, I und G.

Das Paar A und F könnte gefährlich werden, wenn es seine Macht nicht im positiven Sinne für die Gruppe nutzt oder wenn die beiden veröffentlichen, wen in der Gruppe sie möglicherweise beide ablehnen.

Hier ist die Gruppenleitung L nicht aufgeführt, um die Dynamik in der Gruppe besser zu verdeutlichen. Wäre L mit dabei, würde L wahrscheinlich von den Gruppenmitgliedern gewählt, die noch keinen rechten Platz in der Gruppe gefunden haben.

Intimitätsphase

Wenn jeder seinen Platz in der Gruppe gefunden hat und weiß, was von den anderen zu erwarten ist, bildet sich allmählich ein Zusammengehörigkeitsgefühl heraus. Die Gruppenmitglieder fühlen sich geborgen in der Gruppe und grenzen sich von anderen Gruppen ab. Vielleicht sind sie stolz, zu dieser Gruppe zu gehören. In der Gruppe bilden sich Cliquen, man verabredet sich auch außerhalb der Gruppe. Die Gruppenmitglieder sind bereit, sich über das notwendige Maß hinaus für die Gruppe zu engagieren. Es finden vertrauliche Gespräche in der Gruppe statt, Vertrauensspiele sind möglich und die Gruppenleitung wird oft als Mutter- oder Vaterfigur empfunden.

Geborgenheit und Vertrauen

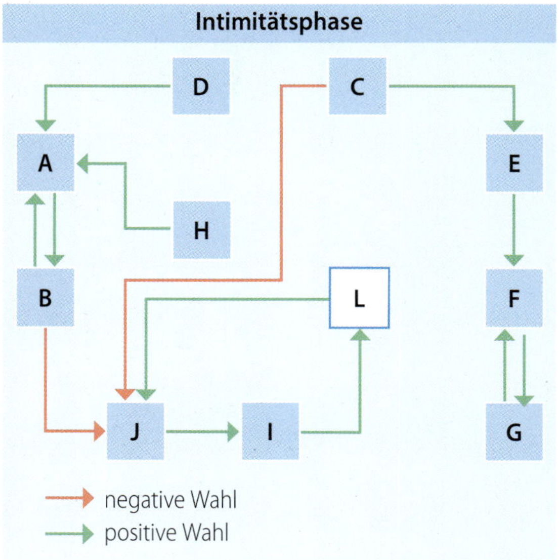

Das, was in der Gruppe geschieht, hat für den Einzelnen eine hohe emotionale Bedeutung. Entscheidungen werden oft so getroffen, dass man die Gruppenharmonie nicht gefährdet. Gruppenziele werden über eigene individuelle Ziele gestellt.
Aufgabe der Gruppenleitung ist es in dieser Phase, Gruppenmitglieder, die abseits stehen, in das Gruppengeschehen zu integrieren, der Cliquenbildung entgegenzuwirken und gemeinsame Gruppenerlebnisse zu schaffen. Außerdem besteht in dieser Phase die Chance, dass Konflikte offen angesprochen und gelöst werden können.

Differenzierungsphase
Wenn eine Gruppe es schafft, diese Phase zu erreichen, dann hat man das Gefühl, als sei sie erwachsen geworden. Die Gruppe ist stabil, man hält zusammen, löst Konflikte durch Gespräche und akzeptiert einander in seiner Unterschiedlichkeit. Jeder pflegt auch Kontakte nach außen und muss deshalb nicht befürchten, in der Gruppe abgelehnt zu werden. Niemand ist mehr in einer bestimmten Rolle gefangen. Jeder darf so sein, wie er eben ist, und jeder darf ein neues Verhalten ausprobieren. Die Gruppenleitung kann sich in dieser Phase mehr und mehr zurückziehen und aus einiger Entfernung beobachten, eventuell Hilfen zur Selbsthilfe geben. Vieles regelt die Gruppe alleine. Die Gruppe hat es gelernt, Entscheidungen herbeizuführen und ihre eigenen Prozesse zu moderieren. Ebenfalls hat sie es gelernt, Konflikte zu lösen.
Aufgabe der Gruppenleitung könnte es in dieser Phase sein, Kontakte zu anderen Gruppen herzustellen.

Differenzierungsphase

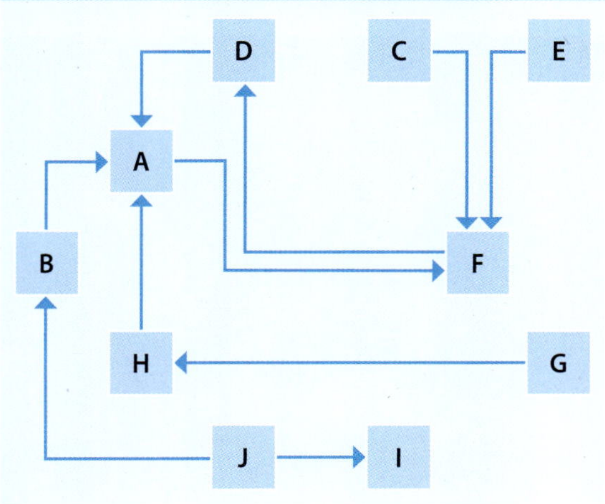

Abschlussphase
Wenn klar ist, dass sich die Gruppe auflösen wird, beginnt die Abschlussphase. In dieser Phase tauchen ungeordnet und manchmal plötzlich Verhaltensweisen aus den vorherigen 4 Phasen auf. Man erinnert sich, man verhält sich plötzlich wieder wie am Anfang, man will nicht auseinandergehen, man gibt sich unselbstständig, produziert unnötige Konflikte, klammert an der Gruppenleitung. Dann ist man wieder ganz „vernünftig" oder freut sich sogar, dass es bald ein Ende hat mit der Gruppe.
Aufgabe der Gruppenleitung in dieser Phase ist es, die Auflösung der Gruppe oder den Abschied von einzelnen Gruppenmitgliedern oder den eigenen Abschied rechtzeitig anzukündigen, damit die Gruppe Zeit hat, sich zu verabschieden. Es ist gut, noch einmal gemeinsam auf die Zeit in der Gruppe zurückzublicken. Die Einzelnen brauchen Zeit, Perspektiven für die Zeit danach zu entwickeln und sich allmählich von der Gruppe abzulösen.
Auch Treffen nach Abschluss der Gruppe sollten schon vorher geplant werden. Nicht zuletzt kann die gemeinsame Planung eines Abschlussfests den Schmerz der bevorstehenden Auflösung der Gruppe mildern.

Nicht immer werden alle Phasen während eines Gruppenprozesses durchlaufen. Einzelne Gruppenmitglieder können die Phasen auch unterschiedlich erleben. Manche Gruppen bleiben in der Machtkampfphase stecken und müssen sich dann irgendwann auflösen. Viele Gruppen erreichen die Differenzierungsphase nie. Wie lange die einzelnen Phasen dauern, hängt von der Gruppe und den Rahmenbedingungen ab.

Die Gruppenleitung muss in der Lage sein, diese Prozesse zu durchschauen, damit die Gruppe sich weiterentwickeln kann. Wenn neue Mitglieder in die Gruppe kommen, ist der Prozess der Integration auch davon abhängig, in welcher Phase sich die Gruppe gerade befindet. Durch neue Mitglieder fällt oft die ganze Gruppe wieder um eine oder mehrere Phasen zurück.
Wenn man die Heimgruppe in der Lernsituation betrachtet, so besteht diese Gruppe abgesehen von Marion erst seit einem Jahr in dieser Zusammensetzung: Ursula arbeitet schon seit 25 Jahren in diesem Heim, Hans seit 3, Sabine seit 2 und Christian erst seit einem Jahr. Von den Jugendlichen ist Mustafa am längsten da, seit 7 Jahren. Dann kommen Patrick und Pepita, sie sind

seit 5 Jahren in der Gruppe. Thomas und Melanie sind seit 3 Jahren da, Lutz seit 2 ½ Jahren. Und Lilli und Kerstin sind erst seit einem Jahr dabei.
Daraus und aus dem Verhalten der Gruppenmitglieder kann man schließen, dass sich die Gruppe noch in der Machtkampfphase befindet.

Aufgabe

Welche konkreten Angebote könnte man für die Heimgruppe in dieser Phase anbieten, um den Gruppenprozess zu fördern und die Atmosphäre in der Gruppe zu verbessern?

4.6 Erlebnispädagogik

Kurt Hahn (1886 –1977)

Ebenso wie die soziale Gruppenarbeit hat die Erlebnispädagogik Wurzeln in der Reformpädagogik. Kurt Hahn gilt als der Urvater der deutschen Erlebnispädagogik. Er wiederum war beeinflusst von Jean Jacques Rousseau (1712–1778), der in seinem Erziehungsroman „Emile" damals bereits für eine natürliche Erziehung plädierte, und David Henry Thoreau (1817–1862), der über ein bedürfnisloses Leben in der Natur zum eigentlich Wichtigen vorstoßen wollte.
Kurt Hahn war ein jüdisch-deutscher Pädagoge. Hahn entwickelte ein ganzheitliches Erziehungs- und Bildungskonzept, das durch unmittelbare Erlebnisse in der Natur, durch körperliche Herausforderungen und Gruppenerfahrungen Schlüsselqualifikationen trainieren sollte. 1920 gründete er das Internat Schloss Salem in der Nähe des Bodensees. Dieses Internat besteht auch heute noch in der Tradition seines Gründers.
Hahn leitete das Internat bis 1933. Dann wurde er wegen seiner jüdischen Abstammung von den Nationalsozialisten nach Schottland ausgewiesen, wo er 1934 die „British Salem School" in Gordonstoun aufbaute. 1941 gründete er seine erste Kurzschule, in der man mehrwöchige Kurse belegen konnte.
1946 wurde in London der „Outward Bound-Trust" gegründet, 1951 in Deutschland der „Verein Outward Bound" auf Initiative von Kurt Hahn, Minna Specht und Marion Dönhoff.

„Es gibt nicht nur ansteckende Krankheiten, sondern auch ansteckende Gesundheiten." (Kurt Hahn)

Outward Bound International betreibt heute über 50 Einrichtungen in 35 Ländern. Die Organisation bietet Outdoor-Seminare für unterschiedliche Zielgruppen an, z. B. für Schüler, Studenten, Auszubildende, Jugendliche aus Verbänden, Vereinen und Heimen oder für Führungskräfte. Ziel ist das Lernen mit Kopf, Herz und Hand im Lernfeld Natur und in der Gruppe.

Hahn sah die Gesellschaft sehr kritisch. Mit seinem Erziehungskonzept wollte er möglichst viele Jugendliche erreichen und damit den Verfallserscheinungen seiner Zeit entgegenwirken, die seiner Meinung nach waren:
- Mangel an menschlicher Anteilnahme,
- Verfall körperlicher Tauglichkeit,
- Mangel an Initiative und Spontaneität,
- Mangel an Sorgsamkeit.

Auf diese Mängel sollte mit erlebnispädagogischen Methoden reagiert werden. Dazu gehörten:
- körperliches Training (Leichtathletik, Natursportarten wie Segeln, Kanufahren, Bergwandern),
- Dienst am Nächsten (z. B. Küstenwache, See- oder Bergrettungsdienst),
- Projekte (Aufgabenstellung mit hoher, aber erreichbarer Zielsetzung bei selbstständiger Planung und Durchführung im handwerklich-technischen bzw. künstlerischen Bereich),

Erlebnispädagogik im Klettergarten

Für seine Internate stellte Hahn damals die „Sieben Salemer Gesetze" auf:

1. Gebt den Kindern Gelegenheit, sich selbst zu entdecken.	2. Lasst die Kinder Triumph und Niederlage erleben.	3. Gebt den Kindern Gelegenheit zur Selbsthingabe an die gemeinsame Sache.	4. Sorgt für Zeiten der Stille.	5. Übt die Fantasie.	6. Lasst Wettkämpfe eine wichtige, aber keine vorherrschende Rolle spielen.	7. Erlöst die Kinder reicher/mächtiger Eltern vom entnervenden Gefühl der Privilegiertheit.

- Expeditionen (meist mehrtägige Berg- oder Skitouren, Floßfahrten etc., bei denen es neben der natursportlichen Aktivität auch um lebenspraktische Alltagserfahrungen ging, wie Versorgen, Transportieren, Nachtlager bereiten).

Die Nachhaltigkeit der Methode hängt für Hahn von der Erlebnisqualität ab. Je mehr die Teilnehmer die Aktionen als außergewöhnliche Erlebnisse wahrnehmen, umso größer ist die Wirkung. Diese beruht darauf, dass man sich später noch an die Bewältigung von schwierigen Situationen erinnert. Diese Erinnerung hilft dann aktuelle Herausforderungen zu meistern.

Weitere Bedingungen für die Wirksamkeit von erlebnispädagogischen Maßnahmen sind für Hahn, dass es sich um echte, direkte, unmittelbare und ernsthafte Situationen handelt, vor die der Teilnehmer gestellt ist. Diese Erlebnisse müssen sich nach Hahn vom Alltäglichen abheben.

Die Unmittelbarkeit und Authentizität des Erlebens und physische und psychische Anstrengungen sind auch in der heutigen hoch technisierten, durchmedia-

Merkmale der heutigen Erlebnispädagogik sind:

- **Handlungsorientierung und Ganzheitlichkeit**
  D. h., Wissen, Fähigkeiten und Werte werden über die tätige Auseinandersetzung mit einer Aufgabe erarbeitet. Angesprochen sind Körper, Geist und Seele des Menschen.
  Auf einem Segelschiff sind beispielsweise sowohl körperlicher Einsatz als auch Kenntnisse in Navigation gefragt. Gleichzeitig dürften einzigartige Erlebnisse die Seele ansprechen.
- **Lernen in Situationen mit Ernstcharakter**
  D. h., Aufgaben und Anforderungen müssen sich als natürlicher Sachzwang ergeben.
  Auf einer Schlittenhundetour durch Kanada ergeben sich natürliche Sachzwänge: Die Hunde müssen gefüttert, ihre Pfoten eingerieben werden. Dies muss zu bestimmten Zeiten geschehen, sonst werden die Hunde leiden und ihren Dienst versagen.
- **Gruppenorientierung**
  Es geht in der Erlebnispädagogik um die Förderung sozialer Kompetenzen, deshalb finden die Angebote überwiegend in Gruppen statt. Bei einer Klettertour ist einer vom anderen abhängig und muss sich darauf verlassen können, dass jeder die Seile gut absichert und sich gegenseitig hilft.
- **Erlebnischarakter**
  D. h. Distanz zum Alltag. Außergewöhnliche Situationen ermöglichen Grenzerfahrungen. Dadurch wird die Chance erhöht, dass ein Ereignis ein nachhaltig wirkendes Erlebnis wird. Es muss sich nicht immer um Extremsituationen handeln. Für einen Stadtmenschen kann es eine außergewöhnliche Erfahrung sein, eine Kuh zu melken oder Kartoffeln zu ernten und sie über einem offenen Feuer zu braten, das man selbst angefacht hat.
- **Freiwilligkeit**
  Die Teilnehmer werden ermutigt und angespornt, sich in Lernsituationen zu wagen. Möchten sie das nicht, wird die Entscheidung von den Pädagogen akzeptiert.
- **Pädagogisches Arrangement**
  Erlebnispädagogisch geschulte Begleiter planen und realisieren gezielt bestimmte Angebote. Sie sind als Begleiter immer ansprechbar und reflektieren mit den Teilnehmenden das Erlebte.

tisierten und versicherten Welt seltene Erfahrungen. Das führt zu einem erhöhten Erlebnishunger und einer gesteigerten Risikobereitschaft vor allem bei Jugendlichen, die sich zum Teil ihren „Thrill" bei Drogenkonsum, S-Bahn-Surfen oder waghalsigen Autorennen holen. Erlebnispädagogik kann auch heute noch (und gerade heute) eine Antwort auf diesen allgemeinen Mangel an körperlicher Aktivität, Unmittelbarkeit, Spannung, Echtheit, Gruppenerfahrung und persönlicher Herausforderung sein.

Ein Erlebnis ist höchst subjektiv und persönlich. Es ist weder planbar noch voraussagbar. Damit wird der Begriff „Erlebnispädagogik" in sich widersprüchlich, da Pädagogen im Allgemeinen planen und Verhalten voraussagen wollen.

Erlebnispädagogik kann zwar planen, Situationen konstruieren und das „Setting" beeinflussen und begleiten – damit ist die Wirkung dieses Arrangements für den Einzelnen aber noch nicht vorherzusehen. Das heißt, die Pädagogen können eine Situation so planen, dass die Teilnehmer bestimmte Erfahrungen machen. Ob diese Erfahrungen aber als Erlebnis wahrgenommen werden und wie dieses Erlebnis individuell verarbeitet wird, steht nicht mehr unter dem Einfluss der Fachkräfte.
Ziel moderner Erlebnispädagogik ist es, das Setting so zu gestalten, dass bestimmte Erfahrungen möglich oder sehr wahrscheinlich werden. Der Einzelne soll dabei lernen, sich selbst wahrzunehmen und einzuschätzen – vor allem im Hinblick auf seine Rolle in der Gruppe und im gesellschaftlichen Umfeld.

Richtungen

Die Palette erlebnispädagogischer Settings reicht heute vom einfachen bedürfnislosen Landleben bis hin zu Extremsportarten mit technisch ausgefeiltem Equipment, von individualpädagogischen Maßnahmen bis hin zu Großgruppenveranstaltungen.
Es lassen sich heute verschiedene Richtungen in der Erlebnispädagogik ausmachen. Diese unterscheiden sich zum Beispiel darin, ob und in welchem Umfang eine anschließende Reflexion des Erlebten mit zur Konzeption gehört und wie diese Reflexion aussehen soll.
Das „The Mountains Speak for Themselves"-Modell sieht keine Reflexion vor, da es ganz auf die Sachzwänge der Natur vertraut und das Erlernte nach diesem Modell notwendige Folge des Handelns ist. Dem „Outward Bound Plus"-Modell wurde wegen seiner Betonung der anschließenden Reflexion vorgeworfen, dass es sich zu einer therapeutischen Methode entwickle. Das „Metaphorische Modell" hat zurzeit die größte Verbreitung. Es befürwortet Reflexion, ohne aber die Erfahrungen und Erlebnisse überfrachten und zerreden zu wollen. Die Lernsituationen sollen sich an der Realität der Teilnehmer orientieren. Beispiele, Geschichten und Metaphern können in die Reflexion mit einbezogen werden.

Bedingungen und Ziele

Ob die Ziele erlebnispädagogischer Maßnahmen erreicht werden, hängt davon ab, inwiefern ein Transfer in die Lebenszusammenhänge und Alltagssituationen der Teilnehmer gelingt. Hierfür sind klare Ziel- und Erwartungsabsprachen, eine zielgerechte Zusammensetzung der Teilnehmergruppen, eine längerfristige Vor- und Nacharbeit und die bewusste Anwendung von Transfertechniken notwendig. Erlebnispädagogische Maßnahmen werden im Rahmen der „Hilfen zur Erziehung" in besonderen Fällen zum Beispiel für straffällig gewordene Jugendliche angeboten.
Häufig stellt dies die letzte Chance für diese Jugendlichen dar, aus ihrem gewohnten Umfeld herauszukommen und alternative Verhaltensweisen zu erlernen.
In der Presse gibt es zwar immer wieder Sensationsberichte über offensichtliche Misserfolge von erlebnispädagogischen Maßnahmen im Ausland für straffällig gewordene Jugendliche. Mit Recht wird auch so manche Maßnahme kritisiert – es gibt durchaus unseriöse Anbieter. Diese sollten aber den Blick nicht auf gute und erfolgreiche Projekte verstellen.

Beispiel Tuletorn-Projekt

Das Tuletorn-Projekt in Estland ist ein Projekt der Stiftung Leuchtfeuer. Es betreut Jugendliche in individualpädagogischen Maßnahmen. Die Jugendlichen leben durchschnittlich 2 Jahre lang in sorgfältig ausgewählten Familien auf dem Land. Die Gastgeber müssen Deutschkenntnisse haben und es muss eine geeignete Bezugsperson vorhanden sein. Die Familien und die Jugendlichen werden von Pädagogen des Projektes regelmäßig begleitet.
In einem Artikel der „Baltischen Rundschau" ist von einem Jugendlichen, Moritz, die Rede, der aus sei-

ner Familie nur Gewalt als einziges Konfliktlösungsmittel kannte. In der Schule wurde er aufgrund seiner „asozialen Herkunft" gehänselt. In solchen Situationen wehrte er sich mit Schlägen, wie er es gewohnt war. Er fand die falschen Freunde, rauchte Haschisch und beging die ersten Straftaten: Mit seinen Freunden überfiel er Kioskbesitzer und knackte Autos. Mit 12 Jahren geriet er in die Hände eines Pädophilen, der ihn 2 Jahre lang regelmäßig vergewaltigte. Nach ein paar Wochen in einem sächsischen Heim, einem Intermezzo in einem Erziehungsheim in Frankreich und zwischenzeitlichen Aufenthalten bei seinem Vater nahm sich das Tuletorn-Projekt seiner an:

Moritz kam nach Estland auf einen Bauernhof in einem 500-Seelen-Dorf. Der Landwirt ist ehemaliger erfolgreicher Ringer. Das beeindruckt Moritz. Er hilft heute dem Landwirt morgens in der Landwirtschaft und lernt nachmittags für seinen Hauptschulabschluss.

Moritz geht zum ersten Mal in seinem Leben einem geregelten Tagesablauf nach. Früher war er es gewohnt, erst gegen Mittag aufzustehen. Moritz fühlt sich in seiner Gastfamilie geborgen und er weiß, dass Estland seine letzte Chance ist. Diese nutzt er, auch wenn das Leben in der estnischen Provinz mit seinem traditionellen Lebensrhythmus und seiner Abgeschiedenheit nicht sehr abwechslungsreich ist.

Das „Erlebnis" für Moritz ist die körperliche Arbeit als Gehilfe des Landwirts. Die Anforderungen in dieser Arbeit haben einen natürlichen Sachzwang. Tiere müssen gefüttert, die Ernte muss eingeholt werden. Für Moritz, der bisher nur das Stadtleben kannte, ist der sinnlich erfahrbare Bezug zum ursprünglichen Leben auf dem Land eine völlig neue Erfahrung.

www.stiftung-leuchtfeuer.de

5 Durchspielen einer vollständigen Handlung

Zur Lernsituation von Seite 42 ff.

5.1 Analysieren

Marion hatte an diesem Sonntag Ursula angerufen. Diese war sofort zu Hilfe gekommen und hatte die Situation gerettet. Die Heimleitung hat Marion angeboten, dass sie sich 10 Stunden externe Supervision nehmen könne, um als Berufsanfängerin diese Situation aufzuarbeiten und für ähnliche Situationen besser vorbereitet zu sein. Nach einigen Telefonaten findet Marion eine systemisch arbeitende Supervisorin, mit der sie zusammenarbeiten möchte.

Die Ziele der Supervision sind für Marion:

- Analyse der Situation beim Sonntagsdienst,
- Planung von konkreten Handlungsschritten, um als Neue im Team und vor allem in der Gruppe akzeptiert zu werden,
- Planung von konkreten Handlungsschritten zur Verbesserung des Klimas in der Gruppe,
- Begleitung bei den nächsten konkreten Schritten und deren Reflexion.

Außerdem möchte Marion mit der Supervisorin über Thomas sprechen. Sie macht sich Gedanken darüber, dass Thomas manchmal nächtelang vor dem Computer zu sitzen scheint. Bisher hat sie sich noch nicht getraut, Thomas darauf anzusprechen, weil sie eine unfreundliche oder ausweichende Antwort von ihm erwartet. Mit der Supervisorin analysiert sie zunächst die systemischen Hintergründe:

Team

Als Neue arbeitet sie in einem Team mit 2 Männern und 2 Frauen. Die Teammitglieder haben 3 unterschiedliche Ausbildungen: Hans ist Erzieher, Christian Sozialpädagoge, Sabine ist Erzieherin, Ursula Kinderpflegerin und sie selbst ist Erzieherin.

Christian arbeitet erst seit einem Jahr in der Gruppe. Er ist aber, da er formal die qualifizierteste Ausbildung hat, vom Heimleiter offiziell als Gruppenleiter eingesetzt worden. Das ist vor allem Ursula, die schon seit 25 Jahren in diesem Heim arbeitet und als Einzige von den Jugendlichen geachtet und respektiert wird, ein „Dorn im Auge". Christian ist abgesehen von Marion außerdem der Jüngste im Team. Er wird von Ursula, die seine „modernen" Erziehungsmethoden überhaupt nicht schätzt, nicht ernst genommen.

Hans und Sabine haben ähnliche Ansichten wie Christian. In Teamgesprächen hält sich Ursula meist zurück. In der Arbeit mit den Jugendlichen hat sie ihren eigenen Stil. Den macht sie für die anderen nicht so transparent. Ursula spielt für die Kinder eine sehr bedeutende Rolle – ihr vertrauen sie ihre Sorgen an. Sie hören auf sie, wenn sie etwas sagt. Sie wissen, dass sie sich auf Ursula verlassen können.

Marion selbst ist die Neue im Team. Ihr helfen die Teamsitzungen, auf denen sich das Team auf einheitliche Regeln und Prinzipien verständigt. Dennoch würde sie sich bei Schwierigkeiten mit den Jugendlichen immer an Ursula wenden, wie sie es in der konkreten Situation ja auch getan hat.

Allerdings konnte ihr Ursula im Fall von Thomas bisher auch nicht weiterhelfen. Ursula hält es für normal, dass Thomas nach dem Tod seiner Mutter etwas „in sich gekehrt" sei und sich alleine beschäftigen möchte.

Gruppe

In der Gruppe der Jugendlichen ist Melanie die Anführerin. Lutz ist ihr ergebener Fan. Mustafa, Patrick und Pepita sind am längsten in der Gruppe. Sie haben schon einige Jugendliche und Erzieher kommen und gehen sehen. Thomas hält sich aus dem Gruppengeschehen heraus. Lilli will gar nicht in der Gruppe sein, während sich Kerstin, die genauso wie Lilli erst ein Jahr in der Gruppe ist, sich bereits eingelebt hat. Als Ganzes befindet sich die Gruppe in der Machtkampfphase.

Marion versteht sich gut mit Lilli, die eine Außenseiterrolle hat. Melanie und Kerstin nehmen Marion nicht einmal wahr. In der Situation machen sie sich lustig über sie. Marion hat ihr „gemütliches Frühstück" vollkommen an den Bedürfnissen der Jugendlichen vorbeigeplant.

- Sie hat weder ihre Rolle im Team noch die informelle Gruppenstruktur der Jugendlichen beachtet.
- Unbewusst hat sie sich mit der Außenseiterin Lilli verbündet.
- Bei der Planung des Frühstücks wollte sie ihre eigenen Vorstellungen verwirklichen. Unreflektiert hat sie ihre eigenen biografischen Hintergründe zum Maßstab genommen und eine „normale" Familiensituation auf die Heimsituation übertragen.
- Sie hat sich vorher nicht auf die ausgesprochenen und unausgesprochenen Regeln des Zusammenlebens der Gruppe eingestellt.
- Sie hat sich auch nicht vergegenwärtigt, welche Bedeutung Essen und Essenssituationen für Jugendliche haben, die aus frühkindlichen Entwicklungsphasen starke Defizite mitbringen.

Bei der Analyse wird Marion klar, dass sie im nächsten Schritt daran gehen will, einen besseren Kontakt zu den Jugendlichen zu bekommen. Dazu muss sie sie noch besser kennenlernen.

5.2 Planen

Gemeinsam mit der Supervisorin plant Marion ihre nächsten Schritte.

Mit den Jugendlichen zusammen möchte sie die vergangene Frühstückssituation reflektieren. Dabei möchte sie diese besser kennenlernen und deutlich machen, dass ihr etwas an ihnen liegt. Dazu plant sie ein Gruppengespräch. Sie wählt einen Zeitpunkt, an dem alle Jugendlichen der Gruppe Zeit haben, an einem Nachmittag in der Woche. Sie plant, hierzu außerhalb ihres Dienstes ins Heim zu kommen, damit sie nicht durch Alltagsgeschäfte abgelenkt wird. Sie kündigt das Gruppengespräch rechtzeitig an und sagt den Jugendlichen, worum es bei dem Gespräch gehen soll.

Da alle gerne Kuchen essen, plant sie, einen Kuchen zu backen, und zwar in der Gruppenküche, damit schon der Duft von Frischgebackenem eine gute Atmosphäre erzeugt.

Marion hat vor, das Gespräch damit einzuleiten, dass sie das missglückte Frühstück aus ihrer Sicht beschreibt. Sie will dann die Jugendlichen reden lassen. Sie will fragen, wie sich die einzelnen Gruppenmitglieder ein

schönes Sonntagsfrühstück vorstellen, und mit ihnen verabreden, wie es beim nächsten Mal laufen sollte.
Ihre Ziele sind: Schaffen einer angenehmen Atmosphäre in der Gruppe bei Tee und Kuchen und ein besseres gegenseitiges Kennenlernen. Ihr Vorhaben bespricht sie vorher im Team und holt sich von ihren Kolleginnen und Kollegen Anregungen.
Was Thomas betrifft, so ist inzwischen in der Fallsupervision im Team zusammen mit der Supervisorin besprochen worden, soll bei ihm folgendermaßen vorgegangen werden:
Der Erzieher Hans, der den besten Kontakt zu Thomas hat, soll sich regelmäßig mit Thomas zu Gesprächen verabreden. In diesen Gesprächen soll herausgefunden werden, welche persönlichen und beruflichen Ziele Thomas hat, wie er diese Ziele erreichen will und was die nächsten Schritte sein können. Außerdem soll Hans herausfinden, wie Thomas in der Schule zurecht kommt und ihm gegebenenfalls Hilfe anbieten. Hans soll das Team über wichtige Ergebnisse, die alle angehen, informieren.
Die Zeiten für die Computernutzung von Thomas sollen stark eingeschränkt werden, zunächst auf eine Stunde pro Tag. Das ganze Team muss darauf achten, dass diese Zeit nicht überschritten wird.
Das Team soll darauf achten, dass Thomas sich nicht immer von der Gruppe fernhalten kann. Er soll an Gruppenunternehmungen teilnehmen.

Kurzplanung

Ziel	**Handlungsschritte**
Hilfe von außen holen	Supervision
Schaffen von Gruppenatmosphäre	Gruppengespräch: Reflexion der Frühstückssituation
Einbeziehung des Teams	Teambesprechung
Sich langsam auf den Weg machen	• Schauen, wo die Gruppe steht, und sie mitnehmen • Akzeptieren der eigenen Grenzen und der Grenzen anderer • Würdigung erster Schritte
Beziehungen aufbauen	gemeinsame Erlebnisse schaffen
• Besseres Kennenlernen der Gruppe • Reflexion des eigenen Verhaltens	Tagebuch anlegen
Gruppengefühl verbessern	Aktivitäten für alle sichtbar dokumentieren

5.3 Durchführen

Da Marion einen leckeren Apfelkuchen gebacken hat, erscheinen alle Gruppenmitglieder außer Thomas zur Besprechung. Marion geht in Thomas Zimmer und bittet ihn freundlich doch auch zu kommen, was er dann auch tut. Über das missglückte Frühstück wollen die Jugendlichen nicht mehr sprechen. Aus ihrer Sicht war das nichts Besonderes. Ein Sonntagsfrühstück scheint ihnen sowieso nicht so wichtig zu sein. Marion hört zu und bemüht sich, das Ganze nicht zu bewerten. Lutz schlägt vor, ein Kartenspiel zu spielen, und alle haben Lust. So wird bis zum Abendessen gespielt.
Marion hat das Gefühl, ein kleines Stück mehr von der Gruppe akzeptiert worden zu sein, auch wenn der Nachmittag anders gelaufen ist, als sie es geplant hat.

5.4 Reflektieren und bewerten

Die Situation wird in der Supervision und in der Teambesprechung reflektiert. Marion ist klar geworden, dass sie zunächst einmal als Beobachterin und Zuhörerin in der Gruppe fungieren muss. Bis sie in der Gruppe als Erzieherin akzeptiert ist, braucht es noch einige Zeit. Allein Dienst machen, das ist ihr klar geworden, möchte sie so schnell noch nicht wieder. Marion hat von erlebnispädagogischen Projekten gehört und will bei einer der nächsten Teamsitzungen vorschlagen, vielleicht in den nächsten Sommerferien mit der Gruppe an einer erlebnispädagogischen Unternehmung teilzunehmen.

5.5 Dokumentieren und präsentieren

Marion entschließt sich dazu, mit dem Schreiben eines Tagebuchs zu beginnen. In dieses trägt sie die Erlebnisse und Situationen des Heimalltags ein. Sie schreibt auch auf, wie sie sich in den einzelnen Situationen verhalten hat und ihre Gefühle und Gedanken dazu. Wenn ihr bei einzelnen Jugendlichen etwas auffällt, notiert sie auch das und ihre Gefühle und Gedanken dazu. Das Tagebuch nimmt sie zur Supervision und in die Teamsitzungen mit, in denen auch regelmäßig Fallbesprechungen gemacht werden.

6 Medienkompetenz

Bildung erfolgt auf allerlei medialen Wegen. In den letzten drei Jahrzehnten haben die digitalen Medien auch in der Lebenswelt der Jugendlichen und Kinder zunehmend an Bedeutung gewonnen.
Nun ist es häufig so, dass Jugendliche ihren Eltern, Lehrern und Erziehern z. B. die Handhabung der Endgeräte erklären müssen, so dass sich die Rollen von Lehrenden und Lernenden in diesem Bereich oft umkehren. Wie kann es also gelingen, dass Kinder und Jugendliche Medienkompetenz erlangen, wenn es nur wenige kompetente erwachsene Vorbilder gibt?
Medienkompetenz wird neben der sozialen Kompetenz, der Methodenkompetenz, der individuellen Kompetenz und der Handlungskompetenz als **Schlüsselqualifikation** bezeichnet. Medienkompetenz bedeutet einen reflektierten Umgang mit verschiedenen Medien – analogen und digitalen –, das Hinterfragen und Analysieren von Informationen und Berichten und bereits die Auswahl geeigneter Medien.
Konkret auf die Nutzung von digitalen Medien bezogen bedeutet das, dass man z. B. in der Lage ist, sich für die **eigene Meinungsbildung**

- Informationen aus dem Internet zu holen,
- diese zu interpretieren,
- Fake-Meldungen von echten Meldungen,
- Inhalte von Werbung und
- Fakten von Kommentaren zu unterscheiden,
- Quellen zu identifizieren und einzuordnen,
- Datenmanipulationen zu erkennen
- und letztlich Daten aus dem Internet in Zusammenhang zu bringen und zu interpretieren.

Als kritischer Nutzer muss ich mich also immer fragen: Stimmt das, nur weil es im Internet steht?

Medienkompetenz beinhaltet auch eine **aktive Teilhabe am sozialen Miteinander.** Dazu bedarf es bestimmter Regeln, wie man sich im Internet, z. B. in den sozialen Netzwerken, bewegt. Dazu gehören:

- eine respektvolle Kommunikation,
- Vorsicht bei der Weitergabe von persönlichen Daten und Bildern sowohl von sich selbst als auch von anderen,
- Regeln, wie man sich sicher im Internet bewegt und sich vor Gefahren schützt,
- Wissen, an wen man sich wenden kann und was man tun kann, wenn man z. B. von Cybermobbing betroffen ist.

Seit Mai 2018 ist die Europäische Datenschutz-Grundverordnung (EU-DSGVO) in Kraft.
Diese Verordnung schützt die Grundrechte und Grundfreiheiten natürlicher Personen und insbesondere deren Recht auf den Schutz personenbezogener Daten. Grundsätzlich dürfen keine sensiblen persönlichen Daten gesammelt und verarbeitet werden.

Literaturtipp:
https://www.datenschutz.org/soziale Netzwerke

Medienkompetenz bedeutet auch **Handlungskompetenz.** Dazu gehören z. B.:

- chatten können,
- Kommentare verfassen können,
- eine Homepage erstellen können,
- ein Video oder ein Hörspiel erstellen können,
- kreativ sein und spielerisch mit den digitalen Medien umgehen,
- **aber auch:** nicht in eine Kostenfalle zu laufen.

Aufgabe

Reflektieren Sie Ihr eigenes Medienverhalten:

- Habe ich mein Handy/Smartphone immer eingeschaltet bei mir? Wozu nutze ich mein Handy/Smartphone?
- Wie viel Zeit verbringe ich täglich mit digitalen Medien (Computer, Tablet, Smartphone…)? Wozu nutze ich diese Endgeräte?
- War ich selbst schon einmal Opfer von Cybermobbing? Was habe ich dann gemacht?
- Lese ich regelmäßig Zeitungen (online oder print)?
- Lese ich zurzeit ein Buch? Welches? (Oder: Wann habe ich das letzte Mal ein Buch gelesen?)

Besprechen Sie Ihre Reflexionen in der Kleingruppe.

6.1 Medienerfahrungen in der Lebenswelt von Kindern und Jugendlichen

Kindheit heute bedeutet Aufwachsen in einer von Medien bestimmten Welt.

Zu Medien gehören:

- Printmedien: z.B. Bücher, Bilderbücher, Fotos, (Werbe-)Plakate, Zeitungen, Illustrierte, Comics, Lern- und Übungshefte
- Audiovisuelle Medien: z.B. Filme, CD-ROM, DVD, Playstation und die entsprechenden Spiele, Computerspiele, Kinderkanal im Fernsehen, Computer, Tablet-PC, Lernprogramme
- Auditive Medien: Hörkassetten, CDs, i-Pod, Handy, Telefon, Radio

Seit 1999 führt der Medienpädagogische Forschungsverbund Südwest regelmäßig eine repräsentative Studie zum Stellenwert der Medien im Alltag von Kindern im Alter von 6 bis 13 Jahren durch. Das ist die sogenannte **KIM-Studie**. Seit 2012 gibt es auch die **mini-KIM-Studie**, die den Medienalltag von Kindern im Alter von 2 bis 5 Jahren untersucht.

Die Spielzeugindustrie und Werbebranche haben erkannt, dass Kinder ein großer Wirtschaftsfaktor sind. So werden Figuren, die in den Medien auftauchen, als Spielzeugfiguren mit entsprechendem Zubehör hergestellt, Gebrauchsgegenstände werden mit den Motiven bedruckt, sodass sie für die Kinder einen Wiedererkennungswert haben und entsprechende Konsumwünsche hervorrufen. Figuren und Geschichten finden sich also oft in allen Medienarten wieder. Häufig ist das Hauptprodukt ein Kinofilm, z. B. „Star Wars" oder „Transformers". Dazu gibt es dann Sammelalben, Figuren, Gebrauchsartikel und Kleidungsstücke. Oder es wird eine Zeichentrickserie kreiert, um vorhandenes Spielzeug besser vermarkten zu können, z. B. „He-Man and the Masters of Universe", „Minions" oder „Monster High". Das Gleiche findet

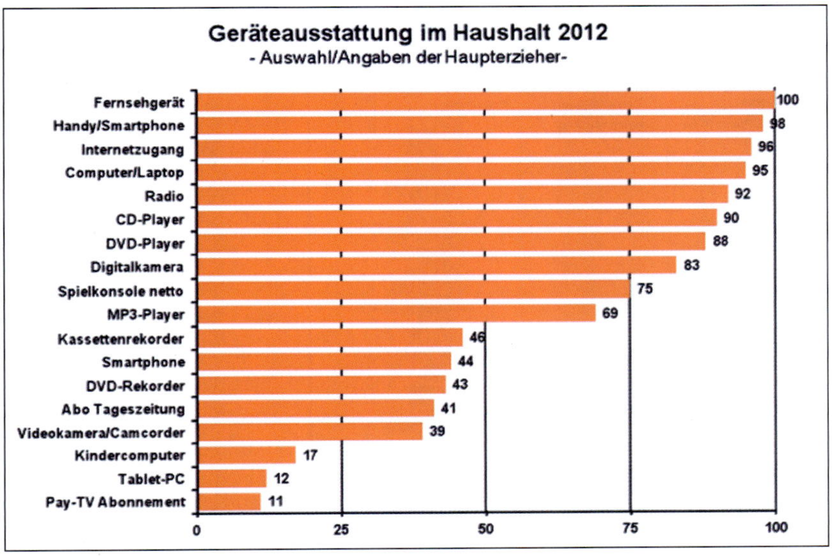

Geräteausstattung im Haushalt (KIM-Studie 2012, Basis 1220 Haushalte, Angabe %)

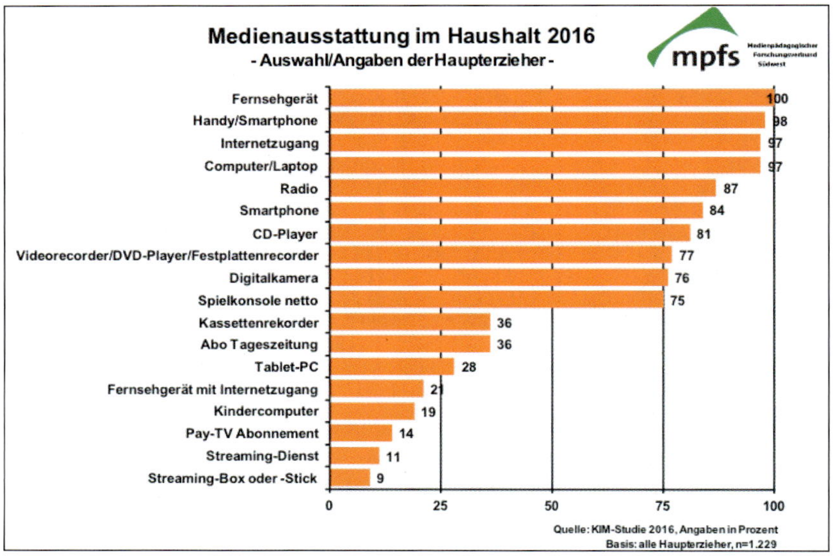

Geräteausstattung im Haushalt (KIM-Studie 2016, Basis 1229 Haushalte, Angabe in %)

Aufgabe

Vergleichen Sie die Geräteausstattung im Haushalt der 6–13-jährigen Kinder von 2012 mit der von 2016.

man bei Comicfiguren, Fußballvereinen, Sportlern, Musikern und Videospielen (z. B. „Pokemon"). Diesen Vorgang nennt man **Merchandising**. Kaum ein Kind kann und will sich diesen Medienangeboten entziehen.
Die Erzieherin braucht oft nur das Spiel der Kinder zu beobachten, um zu wissen, welche Figuren gerade in der Fantasie der Kinder von Bedeutung sind. Dann kann man sich die Filme, Bücher oder das entsprechende Material besorgen, um in die Welt der Kinder einzutauchen und sie dann mit kritischem Abstand zu betrachten.

Schwieriger ist es schon, die **Medienwelt der Jugendlichen** kennenzulernen. Die Jugendlichen wollen ihre Medienaktivitäten oft nicht gern mit den Erwachsenen teilen, damit sie ihre eigene (Jugend-)Kultur ausbilden können.
Ein zentrales Element der Jugendkultur ist Musik. Deshalb sind alle Medien, die mit Musik zu tun haben, für fast alle Jugendlichen von Bedeutung.

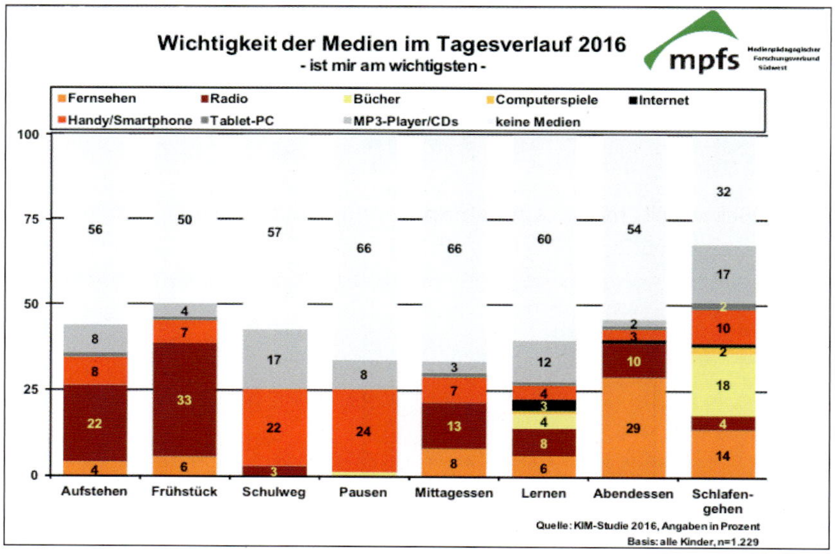

Mediennutzung im Tagesverlauf (KIM-Studie 2016, 6- bis 13-Jährige, Angaben in %)

Genderspezifische Aspekte

Mit wenigen Ausnahmen gibt es deutliche Unterschiede im Medienverhalten von Jungen und Mädchen. Computer, Fernsehen, Handys bzw. Smartphones und MP3-Player werden von Mädchen und Jungen genutzt, Bücher deutlich häufiger von Mädchen. Bei Printmedien bevorzugen männliche Nutzer eher Zeitschriften und Sachbücher, weibliche Leserinnen lesen gerne Geschichten und Romane.

Offline-Nutzung vom Computer häufig	
Bei Mädchen	**Bei Jungen**
Bearbeitung von Bildern Lernprogramme Schreiben von Texten Präsentieren von Texten	Musik hören Computerspiele Programmieren Brennen von CDs und DVDs Bearbeiten von Musik
Online-Nutzung vom Computer bzw. Smartphone häufig	
Bei Mädchen	**Bei Jungen**
E-Mails Apps nutzen (z. B. „Whatsapp“) Online-Communities (z. B. „Facebook“) Chatten Nutzung des Internets für die Schule Shoppen im Internet	Filme, Videos ansehen (z. B. „Youtube“, „myvideo“) Dateien herunterladen Netzspiele, Multiuser-Spiele, Gewaltspiele (z. B. „Counterstrike“), Shooter- bzw. Actionspiele, Simulationsspiele, Online-Rollenspiele (z. B. „Herr der Ringe“), Strategiespiele Online-Communities (z. B. „Facebook“) Apps nutzen (z. B. „Whatsapp“)

Diese Übersichten stützen sich auf Studien, Befragungen und Beobachtungen und zeigen für beide Geschlechter, dass Jugendliche einen guten Teil ihrer Freizeit vor dem Computer verbringen.

Zusammengefasst lässt sich allgemein beobachten, dass vor allem Mädchen sich gerne in Online-Communities mithilfe von Fotos präsentieren, so ihre Privatsphäre der Öffentlichkeit preisgeben und dadurch die Gefahr der Bloßstellung durch andere besteht. Mädchen geben an, über Seiten, wie „Facebook“ Freunde (wieder-) zu finden. Gleichzeitig ist die Vielzahl der „Freunde“ auch ein Gradmesser für Beliebtheit, mit dem man sich wieder präsentieren kann. Außerdem chatten Mädchen etwas häufiger als Jungs.

Auch Jungen nutzen diese Seiten, verbringen aber meist mehr Zeit mit Spielen im Internet. Hier besteht ebenfalls die Gefahr, dass Mitspieler im Internet mit Freunden in der realen Welt verwechselt werden.

Das gemeinsame Problem ist die Sogwirkung, die das Netz für Jugendliche haben kann, und die Gefahr, dass reale Probleme verdrängt werden. Eine andere Gefahr besteht darin, dass Kinder und Jugendliche beim eigenständigen Surfen auf Seiten gelangen können, die ihnen Angst machen oder sie verunsichern.

6.2 Gefahren des Internets

Wie bereits in Kapitel 5.2 beschrieben, nutzen auch ältere Schulkinder den Computer nicht hauptsächlich für Hausaufgaben oder Lernprogramme, selbst wenn Pädagogen sich das wünschen würden. Neben den Inhalten kommt es auch auf die Zeit an, die der Jugendliche vor dem Bildschirm verbringt. Zu viele Stunden am Computer oder vor dem Fernseher können dazu führen, dass sich der Mensch immer mehr auf eine virtuelle Fantasiewelt zurückzieht und Gefahr läuft, in der realen Welt nicht mehr zurechtzukommen. Denn in der Wirklichkeit funktionieren die Dinge nicht auf Knopfdruck und reale Menschen reagieren mitunter unvorhersehbar und anders als in der Spielewelt.

Im Einzelfall muss also genau geguckt werden, womit sich das Kind am Computer beschäftigt. Gegebenenfalls muss die Zeit eingeschränkt werden, damit das Kind oder der Jugendliche den Bezug zur realen Welt nicht verliert und immer mehr vereinsamt.

Gefahren des Internets können auch darin bestehen, dass Jugendliche ihre persönlichen Daten oder/und persönliche Fotos ins Netz stellen. Dies kann von anderen dazu genutzt werden, dass sie für jeden sichtbar gemobbt (Cybermobbing), belästigt oder gar gestalkt werden. Auch sexuelle Belästigungen kommen nicht selten vor.

Ein weiteres Risiko besteht darin, dass die Daten eines Menschen im Internet gestohlen werden können (Identitätsklau) und im Namen des Bestohlenen dann z. B. Beleidigungen oder Obszönitäten ins Netz gestellt werden. Kriminelle Geschäftemacher können solche freiwillig ins Netz gestellten Daten auch dafür nutzen, online teure Downloads oder andere unerwünschte Dinge zu verkaufen.

Literaturtipp

www.klicksafe.de

Social Web, jugendliche Lebenswelten und Schulen. Ein aktueller Lagebericht. Hrsg. v. Dt. Kinder- und Jugendstiftung. o. J.

Engagementreport Jugendliche digital. Hrsg. von Betterplace lab (2013)

7 Partizipation von Kindern und Jugendlichen

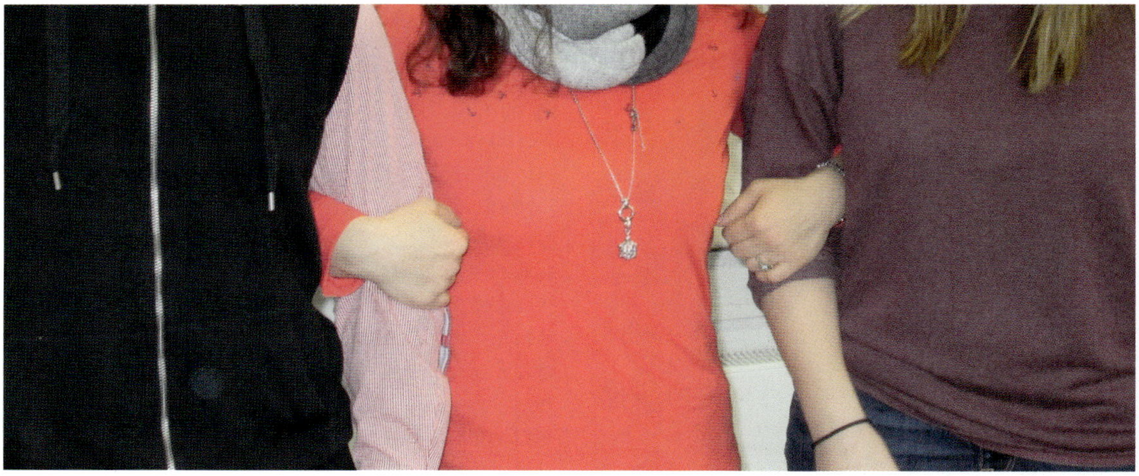

Mit der UN-Kinderrechtskonvention ist das Recht für Kinder und Jugendliche auf Teilhabe rechtlich auch in Deutschland verankert worden. Dort heißt es im Vorwort der zugehörigen Informationsbroschüre des Bundesministeriums für Familie, Senioren, Frauen und Jugend:

„Das Übereinkommen über die Rechte des Kindes wurde am 20. November 1989 von der Vollversammlung der Vereinten Nationen verabschiedet. Es bestand damit 1999 genau 10 Jahre. In der Bundesrepublik Deutschland ist diese Konvention am 5. April 1992 mit der Hinterlegung der Ratifizierungsurkunde beim Generalsekretär der Vereinten Nationen in Kraft getreten.
Die in dem Dokument niedergelegten Grundsätze machen über die vorrangige Elternverantwortung hinaus die Verpflichtung der Vertragsstaaten deutlich, positive Rahmenbedingungen für die Entwicklung von Kindern und Jugendlichen zu schaffen. Die Kinderrechtskonvention ist somit ein Zeichen von Achtung und Verantwortlichkeit der internationalen Staatengemeinschaft gegenüber Kindern in aller Welt.
Die Bundesrepublik Deutschland hat die Forderungen der Konvention nahezu lückenlos im nationalen Recht festgeschrieben. Das bedeutet aber noch nicht, dass wir für uns in Anspruch nehmen können, eine ausreichend kinderfreundliche Gesellschaft zu sein.
Um auf dem Weg hin zu einer kinderfreundlichen Gesellschaft ein Stück voranzukommen, möchte die Bundesregierung die Kinderrechte ausbauen. So hat sie das Recht von Kindern auf gewaltfreie Erziehung gesetzlich verankert. Die Beteiligungsmöglichkeiten von Kindern sollen ebenso ausgebaut werden wie die Betreuungsmöglichkeiten für Kinder aller Altersstufen."

Auch Partizipation ist somit gesetzlich verankert worden, es heißt dazu konkret in der UN-Kinderrechtskonvention:

Artikel 12 Berücksichtigung des Kindeswillens

(1) Die Vertragsstaaten sichern dem Kind, das fähig ist, sich eine eigene Meinung zu bilden, das Recht zu, diese Meinung in allen das Kind berührenden Angelegenheiten frei zu äußern, und berücksichtigen die Meinung des Kindes angemessen und entsprechend seinem Alter und seiner Reife. [...]

Artikel 13 Meinungs- und Informationsfreiheit

(1) Das Kind hat das Recht auf freie Meinungsäußerung; dieses Recht schließt die Freiheit ein, ungeachtet der Staatsgrenzen Informationen und Gedankengut jeder Art in Wort, Schrift oder Druck, durch Kunstwerke oder andere vom Kind gewählte Mittel sich zu beschaffen, zu empfangen und weiterzugeben. [...]

Artikel 15 Vereinigungs- und Versammlungsfreiheit

(1) Die Vertragsstaaten erkennen das Recht des Kindes an, sich frei mit anderen zusammenzuschließen und sich friedlich zu versammeln. [...]

Geht es um das Thema „Partizipation", so wendet man sich dem Bereich der Teilhabe von Kindern und Jugendlichen zu. Diese Teilhabe kann sich dabei zum einen in der Beteiligung an Alltagsgestaltung und Projekten zeigen, aber auch institutionalisierte Formen annehmen, die sich beispielsweise auf strukturell verankerte Mitbestimmungsmöglichkeiten von Kindern und Jugendlichen beziehen.

7.1 Angebote partizipatorisch planen

Lässt man Kinder und Jugendliche an der Planung von Angeboten teilhaben, so gilt es, ihre Interessen zu berücksichtigen und auf diese Weise Inhalte und Prozesse von ihnen mitbestimmen zu lassen. Dies muss nicht heißen, alles in die Kinderhand zu geben und sich den Prozess damit z. B. vorrangig von dominanten Kindern aus der Hand nehmen zu lassen – es bedeutet aber schon, eine pädagogische Haltung zu gewinnen, die es zulässt, im Dialog mit den beteiligten Kindern, (Aus-) Gestaltungsräume zu gewähren. Diese können sich z. B. in der Themenwahl, der Materialwahl und im weiteren Weg von den Aktionen wiederfinden. Wichtig ist es, eine **offene Haltung** den Ideen der Kinder gegenüber einzunehmen, die es zulässt, dass sich ein Vorhaben anders als geplant entwickeln darf, dass ganz andere Fragen wichtig werden dürfen, als man ursprünglich dachte und dass man „mal locker lässt" und sich dafür interessiert, was die Kinder denken und wie sie weitermachen wollen. Eine dafür typische Arbeitsmethode findet sich im projektorientierten Arbeiten (s. **Lernfeld 4,** Kapitel 10.4).
Betrachtet man hier die **Entwicklungsphasen einer Gruppe** (s. Kapitel 4.5), so gilt es vor allem nach der Fremdheits- und der Machkampfphase die Freiräume der Kinder zu erweitern. Partizipation ist somit ein klassisches Mittel dafür, auch die Intimitätsphase in die Differenzierungsphase überzuführen, da die gefundenen Rollen durch Partizipation wieder erweitert werden können und die Individualität der Kinder größere Berücksichtigung finden kann.

Raingard Knauer beschreibt in dem Buch „Kinder- und Jugendbeteiligung in Deutschland" (2007) Erfahrungen aus dem schleswig-holsteinischen Modellprojekt „Kinderstube der Demokratie" und folgenden Prozess:

Zwei Kinder haben die Idee, „Kino zu machen". Sie überzeugen andere Kinder davon. Die Erzieherinnen, die dies beobachten, finden die Idee ebenfalls gut (und stellen sich vor, wie die Kinder mit der gerade erworbenen Videokamera einen Film drehen). Sie halten sich – getreu der Verabredung – aber zurück, stellen offene Fragen und begleiten die Kinder bei ihren nächsten Schritten. Schnell stellt sich heraus: Die Kinder verbinden mit „Kino machen" andere Ideen als die Erwachsenen. Sie organisieren zunächst ein Bilderbuchkino. Sie bauen ihre Bücher vor einer senkrecht gestellten Matratze (der Leinwand) auf und erzählen dem Publikum ihre Geschichten zu den Bildern. Für die nächste Vorstellung basteln die Kinder Eintrittskarten, Geld, um diese zu erwerben, und selbstgemachtes Popcorn in selbst geklebten Tüten.
Kino – so wird hier deutlich – ist für die Kinder mehr als nur ein Film. Die Bücher werden bald durch eigene Zeichnungen ersetzt, zu denen Geschichten erfunden werden. Schließlich werden die Bilder an langen Fäden befestigt und während der Vorstellung um die Matratzen herum gezogen.
Die Kinder haben die Geschichte des Kinos neu erfunden: Sie haben für sich entdeckt, wie die Bilder laufen lernten. Eine frühe Belehrung der Erwachsenen (etwa, wie man die Kamera bedient) hätte diesen Prozess unterbrochen. Die Kinder haben bei der Entdeckung der Welt ihre eigenen Bildungsprozesse mitbestimmt.

(Bertelsmann Stiftung; Knauer, 2007)

7.2 Partizipation unter 3 Jahren

Auch schon sehr kleinen Kindern können Mitbestimmungsräume ermöglicht werden. Entscheidend ist dabei immer, dass die Kinder selbst von den Themen betroffen sind. In dieser Hinsicht kristallisieren sich schnell folgende Bereiche heraus:

- Essen (z. B. selbst Auffüllen und Einschenken, Speisen wählen können)
- Schlafen (z. B. individuelle Ruhephasen, auch außerhalb des Mittagschlafs)
- Sauberkeit (z. B. Mitbestimmung beim Sauberwerden ermöglichen)
- Inneneinrichtung (z. B. Möbel, die die Selbstständigkeit unterstützen wie eine Wickeltischtreppe)

Trotz der Mitbestimmungsmöglichkeiten verbleibt die Verantwortung bei den Erwachsenen und so muss neben der Mitbestimmung auch im Blick behalten werden, was z.B. der Gesundheit dient. Das könnte z.B. bedeuten, Gerichte nicht vollständig frei wählen zu lassen, sondern aus einer gesunden Auswahl aussuchen zu lassen, damit schlechte Ernährungsgewohnheiten von zu Hause besser ausgeglichen werden können.

Aufgabe

Diskutieren Sie unter dem Gesichtspunkt „gelungene Partizipation" folgendes Vorgehen und halten Sie anschließend Gesichtspunkte nach Pro und Kontra fest.

Situation: In einer großen Kindertageseinrichtung wird in einem „Restaurant", also einem gruppenübergreifenden Essraum gegessen. Die Kinder dürfen sich selbst einschenken und auffüllen. Sie haben große Freude an dieser Tätigkeit. Nicht verbrauchtes Essen landet anschließend im Müll, durch die Kinder selbst entsorgt. Auch dürfen die Kinder selbst den Zeitpunkt bestimmen, wann sie den Tisch verlassen.

7.3 Partizipationsstrukturen für Kinder und Jugendliche konzeptionell verankern

Marions Verhalten in der Wohngruppe zeigt im Nachgang zur Konfliktsituation eine große Bereitschaft, sich auf die Anliegen der Jugendlichen einzulassen und ihnen Mitbestimmung zuzugestehen.

Neben der grundsätzlichen pädagogischen Haltung, Kinder und Jugendliche an dem Geschehen maßgeblich zu beteiligen, gilt es außerdem, auch Strukturen institutionell zu schaffen, die dieses Anliegen stützen. Kinder und Jugendliche sollen lernen, dass sie Rechte haben und wie sie *demokratisch* auf das Geschehen einwirken können.

An dieser Stelle ein Hinweis anhand der Ausführungen Dr. Ulrich Beers (1974), nämlich, dass eine richtig verstandene Demokratie gerade den Sinn hat,

„das wohlverstandene Interesse der Unmündigen, also nicht nur ihre subjektiven, wenn auch oft drängelnd vorgetragenen Wünsche zu vertreten und zu erfüllen. […]. Natürlich soll auch das Kind Schritt für Schritt seine wirklichen Bedürfnisse kennenlernen, um sie in Einklang mit seinen Eltern und Erziehern bejahen und entfalten zu können. Aber es kann sie nicht von vorneherein wissen. […] Gerade eine sich demokratisch verstehende Autorität kann nicht einfach von oben her einfallen und mit dem Anspruch, es von vornherein besser zu wissen, auftreten, nur weil es früher so war und die Eltern es auch schon gemacht haben. Sie muss wissen, was das Kind, was der Mensch überhaupt am wichtigsten braucht. Wichtiger als Kleidung und Ernährung ist dabei die Erfüllung der seelischen und sozialen Elementarbedürfnisse."

Dazu zählen nach Beer: Angenommensein und Kontakt, Selbstvertrauen und Solidarität, Harmonie, Klarheit und Normen, Selbstachtung und Verantwortung sowie Liebe und Gerechtigkeit.

Möchte man dies in partizipatorischen Strukturen berücksichtigen, so wird deutlich, dass es nicht einfach um Abstimmungsforen für Kinder und Jugendliche in pädagogischen Einrichtungen gehen kann, sondern dass in der konkreten Ausgestaltung durch die Erwachsenen zahlreiche steuernde Gelenkstellen stecken, die bewusst, sinnvoll und mit Weitblick gestaltet werden müssen.

Die UN-Kinderrechtskonvention macht bei ihren Inhalten keine konkreten **altersbezogenen Unterschiede**, allerdings sind diese pädagogisch durchaus zu berücksichtigen. Je kleiner die Kinder sind, umso mehr Unterstützung benötigen sie dabei, sich für ihre Interessen einzusetzen. Das bedeutet deswegen auch, dass die Kinder bei partizipatorischen Vorhaben immer auch aufmerksame und kompetente Erwachsene an ihrer Seite benötigen, die z. B. durch den größeren Überblick die verschiedenen vorhandenen Interessen erkennen können. Diese Begleitung ist auch bei älteren Kindern und Jugendlichen ernst zu nehmen, da die Erwachsenen hier wertvolle Impulse als **Vorbilder** liefern können für gute Entscheidungsprozesse, Interessensausgleiche und Diskussionskultur.

So wirkt die Vorbildfunktion z. B. im Hinblick auf Gerechtigkeit vs. Recht des Einflussreicheren, Minderheitenschutz vs. Mehrheitsdiktatur, Konsensinteresse vs. Überstimmungsprinzip, Konfliktlösung vs. Siegertaktik.

Spätestens mit dem Jugendalter fordern Kinder eine Kommunikation auf Augenhöhe und wissen es zu schätzen, wenn sie als gleichberechtigt und kompetent wahrgenommen werden. Partizipation hat in diesem Kontext deswegen auch immer etwas mit dem „Abgeben von Macht" zu tun. Dieses Abgeben von Macht ist oftmals angstbesetzt, da es auch bedeutet, ein Stück der Kontrolle zu verlieren. Auf der Gewinnseite stehen dafür echtes Interesse, Demokratielernen und neue Impulse.

Beim Thema Partizipation darf aber nicht vergessen werden, dass besonders im pädagogischen Kontext die Verantwortung für den heranwachsenden Menschen bei den Pädagogen verbleibt. Zumindest in dem Sinne, dass die Verantwortung für den anderen bedeutet, dass dieser die Verantwortung für sich auch tragen kann. Es muss also immer im Blick bleiben, welche Verantwortung die Kinder und Jugendlichen tatsächlich auch tragen können. Partizipation darf nicht heißen, sich selbst der Verantwortung zu entziehen – frei nach dem Motto „sie wollten es ja so" (sich ungesund ernähren, sich zu kalt anziehen, ein Haustier anschaffen).

Aufgabe

Stellen Sie in Gruppenarbeit jeweils einen der aufgeführten Interessenskonflikte szenisch dar. Zum einen als ungünstigen Verlauf und zum anderen als sinnvollen Umgang mit dem Interessenskonflikt, der den benannten Wert berücksichtigt. Geeignete Themenalternativen sind möglich.

Tauschen Sie sich anschließend über Ihre Eindrücke aus und stellen Sie Tipps für geeignete pädagogische Umsetzungen zusammen.

Gruppe 1 „Gerechtigkeit auch für die Schwachen": Wert: statusunabhängige Gerechtigkeit. Interessenskonflikt zwischen großen und kleinen Kindern. Thema: Nutzung der Eingangshalle. Ungünstiger Verlauf: Große Kinder dürfen sich durchsetzen.

Gruppe 2 „Minderheitenschutz berücksichtigen": Wert: Minderheitenschutz. Interessenskonflikt aufgrund lauter und leiser Spielbedürfnisse. Thema: Bewegungsspiele im Gruppenraum. Ungünstiger Verlauf: Die Mehrheit gewinnt.

Gruppe 3 „Diktatur der Mehrheit verhindern": Wert: Konsensfindung. Interessenskonflikt zwischen Jungen und Mädchen. Thema: Einigung auf ein gemeinsames Projektthema. Ungünstiger Verlauf: Geschlechtermehrheit gewinnt.

Gruppe 4 „Interessensausgleiche und Verabredungen": Wert: Konstruktive Konfliktlösung. Interessenskonflikt aufgrund fehlender Tragfähigkeit von Absprachen zwischen kleineren Untergruppen. Thema: Nutzung des Bällebades. Ungünstiger Verlauf: Die mächtigste Gruppe setzt sich durch, obwohl sie Absprachen nicht einhält.

7.4 Fünf Schritte zur institutionalisierten Partizipation

Neben den pädagogischen Möglichkeiten der konkreten inhaltlichen Ausgestaltung von Angeboten gibt es auch noch die institutionell verankerte Form der Partizipation. Um diese für die jeweilige Kindertagesstätte oder andere pädagogische Einrichtung zu entwickeln, werden im Folgenden 5 Umsetzungsschritte aus dem schleswig-holsteinischen Modellprojekt „Kinderstube der Demokratie" (Hansen 2006) vorgestellt:

Was soll überhaupt mitbestimmungsfähig sein?
Um Partizipationsstrukturen zu institutionalisieren, gilt es im ersten Schritt, sich darüber zu verständigen, was die betroffenen Kinder und Jugendlichen konkret mitbestimmen sollen dürfen. Die Meinungen hierzu können sehr auseinander gehen und so gilt es am Anfang auch für die Erwachsenen, gute Klärungsprozesse zu gestalten. Manchmal mag es z.B. helfen, erst klein anzufangen, um dann den Spielraum zu erweitern. Auch mag die konkrete Zusammensetzung der Gruppen (die z.B. von der Lage der Einrichtung oder auch der Elternschaft abhängig sein können) sehr unterschiedliche Lösungen hervorbringen. Typische Themenbereiche sind hier z.B. Feste/Veranstaltungen, Essen, (zeitlich begrenzte) Raumgestaltungen, Spielplatzgeräte und Anschaffungen.

In welcher institutionalisierten Form soll mitbestimmt werden? Auch in der konkreten Umsetzung sind verschiedene Lösungswege denkbar. Stellt man sich beispielsweise vor, einen *Kinderrat* einzurichten, so gilt es festzulegen, mit wem dieser besetzt werden soll.

Werden die Kinder dafür in den Gruppen gewählt? Sind es immer die Fünfjährigen/Ältesten? Wie lange gilt das Mandat? Wie werden die Interessen der Krippenkinder in der Einrichtung vertreten (z.B. durch Erzieherinnen)? usw.

Es muss geklärt werden, wie oft ein Rat zusammenkommt und ob es auch Gruppenräte gibt, die den Gesamtkinderrat unterstützen. So kann z.B. der Kinderrat auf Wunsch der Kinder einberufen werden oder regelmäßig tagen (z.B. einmal im Monat). Schließlich muss auch noch geklärt werden, wie die Beschlüsse zustande kommen und wie mit Themenvorschlägen zur Mitbestimmung umgegangen werden soll.

Die Ergebnisse schriftlich festhalten: Sind die grundsätzlichen Fragen im Team geklärt, so sollten diese schriftlich festgehalten werden (Erarbeitung einer Satzung). Somit erhält man einen klaren Ausgangspunkt, der transparent ist, in dem nachgeschlagen werden kann und der ggf. explizit verändert werden kann.
Information und Rückkoppelung mit den Eltern: Die Partizipationsgedanken und -vorstellungen sollten auch mit den Sorgeberechtigten besprochen werden. Diese fühlen sich dadurch mit ins Boot genommen und können dann besser nachvollziehen, was gerade in der Einrichtung passiert.
Auch ist dies die Möglichkeit, die Eltern über die Kinderrechte zu informieren und aufzuklären. Dabei können auf Elternseite durchaus Vorbehalte bestehen, die angesprochen werden können, die man aufnehmen und auch relativieren kann. Denn es ist davon auszugehen, dass die Kinder durch solche Umstrukturierungen mit Geschichten und Fragen auch nach Hause kommen und es dann gut ist, wenn die Eltern sich nicht übergangen fühlen müssen.
Information der Kinder: Erst im letzten Schritt sollten die Kinder von den neuen Ideen erfahren. Dies mag bei diesem Themenbereich vielleicht verwundern, weil es ja gerade gilt, die Kinder teilhaben zu lassen. Dennoch hilft jede Teilhabe nichts, wenn man nicht pädagogisch zusammenarbeitet. Strukturelle Veränderungen brauchen auf pädagogischer Seite einen großen Konsens, um dadurch geeignet wirken zu können.

Aufgabe

1. Tauschen Sie sich über Ihnen bekannte Partizipationsstrukturen aus.
2. Stellen Sie sich vor, in einer Kita zu arbeiten und erarbeiten Sie eine beispielhafte Satzung (was und wie).
3. Planen Sie beispielhaft ein Vorgehen für einen Elternabend.
4. Planen Sie beispielhaft eine Auftaktveranstaltung zur Information der Kinder.
5. Halten Sie mögliche Kritikpunkte, die dem Vorhaben einer institutionalisierten Partizipation entgegenstehen können, stichwortartig fest.
6. Wählen Sie einen zentralen Kritikpunkt und erarbeiten Sie sinnvolle Umgangsformen und Entgegnungen.
7. Sammeln Sie mögliche verschiedene Interessengruppen unter den Kindern in einer Einrichtung.
8. Partnerarbeit: Schätzen Sie sich selbst und Ihren Partner geheim auf einer Skala von 1-10 in nachfolgenden Aspekten ein und tauschen Sie sich anschließend über die Einschätzungen aus:
   - Wie gern bestimme ich? Wie gern bestimmt wohl mein Aufgabenpartner?
   - Wie gut lasse ich mich führen? Wie gut lässt sich wohl mein Partner führen?
   - Wie groß ist mein Verständnis dafür, Dinge nicht essen zu wollen? Wie groß ist dieses Verständnis wohl bei meinem Partner?

Literaturtipp
www.kinder-beteiligen.de Methoden und Ideen

Exkurs: Zum Begriff der Autorität

Dr. Ulrich Beer setzt sich in dem Aufsatz „Jugend braucht Autorität" (1974) den Fragen seiner Zeit (doch mit großer Aktualität) mit den Begriffen Autorität und Demokratie auseinander:

„Wenn heute der Ruf nach mehr Autorität ertönt, ist damit peinlicherweise mehr Gewalt im Sinne der *potestas* gemeint. Die Autorität im Sinne der *auctoritas* schließt Gewalt gerade aus. Autorität ist Vertrauensmacht und bedarf der freien Anerkennung, um Autorität zu sein. Sie hat Gewalt nicht nötig und verliert sich gerade in dem Maße, in dem sie durch Gewalt ersetzt wird. So ist der Ruf nach Gewalt oder gar ihre Anwendung durch die herrschende Macht immer der sicherste Beweis dafür, dass die Autorität im wahren Sinne des Wortes fehlt. Dem sprachlichen Ursprung nach leitet es sich von dem Verbum *augere* = *mehren* her. Es meint das Verhältnis zwischen einem, der mehr hat (zum Beispiel mehr Wissen, Erfahrung, Geduld, Können oder Güte) zu einem, der weniger davon hat. Insofern ist es ein ursprünglich pädagogisches Verhältnis und die Beziehung zwischen Älteren und Jüngeren, zwischen Lehrer und Schüler, zwischen Ausbilder und Auszubildenden kann der Autorität gar nicht entraten. [...]
Selbstverständlich ist die Autorität im Einzelnen nicht an ein bestimmtes Alter gebunden. Die anerkannte fachliche und menschliche Überlegenheit ist

ihr wichtigstes Fundament, nicht jedoch Befehlskompetenz, auch nicht ihre Erziehungsmittel.
Wer seine Autorität durch äußere Merkmale sichern will oder gar in ihnen aufbewahrt meint, hat sie schon verloren. [...] Wer Angst hat, seine Autorität zu verlieren, hat sie bereits verloren. Wer sie wiederherstellen möchte, ist immer in der Gefahr, Zuflucht zur Gewalt zu suchen, autoritär [Adjektiv zu Autoritarismus = Herrschsucht] zu werden, aber nicht Autorität zu gewinnen. Ähnlich wie das Glück hat sie eine Qualität, die man dadurch, dass man sie anstrebt und beansprucht, am sichersten verfehlt.
Die Autorität, die die Jugend heute mehr denn je braucht, versteht sich nicht aus sich selbst, will sich nicht um ihrer Selbst Willen aufbauen und erhalten, sondern gründet in sachlicher und menschlicher Überlegenheit, die darauf vertraut, dass sie überzeugt. Sie muss sich nicht aufrechterhalten, sie kann sich in Frage stellen lassen. [...]
Autorität, die auf freier Anerkennung beruht, wird Reformen fördern und Revolutionen nicht fürchten. Sie wird Konflikte bejahen, ihre Ursachen erkennen, Wertungen zurückstellen, Probleme diskutieren und Gleichachtung praktizieren, wird Autorität ausüben, um der Jugend zu dienen und nicht, um über sie zu herrschen."

(Beer, 1974)

Aufgabe

1. Zeichnen Sie den Begriff der Autorität von Dr. Beer in eigenen Worten nach.
2. Charakterisieren Sie (in Gruppen) den so verstandenen Begriff der Autorität in einer bildlichen Darstellung, ggf. im Unterschied zur „potestas".
3. Arbeiten Sie in Gruppen heraus, was wichtige Vorbedingungen dafür sind, Autorität zu haben zu können. Erstellen Sie eine Stichwortliste.
4. Ziehen Sie inhaltliche Verbindungen von Beers Ausführungen zu Autorität und Partizipation von Kindern und Jugendlichen. Verfassen Sie dafür einen Aufsatz, der Fragen aufgreift wie: Welche Bedeutung hat die Autorität von Erwachsenen in Partizipationsprozessen? Inwieweit nutzt Autorität geeigneter Partizipation? Inwieweit kann Autorität echter Partizipation im Wege stehen? Inwieweit ist es schwieriger, bei Jugendlichen echte Autorität zu gewinnen, was kann einem dabei helfen? Inwieweit ist es gerade bei der Arbeit mit Jugendlichen und Partizipationsprozessen wichtig, über echte Autorität zu verfügen?
5. Recherchieren Sie den Unterschied vom autoritären und dem autoritativen Erziehungsstil.

8 Konfliktbewältigung im pädagogischen Alltag

Streitschlichtung auf gleicher Ebene

Dass im Zusammenleben von Menschen Konflikte entstehen, ist als normal zu betrachten und darf nicht verwundern. Dort, wo Menschen aufeinander treffen, können auch verschiedene Interessen aufeinandertreffen, die nicht immer miteinander zu vereinbaren sind. Konflikte kann es dabei auf unterschiedlichen Ebenen geben: Darüber, was erreicht werden soll (Zielkonflikt), darüber wie etwas erreicht werden soll (Wegkonflikt), darüber wer wie viel investieren muss (Ressourcenkonflikt) und auch darüber, wie man miteinander umgeht (Beziehungskonflikt). Im Alltag sind oft nicht die verschiedenen Ebenen klar und vermischen sich auch miteinander, dabei können sehr komplizierte Strategien und Wege von Menschen genutzt werden, die nicht immer konstruktiv, also dem Ergebnis und dem Umgang miteinander nicht förderlich sind.

Aufgabe

Stellen Sie sich verschiedene Ausgangssituationen für Konflikte vor und denken Sie sich mögliche Konflikte auf den verschiedenen Ebenen aus. Legen Sie eine Tabelle dafür an und füllen Sie diese stichwortartig aus:

	Zielkonflikt	Wegkonflikt	Ressourcenkonflikt	Beziehungskonflikt
(Beispiel zum Vormachen) Anlass: gemeinsame Freizeitgestaltung eines Paares	**Was** wollen wir zusammen machen? **Wohin wollen wir?** Fitness vs. Fernsehen	**Wie** kommen wir dahin das zu machen? **Wie kommen wir dahin?** Welche Infos brauchen wir? Wer kümmert sich wann? Wo wollen wir Fitness machen?	Wer muss was dafür **investieren**? **Wie teuer wird das für wen** – im Hinblick auf Finanzen, Kraft, Nerven, Aufwand? Konkrete Kosten: Fitnessstudio oder Joggen. Wer sorgt mit wie viel Energie für die Umsetzung?	Wie sprechen wir über das Anliegen, **wie gehen wir miteinander um?** Wie fühle ich mich vom anderen behandelt, welche Motive unterstelle ich? „Willst du, dass ich Fitness mache, weil du mich zu dick findest?“ oder „Ich habe doch gesagt, dass ich gleich so weit bin, nerv mich nicht…“
Anlass 1: Reiseplanung				
Anlass 2: Kindererziehung				
Anlass 3: Wohnsituation				

Persönliche Konfliktmuster erkennen

Konflikte aus dem Leben wegzudenken ist Utopie und außerdem können Konflikte konstruktiv dafür genutzt werden, das Miteinander zu verbessern. So kann es sehr helfen, Probleme anzusprechen, dabei mag sich herausstellen, dass es anderen ebenfalls nicht gut geht. Dies kann man dafür nutzen, die Situation grundlegend zu verbessern. Pädagogisch betrachtet ist es notwendig, dass Kinder und Jugendliche lernen, Konflikte konstruktiv auszutragen und Wege „aus dem Streit heraus“ gezeigt bekommen. Dies beinhaltet wichtige Kompetenzen, die für das friedliche Miteinander notwendig sind und somit die Einzelnen in die Gesellschaft integrieren.

Je älter man wird und je länger man miteinander zu tun hat, umso komplizierter und verschlungener sind oftmals die Konfliktverstrickungen. Dies hängt damit zusammen, dass man in den Versuchen, seine Interessen zu wahren „geschickter“, also auch taktisch „klüger“ wird, und dass man gelernt hat, den anderen nicht einfach zu schlagen oder körperlich zu bedrohen. Statt des Anwendens körperlicher Gewalt werden andere Mittel genutzt, um beispielsweise etwas zu bekommen, seine Macht zu demonstrieren, zu gewinnen, sich positiv von anderen abzugrenzen oder auch anderen „etwas heimzuzahlen“.

Die persönlichen Konfliktmuster sind dabei stark von den eigenen Lebenserfahrungen geprägt und in der Regel nicht einfach abzustreifen. Sehr prägend sind familiäre Erfahrungen damit, wie es zu Einigungen kommt (Werden diese durch ein Elternteil verordnet oder von allen Beteiligten ausgehandelt?). Auch wie Eltern ihre Konflikte lösen hat eine starke Vorbildfunktion (fair, laut, gelöst, beleidigt, abwertend) und letztendlich spielt auch die Geschwisterdynamik sowie die eigene Geschwisterposition eine wesentliche Rolle dabei, welche Muster einem die meisten Vorteile gebracht haben (indirekt, aggressiv, koalitionsbildend, mit Hilfe „von oben").

Pädagogische Zusammenhänge sind aber nicht nur in der Familie zu finden, sondern in jedem pädagogischen Arbeitsfeld und so kommt dem Umgang mit Konflikten in pädagogischen Einrichtungen eine besondere Bedeutung zu. Da Pädagogen und Pädagoginnen aber „auch nur Menschen sind", hat jeder dabei auch immer eigene Muster im Gepäck und sie wirken in die pädagogischen Beziehungen hinein – und dies nicht nur positiv.

Aufgrund dieser Tatsache bleibt es für alle, die in pädagogischen Bereichen arbeiten, wichtig, sich mit den eigenen Konfliktmustern zu beschäftigen und einen möglichst **reflektierten Umgang** damit zu erwerben. Supervision und Beratung sind dabei hilfreiche Ansätze (s. hierzu Kapitel 3.10).

Aufgabe

Reflektieren Sie Ihr eigenes Konfliktverhalten und finden Sie eine Ihrer eigenen Strategien im Umgang mit Konflikten. Versuchen Sie diese zu beschreiben. Benennen Sie anschließend (mindestens) 2 Vor- und 2 Nachteile, die Sie mit dieser Strategie erleben.

Optional (falls gewünscht): Bilden Sie Zweiergruppen, verabreden Sie miteinander Vertraulichkeit und tauschen Sie sich über Ihre Ergebnisse aus. Hören Sie dabei dem anderen aufmerksam zu und vermeiden Sie bewertende oder verstärkende Kommentare. Danken Sie dem anderen anschließend für die Offenheit.

8.1 Konfliktlösung mit Kindern

Neben der persönlichen Klärung gibt es zahlreiche Methoden, die dabei helfen können, dass auftretende Konflikte konstruktiv bearbeitet werden. Im Folgenden werden ein Beispiel für jüngere Kinder und ein Beispiel für Jugendliche beschrieben.

In Bezug auf Konfliktlösung mit Kindern gilt es zu beachten, dass es hier deutlich das Ziel sein sollte, ihnen ein *selbstständiges* und konstruktives Lösen von Konflikten beizubringen, da dies dem friedlichen Leben in Gemeinschaften und der Gesellschaft zu Gute kommt. Allzu einfache, auch destruktive oder zu allgemeine Hinweise seitens der Erwachsenen wie „du musst dich durchsetzen" oder „dann hau zurück!" sind hier nicht dienlich. Auch Konfliktregelungen, die einseitig von den Erwachsenen getroffen werden wie „wenn 2 sich streiten, dann hat es eben keiner" oder „Sarah, du gehst jetzt in die Spielecke und du, Vivien, in den Nebenraum" mögen die aktuelle Situation zwar entschärfen, helfen aber nur wenig, um zu lernen, wie man eigenständig mit aufkommenden Konflikten konstruktiv umgehen kann und zu tragfähigen Vereinbarungen kommt bzw. wie man überhaupt selbst aus der Situation herausfindet.

Den begleitenden Erwachsenen kommt deswegen eine wichtige Rolle zu, da es gilt, ein konstruktives Verhalten vorzuleben und den Kindern geeignete Lösungsmöglichkeiten durch hilfreiche Gesprächsimpulse zu bieten. Dies kann den Kindern in nachfolgenden Situationen dauerhaft dabei helfen, zu eigenständigen Lösungen zu finden.

Die erste Regel ist es, selbst ruhig und konstruktiv zu agieren und z. B. schnelle Schuldzuweisungen zu vermeiden. In Konfliktsituationen ist es besonders wichtig, wie man miteinander spricht, da sonst die **Beziehungsebene** die anderen Ebenen überschattet (s. oben). Um dies zu erreichen, ist es hilfreich, selbst Ruhe auszustrahlen und dazu anzuregen, dass die Beteiligten äußern können, was sie ärgert. Folgende Schritte können dabei beachtet werden:

Beobachtung

Ich selbst nehme eine Situation von anderen im Konflikt wahr. Es gilt wahrzunehmen, was man sieht und hört, wer beteiligt ist und wer was sagt und tut.

Beispiel: Ich sehe Tobias und Kevin im Sandkasten. Nach einer Weile höre ich, dass Kevin „Nein!" schreit und beide an einer Schaufel ziehen. Tobias erweist sich als stärker und kann die Schaufel zu sich ziehen. Kevin fängt an zu weinen und ruft: „Du bist so gemein". Er wird rot im Gesicht, brüllt etwas Unverständliches und schubst Tobias, der daraufhin anfängt, ebenfalls zu weinen. Das Mädchen Sarah bekommt dies mit und ruft laut: „Kevin hat Tobias gehauen!"

Benennung

Anschließend wird das Gespräch genau mit dem, was man selbst wahrgenommen hat, eröffnet. Durch diesen Schritt können die anderen ermutigt werden, ihr Erleben mitzuteilen. Es ist sehr wichtig, die eigene Stimmlage, Lautstärke, Körperhaltung und Wortwahl so zu wählen, dass sie konstruktiv wirken. Man sollte

versuchen, sich so auszudrücken, dass sich niemand angegriffen fühlt. Während man spricht, sollte man aufmerksam wahrnehmen, welche Eindrücke bestätigt oder auch berichtigt werden.
Beispiel: Hingehen zu den Kindern, sich neben sie hocken und sagen: „Na, ihr beiden. Ich habe gerade gesehen, dass ihr euch nicht einigen könnt, wer die Schaufel haben darf." Tobias: „Kevin hat mich gehauen." Kevin: „Du hast mir die Schaufel einfach weggenommen!" Die eigene Antwort darauf könnte dann sein: „Ich habe gesehen, dass ihr beide daran gezogen habt, Tobias sozusagen ‚gewonnen' hat und Kevin dann so außer sich war, dass er dich geschlagen hat, Tobias. War es so? Erzählt doch mal nacheinander, wie ihr es erlebt habt."

Austausch
Alle Beteiligten dürfen nun nacheinander äußern, was aus ihrer Sicht geschehen ist, was er möchte und braucht.
Als Konfliktmoderator gilt es dabei zu prüfen, was die eigene Aufgabe dabei sein kann, und zu verstehen, wer hier wem hilft und wer wen stört.
Beispiel: Die Kinder erzählen nacheinander, wie sie die Situation erlebt haben. Kevin sagt, dass es seine Schaufel sei, weil er sie sich geholt habe, er möchte sie wieder haben. Er finde es ungerecht, dass Tobias sie sich einfach nimmt, nur weil er stärker ist. Tobias sagt, dass er die Schaufel nur einmal ganz kurz gebraucht habe und Kevin sie ihm einfach nicht mal kurz leihen wollte und er das doof von ihm fände.
Als Erwachsener kann man wahrnehmen, dass das Mädchen Sarah Tobias unterstützt hat, ihr Verhalten aber der Situation selbst nicht dienlich ist, weil sie selbst nicht genug von der Situation mitbekommen hat. Man könnte ihr sagen, dass es grundsätzlich nett gedacht ist, mit darauf zu achten, ob alle Kinder freundlich zueinander bleiben. Aber der Handlung von Kevin ginge aber voraus, dass Tobias die Schaufel an sich gerissen hat, die Kevin sich zuvor geholt hatte.
Tobias könnte gesagt bekommen, dass es verständlich sei, dass er die Schaufel einmal kurz ausleihen möchte, dass aber ggf. wichtig sei, Kevin nicht in seinem Spiel mit der Schaufel zu stören und eher zu fragen, ob er sie mal ganz kurz leihen dürfe. Kevin könnte gesagt bekommen, dass es nachvollziehbar sei, dass er sich wehrte, weil er nicht wisse, wie er sich sonst helfen kann. Dass es aber keine gute Lösung sei, den anderen dann zu schlagen.

Verhandlung
Nachdem alle ihre Sichtweise äußern durften, gilt es nun Lösungsvorschläge zu machen. Alle Lösungen werden gehört und es wird zusammen geschaut, wie die Situation gelöst werden kann. Welche Ziele können erreicht werden und auf welche muss man verzichten? Es werden Aufgaben verteilt, die jeder Beteiligte zu lösen hat.
Als Konfliktmoderator sollte man prüfen, was an den Lösungsvorschlägen gerade am wichtigsten erscheint und was man selbst dazu beitragen kann, dass die Vereinbarungen eingehalten werden.
Beispiel: Die Kinder werden aufgefordert, Lösungsvorschläge zu machen: „So, was können wir denn jetzt machen? Habt ihr Ideen, wie ihr euch einigen könntet?" Als begleitender Erwachsener könnte es das Ziel sein, dass die Kinder wieder friedlich zusammen im Sandkasten spielen und dass Kevin und Tobias lernen, sich für ein unfreundliches Verhalten zu entschuldigen. Dafür könnte man auch darauf hinweisen, dass es noch mehr Schaufeln gibt oder dass sich die beiden verabreden, kurz ihre Sandspielzeuge zu tauschen. Der Vorschlag der Entschuldigungen könnte noch im eigenen Beisein umgesetzt werden.

Aufgabe

1. Wenden Sie die obigen 4 Schritte auf die folgenden Situationen an (pro Gruppe ein Beispiel) und demonstrieren Sie Ihr Ergebnis anhand eines kleinen Rollenspiels für die anderen.
   Situation 1: Zwei Kinder schauen sich ein Bilderbuch gemeinsam an, ein drittes Kind kommt hinzu und erzählt ihnen, was gleich auf der nächsten Seite kommt.
   Situation 2: Die Kinder malen. Ein Kind malt dem anderen auf dessen Blatt einen Kreis.
   Situation 3: Zwei Kinder sind gleichzeitig bei der Schaukel und wollen schaukeln.
   Situation 4: Ein größeres und ein kleineres Kind befinden sich bei den Bauklötzen. Das größere baut einen Turm, das kleinere wirft diesen wiederholt um. Schließlich ist das größere Kind genervt.
2. Reflektieren Sie die Möglichkeiten und Grenzen der 4 Schritte. Probieren Sie die 4 Schritte in der Praxis aus.
3. Entwickeln Sie anhand der skizzierten Situationen einen daraus entstehenden Konflikt, der anschließend mit den 4 oben beschriebenen Schritten bearbeitet wird.

8.2 Konfliktbearbeitung mit Jugendlichen

In der Konfliktbearbeitung mit Jugendlichen ist es besonders wichtig, eine geeignete Mischung aus hilfreicher Struktur und Selbstbestimmungsmöglichkeiten zu finden, da sich die Verantwortlichkeit – sich selbst und anderen gegenüber – erweitern muss. Auch steht natürlich das Wort im Mittelpunkt und kann durch die in aller Regel größeren sprachlichen Möglichkeiten der Beteiligten noch besser genutzt werden als mit jüngeren Kindern.

Dabei ist es für die weitere Identitätsentwicklung sehr hilfreich, wenn sich die Jugendlichen als **kompetent handelnde Personen** erleben können und gesichtswahrende Lösungsmöglichkeiten erleben, die sie – gerade in diesem von Konflikten geprägten Alter – zu Hause oft nicht erleben können.

Die Frühstückssituation eskaliert und Marion muss anschließend Wege finden, wie wieder friedlich zusammen gelebt werden kann. Sie sollte also ein Setting schaffen – wenn sich alle abgekühlt haben – in welchem jeder äußern kann, was er/sie sich im gemeinsamen Zusammenleben wünscht. Hilfreiche Hinweise dafür finden sich bei Gordon (s. **Lernfeld 6**).

Eine konstruktive Lösung von Konflikten wird durch geeignete Rahmenbedingungen gefördert, dazu zählen:

- das Einverständnis der Beteiligten zum Gespräch (Freiwilligkeit),
- ein ruhiger Raum,
- Moderationshilfe,
- das Ziel, eine Konsenslösung zu finden.

Sollte es um eine z. B. handgreifliche Auseinandersetzung in einer pädagogischen Einrichtung gehen, so gilt es diese zunächst praktisch zu befrieden und die Konfliktpartner zu trennen. Ein anschließendes (mögliches) Lösungsgespräch sollte erst stattfinden, wenn sich die Beteiligten beruhigt haben. Konstruktive Mittel jeder Konfliktlösung sind das sogenannte **aktive Zuhören** und **konstruktive Ich-Botschaften** (s. **Lernfeld 5**). Das Ziel der Methode „Fairer Kampf" (vgl. Limmer, 1995) ist es, dass Konfliktpartner lernen, einen Konflikt zu lösen, indem sie miteinander reden, im Streit einander zuhören, argumentieren und sich gegenseitig gelten lassen.

Vordergründig sind in der Eingangssituation Lutz und Mustafa „Konfliktpartner". Es bietet sich also gezielt zwischen diesen beiden eine Konfliktmoderation an, die sich Marion allerdings zutrauen müsste. Es könnte hilfreich für sie sein, sich dafür Hilfe zu holen.

„Fairer Kampf"

Der faire Kampf hat eine Leitung – in aller Regel ist es die pädagogische Fachkraft – und beginnt mit der Eröffnung, dass einer der Konfliktpartner um einen fairen Kampf bittet und der andere einwilligt. Beide wählen sich dann jeweils 2 Berater oder Beraterinnen aus der Gruppe. Die Konfliktpartner setzen sich einander gegenüber, die Berater jeweils zu ihren Seiten dahinter.

Der erste beginnt nun das Gespräch mit einer „Anklage", z. B.: „Du hast meine Tasche zum dritten Mal heruntergeworfen."

Lutz: „Ich finde es so ätzend, dass du die Nussnougatcreme einfach an die Wand schmeißt."

Der Konfliktpartner muss, bevor eine Antwort darauf kommt, diese Anklage wiederholen und diese Wiederholung muss auch bestätigt werden.

Mustafa: „Ich habe dich so verstanden, dass du dich darüber ärgerst, dass ich die Creme rumgeschmissen habe." Lutz: „Genau."

Erst dann kann der Zweite eine Entgegnung formulieren. Auch diese wird erst wiederholt und muss bestätigt werden.

Mustafa: „Du bist ja aber auch nicht besser, wenn du einfach das Regal umschmeißt, Alter. Da krieg ich echt auch einen zu viel." Lutz: „Du findest, dass ich eigentlich nicht besser bin als du." Mustafa: „Genau, ich finde es ehrlich auch richtig doof, dass ich kein Ei mehr abkriege." Lutz: „Dass du auch ein Ei wolltest kann ich verstehen. Das ist hier manchmal echt blöd, aber du machst es durch den Wutausbruch nicht besser, das regt mich echt auf." Mustafa: „Du kannst mich also verstehen, aber du findest mein Verhalten trotzdem blöd, weil es nicht hilft, sondern alles nur schlimmer macht ..."

Der Sinn dieser Aufgabe ist es, sich aufmerksamer zuzuhören und sich schrittweise vom anderen besser verstanden zu fühlen. Auf diese Weise wird der **Gesprächskampf** dann geführt: Streitargumente werden ausgetauscht und sinngemäß wiederholt. Das Gespräch findet weitgehend selbstbestimmt durch die Beteiligten statt, die Leitung sorgt für die Regeleinhaltung und kann zurückhaltend konstruktive Impulse geben.

Eine zusätzliche Regel ist die sogenannte **Auszeit**. Diese darf jederzeit genommen werden, um sich mit den Beratern in Bezug auf das weitere Vorgehen zu besprechen. Auch die Berater können eine solche Auszeit vorschlagen, dürfen aber nicht selbst an der Auseinandersetzung teilnehmen.

Abschluss: Nachdem alle Argumente ausgetauscht sind, fordert die Leitung dazu auf, einen **Änderungswunsch** zu formulieren, der von der Gegenseite akzeptiert oder abgelehnt werden kann. Es wird verhandelt, bis sich beide Parteien mit dem Änderungswunsch einverstanden erklären können. Unter Umständen muss ein weiterer Termin verabredet werden.

Lutz: „Ich will, dass du zugibst, dass es nicht okay war, dass du das Glas geschmissen hast, und dass du versuchst, dich beim nächsten Mal zu beherrschen. Ich finde auch, dass du dafür irgendetwas Nettes für die Gruppe tun solltest. Zum Beispiel nächstes Mal ein schönes Frühstück vorbereiten." Mustafa: „Hey, dann sagst du aber auch, dass es nicht okay war, dass du das Regal geschmissen hast. Vielleicht machen wir es einfach zusammen – das Frühstück?" Lutz: „Ja, und das ätzende Aufräumen."

Ein fairer Kampf kann auch ausgewertet und nachbesprochen werden: Hierbei ist es wichtig, dass jede Initiative und jeder Änderungswunsch anerkannt wird und dass die Gründe für den Erfolg bzw. das Misslingen des Kampfes in der Gruppe diskutiert werden. (Limmer, 1995)

Mustafa: „Ich fand es erst voll nervig." Marion: „Aber toll, wie du dann mitgemacht hast." Lutz: „Mal sehen, ob das nun hilft. Das ist irgendwie unlocker." Lilli: „Irgendwie haben wir ja alle was damit zu tun." Marion: „Vielleicht ist es einfach ein Versuch. Die Verabredung finde ich jedenfalls gut."

Literaturtipp

Keine Angst vor Aggression. Die Kunst der Selbstbehauptung. G. Bach, H. Goldberg (2010)

88 Impulse zur Gewaltprävention. C. Limmer (1995)

Als Kriterien für eine gute Lösung können nachfolgende Hinweise dienen.

Formulierungsebene:

- klar und einfach (statt kompliziert)
- positive Sprache (z. B. „wird machen" statt „hört auf")

Inhaltsebene: Ist die Lösung...

- konkret? Jeder weiß was er bis wann zu tun hat.
- Realistisch? Können und werden die Konfliktparteien sie durchführen?
- Angemessen? Nicht übertrieben
- Fair und ausgewogen? Beide übernehmen etwa gleich viel.
- Hilfreich? Wird das Problem dadurch gelöst?

(Leiß/Kaeding, 2007)

Aufgabe

Führen Sie in Untergruppen (8–10 Personen) „faire Kämpfe" durch.

a) Stellen Sie sich dafür einen möglichen (nicht zu schwierigen) Konflikt zwischen 2 Personen vor. Beispiele:
   - Situation 1: Anne hat Bella ihr Fahrrad geliehen. Nun hat dies einen platten Reifen. Bisher hat sich Bella nicht darum gekümmert und Anne ist sauer und genervt. Bella ist überfordert und hat Angst vor dem Ärger der Eltern.
   - Situation 2: Marc hat sich heute über Niels lustig gemacht und gemeine Sachen gesagt. Niels ist stark getroffen. Marc ging es gestern genauso.
   - Situation 3: Leila hat die Tasche nun zum dritten Mal vom Tisch gefegt. Yves findet das gemein. Leila amüsiert sich über die Aufregung von Yves und „bewundert" die fehlende Ausdrucksstärke im Zorn.

b) Legen Sie die Rollen fest: Leitung, Konfliktpartner, Berater und Publikum.

c) Reflektieren Sie anschließend das Geschehen anhand folgender Gesichtspunkte:
   - Feedback aus den Rollen – wie ist es mir dabei ergangen?
   - Zufriedenheit mit dem inhaltlichen Ergebnis – inwieweit halten wir das Ergebnis für tragfähig und realistisch?
   - Eindruck von der Methode – was war daran gut, was eher schwierig?
   - Fazit – können wir Hinweise und Tipps aus der Erfahrung ableiten? (schriftlich festhalten und wieder mit ins Gesamtgespräch nehmen)

Vor den Sommerferien (zu Lernsituation A)

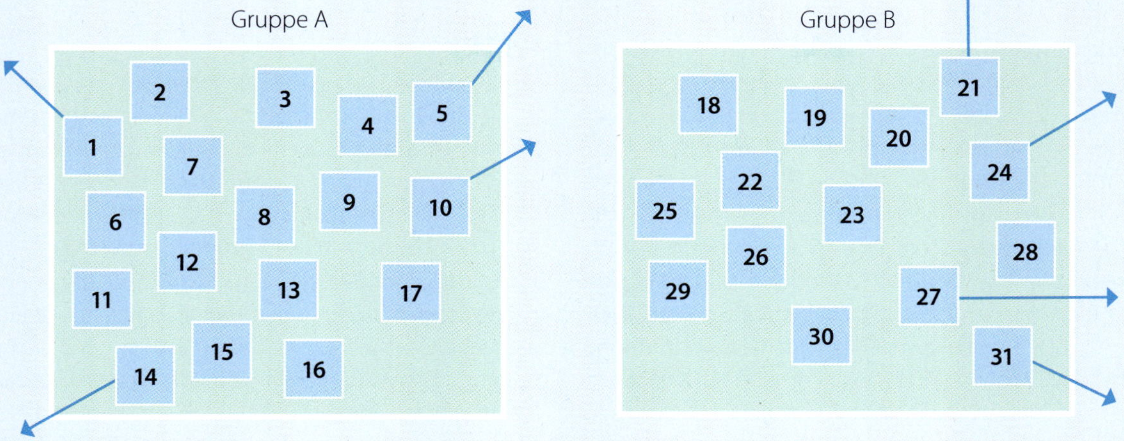

Nach den Sommerferien

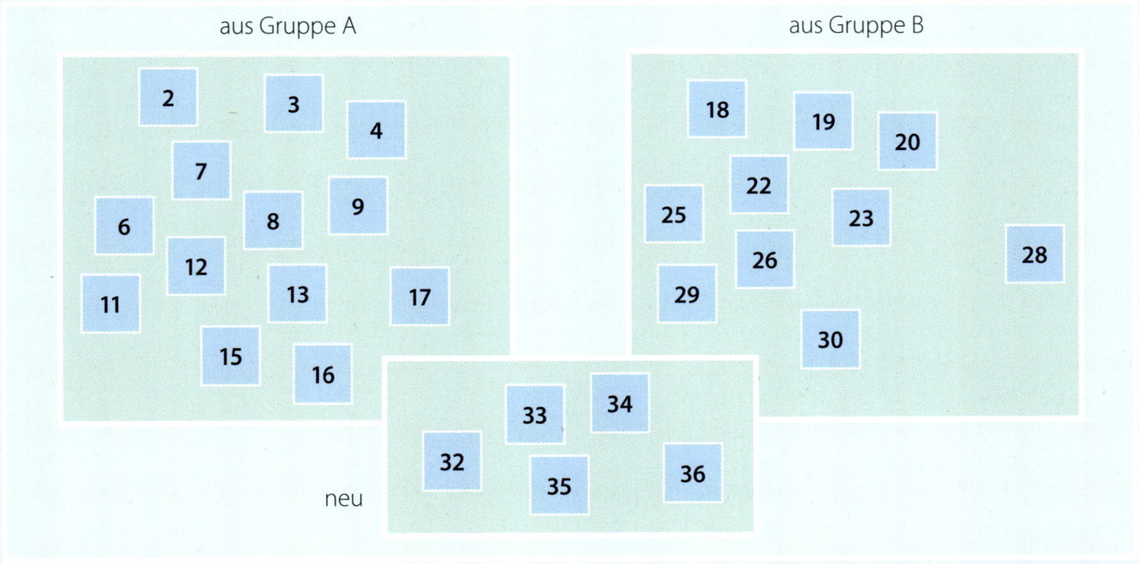

Weitere Lernsituationen

Lernsituation A

Gruppenphasen

Die Erzieherinnen Sarah und Marie arbeiten seit ein paar Jahren in der Hortgruppe einer Kindertagesstätte zusammen. Sie haben ein – wie sie finden – gutes Konzept, in dem die Kinder die notwendige Hausaufgabenhilfe erhalten, aber auch noch Zeit für Gruppenunternehmungen bleibt. Aus Kostengründen wurde die parallele Hortgruppe zum Sommer aufgelöst: Die beiden Gruppen sind nun zusammengelegt worden. Zum Schuljahresbeginn sind 5 neue Kinder hinzugekommen, 9 Kinder hatten vor den Sommerferien den Hort verlassen. In der neu zusammengesetzten Gruppe sind 27 Kinder (s. Abbildung oben).

Für den ersten gemeinsamen Horttag haben Sarah und Marie einen Ausflug in den nahe gelegenen Wald geplant. Beim Räuber-und-Gendarm-Spiel sollen sich die Kinder besser kennenlernen. Dieses Spiel war in Sarahs und Maries alter Gruppe sehr beliebt.

Die alte Gruppe war am Schluss recht homogen. Die Kinder kannten sich schon länger, die meisten schon aus der Kindertagesstätte. Sie hatten ähnliche Interessen, sie liebten vor allem Spiele im Freien.

Lernsituation B

Erlebnispädagogik

Der Erzieher Sven arbeitet seit 2 Jahren im Jugendzentrum Hirschpark. Ins Jugendzentrum kommen überwiegend ausländische männliche Jugendliche, den größten Teil machen türkischstämmige Jugendliche aus, gefolgt von jungen Männern russischer Herkunft. Die wenigen Mädchen, die ins Jugendzentrum kommen, sind überwiegend Deutsche. Der Umgang der jungen Männer mit den Mädchen ist aus Svens Sicht und aus der Sicht seiner Kolleginnen eine Katastrophe. Es besteht schon seit längerer Zeit eine Mädchengruppe, die von einer Kollegin von Sven geleitet wird, bisher aber nicht so gut angenommen wurde.

Sven installierte vor einem halben Jahr eine Männergruppe, die einmal wöchentlich stattfindet. Erstaunlicherweise treffen sich in dieser Gruppe seit 2 Monaten 10 Jungen regelmäßig – 6 Jungen mit türkischem, einer mit afghanischem und 3 Jungen mit russischem Hintergrund. Die jungen Männer sind zwischen 16 und 22 Jahren alt. Drei von ihnen gehen noch zur Schule, einer ist in einer Ausbildung und 6 sind arbeitslos bzw. jobben zeitweise. Die Stimmung in der Gruppe ist, wenn sie das „Gemackere“, das sie nach außen hin zu zeigen gewohnt sind, für die Zeit der Gruppenstunden ablegen, sehr resignativ. Keiner von der Jugendlichen hat eine richtige Perspektive.

Sven überlegt sich, ob er mit der Gruppe im Sommer einmal an einem erlebnispädagogischen Projekt teilnehmen soll. Die Mittel dafür wären vorhanden und das Team würde ihn unterstützen. Aber welche Maßnahme käme für diese Gruppe infrage und was wären seine Ziele für die Gruppe?

Lernsituation C

Partizipation

Das Klettergerüst ist schon seit längerem morsch und darf nicht mehr benutzt werden. Die Kinder der Kita „Alter Hafen“ fordern im Kinderrat, dass es ein neues geben soll, doch schnell wird deutlich, dass dafür die Mittel fehlen. Nun werden die Kinder aufgefordert, Ideen zu entwickeln, wie man es vielleicht doch realisieren könnte. Die Erzieherinnen unterstützen und halten die Ideen der Kinder und eigene fest.

Lernsituation D

Gruppe

Maria Müller (40 Jahre) ist Leiterin der Kindertagesstätte in Eschbach. Diese Einrichtung der Kirchengemeinde hat 3 Halbtagsgruppen und eine Ganztagsgruppe. In jeder Gruppe (alle umfassen etwa 22 Kinder) arbeitet eine Erzieherin. Zusätzlich sind noch 2 Kinderpflegerinnen und regelmäßig eine Praktikantin beschäftigt.

Jonas, der 4-jährige Sohn von Frau Müller, ist in einer der Halbtagsgruppen bei Frau Schäfer (19 Jahre) untergebracht. Er ist seit einem halben Jahr in der Einrichtung und hat es noch nicht geschafft, sich dort einzuleben. Immer, wenn es für ihn schwierig wird, und das passiert ständig, rennt er zu seiner Mutter und will nicht mehr zurück in seine Gruppe. Die junge Erzieherin Frau Schäfer nimmt sich vor, dieses Problem einmal mit Frau Müller zu besprechen.

Aufgabe

Bearbeiten Sie eine dieser Lernsituationen nach den folgenden Schritten:

- Analysieren
- Planen
- Durchführen
- Reflektieren und bewerten
- Dokumentieren und präsentieren

Anregungen zur Selbstreflexion

1. Erstellen Sie ein **Soziogramm** über die informelle Struktur einer Gruppe, die Sie kennen oder deren Mitglied Sie sind. Nehmen Sie zum Beispiel das Team einer Institution, in der Sie ein Praktikum gemacht haben, Ihre Klasse, Lerngruppe oder Familie. Überlegen Sie dann, wie sich eine Veränderung auf dieses System auswirken würde.

2. Denken Sie an ein Kind aus Ihrem Praktikum, das Sie besonders mögen. Reflektieren Sie, was der Grund für ihre besondere Zuneigung sein könnte. Forschen Sie dazu in Ihrem eigenen Inneren.

3. Überlegen Sie, bei welchen Gelegenheiten Sie an sich Merkmale des Helfersyndroms entdecken können.

4. Analysieren Sie eine Ihnen bekannte Gruppe und überlegen Sie, in welcher **Gruppenphase** sich diese gerade befindet.

5. Beginnen Sie, ein **Ausbildungstagebuch** zu führen. Tragen Sie an jedem Praxistag ein,
   - wie Sie sich fühlen,
   - welches Verhalten von Ihnen selbst Sie als gelungen empfanden, welches Sie kritisch beurteilen (mögliche Ansatzpunkte: Bildungsangebote, Begleitung von Alltagssituationen, Partizipation, Konfliktinterventionen);
   - welche Beobachtungen, Wahrnehmungen, Gefühle Sie im Zusammenhang mit den Kindern gemacht haben;
   - welche Beobachtungen, Wahrnehmungen, Gefühle Sie im Zusammenhang mit Eltern und mit Ihren Kolleginnen gemacht haben;
   - welches Verhalten von Ihnen selbst Sie als gelungen empfanden, welches Sie kritisch beurteilen.

6. Nehmen Sie sich nun von Zeit zu Zeit (alle 2 Wochen oder vor jedem Anleitungsgespräch) die festgestellten Gefühle, Beobachtungen und Wahrnehmungen vor, die Ihnen besonders wichtig sind, und teilen Sie diese in Ich-Botschaften mit: entweder für sich selbst in schriftlicher Form oder/und später im Anleitungsgespräch.

7. Nehmen Sie sich von Zeit zu Zeit Ihr eigenes Verhalten vor und erteilen Sie sich selbst ein ausgewogenes Feedback. Bedenken Sie dabei alle Regeln und achten Sie darauf, dass Sie sowohl die positive als auch die veränderungswürdige Seite bedenken.

8. Gehen Sie den Tag in der Einrichtung durch und überprüfen Sie, wie es mit **Partizipation** bestellt war. Hatten die Kinder angemessene Beteiligungsmöglichkeiten?

9. Sammeln Sie außerdem, was es an konfliktträchtigen Situationen gab.
   - Wer war daran beteiligt;
   - wie konstruktiv konnten Sie darauf einwirken;
   - was stand ggf. im Weg;
   - welche Ideen ergaben sich für danach?

3 Lebenswelten und Diversität wahrnehmen, verstehen und Inklusion fördern

1 Erste Lernsituation

Die Stunde ist erstaunlich gut verlaufen. **Lukas** ist nicht ausgetickt und hat nicht schlapp gemacht, er ist nicht aufgestanden und in der Klasse herumgewandert oder gar aus dem Raum gelaufen. Vielleicht lag es daran, dass im Musikunterricht der Fünftklässler Rhythmus auf dem Lehrplan stand und sich die Schüler ganz praktisch beweisen konnten, anstatt still zu sitzen und zuzuhören. Der Klassenlehrer hat sie verschiedene Taktsequenzen mitklatschen lassen, am Ende saßen sie sogar selbst am Schlagzeug und haben die Schlagstöcke geschwungen. Lukas lässt sich zwar von der Unruhe gelegentlich ablenken, doch auch immer wieder in das Unterrichtsgeschehen hineinziehen. Sein Lehrer ist zufrieden. „Es hätte auch sein können, dass er zum Schlagzeug geht, spielt und sich durch nichts davon abbringen lässt – das ist unser Alltag", sagt er. „Oft ist es kaum möglich, mit Lukas zu arbeiten."

Der Elfjährige ist lernbehindert. Er ist in seiner Wahrnehmung so eng auf sich selbst bezogen, wie sein Lehrer sagt, dass er für Arbeitsaufträge kaum erreichbar ist.

3

Rundlich, die Augen hinter dicken Brillengläsern verborgen, fällt Lukas schon äußerlich auf, auch wenn in der fünften Klasse der Stadtteilschule im Hamburger Osten noch 2 weitere Kinder sonderpädagogischen Förderbedarf haben. [...]

Nach dem Willen der UN-Behindertenkonvention von 2006 sollen alle Kinder gemeinsam zur Schule gehen dürfen, gesunde und behinderte, begabte und entwicklungsverzögerte, lernschwache und verhaltensauffällige. Hamburg führte die Inklusion, wie die gemeinsame Beschulung im Fachjargon heißt, als eines der ersten Bundesländer im Sommer 2010 ein. Vergangenes Schuljahr besuchten hier 3.503 Kinder mit sonderpädagogischem Förderbedarf eine Regelschule, das war gut jeder dritte Förderschüler.
Doch 2 Jahre nach dem Start der Inklusion fällt die Bilanz ernüchternd aus. In der Praxis, heißt es von vielen Sonderpädagogen, Lehrern, Schulleitern und Eltern, aber auch von Politikern und Gewerkschaften, funktioniere das Modell längst nicht so wie erwartet und produziere – vorerst zumindest – mehr Probleme als Erfolge. Das Ziel stellt niemand in Frage. Aber ist gut gemeint auch gut gemacht? Inklusion ohne die entsprechende Ausstattung, meinen manche Experten, bedeute am Ende Exklusion (Ausschluss).
Diesen Satz würde auch die Sonderpädagogin unterschreiben, die an der Stadtteilschule von Lukas für Inklusion zuständig ist. Sie hat jahrzehntelange Erfahrung mit der Integration. Für diese Schule, die bisher sehr gut ausgestattet war, hat sich mit dem neuen Modell vieles zum Schlechteren verändert.
Wurde eine Integrationsklasse mit 4 Kindern mit Behinderung früher von einem Dreierteam aus Klassenlehrer, Sonderpädagogen mit 12 Wochenstunden und einem Sozialpädagogen mit 20 Wochenstunden betreut, ist die Klasse von Lukas lediglich in 10 von 30 Unterrichtsstunden mit 2 Pädagogen doppelt besetzt. [...]

Zu wenig aus Sicht der Inklusionsbeauftragten. Das Modell [...], das seit Beginn dieses Schuljahrs umgesetzt wird, ist zwar gerechter als früher, weil die Mittel gleichmäßiger verteilt sind und auch Schulen Unterstützung bekommen, die bisher fast ohne auskommen mussten. Doch unterm Strich seien die Ressourcen nicht ausreichend, meint die Sonderpädagogin. Mit der Inklusion sind nicht nur weitere lern- oder sprachbehinderte Kinder an die Schule gekommen, sondern auch viele Schüler, die emotionale oder soziale Probleme haben – sprich verhaltensgestört sind. Auch sie sollen mit differenziertem Unterrichtsmaterial gut gefördert werden. Das erfordere von den Kindern aber ein hohes Maß an Selbstständigkeit, das viele nicht mitbrächten, sagt die Inklusionsbeauftragte. Diese Schüler bräuchten einen Pädagogen, der sie anleite und zur Mitarbeit ermutige, wenn sie in der Klasse herumwanderten oder störten. Lehrer wissen, dass 2 oder 3 Schüler, die außer Rand und Band sind, ausreichen, um eine ganze Klasse aufzumischen – zumal sich die Förderschüler an den Stadtteilschulen in sozial belasteten Stadtvierteln mit ihrer ohnehin schwierigen Schülerschaft konzentrieren. [...]

„Das jetzige System schadet nicht nur den Kindern mit Behinderung, sondern auch allen anderen – und es kann den Ruf einer Schule beschädigen", glaubt die Inklusionsbeauftragte. Sie meint: „Für eine erfolgreiche Inklusion ist eine Zweitbesetzung während der ganzen Unterrichtszeit erforderlich."

Diese Forderung teilen die Gewerkschaften, der Deutsche Lehrerverband in Hamburg und die Gewerkschaft Erziehung Wissenschaft (GEW). Doch eine Doppelbesetzung während der gesamten Unterrichtszeit [...] wäre wohl nirgendwo auf der Welt finanzierbar [so das Referat Inklusion, Schulbehörde Hamburg].

An der Stadtteilschule von Lukas steht als Nächstes Mathe auf dem Stundenplan. Die Fachlehrerin ist krank. Die Vertretungslehrerin kennt die Klasse nicht und weiß nicht, welches die Kinder mit Inklusionsstatus sind. Das ist Alltag. Die Schüler sollen an ihren Mathe-Wochenplänen arbeiten. Die Aufgabe heute: Zwei Fragestellungen für eine Umfrage formulieren, mindestens ein Dutzend Mitschüler befragen und die Ergebnisse in Balkendiagrammen darstellen. [...] Die Schüler finden sich in Zweier- oder Dreiergruppen zusammen. Lukas bleibt allein. Es dauert lange, bis er seine Sachen aus der Schultasche ausgepackt hat, dann blickt er versonnen aus dem Fenster und spielt mit seinem Lineal. In der Klasse ist es unruhig. Er biegt das Plastik hin und her, haut mit dem Lineal gegen sein Kinn, drückt es gegen die Wange. Manchmal fällt es hinunter. Er hebt es auf und macht weiter. Die Lehrerin kommt und erklärt ihm noch einmal Schritt für Schritt die Aufgabe. Sie vereinbaren, dass er zunächst 2 einfache Fragen für die Umfrage zu Papier bringen soll.

Dann muss sie weiter, an der Fensterbank gerät eine Schülergruppe in Streit. Wenn die Lehrerin Lukas anleitet, kann der Elfjährige folgen. Wendet sie sich ab, verliert er binnen Sekunden die Konzentration. Er holt einen Stift aus der Federtasche und knabbert daran. Dabei stellt er fest, dass sich die Kappe als Pfeife eignet, wenn man hinein bläst. Das muss ausprobiert werden, auch an einem zweiten Stift, der andere Töne produziert.

Zehn Minuten sind vergangen, seit er mit der Lehrerin den Arbeitsauftrag vereinbart hat. Das Blatt Papier vor ihm ist noch leer. Rechts von Lukas sitzt eine Gruppe, die herumalbert. Er kann nicht wegschauen, wirkt versunken. [...]

Dann nimmt der Fünftklässler unvermittelt das Stiftende aus dem Mund und schreibt „Liblengstire" – seine erste Frage. Kurz darauf folgt Nummer 2: „Magst du Vögl". Lukas steht auf und trödelt mit dem Zettel durch die Klasse. Er weiß nicht so recht, wen er für seine Befragung ansprechen soll. Am Ende der Stunde hat er 3 Personen interviewt. Vor vielen seiner Mitschüler liegen fertige Diagramme.

Was bringt einem lernbehinderten Kind wie Lukas die Inklusion? „Inklusion ist das Gebot der Zeit", davon ist der Hamburger Erziehungswissenschaftler und Psychologe Karl Dieter Schuck, der auch Mitglied im Inklusionsbeirat ist, überzeugt. Da seien sich die Bildungsforscher einig. Viele Studien hätten seit den 1970er-Jahren gezeigt, dass die Lernfortschritte von sprach- oder lernbehinderten Kindern, aber auch denen mit emotionalen und sozialen Belastungen an den Sonderschulen hinter den Erwartungen zurückgeblieben seien. Stattdessen würden viele diese Kinder vom gemeinsamen Lernen mit anderen Schülern in einer anregenden Umgebung profitieren. Die Lehrerausstattung inklusiv arbeitender Klassen, so Schuck, sei nicht allein entscheidend für den Erfolg von Inklusion. Wichtig seien auch die richtigen pädagogischen Konzepte, ausreichend Fortbildung und eine gute Mischung der Klassen, in denen sich möglichst nicht zu viele „Kinder am unteren Ende des Heterogenitätsspektrums" ballen sollten, was eine Schule aber bei der Zusammensetzung steuern könne.

Die Bedingung für das Gelingen von Inklusion sei, dass die Klasse als System funktioniere – dazu trage am Ende aber eben auch die Ausstattung bei. „Die positiven Effekte der Inklusion zeigen sich nur, wenn die Ressourcen ausreichend sind", sagt Schuck. Er glaubt: „Die Schulen sind im Übergang, sie haben viel Nachholbedarf, die unterrichtlichen und schulischen Prozesse im Sinne einer inklusiven Pädagogik weiterzuentwickeln. In dieser Übergangsphase wird es eine Reihe von Verwerfungen geben. Aber der Weg ist insgesamt richtig und unumkehrbar." [...]

Ähnlich sieht es auch die Referatsleiterin: „Unterricht muss sich insgesamt verändern und auf die größere Bandbreite bei den Schülern einstellen. Das ist ein langer Weg und unabhängig von Ressourcen – bei allem Verständnis für die Probleme vor Ort." [...]

Der [...] Bildungsexperte Robert Heinemann hingegen sorgt sich, dass man angesichts der fehlenden wissenschaftlichen Begleitung erst in 10 Jahren feststellen werde, dass die Inklusion gescheitert sei. Die Rückmeldungen aus den Schulen jedenfalls legten nahe, dass die jetzige Praxis in die falsche Richtung laufe. „So wie die Struktur derzeit angelegt ist, gefährdet sie [...] den Lernerfolg der behinderten Kinder, die nicht mehr so eine spezielle Förderung erhalten wir früher, und schließlich auch die Lernerfolge der übrigen Schüler einer Klasse, die weniger Unterrichtsstoff schaffen", sagt Heinemann. [...] „Eine sukzessive Einführung der Inklusion wäre klug gewesen", sagt Heinemann heute. Er fürchtet: „Mit dem jetzigen Vorgehen gefährdet man die Akzeptanz der Inklusion."

Ob Lukas dort, wo er jetzt ist, mehr lernt als an einer Sonderschule? Die Inklusionsbeauftragte der Stadtteilschule, eigentlich eine glühende Anhängerin der Integration, ist skeptisch. „Fragen Sie mich noch einmal in 6 Jahren. Ich befürchte aber, dass diese Kinder untergehen."

(Aus: Die Welt vom 30.09.2012, I. Gall)

2 Angestrebte Kompetenzen

Die obige Lernsituation fächert eine Situation auf, die einen Blick auf gesellschaftliche Realität in ihrer Individualisierung mitsamt den einhergehenden Herausforderungen zeigt. Es wird angesprochen, dass noch nicht sicher ist, wie sich der 11-jährige Lukas entwickeln wird und ob das inklusive Vorgehen für ihn gut ist. So gilt nachfolgend der erste Schritt der allgemeinen Analyse der Lernsituation **(Kapitel 3)**.

Resilienz wird verstanden als Konzept der psychischen Widerstandkraft einer Person unter schwierigen Bedingungen – eine Betrachtung dieses Aspekts kann der Fachkraft wichtige Erkenntnisse im Hinblick auf geeignete Unterstützung im pädagogischen Kontext ermöglichen, hierzu siehe **Kapitel 4**.

Im Anschluss daran wird der Blick auf gesamtgesellschaftliche Individualisierungsprozesse und ihre Bedeutung für die jugendlichen Identitätsentwicklung geöffnet, um damit zu zeigen, dass Pluralismus und Inklusion in logischer Verbindung miteinander stehen **(Kapitel 5)**.

Integration und Inklusion als pädagogische Konzepte gehören mit zu den sogenannten Querschnittsaufgaben der Erzieherinnentätigkeit und sollen immer mitbedacht werden. Die heutige Umsetzung der „Inklusion" hat ihre pädagogische Vorgeschichte mit dem pädagogischen Ansatz der „Integration" – dies gilt es fachsprachlich zu unterscheiden und inhaltlich nachzuvollziehen. Es geschieht zum einen im Hinblick auf ihre Bedeutung und die geschichtlichen Hintergründe, auf mögliche Arbeitsfelder **(Kapitel 6)** und Hochbegabung **(Kapitel 7)** sowie mit Blick auf die aktuelle Rechtslage **(Kapitel 8)**.

Schließlich geht es nochmals um die erste Lernsituation, in dem anhand einer strukturierten Diskussion eine konstruktive Auseinandersetzung mit dem eigenen Standpunkt zur Inklusion geleistet werden soll, die es auch ermöglicht, die Gegenseite schätzen zu lernen. Damit beschäftigt sich **Kapitel 9**.

Abschließend hilft es für die konkrete Arbeit, sich mit dem zentralen Aspekt der Sprachförderung stellvertretend für andere Bereiche der Heilerziehung zu beschäftigen, da mit ihr wichtige Schlüsselkompetenzen verknüpft sind und sich wichtige bildungsbezogene Schaltstellen damit verbinden. Gleichzeitig ist Sprachbildung auch eine Querschnittaufgabe in der erzieherischen Arbeit. So geht in aller Ausführlichkeit das **Kapitel 10** einer konkreten Lernsituation nach und vertieft Inklusion beispielhaft.

3 Analyse der Lernsituation

Die obige Lernsituation bildet keine Unterstützungsleistungen von Erzieherinnen bei schulischer Inklusion ab. Dies muss aktuell noch als der häufigste Fall angesehen werden, (die Probleme der Finanzierung werden angesprochen) denn regelhaft sind Erzieherinnen derzeit nur in Förderschulen eingesetzt. Dennoch wächst das Aufgabengebiet von Erzieherinnen im Berufsfeld inklusiver Schulen beständig, dies betrifft auch den Bereich inklusiver Beschulung. Zu den Aufgaben von Erziehern gehört es dabei, sich in integrativen bzw. inklusiven Gruppen um Kinder mit besonderen Bedürfnissen zu kümmern. So könnte für den Jungen Lukas eine fördernde Maßnahme darin bestehen, ihm eine Erzieherin zur Seite zu stellen, damit dadurch sein Lernvermögen gezielt unterstützt wird. Auch haben manche Schulen eine „Insel" eingerichtet, in die Kinder aus dem Unterricht heraus zu einer Erzieherin geschickt werden, um dort die gestellten Aufgaben mit individueller Hilfe besser umsetzen zu können.

Aufgabe

Analysieren Sie die Lernsituation aus Kapitel 1.

1. Filtern Sie anhand der Expertenaussagen heraus, welche Bedingungen als notwendig für eine gelingende Inklusion angesehen werden.
2. Filtern Sie den erlebten Tagesablauf von Lukas aus der Lernsituation heraus und sammeln Sie konkrete Hinweise für und gegen eine inklusive Beschulung von Lukas.
3. Stellen Sie gemeinsam Vermutungen dazu an, wie es zu einer „Exklusion" von Lukas kommen könnte.
4. Arbeiten Sie heraus inwieweit Lukas positive Lernerfahrungen in den beschriebenen Situation erfährt und entwickeln Sie drei ergänzende Beispiele, wie Lukas noch besser in seinem Lernen unterstützt werden könnte.
5. Lesen Sie den nachfolgenden Textausschnitt von Beyer und arbeiten Sie eine Argumentationsskizze heraus. Positionieren Sie sich dazu.
6. Diskutieren Sie, was an der Art und Weise des Artikels (Lernsituation S. 106 ff.) dem Inklusionsgedanken zuträglich bzw. abträglich sein könnte.

„All das gehört zum Leben"

„In Deutschland sind in der Zeit des Nationalsozialismus 200.000 Menschen umgebracht worden, die psychisch krank waren oder eine Behinderung hatten. Euthanasie (altgriechisch: schöner Tod) war der zynische Name für das Vernichtungsprogramm. Diese fürchterliche Vergangenheit hat den Umgang mit unheilbar Kranken und Menschen mit Behinderung hierzulande geprägt. Die Vorschriften zur Sterbehilfe sind in Deutschland restriktiv, auch bei der Präimplantationsdiagnostik gibt es strengere Regeln als in den meisten europäischen Staaten.

Die Vereinigten Nationen haben sich im Jahr 2006 auf eine Behindertenrechtskonvention geeinigt, die

2009 von Deutschland ratifiziert wurde. Vorgesehen ist darin ein sogenanntes **inklusives Bildungssystem** für alle Schüler: Kinder mit Behinderungen und Verhaltensstörungen sollen die Regelschule besuchen dürfen. Das Bundesland Bremen hat die Verpflichtung zur Inklusion schon 2009 übernommen, andere Bundesländer sind dabei, sie umzusetzen.
Nun ist eine Debatte über das Für und Wider der Inklusion entbrannt. Die Befürworter sagen, es müsse normal werden, verschieden zu sein. Gegner meinen, die Inklusion gehe auf Kosten der Förderschulen, die Lehrer seien überfordert, die leistungsstarken Schüler kämen zu kurz, die Kinder mit Behinderung fühlten sich in den Regelklassen ausgeschlossen. Es ist eine Debatte, in der die einen als Idealisten (selbstlos nach der Verwirklichung von Idealen Strebende), die anderen als Ideologen (Vertreter politischer Theorien) beschimpft werden – letztlich geht es um die moralischen Normen des Miteinanders."

(Beyer, in: Der Spiegel, 2013)

4 Resilienz

Die Frage, weshalb ein Mensch besser als andere Krisensituationen und Tiefschläge bewältigen kann, beschäftigt die Forschung im Hinblick auf das Erkennen von Strategien der Lebensbewältigung und Ressourcenorientierung. Die Fähigkeit, erfolgreich mit belastenden Lebenssituationen umzugehen, wird in der Fachsprache als Resilienz (Widerstandfähigkeit) bezeichnet.

Resilienz kann also verstanden werden als eine psychische Widerstandsfähigkeit von Kindern, Jugendlichen und Erwachsenen gegenüber biologischen, psychologischen und psychosozialen Entwicklungsrisiken.

Langzeitforschungen haben gezeigt, dass diese Widerstandfähigkeit auch von Menschen aufgebracht werden kann, denen man es aufgrund schwieriger Ausgangslagen allgemeinhin nicht zutrauen würde. Dabei ist heute erwiesen, dass Resilienz kein angeborenes Persönlichkeitsmerkmal ist, sondern eine Kapazität, die im Entwicklungsverlauf im Kontext der Kind-Umwelt-Interaktion erworben wird (vgl. Wustmann, 2006). Die Resilienzforschung zeigt, dass einfache Ursache-Folge-Theorien in Bezug auf gefährdende Rahmenbedingungen wie Armut, Vernachlässigung, Misshandlung und familiäre Zerrüttung nicht schicksalshaft ins Unglück führen. Sie zeigt, dass auch Kinder mit eingeschränkten Startbedingungen zu selbstbewussten, fürsorglichen und lebenstüchtigen Erwachsenen heranwachsen können – und sie benennt auch wesentliche **Schutzfaktoren**, die eine solche Resilienz bewirken können:

Schutzfaktor personale Ressourcen des Kindes

Welche Erlebnisse machen ein Kind widerstandsfähig?

Personale und resilienzfördernde Ressourcen bestehen bei Säuglingen in folgenden Persönlichkeitsmerkmalen: aktiv, liebevoll und sozial aufgeschlossen sein und sich anpassungsfähig, kontaktfreudig, emotional ausgeglichen und fröhlich zeigen.
Im Kleinkindalter zeigen sich resiliente Kinder als selbstständiger, selbstbewusster und unabhängiger als nicht resiliente Kinder im vergleichbaren Alter.
Später ergeben sich besser entwickelte Problemlöse- und Kommunikationsfähigkeiten sowie auch ein positives Selbstkonzept. In Problemlösesituationen verhalten sich resiliente Kinder eher proaktiv als reaktiv und übernehmen selbstständig Verantwortung. Die eigenen Ressourcen und Fähigkeiten werden dafür effektiv

genutzt. Hinzu kommen noch Selbstwirksamkeitsüberzeugungen, d.h. der Glaube daran, mit dem eigenen Handeln tatsächlich etwas bewirken zu können.
Im Jugendalter zeigt sich eine höhere Sozialkompetenz, auch sind Verantwortungsgefühl, Selbstständigkeit und Zielorientierung stärker ausgeprägt. Hinzu kommt, dass die Konfliktlösungskompetenz besser ausgebaut ist und das Handeln von mehr Selbstvertrauen und Zuversicht geprägt ist. Gekoppelt sind die Fähigkeiten auch mit Hilfsbereitschaft anderen Menschen gegenüber und der Bereitschaft, sich in andere einzufühlen.
Die aufgeführten Fähigkeiten tragen dazu bei, dass Stressereignisse und Problemsituationen weniger als belastend, sondern vielmehr als herausfordernd wahrgenommen werden können (vgl. Wustmann, 2006).

Schutzfaktoren im sozialen Umfeld

Behütung durch Eltern

Das hier wohl wichtigste Element stellt (mindestens) eine liebevolle Bezugsperson dar. Dies muss nicht zwangsläufig Mutter oder Vater sein. Eine solche Beziehung geht einher mit Erfahrungen der Akzeptanz, Geborgenheit, Anerkennung, Förderung und unbedingter (also nicht an Leistungen gebundene) Liebe und Zuwendung. Es bedarf somit feinfühliger Erwachsener, die konstante und kompetente Betreuung anbieten können, sodass ein sicheres Bindungsmuster aufgebaut werden kann. Unterstützende Erziehungscharakteristika bestehen in Wertschätzung, Respekt und Akzeptanz dem Kind gegenüber sowie in Sicherheit im Erziehungsverhalten (vgl. Wustmann 2006).
Wesentliche Schutzfaktoren bestehen außerdem in unterstützenden Geschwisterbeziehungen, familiären Zusammenhalt, religiösem Glauben in der Familie und dem Eingebundensein in sozialen Netzwerken als Quelle für emotionale und soziale Unterstützung.
Unterstützende Menschen kann es dabei auch außerhalb der Familie geben. Solche unterstützenden Personen bringen Aufmerksamkeit entgegen, setzen sich ein, fordern heraus und sprechen Mut zu und dienen damit direkt der Problemreduzierung, aber auch als geeignete Modelle für ein aktives und konstruktives Bewältigungsverhalten und prosoziale Verhaltensweisen. Auch von Freundschaftsbeziehungen geht ein schützender Effekt aus. Hinzu kommen positive Erfahrungen in Bildungseinrichtungen und niedrigschwellige Unterstützungsmaßnahmen.

Pädagogische Situationen sind also auf diese Faktoren hin zu untersuchen und – wenn die Bilanz nicht positiv ausfällt – auch bewusst zu stärken. Man spricht auch von ressourcenorientierter Arbeit. Dies gilt im Besonderen für Kinder mit großen Herausforderungen, da das Leben ihnen möglicherweise außergewöhnliche Härten entgegen bringt, die sie seelisch überstehen müssen.

Risikofaktoren

Die Entstehung psychischer Auffälligkeiten im Kindes- und Jugendalter kann auf eine Vielzahl von Einflüssen zurückgeführt werden. Dabei gelten als Risikofaktoren:
- Biologische Risikofaktoren (abweichende Hirnfaktoren, Krankheiten u. a.)
- Psychosoziale Risikofaktoren (Trennungs- und Verlusterfahrungen, familäre Beziehungsstörungen, Bindungsmangel, wenig anregende Umgebung u. a.)

Aufgabe

1. Untersuchen Sie die Schulerfahrungen von Lukas aus der Eingangssituation im Hinblick auf Resilienzfaktoren: Inwieweit dient die beschriebene Situation dem Jungen im Hinblick auf die Stärkung seiner Resilienz?
   - Positive Rückmeldung
   - Tragfähiger Kontakt
   - Unterstützung der Selbststeuerungsfähigkeit
   - Möglichkeit zur Selbstwirksamkeit
   - Unterstützung sozialer Kompetenzen
   - Hilfen in der angemessenen Stressbewältigung
   - Hilfen zur selbstständigen Problemlösung
2. Resilienzförderung: Überlegen Sie in Gruppenarbeit, wie eine erzieherische Fachkraft die Resilienz bei ihrer Klientel fördern kann.

„Die Erzieherin fördert Resilienz, indem sie …"

- dem Kind hilft, sich erreichbare Ziele zu setzen. (Beispiel)
- dem Kind hilft, eigene Stärken und Schwächen zu erkennen (Beispiel)
- das Kind ermutigt, …
- …

Literaturtipp
Das Konzept der Salutogenese nach A. Antonovsky
www.kinderstarkmachen.de Initiative der BzgA zur Suchtprävention bei Kindern

S. auch Rolle von Bindung und Beziehung: **Lernfeld 4,** Kapitel 5.1

5 Sozialisationsbedingungen im Wandel und ihre Wirkung auf die Identitätsbildung von Jugendlichen

Der individualisierte Blick auf den Einzelnen zeigt sich auch im gesamtgesellschaftlichen Kontext, in welchem tradierte und damit stark normativ ausgeprägte Erwartungen verschwimmen.

Das veränderte gesellschaftliche Klima wirkt sich insbesondere auch auf die Entwicklung und Identitätssuche von **Jugendlichen** aus. Die Jugendzeit, die sich als eine eigenständige Phase mit besonderen Herausforderungen und Aufgaben entwickelt hatte, verschwimmt an ihren Grenzen (entgrenzte Jugend). Für die Jugendlichen ist die Bewältigung der Aufgaben schwieriger geworden, weil sie vor allem individuell entwickelt und selbst verantwortet werden muss. Die Zunahme materiellen Wohlstands, Pluralisierung der Lebensstile, die gestiegene soziale und geografische Mobilität sowie die Bildungsexpansion lösen den Menschen aus traditionellen Lebenszusammenhängen. Dabei ist der Verselbstständigungsgrad von Jugendlichen (vgl. Angela Tillmann) in den einzelnen Bereichen unterschiedlich stark ausgeprägt. Zugleich wird soziale Ungleichheit nicht aufgelöst sondern individualisiert. Diese zeigt sich in Arbeits-, Freizeit- und Wohnbedingungen.

Individualisierungsbedingungen zeigen sich auch in traditionellen Lebenszusammenhängen wie Familie oder Nachbarschaft. Damit geht der Verlust traditioneller Orientierungen einher, die einen Heranwachsenden früher bei der Entwicklung seines Lebenslaufes unterstützt haben. Es gibt in dem Sinne keine „Normalbiografie" mehr (wie es auch keine „Normalfamilie" mehr gibt), sondern ein Jugendlicher muss sich seine eigene, individuelle Biografie konstruieren.

S. auch **Lernfeld 1**, Kapitel 3: Gesellschaftlichen Wandel als Hintergrund sozialpädagogischer Arbeit beachten

Das Richtige im Blick?

Entwicklungsaufgaben des Jugendalters

Unter diesen Bedingungen haben Jugendliche, folgt man dem Sozialisationsforscher Hurrelmann, heute eine Reihe an Entwicklungsaufgaben zu lösen, die seiner Aussage nach innere und äußere Realitäten berücksichtigen und vereinen müssen.

Diese Lösung muss *produktiv* in dem Sinne erfolgen, dass der Jugendliche seine Entwicklung und Identitätssuche konstruktiv und für sich selbst sinnvoll betreibt. Das kann am normativen Maßstab der Gesellschaft gemessen auch heißen, dass diese produktive Lösung gesellschaftlich nicht gewünscht ist, aus der Situation der Jugendlichen sich aber als produktiv verstehen lässt. Hier müssten dann pädagogische oder – wenn eine die Normen verletzende Entwicklung sich andeutet – präventive Maßnahmen greifen.

Die Entwicklungsaufgaben des Jugendlichen bestehen zunächst darin, da er sich in einer Phase der

- körperlichen,
- psychischen und damit auch

- sozialen Umbrüche (Rollen finden, Ablösung vom Elternhaus, Beziehungen eingehen)

befindet, diese zu bewältigen. Dabei spielen anlagebedingte sowie Umweltbedingungen eine bedeutende Rolle. Selbstbeobachtung und daraus resultierend Selbstregulation sowie Arbeit an der eigenen Person bestimmen diesen Prozess. Jugendliche möchten sich dabei als schöpferische Wesen mit eigener Lebenssteuerung erleben. Da dies unter den Bedingungen der vielfältigen kulturellen Einflüsse der Gesellschaft mit ökonomischer Ungleichheit sowie unterschiedlichsten Lebensentwürfen für Männer und Frauen nicht immer einfach ist, benötigen die Jugendlichen personale und soziale Ressourcen:

Die **personalen Ressourcen** müssen im bisherigen Leben erworben worden sein, um mit den zum Teil widersprüchlichen Anforderungen zurechtzukommen und sich diese eigenaktiv erschließen zu können. Hinzu kommt die Bereitstellung **sozialer Ressourcen** aus der Umgebung. Elternhaus, Freundeskreis und insbesondere Schule und andere öffentliche Jugendeinrichtungen sollten soziale Ressourcen (die mentaler oder auch materieller Art sein können) zur Verfügung stellen. Sie sollten dabei die Möglichkeit der Orientierung anhand von „Mindeststandards" bieten als auch die Fähigkeit zur Selbstregulation stärken. Der in dieser Form zur Verfügung gestellte Spielraum von Anregung zur Selbstständigkeit und Übernahme von Verantwortung und Einhalten gesellschaftlicher Regeln ist heute oft nicht mehr vorhanden, ist aber notwendig, um den Prozess der Identitätsentwicklung zu stützen.

Spannungsfeld Individuation und Integration

In der Jugendphase besteht die Aufgabe, eine Ich-Identität zu entwickeln. „Sie entsteht aus der Synthese von Individuation und Integration, die in einem spannungsreichen Prozess immer wieder neu hergestellt werden muss" (Bubolz, 2010, S. 305). Identität ist entwickelt, wenn sich der Mensch über längere Zeit als *kontinuierlich* in seinem Selbsterleben unter sich verändernden Bedingungen wahrnimmt.

Dafür ist die Synthese von eigener Individualität mit unverwechselbaren Merkmalen als auch die Integration in die Gesellschaft mit der Anpassung und Akzeptanz gesellschaftlicher Normen und Werte sowie Verhaltensstandards Voraussetzung. Hierbei entwickelt sich Spannung, die im Jugendalter besonders intensiv sein kann. Daraus können innovative Impulse für sich selbst, aber auch für gesellschaftliche Veränderungen entstehen.

Krisen im Jugendalter

Sind die Sozialisationsbedingungen weniger günstig, die zur Verfügung stehenden Ressourcen nicht ausreichend, kann die Lösung der Entwicklungsaufgaben zur Krise führen, weil der Jugendliche sich überfordert fühlt. Jugendliche sind durch diese Entwicklungsaufgaben sehr gefordert, vor allem, weil die Lösung individuell erfolgen muss. Das kann zu gesundheitlichen und psychischen sowie sozialen Störungen führen. Hiervon sind heute viele Jugendliche betroffen, schaffen es aber nach einer Zeit, manchmal mit zusätzlicher Unterstützung, diese Krise zu überwinden.

Die Krise kann aber auch aufgrund ungünstiger Sozialisationseinflüsse im unmittelbaren Erfahrungsraum sowie unzureichender psychischer Bewältigungsstrategien zu unangemessenem Handeln, z. B. in Form von Gewalt führen (vgl. dazu Heitmeyer, 2001). Unter Sozialisationsgesichtspunkten erklärt Heitmeyer die Individualisierung, ein gesellschaftliches Phänomen seit den 1960er-Jahren, als Ursache für den Bewältigungsdruck.

> „Individualisierung bedeutet in diesem Sinne, dass die Biografie des Menschen aus vorgegebenen Fixierungen herausgelöst, offen, entscheidungsabhängig und als Aufgabe in das individuelle Handeln jedes Einzelnen gelegt wird. Die Anteile der prinzipiell entscheidungsverschlossenen Lebensmöglichkeiten nehmen ab und die Anteile der entscheidungsoffenen, selbst herzustellenden Biografien nehmen zu."
>
> (Heitmeyer; in: Randerath, 2001)

Jugendliche benötigen bei diesen Aufgaben Unterstützung, ohne ihnen die Möglichkeit zur Selbstregulation zu nehmen. Die sozialen Instanzen sind aber gefragt, wenn es um die Bereitstellung sozialer und Entwicklung personaler Ressourcen geht. Der Auftrag der Jugendhilfe ist es, die Jugendlichen dabei zu unterstützen.

Ebenfalls von Interesse

Diversität wahrnehmen: Kulturelle Vielfalt
S. **Lernfeld 2**,
Kapitel 3.6 Menschen mit Migrationshintergrund
Diversität wahrnehmen: Gender
S. **Lernfeld 2**,
Kapitel 3.7 Geschlechterrollen und Jugendarbeit

6 Integration und Inklusion

Artikel 24 der UN-Behindertenrechtskonvention: Bildung

„Die politischen Parteien anerkennen die Rechte von Menschen mit Behinderung auf Bildung. Mit dem Ziel, dieses Recht auf Antidiskriminierung auf der Basis von Chancengleichheit zu verwirklichen, werden die politischen Parteien ein umfassendes Bildungssystem auf allen Ebenen und für ein lebenslanges Lernen sicherstellen."

Artikel 7: Kinder mit Behinderungen

(1) Die Vertragsstaaten treffen alle erforderlichen Maßnahmen, um zu gewährleisten, dass Kinder mit Behinderungen gleichberechtigt mit anderen Kindern alle Menschenrechte und Grundfreiheiten genießen können. [...]

(3) Die Vertragsstaaten gewährleisten, dass Kinder mit Behinderungen das Recht haben, ihre Meinung in allen sie berührenden Angelegenheiten gleichberechtigt mit anderen Kindern frei zu äußern, wobei ihre Meinung angemessen und entsprechend ihrem Alter und ihrer Reife berücksichtigt wird, und behinderungsgerechte sowie altersgemäße Hilfe zu erhalten, damit sie dieses Recht verwirklichen können."

(UN-BRK, seit März 2009 auch für Deutschland verbindlich)

6.1 Integration

Definition Behinderung im SGB IX (§ 2, Abs. 1): „Menschen sind behindert, wenn ihre körperliche Funktion, geistige Fähigkeit oder seelische Gesundheit mit hoher Wahrscheinlichkeit länger als 6 Monate von dem für das Lebensalter typischen Zustand abweichen und daher ihre Teilhabe am Leben in der Gesellschaft beeinträchtigt ist. Sie sind von Behinderung bedroht, wenn die Beeinträchtigung zu erwarten ist."

Anfang der 1970er-Jahre begann in der Bundesrepublik Deutschland, wie zuvor in den USA, Großbritannien und in skandinavischen Ländern, die Diskussion um die Integration von Menschen mit Behinderung in die „Gemeinschaft Nichtbehinderter". Aus dieser Diskussion entstanden regionale Ansätze für integrative Kindertagesstätten. Die Integration von Kindern mit einer Behinderung sollte dabei dem Abbau von Vorurteilen und dem gegenseitigen Verständnis dienen. Ein wesentliches Ziel war auch, die Fixierung der Pädagogik in sogenannten Regeleinrichtungen auf „Normalität" in der Entwicklung, d. h. auf überzogene abstrakt-normative Vorstellungen, was Kinder zu einem bestimmten Zeitpunkt ihrer Entwicklung zu leisten haben, grundsätzlich in Frage zu stellen. Eine ähnliche Fixierung bestand ebenso in der Sonderpädagogik in Bezug auf „Defekte", die sich in der Regelpädagogik als Einschätzung von Entwicklungsverzögerungen und Verhaltensauffälligkeiten wiederfinden. Für beeinträchtigte Kinder, die medizinisch feststellbare Defekte haben, stellte die psychologisch-entwicklungsgemäße „Abweichung" das Maß dar, an welchem sie gemessen und bewertet werden. Diese Orientierung an der Behinderung führte in der Regel zu einer Aussonderung dieser Kinder aus den regulären Spiel- und Lernprozessen. Kinder mit einer Behinderung wurden – und werden auch heute noch – kategorisiert (z. B. „Körperbehinderte", „Geistigbehinderte", „Sprachbehinderte", Blinde, „Hörbehinderte") und in Gruppen zusammengefasst, in denen keiner gehen, sehen, hören oder sprechen konnte.

Beispiel 1

Eine integrativ arbeitende Gruppe hat Besuch von Kindern aus einer Nachbareinrichtung. Man beschäftigt sich dort mit der Frage der Integration und auch die Kinder wissen, dass hier Behinderte sind. Das Miteinander ist zwanglos. Man erprobt den Rollstuhl und Gehhilfen eines Mädchens, erklärt einem anderen Kind wiederholt und in immer neuer Version und mit vielfältigen Versuchen der Demonstration, was es an einer Sache zu tun habe, bis es endlich klappt. Alle Kinder arbeiten an derselben Aufgabe und dennoch, sie tun nicht das Gleiche. Erwachsene arbeiten mit, leiten an, bestärken die Kinder, helfen.

Ich beobachte ein „Gast-Kind". Es ist ausdauernd mit einem recht schwer behinderten Kind beschäftigt; eigentlich die ganze Zeit über. Man redet über Blicke, mit Zeichen, deutet; es führt die Hände, erreicht Aufmerksamkeit durch Anpusten, nickt bekräftigend, streichelt den Partner nach gelungenem Ergebnis. Die Besuchszeit ist nach ungefähr 90 Minuten um. Das Kind, das ich beobachtete, kam kurz vor dem Weggehen auf dem Flur nach draußen zu mir und fragte: „Wo sind denn nun die Behinderten?"

(Georg Feuser: Integration muss in den Köpfen beginnen, 1984)

Dieses Beispiel zeigt ein Kind, das nicht versteht, warum ein Mensch in seiner Eigenart der Kategorie „Behinderter" zugeordnet wird. Eine solche Erfahrung ist typisch für die integrative Arbeit und zeigt, worum es vor allem geht: Vorurteile, Ausgrenzung und Aussonderung gar nicht erst im Kopf entstehen zu lassen und den anderen in seiner Eigenart als das zu akzeptieren, was er ist.

Im Alter von 3 bis 6 Jahren werden Kinder vom Individuum zum Subjekt, d.h., die Kinder erwerben in dieser Zeit die Grundbausteine ihrer Persönlichkeitsentwicklung, indem sie sich soziale Gesetzmäßigkeiten menschlicher Gemeinschaft und gesellschaftliche Erfahrungen und Traditionen aneignen. Lernen und leben also Kinder mit und ohne Behinderung zusammen, so eignen sie sich ganz selbstverständlich das Bild vom anderen und von sich selbst so an, wie sie es erleben, und integrieren es in ihre Erfahrungen. In ihrem Bewusstsein wird die Individualität des anderen erkannt und damit der Begriff der „Behinderung" als eine soziale Kategorie überwunden. Diversität wird zum Normalfall.

Integration bedeutet in diesem Sinne eine gemeinsame Tätigkeit: Spielen und Lernen am gemeinsamen Gegenstand oder Produkt in Kooperation von allen Kindern. Es gilt, eine Situation zu schaffen, in der sich alle Kinder einer Gruppe ihren aktuellen Möglichkeiten entsprechend aufeinander beziehen können und aktiv handelnd an den Gruppenangeboten im Sinne ihrer Kompetenzerweiterung teilnehmen.

Bei diesem Prozess wirklich niemanden auszuschließen, sondern zu beteiligen, ist dabei nicht immer leicht. Denn nur echte Kooperation in der Kindergruppe und eine individuell angepasste pädagogische Differenzierung lassen ein Nebeneinander zu einem Miteinander werden, bei dem niemand zu kurz kommt. Das bedeutet, dass für eine echte integrative Arbeit viel pädagogisches Geschick, ein Know-how von geeigneten methodischen Vorgehensweisen und eine subjektorientierte Einstellung jedem Menschen gegenüber notwendig sind – eine Einstellung, die auch von den Kindern gelernt werden soll.

Beispiel 2

Eine Erzieherin lobt ein Kind, das für seine Verhältnisse ein recht strukturiertes Bild gemalt hatte. Emmy kommt dazu und fragt: „Findest du wirklich schön, was die da macht?" Die Erzieherin erwidert: „Wenn du das machst, ist es vielleicht nicht so gut, aber für Petra ist das ganz toll."

In einer anderen Situation bringt Robert begeistert das Bild eines geistig behinderten Jungen zur Erzieherin. Dieser hatte eine erkennbare Blume gemalt. Robert konnte also die Leistung des anderen als etwas ganz Wichtiges anerkennen, obwohl er selbst „viel besser" malen kann.

(Projektgruppe Integration von Kindern mit besonderen Problemen, 1981)

Augenfällige Merkmale einer integrativen Kindertagesstätte sind die behindertengerechte Einrichtung, kleinere Gruppen, Therapieangebote und eine intensive Elternarbeit.

Aufgabe

1. Diskutieren Sie, inwieweit die Verwendung des Begriffs „Behinderung" zu einer Stigmatisierung beiträgt: Gehen Sie im Klassengespräch der Frage nach, was sich durch das Ersetzen des Worts „Behinderter" durch die Formulierungen „behindertes Kind" bzw. „Mensch mit Behinderung" oder „Kind mit Beeinträchtigung" verändert bzw. nicht verändert.
2. Versetzen Sie sich in die Rolle eines Kindes mit Behinderung: Stellen Sie mögliche Vorteile einer integrativen Kindergruppe möglichen Nachteilen für dieses Kind gegenüber.

Literaturtipp
UN-Behindertenrechtskonvention (2006)

6.2 Inklusion

6.2.1 Aspekt Diversität

Allgemeine Definition Inklusion: Spricht man von „Inklusion", so geht es um das Prinzip der Anerkennung von Diversität, also der Anerkennung von Unterschiedlichkeit und Vielfalt. Der Begriff leitet sich aus dem lateinischen „includere" (beinhalten) ab. Man spricht auch von der Pädagogik der Vielfalt.

Nicht zuletzt in der öffentlichen Wahrnehmung steht „Inklusion" meist im Kontext von Lern-, Entwicklungs- und Verhaltensauffälligkeiten oder auch körperlichen Gebrechen. Ganz grundsätzlich meint der Begriff aber eine Akzeptanz und **Wertschätzung von Heterogenität** überhaupt und stellt als inklusive Pädagogik ein

Gegenmodell zu Bildungskonzepten homogener Lerngruppen dar. Das sollte dann immer miteinschließen die Berücksichtigung von:

- Geschlechterrollen und sexueller Orientierung
- Sozialer, ökonomischer und familiärer Herkunft
- Religion
- kulturellen und anderen Hintergründen
- Behinderungen gleich welcher Form
- unterschiedlichen Entwicklungsstadien

Inklusive Werte und pädagogische Aufgaben

- Heterogenität als Chance für Lern- und Bildungsprozesse nutzen
- Die Menschen sind nicht gleich, aber sie sollen gleichwertig behandelt werden (gleiche Rechte)
- Recht auf Teilhabe aller
- Barrieren abbauen, um die Teilhabe zu sichern
- Respekt gegenüber dem anderen zeigen
- Die Gemeinschaft stärken (Zusammengehörigkeitsgefühl, Bindung)
- Ausgrenzung und Diskriminierung dauerhaft abbauen (Nachhaltigkeit)
- Gewaltfreies Miteinander fördern (Konfliktlösungsstrategien; s. auch **Lernfeld 2**, Kapitel 8)
- Bildungs- und Förderangebote individuell zuschneiden auf die Bedürfnisse und Ressourcen des Individuums
- Flexibel sein in der Gestaltung von Angeboten
- Die Lebenswelten des Gegenübers wahrnehmen

Diese Werte fußen auf dem Gesellschaftsmodell der **Demokratie**. Im Gegensatz zu früheren hierarchisch geprägten Gesellschaften, in denen Menschen leicht ausgegrenzt werden konnten, erfordern heutige Ideale höhere moralische Ansprüche. Die Begründung für Inklusion liegt demnach in der modernen Gesellschaft selbst. Unser Menschenbild ist ein anderes als früher: Demokratie erfordert Hilfen für alle. Inklusionskritik trifft also weniger zugrunde liegende Werte, sondern bezieht sich eher auf pragmatische Aspekte einer konkreten Umsetzung.

6.2.2 Aspekt Behinderung

Die Diskussion um die Integration von Menschen mit Behinderung begann mit dem „integrativen Ansatz" im Kindergartenbereich, führte sich dann mit „Integrationsklassen" für die Grundschulen fort und zeigt sich heute als umzusetzende Herausforderung bezogen auf weiterführende Schulen unter der Überschrift „Inklusion".

Wurden Kinder mit Behinderung bis dahin in Sondereinrichtungen (Fördereinrichtungen, Förderschulen) getrennt gefördert, gewann immer mehr die Vorstellung Oberhand, Kinder mit und ohne Behinderung zusammen aufwachsen und lernen zu lassen. Der Spagat zwischen einer optimalen individuellen Förderung und gleichzeitiger gesellschaftlicher Integration ist theoretisch nicht vollständig geklärt und zudem in der Praxis aufgrund der Rahmenbedingungen häufig nicht einfach umzusetzen (vgl. Eberwein 1994; Hinz 1993).

Damit ist gemeint, dass das Ziel der Integration, ein echtes Miteinander, zwar unstrittig ist, dass aber der Weg, wie dieses Miteinander von Menschen mit und ohne Behinderung gelingen kann, kontrovers diskutiert wird.

Der Ansatz, auf Sondereinrichtungen zu setzen, dort optimal zu fördern und so eine gelungen Integration anzubahnen, oder der Ansatz, von Anfang an integrativ vorzugehen und begleitend zu fördern, stehen sich hier einander widersprechend gegenüber.

Da geschichtlich betrachtet die (durch Migrationsbewegungen ausgelöste) Heterogenität in Lerngruppen nur der Ausgangspunkt für die begriffliche Nutzung des Inklusionsbegriffs war – verbunden mit der Forderung, alle Menschen einfach als *individuell wahrzunehmen* und auf Kategorisierungen zu verzichten – konzentrieren sich die aktuelle Diskussion und begriffliche Nutzung verstärkt auf den Bereich der Kinder und Jugendlichen mit besonderem Förderbedarf bzw. mit Behinderungen.

Exkurs: „Normal" ist relativ...

Inklusion bedeutet auch, den Fokus in der Wahrnehmung von anderen Menschen weniger auf Störungen und Abweichungen zu legen, sondern andere einfach als Individuen zu betrachten mit ihren individuellen Eigenheiten. Dabei kann es helfen, sich darüber bewusst zu werden, dass das gleiche Verhalten aufgrund anderer Kontexte mal als normal, ein andermal aber als abweichend erlebt werden kann:

Situationsabhängigkeit

Bestimmte Verhaltensweisen einer Person können je nach ihrem unterschiedlichen situativen Kontext unterschiedlich beurteilt werden. Beispielsweise hat das plumpe Flirten in der Disco gesellschaftliche Akzeptanz, wird aber im Arbeitsbereich als sexuelle Belästigung geahndet.

Soziale Unterschiede

Vergleichbare Verhaltensweisen können in unterschiedlichen Milieus als ehrenrührig oder grobe Abweichung oder eben als normal klassifiziert werden. Z. B. kann das Benutzen von Schimpfwörtern in manchen Familien als normal gelten, nimmt man dieses Verhalten mit in andere Situationen wie z. B. in die Schule oder den Praxisplatz, gilt es als unangemessen.

Geschichtlicher Zusammenhang

Bestimmte Verhaltensweisen, die längere Zeit als angemessen galten, können u. U. unversehens als gestört gelten wie bestimmte Gruß- und Benehmensformen (beispielsweise Hitlergruß) beim Wechsel eines Regimes oder das Tragen bestimmter Kleidungsstücke (Matrosenanzüge für Schüler).

Altersangemessenheit

Während bestimmte Verhaltensweisen als „niedlich" oder lustig bei Kindern beurteilt werden, können sie bei einem Jugendlichen als äußerst bedenklich, bei einem Erwachsenen aber wieder normal erscheinen. Bei einem sehr alten Menschen u. U. geradezu als krankhaft, z. B. wenn nicht der Wahrheit entsprechende Aussagen gemacht werden.

Weltanschauliche bzw. ethnische Unterschiede

Aufgrund bestimmter
- weltanschaulicher,
- religiöser oder
- volkstumsmäßiger Positionen

können bestimmte Verhaltensweisen, die für bestimmte Gruppen als angebracht gelten, von Angehörigen anderer Gruppen als ausgesprochene Verhaltensstörungen angesehen werden. Dazu gehören z. B. voreheliche sexuelle Erfahrungen (von jungen Frauen).

Aufgabe

Finden Sie zu 3 unterschiedlichen Bereichen jeweils ein (weiteres) konkretes Beispiel.

Beurteilerrelativitäten

Auch auf der Seite des Betrachters lassen sich mögliche Unterschiede dahingehend ausmachen, dass das gleiche Verhalten sehr unterschiedlich beurteilt werden kann. Denn die Bedeutung und Deutung von Situationen liegt oftmals im Auge des Betrachters.
So mag das gleiche Verhalten anders auf einen wirken je nachdem, ob man sich situativ eher wohl oder gestresst fühlt (z. B. verbunden mit mehr oder weniger Großzügigkeit), ob man sich in gewohnter oder fremder Umgebung aufhält (z. B. Wirken des Umgangstons auf einen), wie entspannt man selbst mit Körperberührung ist (z. B. ein Schulterklopfen als in Ordnung empfindet oder als übergriffig), ob ein Mensch gesund oder krank ist (selbst hilfsbedürftig) u.v.m.
Auch sozial ist man vorgeprägt. Je mehr man sich mit einem Verhalten identifizieren kann (geprägt durch den eigenen sozialen Herkunftsbereich) desto weniger gestört erscheint einem ein Verhalten. Beispiele dafür können sein: Tischmanieren, Fußballbegeisterung, Hausmusik. Neben diesen Aspekten werden gleiche Verhaltensweisen auch oftmals unterschiedlich eigeschätzt, je nachdem, wie alt der Betrachter ist. Hier mag man an jugendliche Lässigkeit, altersbedingte Rigidität, pubertäre Moralität oder zunehmende Großzügigkeit von Großeltern denken. Schlussendlich werden Dinge auch in Abhängigkeit personaler Komponenten eingeschätzt, die z. B. durch individuelle Werthaltungen, Interessenslagen und bestehende Vorurteile geprägt sein können.

Aufgabe

Finden Sie eine eigene selbst erlebte Situation, die die Ausführungen zur Relativität von „normal" unterstützt.

Im „Handlexikon der Behindertenpädagogik“ (2006) definiert Andreas Hinz den Ansatz der Inklusion als

„allgemeinpädagogische[n] Ansatz, der auf der Basis von Bürgerrechten argumentiert, sich gegen jede gesellschaftliche Marginalisierung wendet und somit allen Menschen das gleiche volle Recht auf individuelle Entwicklung und soziale Teilhabe ungeachtet ihrer persönlichen Unterstützungsbedürfnisse zugesichert sehen will. Für den Bildungsbereich bedeutet dies einen uneingeschränkten Zugang und die unbedingte Zugehörigkeit zu allgemeinen Kindergärten und Schulen des sozialen Umfeldes, die vor der Aufgabe stehen, den individuellen Bedürfnissen aller zu entsprechen – und damit wird dem Verständnis der Inklusion entsprechend jeder Mensch als selbstverständliches Mitglied der Gemeinschaft anerkannt.“

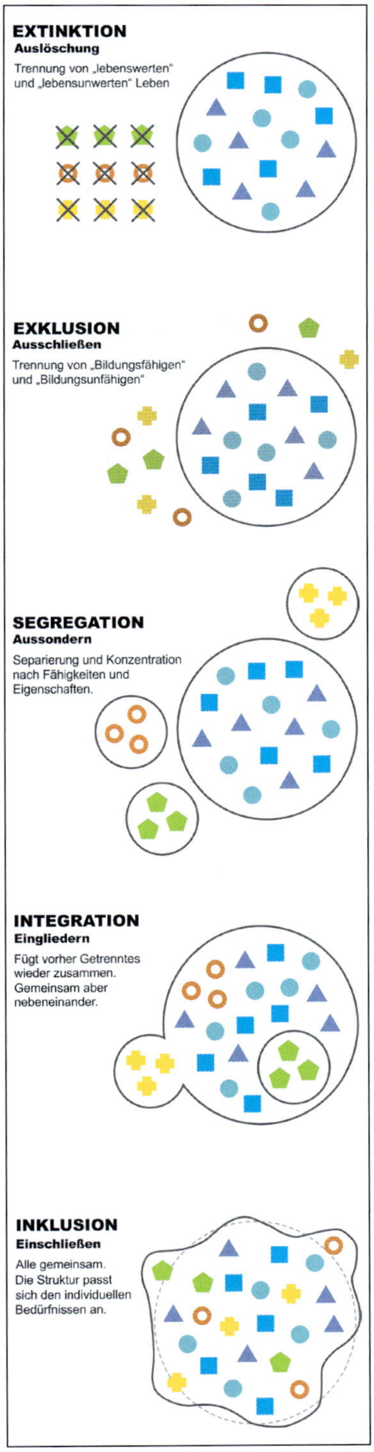

Die Definition macht deutlich, dass mit Inklusion verbunden das Anliegen besteht, von der Vorstellung einer Lerngruppen*gesamtheit* auszugehen, deren Mitglieder einerseits Bedürfnisse haben, die von allen geteilt werden, und andererseits eben individuelle Bedürfnisse, die sich bei manchen auch auf die Notwendigkeit spezieller Mittel und Methoden beziehen.

Nach Susanne Abram (2003) „unterscheidet sich der Begriff der Integration vom Begriff der Inklusion insofern, als dass es bei der Integration von Menschen immer noch darum geht, Unterschiede wahrzunehmen und zuerst Getrenntes wieder zu vereinen. Inklusion hingegen versteht sich in Bezug auf Schule als ein Konzept, das davon ausgeht, dass alle Schüler mit ihrer Vielfalt an Kompetenzen und Niveaus aktiv am Unterricht teilnehmen. Alle Schüler erleben und nehmen Gemeinschaft wahr, in der jeder/jede Einzelne seinen/ihren sicheren Platz hat und somit eine Teilnahme für alle Schüler am Unterricht möglich ist.“

Teilhabe an der Gesellschaft

Der Begriff der Inklusion ergibt sich also aus der Auffassung, dass eine Gesellschaft aus Individuen besteht, die sich alle mehr oder weniger unterscheiden. Der Mensch mit Behinderung ist Mitglied unserer Gesellschaft und muss in diese nicht erst integriert werden. Er hat die gleichen Rechte und Pflichten wie jeder andere Bürger.

Auf dieser Basis ist die volle Teilhabe am gesellschaftlichen Leben zu gewährleisten. Um dieser Tatsache gerecht zu werden, muss die Gesellschaft dafür Sorge tragen, dass der Zugang aller Bürger zu Institutionen und Dienstleistungen ermöglicht wird, unter Berücksichtigung ihrer individuellen Möglichkeiten.

Während das Prinzip der Integration die Eingliederung behinderter Menschen in die bestehende Gesellschaft anstrebt, soll durch Inklusion die Veränderung bestehender Strukturen und Auffassungen dahingehend erreicht werden, dass die *Unterschiedlichkeit* der einzelnen Menschen die *Normalität* ist. Jeder Mensch, unabhängig davon, ob er behindert, krank, alt oder jung ist, soll die Unterstützung und Hilfe erhalten, die er für die Teilhabe am gesellschaftlichen Leben benötigt.

Wendet man die Forderung der Inklusion auf das Schulsystem an, so bedeutet dies, dass die Ursachen für Lernschwierigkeiten nicht zuerst beim Kind gesucht werden, sondern in den Hürden, die durch die Schulen dem einzelnen Kind entgegengestellt werden. Einher damit gehen Forderungen einer inklusiven Pädagogik, die alle Lehrkräfte beherrschen sollen.

Arbeitsbereiche für Erzieherinnen

Da Kinder mit Beeinträchtigungen oftmals über ihr Kindergartenalter hinaus der Begleitung und Unterstützung bedürfen, gibt es für Erzieherinnen und Erzieher vielfältige Arbeitsmöglichkeiten mit Menschen mit Behinderungen jeglichen Alters. Dazu gehören die Schule und die Vorschule, Tagesstätten, Internate, Heime und Wohngruppen sowie spezielle Fördereinrichtungen. Ähnlich wie im integrativen Ansatz beschrieben, gilt hier durchgängig das Prinzip, nicht die Behinderung, sondern den einzelnen Menschen im Vordergrund zu sehen.

Als „behindert" gelten Menschen, die durch eine angeborene oder erworbene Beeinträchtigung in der Ausübung der im entsprechenden Lebensalter üblichen Funktionen „behindert" sind, und/ oder Menschen, die Einschränkungen unterliegen, welche sich auf den gesamten Lebenskontext oder auf die Wahrnehmung oder Fortsetzung ihrer sozialen Rolle (z. B. bei psychischen Erkrankungen) beziehen (Gößling-Brunken, 2009).

Pädagogische Tätigkeitsbereiche ergeben sich somit in allen menschlichen Lebensbereichen: Wohnen, Bildung, Arbeit und Freizeit.

Für den Lebensbereich des Wohnens gibt es verschiedene Arbeitsbereiche:

- Pädagogische Betreuung im eigenen Wohnraum – Ziel ist es hier, einen Menschen mit Behinderung in seinem eigenen Wohnumfeld zu belassen und für die weitere Einbindung durch den Aufbau eines Netzwerks zu unterstützen.
- Betreutes Wohnen – hier besteht das Ziel darin, die Verselbstständigung der Klienten zu erreichen. Gewählt wird diese Wohnform meist von Menschen mit leichten psychischen, geistigen und/ oder körperlichen Behinderungen.
- Stationäres Wohnen – Ziel ist hier, eine Assistenz rund um die Uhr zu gewährleisten, um Menschen mit schweren körperlichen und/ oder geistigen Beeinträchtigungen zu unterstützen.

Im Bereich der Bildung geht es darum, dass die besondere Situation durch die Behinderung Berücksichtigung findet und ggf. besondere methodisch-didaktische Konzepte angewendet werden. In Zusammenarbeit mit Lehrkräften ist das Ziel, dass eine Umgebung geschaffen wird, in der das Kind bzw. der Jugendliche seinen Möglichkeiten entsprechend lernen kann. Dazu gehören beispielsweise die Organisation des Arbeitsplatzes in der Schule und zu Hause und auch die Unterstützung in der Vermittlung von Lerninhalten sowie der Kontakt mit den Eltern.

Auch die Erwachsenenbildung stellt einen möglichen Einsatzbereich dar. Hier ist es die Aufgabe, Bildungsinteressen bei Menschen mit Behinderungen zu erkennen, zu wecken, zu fördern und diese zu realisieren. Die Inhalte reichen dabei z. B. von Kochkursen über kreative oder Sportangebote bis hin zur Arbeit mit Medien (computergestütztes Arbeiten) und zum Aufbau von Selbsthilfe- und Interessengruppen (z. B. Gewerkschaftsarbeit für Werkstattmitarbeiter).

S. auch **Lernfeld 4**, Kapitel 5.3: Aspekte von Inklusion im Lern- und Bildungsprozess

Der Lebensbereich Arbeit ist ein ausgesprochen wichtiger Teil des menschlichen Lebens. Durch sie wird Anerkennung erfahren, der Einzelne findet durch sie ihren Platz in der Welt und kann seinen Beitrag für den eigenen Lebensunterhalt erbringen. Dies gilt natürlich ebenso für Menschen mit Behinderung. In der Regel sind Arbeitsplätze aber nicht an pädagogische Unterstützung geknüpft. Erst wenn der therapeutische Wert einer regelmäßigen Tätigkeit in den Vordergrund tritt, öffnen sich Arbeitsfelder für Erzieher z. B. in Werkstätten für Menschen mit Behinderung (WfbM) oder in Tagesförderstätten. Das Ziel der Werkstätten ist aber auch hier, für die Mitarbeiter Arbeitsplätze auf dem ersten Arbeitsmarkt zu finden (Inklusion, Normalisierungsprinzip).

Der Lebensbereich Freizeit ist dadurch gekennzeichnet, dass er nicht explizit zielgerichtet ist. Es geht es um Freiwilligkeit, Selbstbestimmung und Spontaneität. Erzieherisches Handeln zielt hier auf Motivation und Interessenserkennung. Dazu müssen die Klienten gut gekannt, deren Kompetenzen gut eingeschätzt und ein hohes Maß an eigenem Wissen über Freizeitgestaltung mitgebracht werden.

Aufgabe

Diskutieren Sie die Forderung nach der Umwandlung unseres Schulsystems in ein inklusives Schulsystem, in welchem eine Überweisung von Schülern an Förder- oder Sonderschulen (solange diese noch existieren) nicht ohne Einwilligung der Eltern vorgenommen werden kann. Welche Chancen und welche Risiken sehen Sie?

7 Hochbegabung

Unter der Einsicht einer „Pädagogik vom Kind aus" sowie dem Wissen, dass jeder Mensch einmalig ist, setzt sich im Rahmen von Inklusion und ressourcenorientierter Arbeit die Erkenntnis durch, dass auch hochbegabte Kinder und Jugendliche besondere Aufmerksamkeit benötigen, um ihr Potenzial zu entwickeln. Geschieht dies nicht, führt es bei den Betroffenen zu Unterforderung und damit zu erheblichem Stress, der sich im Lebenslauf genauso problematisch auswirken kann wie nicht unterstützte entwicklungsverzögernde Problematiken.

Etwa 2–3 % der Kinder und Jugendlichen gelten als hochbegabt. Bei nicht allen von ihnen ist diese Disposition erkannt. Erst in den letzten Jahren wurde die Notwendigkeit erkannt, dieses Thema in die Kindertagesstätten und Schulen als eigene Thematik hineinzutragen.

Unter Hochbegabung versteht man die Fähigkeit, in mehreren Bereichen über geistige Fähigkeiten zu verfügen, die weit über dem Durchschnitt liegen. Hochbegabung ist jedoch nicht gleichzusetzen mit Intelligenz oder der Höchstleitung selbst. Es handelt sich eher um eine Disposition für überdurchschnittliche Leistungen. Außer den überdurchschnittlichen Fähigkeiten sind noch Motivation und Kreativität wichtige Komponenten dieser Disposition (Heller, 1998). Wird ein Mensch getestet, so spricht man dann von Hochbegabung, wenn er einen IQ von über 130 zeigt. Nur 2 bis 3 von 100 Menschen verfügen über dieses geistige Potenzial.

Dimensionen

Hochbegabung tritt in unterschiedlichen Bereichen auf. Um von einer Hochbegabung zu sprechen, sollten mehrere Begabungsfaktoren zusammenkommen. Es ist jedoch auch möglich, dass ein Mensch über eine punktuelle, also in einem Bereich liegende, außerordentliche Begabung verfügt. In der Regel spricht man dann von einer partiellen Hochbegabung.

Nach Heller (1995) gibt es folgende Begabungsfaktoren:

- Intellektuelle Fähigkeiten (z. B. sprachliche, mathematische, technisch-konstruktive, abstrakte, begrifflich-logische Fähigkeiten)
- sozial-emotionale Fähigkeiten
- musisch-künstlerische Fähigkeiten
- musikalische Fähigkeiten
- Kreativität (z. B. sprachliche, mathematische, technische, gestalterische Kreativität)
- psychomotorische Fähigkeiten (z. B. Sport, Tanz)
- praktische Intelligenz

Hochbegabung und ressourcenorientierte Unterstützung

Hochbegabte Kinder und Jugendliche zeigen nicht automatisch Höchstleistung. Dies ist ein viel beobachteter Annahmefehler von Mitmenschen, die bei Bekanntwerden der Hochbegabung dieses voraussetzen oder sogar vorwerfen. Um die Disposition zur Hochbegabung zur Wirkung zu bringen, benötigen Kinder die **entsprechende Unterstützung**. Dies gilt für Jugendliche im erhöhten Maße, da in diesem Alter bereits eine Verhaltensproblematik aufgetreten sein kann. Denn nicht erkannte Hochbegabung und entsprechend mangelnde Förderung bzw. Unterstützung können zu Stress führen bei den Betroffenen. Dieser Stress *kann* sich oft aggressiv nach außen orientiert zeigen, oder den Rückzug nach innen und misslingende Anpassung an andere, weniger begabte Kinder bedeuten.

Die Unterstützung sollte sich zunächst generell auf Förderung von Motivation, Anstrengungs- und Leistungsbereitschaft beziehen. Ebenso sollte Stressbewältigung gelernt werden, denn Hochbegabte zeigen häufig oft eine sehr hohe Wahrnehmungskompetenz, sind meist sozial sehr sensibel und nehmen daher mehr und intensiver wahr als ihre Umgebung, was durchaus zu Stress führen kann.

Darüber hinaus benötigen Hochbegabte in der Regel intellektuelle Nahrung oder Möglichkeiten der Auseinandersetzung der im Begabungshorizont liegenden Themen, die weit über ihr Alter hinausgehen. Meist suchen sich die Kinder dies von selbst. Unterstützung kann dann bedeuten, diese Suche und Auseinandersetzung nicht abzubremsen (Das ist noch nichts für dich; dafür bist du noch zu klein, zu jung), als auch die Interessen des Kindes nicht zu ehrgeizig zu forcieren.

Wie bei jedem Kind gilt hier die aufmerksame Beobachtung und Begleitung der Individualität. Unter diesen Voraussetzungen ist Hochbegabung eine Chance, besondere und kreative Leistungen zu erbringen.

Hochbegabung und Auffälligkeiten

Hochbegabte Kinder sind intellektuell in einer Weise fähig, die auffällig ist. Das kann ein sehr schnell erlerntes Lesen sein, Rechenoperationen, die weit über die Fähigkeiten anderer Gleichaltriger hinausgehen, Fragen, die oft als altklug wahrgenommen werden, aber ein besonderes Interesse an Phänomen in der Umwelt zeigen, oder außerordentliche musische Begabung, um nur einige Beispiele zu nennen. Zudem sind hochbegabte Kinder sehr wahrnehmungsoffen, sensibel und benötigen häufig wenig Schlaf. Dies hebt sie in der Regel aus der Menge anderer Kinder hinaus.
Wird auf ihr Interesse nicht eingegangen, fordern sie entsprechend Aufmerksamkeit. Dies kann als störend wahrgenommen werden. Sie in die Masse der Gleichaltrigen *hineinzuzwingen*, ist nicht hilfreich; sie suchen sich ihren eigenen Weg, ihr Interesse zu befriedigen.
Ist den Kindern und Jugendlichen das nicht möglich und/ oder erleben sie dauernde Frustration, kann es zu erheblichen Minderwertigkeitsgefühlen kommen, die sich vor allem im Jugendalter in der Phase der Identitätssuche potenzieren und die Identitätsentwicklung behindern können.

Pädagogische Angebote bei Hochbegabung

Für hochbegabte Kinder müssen wie für andere Kinder auch der jeweils passende, individuelle Weg der Förderung gesucht werden. Hilfreich ist im Elternhaus ein abgestimmter Erziehungsstil, der das Kind ernst nimmt. Unterstützen kann ein abwechslungsreiches, herausforderndes Freizeitangebot. Im Kindergarten gilt es, den Vergleich mit anderen Kindern aufzufangen: Das Kind wird feststellen, dass es anders ist als andere Kinder. Vielleicht kann es schon lesen, hält sich aus Gruppenangeboten fern. Hierauf muss sensibel und nicht verurteilend reagiert werden.
Die Schule hält inzwischen einige Angebote für hochbegabte Kinder bereit: Sowohl die vorzeitige Einschulung als auch das Überspringen einer Klasse ist möglich, aber nicht immer die glücklichste Wahl. Unter Umständen finden sich Zusatzangebote wie

- Philosophieren mit Kindern,
- parallel zum Unterricht angesiedelte herausfordernde Kursangebote oder
- die Möglichkeit, einzelne Fächer im Rahmen eines „Fahrstuhlprogramms“ im nächsthöheren Jahrgang zu besuchen.

Als Manko ist leider anzumerken, dass es nicht gewährleistet ist, dass alle Lehrkräfte trotz dieses Angebots adäquat mit den erheblich jüngeren Kindern in ihrem Unterricht umgehen können.

Literaturtipp
Gesellschaft für das hochbegabte Kind
www.dghk.de

8 Rechtliche Rahmenbedingungen der Inklusion

Die rechtlichen Rahmenbedingungen zur Inklusion sind sehr weitgehend geregelt und bedeuten weitgehende Rechte auf Unterstützungsleistungen. Die rechtlichen Vorgaben beziehen sich dabei nicht nur auf die Verpflichtung zur Inklusion. Sie meinen auch Prävention, kompensatorische Förderung und Chancengerechtigkeit.

In der UN-Kinderrechtskonvention heißt es:
Artikel 2: Achtung der Kindesrechte; Diskriminierungsverbot
(1) Die Vertragsstaaten achten die in diesem Übereinkommen festgelegten Rechte und gewährleisten sie jedem ihrer Hoheitsgewalt unterstehenden Kind ohne jede Diskriminierung

unabhängig von der Rasse, der Hautfarbe, dem Geschlecht, der Sprache, der Religion, der politischen oder sonstigen Anschauung, der nationalen, ethnischen oder sozialen Herkunft, des Vermögens, einer Behinderung, der Geburt oder des sonstigen Status des Kindes, seiner Eltern oder seines Vormunds.

(2) Die Vertragsstaaten treffen alle geeigneten Maßnahmen, um sicherzustellen, dass das Kind vor allen Formen der Diskriminierung oder Bestrafung wegen des Status, der Tätigkeiten, der Meinungsäußerungen oder der Weltanschauung seiner Eltern, seines Vormundes oder seiner Familienangehörigen geschützt wird. [...]

Artikel 23: Förderung behinderter Kinder

(1) Die Vertragsstaaten erkennen an, dass ein geistig oder körperlich behindertes Kind ein erfülltes und menschenwürdiges Leben unter Bedingungen führen soll, welche die Würde des Kindes wahren, seine Selbstständigkeit fördern und seine aktive Teilnahme am Leben der Gemeinschaft erleichtern.

(2) Die Vertragsstaaten erkennen das Recht des behinderten Kindes auf besondere Betreuung an und treten dafür ein und stellen sicher, dass dem behinderten Kind und den für seine Betreuung Verantwortlichen im Rahmen der verfügbaren Mittel auf Antrag die Unterstützung zuteil wird, die dem Zustand des Kindes sowie den Lebensumständen der Eltern oder anderer Personen, die das Kind betreuen, angemessen ist.

(3) In Anerkennung der besonderen Bedürfnisse eines behinderten Kindes ist die nach Absatz 2 gewährte Unterstützung soweit irgend möglich und unter Berücksichtigung der finanziellen Mittel der Eltern oder anderer Personen, die das Kind betreuen, unentgeltlich zu leisten und so zu gestalten, dass sichergestellt ist, dass Erziehung, Ausbildung, Gesundheitsdienste, Rehabilitationsdienste, Vorbereitung auf das Berufsleben und Erholungsmöglichkeiten dem behinderten Kind tatsächlich in einer Weise zugänglich sind, die der möglichst vollständigen sozialen Integration und individuellen Entfaltung des Kindes einschließlich seiner kulturellen und geistigen Entwicklung förderlich ist.

(4) Die Vertragsstaaten fördern im Geist der internationalen Zusammenarbeit den Austausch sachdienlicher Informationen im Bereich der Gesundheitsvorsorge und der medizinischen, psychologischen und funktionellen Behandlung behinderter Kinder einschließlich der Verbreitung von Informationen über Methoden der Rehabilitation, der Erziehung und der Berufsausbildung und des Zugangs zu solchen Informationen, um es den Vertragsstaaten zu ermöglichen, in diesen Bereichen ihre Fähigkeiten und ihr Fachwissen zu verbessern und weitere Erfahrungen zu sammeln. Dabei sind die Bedürfnisse der Entwicklungsländer besonders zu berücksichtigen.

Aufgabe

1. Arbeiten Sie die obigen Artikel durch und halten Sie zum einen stichwortartig die Bereiche fest, bei denen Sie meinen, dass die Vorgaben schon weitgehend Berücksichtigung gefunden haben, und zum anderen die „Baustellen", bei denen noch deutlich mehr getan werden müsste, um den Vorgaben tatsächlich zu entsprechen. Gibt es Inhalte, die Sie erstaunen? Wo muss deutlich mehr getan werden?
2. UN-Behindertenrechtskonvention: Recherchieren Sie unter: „UN-Konvention Inklusion" oder „Behindertenrechtskonvention" die Inhalte der konkreten rechtlichen Ausgangslage von Menschen mit Behinderung. Stellen Sie die dort aufgeführten Themen stichwortartig zusammen.

8.1 Hilfeplanung nach SGB IX Rehabilitation und Teilhabe behinderter Menschen

In Deutschland gibt es rechtlich verankerte Unterstützungsansprüche für Menschen mit Behinderungen. Verbunden damit sind immer eine Bedarfsermittlung und die sogenannte Hilfeplanung zur Eingliederung. Ziel der Maßnahmen ist es dabei, die Selbstbestimmung und Teilhabe von Menschen mit Behinderungen zu fördern. Für die angesprochene Bedarfsermittlung und **Hilfeplanung** im Bereich der Rehabilitation und Teilhabe sind die Regelungen des Neunten Buchs Sozialgesetzbuch (SGB IX) rechtlich und sozialpolitisch handlungsleitend. So wird z. B. der **Teilhabegedanke** – ebenso wie die **Selbstbestim-**

mung (vgl. dazu §10 SGB I, §§ 1 und 4 SGB IX) als Ziel und Leitmotiv aller Leistungen für Menschen mit Behinderungen formuliert. In § 10 SGB IX heißt es dort darüber hinaus „dass die beteiligten Rehabilitationsträger im Benehmen miteinander und in Abstimmung mit den Leistungsberechtigten die nach dem individuellen Bedarf voraussichtlich erforderlichen Leistungen funktionsbezogen feststellen". Anzumerken ist dazu, dass dieses Gesetz zur individuellen Bedarfsermittlung in seinen Zielsetzungen grundsätzlich als sinnvoll anzusehen ist, dass es aber durchaus nicht unumstritten ist, da es auch einen gesetzlichen Schritt darstellte, der bis dahin relativ unbürokratische und lebenslange Fördermöglichkeiten angesichts steigender Fallzahlen und knapper werdender Mittel einschränkt.

Frühförderung

Ein besonderes, interdisziplinäres Verfahren der Bedarfsermittlung und Hilfeplanung ist für komplexe Leistungen der Frühförderung und Früherkennung für behinderte und von Behinderung bedrohte Kinder gemäß § 30 SGB IX vorgesehen. Kindertageseinrichtungen sind hier wichtige Ausgangspunkte, um über Möglichkeiten zu informieren und um Eltern wichtige Hinweise zu geben, wie individuell gefördert werden kann.

S. auch **Lernfeld 6**, Kapitel 9.1: Frühförderung

Das Verfahren der Eingliederungshilfe

Im Folgenden werden anhand der Ausführungen von Heike Hoffer, Referentin des Deutschen Vereins für öffentliche und private Fürsorge e.V. (Berlin, 2009) typische Bestandteile des Verfahrens zur Bewilligung von Eingliederungshilfe dargestellt:

Leistungsberechtigung

Sobald der Träger der Sozialhilfe Kenntnis von einer möglichen individuellen Bedarfslage erhält, muss er auch ohne formellen Antrag eine Bedarfsermittlung initiieren. Die grundsätzliche Feststellung einer Leistungsberechtigung steht rechtlich am Anfang des Verfahrens. In der Eingliederungshilfe ist nach § 53 Abs. 1 SGB IX leistungsberechtigt, wer durch eine Behinderung im Sinne von §2 Abs. 1 SGB IX wesentlich in der Fähigkeit, an der Gesellschaft teilzuhaben, eingeschränkt oder von einer solchen wesentlichen Behinderung bedroht ist. Zusätzliche Voraussetzung für die Leistungsberechtigung ist, dass nach den Besonderheiten des Einzelfalls, insbesondere nach Art und Schwere der Behinderung, die Aussicht besteht, dass die Aufgabe der Eingliederungshilfe erfüllt werden kann. Das Vorliegen einer Behinderung (oder einer drohenden Behinderung) wird in der Regel durch ein ärztliches Gutachten festgestellt.

Bedarfsermittlung

Nach der Feststellung der grundsätzlichen Leistungsberechtigung ist der individuelle Bedarf zu ermitteln und darauf basierend ein Hilfeplan zu erstellen. Ein Bedarf besteht, wenn erwünschte und angemessene Teilhabeziele behinderungsbedingt nicht ohne Hilfe erreicht werden können. Eine gesetzliche Definition des Begriffs „Bedarf" gibt es nicht. [...]

Die Bedarfsermittlung erfolgt verfahrenstechnisch durch ein sogenanntes Instrument, z.B. einen Erhebungsbogen oder einen strukturierten Gesprächsleitfaden, der von der Person, die die Bedarfsermittlung durchführt und in der Regel zusammen mit dem behinderten Menschen ermittelt wird. [...]

Die Bedarfsermittlung erfolgt verfahrenstechnisch durch ein sogenanntes Instrument, z.B. einen Erhebungsbogen oder einen strukturierten Gesprächsleitfaden, der von der Person, die die Bedarfsermittlung durchführt und in der Regel zusammen mit dem behinderten Menschen ermittelt wird.

Hilfeplanung

Hilfeplanung in der Eingliederungshilfe soll basierend auf den Ergebnissen der Bedarfsermittlung für den Menschen mit Behinderung die bestmögliche Anpassung der erforderlichen Leistungen an seine Lebenssituation und seine für ihn relevanten Teilhabeziele sicherstellen. Daher steht der Mensch mit Behinderung im Zentrum der Hilfeplanung und wirkt an ihr aktiv mit. [...]

In dem Verfahren der Hilfeplanung, das in einen formalen Hilfeplan mündet, werden Leistungen anhand festgestellter Bedarfe festgelegt. Der Hilfeplan dient den Leistungsträgern als Grundlage einer Bewilligung über individuelle Hilfeleistungen in quantitativer und qualitativer Hinsicht. Für Menschen mit Behinderungen impliziert die Hilfeplanung häufig eine intensive Befassung mit ihrer Lebenssituation, für Mitarbeiter von Einrichtungen und Diensten ist sie die Grundlage des beruflichen Handelns. Einrichtungen und Diensten dient der Hilfeplan als Planungsgrundlage für die Erbringung der im Einzelfall erforderlichen Leistun-

gen. Hilfeplanung erfolgt mit dem Ziel, Qualität überprüfbar zu machen und zu sichern, Transparenz und Vergleichbarkeit herzustellen und durch gelungene Kooperation effektiv und zielgerichtet Leistungen einzusetzen.
Vielerorts ergänzen **Hilfe- oder Teilhabeplankonferenzen** das Hilfeplanverfahren. Soweit Hilfeplankonferenzen eingeführt sind, finden sie unter Verantwortung des Sozialhilfeträgers statt. [...]
Der Sozialhilfeträger ist nicht nur für die Erstellung des Gesamtplans nach § 58 Abs. 1 SGB XII, sondern für die Organisation und Steuerung der Bedarfsermittlung und Hilfeplanung als solche zuständig.

Bewilligungsbescheid
Das individuelle Verfahren zur Bewilligung von Eingliederungshilfe für Menschen mit Behinderung findet seinen vorläufigen Abschluss in der Erstellung des Bewilligungsbescheids seitens des Leistungsträgers. [...]
Da Hilfeplanung ein kontinuierlicher Prozess ist, werden Hilfepläne periodisch überprüft und fortgeschrieben. (Hoffer, 2009)

9 Auseinandersetzung mit der Lernsituation

Zur Lernsituation von Seite 106

Aufgabe

Pro-und Kontra-Diskussion zu Lukas' weiterer Beschulung

(Zeitbedarf: ca. 90 Minuten)
Führen Sie in der Klasse eine strukturierte Diskussion über das Für und Wider einer inklusiven Beschulung von Lukas aus der Eingangssituation. Folgen Sie dabei den nachfolgenden Schritten:

1. Rufen Sie sich die **Situation von Lukas** in Erinnerung und stellen sie sich vor, dass Sie eine Einschätzung dazu abgeben müssten, was Sie in seinem Fall für sinnvoll halten: ihn in der vorgestellten Lernsituation zu belassen oder ihn an eine Förderschule zu verweisen. Versuchen Sie als Klasse herauszuarbeiten, was aus Ihrer Sicht den Kern des Problems aus macht (z.B. Individualität und Heterogenität erleben vs. optimierte Lernbedingungen für jeden/alle).
2. Positionieren Sie sich persönlich für eine der beiden Richtungen, sodass sich jeweils eine **Pro- und** eine **Kontra-Gruppe** bildet (unabhängig von freundschaftlichen Bezügen innerhalb der Klasse), bei der die eigene Zugehörigkeit inhaltlich authentisch vertreten werden kann. Teilen Sie sich anschließend in kleinere Untergruppen von 3–4 Personen auf.
3. Sammeln Sie Ihre **Argumente** und sortieren Sie diese (wieder in der Pro-und-Kontra-Gruppe) anschließend nach ihrer Wichtigkeit.
4. Es folgt eine **strukturierte Gruppendiskussion**, bei der auf persönliche Angriffe und Bewertungen der Äußerungen der anderen verzichtet werden muss. Die Argumente der Pro- und Kontra-Gruppen werden dabei wechselseitig (möglichst als Entgegnung auf das gerade Geäußerte) vorgetragen, die Teilnehmer rufen sich dafür gegenseitig auf. Die Lehrkraft sorgt dabei zum einen für die Regeleinhaltung (Prinzip der Abwechslung, nicht zu lange Redebeiträge, auf Bewertungen, auch positive, verzichten, die Vermeidung von Angriffen) und zum anderen dafür, dass die Argumente in Kurzform an die Tafel geschrieben werden (diese Aufgabe kann auch an Schüler übertragen werden).
5. Anschließend erhält die Pro-Gruppe (anhand der Tafelnotizen) die Aufgabe, die Argumente der Kontra-Gruppe zu prüfen und erarbeitet eine **Rückmeldung zu den geäußerten Argumenten** an die andere Gruppe, durch die deutlich wird, welche 3-4 Argumente der Gegenseite in Abstufung *besonders stark* waren. Die Kontra-Gruppe erhält den gleichen Auftrag für die Pro-Argumente.
6. Die Gruppen geben sich anschließend das erarbeitete (ausschließlich positive) **Feedback**.
7. Abschließend gibt die Lehrkraft ggf. noch eine **Rückmeldung zum Diskussionsprozess** oder fragt nach, wie die Klasse die Diskussion erlebt hat.

10 Ressourcenorientierte Unterstützung von Kindern und Jugendlichen mit besonderem Erziehungs-, Hilfe- und Förderbedarf

10.1 Zweite Lernsituation

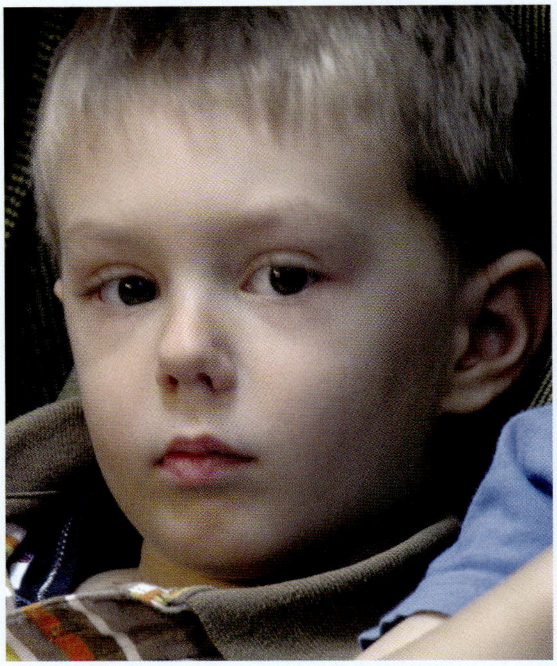

Olaf ist 3;6 Jahre alt. Er wirkt in seinen Bewegungsabläufen recht tapsig und zu groß im Verhältnis zu seinen motorischen Fähigkeiten. Beim Laufen streckt er den Kopf auffällig vor, die Oberarme hält er eng am Körper, sodass sich sein Oberkörper beim Laufen stark hin und her bewegt.

Häufig ist es schwer, mit ihm in Kontakt zu kommen. Olaf malt und bastelt nicht gern mit den anderen Kindern. Wenn es zu Streit kommt, reagiert er oftmals recht grob. Einmal hat er aus Versehen einem kleineren Kind in einer Abwehrreaktion die Nase blutig geschlagen. Er kann sich sprachlich kaum zur Wehr setzen oder argumentieren.

Olaf spricht ausschließlich in sehr kurzen Sätzen, und das sehr wenig. Wenn man ihn anspricht, scheint er manches Mal die Frage nicht zu verstehen. Auch **Regina, seine Erzieherin**, hat Schwierigkeiten, mit dem Jungen in Kontakt zu treten – es fällt ihr schwer, ihn zu mögen.

Die Eltern von Olaf findet Regina hingegen sympathisch. Die Mutter ist Dänin, der Vater Deutscher. Regina erlebt beide als freundlich, gebildet und spürbar an ihrem Sohn interessiert. Olaf ist das einzige Kind der beiden und Regina vermutet, dass den beiden die Entwicklung von Olaf „normal" erscheint.

Bei dem Versuch, mit den Eltern ins Gespräch zu kommen, erfährt die Erzieherin, dass der Arzt meint, dass sich „alles zurechtwachsen" werde. Zudem betont die Mutter, dass die langsame Sprachentwicklung in der Familie nicht unbekannt sei und dass Olaf zweisprachig aufwächst.

Regina ist verunsichert: Nimmt sie ein Problem wahr, das gar nicht existiert?

Wie kann sie Olaf gezielt helfen? Soll sie in einem weiteren Gespräch mit den Eltern auf eine erforderliche Diagnose hinweisen? Zu welchen Experten sollte sie gegebenenfalls die Eltern schicken?

10.2 Angestrebte Kompetenzen

Regina hat Schwierigkeiten, sich auf Olaf einzustellen. Sie ist verwirrt und fühlt sich – wie auch Kinder der Gruppe – zurückgestoßen. Auch ihr fällt es nicht leicht, im Kontakt mit ihm zu bleiben. Damit Regina der Tendenz, dass sich Olaf zurückzieht und ungeliebt fühlt, entgegensteuern kann, ist es wichtig, dass sie sich mit der Bedeutung von Sprache für soziale Bindungen des Menschen auseinandergesetzt hat. Dadurch wird es ihr möglich, Kontaktschwierigkeiten mit Olaf nicht nur auf der persönlichen Ebene anzusiedeln, sondern zu erkennen, welche fachlichen Konsequenzen folgen müssen: Das **Kapitel 10.3.1** handelt davon.

In der Eingangssituation hat Regina es mit Eltern zu tun, welche die sich andeutende Entwicklungsverzögerung ihres Sohns bagatellisieren. Um die Eltern zu überzeugen, ist es für die Erzieherin wichtig, fachkompetent argumentieren und Hintergründe zu Parallelen von Motorik und Sprachentwicklung erklären zu können. In diesem Fall heißt dies zu wissen, wie sprachliche Lernschritte vollzogen werden und welche Abläufe dazu im Gehirn stattfinden bzw. stattfinden müssen. Regina braucht hier Fachwissen über sprachliche Lern- und Entwicklungsprozesse. Darüber hinaus muss die Hinführung auf die Schulfähigkeit vonseiten der Kindertagesstätte berücksichtigt werden. Ergeben sich bei entwicklungsverzögerten Kindern schon früh Förderansätze, kann ein Kind besser unterstützt werden. Das Wissen um die Zusammenhänge von Gehirnentwicklung, Sinneswahrnehmung sowie Sprach- bzw. Bewegungsentwicklung auch unter dem Gesichtspunkt zweisprachiger Erziehung schafft die argumentative Grundvoraussetzung für Gespräche mit den Eltern: S. hierzu die **Kapitel 10.3.2 bis 10.3.6**.

Olaf ist Regina in seinem kommunikativen Verhalten aufgefallen. Es scheint sich eine Außenseitersituation anzubahnen, sein sprachliches wie auch motorisches Verhalten scheint auf den ersten Blick im Vergleich zu den anderen Kindern der Gruppe nicht entwicklungsgemäß. Um sich Klarheit zu verschaffen, gilt es für Regina, einen Entwicklungsabgleich durch gezielte Beobachtungen und deren Beurteilung vorzunehmen. Auch sie trägt die Verantwortung dafür, zu prüfen, ob sich Olafs Abweichungen tatsächlich in einem Rahmen bewegen, der von der Mutter und dem Kinderarzt vertreten wird, oder ob Zweifel daran berechtigt sind: mehr dazu in **Kapitel 10.4.1**.

Die Frage der Schulfähigkeit wird sich in einigen Jahren auch für Olaf stellen. Regina muss also nicht nur seinen derzeitigen Entwicklungsstand, sondern auch zur gegebenen Zeit seine Schuleignung beurteilen können. Die Zeit, die jetzt im Elementarbereich mit Olaf vor ihr liegt, kann bedeutsame Impulse für seine Zukunft geben. Aufgrund ihrer Beurteilungskompetenz kann sie diese nutzen, wie die Inhalte von **Kapitel 10.4.2** zeigen. Olaf weist Besonderheiten auf wie zweisprachiges Aufwachsen, Auffälligkeiten in seinen Bewegungsabläufen, Verlangsamung seiner Reaktion und ein Nichthören oder Nichtverstehen in manchen Situationen. Regina ist gefordert, mögliche Ursachen für das gezeigte Verhalten zu benennen, um anhand derer einzuschätzen, ob das Kind an weitere Fachkräfte verwiesen werden sollte oder ob Fördermaßnahmen in der Kindertagesstätte ausreichen: Siehe hierzu **Kapitel 10.5**. Wie geeignete Fördermaßnahmen konkret aussehen könnten, wie ganz grundsätzlich sprachfördernd gearbeitet werden kann und was speziell im Fall von Olaf angemessen ist, muss Regina kompetent einschätzen und nach Möglichkeit umsetzen: **Kapitel 10.6**.

Ressourcenorientierung: s. auch Personale Ressource/ Resilienz, **Kapitel 4** oben

10.3 Spracherwerb

„Die Grenzen meiner Sprache bedeuten die Grenzen meiner Welt." (Wittgenstein)

10.3.1 Zur Bedeutung von Sprache und Sprachförderung

Sprache zu verstehen und sprechen zu können, sind wichtige Kompetenzen für das menschliche Miteinander. Über Sprache nehmen Menschen Kontakt miteinander auf, teilen sich mit, handeln aus, bieten an, verabreden, erklären, trösten und lösen Konflikte ohne handgreifliche Auseinandersetzung. Ein Mensch, der sich sprachlich gut ausdrücken kann, bekommt dafür Wertschätzung und Anerkennung. Weist man aber Mängel im Sprachgebrauch auf, ist oftmals soziale Ausgrenzung die Folge. So entstehen leicht Minderwertigkeitsgefühle. Solche Ausgrenzungserlebnisse führen oftmals dazu, dass ein sprachauffälliges Kind seine kommunikative Eigenaktivität von sich aus einschränkt. Das Kind sorgt somit selbst für weniger Kontakt und Interaktion. Dadurch kann ein Teufelskreis entstehen, wie das Schaubild zeigt:

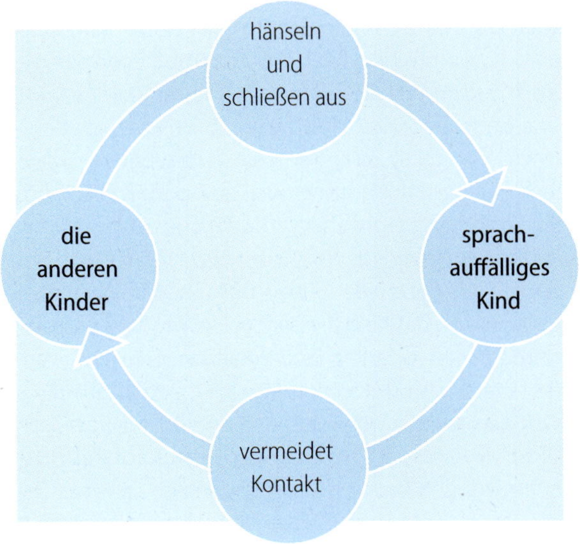

Fördert man ein Kind in seinem Sprachgebrauch, so fördert man gleichzeitig seine Persönlichkeitsentwicklung. Zudem beinhaltet die Sprache mehr als nur die Worte allein. Sie wird begleitet, gestaltet und belebt durch nonverbale Ausdrucksmittel und gewinnt durch die Stimme Klang. Gestik, Mimik, Körperhaltung, Tonfall und Klangfarbe bieten für die Mitmenschen Einschätzungsmöglichkeiten des sprechenden Menschen auf unterschiedlichen Ebenen. Dabei geht es nicht nur um die korrekte Interpretation der Mitteilung, sondern auch um Informationen über die sprechende Person selbst – ihre seelische Verfassung, ihr Selbstbewusstsein, ihren energetischen Zustand und ihre Stimmung.

Wer ohne Unsicherheit und Angst seine Stimme erhebt, wirkt kontaktfreudiger und kommunikativer und entsprechend reagiert die Umwelt – freies, ungehemmtes und deutliches Sprechen wirkt so gleichzeitig persönlichkeitsstärkend auf das Individuum zurück (vgl. Prang, 2000).

Das Ausdruckspotenzial eines Kindes ist damit immer auch die Basis für die Reaktionen der anderen, z.B. der Gleichaltrigen, und gleichzeitig Basis für die Einschätzung durch Fachkräfte wie Erzieher.

Olafs eingeschränkte Sprachfähigkeit gibt deutliche Hinweise – nicht weil er bestimmte Laute nicht sprechen könnte, sondern weil er seine Sprache so wenig einsetzt und kaum verbal kommuniziert.

Aufgabe

1. Entwickeln Sie für Olaf ein Teufelskreisschema.
2. Berichten Sie von einem eigenen Erlebnis, bei dem Sie Ihre Stimme als charakteristisch für Ihre damalige Stimmung erfahren haben.
3. Beschreiben Sie eine Situation, in der Sie selbst oder andere für Mängel im sprachlichen Ausdruck verspottet wurden.

10.3.2 Lernprozesse des Gehirns

Unterscheidung von Ausnahme und Regel

Der Spracherwerb an sich ist ein struktursuchender und zugleich ein strukturbildender Prozess, bei dem das (kindliche) Gehirn im Wechselspiel mit den Eindrücken, die der Säugling wahrnimmt, „reift" und durch diese Reifung weiter gehende Eindrücke verarbeiten kann. Das menschliche Gehirn ist so angelegt, dass es beständig

- einerseits nach etwas Neuem (Neugier) und
- andererseits nach dem Regelhaften in der Welt sucht.

Das Gehirn versucht also Regelhaftes von der Ausnahme zu unterscheiden. Dies gilt auch beim Spracherwerb. Folglich geht es von Anfang an darum, das Erlebte zu strukturieren und gleiche bzw. ähnliche Muster zu entdecken.

In einer Studie mit Kindern diesen Alters konnte gezeigt werden, dass Säuglinge, die 2 Minuten lang „ga ti ti" und andere ABB-Lautformen gehört hatten, von „wu fe fe" gelangweilt waren, von „wu fe wu" (= ABA-Form) aber nicht. Dies lässt sich nur dadurch erklären, dass sie die Struktur der Lautkombinationen gelernt haben und dann eine neue Struktur als interessanter erleben (vgl. Spitzer, 2007).

Das Gehirn sucht Muster

Gleichzeitig sorgt das Erlebte über die Anregung der Sinnesorgane dafür, dass sich Strukturen im Gehirn bilden und verschiedene Gehirnbereiche miteinander verknüpft werden. Das Erfahren der Welt ist die Grundlage für das Lernen und damit auch für den Spracherwerb. Kinder bzw. ihre Gehirne erkennen Regeln in jeglichem „Input", der auf sie einströmt. Zu diesem Input gehört auch die Sprache der anderen. Nach 3 bis 4 Jahren lernen Kinder z. B., die Vergangenheitsform von Verben zu bilden. Dies geschieht schrittweise. Zunächst benutzen sie vor allem sogenannte schwache Verben, die sich in der Vergangenheitsbildung nur schwach verändern (z. B. spielen: ich spielte, wir haben gespielt).

Anschließend meinen sie, die Regel erkannt zu haben, und wenden diese auch bei den „starken" Verben an, die sich folglich stark verändern (z. B. schlafen), und bilden dann die Vergangenheitsform „ich schlafte" statt „ich schlief". Ähnliches gilt für den Einsatz bestimmter Wörter in ungewohntem Zusammenhang wie „Das Auto lichtet" statt „Das Auto blinkt".

In diesen „falschen" kindlichen Ausdrücken zeigt sich aber kein Defizit in Form einer fehlenden Gehirnreife, sondern ebenso ein kreativer Akt des Kindes im Experimentieren und Erproben. Denn genau durch dieses Ausprobieren können weitere Lernschritte erfolgen. Nach weiteren Reifungsschritten wird die bisher praktizierte Regel also weiter ausdifferenziert und schließlich z. B. das Bilden der Vergangenheitsformen von Verben vollkommen beherrscht.

Hierbei muss hervorgehoben werden, dass dieses „Regellernen" nicht bewusst geschieht und die gelernten Regeln somit auch nicht reflektiert und benannt werden können. Es handelt sich hier ganz klar um implizites Lernen, d. h., sprachliche Regeln werden angewandt und auf diese Weise **gekonnt**, nicht explizit **gewusst**.

Begriffsbildung und Lernen sprachlicher Strukturen

Das, was man als „Lernen" bezeichnet, ist physisch betrachtet mit dem Begriff der „Reifung" des Gehirns beschrieben. Der körperliche Vorgang besteht

- einerseits in dem **Knüpfen von Verbindungen** zwischen den Nervenzellen des Gehirns,
- andererseits in der fortschreitenden **Faserisolierung der Verbindungen** zwischen den verschiedenen Nervenzellen durch den Stoff Myelin.

Myelin ist eine nervenfaserspezifische Fett-Eiweiß-Verbindung, deren Wirkweise man sich genauso wie eine Kabelisolierung vorstellen kann, durch die die Kabel deutlich leistungsstärker, d. h. störungsfreier und schneller funktionieren.
Bewirkt wird die Reifung des Gehirns durch Sinnes- und Bewegungserfahrungen. Folglich ist jedes Lernen und damit auch das Lernen von Sprache stark mit solchen Erfahrungen verknüpft.
Nur das, was wir im wahrsten Sinne des Wortes „begriffen" haben, können wir auch begreifen, d. h. verstehen, da wir uns durch die Erfahrung ein inneres Bild machen können. Dabei sind nicht nur taktil-kinästhetische Wahrnehmungen gemeint, sondern alle Sinnes- und Bewegungserfahrungen. In diesem Sinne sind Kinder, die von sich aus solche Erfahrungen eher vermeiden und motorischen Herausforderungen aus dem Weg gehen, durch dieses Verhalten auch in ihrer sprachlichen Entwicklung stärker gefährdet.
Dies gilt ebenso für Olaf und bedeutet, dass – wenn die Reifung des Gehirns bei ihm langsamer verläuft – er umso mehr wie kleinere Kinder Dinge anfassen, in den Mund nehmen und mit ihnen experimentierend umgehen muss – etwas, was seine Umwelt ihm vielleicht nicht zugestehen möchte.

Das Lernen der Muttersprache

Die Laute der Muttersprache werden vom Embryo schon ab dem 6. Schwangerschaftsmonat über das vollständig entwickelte Ohr wahrgenommen. Durch diese Erfahrung wird der Säugling zunehmend sensibler für die lautlichen Unterschiede seiner Muttersprache – auf Kosten von Lauten, die nicht gehört werden. Diese Auswahlfunktionen des Gehirns, das durch seine fehlende Reife viele Eindrücke gar nicht verarbeiten kann, bildet die Grundlage dafür, dass man überhaupt die Muttersprache erlernt. Diese allmähliche Reifung des Gehirns ersetzt so einen Lehrer. Denn das Erlernen der Muttersprache kann durch die Umwelt nicht so aufbereitet werden wie in Schule oder Universität: Die Wirklichkeit ist komplexer. Wir kommen auf die Welt und sind einer Vielzahl verschiedenster Reize ausgesetzt. Durch unsere biologischen Voraussetzungen, der erst nach und nach erfolgenden Reifung des

Gehirns, verlaufen die Lernfortschritte aber auf natürliche Weise vom Einfachen zum Schweren.

Da das Kind nicht nur das Verstehen der Sprache lernt, sondern auch das Sprechen, muss ebenfalls das Erlernen dieser feinmotorischen Fähigkeit hinzukommen. Die differenzierte Bewegung im Zusammenspiel von Lippen, Zunge, Zähnen und Gaumen stellt eine große feinmotorische Leistung dar. Spezifische Laute und Lautkombinationen sind gefordert und müssen ebenso wie andere motorische Herausforderungen geübt werden. Das Sprechenlernen folgt, wie auch z. B. das Laufenlernen, einer inneren Logik vom Leichteren zum Schwereren. Bestimmte Laute gehen anderen voraus. Die Feinmotorik baut auf der groben auf. Genau aus diesem Grund kann man oftmals eine Koppelung von motorischer Entwicklung und Sprachentwicklung (wie bei Olaf in der Situation) feststellen.

10.3.3 Sensorische Integration

> *Die Motorik ist der Motor der Entwicklung. „Wahrnehmung und Sprache entwickeln sich miteinander, nicht nacheinander." (Axel Holtz)*

Die Nervenzellen des **Gehirns** sind darauf spezialisiert, sogenannte Repräsentationen („Abbildungen" der „Welt") in Abhängigkeit von der Umgebung zu bilden und zu verändern. In gewisser Weise stehen die Nervenzellen selbst damit für bestimmte Aspekte der Umgebung, die man sich als eine Art „inneres Bild" von der Realität vorstellen kann, z. B. für Oberflächenbeschaffenheiten, einen Geschmack, bestimmte Menschen, Klänge, Orte, für Bedeutungen, Pläne, Wünsche und Werte.

Genauso repräsentieren sie aber auch Handlungen (z. B. Jacke anziehen), Zusammenhänge (Schnee und Kälte bringen Glatteis), Werte (Freunde halten zusammen), Ziele (Ausbildung beenden) und auch die Sprache wird durch das Zusammenspiel der Nervenzellen repräsentiert. Selbst der eigene **Körper** mit seiner räumlichen Beschaffenheit und seinen physischen und emotionalen Zuständen wird durch die Neuronen im Gehirn abgebildet.
Körperlich betrachtet entspricht die „Abbildung" im Gehirn nicht den äußeren Proportionen. Die Körperteile, in denen besonders viele Nervenzellen sind und mit denen der Mensch folglich besonders gut wahrnehmen kann, wie Hände, nehmen entsprechend viel Raum ein. Emotional betrachtet bildet das Gehirn nicht nur Gefühle oder Empfindungen ab, sondern man ist durch sogenannte Spiegelneuronen auch in der Lage, sich in

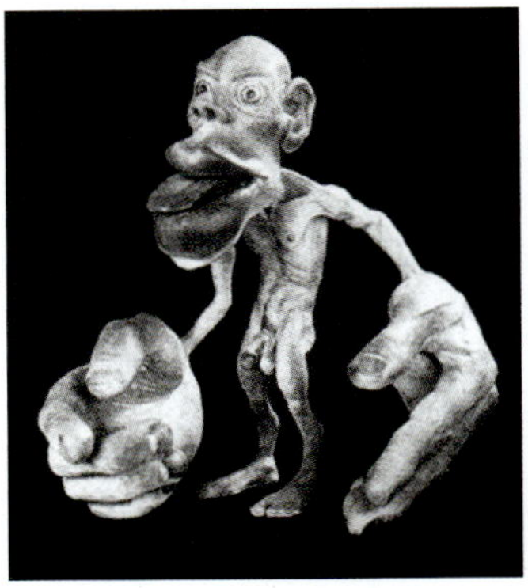

Das Aussehen des „penfieldschen Homunkulus" zeigt modellhaft, wie die Berührungsempfindlichkeiten des menschlichen Körpers im Gehirn angelegt sind (groß = stark wahrnehmungssensibel)

andere Menschen hineinzufühlen und mit ihnen zu fühlen. Diese Neuronen müssen ebenfalls durch Myelinisierung und Verbindungen in die Gehirnabläufe eingebunden werden. Hier wird deutlich, dass das Erlernen sozialer Fähigkeiten wie Empathie stark an das Erleben von anderen Menschen und an das Leben mit ihnen gekoppelt ist.

Die Sinneszellen der **Wahrnehmungsorgane** (Stäbchen und Zapfen, Fotorezeptoren des Auges, akustische Rezeptoren des Ohrs, Berührungs-, Schmerz- und Temperaturrezeptoren der Haut, Muskelspindeln und Stellungs- und Druckrezeptoren der Sehnen, Muskeln und Gelenke, die Riechzellen der Nase und die Geschmacksknospen im Mundbereich, s. auch **Lernfeld 4,** Kapitel 3.2 f.: Sinneswahrnehmung) sind darauf spezialisiert, Licht, Schall, Druck und Stoß oder chemische Eigenschaften in Impulse umzuwandeln. Diese Impulse werden über das periphere Nervensystem ins Zentralnervensystem geleitet und schließlich im Gehirn verarbeitet.

Erst wenn ein Kind ausreichend Erfahrungen gemacht hat und damit eine Grundlage für das Erfassen von Begriffen entstanden ist – zunächst alles an real existierenden Dingen orientiert –, kann die *geistige Leistung* entstehen, sich etwas vorstellen zu können, z. B. einen Gegenstand, der vom Tisch fällt und der für das Kind danach, ohne dass es ihn sieht, vorhanden ist (Objektkonstanz). Der Gegenstand ist nun als *Begriff* – als Abbild der Wirklichkeit – im Kopf vorhanden.

Oder das Kind denkt sich aufgrund zuvor gemachter Erfahrungen etwas aus oder handelt nach geordneten Abläufen. Es entwickelt also erste Handlungsketten, Einordnungen und zeitliche Abläufe, vorausschauendes Denken und planvolles Vorgehen.
Das ist eine Voraussetzung für grammatikalische Leistungen, die von Olaf anscheinend kaum umgesetzt werden, da er in abgehackten Worten spricht und über seine Sprache kaum Sinnzusammenhänge schafft.

Dabei ist es wichtig zu unterscheiden, ob es sich dabei um einen wirklichen Dysgrammatismus oder eine entwicklungsbedingte unausgereifte Grammatik handelt. So findet sich in dem Satz „ich habe getrinkt" eine grammatikalische Struktur. Bei einer Aussage wie „Lotz legen Fenster auf" fehlt dies und macht deutlich, dass das Kind (noch) keinen Sinn für grammatikalische Bedeutungen entwickelt hat.
Demzufolge müsste bei Olaf beobachtet werden, ob er Aussagen wie „ich dir Ball gegebt" macht oder ob alles eher nach dem Muster „Ball geben dir" abläuft.

Praktische Intelligenz durch Sinneseindrücke
Der Körper verfügt über 7 verschiedene Sinnessysteme (s. **Lernfeld 4**, Kapitel 3), deren Sinneseindrücke im Zentralnervensystem verarbeitet werden.
Wichtig ist es, hier zwischen den Sinnesorganen selbst und dem Sinnessystem zu unterscheiden, da das Organ nur die „Datenüberlieferung" übernimmt. Entscheidend für die Wahrnehmungsleistung ist aber die **„Datenverarbeitung"** im Gehirn, also das, was man von den Eindrücken tatsächlich verarbeiten und damit auswerten und verstehen kann. So übermitteln die Augen beispielsweise sowohl bei einem echten Apfel als auch bei einem Bild von einem Apfel den Seheindruck eines Apfels. Das Gehirn muss aber im Laufe seiner Entwicklung lernen, beides voneinander zu unterscheiden. Dieser Prozess erfolgt z. B. über das Anfassen und Schmecken des Gegenstands, sodass sich verschiedene Sinneseindrücke miteinander verknüpfen und man schließlich auch ohne den direkten Kontakt beides voneinander unterscheiden kann.

Gleiches gilt für alle anderen Sinneseindrücke, die auf den Menschen einströmen. Beim Hören lernt man beispielsweise, sich auf einen bestimmten Höreindruck zu konzentrieren und andere damit in den Hintergrund rücken zu lassen (selektives Hören) oder Geräusche auf die Entfernung der Geräuschquelle hin einzuschätzen. Gerade das Ohr, welches für den Spracherwerb von besonderer Bedeutung ist, weist als Sinnesorgan interessante Besonderheiten auf, da es z. B. 2 Wahrnehmungsorgane (Gehör und Gleichgewichtsempfinden) beherbergt und seine Faserverbindungen zum Gehirn schon gleich nach der Geburt vollständig myelinisiert sind.

Sinnes- und Bewegungserfahrungen stehen im direkten Zusammenhang mit der Förderung der Sprachentwicklung, da durch sie das Gehirn reift und ein Netz ausbildet, das die geistige Grundlage für das Denken und damit auch für die Sprache liefert. Ohne eine solche gelungene **Integration aller Bewegungs- und Wahrnehmungserfahrungen** ist ein befriedigender Spracherwerb nicht möglich.

Das Entwicklungsziel „sensorische Integration" ist dann erreicht, wenn alle Abschnitte des Zentralnervensystems miteinander zusammenarbeiten. Man spricht bei solchen sensomotorischen Leistungen auch von „praktischer Intelligenz". Beispiele hierfür sind:
- Gleichgewicht halten
- geschickt fallen
- sich flüssig bewegen
- tanzen u. v. m.

Die sensorische Integration bildet die Grundlage für die sprachliche Entwicklung und muss im modernen medialen Zeitalter als besonders wichtig hervorgehoben werden, da nur die Erfahrung mit unmittelbaren Reizen (= nicht medial) und das Erlernen komplexer Bewegungsmuster (nicht Sitzen) für eine gute Ausbildung der Wahrnehmungsfähigkeit sorgen können.

„Glotzen" gefährdet

10.3.4 Sensible Phasen in der Gehirnreifung

Für die verschiedenen Entwicklungsaufgaben gibt es bestimmte Phasen, in denen die einzelnen Aufgaben besonders gut gelernt werden können, also die erforderlichen effektiven Gehirnverbindungen besonders gut entstehen. Solche Phasen nennt man auch kritische oder sensible Perioden (s. dazu Maria Montessori, **Lernfeld 4**). Diese sensiblen Perioden liegen vor allem in der Kindheit. Vieles, was man als Kind relativ leicht erlernen kann, z. B. das Spielen von Musikinstrumenten, fällt einem als Erwachsener ungleich schwerer.

Die Myelinisierung der Faserverbindungen von den Augen in das zugehörige Gehirnareal in der äußeren Gehirnschicht (visueller Kortex) geschieht während der ersten 5 Jahre in Abhängigkeit von den Seheindrücken, die von beiden Augen an das Gehirn geliefert werden. Wer also mit einem etwas schlechter sehenden Auge geboren wurde, bekommt zur Therapie das gesunde Auge zeitweise verschlossen, damit auch die Verbindungen des schlechter sehenden Auges zum Gehirn eine Chance haben, sich auszubilden.

In Bezug auf das Hören und die Fähigkeit, verschiedene Laute voneinander zu unterscheiden, ist festzustellen, dass schon im Alter von 10–12 Monaten nur noch die Laute der Muttersprache unterschieden werden können. Dies bedeutet allerdings nicht, dass die Fähigkeit zum Lernen dieser Unterschiede für immer verloren ist. Denn man kann auch z. B. als erwachsener Franzose die Aussprache des „H" lernen, obwohl dieser Laut nicht in der Muttersprache vorhanden ist.

Das **„Zeitfenster"** der sensiblen Periode bedeutet vor allem, dass in dieser Phase besonders leicht in dem jeweiligen Bereich gelernt werden kann – später bedeutet der gleiche Lernschritt sehr viel mehr Aufwand. Das Erleben verschiedener Sprachen auch im vorsprachlichen Alter ist also im Hinblick auf das Anlegen der Lauterkennungsfähigkeit einer breiten Palette von Lauten sinnvoll.

Die Gehirnreifung währt sehr lange. Der Mensch kann lebenslang lernen. Doch die erste Phase des Spracherwerbs ist spätestens mit dem 11. Lebensjahr abgeschlossen: Die Muttersprache kann nur in den ersten 5 oder höchstens 10 Lebensjahren perfekt gelernt werden. Gleichzeitig bietet sie für alle späteren sprachlichen Fähigkeiten die Grundvoraussetzung.

10.3.5 Sprachliche Entwicklungsverläufe

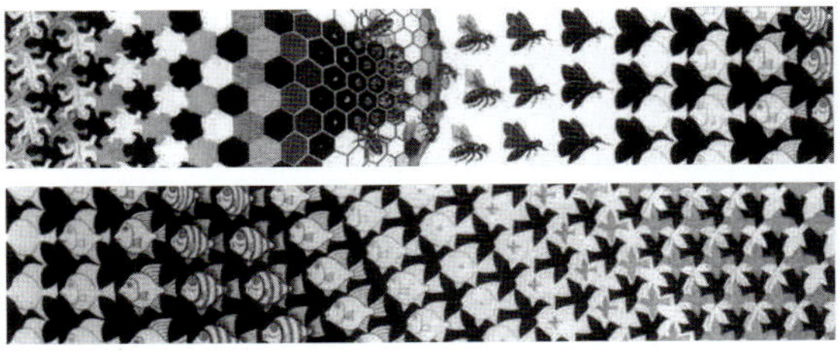

Metamorphose

- Ein Kind kann schon direkt nach der Geburt die Sprache seiner Umgebung erkennen. Seine eigene „Sprache" beginnt mit dem Schrei.
- Im 1. Lebensmonat werden die späteren Sprechwerkzeuge z. B. durch Saugen (an der Brust mehr als an der Flasche) trainiert und der Säugling bildet verschiedene Laute. Nach einem Monat weist das Schreien Unterschiede auf und kann Aufschluss über den Gefühlszustand des Kindes geben.
- Ab dem 2. Lebensmonat beginnt das Kind zu brabbeln (undifferenzierte Laute) und schon einen Monat später spielt es mit unterscheidbaren Lauten. Ungefähr ab dem 9. Lebensmonat ahmt das Kind Klänge nach, die es hört.
- Ab ca. einem Jahr verschwindet der Saugreflex, das Baby wiederholt nun seine eigenen Laute und verändert ihre Lautstärke und Höhe. Schließlich schleicht sich eine Sprachmelodie in die Äußerungen ein (Lallen). Gehörlose Kinder beenden in dieser Phase ihre aktive Sprachentwicklung. Ab dem 11. bis 13. Lebensmonat werden Begriffe mit Inhalt gefüllt, anschließend lernen Kinder Ortsangaben (Präpositionen wie auf, unter, hoch). Jetzt werden durch einzelne Wörter ganze Sinnzusammenhänge geäußert (Einwortsätze).
- Mit ca. 1 ½ Jahren lernt das Kind laufen, die Sprachentwicklung verlangsamt sich jetzt. Ungefähr ein halbes Jahr später kann es „Zweiwortsätze" sprechen. Gerade jetzt können die Unterschiede zwischen einzelnen Kindern in der sprachlichen Entwicklung sehr groß sein.
  Jona, 2 Jahre: „Ti haben!"
  Henrike, 2 Jahre: „Ich möchte bitte ein Franzbrötchen."
- Ab dem 3. Lebensjahr versteht das Kind die Sprache schon sehr gut, kann aber leicht in Wut geraten. Jetzt findet der größte Zuwachs an Wörtern statt. Oft beginnen Kinder jetzt zu stottern, weil

sie noch nicht so schnell reden können, wie sie denken. Schließlich bildet sich durch das Begreifen zeitlicher Reihenfolgen das Verständnis für Satzbau und Grammatik (erst den Schneeanzug anziehen, dann die Schuhe).

- Mit ca. 4 Jahren beherrscht ein Kind die Sprache gut und kann auch die Grammatik gut anwenden. Es ist gesprächig und spielt mit Wörtern. Manche Laute bzw. Lautkombinationen können noch Schwierigkeiten bereiten.
- Mit 6 Jahren bildet das Kind lange und komplizierte Sätze und interessiert sich für das Lesen und Schreiben.

10.3.6 Mehrsprachigkeit und Integration fremdsprachiger Kinder

Bi- oder multilinguales Aufwachsen

In binationalen oder multinationalen Familien kann man ein Kind von Anfang an mehrsprachig erziehen. Dies hat den immensen Vorteil, dass in der frühen sensiblen Phase für verschiedene Laute eine größere Bandbreite angelegt wird und das Kind 2 Sprachen auf ganz natürliche Art und Weise erlernen kann. In aller Regel bildet sich hierbei eine „Hauptsprache" heraus.

Eine weitverbreitete Meinung ist es bisher, dass sich die Sprachentwicklung eines Kindes durch mehrsprachiges

Alter	Grammatik	Artikulation	Wortschatz	Beispiele
½ Jahr	Lallen, Gurren, Schreien			gr, gr, ech-ech
1 Jahr	Erste Wörter, breite Palette von Lauten, Silbenverdoppelung, Lallen			ba,ba,ba , Mama, mimi, wau-wau
1 ½ Jahre	Einwortsätze (Frage durch Betonung)	Beginn gezielter Lautbildungen bei der Wortproduktion	Einzelne Wörter	Ball; mein; ham
2 Jahre	1. Fragealter mit Satzmelodie. Zwei- und Dreiwortsätze	Es kommen weitere Laute hinzu, z. B.: W, F	bis 50 Wörter, Substantive, einfache Verben und Adjektive	Mama Arm, Papa heia? B(R)ot aufessen
2 ½ Jahre	Zunahme der Mehrwortsätze, Endungen an Haupt- und Tätigkeitswörtern beliebig. Erster Gebrauch von „ich"	K, G, Ch, R kommen hinzu.	Wortschatz nimmt zu; Wortschöpfungen	„Da (k)tommen Briefmann" „Anna nicht tönnen (sch) lafen"
3 Jahre	2. Fragealter (z. B. warum, wie, was). Einfache Sätze können gebildet werden. Beginn von Nebensatzbildungen.	Kind beginnt, schwierige Lautverbindungen zu lernen (z. B. kn, bl, gr).	Wortschatz nimmt erheblich zu.	„Da is ne F(r)au, die guckt aus'n Fenster. Warum?"
4 Jahre	Bildung komplexer Sätze, schwierige Satzkonstruktionen können noch fehlerhaft sein. Nebensätze können gebildet werden.	Bis auf evtl. Zischlaute und schwierige Konsonantenverbindungen (z. B. kl, dr) beherrscht das Kind die Laute der Muttersprache. Evtl. entwicklungsbedingtes Stottern.	Wortschatz wächst weiter an. Farben- und Fürwörter werden verwendet.	„Gestern war ich mit Mama beim Doktor. Die Sp(r)itze, die er mir gegebt hat, tat nicht weh."
6 Jahre	Grammatik wird weitgehend beherrscht, Gedankengänge können variiert ausgedrückt und verschiedene Zeit- und Pluralformen angewendet, Geschichten nacherzählt werden.	Alle Laute werden korrekt gebildet.	Wortschatz ermöglicht differenzierten Ausdruck. Auch abstrakte Begriffe werden auf kindlichem Niveau sicher gehandhabt.	„Als ich noch kleiner war, bin ich noch nicht alleine in den Kindergarten gegangen."

(nach Wendlandt, 2006)

Zweisprachiges Aufwachsen

Aufwachsen verlangsamt. Auch Bedenken bezüglich einer möglichen Überforderung der Kinder wurden wissenschaftlich gestützt. Aktuelle (sorgfältigere) Studien, die auch Vergleiche mit einsprachigen Altersgenossen anstellten, konnten eine ursächliche Verknüpfung von mehrsprachigem Aufwachsen und sprachlichen **Entwicklungsverzögerungen ausschließen**. Inzwischen besteht in der Forschung zur kindlichen Mehrsprachigkeit Übereinstimmung darin, dass Kinder, die 2 oder mehr Sprachen von Geburt an lernen, diese ohne besondere Mühe trennen.

Die Regel „eine Person – eine Sprache" erweist sich zwar durchaus als sinnvoll, aber in der Praxis nicht als die einzige Möglichkeit für den Erwerb gelungener Mehrsprachigkeit. Das Allerwichtigste in der Sprachentwicklung – eben auch bei der Entwicklung von Mehrsprachigkeit – ist, dass alle Familienmitglieder miteinander sprechen und dass sie dies gern und viel tun.

Olaf befindet sich der Situation, dass seine Mutter mit ihm in ihrer Muttersprache (Dänisch) spricht, sein Vater spricht Deutsch und die Familie lebt in Deutschland.

Miteinander sprechen

Gut ist es, wenn auch sein Vater Dänisch versteht, damit einem gemeinsamen Tischgespräch nichts im Wege steht.

Sprachliche Vorbilder

Kinder benötigen gute Sprachvorbilder. Das bedeutet, dass die gesprochene Sprache möglichst gut von den Erwachsenen beherrscht werden muss und man sich damit wohlfühlen und sich selbst in dieser Sprache zu Hause fühlen sollte. Selbst wenn verschiedene Sprachen miteinander vermischt werden, verkraften Kinder das ggf. besser, als man bisher angenommen hat. Doch sollte in diesem Fall ein Augenmerk darauf gelegt werden, dass die Kinder auch **einsprachige Unterhaltungen** führen können und lernen, die verschiedenen Sprachen zu trennen. Dies ist besonders mit Blick auf die Schule bedeutsam.

Neben dem Modell der Mehrsprachigkeit in einer Familie gibt es häufig die Situation, dass die ganze Familie zwar die gleiche Sprache, aber eine andere Sprache als die Umgebung spricht. Hier benutzen die Eltern dann eine andere Sprache als das Umfeld des Kindes. Dies wird schnell von den Kindern erkannt. Früher gab man hier oft den Rat, dass die Eltern mit ihren Kindern die Sprache der Umgebung sprechen sollen, um den Kindern den Landessprachenerwerb zu erleichtern. Doch die eigenen Unsicherheiten in der Grammatik und ein eingeschränktes Vokabular wirken sich sehr negativ auf die Sprachentwicklung der Kinder aus. Es besteht die große Gefahr, dass *keine* Sprache gelernt wird und auch *kein* Verständnis für (komplexe) grammatikalische Strukturen entsteht. Einem befriedigenden Erwerb weiterer Fremdsprachen sind so nahezu unüberwindbare Blockaden in den Weg gelegt.

Dementsprechend muss es darum gehen, dass die Kinder die Umgebungssprache durch jene Menschen lernen, die diese Sprache vollkommen beherrschen: über die Kindertagesstätte, die Freundschaften und andere Kontakte.

Sind die Kinder noch klein, so ist es folglich sehr wichtig, ihnen den Landessprachenerwerb durch ihren Aufenthalt in Kindertageseinrichtungen zu ermöglichen. Es ist für sie dabei besonders bedeutend, gerade in Bildungseinrichtungen auf gute Vorbilder zu treffen: Bezugspersonen, die deutlich und richtig Deutsch sprechen können.

Zudem ist es die Aufgabe von Erziehern, Eltern darauf hinzuweisen, dass sie selbst nicht „radebrechend" versuchen, ihrem Kind die neue Sprache zu vermitteln. Die Eltern sollten den Hinweis bekommen, dass ihr Kind seine Muttersprache möglichst gut erlernen sollte, damit es eine gute sprachliche Grundlage für den Zweit- und Mehrsprachenerwerb ausbildet. Betroffene Eltern sollten zur Unterstützung der deutschen Sprache ihres Kindes dazu aufgefordert und ermutigt werden, dass sie aktiv den Kontakt zu anderen Familien des neuen Heimatlands suchen oder ihren Kindern gezielte Freizeitangebote (z. B. Sportverein) ermöglichen, um darüber entsprechende Spracherfahrungen zu fördern.

Je besser ein Kind eine Muttersprache beherrscht, desto leichter erlernt es auch andere Sprachen.

Integration in multikulturellen Gruppen

Kulturelle Unterschiede sind in unserer modernen Gesellschaft der Normalzustand. Folglich ist die Frage zu stellen, was pädagogisch unter dem Begriff „Integration" angestrebt wird. Wollen wir Integration als **Eingliederung und Einpassung** in etwas Bestehendes verstehen oder ist das Ziel eher das **Miteinander verschiedener Kulturen** unter dem Motto „grundsätzliche Gleichheit und Verschiedenheit in Teilbereichen"?
Im ersten Fall wird von Migranten die Anpassung an die deutsche Gesellschaft sehr viel deutlicher gefordert, im zweiten Fall wird zunächst mehr Toleranz ausgedrückt, indem es um ein gemeinschaftliches Nebeneinander gehen soll. Für Menschen ist es oftmals schwer, Unterschiedlichkeit auszuhalten und die daraus entstehenden Spannungszustände zu ertragen. Die Fähigkeit dazu kann gelernt werden und sie ist von Mensch zu Mensch verschieden stark ausgeprägt. Man spricht hier von **Ambiguitätstoleranz**. Kinder wie Erwachsene – auch Pädagogen – werden in heterogenen Gruppen in diesem Sinne herausgefordert.
Schnell entsteht hier der Widerspruch zwischen der sozial erwünschten Solidarität und den individuellen Abgrenzungsbedürfnissen. Die Situation, dass einerseits offen für Toleranz plädiert wird und andererseits das „Fremde" über Klischeebildung abgewertet wird, ist dabei nicht selten.
Sprachlich gesehen gilt es, sich bewusst zu machen, dass man Mehrsprachigkeit in unterschiedlichen Zusammenhängen auch sehr unterschiedlich bewertet. So wird es oftmals z. B. begrüßt, wenn spielerisch Englischeinheiten in der Kindertagesstätte angeboten werden – ein Kind aber in seiner natürlich entstehenden Zweisprachigkeit zu begleiten, wird von Pädagogen manchmal als anstrengend und wenig wertvoll erlebt.

Englisch vs. Türkisch

Von größter Bedeutung ist an dieser Stelle die **Persönlichkeit der Pädagogen**. Sie beeinflusst Einstellungen und Bewertungen in einer Gruppe enorm und prägt das soziale Klima entscheidend. Um die eigene Professionalität auszubilden und auszuweiten, gilt es somit, eigene Haltungen und Wertmaßstäbe zu reflektieren und sich mit ihnen auseinanderzusetzen.

Das Erleben der Muttersprache ist sehr wichtig für den Zweit- und Mehrsprachenerwerb. Verbote für den Einsatz der Muttersprache im Spiel und der Rat an die Eltern, sich möglichst in der Landessprache mit ihren Kindern zu unterhalten, wirken vor diesem Hintergrund fehl am Platz. Zwar ist die Aufgabe von Erziehungseinrichtungen durchaus auch im Bereich der Sprachvermittlung der Landessprache zu sehen, doch darf dies nicht über eine Abwertung der Muttersprache geschehen oder zu einer starken Verminderung des Spracheinsatzes überhaupt führen.

Mithilfe der Sprache entdeckt das Kind seine Welt – verbunden mit den ihm am nächsten stehenden Menschen. Es erwirbt mit ihr und durch sie ein großes Stück Kultur, entwickelt sein Selbstbild und erfährt durch sie Sicherheit und Orientierung. Sprach- und Persönlichkeitsentwicklung gehen Hand in Hand.

Das Wichtigste überhaupt ist an dieser Stelle, dafür zu sorgen, dass sich Kinder in ihrer Sprache zu Hause fühlen. Die Ablehnung und Unterdrückung der Muttersprache erweist sich in diesem Sinne als überaus problematisch. Das Ziel muss immer sein, das Kind mehrsprachig aufwachsen zu lassen, falls sich die Muttersprache von der Landessprache unterscheidet. Durch diese Mehrsprachigkeit erwirbt das Kind wichtige soziale, kommunikative, kognitive und emotionale Fähigkeiten (vgl. Böhm, 2001).

Hat man nicht die Gelegenheit, 2 Gruppensprachen anzubieten, zeigen sich Möglichkeiten über

- ausgewählte Lieder und Reime,
- Projektthemen,
- Feste oder auch
- mehrsprachige Begrüßungswörter, die man von den Eltern lernen kann.

Doch wie kann neben der grundsätzlichen Sprachförderung das Erlernen der deutschen Sprache in der Kindertagesstätte gefördert werden? Denn es bleibt heute eine zentrale Aufgabe der Kindertagesstätte, die **deutsche Sprache** zu vermitteln und dadurch fremdsprachige Kinder auf die Schule vorzubereiten und ihnen die Möglichkeit zu geben, sich in unsere Gesellschaft zu integrieren – im Sinne der Anpassung.

Hier kann ganz grundsätzlich auf den Abschnitt in diesem Kapitel „Grundregeln förderlicher Interaktion" (s. Kapitel 10.6.1) verwiesen werden. Denn immer geht es darum, Spracherwerb in natürliche Situationen einzubinden, z. B. indem man Handlungen sprachlich begleitet, korrektives Feedback (Wiederholung des Gesagten in korrekter Form) gibt, sich selbst mit Kindern unterhält und sie zum Gespräch ermutigt, eine angenehme Atmosphäre schafft und in Spielen den sprachfördernden Aspekt hervorhebt. Dabei muss die pädagogische Fachkraft durch ihr eigenes Sprechen korrektes Deutsch vermitteln. Sie selbst muss sich sicher in dieser Sprache bewegen und diese Sprache mit Sinn und Kommunikation versehen. Ganz wichtig ist es, dabei zu berücksichtigen, dass Spracherwerb nicht auf einen Vokabelerwerb reduziert werden kann. Der Wortschatz erweitert sich immer parallel zu grammatikalischen Fähigkeiten und Kinder erlernen eine Sprache durch die komplexe Erfahrung der vollständigen Gestalt.

Handelt es sich um Kindertagesstätten, in denen von der Mehrzahl der Kinder korrekt Deutsch gesprochen wird, so übernehmen auch die Kinder eine Sprachvermittlungsrolle, da es ihre Sprache ist, die untereinander verbinden kann und die im Spiel mit Sinn gefüllt wird. Ist dies nicht der Fall, also geht es um Einrichtungen, die z. B. hauptsächlich Migrantenkinder betreuen, so kommt der eigenen Sprachkompetenz der Erzieherinnen und Erzieher eine ungleich wichtigere Rolle in der Sprachvermittlung zu.

Aufgabe

1. Versuchen Sie, den Prozess der eigenen Aufwertung durch die Abwertung des anderen nachzuvollziehen:

   a) Benennen Sie 2 mögliche Abwertungen des Anderen/Fremden, die Sie persönlich dazu nutzen könnten, sich selbst aufzuwerten.

   b) Wechseln Sie nun in die Perspektive des abgewerteten Gegenübers und formulieren Sie 2 mögliche Abwertungen aus dessen Sicht, die sich gegen Sie richten.
2. In der Praxis trifft eine Vielzahl unterschiedlicher Muttersprachen oft auf eine Abwehrhaltung. Es ist

manchmal nicht leicht, diese Vorbehalte abzubauen und eine offene Haltung einzunehmen.
a) Sammeln Sie mögliche Argumente, die eine Kindertagesstätte gegen eine aktive Förderung fremder Muttersprachen vorbringen könnte.
b) Setzen Sie diesen Vorbehalten theoretisch fundiertes Fachwissen entgegen und verfassen und halten Sie eine überzeugende Gegenrede.

3. Formulieren Sie die Grundqualifikation von Erzieherinnen, die im Hinblick auf deutsche Sprachförderung notwendig ist.
4. Konkretisieren Sie mögliche Angebote zur Deutschförderung.

10.4 Beobachtung und Beurteilung von sprachlichen Entwicklungsschritten

10.4.1 Beobachtungsanlässe und -fragestellungen

Die Darstellung einer „normalen" Sprachentwicklung hat vor allem das Ziel, bei Abweichungen gegebenenfalls genauer hinzuschauen. Da es sehr entscheidend ist, sprachliche Auffälligkeiten eines Kindes möglichst früh zu erkennen, werden zunächst spezielle für bestimmte Altersstufen wichtige Beobachtungsfragen gestellt:

Altersstufen	Beobachtungsfragen
3 Monate	Reagiert das Kind auf ein plötzliches Geräusch? Wendet es sich zur Geräuschquelle? Bildet es Laute? Sieht es Sie an, wenn Sie mit ihm sprechen? Lächelt es zurück?
6 Monate	Produziert das Kind verschiedene Laute? Sucht es Ihre Aufmerksamkeit, indem es Sie ansieht und Laute produziert? Produziert es Geräusche und lächelt als Antwort auf Ihren Gesichtsausdruck?
9 Monate	Streckt das Baby einem Erwachsenen die Arme entgegen, um hoch genommen zu werden? Lallt es? Plappert es, wenn es alleine spielt? Dreht es sich um, wenn es Sprache hört? Gefällt es dem Baby, wenn Sie mit ihm spielen? Reagiert es bei „Nein!"?
12 Monate	Zeigt das Kind auf Dinge in der Umgebung? Benutzt es Gesten wie „winke, winke"? Teilt es seinen Willen über Laute und Handlungen mit? Bringt es Gegenstände, um sie zu zeigen? Versteht es einfache Sätze?
15 Monate	Schaut das Kind Sie an, während Sie mit ihm sprechen? Wiederholt es Wörter? Sagt es ein oder zwei miteinander verbundene Wörter? Versteht es einfache Fragen wie „Wo ist der Ball?"?
18 Monate	Sieht das Kind erst Sie an und dann das, worüber es spricht? Sagt es etwa 10 Wörter? Versteht und benutzt es die Namen gewohnter Gegenstände wie Ball, Licht, Bett, Auto? Antwortet es manchmal auf die Frage „Was ist das?"? Wechselt es sich im Spiel mit einem Partner ab? Benutzt es Spielzeuge?
2 Jahre	Zeigt das Kind auf Körperteile? Benutzt das Kind Eigenschaftswörter wie „hungrig, dick, heiß"? Benutzt es Zweiwortsätze wie „Luisa Durst"? Stellt es Fragen wie „Was'n das?"? Hört es gern einfache Geschichten an? Kann es m, b, p, d, f, l, n, t, w richtig aussprechen?
3 Jahre	Befolgt das Kind zwei kombinierte Aufforderungen wie „Geh bitte in die Küche und hole deinen Becher"? Nimmt es an kurzen Unterhaltungen teil? Benutzt es Sätze mit drei oder mehr Wörtern? Erzählt es von Dingen in der Vergangenheit? Stellt es Warum-Fragen? Verstehen Menschen, die nicht zur Familie gehören, etwa die Hälfte von dem, was das Kind sagt?
4 Jahre	Spricht das Kind in ganzen Sätzen, ähnlich wie ein Erwachsener? Kann es eine Geschichte verständlich erzählen? Fragt es viel? Fragt es Wer-, Wie-/Wie-viele-Fragen? Benutzt es „ich", „du", „er" und „sie" korrekt? Beginnt es eine Unterhaltung und bleibt eine Zeit lang beim Thema? Benutzt es die Sprache, um Spielsituationen herzustellen? Kann es schwierige Konsonanten wie „r" richtig aussprechen? Verstehen Personen außerhalb der Familie etwa drei Viertel des Gesagten?
5 Jahre	Erklärt das Kind, wie ein Gegenstand gebraucht wird? Fragt es „Wann" und „Warum"? Redet es über vergangene, zukünftige und vorgestellte Ereignisse? Nimmt es an langen und detaillierten Unterhaltungen teil? Verstehen Nichtfamilienangehörige fast alles, was das Kind sagt?

(Toronto Preschool Speech and Language Service)

Zusammenfassend können nach Ylva Ellneby diese Beobachtungen als **Hinweis auf Probleme** dienen – wenn Kinder

- unabhängig von ihrem Alter immer still sind,
- Angst vor dem Sprechen haben,
- mit einem Jahr laufen, aber nicht sprechen können,
- keine Sätze mit so vielen Wörtern bilden können, wie sie Jahre alt sind,
- mit 3 Jahren noch so unartikuliert sprechen, dass Erwachsene sie nur mühsam verstehen,
- im Alter von 5 bis 6 Jahren noch Schwierigkeiten mit der Grammatik haben,
- in einer Umgebung leben, in der eine andere als ihre Muttersprache gesprochen wird,
- Eltern haben, die sich Sorgen um die Sprachentwicklung ihrer Kinder machen.

Nicht nur die Artikulation, die Grammatik und der Wortschatz offenbaren das **Sprachverhalten** eines Kindes, sondern sein gesamtes **Kommunikationsverhalten**. Wie äußert ein Kind beispielsweise seinen Wunsch mitzuspielen? Spricht es die anderen Kinder an? Rutscht es scheu immer näher oder fängt es eine Rauferei an? Mit dem Lernen, dass man mit Worten seine Ziele erreichen kann, beginnt eine wirkungsvolle Sprachförderung – auch in der Kindertagesstätte. Beobachtungsbögen wie der nachfolgende können konkret als Raster dienen.

Miteinander sprechen

Fragebogen zur Beobachtung eines sprachauffälligen Kindes

Was fällt Ihnen an dem Kind auf? Bitte kreuzen Sie alle zutreffenden Aussagen an.

1. Das Kind spricht so wenig Laute richtig, dass es kaum bzw. nicht zu verstehen ist. ☐
2. Das Kind spricht mehrere Laute nicht bzw. fehlerhaft, ist aber zu verstehen. ☐
   Falls herausgehört werden kann, welche Laute nicht/fehlerhaft gebildet werden, bitte auflisten: ______
3. Es spricht einen Laut nicht bzw. fehlerhaft, und zwar:
   ______
4. Die Sätze werden nicht richtig gebildet:
   Wörter werden unverbunden aneinandergereiht (z. B. „Da Auto Papa." „Mama Eis Tasche."). ☐
   Sätze werden häufig oder ständig verdreht (z. B. „Ich Hunger hab." „Ich ein Bild mal."). ☐
   Mir ist etwas anderes aufgefallen:
   ______
5. Es versteht Arbeitsanweisungen u. Ä. häufig nicht oder falsch. ☐
6. Das Kind reagiert häufig erst auf mehrmaliges Ansprechen. ☐
7. Der Mund wird ständig oder häufig geöffnet gehalten. ☐
8. Es kennt im Vergleich zu anderen Kinder nur sehr wenig Begriffe. ☐
9. Es wiederholt ständig Laute, Silben oder Wörter (z. B. „ba-ba-ba-bald bin ich fünf"). ☐
10. Es presst Laute hervor, zeitweise bekommt es den Laut gar nicht heraus (z. B. „iiiiich"). ☐
11. Es spricht fast gar nicht mit den anderen Kindern. ☐
12. Es spricht nicht oder nur ungern vor der Gruppe. ☐
13. Es spielt im Freispiel ständig oder überwiegend allein. ☐
14. Bei Turnübungen zeigen sich große motorische Unsicherheiten (z. B. kann es nicht auf einer Bank balancieren). ☐
15. Auch auf dem Spielplatz fällt das Kind durch Unsicherheit in der Bewegung auf. ☐
16. Es hat feinmotorische Probleme (Basteln, Malen, Fingerspiele). ☐
17. Sonstiges: ______
    ______

Die Eltern sind mit einer eventuellen Überprüfung einverstanden. ☐

(IPTS, 1993)

Aufgabe

1. Halten Sie in Ihrer Praxisstelle Ausschau nach einem Kind, das mindestens ein Kriterium von Ellneby erfüllt, und stellen Sie die Situation dieses Kindes Ihrer schulischen Lerngruppe vor.
2. Wählen Sie ein Kind aus Ihrer Praxisstätte aus, ordnen Sie es altersentsprechend ein und beantworten die zugehörigen Fragen aus der Tabelle.

10.4.2 Einschätzung der Schulfähigkeit

Ungefähr 20 % der Schulkinder sind von Sprachstörungen betroffen. Aus solchen Sprachstörungen erwachsen sehr oft persönliche, schulische und selbst berufliche Entwicklungsbeeinträchtigungen:

- bei der sozialen Kontaktaufnahme,
- Lese- und Rechtschreibstörungen,
- Lernschwierigkeiten und
- Einschränkungen bei Berufsfindungen.

Von den Kindertagesstätten erwarten die Schulen (nach Oellerich), dass sie Kindern die Möglichkeit bieten, ihr Selbstbewusstsein zu steigern und sich im Regelverhalten zu üben. Hinzu kommt, dass die Kindertagesstätte die Pflicht hat, Entwicklungsauffälligkeiten rechtzeitig zu erkennen und die Kinder entsprechend zu fördern bzw. andere Unterstützungsmaßnahmen in die Wege zu leiten.

Zur Rolle der Erzieherin gehört es folglich,

- zum einen solche **Sprachauffälligkeiten mit aufzudecken** und für eine möglichst frühe Förderung zu sorgen, da auf diese Weise die spätere Schulfähigkeit früh unterstützt werden kann.
- Zum anderen hat sie auch die Aufgabe, Eltern in Bezug auf die Einschulung ihrer Kinder zu beraten. Sie muss also ein Kind auch in seiner (sprachlichen) **Schulfähigkeit einschätzen** können.

Zur Schulfähigkeit gehören, anders als vielleicht pädagogische Laien denken mögen, nicht schulleistungsnahe Fertigkeiten wie Lese-, Schreib und Rechenkompetenz. Diese gilt es, in der Schule zu erlernen. Zur Schulfähigkeit gehören vor allem Fähigkeiten, die ein Kind in die Lage versetzen, erfolgreich mitzuarbeiten.

Ganz wesentlich sind in dieser Hinsicht folgende **Kompetenzen**:

- **Gruppenfähigkeit**, also soziale Kompetenzen, wie z. B. Anpassungsfähigkeit, Kontaktfähigkeit, Einfühlungs- und Durchsetzungsvermögen, Geduld, Vertrauen, Hilfsbereitschaft, Fairness, Entscheidungsfähigkeit, Konflikte austragen können, Fähigkeit zur Kooperation.
- **Neugier**, als Grundkompetenz für das Lernen überhaupt. Die Kinder brauchen für die anstehenden gesteuerten Lernprozesse ein lebendiges Interesse an den Dingen der Welt. Ein Interesse von Kindern an Buchstaben und Zahlen entwickeln Kinder in diesem Sinne von sich aus.
- **Regel- und Aufgabenverständnis** ist wichtig für die Umsetzung schulischer Arbeitsweisen in einem Rahmen, der wenig Raum für Einzelzuwendung bietet und in dem Anweisungen gehört, verstanden und umgesetzt werden sollen.
- Hinzu kommen **grob- und feinmotorische Fähigkeiten**. Das Kind sollte seine Bewegungen koordinieren und das Gleichgewicht halten können, auch Erfahrungen im Kneten, Schneiden, Basteln und Malen erleichtern den Schulstart. Bei Defiziten in diesen Bereichen ist besondere Förderung erforderlich.
- In kognitiver Hinsicht lassen sich **Merkfähigkeit und Konzentrationsfähigkeit** anführen, ergänzt durch Gesichtspunkte wie **Mengenverständnis und Sprachverständnis**.
- Im sensorischen Bereich sind besonders **visuelle und akustische Differenzierungsfähigkeit** von Bedeutung.
- Zuletzt bleibt zu erwähnen, dass das Kind als Grundvoraussetzung sich etwas zutrauen muss, dass es über **Selbstbewusstsein und Selbstsicherheit** verfügt.

Betrachtet man Olaf in dieser Hinsicht, so muss zuerst festgestellt werden, dass für ihn die Schule noch weit entfernt ist und es nicht darum geht, seine Schulfähigkeit zu beurteilen. Doch machen die entscheidenden Gesichtspunkte deutlich, wie wichtig es schon jetzt ist, sich seiner anzunehmen und ihm dadurch Chancen offenzuhalten. Allein die Wichtigkeit seiner Selbstbehauptungsfähigkeit in Bezug auf die Schule steht im engen Zusammenhang mit der Förderung seiner sprachlichen Fähigkeiten.

Beurteilungskriterien für Schulfähigkeit – Beobachtungssituationen (Auszug):

A Kognition	
Denkstruktur	• allmählicher Übergang zur realistischen Weltschau, die sich dem naturwissenschaftlichen Denken annähert • verschiedene Faktoren einer überschaubaren Situation können zueinander in Beziehung gesetzt werden • erkennt, dass Mengen nach einer Umordnung der Elemente gleich bleiben
Visuelle/ Auditive/ Taktile Wahrnehmung Sprach- und Sprechfähigkeit Mengenverständnis Gedächtnis- und Merkfähigkeit	• (...)
B Grob- und Feinmotorik	
(...)	(...)
C Emotion/ Motivation/ Sozialverhalten	
Anstrengungsbereitschaft und Ausdauer	• möchte etwas leisten, auch wenn die Aufgabenstellung nicht ganz einfach ist • lässt sich von Misserfolgen nicht gleich entmutigen
Selbstsicherheit	• wirkt angstfrei • äußert angemessen seine Wünsche • wehrt sich angemessen gegen ungerechtfertigte Anschuldigungen • benötigt selten Rückmeldung von anderen
Selbstkontrolle	• drängelt sich nicht vor • kann Bedürfnisse zurückstellen, z. B. Bewegungsbedürfnis im Stuhlkreis
Gruppenfähigkeit	• kann mit Gleichaltrigen gemeinsam handeln • hilft anderen Kindern, lässt sich helfen
Neugierde Selbstständigkeit Kontaktfähigkeit Konfliktfähigkeit	• (...)

(A. Ruff, Arbeitsgruppe Innovationsvorhaben Bildung/ Sprachförderung, o. J.)

Um die Schulfähigkeit einschätzen zu können, werden diagnostische Beobachtungssituationen an die Hand gegeben (siehe links nach A. Ruff), die als Kriterien zur Einschätzung dienen können. Hier wird nicht nur der sprachliche Entwicklungsstand in den Blick gerückt, sondern ein Gesamtüberblick verschafft. Denn sprachliche Defizite stehen meist im Zusammenhang mit anderen Problemen im Wahrnehmungs-, Bewegungs- oder Sozialbereich.

Aufgabe

1. „Richtig wütend werde ich, wenn wir Kinder aus Kindergärten in die Schule bekommen, die z. B. im Wahrnehmungs- oder motorischen Bereich nicht altersentsprechend entwickelt sind, und keiner hat's gemerkt" (E. Oellerich). Diskutieren Sie die Berechtigung der Aussage der Grundschullehrerin.
2. Entwickeln Sie anschließend anhand der Beobachtungskriterien eine Aufgabenreihe, mit der Sie in der Praxis ein Vorschulkind im Hinblick auf seine Denkstruktur und Selbstkontrolle beobachten. Stellen Sie die Ergebnisse später der Klasse vor.
3. Stellen Sie Fördermöglichkeiten für Olaf im Hinblick auf seine Vorbereitung auf die Schule zusammen.

10.5 Auffälligkeiten und ihre Ursachen

> *„Das Schlimmste, was einem Kind mit verzögerter Sprach- und Sprechfähigkeit geschehen kann, sind Erwachsene, die sagen ‚abwarten und weitersehen."* (Y. Ellneby)

In der sprachlichen Entwicklung gibt es wie in der Entwicklung anderer Bereiche auch individuelle Besonderheiten. Ein Kind muss also nicht, nur weil es sich nicht wie die Tabellendaten entwickelt, schon auffällig sein. Die Darstellung eines „normalen" Entwicklungsverlaufs kann aber dabei helfen, beobachtetes (Sprach-) Verhalten einzuordnen. Ähnliches gilt für die Liste nachfolgender Gesichtspunkte, die Anlass dafür geben können, genauer hinzusehen.

10.5.1 Sprach- und Sprechauffälligkeiten

Dyslalie
Die Dyslalie bedeutet eine Artikulationsstörung. Bestimmte Laute werden weggelassen *(Blume fl Lume)* oder verändert bzw. falsch gebildet *(Schule fl Lule)*. Dies ist bei Kindern bis zu 3 Jahren normal, hingegen würde man bei Kindern zwischen 4 und 5 Jahren hier von einer Sprachentwicklungsstörung sprechen (vgl. Prang, 2000).

Dysgrammatismus/ Agrammatismus
Der Dysgrammatismus bedeutet regelmäßig auftauchende Fehler in der Satzstruktur, der Agrammatismus das grundsätzliche Fehlen von grammatikalischen Strukturen. Bei beiden Auffälligkeiten ist die Reihenfolge der Wörter im Satz falsch, „ich" wird nicht benutzt, es wird nur ein geringer Wortschatz verwendet, es kann auch von mangelnder Redefreude gesprochen werden. Sehr deutlich wird dieses Symptom im sogenannten „Telegrammstil", wenn nur durch einzelne unzusammenhängende Wörter kommuniziert wird, z.B. *„Spielen? Nein! Gucken das lieber. Hunger! Ärgern nein!"*
Bei fremdsprachigen Kindern ist diese Auffälligkeit oft zu beobachten, allerdings gibt sich dieses Problem meist nach einiger Zeit durch die nahezu automatische Übung der Sprache im sozialen Kontakt. Wichtig ist es, einen „echten" Dysgrammatismus von einem physiologisch bedingten zu unterscheiden. Unterschiede bestehen z. B. darin, dass bei der entwicklungsbedingten Abweichung meist eine grundsätzliche Übernahme von Satzstrukturen vorliegt. Ist eine solche Struktur nicht zu entdecken, besteht der Verdacht auf Dysgrammatismus bzw. Agrammatismus.

Poltern
Beim Poltern verschlucken Kinder ganze Wörter, Laute und besonders Endsilben. Es kommt zu einer Überstürzung der Rede.

Stottern
Das Stottern beschreibt eine Störung des Redeflusses. Es äußert sich individuell verschieden und ist unterschiedlich stark ausgeprägt. Manche Kinder wiederholen Worte, Silben oder Laute, andere machen Sprechpausen, dehnen die Laute oder haben Blockaden im Sprechfluss. Auch kann es sein, dass Tonhöhe und Lautstärke des Lautes ansteigen, bevor das Kind ein Wort beendet. Dabei zittern manchmal die Muskeln um Mund und Kiefer. Je nach Situation und Anspannung strengt sich ein Kind sehr stark an. Dabei wird das Sprechmuster verzerrt (vgl. Prang, 2000).

Mutismus
Der Mutismus beschreibt ein Symptom, bei welchem Kinder gegenüber bestimmten Menschen schweigen. Sie kommunizieren dann vielleicht rege mit der Mutter, verschießen sich aber anderen Personen gegenüber.

Störungen des Stimmklangs
Störungen des Stimmklangs können sehr unterschiedlich sein. Sie können sich auf die Tonhöhe des Sprechens oder auf den Klang der Stimme beziehen, wie bei Heiserkeit. Die Heiserkeit ist dabei kein Sprech-, sondern ein Stimmproblem (vgl. Ellneby, 1998), das eine wachsende Anzahl von Kindern betrifft. Meist handelt es sich um besonders gesprächige und aktive Kinder, es gibt aber auch scheue, die durch das Zurückhalten ihrer Stimme die Stimmbänder dehnen. Die Kinder leiden meist selbst nicht darunter, in seltenen Fällen können sich Knoten in den Stimmbändern bilden, die meist spätestens in der Pubertät verschwinden.

10.5.2 Ursachen für Sprachauffälligkeiten

Die Sprachentwicklung ist ein Teil der Gesamtmotorik und so gehen sprachliche Verzögerungen oftmals mit einer verzögerten Motorik einher, die ihrerseits unterschiedliche Ursachen haben kann.

Insgesamt gibt es 3 Ursachenbereiche:

- **organische Ursachen** (körperliche Ursachen, z. B. Zahnfehlstellungen, oder Beeinträchtigungen des Gehirns bzw. der Wahrnehmungsmodalitäten)
- **psychische Ursachen** (geistig-emotionale Ursachen, z. B. Unsicherheit und Gehemmtheit)
- **soziale Ursachen** (auf den Kontakt mit anderen Menschen bezogene Ursachen, z. B. das späte Erlernen einer weiteren Sprache oder schlechte Vorbilder)

Manchmal sind Sprach- und Sprechdefizite also auf **psychosoziale Faktoren** zurückzuführen: schlechte Vorbilder (z. B. undeutlich und wenig sprechende Eltern), belastende Erlebnisse in der Familie (Umzug, Scheidung, Tod), fehlende Sprechgelegenheiten (z. B. wenig Zeit der Familienmitglieder füreinander oder die Konzentration von Erwachsenen auf eigene Probleme). Negative Sanktionierungen des Sprechens, z. B. durch Verbesserung, Ungeduld und Spott, wirken sich sprachhemmend aus. Auch der Fernsehkonsum stellt eine bedeutende Komponente bei Mängeln in der Sprachentwicklung dar. Das Fernsehen nimmt heute einen relativ großen Raum im Familienalltag ein: „Die Zeit, die heutige Kinder mit Fernsehen verbringen, nimmt im Gesamtumfang der Freizeitaktivitäten den größten Teil ein" (Rolff/ Zimmermann, 2001).

In Bezug auf die Sprachentwicklung gibt es hier 2 grundlegende Problemfelder zu benennen:

- Zum einen fehlt es grundsätzlich an abwechslungsreichen Umgebungsanreizen zur Integration der Sinne,
- zum anderen hören die Kinder beim Fernsehen zwar viel Sprache, das Fernsehen animiert jedoch nicht zum eigenen Sprechen.

Ein Kind lernt die Sprache aber nur durch die aktive Auseinandersetzung in einem kommunikativen Alltag.

Auch organische Ursachen können für Sprachentwicklungsverzögerungen verantwortlich sein:

- Hörstörungen, Anomalien der Sprechorgane (Lippen-Gaumen-Spalte, schwache Muskulatur der Zunge und des Mundes, schlechte Nasenatmung usw.),
- eine geistige Beeinträchtigung oder auch
- genetische Dispositionen.

Sprachliche Entwicklungsstörungen gehen oft mit anderen Entwicklungsstörungen einher, nicht selten sind erhebliche Defizite in anderen Bereichen zu beobachten.

Erzieherin singt mit Kindern

Für Hörstörungen sind häufig wiederholte Mittelohrentzündungen oder auch Anomalien des Ohres verantwortlich. Selbst eine vorübergehende Schädigung oder Beeinträchtigung des Gehörs kann eine Verzögerung des Sprechens nach sich ziehen.

Auch soziale Ursachen können für Hörstörungen infrage kommen. So schützen sich Kinder z. B. vor ständiger Berieselung durch Medien wie Computer, Handy, Radio, Fernseher und Tonaufnahmen, indem sie „einfach abschalten". Dies kann auch als Reaktion auf ständige Ermahnungen, Bevormundungen, d. h. ein verbales Zudecken des Kindes, entstehen. Eine mögliche schwerwiegende Folge ist, dass Kinder das selektive Hören (die Fähigkeit, aus einer Geräuschkulisse bestimmte Hörereignisse herauszufiltern) nicht erlernen – eine Grundvoraussetzung für das Lernen in der Schule. Denn hier müssen Anweisungen und Aufgabenstellungen durch die Lehrkraft parallel zu einer Vielzahl von Höreindrücken (z. B. durch Arbeiten an Gruppentischen) wahrgenommen werden.

Die Vielfalt möglicher Ursachen zeigt, wie wichtig es ist, die tatsächliche Ursache zu diagnostizieren, um die richtigen Fördermaßnahmen zu ergreifen. Denn z. B. bei Schwerhörigkeit können mundmotorische Übungen das Problem nicht an der Wurzel packen. Außerdem kann es schwierig sein, die richtige Diagnose zu stellen.

Versteht Olaf die Fragen, die an ihn gerichtet werden, deshalb nicht, weil er schlecht hört oder weil sein Sprachverständnis aufgrund von verlangsamten Hirnreifungsprozessen entwicklungsverzögert ist?

Insofern liegt die genaue Diagnose einer Sprachauffälligkeit bei den entsprechenden Fachkräften (Logopäden, Sprachheiltherapeuten, Stimm- und Sprechlehrkräfte, HNO-Mediziner, Physiotherapeuten).

Der Impuls dafür, eine Sprach- und Sprechauffälligkeit genauer untersuchen zu lassen, liegt auch im Zuständigkeitsbereich pädagogischer Fachkräfte (z.B. Erzieherinnen sowie Lehrkräfte oder Sozialpädagogen).

Beispiel: *„Destern waren wir im Tierpart, da waren auch Fafe wie bei Opa, da wollte ich noch lande bleiben."*
Dieser Satz kann entwicklungsbedingt eine „normale" Aussage darstellen. Wenn das Alter eines Kindes aber nicht mehr ausreicht, um die Artikulationsschwächen zu erklären, ist es wichtig, Eltern darauf aufmerksam zu machen, dass sie ihr Kind beim HNO-Arzt untersuchen lassen, um dann die Überweisung zu einer Logopädin zu erreichen oder über ein Hörgerät ggf. das Hören spezifischer Laute zu verbessern, falls das Kind hier organische Einschränkungen hat.

Aufgabe

1. Bestimmen Sie für die Aussage „Destern waren wir im Tierpart, da waren auch Fafe wie bei Opa, da wollte ich noch lande bleiben" die Art der Sprachauffälligkeit und arbeiten Sie die Altersangemessenheit heraus.
2. Arbeiten Sie heraus, auf welche Defizite Olafs Verhalten schließen lässt, und beschreiben Sie die Aufgaben und Möglichkeiten der Erzieherin. Beachten Sie die verschiedenen Ebenen (Elternkontakt, eigene Maßnahmen, Überweisung).

10.6 Fördermaßnahmen

„Sprache steht immer in Verbindung zu emotionalen, kognitiven, zu sensorischen und zu motorischen Leistungen." (Axel Holtz)

10.6.1 Grundregeln förderlicher Interaktion

Sprechen zu lernen ist ein Vorgang, der sich in der Interaktion mit der Umwelt, also im Kontakt mit anderen Menschen, vollzieht. Dabei kann man selbst als Teil dieser Umwelt auf bestimmte Umgangsformen achten, um die Sprachentwicklung von Kindern zu fördern. **Langsames und deutliches Sprechen in einfachen Sätzen,** bei dem man sich dem Kind zuwendet, damit es die Lippenbewegungen verfolgen und nachahmen kann, ist hier sehr unterstützend.

Hierbei sollte selbst **nicht in Babysprache** gesprochen werden, damit das Kind am Vorbild die richtigen Wörter lernen kann.

Bestätigende Rückmeldung

Hilfreich ist es, die eigenen, aber auch die **Handlungen** des Kindes **mit Sprache zu begleiten** („Ich decke den Tisch", „Du malst eine Blume – ah, jetzt kommt noch eine Schnecke"). Auch die direkte Reaktion auf Äußerungen des Kindes als Bestätigung (Kind: Da ist ein Ball → Ja, da ist ein Ball) oder zustimmende Erweiterung (Kind: Da ist ein Auto → Ja, ein großes Auto) gibt dem Kind eine Rückmeldung auf sein Sprechen und fördert dieses.

Kinder sollten selbst zum Sprechen animiert werden. So sollte man es Kindern nicht „zu leicht" machen, sondern Fragen stellen, die nicht nur mit „Ja" oder „Nein" zu beantworten sind (Oder-Fragen: Möchtest du Wasser oder Milch?; W-Fragen: Was möchtest du essen?, Warum, Wie, Wer). Auch sollte man es vermeiden, auf ein bloßes Deuten des Kindes zu reagieren. Es sind Wege zu finden, Kinder zum Sprechen zu bringen und Redeanlässe zu schaffen. Dies sollte möglichst spielerisch geschehen. Nicht im Sinne eines Trainings sollte also geübt werden, sondern im Spiel, sodass quasi „nebenbei" die Lernfortschritte gemacht werden (z.B. über „Ich sehe was, was du nicht siehst", durch Reime, Fingerspiele und Erfindung von Geschichten).

Eine **positive Sprechatmosphäre** ist zu schaffen. Ganz grundsätzlich geht es bei der Sprachförderung von Kindern – ob diese auffällig sind oder nicht – darum, zu motivieren (lass uns doch), statt zu befehlen (jetzt mach endlich), und zu ermutigen (das schaffst du, los), statt zu kritisieren (du konzentrierst dich nicht!). Auf Belehrungen sollte verzichtet werden (das heißt aber ...) und stattdessen mit dem Kind zu sprechen (ach, du meinst ...). Um Freude am Sprechen und damit an der Kommunikation mit anderen zu gewinnen, gilt es, sich zu unterhalten. Ein Kind zu korrigieren läuft diesem Ziel, diesem Sinn von Sprache zuwider und bewirkt eher, dass es sich in sich selbst zurückzieht. Auch ist wichtig, die Kinder selbst Erfahrungen machen zu lassen, anstatt ihnen die Dinge aus der Hand oder das Wort aus dem Mund zu nehmen und es selbst „perfekt" vorzumachen.

Um Sprache zu fördern, muss man mit Kindern sprechen. Dabei kann man auch selbst auf die Art und Weise achten, **wie man spricht**. Oftmals sprechen Erwachsene recht monoton. Da Kinder aber gerade höhere Frequenzen gut wahrnehmen können und als interessante Stimmlage empfinden, sollte man das eigene Sprechverhalten ggf. in angenehmem Maße darauf abstimmen.

Sprache muss mit Sinn gefüllt werden: mit dem Sinn der Kommunikation selbst (es bringt Spaß, etwas zu erzählen, wenn gelauscht wird) und mit dem inhaltlichen Sinn (dadurch, dass ich darum bitte, wird mir etwas gegeben). Sprache zu fördern beginnt schon damit, Kindern zu vermitteln, wie Gespräche geführt werden, dass nämlich beispielsweise das **Einander-Zuhören** dazugehört. Gesprächsrunden mit einem Redestein, feste Rituale, die den Gruppenzusammenhalt und die Atmosphäre positiv beeinflussen, bieten hier Möglichkeiten.

So kann es hilfreich sein, mit **Büchern und Geschichten** zu arbeiten. Diese sollten dem Sprachniveau und dem Erfahrungshorizont entsprechen. Orientiert man sich in der Auswahl von Büchern zu sehr an den ältesten Kindern, kann dies dazu führen, dass die Kleineren „abschalten", sobald sie dem Text nicht mehr folgen können. Ein kleines Kind braucht verstärkt Bilder, um veranschaulicht zu bekommen, was es hört. Zudem kann man Bücher auch noch anders nutzen als zum reinen Vorlesen, indem man mit dem Buch und aus der Geschichte heraus Gesprächsanlässe entwickelt: die Geschichte oder Teile davon mitsprechen oder nachspielen. *Wie könnte die Geschichte vielleicht weitergehen? Was können wir auf dieser Seite alles sehen? Was träumt/ denkt/ fühlt denn diese Person?*

> Schon mit dem, was wir Kindern gegenüber sagen, wie wir auf ihre Fragen und Äußerungen reagieren, beeinflussen wir die uns anvertrauten Kinder. Sprachliche Förderung bezieht sich damit ganz grundsätzlich auf den eigenen Umgang mit den Kindern.

Will die Erzieherin Regina also Olaf sprachlich fördern, so ist dies auch ganz grundsätzlich zu verstehen. Sie muss sich Zeit nehmen und mit ihm sprechen und ihn zum Sprechen animieren, ihm Anlass dazu geben. Um dies zu erleichtern, muss sie auch die Atmosphäre berücksichtigen und Regeln etablieren, die Abwertungen vermeiden.

Aufgabe

1. Stellen Sie heraus, welche konkreten Maßnahmen von der Erzieherin gerade für Olaf ergriffen werden können.
2. Stellen Sie eine Spielesammlung zusammen und entdecken Sie in den Spielen den sprachfördernden Aspekt.
3. Besorgen Sie ein Bilderbuch, das Ihnen als Kind gefallen hat, und entwickeln Sie Ideen, wie man dieses außer zum Vorlesen noch in Bezug auf Sprachförderung verwenden kann.

10.6.2 Bewegungs- und Wahrnehmungsförderung

Zu sprechen erfordert feinmotorische Bewegungsleistungen der Sprechorgane. Im Laufe ihrer Entwicklung lernen Kinder immer ausgefeilter, ihre Bewegungen fein aufeinander abzustimmen. Sie lernen, die notwendige Kraft zu dosieren und die für die Aussprache richtigen Mundstellungen und Spannungszustände der Muskulatur herzustellen. Es geht also um zweierlei: zum ersten um die Fähigkeit zur Feinkoordination und zum zweiten um Spannungszustände in den Muskeln. Die menschliche Feinmotorik baut auf der Grobmotorik auf und die grundsätzliche Körperspannung wirkt sich auch auf die Stimme und Sprechorgane aus. Somit sind sportliche Aktivitäten und Aufgaben zur Bewegungskoordination wichtige Bereiche, um Sprache und Sprechen zu fördern.

Da es bei der Entwicklung der Sprache und des Sprechens um das Zusammenwirken der Sinnessysteme geht, kommt der Erfahrung von Sinneseindrücken in Verbindung mit Bewegungen eine besondere Bedeutung in der Sprachförderung zu. Sensorische Erlebnisse sind mit motorischen Erfahrungen verbunden: Z.B. reibt man mit der Hand über ein Material, um seine Oberflächenbeschaffenheit zu erfühlen, man dreht seinen Kopf der Geräuschquelle zu oder man verfolgt ein Objekt mit seinen Augen. Man spricht auch von **sensomotorischer Förderung**, wenn besonders darauf hingewirkt wird, dass sich die unterschiedlichen Wahrnehmungen der Sinnessysteme durch Bewegung verknüpfen. Denn erst diese sensomotorischen Grundlagen ermöglichen den späteren „Überbau" der Sprache. Im Sinne einer gesamtmotorischen Förderung, die damit auch die Sprachmotorik betrifft, sind gezielte Bewegungsanreize anzubieten, z.B.

- Matschen, Kneten,
- Schneiden,
- Malen mit dicken Stiften,
- Fingerspiele,
- Tanz- und Rhythmusspiele,
- Reim- und Klatschspiele.

Alle aufgezählten Aktivitäten verbinden verschiedene Sinneseindrücke durch Bewegung miteinander. Beispielsweise wird beim Kneten das taktil-kinästhetische System über das Formen mit der Anregung des Sehsinns verbunden – klopft man mit der Knetkugel darüber hinaus auf den Tisch, kommt der Höreindruck dazu. Zudem hat Knete einen Geruch und wer sie einmal in den Mund gesteckt hat, wird es wahrscheinlich nicht wieder tun, ist aber um diese Erfahrung reicher.

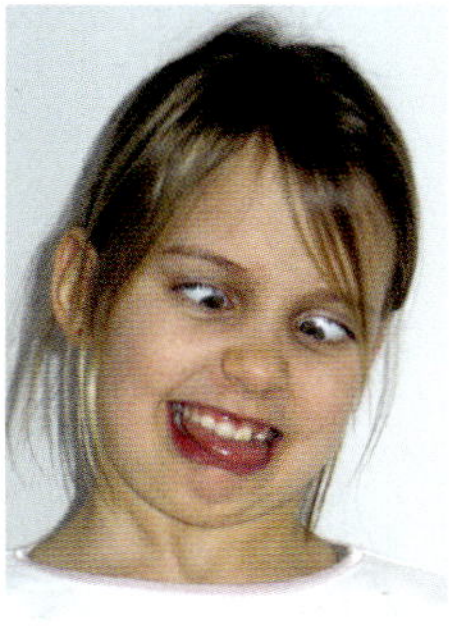

Auch Wahrnehmungsspiele (Kim-Spiele, benannt nach R. Kiplings Roman „Kim"), z.B. Geräuschmemory spielen, Gerüche oder Geschmack erraten, eine Fühlkiste betasten, verschiedene Untergründe/Gegenstände mit den Füßen ertasten, Liedmelodien erraten, unterschiedlich gefüllte Sandeimer heben oder bei einer Anzahl von Dingen ein fehlendes herausfinden, bieten gute spielerische Unterstützungsmöglichkeiten für die verschiedenen Wahrnehmungsbereiche.

Aber nicht nur das Anbieten solcher Bewegungs- und Wahrnehmungsangebote fördert die Sprachentwicklung, auch das **Vermeiden bewegungs- und sprachhemmender Einflüsse**, wie z.B. dem Spielen an Computern und Handys und dem Filmeschauen, können hier wichtige Impulse bieten.

Regina könnte in diesem Sinne die Eltern auf möglicherweise zu starken Fernsehkonsum und eine fehlende Kommunikation in der Familie ansprechen sowie dazu anregen (und selbst dafür sorgen), dass Olaf vielfältige Sinneserfahrungen machen kann.

Aufgabe

1. Führen Sie eine Wahrnehmungsübung mit der Klasse durch.
2. Führen Sie ein Kim-Spiel mit der Gruppe durch.
3. Singen Sie mit der Gruppe ein Lied und klatschen Sie dazu in die Hände.
4. Klatschen Sie einfache Rhythmen vor, lassen Sie nachklatschen.

10.6.3 Gezielte Sprach- und Sprechförderung

Je nach Ursachen ist es sinnvoll (außer der grundsätzlichen Förderung durch Gespräche, Bewegungs- und Wahrnehmungsförderung), auch **gezielt sprachlich** zu fördern. Diese Förderung kann sich auf verschiedene Bereiche beziehen:

Ausdrucksfähigkeit

Geht es eher um die Schwierigkeit, sich sprachlich auszudrücken, bilden Kinder also unvollständige Sätze, haben einen geringen Wortschatz, vergessen Wörter und Präpositionen (Dysgrammatismus), sind vor allem, wie oben beschrieben, Geduld und Ruhe erforderlich in der Kommunikation mit Erwachsenen, die sich Zeit

Vorlesen fördert die Sprache

zum Zuhörer und zum Miteinandersprechen nehmen. Betroffene Kinder benötigen viele Gelegenheiten, um zu spielen, sich Geschichten auszudenken oder einfach geschriebene Bücher mit klaren Sätzen zu lesen oder vorgelesen zu bekommen. Dasselbe Buch sollte dabei durchaus immer wieder gelesen werden.

Stimmklang

Beim Sprechen sind wir nicht nur mit dem Denken beteiligt, sondern die Stimme entsteht durch unseren Körper, so findet sich gleichfalls unsere seelische Verfassung darin wieder und offenbart sich anderen. Gesprochene Sprache ist damit auch immer Stimme – und durch die Stimme Klang und Stimmung. Gemütszustände lassen sich folglich sehr gut an der Art und Weise ablesen, wie gesprochen wird.

Ist also vor allem die Art und Weise auffällig, wie ein Kind spricht, z. B. weil es unangenehm hoch oder laut spricht, ist dies problematisch. Denn es beeinträchtigt zum einen seine Sprechorgane, zum anderen hat das Kind größere Schwierigkeiten, von anderen als angenehm empfunden zu werden, da sich die Stimme auch stark auf das Empfinden des Gegenübers auswirkt. Gezielte Übungen in Bezug auf eine gute Körperhaltung, richtige Atemführung und melodisches, leises, nicht zu tiefes Singen (bis Tonhöhe d') können hier hilfreich eingesetzt werden. Auch sollte Situationen vorgebeugt werden, die einen solchen Einsatz der Stimme fördern, wie fehlende Aufmerksamkeit und keine individuelle Zuwendung.

Geht es um das Problem der Heiserkeit, sollte in der Gruppe dazu ermutigt werden zu sprechen, nicht zu schreien. Auch Atem- und Entspannungsübungen sind hilfreich. Schon die Kinder vom Schreien abzuhalten verbessert automatisch die Stimme. Hier kann es in der Kindertagesstätte sinnvoll sein, schreiende Kinder in einer Gruppe zusammenzufassen und mit ihnen gezielt zu üben, wie sie ihre Stimmen richtig einsetzen.

Sprachfluss

Gerade bei stotternden Kindern hat es wenig Sinn, am Symptom zu arbeiten. Wichtig ist es, mit den Kindern geduldig und zugewandt umzugehen und ihnen Sicherheit zu vermitteln, damit sie sich akzeptiert fühlen. Das gilt auch für die Gruppenatmosphäre und die Regeln, die man im Hinblick auf Gespräche etabliert. Grundsätzlich gilt, dass beim Stottern die Aufmerksamkeit vom Sprechen weggelenkt werden sollte, z. B. indem man sich auf einen Rhythmus konzentriert (Gedichte, Lieder, Sprüche). Beim Poltern ist es umgekehrt. Hier gilt es, sich auf das Sprechen zu konzentrieren und dadurch deutlicher zu werden.

Sprachverweigerung

Bei der Sprachverweigerung (Mutismus) handelt es sich um ein schwerwiegendes Symptom, das normalerweise therapeutisch betreut wird. Doch grundsätzlich gilt auch wie bei Störungen des Redeflusses, dass eine Atmosphäre der Akzeptanz, Zugewandtheit und Sicherheit positiv wirkt. Besteht erst einmal eine Vertrauensbasis, so kann darauf aufbauend und personengebunden mit kleinen Lernherausforderungen gearbeitet werden, indem bestimmte Wünsche, z. B. nur durch das Anwenden von Sprache, Erfolg haben.

Rufen vs. Schreien

Wange an Wange

Artikulation

Eine gezielte Förderung der Artikulation wird meist von Logopäden wie auch Sprachheiltherapeuten übernommen. Viele dieser unterstützenden Spielideen können Spaß machen und Anlass für das Spiel mit Einzelnen oder einer ganzen Gruppe sein, sodass sie auch im Kindergartenalltag Raum finden können.

Die Förderung der Artikulation findet auf verschiedenen Ebenen statt:

Aufgabe

1. Stellen Sie einen konkreten Übungsablauf zur Artikulationsverbesserung des s-Lauts zusammen (siehe Tabelle „Lispeln").
2. Erfinden Sie eine konkrete Geschichte, die zu Bewegungsnachahmungen mit der Zunge einlädt (Katze, Teddybär, Frühjahrsputz o. a.)
3. Führen Sie eine Atemübung mit der Gruppe durch.
4. Versuchen Sie, mit einem Korken im Mund möglichst deutlich zu sprechen. Beschreiben Sie den Sinn dieser Übung.

1. Mundgefühl

Lippen, Zunge und Mundraum werden durch interessante Eindrücke stimuliert. Z. B. werden Temperaturen mit den Lippen erfühlt, Krümel abgeleckt oder es wird etwas erschmeckt. Es wird auf verschiedene Art und Weise experimentiert: Kammblasen, Gurgeln und Pfeifen. Viele „Spiele" zur Entwicklung des Mundgefühls werden von Kindern normalerweise von selbst ausprobiert. Verbote können Gründe dafür sein, dass bestimmte Entwicklungsschritte zu einem späteren Zeitpunkt einfach nachgeholt werden müssen (z. B. verschiedene Gegenstände mit dem Mund erfühlen).

2. Mundmotorik

Um die Muskeln in der Zunge und in den Lippen zu trainieren, kann gesaugt, geschleckt und gepustet werden. Auch Grimassen sind dazu sehr geeignet. Folgende Spiele sind mögliche Ansatzpunkte:

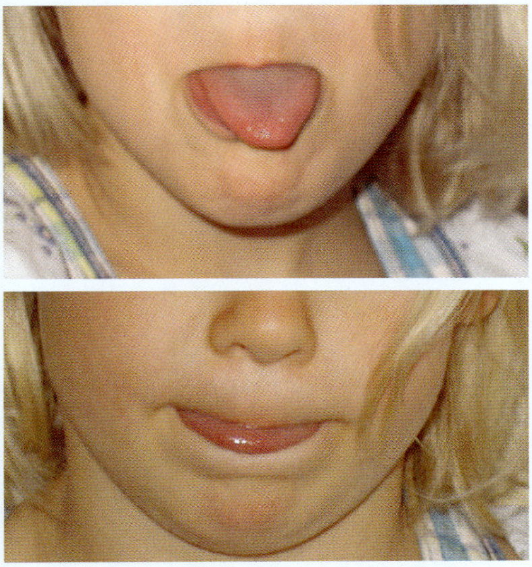

Zungengymnastik

- Papierkugeln, Tischtennisbälle oder Wattebäusche auf einem Tisch zu einem anderen Kind blasen – das Gleiche mit einem ausgeblasenen Ei in einer Schüssel mit Wasser.
- Mit einem Strohhalm ein Papiertaschentuch ansaugen und es auf ein Tablett fallen lassen.
- Wasser oder andere Getränke mit einem dünnen Strohhalm saugen.

3. Auditive Wahrnehmung

Die Welt ist voller Geräusche. Eigentlich hört man viel zu viel. Umso wichtiger ist es zu üben, genau hinzuhören. Dazu einige praktische Beispiele:

- Hören, ob die Töne hoch oder tief sind, und dies mit den Armen anzeigen.
- Tierstimmen nachahmen.
- Töne suchen (wo höre ich was – sich mit geschlossenen Augen zu einer den Ort wechselnden Geräuschquelle drehen).
- Eine versteckt tickende Uhr suchen.
- Verschiedene Töne vergleichen, z. B. Reis und Erbsen in verschiedenen Gläsern schütteln.
- Die Stimmen der Kinder auf Kassette aufnehmen und anhören.

4. Atem- und Stimmübungen

Wie der Atem fließt und wie man die Luft zur Erzeugung von gesprochener Sprache einsetzt, ist entscheidend von der Art und Weise der Atmung abhängig. Folglich kann sie mit Übungen positiv beeinflusst werden. Auch Singen bedeutet, den Luftstrom zu regulieren und gezielt einzusetzen.

(vgl. Ellneby, 1998)

Symptom	Mögliche Ursachen	Fördermaßnahmen
Dyslalie (Artikulationsstörung)	• verspätete oder unterentwickelte auditive Wahrnehmung bzw. verminderte Hörfähigkeit (auch: nur bestimmte Frequenzen/ Laute oder Geräuschfilterung) • Gehirnschädigung • mangelnde Motivation	• Überprüfung der Hörfähigkeit • „Überdosis" sprachlicher Stimulierung
	Bei Lispeln: Zahnfehlstellung, verminderte Bewegungsfähigkeit der Zunge, zu kurzes Zungenband, Nachahmungsfehler (ggf. Hörfehler), Daumenlutschen, langes Schnullern	• Mundgymnastik, Zungenbrecherreime, Saug- und Blasespiele • Überprüfung der Hörfähigkeit (der s-Laut ist der erste Laut, der beim Nachlassen der Hörfähigkeit verschwindet)
Dysgrammatismus (Störungen im Gebrauch der Grammatik)	• niedriges Anregungsmilieu • hochgradige Wahrnehmungsstörung • neues Sprachumfeld	• Geduld/ Ruhe in der Kommunikation, miteinander sprechen • Geschichten ausdenken • Bücher mit klaren Sätzen verwenden, gleiches Buch immer wieder nutzen
Poltern (überstürzte, silbenverschluckende Rede)	• psychosoziale Schwierigkeiten • schlechte Vorbilder	• Technikvermittlung, um geordneter und langsamer zu sprechen • Konzentration auf das Sprechen lenken
Stottern (Störung des Redeflusses)	• normale Entwicklungserscheinung (80 % aller Kinder im Alter zwischen 2 und 6 Jahren stottern) • ein Kind denkt schneller, als es sprechen kann → Stottern	• geduldig sein • Gesprächserziehung der Gruppe durch Zuhören und Atmosphäre • Aufmerksamkeit vom Sprechen weglenken, z. B. durch rhythmisches Sprechen/ Singen, Konzentration auf Musik oder andere Wahrnehmungserlebnisse
	Bei nicht entwicklungsbedingtem Stottern: vermutlich psychische Vorgänge (Darauf achten, wie ein Kind etwas sagt, nicht was. So lassen sich ggf. Rückschlüsse auf die Zusammenhänge ziehen.)	• nicht am Symptom arbeiten • geduldig und zugewandt umgehen und Sicherheit vermitteln • Eltern darauf aufmerksam machen
Mutismus (Sprech- und Sprachhemmung)	• Reaktion auf mütterliche Überfürsorge • traumatische Erlebnisse	• Verzicht auf Sprechzwang (da aussichtslos) • Geduld, Ausdauer, Einfühlungsvermögen • Sicherheit und Stabilität, um Vertrauen zu gewinnen • Zusammenarbeit mit Erziehungsberatungsstelle
Rhinophonie (offenes und geschlossenes Näseln)	Beim offenen Näseln werden alle Laute bis auf die Zischlaute durch die Nase gesprochen. Dies ist eine Schonhaltung und kann z. B. nach dem Entfernen der Gaumenmandeln auftreten. Sollte sich nach 2 bis 3 Wochen geben.	• abwarten und beobachten
	Beim geschlossenen Näseln („Stockschnupfensprache") ist meist eine zu enge Nasenöffnung verantwortlich.	• operative Behebung nach fachärztlicher Diagnose
Kindliche Dysphonie (Störungen des Stimmklangs in Tonhöhe und Lautstärke)	Versteifungen oder Dehnen der Stimmbänder, z. B. durch Schreien oder auch Scheu	• zum Sprechen statt Schreien ermutigen • Atem- und Stimmübungen

11 Durchspielen einer vollständigen Handlung

Zur zweiten Lernsituation von Seite 126

11.1 Analysieren

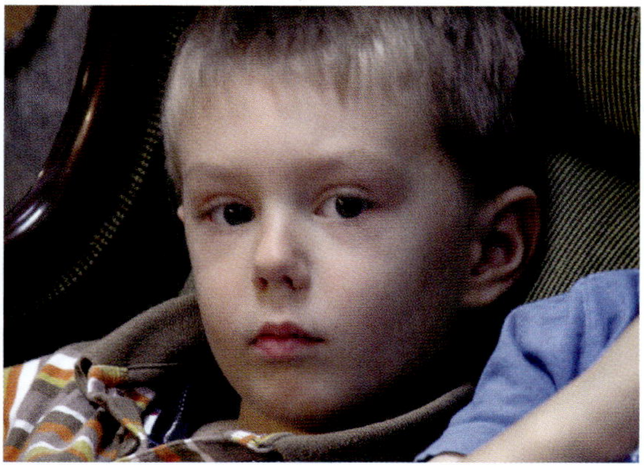

Olaf fällt seiner Erzieherin Regina nicht nur durch seinen kargen Spracheinsatz, Schwierigkeiten in der Kontaktaufnahme und erschwerte Ansprechbarkeit auf, sondern auch durch eingeschränkte motorische Fähigkeiten. Sein Laufstil mutet eigenartig an, er scheint seine Kraft in Bewegungen nicht angemessen steuern zu können und er weicht feinmotorischen Herausforderungen, wie dem Umgang mit Schere und Stift, regelmäßig aus. Olafs sprachliche Schwierigkeiten liegen demnach wahrscheinlich nicht im Bereich der Artikulationsstörungen, sondern seine Ausdrucksfähigkeit und seine Fähigkeit, Sprache als Ausdrucks- und Kommunikationsinstrument zu nutzen, scheinen im Vergleich mit anderen Kindern seines Alters (stark) verzögert. Anhand einer Tabelle zu einem „normalen" Entwicklungsverlauf lässt sich beispielsweise feststellen, dass er fast 2 Jahre „zurückliegt", wobei das rege Interesse eines 1;6 Jahre alten Kindes an der Bedeutung der Dinge der Welt bei ihm bisher nicht zu beobachten war.

Als Ursache kommen mehrere Möglichkeiten infrage:

- So könnte Olaf z. B. durch Sauerstoffmangel bei seiner Geburt oder während der Schwangerschaft Gehirnschäden in der Art davongetragen haben, dass sein Gehirn langsamer reift.
- Auch genetische Beeinträchtigungen mit ähnlichen Auswirkungen auf die Hirnreife sind denkbar.
- Eine weitere naheliegende Möglichkeit wäre ein eingeschränktes Hörvermögen. Dies müsste unbedingt in einer gründlichen Untersuchung in Verbindung mit einem differenzierten Hörtest geprüft werden.

Außerdem könnten permanentes Fernsehen und schlechte sprachlich-kommunikative Vorbilder als Ursache infrage kommen. Doch hier spricht in Olafs Fall dagegen, dass Reginas Eindruck von Olafs Eltern eher nicht in diese Richtung weist. Allerdings könnte sie die Eltern auf dieses Thema durchaus gezielt ansprechen.

Das von der Mutter angesprochene zweisprachige Aufwachsen des Jungen ist nach neuen Erkenntnissen kein möglicher Grund für verzögerte Sprachentwicklung, zumal die motorische Auffälligkeit in Kombination mit seinen Sprechauffälligkeiten dies auch unwahrscheinlich macht. Bei ihm ist es ja eben nicht ein Dysgrammatismus, der sich daraus ergibt, dass ein Kind in ein ihm fremdes Land kommt und die dortige Sprache nicht versteht und spricht. Olaf wächst mit 2 Sprachen auf, der Sprache der Mutter und der Sprache des Vaters, die in diesem Fall die Umgebungssprache ist. Folglich ist auch ein Neue-Sprache-Lernen nicht die Ursache.

Das Argument der Mutter, dass eine „normale genetische Langsamkeit" vorliegen könnte, die sich somit bald von allein beheben wird oder laut Arzt „herauswachsen" wird, reicht in diesem Fall kaum aus. Denn es handelt sich hier eben nicht nur um Artikulationsstörungen, sondern Olafs **grundsätzliches Kommunikationsverhalten** ist beeinträchtigt. Dies zeigt deutlich, dass seine Schwierigkeiten nicht bagatellisiert werden sollten. Denn zum einen gilt es, die Zeit des Spracherwerbs bis zum 6. Lebensjahr noch möglichst sinnvoll und impulsgebend zu nutzen, zum anderen zeigen sich schon jetzt Schwierigkeiten im Kontakt zu anderen. Gerade dies macht einen Handlungsbedarf notwendig, da sich seine sozialen Schwierigkeiten durch entstehende Teufelskreise stark vergrößern könnten.

11.2 Planen

Ziele formulieren

Um ihren Handlungsspielraum für die Unterstützung von Olaf zu nutzen, wird sich Regina, nachdem Olaf ihr in seinem Verhalten aufgefallen ist, die Zeit nehmen, sich ein Konzept für das weitere Vorgehen zu überlegen. Dafür formuliert sie zunächst ihre Ziele:

1. Mich durch Olafs spröde Art nicht abstoßen lassen, sondern ihm gegenüber offen und unterstützend werden.
2. Durch gezielte Beobachtungen von außen und im teilnehmenden Spiel konkrete Beobachtungen sammeln.
3. Die Ursache für Olafs Schwierigkeiten ergründen und daraus sinnvolle Fördermaßnahmen ableiten.
4. Die Eltern ggf. zu speziellen Fördermaßnahmen außerhalb der Kindertagesstätte, z. B. im Bereich der Psychomotorik, anregen, damit über die gezielten Wahrnehmungs- und Bewegungsangebote wichtige Hirnreifungsschritte „nachgeholt" werden können.
5. Für Olaf in der Kindertagesstätte sinnvolle Unterstützungsangebote entwickeln und durchführen.

Kurzplanung I

Ziel	Handlungsschritte
wieder offen und konstruktiv werden	• sich Olafs Problem öffnen • professionelle Geduld entwickeln • Spielangebote machen (Varianten von Memory®, Sandkastenspiel)

Überlegungen zur Umsetzung

Zu 1.) Eigene Haltung verändern:

Regina fühlt sich von Olaf zurückgestoßen und er ist ihr ein wenig unsympathisch geworden. Auch sie kann seine Grobheit nur schwer nicht als gemein werten. Sie fühlt sich eher mit den anderen Kindern verbunden, die angefangen haben, Olaf auszuschließen.

Somit liegt für sie die erste Herausforderung darin, ihre Haltung dem ihr anvertrauten Kind Olaf gegenüber wieder dahingehend zu verändern, dass sie auch für ihn Partei ergreifen kann. Sie muss dazu versuchen, sich in seine Lage zu versetzen und mit ihm mitfühlen.

Ihr Blick muss sich verändern von *„er kann das nicht", „er ist anstrengend, schwierig, schwer von Begriff"* hin zu der Perspektive des überforderten Kindes: *„ich verstehe vieles nicht", „ich kann das nicht", „die anderen mögen mich nicht", „ich trau mich nicht".*

Denn durch den Schritt, wieder Empathie für das Kind zu empfinden, kann sie ihre eingeschränkte Kontaktbereitschaft und ihre Hilfsbereitschaft aktivieren. Regina könnte durch die Reflexion der entstandenen Situation also wieder zu Handlungsfähigkeit gelangen und fürsorgliche Entscheidungen für Olaf treffen.

Regina hat zwar Sorge, dass ihr eine Haltungsveränderung dem Jungen gegenüber nicht sofort gelingen wird, aber sie weiß, dass sie mit ihrer inzwischen konstruktiven Haltung den ersten Schritt schon bewältigt hat.

Für den direkten Kontakt mit Olaf nimmt sie sich vor, sich selbst zur Geduld zu mahnen und sich ihm durch konkrete niedrigschwellige Spielangebote anzunähern, um ihm neue Kontaktformen anzubieten.

Zu 2.) Gezielte Beobachtung:

Um Olaf von außen zu beobachten, spricht sie mit ihrer Kollegin Brigitte einen geeigneten Zeitraum am Vormittag ab. Sie möchte das Kommunikationsverhalten von Olaf gegenüber den anderen Kindern beobachten. Fragestellungen sollen dabei sein:

Wie nimmt Olaf Kontakt auf? Was zeigt Olaf an verbalen Äußerungen, was an nonverbalem Ausdruck? Wie sieht seine soziale Stellung in der Gruppe zurzeit aus? Außerdem hat Regina vor, anhand von Beobachtungsbögen zur Sprachentwicklung Olafs Entwicklungsstand konkreter zu beschreiben. Für diese zweite Beobachtung greift sie folgende Gesichtspunkte heraus:

Hören und Verstehen: Um Olaf nicht zu überfordern, möchte sie dabei nicht nur die Altersstufe von Olaf (3–4 Jahre) als Grundlage verwenden, sondern auch die davor (30–38 Monate, s. Kapitel 10.4). Sie möchte in diesem Zusammenhang eine Gelegenheit suchen, um mit Olaf zu flüstern – wenn es passt, in Verbindung mit Fragen zum Begriff *„ein": „Gib mir einen Stein", „gib mir einen Bauklotz."*

Sie möchte außerdem versuchen, in das Spiel mit Olaf Figuren einzubeziehen, um ihn zu fragen, ob eine der Figuren ein Mädchen oder ein Junge sein soll. Sie möchte damit herausfinden, ob er eine Vorstellung von diesem Unterschied hat. Außerdem möchte sie im Spiel Warum-Fragen einbauen *(„und warum macht der Dino das jetzt?")*. Auch Aufforderungen wie *„Komm, jetzt lass uns mal die grünen Klötze von den roten trennen, dann weiß der Dino, was er essen kann"* möchte sie bei passender Gelegenheit einflechten.

In Bezug auf sein Sprachverhalten möchte Regina diese Situationen anschließend protokollieren. Sie möchte aufschreiben, wo es sich um verbale Äußerungen von ihm handelte, um ihre erste Beobachtung von außen zu ergänzen.

Mit den Ergebnissen der Beobachtungen möchte sie nach Gesprächen mit ihrer Kollegin anschließend Kontakt zu den Eltern aufnehmen. Sie hofft, durch die Beobachtungsergebnisse differenzierte Aussagen machen zu können.

Kurzplanung II

Ziel	Handlungsschritte
Olaf genauer einschätzen können	teilnehmende und externe Beobachtungen durchführen

Zu 3.) und 4.) Elterngespräch zur externen Diagnose und Förderung:

Sollten sich Reginas Vermutungen über Olafs Schwierigkeiten durch die Beobachtungen stützen und sollte er tatsächlich Hörschwierigkeiten haben, so muss sie die Eltern darüber informieren und diese bitten, einen differenzierten **Hörtest** mit ihm machen zu lassen. Dadurch wird abgeklärt, ob organisch alles in Ordnung ist. Denn sollten seine Schwierigkeiten hierauf zurückzuführen sein, so läge der erste sinnvolle Schritt im Bereitstellen eines geeigneten Hörgeräts.

Auch wenn es bei Olaf wahrscheinlicher ist, dass sein Gehirn langsamer reift, da nicht nur sein Sprach- und Kommunikationsvermögen, sondern auch seine motorischen Fähigkeiten eingeschränkt sind, ist es wichtig, Hörprobleme sicher ausschließen zu können. Denn sollte tatsächlich ein Hörproblem vorliegen, so wären dadurch entscheidende Schritte der Sprachentwicklung blockiert und (je älter Olaf wird) immer schwerer nachzuholen. Da die Erzieherin nicht selbst mit Olaf zu einem solchen Hörtest gehen darf, muss Regina mit den Eltern sprechen und sie zu diesem Handlungsschritt auffordern. Auch andere fördernde Maßnahmen außerhalb der Kindertagesstätte liegen in den Händen der Eltern. Regina kann sich aber dafür einsetzen, dass Olafs Eltern seine Schwierigkeiten ernst nehmen und den Handlungsbedarf erkennen.

Das **Elterngespräch** soll daraufhin ausgerichtet sein, dass die Eltern ein Problembewusstsein erlangen und die Entwicklungsverzögerungen ihres Kindes erkennen. Um hierfür einen geeigneten Rahmen zu schaffen, kann es sich nicht um ein „Zwischen-Tür-und-Angel-Gespräch" handeln, sondern es muss über eine Terminabsprache mit einem angemessenen zeitlichen Rahmen im ungestörten Raum ablaufen. Die Beziehung zwischen der Erzieherin und den Eltern sollte möglichst schon im Vorwege in der Art positiv gefärbt sein, sodass sie der Erzieherin als professioneller Ratgeberin vertrauen.

Folgende Inhalte sind für das Elterngespräch geplant:

1. Begrüßung, geplante Inhalte und Ziele des Gesprächs.
2. Schilderung von konkreten Beobachtungssituationen.
   - Beginn mit grundsätzlicher Wertschätzung des Kindes (Wir freuen uns, dass Olaf bei uns ist. In den vergangenen Wochen hat er sich eingelebt und genießt vor allem das Spiel mit den großen Bauklötzen und den Kuscheltieren. Er schaut sich sehr gerne Bücher an und ist sehr folgsam und hilfsbereit ...).
   - Signale dafür, dass einem das Kind wichtig ist und sein Wohl am Herzen liegt (Weil mir aufgefallen ist, dass er sich von den anderen Kindern zurückzieht, habe ich angefangen genauer hinzuschauen, und inzwischen mache ich mir Sorgen um ihn ...).
   - Anschließend Benennen von Sorgenpunkten, ggf. unterfüttert von Fachkenntnissen (Seine motorischen Fähigkeiten sind nicht altersentsprechend und auch seine sprachlichen Fähigkeiten wirken inzwischen stark entwicklungsverzögert; z. B. hat er ..., macht er ... und vermeidet ...; Dies ist deswegen so ernst zu nehmen, weil es wichtig ist, so früh wie möglich Förderimpulse zu setzen, da sie ihm jetzt am meisten nützen können ...).
3. Nach ähnlichen Beobachtungen der Eltern fragen.
4. Schließlich gilt es, im Anschluss an Nachfragen und Sachklärungen konkrete Wünsche an die Eltern zu formulieren: Hörtest und Vorstellen bei Einrichtungen für Psychomotorik.
5. Als Abrundung des Gesprächs kann es sich anbieten, nach entstandenen Gefühlen und/ oder Befindlichkeiten der Eltern zu fragen. Denn eine Konfrontation mit (starken) Entwicklungsauffälligkeiten eines Kindes bedeutet eine Auseinandersetzung mit dem Thema „Behinderung" in Bezug auf das eigene Kind. Angestrebte Lebenswege sind möglicherweise infrage gestellt und Schuldgefühle können entstehen (bestimmte Entscheidungen vor, während oder nach der Geburt). Diese Probleme könnte Regina zwar nicht grundsätzlich aus der Welt schaffen, sie kann aber auch hier empathisch mit den Eltern umgehen und diese ggf. zu einer weitergehenden Beratung ermutigen.

Zu 5.) Eigene Fördermaßnahmen entwickeln:

Kurzplanung III

Ziel	Handlungsschritte
die Eltern für das Thema zu sensibilisieren, um den Ursachen für Olafs Schwierigkeiten auf den Grund zu gehen	• Terminvereinbarung • Ideen für die Gesprächsstruktur aufschreiben • das Gespräch führen und zu Vereinbarungen kommen • später nachfragen, um Ergebnisse zurückgemeldet zu bekommen

Für Regina kann es aufgrund ihrer Verantwortung für die gesamte Gruppe nicht darum gehen, umfassende Einzelprogramme für Olaf zu entwickeln und durchzuführen. Dazu muss eine Unterstützung von außen erfolgen. Sie kann aber dafür sorgen, dass unterstützende Impulse gesetzt werden, die zu seiner Integration und sprachlich-motorischen Förderung beitragen.

Olaf sprachlich fördern

Regina muss im Umgang mit Olaf viel Geduld entwickeln und dafür sorgen, dass auch die anderen Kinder diese Geduld lernen. Zum einen muss sie sich selbst also auf das Tempo von Olaf einlassen und zum anderen muss sie gemeinsame Situationen mit Kindern so gestalten, dass Olaf durch eine akzeptierende Atmosphäre geschützt ist. Im Morgenkreis beispielsweise gilt es zu etablieren, dass alle etwas sagen können und dass – wenn Olaf an der Reihe ist – auch bei ihm Aufmerksamkeit da ist und er nicht ausgelacht wird.

Insgesamt sollten von ihr Impulse ausgehen, ihn zum Sprechen zu ermutigen und Sprache und Ansprache zu erleben. Dies kann im gemeinsamen Spiel umgesetzt werden: *„Ich nehme jetzt das Tuch und das ist nun die Schlange, was ist denn dein Tuch? ... Gut, und was will dein Drache? ... Gut, sie gehen einkaufen ... was wollen sie denn einkaufen?"*

Regina möchte sich bei Gelegenheit auch das Memory® greifen und mit Olaf gemeinsam die Bilder benennen. Wenn sich andere Kinder durch die Aufmerksamkeit für Olaf angeregt fühlen, sich zu beteiligen, so wäre das gut. Wahrscheinlich muss dann auf das Einhalten von Reihenfolgen geachtet werden, aber auch so lassen sich soziale Verbindungen knüpfen.

Außerdem nimmt Regina sich vor, das Buch „Die Raupe Nimmersatt" von Eric Carle mit Olaf zu lesen. Es enthält wenig Text und viele sich wiederholende Passagen, die von ihm gut mitgesprochen werden können. Die Bilder findet sie eindrücklich und unkompliziert. Sie möchte das gleiche Buch so lange mit ihm lesen, bis er sich beteiligt, und erst danach zu anderen Büchern übergehen – vielleicht zu einem Kinderbuch, in dem es Wiederholungen und Reime gibt.

Olaf sensorisch fördern

Regina möchte außerdem Olafs auditive Wahrnehmung fördern und daher ein Ratespiel mit ihm spielen, in dem verdeckt Geräusche gemacht werden, die erraten werden müssen. Sollte dies zu schwer für ihn sein, so möchte sie durch ihre Stimme Tiere und Dinge nachahmen, die Olaf erraten soll, z.B. „Muh" (Kuh), „Mäh" (Schaf), „Wau-wau" (Hund) oder „Brummm" (Auto). Dann will sie mit der ganzen Gruppe ein Lied einführen, das sich mit Gefühlen beschäftigt und gleichzeitig Koordinationsaufgaben beinhaltet: das Lied „Wenn du glücklich bist, dann klatsche in die Hand" von Gerhard Schöne.

Sollte Olaf mit dem Lied Schwierigkeiten haben, so will sie es bei Gelegenheit allein mit ihm singen. Sie hofft, durch die grobmotorische Übung die Feinmotorik vorzubereiten. Um sein Gefühl in den Händen für den Umgang mit Stift und Schere zu verbessern, möchte sie verstärkt zum Matschen in der Sandkiste anregen. Sie plant, für die anstehenden warmen Tage die Wasserrinne im Außenbereich zu installieren. Gezielt möchte sie Olaf ins Spiel der anderen miteinbeziehen.

2. Wenn du wütend bist, dann stampfe mit dem Fuß.
   Wenn du wütend bist, dann stampfe mit dem Fuß.
   Zeig mir, wenn du bei mir bist, wie dir so zumute ist.
   Wenn du wütend bist, dann stampfe mit dem Fuß.

3. Wenn du traurig bist, dann seufze doch einmal.
   Wenn du traurig bist, dann seufze doch einmal.
   Zeig mir, wenn du bei mir bist, wie dir so zumute ist.
   Wenn du traurig bist, dann seufze doch einmal.

11.3 Durchführen

Regina kann ihre Planungen weitgehend umsetzen. Durch den Kontaktaufbau zu Olaf fällt es ihr jetzt gar nicht mehr schwer, mit ihm umzugehen. Immer noch erscheint er ihr etwas spröde und hölzern, doch begegnet er ihr nach der Kontaktaufnahme zutraulich, und seine Freude über ihre Anwesenheit öffnet ihr das Herz. In der genauen Beobachtung kann sie einige ihrer groben Einschätzungen zu seiner Auffälligkeit bestätigt finden, doch zeigt sich auch, dass seine feinmotorischen Fähigkeiten und auch sein sprachliches Verständnis nicht so erschreckend sind, wie sie zuerst angenommen hatte. Dennoch kann sie im Gespräch mit den Eltern die Notwendigkeit von genauer Diagnose deutlich machen. Der **Hörtest** zeigt, dass organisch alles in Ordnung ist. Inzwischen wird Olaf aufgrund ihrer Diagnose in einem Institut für Psychomotorik nun regelmäßig therapeutisch gefördert.

Die Eltern sind Regina sehr dankbar für ihr Engagement und kümmern sich jetzt sehr verantwortungsvoll um unterstützende Angebote für Olaf. So sorgen sie dafür, dass er regelmäßig mit anderen Kindern spielt, und auch das Kuchenbacken wird inzwischen zur Knet- und Schneideaufgabe für den Jungen.

Die Förderungsangebote von Regina werden von Olaf gut angenommen, allerdings gibt es auch einige Eifersüchteleien in Bezug auf ihre Aufmerksamkeit für ihn und auch die Gesprächsrunde im Morgenkreis ist am Anfang sehr anstrengend. Beim Geräuschespiel will er, dass sie sich mit dem Vormachen abwechseln, und Regina findet seine Idee sehr gut. Warum ist sie nicht selbst darauf gekommen?! Denn Olaf ist dadurch in einer viel aktiveren Rolle und setzt seine Stimme so auf andere Art und Weise ein.

11.4 Reflektieren und bewerten

Nach einigen Wochen setzen sich Regina und ihre Kollegin zusammen, um über ihre Arbeit zu sprechen, dabei nehmen sie sich auch den „Fall" Olaf vor. Insgesamt kommen sie zu dem Schluss, dass erfolgreiche Impulse gesetzt werden konnten. Besonders zufrieden sind sie mit den Ergebnissen in Bezug auf die Eltern. Hier ist es ihnen gelungen, diese „mit ins Boot" zu holen, und jetzt haben sie ein gutes Gefühl in Hinblick auf Olafs Förderung. Sie selbst merken, dass die zeitlichen Möglichkeiten zur Förderung eines einzelnen Kindes sehr eingeschränkt sind. Nun wollen sie überlegen, wie sie sich hier strukturell verbessern können, um auch den anderen mehr Möglichkeiten anzubieten.

11.5 Dokumentieren und präsentieren

Wie für jedes Kind ihrer Gruppe hat Regina für Olaf ein **Entwicklungsberichtsheft** angelegt. In dieses Heft schreibt sie ihre Beobachtungen, von denen sie den Eltern berichtet. Um den Eltern darüber hinaus Informationen zu bieten, hat sie eine ihrer Beobachtungstabellen kopiert, um anhand dessen zu erklären, was ihr durch die Beobachtung von Olaf deutlich geworden ist.
Da sie Olaf – wie auch den anderen Kindern – für die Zeit nach dem Kindergarten eine Erinnerung mitgeben möchte, sammelt sie schon jetzt Lieder und Spielangebote, die er besonders gern mag, Mal- und Bastelergebnisse, Erinnerungen in Form von kleinen Geschichten *(„und da hattest du selber die Idee, auch mich raten zu lassen ...")* sowie mehrere Fotos aus dieser Zeit. Dieses **Portfolio** wird sie ihm an seinem Abschlusstag schenken.

Weitere Lernsituationen

Lernsituation A

Jacqueline ist ein Vorschulkind von 5;6 Jahren. Sie ist recht klein für ihr Alter und auf den ersten Blick wirkt sie mit ihrer Stupsnase und den blonden Zöpfen zart und zerbrechlich. Doch Jacqueline ist körperlich sehr stark, geschickt und mutig. Nur selten vermag ein anderes Kind der Gruppe sie beim Laufen einzuholen, sie kann gut klettern und ist auch insgesamt motorisch gut entwickelt. Malen und Basteln bringen ihr Spaß, gerne gesellt sie sich zu anderen an den Basteltisch und tuscht und schneidet eifrig an eigenen Werken herum. Jacqueline wird von allen Kindern in der Gruppe schnell gemocht und akzeptiert. Sie hat gute Ideen und traut sich, ihre Stimme zu erheben. Die Grundschule, die für Jacqueline zuständig ist, bietet seit 2 Jahren eine mögliche Schwerpunktwahl an: Französisch ab der ersten Klasse. Für alle Eltern des Einzugsgebiets stellt sich nun die Frage, ob ihr Kind in diese Schwerpunktklasse gehen soll oder ob sie einen „normalen" Werdegang vorziehen. Jacquelines Mutter ist sich unsicher, ob sie ihrer Tochter schon jetzt eine zweite Sprache zumuten soll. Denn Jacqueline kann mehrere Lautkombinationen nicht korrekt aussprechen: „k" und „sch" sowie „dr" bereiten ihr große Schwierigkeiten. Sie wendet sich mit ihrem Problem an die Erzieherin, Frau Hagemuth.

Lernsituation B

Markus und Mimmi sind Zwillinge. Mit ihren 3;5 Jahren sind sie gerade in den Kindergarten gekommen, auf Wunsch der Eltern in 2 verschiedene Gruppen. Mimmi lebt sich in ihrer Gruppe gut ein. Sie knüpft schüchtern Kontakte und schafft es, sich in Spielgruppen zu integrieren. Markus hingegen wirkt sehr verschlossen und unglücklich, selbst nach einem halben Jahr. Er traut sich kaum, den Mund aufzumachen, und wenn er spricht, so kann man ihn fast nicht verstehen – nicht nur, weil er so leise spricht, sondern weil er im Prinzip alle Laute weit vorn im Mund bildet. Das „k" wird zum „d", er lispelt und die Vokale sind schwer

voneinander zu unterscheiden. Sobald Markus sich wehgetan hat, eilt Mimmi aus ihrer Gruppe herbei und weicht nicht mehr von seiner Seite. Andersherum ist es ähnlich.
Immer häufiger werden die Situationen, in denen man die Zwillinge miteinander sieht, oftmals auch in kleineren Kindergruppen. Schließlich ist es so, dass, wenn Markus von den Erzieherinnen nicht verstanden wird, Mimmi zu Hilfe gerufen wird und sie für ihn „übersetzt". Bei der nächsten Teambesprechung kommt das Thema zur Sprache.

Aufgabe

Bearbeiten Sie eine dieser Lernsituationen nach den folgenden Schritten:
- Analysieren
- Planen
- Durchführen
- Reflektieren und bewerten
- Dokumentieren und präsentieren

Anregungen zur Selbstreflexion

Aufgabe

1. Schreiben Sie an sich selbst einen Brief, der sich an den folgenden Gesichtspunkten orientiert. Versiegeln Sie ihn und geben Sie ihn (frankiert) Ihrer Lehrkraft, damit er Ihnen kurz vor Beendigung Ihrer Ausbildung entweder zugeschickt oder überreicht wird.

Brief an mich selbst
Datum:
- Meine derzeitige Stimmungslage ist:
- Ausbildungszeitpunkt:
- Die Beschäftigung mit dem Thema Sprachförderung fand ich ...
- Besonders wichtig fand ich folgende Inhalte:
- Diesen Inhalten würde ich gerne in Zukunft weiter nachgehen:
- Wenn ich mir überlege, welches pädagogische Handwerkszeug ich bereits einsetze, so bin ich vor allem damit zufrieden, ...
- In diesen Bereichen würde ich mich gerne noch verbessern:
- Wenn ich Angebote plane, werde ich in Zukunft mehr darauf achten, dass ...
- Zum Thema Inklusion denke ich derzeit…
- Was ich mir außerdem noch mitteilen möchte

2. **Kompetenzrad**
a) Kopieren Sie das Kompetenzrad zum Zweck des Ausfüllens.
b) Tragen Sie für jede der aufgeführten Kompetenzen auf der zugehörigen Linie einen Punkt ein, der für Sie selbst deutlich macht, wie stark ausgeprägt Sie diese Kompetenz bei sich einschätzen.
Je größer Sie diese Kompetenz einschätzen, desto näher am Außenrand bringen Sie den Punkt an. Falls bestimmte Kompetenzen im Rad nicht auftauchen, die Sie selbst darüber hinaus noch einbringen können, notieren Sie diese unten.
c) Tauschen Sie sich mit einem Partner Ihrer Wahl über die Inhalte Ihres „Rades" aus und benennen Sie jeweils eine besondere Stärke von sich, an die Sie in Bezug auf Sprachförderung im Kindergarten gut anknüpfen könnten. Umkreisen Sie diese in der Grafik.
d) Nennen Sie reihum im Plenum entweder eine deutliche Stärke von sich oder einen Themenbereich, in dem Sie sich noch entwickeln möchten.

Das Kompetenzrad: „Je weiter am Außenrand, desto größer die Kompetenz“

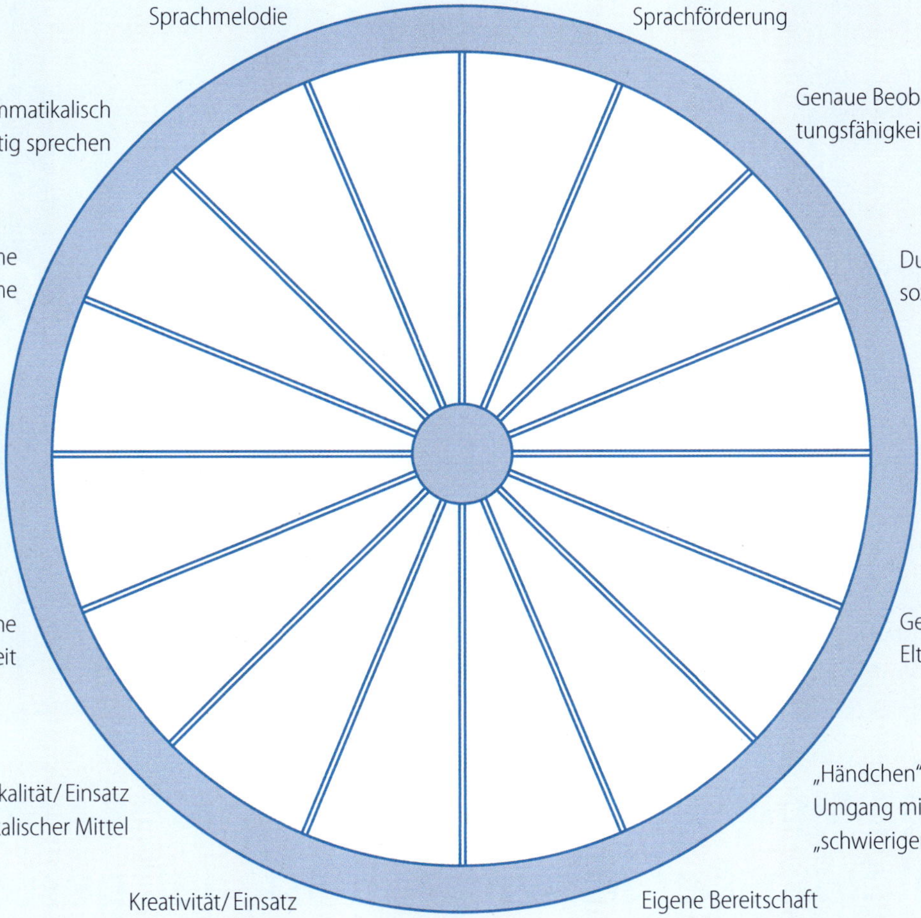

Weitere persönliche Kompetenzen, die ich zur Sprach- und Zeichenkompetenzförderung einsetzen könnte:

4 Sozialpädagogische Bildungsarbeit in den Bildungsbereichen professionell gestalten

1 Erste Lernsituation

Marius beginnt heute in der Kindertagesstätte Käferweg sein Praktikum. Seine Anleiterin Britta hat ihm geraten, sich zunächst einmal gründlich umzuschauen, die Kinder und die Kolleginnen selbst im Tagesverlauf zu beobachten. Dann könne er sich seine Aufgaben sicherlich besser vorstellen und vor allem nachfragen.
Gegen 8 Uhr morgens sind schon viele Kinder anwesend und es wird in einer halben Stunde einen Morgenkreis geben. Wie es danach weitergeht, weiß Marius noch nicht. Die Erzieherinnen und Erzieher begrüßen ankommende Kinder, führen zum Teil kurze Gespräche mit Eltern oder bereiten Materialien vor. Die Mehrheit der Kinder hat sich in den verschiedenen Ecken der Kindertagesstätte verteilt und geht offenbar ihren Interessen nach.
Ab und zu wird eine Erzieherin von einem Kind angesprochen. Marius sieht, dass sie sich dann mit ihm unterhält, und manchmal zeigt ein Kind etwas oder die Erzieherin geht mit ihm zu der Stelle im Raum, aus der es kam. Ab und zu geht eine Erzieherin zum Ecktisch

mit den Unterlagen und Listen und schreibt eine Notiz auf einen der bereitliegenden Blöcke.

Mitten im Raum sitzt der gerade **ein halbes Jahr alte Max** auf einem Teppich, schaut umher und lutscht auf einem Baustein. Immer mal wieder schaut er zu seiner Mutter, die mit einem Erzieher am Tisch sitzt. Beide lächeln ihm zu, Max strahlt und schaut beim nächsten auffälligen Geräusch in die Richtung, aus der es kommt.

Die **3-jährige Anja** legt Holzbauklötze unterschiedlicher Größe aufeinander. Nach einer Weile stürzt das Bauwerk ein. Sie legt die Klötze erneut und anders aufeinander.

Die **18 Monate alte Merve** rennt in die Bauecke, wirft dort einen allein stehenden Turm um und jauchzt. Sie bleibt eine Weile stehen und schaut Anja zu. Dann saust sie zur Murmelbahn und lässt in schneller Folge 3 Kugeln hinabrollen.

Der **3-jährige Lucas** schiebt eine Holzeisenbahn auf Holzschienen vor sich her und gibt quietschende Geräusche von sich. Die **gleichaltrige Jewgenia** müht sich, weitere Holzschienen aneinanderzustecken. Als sie die Strecke um 2 Stücke erweitert hat, schiebt Lucas die Bahn mit dem gleichen Quietschen darüber, bis sie auf dem Teppich hängenbleibt. Beide Kinder lachen sich an.

Der **4-jährige Ahmad** sitzt am Tisch und malt. In seiner Reichweite stehen Schalen mit Buntstiften, Filzstiften und Wachsmalstiften. Mehrere Male nimmt er Stifte zur Hand, malt aber nicht, sondern legt sie in eine andere Schale – so lange, bis es eine Schale mit Buntstiften, eine mit Wachsmalstiften und eine mit Filzstiften gibt.

Meike, Lasse und Sabine, alle 4 Jahre alt, sind im Bällebad beschäftigt. Immer wieder klettern sie auf die erhöhte Abschlussleiste und springen von dort aus ins Bad. Sie bleiben eine Weile darin sitzen und rühren mit den Armen in den Bällen herum. Dann steht Meike auf, schöpft Bälle in einen Eimer und schüttet den Inhalt

über Lasse aus. Lasse greift sich Bälle und wirft sie in die Luft. Sabine zuckt zusammen und schaut Meike an. Meike lässt den Eimer fallen und wirft ebenfalls Bälle in die Luft. Dann schnieft Sabine einmal, schiebt ihre Brille hoch und tut es ihnen gleich. Nun lachen sich alle 3 an. In der gesamten Zeit hört man sie Kommandos sagen von der Art „Jetzt so" oder „Alle so".
Der **3-jährige Peter** zerrt eine Erzieherin zu dem großen Fenster mit der breiten, niedrigen Fensterbank. Nachdem sie ihm aufmunternd zugenickt hat, klettert er hinauf, was ihn offensichtlich etwas Mühe kostet, weil er dabei sein Kuscheltier an sich drückt. Als er endlich oben sitzt, winkt er einer Frau draußen zu, die im Weggehen ebenfalls winkt und dabei einen Kinderwagen schiebt. Er ruft „Tschüss, Mama, tschüss, kleine Lena" und drückt sich noch eine Weile die Nase an der Scheibe platt. Die Erzieherin geht neben ihm in die Hocke und winkt ebenfalls.

Alle Menschen im Raum, große wie kleine, wirken beschäftigt. Marius fragt sich, welche Aufgaben er haben wird und wann er endlich den Kindern etwas beibringen kann.
„Das Beibringen wird nicht so gut funktionieren", sagt Britta später dazu. „Kinder sind nicht so einfach belehrbar, sie bilden sich selbst."
„Aber was tu ich dann hier?", fragt Marius.
„Oh, unsere Arbeit ist schon sehr wichtig", antwortet Britta, „wir sorgen für einen guten Rahmen, in dem die Kinder offen, neugierig und mutig sein können, denn jedes Lernen braucht Resonanz, Bestätigung und Orientierung. Geh nur so neugierig und offen auf die Kinder zu, wie sie es auch mit dir tun. Es ist für uns Große manchmal gar nicht einfach herauszufinden, mit welchen Fragen ein Kind gerade beschäftigt ist. Aber es wird viele Wege suchen, es dir mitzuteilen. Und natürlich kommt es auch darauf an, dass wir die Räume in der Kindertagesstätte anregend und interessant genug gestalten, dass die Kinder tätig sein und Antworten auf ihre Fragen finden können."
Marius ist sehr beeindruckt und beginnt zu überlegen, was er eigentlich heute schon gesehen hat.

2 Angestrebte Kompetenzen

Um Marius die Aufgaben eines Erziehers im Hinblick auf das kindliche Lernen einsichtig zu machen, muss die Anleiterin ihm zunächst den zentralen Stellenwert selbstbestimmter Aktivitäten für die Entwicklung des Selbstbildungspotenzials von Kindern verdeutlichen.
Die Lernform in der frühen Kindheit ist das Spiel und das selbstbestimmte Tun. Dabei geht jedes Kind in seinem eigenen Tempo seinem Interesse an der Welt nach und entfaltet seine Kreativität bei der Erforschung der Wirklichkeit. Es soll die Möglichkeit haben, selbst zu entscheiden, womit, wie lange und mit wem es sich beschäftigen will, was es also selbstbestimmt tun möchte.
Die Erziehungskräfte sorgen für einen sicheren Rahmen, in dem jedes Kind sich wertgeschätzt wohlfühlen kann. Sie sind dazu bereit, mitzumachen oder zu unterstützen, falls es ihnen notwendig erscheint oder die Kinder dies wünschen. Die Fachkräfte bieten den Kindern zusätzliches Material an, das neue, interessante Möglichkeiten, Themen und Betätigungsfelder eröffnen kann. In erster Linie sind sie teilnehmend engagierte Beobachter der ablaufenden Prozesse und gewinnen dabei Informationen zur individuellen Entwicklung und zu den Interessen, den Bedürfnissen und möglichem Unterstützungsbedarf der Kinder. Unter dem Aspekt des Bildungsauftrags einer Kindertagesstätte ist es sinnvoll, alle kindlichen Aktivitäten als Formen des Lernens und der Selbst-Bildung aufzufassen. Mit dieser Sichtweise erhalten kindliche Verhaltensweisen den Sinn von Aneignungsprozessen:

- Kinder lernen ihre Umwelt durch aktives Erobern kennen,
- sie probieren sich und ihre Kräfte aus und
- verbessern, verfeinern ihr Können.

Für das Erkennen und Unterstützen von Lernprozessen kommt es zunächst auf eine respektvolle Haltung der Erziehungskräfte gegenüber dem kindlichen Tun an. Anhand regelmäßiger und genauer Beobachtung der kindlichen Aktivitäten **(Kapitel 7)** werden Entwicklungen sichtbar, Interessen und Themen, die die Kinder über längere oder kürzere Zeiträume verfolgen.
Erziehungskräfte verfügen über Fachwissen und professionelle Handlungskompetenz, die es ihnen ermög-

licht, kindliche Lernprozesse erkennen, unterstützen und herausfordern zu können. Sie haben eine Vorstellung von kindlichen Entwicklungsprozessen, also integrierte Kenntnisse über physiologische, motorische, emotionale, kognitive und soziale Prozesse und die Wahrnehmungsentwicklung. Näheres dazu bietet das **Kapitel 3** dieses Lernfelds.

Sie kennen Erklärungsmodelle für Lern- und Entwicklungsprozesse, orientieren sich mit deren Hilfe bei der Interpretation kindlichen Tuns und wissen im Einzelfall um die Grenzen der unterschiedlichen Modelle – wie dargestellt in **Kapitel 4**.

Erzieherinnen haben das Grundwissen und die Handlungskompetenz, um die individuellen Interessen und Themen von Kindern herauszufinden, aufnehmen und weiterführen zu können. Dabei wissen sie um die Wirkung und Funktion einer anregungsreichen Umwelt. Damit ist ebenso eine bewusste Raumgestaltung und Materialauswahl wie auch das Zurverfügungstellen von sozialer Umgebung, Resonanz und Empathie gemeint. Das Anknüpfen an die individuellen Stärken des einzelnen Kindes gehört zu den wichtigsten pädagogischen Grundsätzen. Als übergreifende Handlungsleitlinie kennen sie die institutionellen pädagogischen Aufgaben öffentlicher, familienergänzender und vorschulischer Betreuungs- und Bildungseinrichtungen. Sie kennen den gültigen bundeslandspezifischen Kindertagesstätten-Bildungsplan und setzen die dort formulierten Anforderungen und Anregungen individuell und zur Situation der Kinder ihrer Einrichtung passend um. Sie dokumentieren die pädagogische Arbeit und die Entwicklung jedes Kindes. Sie bieten den Kindern Tätigkeiten und Unternehmungen an, die sie auf grundlegende Weise mit dem kulturellen Umfeld unserer Gesellschaft bekannt machen. All das greift das **Kapitel 5** auf.

Auf die Eingangssituation dieses Lernfelds geht das **Kapitel 6** ein und stellt pädagogische Handlungsweisen vor.

Beobachten ist im sozialpädagogischen Berufsfeld das zentrale Arbeitsmittel – ohne vorherige Beobachtung sind pädagogisches Handeln und Bildungsförderung wenig sinnvoll. Andererseits ist Beobachten nicht einfach die Abbildung von Wirklichkeit, sondern stets die Interpretation von Wahrnehmungen. Beobachter müssen etwas über Beobachtungsmethoden, Wahrnehmungsphänomene, mögliche Beobachtungsfehler und Gegenstrategien wissen. Wichtig ist es auch, sich über den Anlass und das momentane Interesse für die Beobachtung im Klaren zu sein. Dies bildet den Hintergrund dafür, dass Beobachten selbstverständlicher Teil einer professionellen, pädagogischen Haltung sein kann. Damit beschäftigt sich das **Kapitel 7** in diesem Lernfeld.

Es gibt unterschiedliche Interessen und Ziele für Beobachtungen – dazu gehören verschiedene Beobachtungsinstrumente. Sie sind mit bestimmten Intentionen entwickelt worden und sollten für jeweils spezielle Fragestellungen benutzt werden. Wichtig ist es, zu wissen, was man mit dem jeweiligen Instrument „sehen" und erheben kann und wie aufwendig sein Einsatz ist: dazu **Kapitel 8**.

Die sinnvolle Dokumentation von Beobachtungen ist ein Bereich, mit dem sich ein Team gründlich auseinandersetzen muss. Dazu gehört die Auswertung der gesammelten Informationen, die für die weitere Arbeit von Nutzen sein sollen. Hinzu kommen noch die Dokumente, die im Alltag entstehen und gern gesammelt werden, beispielsweise Fotos aus dem Gruppengeschehen oder Produkte von Kindern. Diese sehr unterschiedlichen Ergebnisse verlangen nach Struktur, inhaltlicher Einordnung und schließlich einem unaufwendig und leicht verstehbaren Ablagesystem: mehr in **Kapitel 9**.

Gezielte Bildungsangebote sind ebenfalls ein Weg, um Kindern die Gelegenheit zu geben sich altersgemäß zu bilden. Solche angeleiteten Angebote sind vielfältig auszugestalten und betreffen viele verschiedene inhaltliche Schwerpunkte. Es wird die Aufgabe von Marius sein, sich mit solchen Anregungen zu beschäftigen und Ideen dafür mit in die Kita zu bringen. Was er dabei zu beachten hat – z. B. Zielsetzungen, Vorbereitungen, Strukturen und Prinzipien – ist im **Kapitel 10** zu finden. Konkrete Vorschläge zu Bildungsangeboten bietet das **Kapitel 11**.

Nicht nur Bildungsangebote geben Strukturen dafür an die Hand, warum pädagogische Entscheidungen auf eine bestimmte Art getroffen werden. Für die Kindergartenpädagogik gibt es eine Vielzahl von Konzepten, die handlungsleitend wirken und auch historische Bedeutung haben. Auf Marius Weg zum ausgebildeten Erzieher wird er sich damit beschäftigen, um selbst besser begründen und einordnen zu können, warum er auf eine bestimmte Art und Weise pädagogisch handelt. Dazu gehören ebenso die Raumgestaltung, Tagesstruktur und Materialauswahl wie auch das Verständnis seiner eigenen Rolle und seiner Vorstellung davon wie „Kinder" eigentlich sind (siehe hierzu **Kapitel 12**).

3 Entwicklungsprozesse, Lernen und Denken

3.1 Entwicklung – physiologische Prozesse – Reifung

„Lernen ist Entdecken. Es gibt kein anderes Mittel für wirksames Lernen." Frederick S. Perls

Menschen lernen immer – von ihrer frühesten Existenz an, lange vor der Geburt, bis ins hohe Alter. Das Hirn ist ständig damit beschäftigt, Reize zu verarbeiten, zu sortieren und neu zu verknüpfen, sowohl im bewussten Wachzustand als auch während des Schlafes. Neue Eindrücke werden mit gemachten, verarbeiteten und erinnerten Erfahrungen abgeglichen und integriert. Ein wichtiges Kriterium ist dabei die Bewertung des Eindrucks. Gesucht wird stets nach der **Bedeutung**, nach dem Sinn der Informationen, die die Sinnesorgane aus der Umwelt und aus dem Körperinneren liefern.

Die **Geschwindigkeit**, mit der Informationen verarbeitet werden, verändert sich im Laufe des Lebens.

Besonders im Schlaf verarbeiten junge Kinder ihre Eindrücke und Erfahrungen. Es bilden sich stabilere neuronale Strukturen.

Generell ist die Taktfrequenz von kindlichen Hirnen sehr viel höher als die von Erwachsenen. Nie wieder im Leben lernen Menschen so rasch und in solchem Umfang wie in der frühen Kindheit und schon relativ früh gilt: Je älter das Hirn ist, desto langsamer arbeitet es. Schon Grundschüler lernen langsamer und mit mehr Mühe als Kinder im Elementaralter, und deren Lerngeschwindigkeit ist schon sehr viel geringer als die von Neugeborenen und ganz jungen Kindern.

Wie kann man sich den Ablauf kindlichen Lernens vorstellen?

Ein Neugeborenes kommt mit komplett ausgebildeten Sinnesorganen zur Welt. Sie sind funktionstüchtig, haben im Mutterleib schon gearbeitet und Erfahrungen produziert; damit sind Lernerfahrungen gemacht und Erinnerungen gespeichert. Einzelne Sinnessysteme, beispielsweise der Sehsinn, müssen in ihrer Funktionsweise nach der Geburt noch „nachreifen".

Mit der Geburt, dem dramatischen Verlassen des geschützten intrauterinen Umfelds, wird ein umfassender Entwicklungsschub in Gang gesetzt. Die Sinne werden nun mit einer Vielzahl völlig unbekannter Reize bombardiert. Im jungen Gehirn wird während der Verarbeitung dieser Reize die Verarbeitungsstruktur ausgebaut. In den ersten nachgeburtlichen Lebenswochen schießt der Stoffwechsel im Hirn steil in die Höhe und es bilden sich zwischen den Nervenzellen Myriaden neuer Verbindungen (Axone), Kontaktstellen (Synapsen) und Verästelungen (Dendriten). Einhundert Milliarden Nervenzellen bilden Netzwerke und funktionstüchtige Einheiten – je vielfältiger, desto differenzierter kann der Sinneseindruck verarbeitet werden.

Diese Vernetzung ist aktivitätsabhängig: Nur genau jene Nervenzellen schließen sich zusammen, die sich Signale in Form von elektrischen Impulsen schicken. Zusätzlich verstärken sich die Synapsen, je häufiger sie Impulse weiterleiten, also Lernerfahrungen verarbeiten. Dabei werden die Nervenverbindungen ebenfalls dicker und können bei dann erhöhter Leitungsgeschwindigkeit die Informationsverarbeitung wesentlich verbessern.

Die Großhirnrinde verdreifacht im ersten Lebensjahr ihr Gewicht und erreicht im 12. Lebensmonat bereits drei Viertel des Erwachsenengewichts. Auch andere Hirnareale wachsen nach der Geburt noch weiter. In dieser Zeit gehen also die Erfahrungen, die ein Kind macht und die es als Erleben und Erinnerung verarbeitet, mit einem physisch nachweisbaren **Gehirnwachstum** einher. Das Ergebnis dieses Nachreifungsprozesses ist eine individuelle, frühkindlich angelegte Struktur, innerhalb derer sich die Denkprozesse seines weiteren Lebens abspielen werden.

Ein wenige Tage altes Fohlen kann perfekt laufen. Menschen brauchen mehr als ein Jahr, um dies zu erlernen.

Kinder lernen mit allen Sinnen

Der Mensch und andere Säugetiere

Die Bedeutung dieser Befunde zeigt sich, wenn man den menschlichen Säugling mit anderen neugeborenen Säugetieren vergleicht. Ganz deutlich ist die Differenz zu Huftieren, deren Junge Minuten nach der Geburt aufstehen und laufen können (müssen). Zum Erwerb dieser Fertigkeit braucht ein Mensch mehr als ein Jahr. Auch gegenüber den uns am nächsten verwandten Primaten, den Gorillas und Schimpansen, ist ein Menschenjunges zunächst im Nachteil, weil es motorisch und neurologisch sehr viel weniger weit entwickelt und daher um ein Vielfaches hilfloser ist.

S. dazu Kapitel 10.1: Anthropologische Grundlagen

Die anfängliche Unreife eines Menschen bei der Geburt wird im Laufe des Lebens zum entscheidenden Entwicklungsvorteil: Durch die offenen Strukturen gibt es von Anfang an eine enge Verknüpfung zwischen Reifung und Lernen.

Umweltreize: Alle Verschaltungen, die in der Großhirnrinde angelegt werden, speichern sich aus den Erfahrungen, die ein Neugeborenes in motorischer, emotionaler und sensorischer Hinsicht macht. Mit dem Beginn seines Lebens bewegt sich ein Kind auf seine Umwelt zu und eignet sie sich aktiv an. Deshalb ist es von entscheidender Bedeutung, was es in dieser frühen Phase fühlen, sehen, hören, riechen und schmecken kann. Das Angewiesensein auf Umweltreize für das Anstoßen der nächsten Entwicklungsschübe haben die dramatischen Ergebnisse der Hospitalismusforschung des Schweizer René Spitz und des britischen Forschers John Bowlby in den 1940er-Jahren gezeigt.

Spitz veröffentlichte ab 1945 Studien zur Intelligenzentwicklung von Kindern, deren Mütter eine Gefängnisstrafe abzusitzen hatten. Bei dauerhafter Trennung erlitten die Kinder Entwicklungsdefizite, die später nicht mehr kompensierbar waren.

Neugeborene verfügen über Nachahmungsfähigkeiten. Die amerikanischen Forscher Andrew Meltzoff und Keith Moore veröffentlichten „… Befunde, die belegen, dass einfache mimische Gesten wie das Herausstrecken der Zunge, das Bewegen des Kopfes und das Öffnen des Mundes schon wenige Stunden nach der Geburt erfolgreich nachgeahmt werden. (…) Diese Fähigkeit scheint angeboren zu sein. Allerdings erfolgt sie nicht reflexartig, sondern meist erst nach intensivem Hinschauen und mehrfachem Probieren, wodurch sie sich immer besser an das Vorbild annähern" (Kasten, 2007).

Über diese Fähigkeit verfügen Neugeborene nur deshalb, weil sie offenbar „wissen", dass sie von derselben Art sind wie ihr Gegenüber – sie kommen mit einem Bewusstsein davon auf die Welt, Mensch unter Menschen zu sein.

Das Nachahmen mimischer Gesten ist angeboren

Theorie des Denkens (Theory of Mind): „Auf der Basis dieses Selbst-Verständnisses entwickeln Kinder in ihren ersten Lebensmonaten und -jahren das, was Forscher eine ‚Theorie des Denkens' (Theory of Mind) nennen. Sie gewinnen eine Fülle von Erkenntnissen darüber, was in ihren Mitmenschen vorgeht – und in ihnen selbst. Sie lernen, mit ihrer Umwelt zu kommunizieren, ihre Bedürfnisse zu äußern. Sie lernen, dass es nicht nur einen Unterschied zwischen Menschen und Dingen, sondern auch zwischen Gedanken und Dingen gibt; und schließlich erkennen sie, dass Menschen Vorstellungen von der Welt haben, die richtig sein können – oder auch falsch."
S. auch Kapitel 5.1 (Exkurs).

(J. Romberg, in: Laewen, 2002)

Häufig bleiben die Meilensteine in der Denkentwicklung von der Umwelt zunächst unbemerkt: Wenn ein Kind etwa zum ersten Mal „so tut als ob" – der Baustein wird über den Boden geschoben mit den entsprechenden Geräuschen eines Fahrzeugs.

Von der ersten Imitation bis zu diesem Moment, das ist ein riesiges (Selbst-)Bildungsprogramm, bei dem Kinder Erfahrungen und Kenntnisse auf sämtlichen Wissensgebieten sammeln. Oft gleichzeitig, immer kontextgebunden und anwendungsbezogen erwerben Kinder in den ersten Lebensjahren Kenntnisse über Physik, Chemie und Biologie, soziale Zusammenhänge und Moral, Sprachen, Selbststeuerung und eigene und fremde Wünsche und Bedürfnisse.

Der 3-jährige Lucas aus der Lernsituation kennt den Unterschied zwischen den Fahrzeugarten sehr genau. Er zeigt sein Wissen nonverbal, nämlich in seiner Tätigkeit. Bahnen fahren auf Schienen und produzieren ganz andere Geräusche als Autos. Jewgenia ist das auch bekannt. Sie weiß im Prinzip, wie die Holzschienen aneinanderpassen und übt im Moment ihre motorische Geschicklichkeit. Sie kann annehmen, dass es Lucas Freude machen wird, wenn sich der Schienenstrang zum Fahren verlängert. Sie verfügt damit über eine soziale Theorie, die ihr hilft, sich auf Bedürfnisse anderer Menschen einzustellen, und sie kann ihre eignen Wünsche nach interessanten Tätigkeiten in der Situation angemessen zeigen. Lucas nimmt ihr Angebot an, indem er die von ihr gelegten Schienen benutzt. Zusätzlich erlaubt er sich einen Scherz, als er die Lok auf dem Teppich stranden lässt. Neben der Kenntnis der technischen Zusammenhänge wird in dieser Handlung auch seine soziale Kompetenz deutlich: Er kreiert ein gemeinsames positives Erlebnis und stärkt seine Beziehung zu Jewgenia.

Aufgabe

Beobachten Sie in Ihrer Praxiseinrichtung eine kleine Sequenz zwischen 2 Kindern und notieren Sie, was Sie von deren Tun erkennen können. Mit welchen Lernprozessen in Bezug auf ihre materielle und soziale Umwelt sind sie beschäftigt?

3.2 Sinneswahrnehmung – sensorische Entwicklung

Die Sinne sind das Tor zur Welt. Die Reize, die von den Sinnen aufgenommen, weitergeleitet und im Hirn zu Informationen strukturiert werden, sind die Bausteine jeglicher kognitiven Entwicklung.

Wir nehmen die Welt über unsere Sinnesorgane wahr. Dazu gehören beispielsweise die Ohren, die Augen, die Haut oder Nase und Zunge. Diese relativ grobe Aufzählung kann man noch nach einzelnen Wahrnehmungsleistungen differenzieren. Je nach Literatur werden bis zu 13 Sinnesgebiete unterschieden, nämlich:

Informationen aus der weiteren Umwelt	Gesichtssinn (Sehsinn) Gehörsinn Geruchssinn Geschmackssinn
Informationen über den Zustand des Körpers	Berührungs- und Drucksinn Temperatursinn Schmerzsinn Organempfindungen
Informationen über die Position des Körpers und der Gliedmaßen sowie Kraftaufwand (Muskeltonus)	Stellungssinn Spannungs- und Kraftsinn Lagesinn Drehbewegungssinn

Renate Zimmer (1995) schlägt eine Übersicht mit 7 Sinnessystemen vor. Diese Sinnessysteme kann man teilweise einem einzelnen Sinnesorgan zuordnen, in anderen Fällen sorgen Rezeptoren, die über den gesamten Körper verteilt sind, für den Reiz und die gewonnene Sinnesinformation. Die wahrgenommenen Reize stammen aus der umgebenden Umwelt und aus dem Körperinneren.

Von Anfang an sucht ein Neugeborenes aktiv nach Eindrücken, es wendet sich einer Geräuschquelle zu, reagiert auf optische Reize und schmiegt sich an, sobald es in den Arm genommen wird.

Sinnvoll ist eine Unterteilung in die

körpernahen Sinne	**körperfernen Sinne**
Tasten, Bewegungsempfindung, Gleichgewicht, Schmecken	Sehen, Hören, Riechen

Am Anfang des Lebens spielen die **körpernahen Sinne** für die Orientierung in der Welt die Hauptrolle. Die Haut ist ein Kontaktorgan: Sie markiert die Grenze und die Verbindung zur Welt. Auch die soziale Verbundenheit und das emotionale Aufgehobensein werden in erster Linie über die körpernahen Sinne „erfühlt". Nur auf dieser Basis können weitere Lernerfahrungen auch mit allen anderen Sinnen gemacht werden.

Wir leben heute in einer Welt, in der hauptsächlich die Fernsinne angesprochen werden. Schon Kinder konsumieren die Angebote visueller Medien. Dort ist die Welt auf 2 Dimensionen reduziert. Räumliche Tiefe, taktile Reize und die Existenz von Kräften und Gewichten können nur symbolisiert oder visuell dargestellt werden. Diese Informationen können aber nur dann sinnvoll verarbeitet werden, wenn man diese Phänomene am eigenen Körper erlebt hat und über eine ausreichende Palette an Erinnerungen verfügt. Deshalb ist es so wichtig, dass Kinder in ihren ersten Lebensjahren ausführlich die Gelegenheit dazu erhalten, körperliche Erfahrungen nach ihrer eigenen Geschwindigkeit zu machen. Nicht beanspruchte Sinne können sich nicht entwickeln und werden abstumpfen, die Empfindungen sind dann weniger differenziert und von geringerer Tiefe.

Die menschlichen Sinnessysteme

Sinnessystem	Erkenntnistätigkeit	Sinnesorgan	Rezeptoren	Reiz	Informationsgewinn
Visuelles System	Sehen	Augen	Fotorezeptoren, Stäbchen, Zapfen	Lichtwellen	Helligkeit, Farben, Form, Lage von Objekten, Lebewesen
Auditives System	Hören	Ohr	Mechanorezeptoren (akustische Rezeptoren)	Schalldruckwellen	Tonhöhe, Klänge, Lautstärke, Geräusche, Sprache, Art und Ort der Schallereignisse
Taktiles System	Tasten, Berühren	Haut, Hand, Mund	Berührungs- und Temperaturrezeptoren, Mechanorezeptoren, Schmerzrezeptoren	Mechanische Reize, Hautberührung	Größe, Form, Konsistenz, Oberflächenbeschaffenheit von Objekten, Temperatur
Kinästhetisches System	Tiefensensibilität, Bewegungsempfindung	Sehnen, Muskeln, Gelenke	Propriozeptoren	Muskelkontraktion, Eigenbewegung	Stellung der Körperteile, Muskelspannung, Kraft des eigenen Körpers, Gewicht von Objekten
Vestibuläres System	Gleichgewichtsregulation	Vestibulärapparat	Mechanorezeptoren	Lineare Beschleunigung, Winkelbeschleunigung	Lage und Orientierung im Raum, Gleichgewichtsempfinden
Geruchssystem (olfaktorisches System)	Riechen	Nase, Nasenhöhle	Chemorezeptoren, Riechzellen	Gasförmige, chemische Verbindungen	Umweltkontrolle, Hygiene, Nahrungskontrolle
Geschmackssystem (gustatorisches System)	Schmecken	Mund, Mundhöhle, Gaumen, Zunge	Chemorezeptoren, Mechanorezeptoren, Geschmacksknospen	Chemische Reize	Nahrungskontrolle, Steuerung der Nahrungsaufnahme und -verarbeitung

(Zimmer, 1995)

3.3 Sensorische Integration

Alle Reize werden durch die entsprechenden Rezeptoren in den Sinnesorganen in elektrische Impulse umgewandelt, diese Informationen werden über das Nervensystem an das Hirn zur weiteren Verarbeitung geleitet. Dort werden die unterschiedlichen Sinneseindrücke zu einem differenzierten Eindruck von einer gesamten Situation verarbeitet. Dabei unterscheidet man

- verschiedene Sinnes-Modalitäten (z.B. Sehen, Hören oder Riechen),
- unterschiedliche Qualitäten (z.B. süß/ sauer, Tonmischungen und Frequenzen, Helligkeiten oder Farben),
- verschiedene Quantitäten (Reizstärken).

Mit den aufgenommenen Sinnesreizen verknüpft sich sofort eine Empfindung, zu der eine Deutung der Situation kommt.

Gelernt und abgespeichert wird eine komplexe Situation einschließlich der dabei entstandenen Gefühle und Gedanken.

Mit diesem Modell lässt sich z. B. erklären, weshalb der Geruch von Zimt bei vielen Menschen auch im Sommer weihnachtliche Gefühle und Kindheitserinnerungen auslösen kann. Abgespeichert ist das gesamte Weihnachtsfest, gefestigt durch die jährliche Wiederholung mit der besonderen Freude über Zimtsterne und Glühweinduft.

„Der Verlauf des Wahrnehmungsprozesses kann folgendermaßen beschrieben werden:

- Aufnahme des Reizes durch das entsprechende Sinnesorgan (über die Rezeptoren)
- Weiterleitung des Reizes an das Gehirn über aufsteigende Bahnen (Nervenfasern) in die entsprechenden sensorischen Zentren in der Großhirnrinde
- Speicherung des Wahrgenommenen
- Vergleichen des neuen Reizes mit bisher Gespeichertem. Auswahl und Bewertung der Meldungen aus den Sinnesorganen
- Koordination der Einzelreize der verschiedenen sensorischen Zentren im Gehirn
- Verarbeitung der Reize und Einordnung in die bisherigen Erfahrungen
- Reaktion, Reizbeantwortung (motorische Handlungen, Verhaltensänderungen etc.); absteigende Nervenfasern leiten die Impulse und Befehle des Gehirns zum ausführenden Organ (z. B. in Muskeln oder Sehnen)
- die durch den Reiz in Gang gesetzten Reaktionen verursachen weitere Wahrnehmungen."

(Zimmer, 2009)

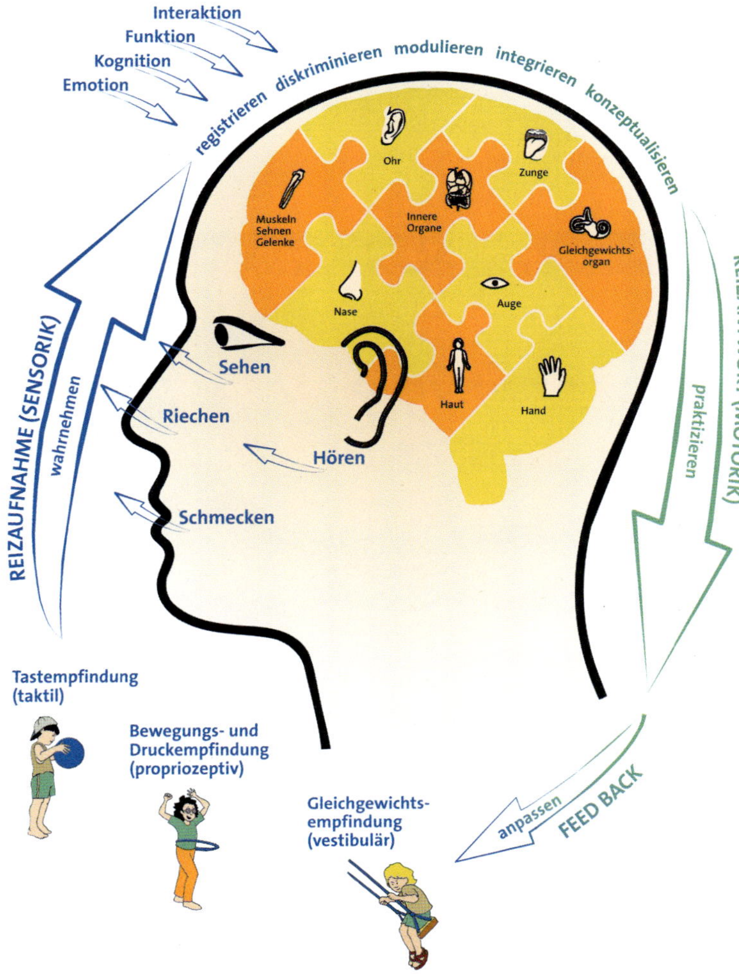

Die Verknüpfung von Sinnesreizen mit Empfindungen – sensorische Integration

Wahrnehmung findet immer statt. Die Verarbeitung von Reizen aus der Umwelt und aus dem eigenen Körper und die Beantwortung – sei es als äußerlich sichtbare Reaktion, sei es als innerer Prozess – verlaufen multipel, sich überlappend und sich gegenseitig beeinflussend. Dazu verleiht das limbische System jeder Wahrnehmung eine Gefühlsqualität; die Information über einen Sinneseindruck erreicht diesen Hirnbereich schneller als die verarbeitende Großhirnrinde. Parallel dazu muss auch immer eine Selektion stattfinden. Man entscheidet bei der Wahrnehmung der Reize nach ihrer Wichtigkeit. Sie werden entsprechend wahrgenommen und integriert oder ausgeblendet und ignoriert. Dabei spielen die bei der Wahrnehmung stets mobilisierten Gefühle die Rolle eines Filters. Zur selektiven Wahrnehmung sind Menschen von Anfang an in der Lage: Es ist die Fähigkeit, zwischen „Figur" und „Grund" zu unterscheiden, die es erlaubt, sich auf das jeweils Wichtige zu konzentrieren und andere Reize auszublenden. Die Fähigkeit zur Figur-Grund-Wahrnehmung mit der Möglichkeit, den Fokus der Aufmerksamkeit wechseln zu können, schützt vor Reizüberflutung. Dadurch sind wir in der Lage, auch unter sich verändernden Bedingungen flexibel, anpassungsfähig, lernfähig und handlungsfähig zu sein.

Max, das jüngste Kind, das in der Lernsituation am Anfang dieses Kapitels erwähnt wird, ist mit mehreren Herausforderungen gleichzeitig beschäftigt. Er nimmt eine noch eher fremde Umgebung wahr: Er sieht und hört viele ihm unbekannte Menschen und Gegenstände. Er riecht seine Umgebung, fühlt den Teppich, auf dem er sitzt. Sein noch nicht völlig ausgereiftes vestibuläres System verarbeitet ständig Informationen, während er sich darum bemüht, sein Gleichgewicht im Sitzen zu halten – eine Kunst, die er noch nicht lange beherrscht. Dabei übt er, seine Körpermotorik zu koordinieren, und schult sich in der Integration kinästhetischer Wahrnehmungen (propriozeptive, taktile, vestibuläre Reize).
Auch das Lutschen auf dem Baustein erfüllt mehrere Funktionen für Max. Es ist eine motorische Aktivität, die der Erregungsabfuhr und Beruhigung dienen kann. Berührungen an und in der Mundregion kann man aber auch häufig im Zusammenhang mit Konzentration und Informationsaufnahme beobachten. Gleichzeitig ist die Mundregion selbst in taktiler Hinsicht für Kinder in Max' Alter ein bevorzugter Informationskanal. Er befragt sozusagen den Baustein nach seinen Materialeigenschaften. Natürlich nimmt er dabei auch dessen geschmackliche Eigenschaften wahr.

Modellvorstellung: Lernen als Wahrnehmung und Verarbeitung von Reizen

Und immer wieder hört er ein neues Geräusch, das seine Aufmerksamkeit erregt, und er fragt hinblickend nach der Bedeutung dessen, was er hört. Er will außerdem wissen, wie die Geräuschquelle wohl aussehen mag. Alle Reize, die Max in dieser Situation verarbeitet, werden sich zu einem Gesamteindruck eines seiner ersten Tage in der Kindertagesstätte verdichten und die Struktur seines Denkens ab jetzt beeinflussen. Aber die grundlegenden Kriterien für die Auswahl der Reize, die er wahrnimmt und verarbeitet, stehen ihm seit seiner Geburt zur Verfügung. Er verarbeitet all das gut und nachhaltig, was er emotional positiv besetzt und für interessant und wichtig hält. Damit erfindet Max seine individuellen Kriterien für die Wahrnehmung.

S. dazu **Lernfeld 3**, Kapitel 10.3.3: Sensorische Integration beim Spracherwerb

Aufgabe

Beschreiben Sie das Verhalten eines sehr jungen Kindes für einen kurzen Zeitraum so ausführlich wie möglich. Achten Sie dabei vor allem auf kleine Zeichen, die Ihnen signalisieren, wofür sich das Kind im Moment interessiert. Analysieren Sie dann Ihre Notizen im Hinblick auf die Erfahrungen, die dieses Kind mit seinen 7 Sinnessystemen macht.

Literaturtipp
Bausteine der kindlichen Entwicklung: Sensorische Integration verstehen und anwenden. J. Ayres, 2014

3.4 Bewegung

Bewegung ist die Basis für Wahrnehmungserfahrungen. Kinder bewegen sich auf die Welt zu, sie haben Lust auf sinnliche Erfahrungen. Dabei gewinnen sie ein Bild von ihrer Umgebung und von sich selbst. Sie knüpfen Beziehungen zu anderen Menschen und zu ihrer physischen Umwelt. In den ersten Lebensjahren ist der Wissenserwerb körpernah. Kleine Kinder erfahren in der Bewegung etwas

- über ihre Körpergrenzen,
- über die Lage ihrer Körperglieder im Raum,
- über die Schwerkraft und
- über ihr Gleichgewicht.

Übersicht Entwicklungsbereiche in der kindlichen Motorik

Grobmotorik	Feinmotorik
Erstes Aufrichten	Muskeltonus
Fortbewegung (Rollen, Krabbeln, Stehen, Gehen, Laufen)	Mundmotorik
Gleichgewichtsvermögen	Gesichtsmotorik
Sprungkraft	Greifen
Klettern	Auge-Hand-Koordination
Werfen und Fangen	Hand-Hand-Koordination
Schwimmen	Umgang mit Material und Werkzeugen
Körperliche Ausdauer und Kondition	Zeichnen und Malen
Körperbeherrschung	Schreiben und Schreibhaltung
Koordination	
Körperhaltung	

Kleine Kinder loten bei der Bewegung immer wieder und neu ihre Grenzen aus. Mit zunehmender Beweglichkeit erobern sie mehr Raum und erfahren seine Tiefe, können immer mehr Dinge sehen und erreichen, ergreifen. Sie puzzeln sich Stück für Stück die Welt zusammen und verstehen, d.h. begreifen immer mehr Zusammenhänge. All das spielt sich am Anfang im vorsprachlichen Bereich ab. Die sensomotorischen Erfahrungen sind eine Voraussetzung für die spätere Begriffsbildung.

Dabei gehen Kinder auch immer wieder Risiken ein, sie suchen die Herausforderung. Gäbe es diese **Risikobereitschaft** nicht, wäre für auf 4 Füßen sicher krabbelnde Kinder der unbedingte Drang auf 2 unsichere Beine gewiss nicht so attraktiv. Der Weg zum einigermaßen sicheren Zweibeinergang ist mit bitteren Niederlagen und schmerzenden Blessuren gepflastert. Trotzdem lässt sich kein gesundes Kind davon abschrecken.

Das Interesse an neuen Erfahrungen und die **Neugier** treiben die Kinder voran. Zusätzlich haben sie bis weit ins Jugendalter hinein eine Vorliebe für alles, was den Gleichgewichtssinn herausfordert. Zunächst sind es die Möbel, die erklettert werden müssen. Später sind es Schaukeln, Wippen, Rollbretter, Fahrzeuge aller Art, an denen alles versucht wird, was möglich erscheint. Lust auf die Erweiterung von Bewegungserfahrungen, die immer neue Probe der Geschicklichkeit, treibt Kinder auf Bäume, lässt sie auf Gehsteigkanten und Mäuerchen balancieren, all das verspricht mehr Spaß – und mehr Lernerfahrung als ein glatter, breiter Weg.

Balancieren erfordert Geschicklichkeit

Meike, Lasse und Sabine, die 3 Kinder im Bällebad, haben zwar vor allem ihren Spaß, sind aber gleichzeitig mit großer Ernsthaftigkeit mit der Synchronisation ihrer Bewegungen beschäftigt. Es hat für sie einen eigenen Reiz, sich aufeinander einzustimmen und das Gleiche zu tun. Damit haben sie das Springen in die Menge der Bälle, das allein schon eine Herausforderung für die Bewegungskoordination darstellt, um eine interessante Variante erweitert. Und sie erfinden weitere Tätigkeiten. So verschaffen sie sich differenzierte Bewegungserfahrungen und festigen ihre Freundschaft. Die sozialen Beziehungen der Kinder sind das Band und die Basis für immer neue spannende Spielsituationen. So lernen die Kinder, ihren Körper zu koordinieren, wiederholen frühere taktile Erfahrungen und erweitern ihre sozialen Kompetenzen.

Und: Auch Erwachsene wissen um die positiven Folgen des lebenslangen In-Bewegung-Bleibens. Der Geist wird in der Bewegung erfrischt, das Gehirn wird besser durchblutet, und nach einer körperlich aktiven Pause ist man zu neuer geistiger Anstrengung befähigt.

Sprachliche Entwicklung und Förderung
S. **Lernfeld 3**, Kapitel 10

S. Kapitel 11.3 Bewegungsspiele für Ideen zu konkreten Bildungsangeboten

> **Literaturtipp**
> KurzCHECK Motorische Entwicklung von Kindern. A. Mock-Eibeck, 2014

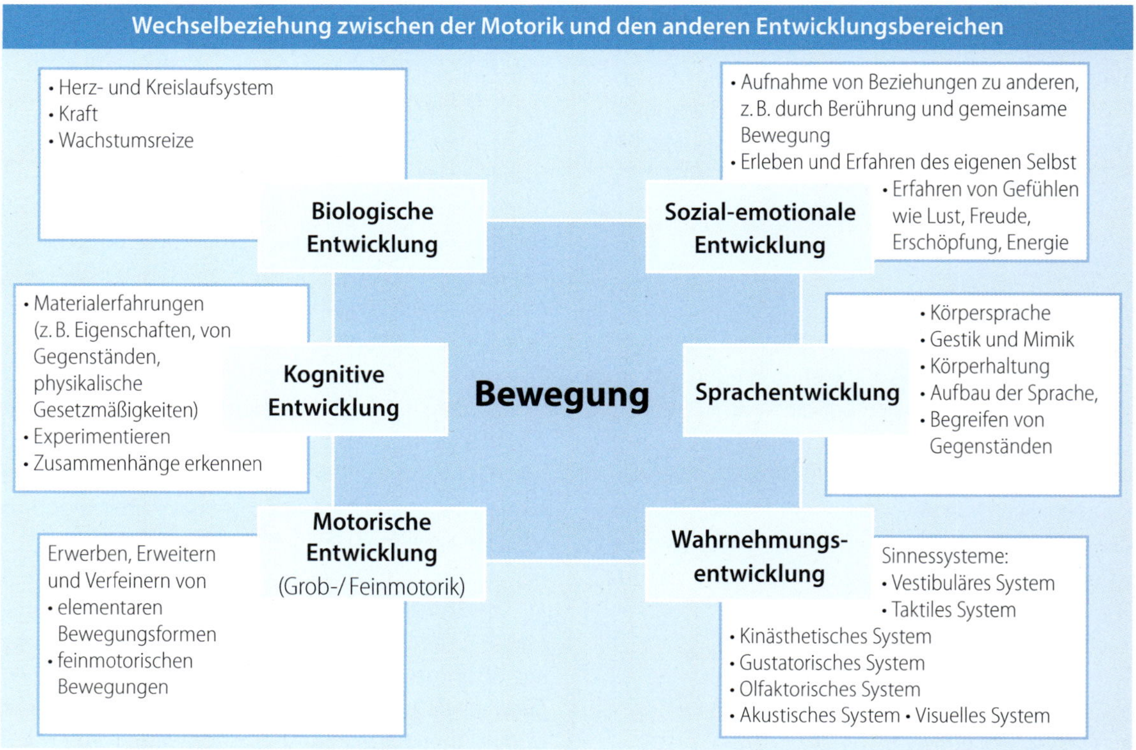

Aufgabe

Beobachten Sie für ein paar Minuten ein Kind in Bewegung. Was genau tut es? Sprechen Sie mit dem Kind. Was erzählt es Ihnen über seine Tätigkeit?

3.5 Spielen – erforschen – tätig sein

„**Neugier** ist wie Hunger ein starker und notwendiger Trieb. Ohne die Fähigkeit zum Staunen würde der Verstand verhungern. Wenn man die Neugier sich entfalten lässt, entwickelt sie sich zu jener Leidenschaft für Erkenntnis und Verstehen, die den Ursprung aller Wissenschaft bildet. Nicht nur die Wortwahl, sondern auch die Beweggründe sind bei einem Kind genau die gleichen wie bei einem Physikprofessor, wenn beide fragen: „Warum ist der Himmel blau?" Sie sind schlicht und einfach *neugierig*."

(Hans Christian von Baeyer)

Auch Säuglinge erforschen handelnd und hantierend ihre Umwelt. Sobald sie gelernt haben, dass die vor ihren Augen auftauchenden und verschwindenden Arme und Hände zu ihnen gehören, wenn also die Hirnregionen für das Sehen und das Greifen ansatzweise koordiniert sind, werden die anfangs unbeherrschbar erscheinenden Wedelbewegungen zielgerichteter. Im Verlaufe der ersten Lebenswochen treten an die Stelle des Greifreflexes das bewusste Zugreifen und danach das Wieder-Loslassen-Können. Von da an greifen auch die Kleinsten zu und bereiten für sich das „Begreifen" vor. Wenn Gegenstände, Mobiles, Ketten mit Greifspielzeug und alles, was ihnen vor die Augen kommt, erreichbar sind und möglicherweise auch noch Geräusche machen, können sie das Interesse des Kindes langfristig fesseln.

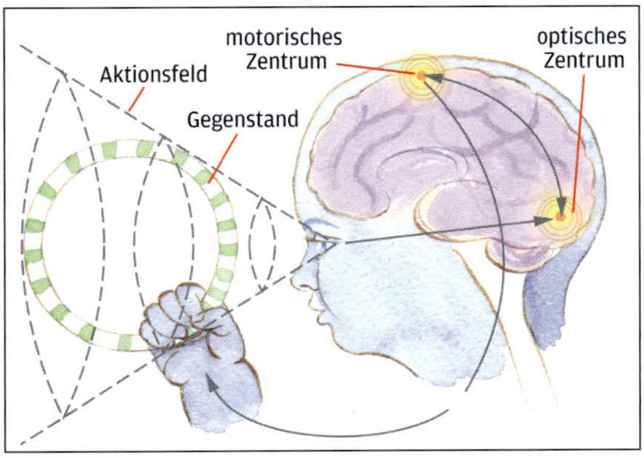

Vernetzung der Hirnstrukturen (nach Radigk, 1982)

Mit dem von Anfang an vorhandenen Bedürfnis nach Aktivität und einer kaum erlahmenden Neugier stellen sie handelnd Fragen, bilden Hypothesen, die sie unter systematischer Veränderung der Bedingungen erproben.

- Beispielsweise wird beinahe alles, was ein Kleinkind im Hochstuhl, in der Karre oder am Rand einer Treppe in die Hand bekommt, einem Herunterfalltest unterworfen. Die Dinge fallen auf unterschiedliche Art zu Boden, bleiben liegen oder rollen weiter, klingen hölzern, metallisch oder wie Kunststoff.
- Auch beim Zugreifen fühlen sich die Dinge unterschiedlich in Temperatur und Oberflächenbeschaffenheit oder aufgrund des spezifischen Gewichts an. Ein Kunststoffbecher kann ebenso groß und glatt wie ein Glas sein, er fühlt sich anders an und ist bei gleicher Größe leichter.

Je abwechslungsreicher die Umgebung ist, die Kinder erforschen können, desto reichhaltiger werden die Materialerfahrungen sein, desto effektiver wird die Wahrnehmung für feinste Unterschiede trainiert und desto differenziertere Kenntnisse eignet sich das Kind an.

Denken ist also zuerst praktisches Handeln.
Wie Forscher gehen Kinder dabei auch
vom Einzelfall → zur Verallgemeinerung vor.

Es geht zunächst um einfache Induktion nach dem Muster „wenn → dann". So muss ein Kind beispielsweise so lange einen Lichtschalter betätigen und das Aufglühen der Lampe sehen, bis der Zusammenhang zu seinem gesicherten Wissensstand gehört.

- Kinder testen dabei auch, inwieweit sie die Umwelt nach ihren Wünschen verändern können oder sich der Umwelt anpassen müssen. Sie erfahren sich ein Stück weit als mächtig, als Verursacher von Veränderungen und sammeln durch Erfahrung erworbenes, gesichertes Wissen. „Kinder sind nicht belehrbar" – nur über Eigentätigkeit lernen sie gern und gut.

Kindliche Lernprozesse, die Hartnäckigkeit, mit der auch sehr junge Kinder ihre Interessen verfolgen, können für Altersgenossen ein Anlass für Ärger, Kummer oder Widerspruch und für Erwachsene anstrengend

sein. Wenn 2 Kinder den gleichen Gegenstand wie beispielsweise ein Fahrzeug beanspruchen, gibt es Ärger und ein Einigungsmodus muss erst erfunden werden. Das auszuhalten ist nicht immer einfach.
Manchmal brauchen Kinder dabei auch die **Unterstützung von Erwachsenen**. Zudem setzen verantwortliche Erwachsene Grenzen, wenn beispielsweise die Unversehrtheit eines Kindes bedroht ist; auch das kann ein Kind in manchen Fällen nicht verstehen und reagiert mit Wut und Verzweiflung. Es ist für kleine Kinder immer wieder eine erschütternde Entdeckung, wenn sie feststellen müssen, dass die Mutter als engste Bezugsperson anderer Meinung ist oder nicht versteht, was das Kind möchte.

In der geschützten Umgebung der Kindertagesstätte ist die kleine Merve damit beschäftigt, sich die Gesetze der Schwerkraft anzueignen. Sie setzt Dinge in Bewegung und beobachtet sehr genau, was dann passiert. Erwartungsgemäß fallen die Bausteine des Turms nacheinander und mit Gepolter zu Boden und die Kugeln rollen auf der Murmelbahn bis zum Ende.
Auch die ältere Anja erforscht handelnd das Materialverhalten der Bausteine unter dem Kriterium des Stapelns in die Höhe. Während Merve noch das Umwerfen genießt (und möglicherweise einen Erwachsenen zum neuen Turmbau auffordert), experimentiert Anja mit unterschiedlichen Anordnungen der Steine. Sie ist also mehr mit den Feinstrukturen des Bauens und Stapelns beschäftigt. Das heißt nicht, dass Merve keine Vorstellung davon hätte, wie ein Turm aussehen soll, den sie umwerfen möchte. Doch noch verspürt sie keinen Impuls, so etwas bauen zu wollen. Erst wenn sie ihre Körpermotorik feiner koordiniert hat, wird sie damit anfangen, selbst in die Höhe zu stapeln.

Aufgabe

1. Beobachten Sie Kinder im Umgang mit konstruktivem Material. Sie werden feststellen, dass sie Lösungen für konstruktive Probleme suchen (stabil in die Höhe bauen, Brückenkonstruktionen, Überdachungen o.a.). Dokumentieren Sie die Versuche und unterschiedlichen Lösungswege der Kinder.
2. Achten Sie in Alltagssituationen darauf, wie Kinder versuchen, Einfluss zu nehmen und ihre Macht als Verursacher von Veränderung zu erproben.
3. Sprechen Sie mit Mitschülern über Ihre Notizen und tauschen Sie sich über Ihre Einschätzungen aus.

Entwicklung des kindlichen Spielverhaltens

Spielform	Beginnend ab (Alter)	Pädagogische Unterstützung
Sensomotorisches Spiel / Funktionsspiel / Explorationsspiel	Säuglingsalter (s. sensomotorisches Stadium nach Piaget)	Sinnliche Reize anbieten, sozialer Kontakt, keine Reizüberflutung
Sprachspiel	Im Säuglingsalter beginnend	Handlungen sprachlich begleiten, inkl. Gestik und Mimik, Fingerspiele, Singspiele
Konstruktionsspiel	Ab Ende des 1. LJ oralsensorisch geprägt. Im 3. LJ funktional / symbolisch	Bereitstellen des Materials, aktive Unterstützung
Symbolspiel / Als-ob-Spiel	Ab 2. Lebensjahr	Resonanz/ Mitspielen
Rollenspiel	Ab 2. Lebensjahr	Anbieten von grundlegenden Materialien S. auch Kapitel 12.4: Die Bedeutung des (Rollen-)Spiels
Regelspiel	Ab 3. Lebensjahr	Förderung Regelverständnis, Absprachen treffen
Freispiel	--	braucht Raum

4 Erklärungsmodelle für Lern- und Entwicklungsprozesse

Man kann beobachten, dass Menschen sich ganz unterschiedlich entwickeln und sehr verschiedene Fähigkeiten, Fertigkeiten und Talente ausbilden. Dabei werden in unterschiedlichen Gegenden der Welt nicht nur verschiedene Sprachen gesprochen, sondern die Menschen verfügen über spezielle, passende Kenntnisse und Fertigkeiten. Die Annahme, dass sie dies einmal gelernt haben und als Lernaufgabe an ihre Kinder weitergeben, liegt auf der Hand. Dann ist die nächste interessante Frage, wie man sich solche grundlegenden Lernprozesse vorzustellen hat. Es ist die Frage nach einer Theorie über das Lernen und der Bedarf nach einer Modellvorstellung vom Lernen.

Das Ziel bei der Formulierung von Theorien und Modellvorstellungen ist das Verstehen von Prozessen. Der Impuls zur Entwicklung von Lerntheorien entsteht aus dem Bedürfnis von Lehrenden, Instrumente zur Einflussnahme auf den Verlauf von Lernprozessen zu bekommen. Deshalb ist die Erklärungsträchtigkeit eines Modells ein wichtiges Gütekriterium: Es geht um die Frage, ob die in der Beobachtung von Lernprozessen vorgefundenen Phänomene mit seiner Hilfe befriedigend erklärt und möglicherweise wunschgemäß gesteuert werden können.

4.1 Verhaltenstheoretisch beeinflusste Erklärungsmodelle – Konditionierung (Pawlow, Bandura)

Verhaltenstheoretische Ansätze sind als Gegenkonzepte zu rein philosophischen Auffassungen entstanden. Sie gehen davon aus, dass zur Erklärung von Lernen die Beschäftigung mit inneren Prozessen aus wissenschaftlicher Sicht nicht akzeptabel ist. John Watson gründete in den 1920er-Jahren in den USA eine Forschungsrichtung, die unter der Bezeichnung **Behaviorismus** die amerikanische und auch die deutsche Psychologie bis in die 1970er-Jahre geprägt hat. Das Hauptziel war die Vorhersage und Kontrolle von Verhalten. Für das ausdrückliche Desinteresse an Introspektion und die Konzentration auf Beobachtbares als Konzept hat der amerikanische Psychologe B. F. Skinner den Begriff der „Blackbox" geprägt. Er ging davon aus, dass wissenschaftlich seriös nur das beforscht werden kann, was sichtbar ist und beispielsweise im Labor in kontrollierbarer Weise verändert werden kann. Denkprozesse spielen sich im Inneren des Menschen ab, eben in der „Blackbox" seines

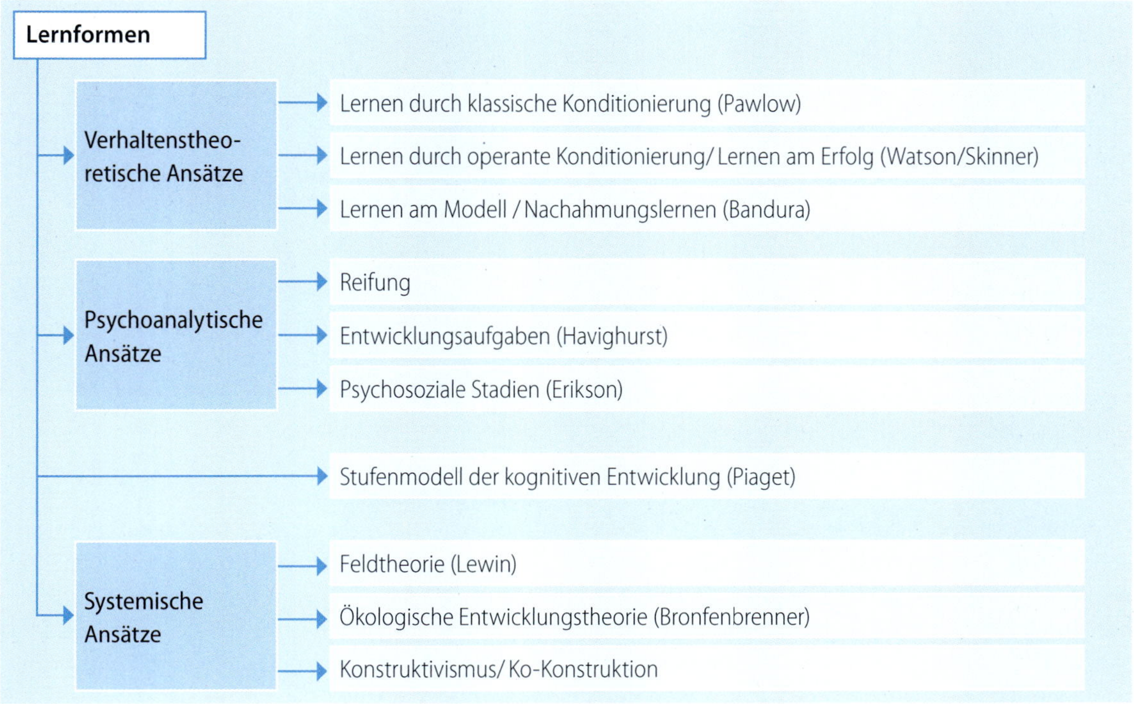

Gehirns; sie entziehen sich deshalb der Beobachtung und die Beschäftigung damit fällt eher in den Bereich von Spekulation.

Modell Blackbox

Konditionierung

Klassisch: Als die erste entwickelte Lernform gilt das Signallernen oder die klassische Konditionierung. Der russische Physiologe Iwan Pawlow (1849-1936) hat dieses Phänomen zunächst eher zufällig entdeckt. Er hat dann systematisch bei Hunden das Phänomen erzeugt, dass sie beim Ertönen einer Glocke vermehrt Speichel absondern; eine Reaktion, die ansonsten nur durch den Geruch oder den Anblick von Futter ausgelöst werden kann. Wenn nun beim Darreichen von Futter immer eine Glocke ertönt, verbindet sich der unkonditionierte Reiz „Futter" mit dem Reiz „Glockenton". Darauf folgt die Reaktion „Speichelfluss". Nach einigen Durchgängen reicht der Glockenton nun als konditionierter Reiz aus, um die Reaktion Speichelfluss auszulösen. Die so entstandene Verbindung erwies sich als sehr dauerhaft.
Mithilfe dieses Erklärungsmodells kann man auch bei Menschen körperliche Reaktionen oder Verhalten als gelernt – eben klassisch konditioniert – erklären. Wer zum Beispiel im Kino bei einer bestimmten Art von Musik Herzklopfen bekommt, hat gelernt, dass es nun spannend wird. Angenommen wird, dass es sich hierbei um eine Grundform des Lernens handelt. Ein bestimmter Reiz wird mit einer Erfahrung verbunden – von da an gehören beide zusammen. So freut sich möglicherweise ein Kleinkind stets angesichts seines Lätzchens, das zum Signal für Essen generell geworden ist.

Operant: Dieses Modell wurde später um das operante Konditionieren erweitert. Bei diesem Erklärungsansatz wird ein sogenanntes **Verstärkungslernen bzw. Lernen durch Erfolg** oder Misserfolg postuliert (nach B. F. Skinner, 1904-1990). Die Modellvorstellung: Auf eine Handlung folgt ein angenehmes Ereignis. Wenn dies wiederholt eintritt, wird eine besondere Reiz-Reaktions-Kette etabliert. Das Individuum fühlt sich belohnt und wird bald das Verhalten wiederholen, um die belohnende Reaktion zu provozieren. Auch hier wurden die ersten Versuche mit Tieren gemacht. Ratten wurden im Labor durch ein Gängesystem geschickt und stießen dabei auf Hebel, die sie drücken konnten. Wenn die Betätigung einer dieser Hebel Futter ausschüttet, wird ein konditionierter Reiz gesetzt. Die Ratte wird diesen Hebel immer wieder drücken (Erfolgslernen). Nach einiger Zeit muss auch nicht bei jedem Mal die Belohnung folgen, sondern es reicht, wenn hin und wieder eine Belohnung erfolgt.

Lernen am Erfolg: Auf dem Modell des operanten Konditionierens fußt die behavioristische Theorie des Erfolgslernens. Dabei geht es darum, erwünschtes Verhalten zu trainieren. Lernen findet statt als das Zeigen von Verhaltensweisen, die wahrscheinlich belohnt werden, oder auch als Vermeiden von Verhalten, das möglicherweise bestraft wird. Für Menschen kann die Belohnung auch in der Anerkennung durch andere und die Bestrafung in der Nichtachtung bestehen. Insbesondere Thorndike und Skinner haben dazu in vielen Varianten Versuchsreihen durchgeführt und eine umfangreiche Theorie zum Verstärkungslernen oder Lernen durch Konsequenzen konzipiert.

Tierdressur ist meist operantes Konditionieren

Lernen am Modell

Ein weiterer wichtiger Vertreter behavioristischer Lerntheorien ist Albert Bandura (* 1925), der in seinen Experimenten pädagogischen und moralischen Fragestellungen nachgegangen ist. Er konnte zeigen, dass das Lernen am Modell dann besonders wirksam verläuft, wenn ein Beobachter die Person, deren Verhalten er möglicherweise übernimmt, als sozial attraktiv, also beliebt oder mächtig erlebt. Wirksam für die Übernahme, also das Lernen des Verhaltens, ist auch die Beobachtung, dass es belohnt wird. Gelernt wird, so gesehen, mittels zweier Komponenten:

- in einer sozialen Situation und
- durch die kognitive Verarbeitung des Geschehens.

Deshalb werden Banduras Überlegungen als **sozial-kognitive Lerntheorie** bezeichnet. Danach lernen Kinder erfolgsorientiert nur dann, wenn eine Belohnung erfolgt. Zur Erklärung von kindlichem Lernen gilt es demgemäß, die Belohnung bzw. die vermiedene Bestrafung aufzuspüren. Weiterhin kann man die Erkenntnisse dafür nutzen, Lernsituationen so zu konstruieren, dass erwünschtes Verhalten belohnt und unerwünschtes Verhalten möglichst nicht belohnt wird.

Das Konzept des Modelllernens erklärt besonders gut das soziale Lernen von Kindern und Jugendlichen in pädagogischen Einrichtungen. Das Verhalten von Erwachsenen und auch von Gleichaltrigen wird nachgeahmt, wenn es im Unterricht und auch außerhalb erfolgreich zu sein scheint.

Neugeborene sind perfekte Nachahmer. Bereits wenige Minuten nach der Geburt kann ein Kind die Mimik einer anderen Person nachahmen. Nachahmen und Üben sind in den ersten Lebensjahren die bevorzugten Lernformen von Kindern. Sie beobachten vor allem ältere Kinder und Erwachsene intensiv und machen nach, was sie wahrnehmen, so genau wie möglich. Manchmal sind es ganze Handlungsfolgen, die ein Kind einem bestimmten Erwachsenen nachmacht. Das ist insbesondere dann auffällig, wenn der beobachtete Erwachsene einen Fehler macht und das Kind die Handlung genauso ausführt. Auch beim Sprechenlernen ist Nachahmen eine gut erkennbare Methode. Manche Redensarten und typischen Redewendungen übernehmen Kinder von nahen Bezugspersonen. Weil ein Kind dabei auch die ganze Situation „mitlernt“, kann es eine Redewendung zur Verblüffung der „Großen“ ganz passend anbringen.

Eine nachgeahmte Verhaltensweise wird nicht nur unverändert kopiert. Das Kind übt und führt aus, gewinnt dabei an Erfahrungen und verändert das Verhalten. So entsteht nach und nach eine eigene Kompetenz. Die Verhaltensweise kann dem Vorbild unähnlicher werden, ohne dass sie ihren Sinn verliert. Das finden Kinder experimentell heraus, indem sie erproben und verändern und neu erproben.

Exkurs Anlage-Umwelt-Debatte

Es gibt unter Lerntheoretikern, Psychologen und Pädagogen eine lange Debatte über die Frage, ob Entwicklung und Lernen durch Umwelteinflüsse oder das Reifen vererbter Anlagen stattfinden. Inzwischen ist deutlich geworden, dass es dieser Frage kein eindeutiges Entweder-Oder sinnvoll ist. Auch die neueren Ergebnisse der Neurowissenschaften sind in die Anlage-Umwelt-Debatte eingeflossen und haben bestätigt, dass es ein lebenslanges Ineinandergreifen von Reifungs- und Lernprozessen gibt. Hinzu kommen Erkenntnisse eines biologischen Forschungsansatzes, der Epigenetik genannt wird. „Epigenetik gilt als das Bindeglied zwischen Umwelteinflüssen und Genen: Sie bestimmt mit, unter welchen Umständen welches Gen angeschaltet wird und wann es wieder stumm wird. Experten sprechen hier von Genregulation“ (WDR/ Badenschier, 2013).

Das scheint nicht allein für erbliche bedingte Krankheiten zu gelten, die nur unter bestimmten Umwelteinflüssen ausbrechen. Auch Lernprozesse und Lebensereignisse können sich epigenetisch manifestieren und sogar weiter vererbt werden. Nachgewiesen ist dies inzwischen für die Folge von Vernachlässigung oder Traumatisierung in der frühen Kindheit, die sich auch biologisch als verminderte Stressanfälligkeit äußern kann.

- Die Mehrheit der Wissenschaftler geht heute davon aus, dass ein genetisch gesteuertes Reifungsprogramm bei der Entwicklung des Menschen abläuft, das über einen zweiten epigenetischen Code modifiziert wird. So entstehen offene Strukturen und Potenzen, die durch die konkrete, situative Erfahrung gefüllt und ausgeformt werden.
- Außerdem scheint es so zu sein, dass es an vielen Stellen bedeutsamer Umwelteinflüsse bedarf, um einen nächsten Reifungsschub auszulösen.

Noch nicht alle Schaltstellen und Einzelheiten dieses komplexen Prozesses sind befriedigend erforscht. Aber sicher scheint zu sein, dass sich auch bei der körperlichen Erscheinungsform eines Menschen (bei seinem Größenwachstum beispielsweise) und vor allem in Verhalten, Entwicklung von Talenten und Eigenschaften sowohl **Reifungs-** als auch **Erfahrungsprozesse** untrennbar miteinander vermischen.

Damit stellt sich die Frage nach anlage- bzw. umweltbedingten Eigenschaften in neuer Weise: Es kommt darauf an, für das Aufwachsen von Kindern und Jugendlichen die bestmöglichen, individuell passenden Bedingungen zu schaffen.
Die Chance für ein Kind, zu einem talentierten und glücklichen Menschen heranzuwachsen, ist am größten, wenn es in einer förderlichen Umgebung heranwächst: voraussetzungslos geliebt, gefordert und altersangemessen selbstbestimmt.

4.2 Psychoanalytisch orientierte Modelle (Havighurst, Erikson)

Nach psychoanalytischer Vorstellung kann Lernen nur innerhalb jener Bandbreite stattfinden, die die Entwicklungsphase zulässt, in der sich das Kind gerade befindet. Dabei ist die Libido die treibende Kraft, die sich mit fortschreitender Reifung des Kindes in unterschiedlichen Regionen des Körpers äußert. Danach sind auch die einzelnen Entwicklungsphasen benannt. Wichtig ist dabei die Annahme, dass jeder Mensch von Beginn seines Lebens an ein sexuelles Wesen ist. Nacheinander sind jeweils verschiedene Körperregionen besonders empfindlich und in den aufeinanderfolgenden Phasen erogene Zonen. (Vgl. dazu Sigmund Freud und die von ihm entwickelte Persönlichkeitstheorie.)

Reifung und Entwicklungsaufgaben (Havighurst)
In psychoanalytischer Tradition postulierte Robert J. Havighurst (1900-1991) im Jahre 1948 das Konzept der **Entwicklungsaufgaben**, das in der Folgezeit bis in die 1970er-Jahre vor allem von Erik Erikson (1902-1994) weiterentwickelt und präzisiert wurde.
Reifung in diesem Sinne bedeutet Folgendes: Genetisch angelegte Strukturen und Funktionen entfalten sich nach ihrem eigenen Rhythmus. Ganz augenfällig ist dies bei der Anlage und dem Wachstum des Körpers. Auch das Gehirn und das Zentralnervensystem reifen nach einem genetischen Programm heran. In Bezug auf Lernen und Entwicklung gilt mittlerweile auch bei psychoanalytisch orientierten Forschern eine Art Ausschluss-Logik: Alle Lernzuwächse und Verhaltenserweiterungen, bei denen man *keine* Umwelteinflüsse erkennen kann, werden auf Reifung zurückgeführt.

In der aktuellen pädagogischen Diskussion hat das Konzept der Reifung trotz aller entgegenstehenden neueren Forschungsergebnisse noch seinen Platz. **Entwicklungstabellen** geben Auskunft über den Reifestand eines Kindes in seiner Entwicklung. Schulreifetests sollen bei der Entscheidung helfen, ob ein Kind nicht nur in kognitiver, sondern auch in körperlicher, emotionaler und sozialer Hinsicht so weit entwickelt ist, dass der Schulstart erfolgreich verlaufen wird. Obwohl gerade in das Konzept der Schulreife gesellschaftliche Normierungen und statistisch ermittelte Größen eingegangen sind, ist es hilfreich.
In viel umfassenderem Ausmaß einleuchtend erscheint das Reifungskonzept für die Erklärung der Phänomene in der Pubertät, in der, hormonell gesteuert, die gesamte Persönlichkeit einen deutlichen Entwicklungs- und Veränderungsschub erfährt.

Psychosoziale Stadien (Erikson)
Der Schüler von Anna Freud, Erikson, ging von 8 psychosozialen Stadien aus, die jeder Mensch durchlaufen muss und die ihn immer wieder vor phasentypische, wichtige *Krisen* stellen (Stufenmodell der psychosozialen Entwicklung). Gelingt ihre Überwindung nicht auf eine befriedigende Weise, so hat das beeinträchtigende Folgen für das weitere Leben. Die jeweils im Vordergrund stehenden Konflikte verschwinden niemals vollständig, aber sie müssen vorläufig gelöst werden.

Die Lern- und Entwicklungsaufgaben eines Kindes von Geburt an lassen sich nach Erikson so skizzieren:

1. Die erste Lernleistung ist die Entwicklung von Vertrauen – darauf, dass die Welt ein freundlicher Ort ist, dass die Erfüllung der Grundbedürfnisse nach Nahrung, Hygiene und sonstiger körperlicher Fürsorge gesichert ist. Gelernt wird dabei das Vertrauen darauf, dass die primären wichtigen Bezugspersonen sich stets freundlich zuwenden und auch wiederkommen, wenn sie zunächst das Blickfeld und dann den Raum verlassen.
2. Daneben und danach liegt die reifungsbedingte Lernleistung in der Kontrolle, zunächst über den eigenen Körper und dann auch über beeinflussbare Dinge und Personen in der näheren Umgebung. Das Kind entdeckt seinen eigenen Willen und dass es etwas bewirken kann. Damit tun sich in der Regel Konflikte zwischen dem Willen des Kindes und dem der Bezugspersonen auf, die zu bewältigen auch gelernt werden muss.

Ungefähres Alter	Krise	Angemessene Lösung	Unangemessene Lösung
0–1,5 Jahre	Vertrauen vs. Misstrauen	Grundlegendes Gefühl der Sicherheit	Unsicherheit, Angst
1,5–3 Jahre	Autonomie vs. Selbstzweifel	Wahrnehmung des eigenen Selbst als Person, die ihren Körper kontrolliert und Ereignisse verursacht	Gefühl der Unfähigkeit, Ereignisse zu kontrollieren
3–6 Jahre	Initiative vs. Schuldbewusstsein	Vertrauen auf eigene Initiative und Kreativität	Mangelndes Selbstwertgefühl
6 Jahre bis Pubertät	Kompetenz vs. Minderwertigkeit	Kompetenz in grundlegenden sozialen und intellektuellen Fertigkeiten	Mangelndes Selbstwertgefühl, Gefühl des Versagens
Adoleszenz	Identität vs. Rollendiffusion	Entspanntes Erleben des eigenen Selbst	Das eigene Selbst wird als bruchstückhaft, schwankend und diffus wahrgenommen
Frühes Erwachsenenalter	Intimität vs. Isolation	Fähigkeit zur Nähe und zur Bindung an andere	Gefühl der Einsamkeit, Trennung; Leugnung des Bedürfnisses nach Nähe
Mittleres Erwachsenenalter	Generativität vs. Stagnation	Über die eigene Person hinaus Sorge um Familie, Gesellschaft und künftige Generationen	Hedonistische Interessen; fehlende Zukunftsperspektive
Seniorenalter	Ich-Integrität vs. Verzweiflung	Gefühl der Ganzheit, grundlegende Zufriedenheit mit dem Leben	Gefühl der Sinnlosigkeit, Enttäuschung

Psychosoziale Stadien nach Erikson

3. Daran beginnt das Selbstvertrauen zu wachsen. Das Kind ist jetzt reif dafür, bewusst Initiative zu ergreifen, mit anderen zu konkurrieren und sich zu erproben. Gleichzeitig lernt es, mit Schuldgefühlen und der Angst vor der Zurückweisung umzugehen.
4. Das Vertrauen in die eigene Kraft, die Entwicklung von Kompetenz und die dauerhafte Leistungsbereitschaft bleiben während der Schulzeit bis zur Pubertät eine ständige Aufgabe.

Bei der Beschäftigung mit Entwicklungsaufgaben fällt auf, dass es sich bei ihren Inhalten keineswegs um anthropologische Grundkonstanten handelt, sondern dass sie *kulturell* und *historisch* geprägt sind und in anderen Zivilisationsmodellen durchaus anders aussehen könnten. Deshalb spricht man von *normativen Entwicklungsaufgaben*, die ein Mensch zu bewältigen hat, sobald die psychischen, sozialen und biologischen Voraussetzungen dafür erfüllt sind.

Entwicklungsaufgaben des Kleinkinds

Für Kleinkinder werden folgende normative Entwicklungsaufgaben unterschieden:

Laufen lernen
Selbstständig Nahrung aufnehmen
Sich aus der symbiotischen Beziehung zur Mutter lösen
Ein Gewissen erwerben (unterscheiden zwischen Gut und Böse; s. Moralentwicklung)
Die eigene Geschlechtsrolle erwerben und Geschlechtsunterschiede erkennen
Eigene Gefühle zu den Eltern und Geschwistern in Beziehung setzen
Symbolgebrauch und Sprechen lernen
Körperausscheidungen kontrollieren
Bindungen zu weiteren Personen aufbauen
Physiologische Stabilität erwerben
Zusammenhänge zwischen sozialer Umwelt und physischer Realität erkennen

(vgl. Kasten, 2007)

Wenn man die Lernsituation vom Beginn dieses Lernfelds unter dem Blickwinkel der psychosozialen Stadien und der zugehörigen Entwicklungsaufgaben betrachtet, fallen die Anstrengungen von Peter auf. Nun kann man sehen, dass er mit der Entwicklung seiner Autonomie und der Dämpfung von Selbstzweifeln beschäftigt ist: Mithilfe des Nachwinkrituals und unter Unterstützung der vertrauten Person seiner Bezugserzieherin kann er in einer kritischen Situation seine Mutter gehen lassen. Seiner kleinen Schwester bringt er sicherlich ebenso viel Liebe wie Eifersucht entgegen: Seit ihrer Ankunft hat er den Platz als einziges Kind seiner Mutter und damit viel Macht und Einfluss verloren. Das Ritual erlaubt ihm, aktiv zu sein: Er verabschiedet Mutter und Schwester, er winkt ihnen hinterher, er wird sich danach anderen Dingen zuwenden können.

Die Bezugserzieherin wird ihn darin auch weiterhin bestärken und er wird das Kuscheltier so lange wie nötig mit sich herumtragen. Er kann durch Wiederholungen lernen, dass die familiäre Situation auch nach der Geburt der Schwester verlässlich ist und er sich als großer Bruder geliebt fühlen kann. Er wird ein neues Selbstvertrauen als autonome Persönlichkeit entwickeln und sich den nächsten Entwicklungsaufgaben stellen.

Aufgabe

Beobachten Sie Kinder Ihrer Einrichtung bezüglich der Bewältigung von Entwicklungsaufgaben. Tauschen Sie sich mit Ihrer Anleiterin über Ihre Beobachtungen aus.

4.3 Stufenmodell der kognitiven Entwicklung (Piaget)

Der Schweizer Psychologe Jean Piaget (1896-1980) hat fast 50 Jahre lang Theorien über das Denken, Schlussfolgern und Problemlösen von Kindern entwickelt. Grundlegend sind dabei mehrere Annahmen:

- Er ging von einer aktiven Aneignung von Wissen durch den sogenannten „aktiven und kompetenten Säugling" aus, der in der Interaktion mit der Umwelt sich in einem selbstkonstruktiven Prozess bildet.
- Die Entwicklung vollzieht sich in Stufen oder Stadien, die von jedem Menschen in der gleichen Reihenfolge, aber in individuellem Tempo durchlebt werden. Jedes Stadium bildet ein integratives Ganzes und bereitet auf die folgende Stufe vor.

Es werden 4 Stadien der kognitiven Entwicklung bis zum Erwachsenenalter angenommen:

Stadium (ca. Alter in Jahren)	Typische Merkmale und wesentliche Errungenschaften
sensomotorisch (0–2 J.)	Das Kind verfügt zu Beginn seines Lebens über eine kleine Zahl an sensomotorischen Sequenzen. Das Kind erwirbt Objektpermanenz und die Anfänge symbolischen Denkens.
präoperativ (2–7 J.)	Das Denken des Kindes ist von Egozentrismus und Zentrierung geprägt. Das Kind besitzt verbesserte Fähigkeiten zum Einsatz symbolischen Denkens.
konkret-operativ (7–11 J.)	Das Kind versteht das Invarianzprinzip. Das Kind kann in Bezug auf konkrete, physikalische Objekte schlussfolgernd denken.
formaloperativ (ab 11 J.)	Das Kind entwickelt die Fähigkeit zu abstrakten Schlussfolgerungen und hypothetischem Denken.

Die Stadien nach Piaget

Sensomotorisches Stadium (1)

Das sensomotorische Stadium ist nach Piaget eine Vorstufe zum Denken. Das Kind entwickelt sich in 6 Schritten vom Neugeborenen (das die Bewegungen seines Körpers kaum unter Kontrolle hat) zu einem Zweijährigen, das sich zielgerichtet verhalten kann.

Wichtige Begriffe in Piagets Theorie sind **Schemata**, **Assimilation** und **Akkommodation**:
Unter einem Schema ist in diesem Sinne eine Denkstruktur, ein mentales Programm, zu verstehen, das einen Baustein für eine entwicklungsbedingte Veränderung ergeben kann. Die ersten Schemata sind die bei der Geburt vorhandenen Reflexe.
Die Assimilation ist die Hineinnahme einer neuen kognitiven Struktur, die verändert und zu den bisherigen Schemata passend gemacht wird.
Ergänzt wird dieser Prozess durch die Akkommodation, das ist die Anpassung und teilweise Rekonstruktion der schon vorhandenen Strukturen an die neue Information.

1. Die angeborenen Reflexe – insbesondere der Saugreflex und der Greifreflex – verändern sich in der Anwendung, weil jeder reflexauslösende Gegenstand eine andere Form hat und eine etwas andere Bewegung erfordert.
2. Im 2. bis 4. Lebensmonat entwickelt das Kind einfache Gewohnheiten oder primäre Zirkulärreaktionen: Am Beispiel des Greifens verwandelt sich der Reflex zum zielgerichteten Greifen. Erst danach lernt das Kind das Loslassen. Diese neue interessante Bewegung wird immer wieder geübt und vervollkommnet. Auch das Verfolgen und Suchen einer optischen Besonderheit wie einer Lichtquelle ist nun möglich, ebenso das zufällig entdeckte und dann willkürlich immer wieder eingesetzte Daumenlutschen gehört dazu.
3. Sekundäre Zirkulärreaktionen entwickeln sich ab dem 5. Lebensmonat. Die aktive Wiederholung interessanter Entdeckungen bezieht sich nun mehr auf die Umgebung statt auf den eigenen Körper. Bewegliche und Geräusch produzierende Gegenstände werden wiederholt bewegt, um den Effekt noch einmal zu erleben.
4. Im letzten Drittel des 1. Lebensjahrs werden unabhängig voneinander erlernte Verhaltensweisen koordiniert, miteinander verknüpft, um etwas zu erreichen. Das Kind krabbelt auf einen interessanten Gegenstand zu, schiebt Hindernisse weg oder nimmt Umwege in Kauf, um ihn dann zu ergreifen.
5. Im 2. Lebensjahr treten tertiäre Zirkulärreaktionen, eine neue Art von Assimilation und Akkommodation, auf. Das Kind beginnt, aktiv mit Gegenständen zu experimentieren, um ihnen noch unbekannte Eigenschaften zu entlocken. Es erforscht den differenzierteren Gebrauch von Alltagsdingen. Mit einem Löffel kann man beispielsweise nicht nur essen, sondern auch noch unendlich viele andere interessante Dinge tun. Es ist auch die Zeit der intensiven Einfüll- und Umgießexperimente in der Badewanne.
6. Der Abschluss des sensomotorischen Stadiums wird durch den Übergang zum Denken als rein abstrakte Tätigkeit gebildet. Das Kind muss nun nicht mehr alles gegenständlich erproben, sondern kann dies innerlich in seiner Vorstellung tun und dann in einem Schritt zielgerichtet sein Verhalten verändern, um einen gewünschten Effekt zu erzielen.

Objektpermanenz: Ein großer kognitiver Schritt innerhalb der sensomotorischen Phase ist das Erreichen der Objektpermanenz. Bis zum 6. Lebensmonat existieren nur jene Dinge, mit denen sich das Kind in diesem Moment beschäftigt. In mehreren Schritten erwirbt sich das Kind die Vorstellung, dass auch die Dinge, die im Moment nicht sichtbar sind, weiterhin existieren. Gegen Ende des 1. Lebensjahres fangen die Kinder an, Dinge aktiv zu suchen. Die Objektpermanenz ist eine wichtige Voraussetzung dafür, dass in den folgenden Lebensjahren Vorstellungen von Raum und Zeit sowie Ursache und Wirkung entwickelt werden können.

Umgießen und dabei Erkenntnisse über Mengen sammeln. Handelt es sich um dieselbe Menge Wasser oder um unterschiedliche Mengen?

Frühkindliche Reflexe

Ein großer Teil der Säuglingsbewegungen bestehen aus (nicht willentlich steuerbaren) Reflexen. Sie verschwinden in den ersten Lebensmonaten, um willkürlichen Bewegungen Platz zu machen.

- Saugreflex: Bei Berührung der Mundregion beginnt das Neugeborene zu saugen.
- Greifreflex: Bei Berührung der Handinnenflächen schließt sich die Hand (verschwindet zum Ende des 1. Lebensjahres).
- Suchreflex: Berührt man die Wange des Säuglings, dreht es seinen Kopf in die Richtung der Berührung (verschwindet nach ca. 3–6 Monaten).

- Moro-Reflex: Bei ruckartigen Bewegungen oder lauten Geräuschen reagiert der Säugling, indem er die Arme und Beine nach hinten streckt (bis etwa zum 4. Monat).
- Babinski-Reflex: Es spreizen sich die Zehen, wenn man die Fußsohlen berührt (bildet sich zwischen 8. und 12. Monat zurück).
- Schreitreflex: Säugling macht automatisch Schreitbewegungen, wenn die Fußsohlen den Boden berühren (verschwindet im 3. Monat).

Präoperatives Stadium (2)

Das präoperative Stadium hat Piaget der Zeit etwa bis zum 7. Lebensjahr zugeordnet. Nach seiner Theorie lernt das Kind jetzt allmählich zu unterscheiden zwischen

den Dingen → den dafür stehenden Symbolen.

Es versteht, dass das Wort eine für einen Gegenstand gewählte Bezeichnung ist. Es erkennt mühelos Darstellungen und unterscheidet ganz sicher zwischen Apfel und Bild vom Apfel. Das symbolische Denken erlaubt auch Abstraktionen: Das Kind erkennt, dass es eine Gruppe von Dingen gibt, die rund sind und folglich rollen. Diese Erkenntnis ist ein Baustein in der Fähigkeit, Kategorien bilden zu können. Ein Kind kann aber auch erkennen, dass man mit einem Gegenstand ganz unterschiedliche Dinge tun kann. Und die immer präzisere Entwicklung von Vorstellungsinhalten erlaubt das Darübersprechen und das „So-Tun-als-ob", das Spiel mit Symbolen.

Der Junge Thomas in der Situation von Seite 158 hat eher nebenbei am Maltisch eine Struktur entdeckt oder auch für sich selbst kreiert. Nur mit sich und den Stiften beschäftigt, konnte er in Ruhe die unterschiedlichen Arten und ihre Eigenschaften fühlen, sehen, riechen und in der Handhabung wahrnehmen und registrieren. Thomas hat sich ungeplant eine Lernsituation geschaffen und für Ordnung gesorgt. Kein Erwachsener hat es ihm zeigen oder ihn dazu anweisen müssen. Allein seine Neugier und sein Ausprobieren haben ihn hier weitergebracht. So hat er ein System entwickelt, möglicherweise kann er nun auch berichten, nach welchen Kriterien er die Stifte sortiert hat. Über die Verbalisierung seiner Tätigkeit kann er dies auf einer weiteren kognitiven Ebene verarbeiten und seine Fähigkeit zur Strukturbildung verallgemeinern.

Piaget hat ein Modell der systematischen kognitiven und psychosozialen Entwicklung vorgeschlagen, das lange Zeit unangefochten Bildungspläne und Förderprogramme bestimmt hat. Heute ist die Hauptkritik an seiner Theorie das Hervorheben dessen, was Kinder auf bestimmten Stufen noch nicht leisten können. Zudem gibt es Fähigkeiten und Kenntnisse, die sich Kinder auch viel früher aneignen können, als sein Phasenmodell es ihnen zubilligt. Das gilt beispielsweise für das Abstraktionsvermögen und den kompetenten Umgang mit Symbolen.

In diesem Sinne wissen Lucas und Jewgenia, was sie tun. Die Holzeisenbahn ist Symbol für Schienenfahrzeuge. Sie quietscht nicht so wie die reale Straßenbahn, deshalb erledigt Lucas das eben.

Aufgabe

Sammeln Sie Notizen von Situationen, in denen Sie Anzeichen von Denkoperationen bei Kindern festhalten. Ordnen Sie Ihre Beobachtungen den Stadien der Denkentwicklung nach Piaget zu. Diskutieren Sie mit Mitschülerinnen die Tragweite und die Grenzen dieses Modells.

4.4 Systemisch-orientierte bzw. ökologische Modelle (Bronfenbrenner)

Ausgangspunkt für systemisch-orientierte Modelle des Lernens ist die von Kurt Lewin (1890-1947) entwickelte Feldtheorie. Das „Feld" ist der physikalische und soziale Raum, in dem ein Mensch handelt. Wichtig für das Lernen ist die subjektive Bedeutung der Umwelt. Lernen und Entwicklung sind nach Lewin die schrittweise Exploration und Ausdifferenzierung der Regionen des eigenen Lebensraums.

Auf dieser Basis entwickelte der russischstämmige Amerikaner Urie Bronfenbrenner (1917–2005) den Ansatz einer **ökologischen Entwicklungstheorie** (ökosystemischer Ansatz). Er geht davon aus, dass Menschen in vielfach ineinander verschachtelten Systemen handeln und Kinder sich von Geburt an darin lernend entwickeln. Diese Systeme bilden die Umwelt, die beeinflusst, was auf welche Weise und zu welchem Zeitpunkt gelernt wird.

Systemisch-orientierte Modelle und Denktraditionen haben in der pädagogischen Diskussion den Blick dafür geöffnet, dass jeder Mensch in einer materiellen, kulturellen und sozialen Umgebung lebt. Es wäre sehr erstaunlich, wenn dies ohne Folgen für sein Lernen und seine Entwicklung bliebe. Daraus folgt:

> Die Umwelt eines Kindes muss als umgebendes System berücksichtigt werden, wenn man seine Entwicklung einordnen und seine Lern- und Lebensthemen erkennen will.

Bronfenbrenner unterscheidet 5 Systeme, die Einfluss auf die Entwicklung eines Menschen nehmen und sich dabei selbst verändern.

Mikrosystem: Das Mikrosystem ist der unmittelbare Lebensbereich, die Nahumwelt eines Menschen. Das ist zunächst die Familie, in der erste Lernerfahrungen stattfinden. Dabei kommt es auf das subjektive Erleben von Tätigkeiten, Rollen und zwischenmenschlichen Beziehungen an. Weitere Mikrosysteme sind die Nachbarschaft, die Kindergartengruppe, die Schule oder weitere überschaubare Gruppen, in denen sich ein Kind bewegt und lernt.

Mesosystem: Diese Mikrosysteme hängen zusammen und beeinflussen sich gegenseitig. Damit wird ein weiteres System gebildet, das Mesosystem. Es „umfasst die Wechselbeziehungen zwischen den Lebensbereichen, an denen die sich entwickelnde Person beteiligt ist" (Bronfenbrenner, 1981). Tätigkeiten oder Veränderungen in einem der Mikrosysteme wirken auf die übrigen ein, das Mesosystem verändert sich.

Chronosysteme: Entwicklung bewirkt entweder die Übernahme neuer Rollen – ein Kind wird bei der Geburt des nächsten Kindes große Schwester oder großer Bruder – oder den Eintritt in ein neues Mikrosystem – vom Kindergarten in die Schule. Solche Lebensübergänge werden als Chronosysteme bezeichnet. Sie umfassen die zeitliche Dimension der Entwicklung, z. B. markante Zeitpunkte.

Exosystem: Eine weitere Kategorie ist das Exosystem. Es ist ein Teil der Umwelt, an dem ein Mensch nicht beteiligt ist, der ihn aber beeinflusst oder der davon beeinflusst wird. Für Kinder sind die Arbeitsplätze von Vater oder Mutter Exosysteme: Das, was sie lernen, und ihre Entwicklung werden davon wesentlich beeinflusst, obwohl sie persönlich daran keinen Anteil haben. Es ist eine Wechselbeziehung: Auch das Exosystem Arbeitsplatz wird durch die Kinder verändert, obwohl sie persönlich dort weder anwesend sind noch agieren.

Makrosystem: Die letzte zu berücksichtigende Kategorie ist das Makrosystem. Es besteht aus dem, was in einer großen Anzahl von Mikro-, Meso- und Exosystemen das Gemeinsame ausmacht: die Kultur und die Subkultur, in der sich die Menschen bewegen und die ihre Lernerfahrungen auf charakteristische Weise färben. Die Umwelt, in der ein Kind seine Lernerfahrungen macht und die seine Art zu denken bildet, ist nach Bronfenbrenner als vorwiegend *soziale Umwelt* zu sehen. Die Gesellschaft besteht aus einem komplexen Gefüge von Subsystemen, die in geregeltem Kontakt miteinander stehen. Über diese Systeme und Subsysteme werden Traditionen, Kultur, Sprache und ihre speziellen Codes sowie ethische, philosophische und religiöse Überzeugungen vermittelt.

Die beiden Kinder Max und Peter bewegen sich in einem Chronosystem, sie haben in diesem Moment des Übergangs vieles neu zu lernen. Max lernt neben dem Mikrosystem seiner Familie ein neues Mikrosystem, die Kindergartengruppe, kennen. In der Zukunft wird er täglich von einem Mikrosystem in ein anderes und wieder zurück wechseln. Das Mesosystem, das aus dem Zusammenhang der Mikrosysteme Kindergarten und der dazugehörenden Familien gebildet wird, verändert sich gleichzeitig durch das Hinzukommen der Familie von Max. Es verändert sich auch dadurch, dass sich das Mikrosystem der Familie von Peter verändert hat. Peter muss lernen, mit einem Rollenwechsel umzugehen: Aus einem Einzelkind ist ein älterer Bruder einer kleinen Schwester geworden. Als Exosysteme werden auch die Arbeitsplätze von Peters und Max' Müttern tangiert. Auch dies hat Rückwirkungen auf das Lernen der Kinder und auf das Mikrosystem Kindergartengruppe. Die Mutter von Max wird nach seiner Eingewöhnung in die Kindergartengruppe ihren Arbeitsplatz wieder einnehmen. Sie wird dann wieder stärker mit Dingen beschäftigt sein, die nicht unmittelbar mit Max zu tun haben.

Das wird Rückwirkungen auf die Mikrosysteme der Familie von Max und die Kindergartengruppe haben. Die Mutter von Peter ist seit einiger Zeit nicht mehr berufstätig. Ihr Arbeitsplatz ist als Exosystem für Peter im Moment nicht existent. Das kann sich auch wieder ändern, wenn der Vater in Elternzeit geht und später, wenn seine kleine Schwester Lena größer geworden ist und beide Eltern in die Berufstätigkeit zurückkehren.

Aufgabe

Betrachten Sie Ihre Lerngruppe oder die Klasse als Mikrosystem. Welche weiteren Mikrosysteme gruppieren sich um dieses Mikrosystem zu einem Mesosystem? Können Sie Einflussfaktoren benennen, die Lernvorgänge provozieren?
Können Sie Exosysteme identifizieren, also andere Mikrosysteme, in denen niemand von Ihnen persönlich handelnd vorkommt, die Sie aber trotzdem beeinflussen?

Das Ineinandergreifen der gesellschaftlichen Systeme am Beispiel Kindertagesstätte

1. Die Kindertagesstätte bildet als Zusammenkunft von Menschen ein Mikrosystem. Jede Familie bildet für sich ein Mikrosystem.
2. Alle beteiligten Mikrosysteme beeinflussen sich gegenseitig und bilden zusammen ein Mesosystem.
3. Die Kinder sind diejenigen, die stets wechseln und auf Zeit Mitglied im „Mikrosystem Kindertagesstätte“ sind, gleichzeitig auch Mitglied des Mikrosystems ihrer Familie. Sie bewegen sich jeweils in einem (zeitlichen) Chronosystem, denn sie müssen im Moment Veränderungen verarbeiten. Dies beeinflusst das Mesosystem.
4. Die Arbeitsplätze der Mütter sind aus der Perspektive der Kinder Exosysteme, sie selbst sind dort nicht anwesend. Trotzdem beeinflussen die Kinder die Exosysteme, dieser Einfluss ist wechselseitig.

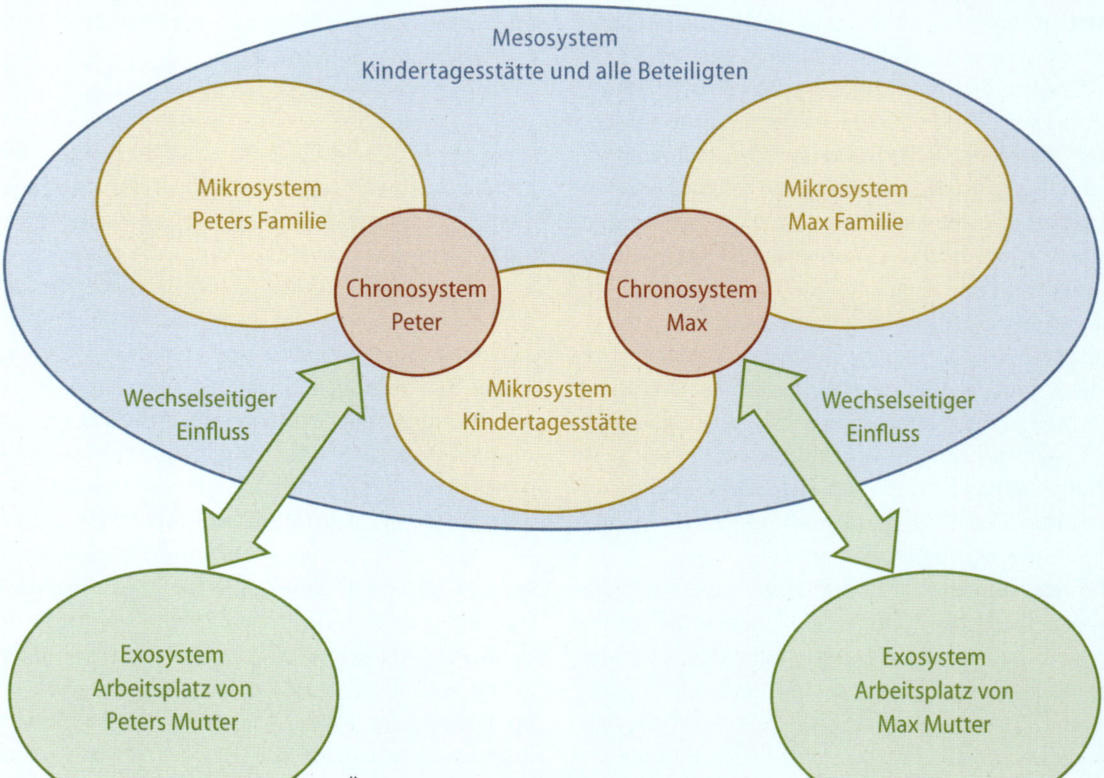

Ökologisches Modell nach Bronfenbrenner (am Beispiel Kita)

4.5 Neuere Forschungsergebnisse zu Lern-, Theoriebildungs- und Gedächtnisleistungen von Kindern

Im Rahmen der Erforschung der frühkindlichen Entwicklung und des zunehmenden Interesses an der Pädagogik der frühen Kindheit wurde in den letzten Jahren eine Reihe von neuen Ergebnissen zum logischen Denken, zum Gedächtnis, zur Unterscheidungsfähigkeit und zum Urteilsvermögen sehr junger Kinder veröffentlicht. Mit trickreichen Apparaturen und Versuchsanordnungen wurden vermehrt auch Kinder „befragt", die noch nicht sprechen können. Über video- und computergestützte Aufzeichnungen ihrer mimischen und gestischen Äußerungen konnte auf kognitive Vorgänge rückgeschlossen werden. Auch 4- bis 6-jährige Kinder wurden zu Experimenten eingeladen, in denen sie über komplexe Sachverhalte auf der Handlungsebene oder verbal befragt wurden.
Gemeinsames Ergebnis der Versuche ist, dass Kinder schon viel früher als bisher angenommen

- Kategorien sicher unterscheiden,
- Analogieschlüsse ziehen,
- Erwartungen über künftige Ereignisse haben

und daraufhin beobachten und urteilen. Kleinstkinder, die kaum sitzen können, reagieren entweder mit Freude, wenn ein Gegenstand zu Boden fällt und damit ein physikalisches Gesetz eingehalten wird, oder verwirrt, wenn dies nicht eintritt, weil er beispielsweise im Versuchslabor auf einer für das Kind nicht sichtbaren Halterung ruht. Diese ersten physikalischen Kenntnisse werden offenbar im Verlauf des Kindergartenalters ausgebaut und differenziert.
Das Gleiche leisten Kinder bei der Entwicklung ihres Verständnisses von der belebten Natur, von sozialen Zusammenhängen und moralischen Übereinkünften. Beobachtbar ist eine Theoriebildung, die in vielerlei Hinsicht dem Weltverständnis von Erwachsenen sehr nahe kommt.

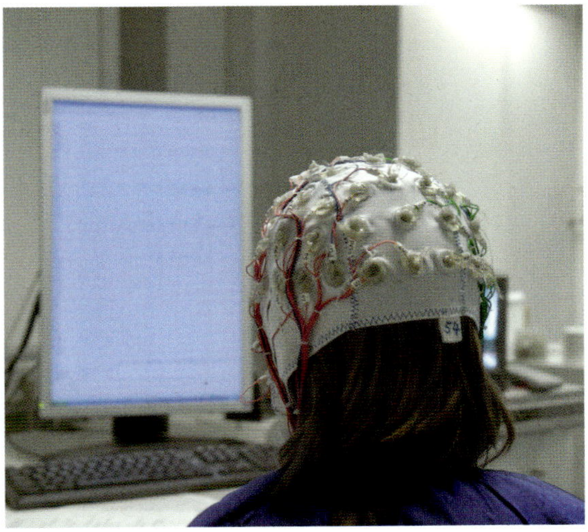

Die Gewinnung neurobiologischer Erkenntnisse bei Kindern und Jugendlichen

Diese Versuche auf der Verhaltensebene werden durch die Ergebnisse **neurobiologischer Forschungen** bestätigt. Es ist möglich, die Hirnfunktionen beim Menschen mittels Elektroenzephalogramm (EEG) und funktioneller Magnetresonanz-Tomografie (fMRT) zu messen und damit gleichsam „dem Gehirn beim Arbeiten zuzusehen". Sichtbar sind Erregungsmuster, die die gleichzeitige Aktivität unterschiedlicher Hirnareale nachweisen. Das Gehirn arbeitet nach dem Prinzip der neuronalen Vernetzung. Eindrücke, Bilder und Informationen werden an verschiedenen Stellen des Gehirns aufgenommen und weiterverarbeitet. Dabei werden sie in vorhandene Strukturen aufgenommen oder es werden neue Strukturen gebildet. Die Häufung ähnlicher Wahrnehmungsmuster führt zu einer Erweiterung des entsprechenden Areals.

> Das wichtigste Ergebnis ist: Das Gehirn ist für das Lernen optimiert, kann nichts besser und tut nichts lieber, als ständig zu lernen. Deshalb brauchen Kinder die Chance, möglichst viele und möglichst unterschiedliche Erfahrungen machen zu können.

Ein weiteres Ergebnis der Gehirnforschung ist, dass sich das Gehirn auch stofflich selbst belohnt. Jede neue Erkenntnis, jedes Erfolgserlebnis löst demnach die Ausschüttung eines Hormons aus, das Glücksgefühle vermittelt: den Neurotransmitter Dopamin. Erkenntnis macht Spaß, ist an sich schon eine Freude und allein deshalb bemühen sich Lernende – Kinder wie Erwachsene – darum, etwas Neues herauszufinden. Sie lernen wie alle Lebewesen am besten, wenn sie selbst tätig sind. Dabei werden von Beginn an Kategorien gebildet und Regeln generiert. Ein Verstoß zum Beispiel gegen die Gesetze der Schwerkraft wird auch von sehr jungen Kindern mit Anzeichen größter Irritation wahrgenommen. Regelwissen ist häufig implizit und gehört nicht immer in den Bereich des deklarativen Wissens, über das wir Auskunft geben können.

Im Licht dieser Forschungsergebnisse kann sicher festgestellt werden: Merve weiß, welche Effekte sie auslösen will. Der Turm soll einstürzen und die Murmeln sollen herabrollen. Die Freude über den erzielten Effekt drückt sie spontan aus, gleichzeitig kann dies auch ein Motiv für die Wiederholung des Experiments sein. Merve wäre sehr erstaunt, wenn etwas anderes passieren würde. Dieses Regelwissen eignet sie sich handelnd an und festigt es so lange, wie es für sie erforderlich ist. Merve wird, wie die übrigen Kinder auch, an diesem Tag eine Vielzahl von Erlebnissen dieser Art haben, sie sich auch aktiv verschaffen. Viele spezielle Einzelheiten wird sie wieder vergessen, aber die mechanischen Regeln wird sie sich weiter herausdestillieren und verfeinern. Wenn sie auf der Murmelbahn eine größere Murmel erwischt, kann es sein, dass diese nicht – wie erwartet – bis zum Ende rollt. Die Kugel bleibt möglicherweise irgendwo stecken und Merve wird zur Erweiterung ihres Regelwissens neue Experimente starten.

Aufgabe

Beschreiben Sie die Tätigkeiten von Kindern in Ihrer Einrichtung als Abenteuer. Bewerten Sie das Tun unter dem Gesichtspunkt, dass jedes Kind von dem übermächtigen Bedürfnis angetrieben wird, zu lernen und Neues zu erleben.

4.6 Die konstruktivistische Lerntheorie als besondere Systemtheorie

Die Vertreter einer konstruktivistischen Lerntheorie sehen sich durch die Ergebnisse der Neurowissenschaften in ihren zum Teil schon lange vorher publizierten Annahmen über das Lernen bestätigt.
Danach ist Wissenserwerb die individuelle Konstruktion einer Weltsicht. Paul Watzlawick (1926–2007) nennt den Konstruktivismus die „Untersuchung der Art und Weise, wie wir Menschen unsere eigenen Wirklichkeiten erschaffen". Dies ist nur möglich, nachdem „die Welt" über die Sinnesorgane und die Weiterverarbeitung der Reize in das Bewusstsein eines Menschen gekommen ist. Unter Berufung auf Johann Amos Comenius (1592–1670) kann man sagen, dass „nichts im Verstand ist, wo es nicht zuvor im Sinn gewesen" sei.

Als weiterer Effekt kommt hinzu, dass es kaum einen voraussetzungslosen Blick auf die uns umgebenden Dinge gibt. Immer wird der aktuelle Eindruck in schon vorhandene Gedächtnisinhalte eingeordnet. Dies hat zur Folge, dass nur aufgenommen und verarbeitet werden kann, was „gesehen" und nicht „übersehen" wird. Das führt zu der These, dass sich jedes Individuum ein individuelles und subjektives Bild seiner Umwelt konstruiert.

Konstruktivismus: Demnach gibt es keine für alle gültige Wirklichkeit, sondern viele subjektive und individuelle Wirklichkeiten. Die kognitiv konstruierte Welt eines Individuums erhält nur dann allgemeinere Verbindlichkeit, wenn diese Sicht der Dinge von anderen geteilt wird.

Ko-Konstruktion: Lernen durch die Zusammenarbeit von Kindern und Fachkräften (vgl. Fthenakis). Dieser Ansatz betont den sozialen Anteil des Lernens, also dass das Kind Teil einer Gemeinschaft ist und im (dialogischen) Austausch mit Bezugspersonen die Welt erfährt. Bedeutungen und Ideen können aktiv miteinander geteilt und ausgetauscht werden (s. Kapitel 5).

Selbstbildung: Während Selbstbildung die Eigenaktivität des Kindes herausstellt, betont Ko-Konstruktion den Anteil der erwachsenen Fachkräfte. Für gelingende Bildungsprozesse der Kinder werden immer beide Seiten benötigt.

In der Lernsituation sind verschiedene kleine Kindergruppen damit beschäftigt, ihre Sicht der Welt abzugleichen und zu synchronisieren: Das ist eine notwendige Tätigkeit für ein befriedigendes Zusammenspiel. Für die 3 Kinder im Bällebad ist der Abgleich fast alleiniger Spielinhalt. Jedes Kind ist darauf bedacht, seine Ideen den anderen so mitzuteilen, dass sie sich diese im Mitmachen aneignen können. Damit findet ein Stückchen gemeinsame Wirklichkeit statt, ein Verstehen, das auch glücklich macht.
Eine andere Form der Verständigung und Kommunikation über ihre Sicht der Welt haben die beiden Kinder mit der Holzeisenbahn gefunden: Sie ergänzen sich im Spiel. Beide tun Dinge, die das jeweils andere Kind als passend und sinnvoll erkennt. So entsteht eine **Ko-Konstruktion von Welt**, in der ein gemeinsames Spiel möglich ist.

So gesehen ist Lernen ein aktiver, selbst gesteuerter, ko-konstruktiver, situativer und sozialer Prozess. Eine Fremdsteuerung ist nicht möglich. Kinder lernen, indem sie selbst tun, die Welt erfassen und begreifen und sich daraus ihr Weltbild mit all seinen Annahmen und Gesetzen konstruieren. Das tun sie stets in Kontexten, also sinnvollen Situationen und sozialen Zusammenhängen. Erst aus einer Reihe von Erfahrungen entstehen Verallgemeinerungen und es werden Regeln generiert.

Pädagogische Aufgaben: Lernbegleiter sein

Wenn Kinder als Konstrukteure und Entdecker ihrer Wirklichkeit sich erfolgreich in der Gesellschaft mit anderen bewegen können sollen, brauchen sie verlässliche Strukturen, die ihnen die Konstruktion ihres Wissens ermöglichen. Diesen Rahmen zu setzen ist u. a. die Aufgabe von Bildungseinrichtungen. Auch Kindertagesstätten stellen an jedem Tag den Raum für die Aneignung der Welt zur Verfügung: Räume, in denen es Dinge zum Anfassen und zur Auseinandersetzung gibt, in denen es Anknüpfpunkte an die eigene Lebenswelt gibt, in denen Kinder und Erwachsene als ermutigende Ansprechpartner zur Verfügung stehen. Der Pädagoge wird zum **Lernbegleiter**. Der russische Psychologe Lew Wygotski (1896–1934) (s. **Lernfeld 4**, Kapitel 12.4) hat am Anfang des 20. Jahrhunderts systematisch erforscht, wie sich kleine Kinder entwickeln, und erkannte, dass es sehr darauf ankommt, dass Erwachsene ihnen kundige und liebevolle Begleiter sind. Solche Bedingungen hat beispielsweise auch Maria Montessori (1870–1952) gefordert. (s. **Lernfeld 4**, Kapitel 12.2). Kernstück ihrer Methode ist die vorbereitete Umgebung und das strukturierte Material, mit dem sich Kinder selbstständig beschäftigen und handelnd Wissen erwerben. Wegen seiner starken Betonung der Eigenaktivität des Kindes wird teilweise auch Jean Piaget zu den Vertretern des Konstruktivismus gerechnet.

Gemeinsames Spiel – Konstruktion und Ko-Konstruktion im Austausch mit der Umwelt

Aufgabe

1. Beurteilen Sie Ihre Praxiseinrichtung, indem Sie sich vorstellen, Sie wären dort ein Kind. Was fällt Ihnen dann auf, was gefällt Ihnen gut, was fehlt?
2. Wie fällt Ihr Urteil aus, wenn Sie sich vorstellen, dass Sie für die Finanzierung der Einrichtung zuständig sind und ein knappes Budget zur Verfügung haben?
3. Setzen Sie sich mit einer Partnerin zusammen und erzählen ihr eine kurze Geschichte über ein Ereignis, bei dem Sie beide anwesend waren. Die Partnerin darf erst danach erzählen, wie sie die Geschichte erlebt hat. Vermutlich werden Ihre Geschichten etwas verschieden ausfallen. Analysieren Sie nun die Unterschiede genauer: Wie sind sie zustande gekommen?

5 Bedingungen für Lern- und Bildungsprozesse

All das, was Kinder tun, ist für sie von Bedeutung – hier und jetzt und im räumlichen und sozialen Zusammenhang.

Die Beobachtung und Dokumentation kindlicher Aktivitäten verfolgen das Ziel, ihrem Interesse auf die Spur zu kommen und die persönliche Bedeutung zu erkennen. Was sich die Kinder bei ihrem Tun denken, kann man nicht sehen, und der Sinn erschließt sich möglicherweise auch erst nach längerem oder mehrfachem Beobachten oder gar im Gesamtzusammenhang einer längeren Dokumentation.

S. Kapitel 8: Beobachtung und Analyse
S. Kapitel 9: Dokumentationsmethoden

Man kann gesichert davon ausgehen, dass Kinder stets mit mehreren Themen und Fragen an ihre Umwelt gleichzeitig beschäftigt sind.
Wichtig ist, dass sich die beobachtende Person vergegenwärtigt, dass sie die Interessen des Kindes lediglich erahnen und interpretieren kann. Sie tut im Prinzip das, was auch das Kind tut. Sie setzt sich auf der Basis der Verarbeitung von Sinneseindrücken ihre Sicht von der Welt zusammen. Ebenso wie das Kind, das sie beobachtet, bemüht sie sich dabei darum, ein sinnvolles Ganzes zu erkennen bzw. zu konstruieren. Deshalb ist es so wichtig, dass sie sich stets darüber im Klaren ist, dass das Kind eine völlig andere Einordnung und Bewertung der gleichen Abläufe und des sozialen Kontextes vornehmen könnte.
Wer also an den Fragen der Kinder interessiert ist, muss sich auf sie einlassen, muss ihre Interessen teilen und ihre Fragen wichtig finden.

5.1 Die Rolle von Bindung und Beziehung (Ko-Konstruktion)

Sicher gebundene Kinder können sich konzentrieren, sie versenken sich in das, was sie beschäftigt. Ebenso engagiert wenden sie sich weltoffen und aufmerksam ihrer Umgebung mit all ihren interessanten Phänomenen zu. Die ersten Bezugspersonen schaffen mit verlässlicher Zuwendung und Sorge um die Befriedigung von Grundbedürfnissen die Basis an emotionaler Sicherheit, auf der Neugier und Risikofreude gedeihen. So können Kinder frühe Bildungsbeziehungen eingehen, auf denen alle weiteren Lernprozesse aufbauen.
Die **Bindungstheorie** geht zurück auf den englischen Kinderpsychiater John Bowlby (1907–1990). Sie fußt darauf, dass Neugeborene eine Bindung zu ihren Bezugspersonen (in der Regel ihren Eltern) eingehen müssen, denn das sichert ihr Überleben in einer besonders verletzlichen Phase (s. Kapitel 3.1). Entscheidend ist, in welcher Weise die Eltern auf dieses Bedürfnis nach Bindung und liebevoller Zuwendung eingehen, denn dies prägt die Art, wie das Kind im späteren Leben seine Gefühle äußert, welche emotionalen Erwartungen es an seine Mitmenschen hat und ob es selbst in der Lage ist, tragfähige Bindungen einzugehen, Freundschaften zu schaffen und Liebe zu geben.
Dazu hat die Entwicklungspsychologin Mary Ainsworth (1913–1999) praktische Forschungen und Beobachtungen durchgeführt und die Bedeutung der Qualität der elterlichen Bindung für die gute Entwicklung eines Kindes, seine spätere Beziehungsfähigkeit und letztlich auch sein Lebensglück nachgewiesen. In Deutschland gelten 60 % aller Kinder als überwiegend sicher gebunden.

Unterschiedliche Arten von Bindung
Unter Bindung wird eine enge und intensive gefühlsmäßige Verbindung zwischen Personen verstanden, die eine besondere Qualität hat und lange Zeit überdauert. Kleinstkinder sind durchaus in der Lage, zu mehreren Personen eine Bindung aufzubauen, die jedoch unterschiedliche Grade an Nähe beinhalten können. Am Anfang des Lebens entsteht die engste Bindung zwischen dem Kind und den Eltern, die die Basis für das sogenannte Urvertrauen bildet. Mit Ainsworth und Bowlby unterscheidet man heute 3 Arten der Bindung von Kindern an ihre engsten Bezugspersonen:

Sicher-gebunden: Sicher gebundene Kinder haben in ihrem Leben erfahren, dass ihre Eltern sich ihren liebevoll und feinfühlig zugewandt haben und dass ihre Bedürfnisse zuverlässig erfüllt worden sind. Sie fühlen sich voraussetzungslos und um ihrer selbst willen geliebt. Gegenüber ihren engsten Familienmitgliedern zeigen sie große Zuneigung und Vertrauen. Von dieser sicheren Basis ausgehend können sie selbstbewusst, unbefangen und furchtlos die Welt erkunden. Diese Kinder sind in der Regel freundlich, ausgeglichen, neugierig und können sich gut konzentrieren.

Unsicher-vermeidend: Unsicher-vermeidend gebundene Kinder haben die Erfahrung machen müssen, dass ihre Wünsche nach Nähe und persönlicher Zuwendung zu wenig erfüllt wurden. Sie können daraus die Vorstellung entwickeln, dass ihre Wünsche grundsätzlich auf Ablehnung stoßen und ihnen kein Anspruch auf Liebe und Unterstützung zusteht. Sie versuchen, von anderen Menschen unabhängig zu werden und Situationen zu vermeiden, in denen sie mit Bedürfnissen auf Ablehnung stoßen könnten. Sie ziehen sich emotional aus ihrer Umwelt zurück und unterdrücken ihre Bedürfnisse nach Kontakt, Nähe und Zuwendung. Diese Kinder wirken häufig sehr vernünftig und selbstständig, verhalten sich anpassungsbereit und unauffällig.

Unsicher-ambivalent: Unsicher-ambivalent gebundene Kinder haben die Erfahrung großer Unstetigkeit von Seiten ihrer erwachsenen Familienmitglieder machen müssen. Sie haben liebevolle Zuneigung und die feinfühlige Erfüllung ihrer Bedürfnisse erlebt und ebenso Missachtung und Ignoranz oder Zurückweisung und Kränkung. So gibt es wenig Sicherheit und diese Kinder sind immer auf der Hut: Sie müssen sich gegenüber ihren Bezugspersonen einerseits deutlich mit ihren Bedürfnissen in Erinnerung bringen, können aber andererseits nicht sicher davon ausgehen, dass sie damit angenommen werden. Diese Kinder reagieren häufig übermäßig anhänglich mit Anklammern und Trennungsangst, aber auch mit Ärger auf Bezugspersonen.
Dass auch scheinbar so ruhige und „vernünftige" Kinder im Stress leben, ist durch erhöhte Werte von Stresshormonen im Blut nachweisbar.

Exkurs
Sozial-emotionale Entwicklung

Gefühle empfinden

Ein Kind durchläuft in seiner emotionalen Entwicklung in etwa folgende Phasen:
Im 1. Lebensjahr wird es von Gefühlen überwältigt oder angesteckt und ist vollständig auf das verständnisvolle Verhalten der pflegenden Personen angewiesen.

▼

Vom 2. bis zum 4. Lebensjahr durchläuft ein Kind in Bezug auf seine Gefühle eine eher egozentrische Phase. Es vermischt noch ab und zu in seinem Erleben eigene und fremde Gefühle, fühlt mit, zunächst ohne zu verstehen. Muss z. B. weinen, wenn es andere Kinder weinen sieht. Lacht gern mit, ohne zu wissen warum.

▼

Danach, etwa bis zum Erreichen des Schulalters, gelingt dem Kind das Unterscheiden zwischen fremden und eigenen Gefühlen immer besser. Es kann sich darüber mit anderen austauschen und sich spontan einfühlsam verhalten.

▼

Ab dem Schulkindalter können Kinder unterschiedliche Situationen und persönliche Lebensgeschichten abwägen. Emotionale Erfahrung kann mit kognitiven Fähigkeiten kombiniert werden. Kinder in diesem Alter können sich vorstellen, dass unterschiedliche Lebenserfahrungen zu unterschiedlichen emotionalen Reaktionen führen können.

Autonomiephase

Ab etwa Mitte des 2. Lebensjahres und häufig bis zum Alter von 4 Jahren entwickeln Kinder das Bedürfnis, so häufig wie möglich ihre eigenen Ideen auszuprobieren und ihren Willen durchzusetzen. Diese Versuche können sehr heftig ausfallen und von den beteiligten Erwachsenen viel Geduld und Einfühlungsvermögen verlangen.
Früher hat man dies die „Trotzphase" genannt. Das ist ein irreführender Ausdruck, der die Vorstellung von mutwillig „unartigem" kindlichem Verhalten weckt. Heute nennt man das die Autonomiephase. Denn ebenso wie alles andere müssen das Ausprobieren eigener Ideen, das Durchsetzen des eigenen Willens und der passende Ausdruck von Gefühlen gelernt werden. Streit in der Kindergruppe kann leicht entstehen, wenn mehrere Kinder damit beschäftigt sind, die Durchsetzung ihres Willens zu erproben. In dieser Phase entwickeln die Kinder auch die Konzepte der **Selbstwirksamkeit** und Selbstbehauptung. Um zu einem gescheiten, geschickten und sich seiner selbst sicheren Menschen zu werden, braucht ein Kind Übungsfelder.

Empathie empfinden

Im zweiten Lebensjahr beginnen Kinder, Empathie zu entwickeln. Darunter versteht man die Fähigkeit, sich in andere einzufühlen und ihre Gefühle zu verstehen. Voraussetzung für Empathie ist, sich selbst bereits als eigenständig fühlendes Wesen erkannt zu haben: Ich erkenne das Gefühl des anderen, weiß aber auch, dass es nicht mein eigenes ist.
Daraus entwickeln können sich prosoziale Emotionen (wie Mitleid oder Rücksicht), aber auch Schadenfreude oder Neid.

Perspektivenübernahme

Kinder entwickeln mit der Zeit ein Verständnis dafür, dass andere Menschen eigene Gedanken, Wünsche oder Absichten haben können. Dazu gehört auch die Erkenntnis, dass diese Gedanken von den eigenen abweichen können. Wo Empathie ein „Hineinfühlen" in das Gegenüber ist, ist die Perspektivenübernahme ein „Hineindenken" in die Gedankenwelt des anderen. Heute unterscheidet man zwischen

- emotionaler,
- visueller und
- geistiger Perspektivenübernahme.

Mit ca. 3–4 Jahren können Kinder sich in die visuelle Perspektive eines anderen eindenken (vgl. dazu Piagets „Drei-Berge-Experiment"). Die geistige Perspektivenübernahme (**Theory of Mind**) entwickelt sich individuell verschieden im Kindergartenalter (z.T. früher) und ist generell an das Erlernen von sozialen Fähigkeiten geknüpft. S. auch oben: Psychosoziale Stadien nach Erikson

Konfliktfähigkeit

Im Kleinkindalter treten zwischenmenschliche Konflikte gehäuft auf. Deshalb ist dies für das Erlernen von Konfliktlösetechniken eine besonders gut geeignete Zeit. Kinder lernen, wie sie die Verschärfung von Konflikten verhindern und wie sie Kompromisse finden. Wichtig ist es auch zu erfahren, wie sie als Mediator in Konflikte anderer Kinder vermittelnd eingreifen können.

S. **Lernfeld 2**, Kapitel 8.1: Konfliktlösung mit Kindern

Übersicht Entwicklungsbereiche im sozialen Feld

- Interaktion zu Bezugspersonen (Familie, Fachkräfte)
- Selbstbehauptung (intentionaler Sprachgebrauch)
- Interaktion zu Gleichaltrigen
- Interaktion zu Erwachsenen
- Entwicklung sozialer Kognition
- Entwicklung prosozialen Verhaltens
- Entwicklung von Wettbewerb und Kooperation
- Entwicklung von Konfliktfähigkeit

Ko-Konstruktion

Auch wenn Kinder sich die Welt in Selbstbildungsprozessen aneignen: Sie brauchen für ihr Lernen Ansprechpartner. Sie müssen mit Erwachsenen und anderen Kindern kommunizieren. In der Resonanz mit anderen Menschen kann die Interpretation von Wahrnehmungen (mit-)geteilt und überprüft werden. Von den erwachsenen Partnern ist etwas gefordert, was man „schwebende Aufmerksamkeit" nennen kann, ein absichtsloses Interesse an kindlichen Aktivitäten und Fragen. Weiter gefragt sind sichtbare Großzügigkeit und die Versicherung eines Vertrauensvorschusses und damit das Schaffen einer Atmosphäre, in der Kinder Selbstvertrauen und Freude an ihrer eigenen Kraft entfalten können.

Mit anderen Kindern stellen Kinder soziale Beziehungen her und handeln Regeln aus. Sie erproben ihren Einfluss in Situationen mit Gleichaltrigen und gewinnen so ein Bild von sich selbst als Interaktionspartner. In der sozialen wie in der materiellen Umgebung geschieht Lernen durch das Ausprobieren – Regeln und Moralvorstellungen entstehen miteinander im gemein samen Handeln, in der Ko-Konstruktion.

Meike, Lasse und Sabine, die Kinder im Bällebad der Eingangssituation, sind auf der Suche nach Regeln und Vereinbarungen. Dabei ergreifen sie abwechselnd die Initiative und schlagen den beiden anderen eine neue Variante eines Spiels vor. Bereitwillig gehen diese auf den Vorschlag ein und präsentieren danach den nächsten. Das Spiel bleibt nach unausgesprochenen Regeln, über die sich die 3 durch das Tun geeinigt haben, im Fluss. Einzig die Startkommandos für eine neue Bewegung geben sie vor. Sie lachen sich an, teilen die Freude an den Experimenten im Bällebad. Das wird ihre Kenntnis übereinander vertiefen und ihre Freundschaft festigen. Gleichzeitig sammelt jedes Kind sensorische Erfahrungen mit dem Material, übt seine motorische Geschicklichkeit und erlebt die Freude und das prickelnde Gefühl beim Sprung in ein Element, das nicht völlig berechenbar ist.

An erwachsene Bezugspersonen stellen Kinder die Frage nach Orientierung. In ihrem Bemühen, sich zu entwickeln und zu bilden, die Welt kennenzulernen und zu verstehen, sich neue Fähigkeiten, Fertigkeiten und Kenntnisse anzueignen und zu üben, dürfen sie nicht allein gelassen werden (s. Ko-Konstruktion).

Erwachsene sind als Gegenüber gefragt, die Kinder als Personen ernst nehmen, sich mit ihnen austauschen und über Entdeckungen und Erfolge freuen. Die Erwachsenen sollen

- wahrhaftig rückmelden,
- gegebenenfalls korrigieren oder
- weiter gehende Anregungen geben.

Kinder wollen gern ihren Stolz auf das Erreichte teilen, aber nicht unreflektiert für jede Kleinigkeit gelobt werden. Optimales Lernen findet an der Grenze statt: was Anstrengung erfordert, aber zu schaffen scheint. Welche Entwicklungsaufgaben dies sind, hängt von dem individuellen „Stand" des Kindes ab, ist aber auch von der Kultur und dem jeweiligen Kontext abhängig.

Verlässliche Zuwendung

So nimmt Peter seine Bezugserzieherin an die Hand, damit sie an dem Abschiedsritual Anteil hat und ihn darin bestärkt, etwas Bedeutsames und Wichtiges zu tun. Er kann dabei erfahren, dass er auch in schmerzlichen Momenten handlungsfähig ist und dabei nicht allein bleiben muss.

Auch sehr junge Kinder haben Pläne und nehmen sich etwas vor. Es ist Aufgabe der Erwachsenen, sich für die eigenständigen Gedanken der Kinder zu interessieren. Mit ihren Gedanken geben die Kinder Auskunft über ihren Entwicklungsprozess, zeigen, was sie emotional und kognitiv bewegt. Im Gespräch mit den anderen wächst die Fähigkeit, Gedanken auszudrücken, sich angemessen und immer differenzierter mitzuteilen. Auch dies wollen Kinder üben und fragen nach Partnern, die den Austausch über ihre Beobachtungen, Gedanken und Leistungen ernsthaft mit ihnen pflegen. In der Achtung vor der Eigenständigkeit und Eigensinnigkeit von Ideen und auch praktischen Lösungen ist es die Aufgabe der Erwachsenen, Kinder dazu zu ermutigen, unterschiedliche Wege auszuprobieren.
Dabei dürfen die „Großen" auch mit ihrem **Humor** bei der Sache sein. Kinder sind für Scherze gut zu haben – sie lachen ausgesprochen gern. Hirnphysiologisch gesehen haben sie recht mit ihrer fröhlichen Lernbereitschaft. Alle Lerninhalte, die mit positiver emotionaler Bedeutung aufgeladen sind, verknüpfen sich mit vorhandenen Gedächtnisinhalten vielfältiger und nachhaltiger und werden besser behalten.
S. **Lernfeld 3**, Kapitel 4: Resilienz

Aufgabe

Beobachten Sie Kinder beim Zusammenspiel. Wie stimmen sie sich ab und gestalten damit ihre Beziehung?

5.2 Soziale Interaktion und soziales Lernen

Das Angewiesensein auf andere Menschen erfordert auch von sehr jungen Kindern die Fähigkeit, sich auf jemanden außer sich selbst als Person beziehen zu können. Es gibt außerdem Anhaltspunkte dafür, dass Kinder sozusagen „Gut" und „Böse" mit auf die Welt bringen, d. h., sie verfügen über destruktive, aggressive und über konstruktive, prosoziale (also der Gemeinschaft, Gruppe oder Paarbeziehung förderliche) Potenziale. Auf dieser Basis lernen Kinder die soziale Interaktion und die in ihrer Kultur geltenden Regeln des Umgangs und die Normen, an denen „Gut" und „Böse", „Falsch" und „Richtig" gemessen werden. So wissen bereits nahezu alle Kinder im Alter von 4 Jahren, dass Stehlen falsch ist oder man einem anderen Kind nichts wegnehmen darf.
Zunächst sind Kinder auch darauf angewiesen, dass Erwachsene ein Klima schaffen, in dem prosoziales Verhalten vorgelebt wird und die Regeln eines fairen Umgangs untereinander eingehalten werden. Der Aufbau eines sozialen Gewissens geschieht dabei stufenweise und muss angemessen unterstützt werden. In den ersten Lebensjahren sind es vor allem direkte Bekräftigungen (Lob oder Ermahnung, Belohnung oder Bestrafung). Bei älteren Kindern werden die „Peers", d. h. die (in etwa) gleichaltrigen Spielkameraden sowie deren Modell- und Vorbildverhalten und direkte Rückmeldungen immer wichtiger für den Aufbau von wertbezogenen Handlungen und Einstellungsmustern. Alle Aushandlungsprozesse im gemeinsamen Spiel können auch als Fragen danach interpretiert werden, welche Regeln in welcher Situation gültig sind, wer sich durchsetzen kann und ob die Lösung für alle beteiligten Kinder fair und gerecht ist.

Moralische Entwicklung

Nach Lawrence Kohlberg (1927–1987) kann man allgemeine Stufen der Moralentwicklung im Lauf des Lebens unterscheiden. Von einer egoistischen und eher selbstbezogenen Sicht der Vermeidung von unangenehmen Konsequenzen (ausgeschimpft werden, nicht mehr mitspielen dürfen – Stufen 1, 2) entwickeln Kinder allgemeine moralische Grundsätze (ich helfe dir, wenn du mir hilfst; das tut man nicht – Stufen 3, 4).
In Verlauf des Erwachsenwerdens kann sich ein differenziertes Regelbewusstsein entwickeln. Auch ältere Kinder und Jugendliche können eine Stufe von Regelbewusstsein erlangen, die es ihnen ermöglicht, einen

eventuellen Konflikt zwischen Konventionen und menschlichen Werten zu erkennen.

Aufgabe:

Finden Sie Beispiele für Konflikte zwischen Konventionen (z. B. Gerechtigkeit) und menschlichen Werten (z. B. Mitgefühl) und diskutieren Sie darüber in Ihrer Lerngruppe.

Ebene	Stufe	Orientierung
Prä-konventionelle Ebene	Stufe 1	an Strafe und Gehorsam
	Stufe 2	an Austausch und Zielbewusstsein
Konventionelle Ebene	Stufe 3	an wechselseitigen Erwartungen, Beziehungen und Konformität
	Stufe 4	an Gesetz und Ordnung (soziales System und Gewissen)
Post-konventionelle Ebene	Stufe 5	am Sozialvertrag. Stufe der gesellschaftlichen Nützlichkeit
	Stufe 6	an universalen ethischen Prinzipien

Die 6 Stufen der moralischen Entwicklung (nach Kohlberg)

Literaturtipp
Die Psychologie der Moralentwicklung. L. Kohlberg, 2010

5.3 Aspekte von Inklusion

Die Zusammensetzung der Gruppen in Kindertagesstätten spiegelt in der Regel die Zusammensetzung der Bevölkerung im Stadtteil oder der Ortschaft wider. Dabei ist davon auszugehen, dass Verschiedenheit normal ist und sich Kinder unterschiedlichen Geschlechts, Nationalität, kultureller und religiöser Bindung begegnen. Außerdem bringt jedes Kind seine individuelle Entwicklungsgeschichte und seine gesundheitlichen und sozialen Ressourcen sowie seine körperlichen und geistige Kräfte ein. Nicht alle Risiken sind bei der Eingewöhnung eines Kindes offensichtlich oder auch nur den Eltern bekannt, und es gehört nicht selten zum Aufgabenbereich der Erziehungskräfte, Anzeichen eines Entwicklungsrisikos zu erkennen und entsprechend zu handeln.

- Ungefähr 3–4 % aller Kinder sind „behindert" oder „von Behinderung bedroht" mit zum Teil dauerhaften Beeinträchtigungen wie einer körperlichen oder geistigen Behinderung.
- Die von der Zahl her wesentlich größere Gruppe ist die der Kinder mit leichteren Störungen, Entwicklungsverzögerungen, Teilleistungsstörungen und Verhaltensauffälligkeiten. Häufig haben diese Kinder Probleme im Bereich der Sinneswahrnehmung und der Wahrnehmungsintegration, die teilweise erst im Laufe der Kindergartenzeit entdeckt werden. Entwicklungsverzögerungen treten häufig im Bereich von Sprechen und Sprache auf (s. dazu **Lernfeld 3**, Kapitel 10, Sprachförderung). Die Angaben über den Anteil der betroffenen Kinder schwanken zwischen 10 und 35 %.
- Eine dritte, ebenfalls eher größere Gruppe von Kindern ist durch die Situation in der Familie oder dem nahen sozialen Umfeld belastet und von Entwicklungsverzögerungen oder Verhaltensauffälligkeiten bedroht. Dabei stellt Armut ein besonderes Entwicklungsrisiko dar. Ebenfalls belastend sind die psychische Erkrankung eines Elternteils, chronische Familienkonflikte oder Suchtprobleme von Bezugspersonen.

Für Kinder mit besonderen Bedürfnissen ist das Zusammensein mit anderen Kindern in einer inklusiven Gemeinschaft eine Chance, am positiven Vorbild zu lernen und auf das Verständnis kompetenter Erwachsener zu treffen. So kann sozialer Ausgrenzung und der Gefahr von Stigmatisierung vorgebeugt werden.
In der pädagogisch, professionell gestalteten sozialen Umgebung einer Kindertagesstätte können alle Kinder einen Zuwachs an sozialen und emotionalen Kompetenzen entwickeln. Im Zusammenleben mit unterschiedlichen Kindern, die verschiedene Kenntnisse und Temperamente haben, sind Rücksichtnahme, Hilfsbereitschaft und die Achtung vor dem anderen und dem Anderssein gefordert.

Ein persönlich **wertschätzendes Klima** wirkt dann als positive Ansteckung. Dazu gehört:

- die Bereitschaft, sich dem einzelnen Kind bei Bedarf zuzuwenden,
- das Einhalten klarer Regeln im Gruppenalltag und
- eine überschaubare Umgebung.

Kinder mit besonderen Bedürfnissen geraten leichter in Stresssituationen und brauchen dann besondere Unterstützung. Die Eingewöhnung sollte besonders sorgfältig gestaltet werden und auch später ist es wichtig, dass sich zum Beispiel Kinder mit Problemen in der Wahrnehmungsintegration in kleineren Gruppen und in klar strukturierten Räumen aufhalten können.

S. **Lernfeld 3**: Inklusion fördern
S. **Lernfeld 5**, Kapitel 10: Übergänge, Eingewöhnung

5.4 Gestaltete Umwelt

Kinder brauchen eine Umgebung, die es ihnen erlaubt, ihre Selbstbildungspotenziale zu entfalten. In der Regel ist die Alltagsumgebung der Städte auf die Bedürfnisse von Erwachsenen zugeschnitten und lässt wenig Raum für selbstständige Entdeckungstouren kleiner Menschen. Durch die Medialisierung auch der öffentlichen Räume gibt es einerseits eine überwältigende Fülle an optischen und akustischen Reizen, bezogen auf die körpernahen Sinne ist diese Welt jedoch anregungsarm, perfekt, fertig und dazu noch tendenziell lebensgefährlich.

So sind mit Kinderzimmern, Spielplätzen und Kindertagesstätten Sonderräume entstanden, in denen eine Vielzahl von Kindern sich mit relativ wenigen Erwachsenen tagsüber aufhält. Die Räume einer Kindertagesstätte müssen daher so beschaffen sein, dass sie einladend, anregend und bildend wirken können.

Das Haus und das Freigelände einer Kindertagesstätte müssen den Bewegungsbedürfnissen unterschiedlicher Altersgruppen entsprechen. Im Freien soll auch die Möglichkeit zur Naturerfahrung bestehen. Bei der Gestaltung der Innenräume sollte die Materialauswahl ästhetischen Kriterien genügen. Solides, angenehmes und belastbares Material für Böden, Wände und Möbel und eine durchdachte Wahl der Farben sind Bedingung für eine Umgebung, in der sich Kinder auch lange Zeit wohlfühlen können. Entsprechend ihrer Körpergröße soll es Rückzugsmöglichkeiten in kleinere und niedrigere Räume geben. Einerseits muss mit Transparenz dafür gesorgt werden, dass die Kindern sich orientieren können, anderseits muss die Möglichkeit bestehen, sich vor Reizüberflutung zu schützen.

Qualitätsansprüche und Indikatoren für Raumgestaltung und Materialauswahl

1. *Erzieherinnen und Erzieher orientieren sich bei der Gestaltung der Räume an den Entwicklungsthemen der Kinder.*
   - Sie gestalten mit den Kindern Räume, die eigenaktives Entdecken, Experimentieren und Gestalten der Kinder ermöglichen.
   - Sie entwickeln mit den Kindern Ideen zur Gestaltung der Räume und des Außengeländes, sodass sich alle damit identifizieren und darin wohl fühlen können.
   - Sie erleichtern jüngeren und älteren Kindern die Orientierung bei der Auswahl ihrer Tätigkeiten und Spiele durch Übersichtlichkeit und frei zugängliches Material.

Nutzung von unterschiedlichen Höhen

Lichtgebung und Struktur helfen bei der Orientierung

- Sie gestalten die Innen- und Außenräume so, dass es für die jüngsten und die älteren Kinder sowohl Raum für Rückzug und Ruhe gibt als auch ausreichend Platz für vielfältige Bewegungsaktivitäten und Naturerfahrungen.

2. *Erzieherinnen und Erzieher gestalten Räume und Materialien so, dass sie vielseitige Lernerfahrungen ermöglichen.*
   - Sie fördern das ästhetische Empfinden der Kinder durch die Raumgestaltung und Materialauswahl und ermöglichen Gegenerfahrungen zur Reizüberflutung und Konsumorientierung.
   - Sie achten darauf, dass die Räume spezifische Elemente der jeweiligen Region sowie die unterschiedlichen in der Kita vertretenen Kulturen und Traditionen widerspiegeln.
   - Sie geben Kindern Gelegenheit zu Erfahrungen in der Aufzucht und Pflege von Pflanzen und – sofern möglich – im Umgang mit Tieren.
   - Sie ermöglichen Grunderfahrungen mit verschiedenen Gegenständen, Materialien, den Umgang mit Werkzeugen und die Benutzung von Medien.
   - Sie eröffnen Gesprächsanlässe über den Wert und die Bedeutung von Dingen, über die Nutzung von Natur und über das Mensch-Natur-Verhältnis.
   - Die Gestaltung des Außenbereichs ermöglicht den Kindern vielfältige Natur- und Bewegungserfahrungen.

3. *Erzieherinnen und Erzieher beachten die Anforderungen an geeignete Räume für Kleinstkinder.*
   - Erzieherinnen und Erzieher kennen die Entwicklungsbedürfnisse der Kinder bis 3 Jahre und ermöglichen durch einen flexiblen und anregend gestalteten Raum den Kindern vielseitige Lern- und Sinneserfahrungen.
   - Sie schaffen geschützte Spielbereiche, die den jüngsten Kindern Sicherheit und Schutz bieten und gleichzeitig Kontakt zu älteren Kindern ermöglichen.
   - Sie unterstützen die Bewegungsaktivität durch eine anregende Materialausstattung zum Schieben, Krabbeln, Klettern, Rutschen, Laufen und regen Kinder zu vielseitigen Bewegungsaktivitäten an.
   - Sie sorgen dafür, dass die jüngsten Kinder genügend Gelegenheiten haben, sich hochzuziehen (z. B. Querstangen an den Wänden).
   - Die Anordnung der Materialien ist übersichtlich gestaltet, sodass die Kinder jederzeit selbstständig tätig sein können und auch freien Zugang zu ihren persönlichen Gegenständen (wie Schnuller, Kuscheltiere) haben.
   - Sie gestalten den Sanitärbereich als Spiel- und Lernort, der Anlass bietet für vielfältige Erkundungen und Kommunikation.
   - Sie achten darauf, dass der Wickelbereich von den Kindern selbstständig erreichbar ist und den Gesundheits- und Hygienerichtlinien entspricht.

(Hamburger Bildungsempfehlungen für Bildung/ Erziehung von Kindern in Tageseinrichtungen, 2012, S. 35)

Benötigt werden anregungsreiche Materialien zur sensomotorischen Erfahrung, außerdem Material und Platz für Rollenspiel, für das Bauen und Konstruieren, für das Erforschen, Ausprobieren und Entdecken. Diese Materialien müssen so angeordnet sein, dass die Kinder sie erreichen und die Übersicht behalten können.
Die Kinder sollten in ihrem Alter angemessener Weise an der Raumgestaltung beteiligt werden. Ihre fortschreitende Entwicklung bringt einen stetigen Wandel ihrer Bedürfnisse mit sich, sodass auch die Räume und vor allem die Materialanordnung regelmäßig daraufhin überprüft werden müssen, ob ihre Gestaltung noch zu den hauptsächlichen Interessen ihrer derzeitigen Nutzer passen.
S. dazu Kapitel 12: Raumgestaltung in pädagogischen Handlungskonzepten

Aufgabe

Projekt: Entwickeln Sie ein Raumkonzept für eine Kindertagesstätte, die in ihrer Arbeit Grundsätze des Bildungsplans für den Elementarbereich aus Ihrem Bundesland berücksichtigt. Denken Sie dabei auch an das Außengelände.

6 Durchspielen einer vollständigen Handlung

Zur Lernsituation von Seite 158

6.1 Analysieren

Das Erzieherinnenteam der Kindertagesstätte Käferweg arbeitet mit einer Rahmenkonzeption und einem abgestimmten Beobachtungs- und Dokumentationssystem. Das dabei entstehende Material dient mehreren Zwecken. Zum einen werden die Ergebnisse individuell zugeordnet: Für jedes Kind existiert ein Portfolio, in dem seine Entwicklungsschritte dokumentiert werden. In den Teamsitzungen besprechen die Erziehungskräfte die Beobachtungsprotokolle, tauschen sich über ihre Einschätzungen und Bewertungen aus. Diese Unterlage ist ein wesentliches Hilfsmittel bei den regelmäßigen Elterngesprächen.

Außerdem werden die Beobachtungsdokumente hinsichtlich der Themen und Interessen analysiert, die die Erziehungskräfte als für die Kinder im Moment im Vordergrund stehend wahrgenommen haben. Sie werden als Auskunft über den individuellen Entwicklungsstand eines Kindes in einem oder mehreren Persönlichkeitsbereichen aufgefasst. Die folgenden Persönlichkeitsbereiche werden unterschieden (vgl. Bellers Entwicklungstabelle, 2009):
- Körperpflege
- sozial-emotionale Entwicklung
- Spieltätigkeit
- Umgebungsbewusstsein
- Sprache
- Kognition
- Feinmotorik
- Grobmotorik

Die Erziehungskräfte beobachten das einzelne Kind mit dem Schwerpunkt seiner möglichen weiteren Entwicklung: Über sein Interesse formuliert ein Kind eine sich selbst gestellte Entwicklungsaufgabe. Es möchte etwas verarbeiten, etwas herausfinden, sich etwas neu aneignen oder etwas festigen, üben, sich bestätigen.

Max (6 Monate): Wird gerade eingewöhnt; dieser Prozess wird noch einige Zeit in Anspruch nehmen. Er bemerkt Gegenstände und Personen und zeigt sein Interesse durch Hinsehen und Lautäußerungen des Wohlseins. Er erkennt offenbar schon seine Bezugserzieherin wieder und freut sich, sie zu sehen. Er greift nach Dingen, die ihm hingehalten werden, und erforscht sie, indem er sie in den Mund steckt. Er kann schon einige Zeit selbstständig sitzen, danach lässt er sich fallen. Er krabbelt bisher nur rückwärts und zeigt dann manchmal Zeichen von Ärger.

Die Analyse der Beobachtungen in der Morgensituation ergibt Folgendes:

Abschiedssituation

Teamkonferenz

Anja (3;2 Jahre = 3 Jahre und 2 Monate): Ist derzeit an Statik und Baukonstruktionen interessiert und hat außerdem genügend Hartnäckigkeit entwickelt, dass sie nun anspruchsvoller und komplizierter baut. Sie scheint sich dabei wieder und wieder dem Unterschied zwischen großen und kleinen Bauklötzen zu widmen. Sie spielt selbstständig und kann sich auch im morgendlichen Geräuschpegel in ihre Sache versenken.

Merve (1;6 Jahre): Ist sehr damit beschäftigt, ihre Umgebung zu erkunden. Sie ist meist in den Räumen der Kindertagesstätte unterwegs und untersucht, was sie in diesem Moment interessant findet. Von vielen Gegenständen weiß sie inzwischen, wohin sie gehören. Sie spielt noch überwiegend für sich, obwohl erkennbar ist, dass die Tätigkeiten anderer Kinder sie interessieren. Sie erobert sich den Raum und verschafft sich Materialerfahrungen. Immer wieder vergewissert sie sich physikalischer Phänomene: Ein Bauklotzturm kann umfallen, die Kugeln rollen die Murmelbahn hinunter, bis sie unten angekommen sind.

Lucas (3;3 Jahre): Spielt Symbolspiele und imitiert Tätigkeiten. Dabei zeigt er Erfahrungen bzw. Kenntnisse über Fahrzeuge. Er weiß, dass Bahnen nur auf Schienen fahren, und erlaubt sich einen Scherz, als er den Zug auf dem Teppich entgleisen lässt. Er spielt kooperativ und zeigt seine Sympathie für seine Spielpartnerin durch die Akzeptanz des von ihr gelegten Schienenverlaufs und das Angebot, gemeinsam zu lachen.

Auch **Jewgenia** (3;2 Jahre) zeigt Interesse am Bauen und Konstruieren. Sie hat offenbar eine Vorstellung von der Mechanik der Schienenverbindung und setzt ihre Idee gegen das zunächst widerständige Material durch. Sie ist ebenfalls an Kooperation interessiert, denn sie knüpft an die bereits von Lucas gelegten Schienen an. Sie zeigt damit auch ihre Bereitschaft zur Rücksichtnahme, sie fädelt sich geschickt in ein von Lucas begonnenes Spiel ein. Sie versteht den Scherz oder lässt sich vom Lachen anstecken. Noch vor einiger Zeit hat sie dem Spiel der anderen Kinder eher sehnsüchtig zugeschaut. Sie ist mit ihren Eltern aus Kasachstan gekommen und spricht noch kaum deutsch. Immer mehr haben die Erzieherinnen allerdings den Eindruck, dass sie versteht, was ihr andere sagen, und nicht mehr nur imitierend mitmacht.

Ahmad (4;4 Jahre): Hat beim Benutzen ihm schon gut bekannter Alltagsgegenstände eine Regel bzw. ein Sortierkriterium entwickelt oder wiedererkannt. Es gibt Unterschiede zwischen Buntstiften, Filzstiften und Wachsmalstiften und man kann sie in verschiedene Behälter einordnen. Er zeigt damit, dass er nicht nur einen Oberbegriff für Malstifte hat, sondern an einer Ordnung der Dinge interessiert ist. Dabei schult er sein Verständnis von Differenz und von Mengen, macht also mathematische Grunderfahrungen.

Meike und **Lasse** (4;5 und 4;1 Jahre): Zeigen ihr Interesse an mehreren Themen gleichzeitig. Ganz auffällig sind ihre sozialen Bedürfnisse: Sie kooperieren, können sich abwechseln, sich einordnen, Vorschläge machen und akzeptieren. Damit zeigen sie einander ihre Freundschaft. Sie erfinden Regeln, die sie auch mitteilen können. Sie begleiten ihre Tätigkeit mit Erläuterungen, die allgemein verständlichen Charakter haben. Ihre grobmotorischen Fähigkeiten sind so weit entwickelt, dass sie ihre Sprungbewegungen kontrollieren und synchronisieren können. Das besondere sinnliche Erlebnis Bällebad bereitet ihnen sichtlich Vergnügen: Sie wiederholen Formen vestibulärer, kinästhetischer und taktiler Wahrnehmung.

Sabine (4;2 Jahre): Kann im Bällebad gleichberechtigt mitmachen, obwohl sie aufgrund einer starken Fehlsichtigkeit motorisch unsicher wirkt. Sie läuft und springt ungeschickt, stolpert und hat sich schon häufig dabei verletzt. Die Erzieherinnen haben die Eltern schon vor längerer Zeit auf ihre Beobachtungen aufmerksam gemacht und zu einer Untersuchung geraten. Erst seit kürzerer Zeit trägt sie eine Brille. Im kleinräumigen und relativ ungefährlichen Bällebad scheint sie sich sicher und wohlzufühlen. So kann sie ihre Freundschaft zu Meike festigen und Beziehungen zu Lasse aufnehmen. Sie hat in der Vergangenheit auch schon sehr eifersüchtig und missmutig reagiert, wenn Meike sich einem anderen Kind außer ihr zugewandt hat.

Peter (3 Jahre): Braucht im Moment eine Unterstützung beim Abschiedsritual, das er eigentlich seit einem Jahr gut kennt. Er ist dabei, eine Identität als großer Bruder zu entwickeln. Er muss hierbei mit Gefühlen schmerzhafter Eifersucht fertig werden, denn durch die Ankunft der kleinen Schwester ist er nicht mehr das einzige geliebte Kind seiner Mutter. Er hat sich zurzeit enger an seine Bezugserzieherin angeschlossen und kann es nur schwer ertragen, wenn sie sich nicht in seiner Nähe aufhält. Das Stofftier ist ihm eine zusätzliche Stütze; er schleppt es seit Tagen mit sich herum, obwohl es ihn beim Hantieren mit Gegenständen im Spiel behindert. Das Festhalten am Übergangsobjekt Kuscheltier ist sicherlich auch ein Zeichen einer momentanen Regression.

Beim ersten Blick auf die Einzelanalysen zeigt sich, dass bei einem Teil der Kinder im Moment das Bauen, Konstruieren und das Aneignen physikalischer und mathematischer Grunderfahrungen im Vordergrund stehen. Ebenso deutlich steht das Bedürfnis nach Gemeinsamkeit und Kooperation im Raum. Dabei möchten die Kinder soziale Grunderfahrungen machen und mehr über sich selbst im Verbund mit anderen erfahren. Freundschaft, Liebe, Zuneigung und die Exklusivität von Beziehungen scheinen wichtige Themen zu sein.
Die beispielhaft genannten Analysen werden im Team zusammen mit weiterem Beobachtungsmaterial ausgewertet. Dabei entwickeln die Erziehungskräfte erste Ideen zu beiden Themenbereichen, die im Laufe der Zeit konkretisiert, mit den Kindern abgesprochen, auf ihre Realisierbarkeit geprüft und zur Planung für ein möglicherweise längerfristiges Vorhaben entwickelt werden.

6.2 Planen

Das Team der Kindertagesstätte Käferweg gibt den beiden zusammengefassten Themenbereichen die Arbeitstitel

- „Kooperation, Freundschaft und Liebe“ und
- „Bauen, Konstruieren, physikalische und mathematische Grunderfahrungen“.

Dazu werden die Erziehungskräfte in der nächsten Zeit weitere mögliche Schlüsselsituationen sammeln, für einzelne Kinder und die Gruppe Ziele formulieren und Ideen für passende Angebote entwickeln. Dabei werden sie berücksichtigen, wie sie die Kinder an der Planung beteiligen und möglichst alle Sinne und Entwicklungsbereiche ansprechen können. Beide Themenbereiche sollen zeitlich parallel bearbeitet werden.

Im Bereich **„Bauen, konstruieren, physikalische und mathematische Grunderfahrungen“** nimmt sich das Team vor, folgende Planung zu verfolgen:

Kurzplanung I – Themenbereich Bauen, konstruieren, physikalische und mathematische Grunderfahrungen

Ziele	Handlungsschritte
• Bauen und stapeln • Kategorien bilden und sortieren • Einen Begriff von Mengen bekommen • Lust auf Umgang mit Zahlen haben • Vorstellungen von Begriffen bekommen und sich sprachlich präzise verständigen können (groß/ klein – oben/ unten – viel/ wenig – darüber/ darunter – eckig/ rund – lang/ kurz)	• Bauen und stapeln (Bausteine) • Kategorien bilden und Dinge sortieren (Kleinmaterial: Knöpfe, Perlen, Spielfiguren, Autos u. a.) • Mit Waage, Maßband, Zahlen, großen u. kleinen Mengen hantieren • Sprechen über Konstruktionen, eigene Bauwerke u. Produkte schildern, erklären • Material bereitstellen, das durch die attraktive Anordnung zur Beschäftigung einlädt • Bei passenden Gelegenheiten zum Zählen, Messen und Sortieren anregen (Anwesenheitsliste, Tisch decken, Hantieren mit Material)

Weiterhin beschließt das Team hier die folgende Arbeitsweise:
Um das Interesse der Kinder am Bereich „Bauen, konstruieren, physikalische und mathematische Grunderfahrungen“ angemessen berücksichtigen zu können, sollen die vorhandenen Materialien ergänzt werden und mehr Raum bekommen. Es werden Holzbausteine in unterschiedlichen Formen für die Bauecke drinnen und Bretter, Klötze und Baumscheiben für das Spielen draußen beschafft. Außerdem soll es viel zum Messen und Zählen geben, wie beispielsweise Lineale und Maßbänder, Becher unterschiedlicher Größe, Münzen, Würfel, Perlen, Murmeln, verschiedenfarbige Plättchen, Legespiele wie Tangrams und Dominos. Die Kinder könnten an die Sammlung von Natursteinen erinnert werden und sie möglicherweise bei den nächsten Ausflügen ins Grüne ergänzen.
In der nächsten Zeit soll beobachtet werden, welche Entdeckungen die Kinder mit dem neuen oder neu entdeckten Material machen.

Im zweiten Bereich **„Kooperation, Freundschaft und Liebe"** möchten die Erzieherinnen ein längerfristiges, gemeinsames Projekt anregen und den Kindern auf diese Weise vielfältige Gelegenheiten bieten, sich in einer Gemeinschaft zu fühlen, das ausdrücken und darüber sprechen zu können. Sie wollen den Kindern einen Anstoß geben und dann in einer Beratungsrunde mit ihnen herausfinden, wo das stärkste Interesse liegt und welche Unternehmungen sich dazu anbieten.

Zahlenmaterial erkunden

Kurzplanung II – Themenbereich Kooperation, Freundschaft und Liebe

Ziele	Handlungsschritte
• Gemeinsamkeiten und Unterschiede erkennen und benennen • Ideen, Bedürfnisse und Wünsche angemessen äußern • Sich zugehörig fühlen • Sich absprechen und Rücksicht nehmen • Rollenwechsel erproben • Kooperieren und arbeitsteilig an einer gemeinsamen Sache arbeiten	• Pläne schmieden für die Bearbeitung dabei entstehender Fragen und Interessen • Thema anregen über ein Rollenspiel • Gruppengespräch über Groß und Klein, Freundschaft und Verwandtschaft • Anregung zum Nachdenken über das Thema: Wer bin ich? Wer sind die anderen? • Gemeinschaftliches Protokoll führen, das alle Kinder „lesen" können

Ideen sammeln, sortieren und auswählen

In der nächsten Morgenrunde führen 2 Erzieherinnen ein kleines **Rollenspiel** vor: Sie gehen als „Kleine" und „Große" (die eine in der Hocke und die andere lang ausgestreckt auf Zehenspitzen) im Kreis der Kinder herum und erzählen sich laut, wie prima das Leben als „Kleine" bzw. „Große" ist. Dabei zeigen sie an verschiedenen Beispielen, dass beides seine Vor- und Nachteile hat. Die „Kleine" findet ständig interessante Dinge am Boden wie beispielsweise Kinderfüße, die sie aber leider nicht einzeln mitnehmen kann. „Schade, schade" ist das, lässt die „Große" aber ziemlich ungerührt: Sie sieht oben auf dem Regal viel bessere Dinge. Am Ende stolpert die „Große" über ihre eigenen Füße, als sie gerade so schön in die Ferne guckt, und liegt dann noch kleiner als die „Kleine" auf der Nase. Die Kinder amüsieren sich köstlich.
Im anschließenden **Gespräch** berichten die Kinder über ihre Erfahrungen als „Kleine" und als „Große". Viele haben größere oder kleinere Geschwister. Als interessant stellt sich auch die Frage heraus, wann man eigentlich groß ist: Wenn man zur Schule geht? Wenn man heiratet? Wenn man Kinder hat? Waren die Erzieherinnen, waren Mama und Papa auch einmal klein? Wie soll man sich das vorstellen? Was haben sie da gemacht? Und wo stehen die einzelnen Kinder jetzt? Schließlich waren alle, die in der Runde sitzen, früher einmal kleiner. Die Erzieherinnen notieren Fragen und Ideen, die die Kinder haben, auf einem **Plakat**. Als Erstes verabreden sie mit ihnen, dass alle in den nächsten Tagen ein älteres Foto von sich selbst mitbringen.

Entscheidung fällen, Thema finden

Das Plakat mit den Fragen und Ideen hängen einige Kinder mit einer Erzieherin im Eingangsbereich auf, damit die Eltern es beim Abholen nicht übersehen können. Andere Kinder malen **Erinnerungsbriefe** für die Eltern, auf die eine andere Erzieherin „Bitte ein altes Kinderfoto mitbringen!" schreibt. Einige Kinder möchten nicht „schreiben", andere wollen gern mehr als einen „Elternbrief" produzieren und verschenken.
Aus dieser Anfangsaktivität entwickelt sich im Laufe der nächsten Tage das Projekt mit dem Arbeitstitel „Ich und alle, die ich lieb habe".
Parallel zu den Gesprächen und der Weiterentwicklung des Projekts in der Kindergruppe überlegt das Team passende Angebote, klärt Besuchsmöglichkeiten in Einrichtungen wie dem städtischen Museum, der Bücherhalle, der Kunsthalle (in deren Gemäldesammlung auch Kinderporträts hängen) und dem Standesamt im Rathaus.

Familie früher

Die Erziehungskräfte stellen zum Thema passende Angebote im kreativen Bereich zusammen, suchen in ihrer Sammlung von Bewegungsspielen und Liedern und durchstöbern die in der Kindertagesstätte vorhandenen Bilderbücher und Rollenspielutensilien. Sie besorgen fehlende Materialien und verlassen sich aber auch auf ihre Sammlung an universell einsetzbaren „wertlosen" Gegenständen.

6.3 Durchführen

Viele Kinder fragen ihre Eltern, ob sie auch einmal klein waren. Das führt in den Familien dazu, dass alte Fotoalben hervorgeholt werden. Die Kinder sehen Kinderbilder von ihren Eltern und Großeltern und hören viele Geschichten dazu. In manchen Familien werden auch alte Dinge hervorgeholt wie erste Babyschuhe, Locken, Spielzeug von früher, altmodische Kleidung und andere Erinnerungsgegenstände.

Kurzreflexion und neue Verabredungen in der Kindergruppe

In jeder Morgenrunde zeigen die Kinder nun Fotos und andere Dinge von zu Hause, es tauchen neue Fragen auf, die auf das Plakat geschrieben werden sollen, und es werden Aktivitäten und Ausflüge verabredet.

Vorbereitete Angebote

Einige Kinder sind mit vielen Kinderfotos von Eltern, Onkeln, Tanten und Großeltern gekommen. Mithilfe einer Erziehungskraft fertigen sie Stammbäume ihrer Familien an.

Eine Erziehungskraft mischt mit Kindern Salzteig an. Aus der Masse entstehen Figuren, die angemalt und zu Familien- und Freundesgruppen gestellt werden. Eine Gruppe größerer Kinder baut im Atelier eine Familie aus Maschendraht und Pappmaschee.

Bei einem Ausflug in die städtische öffentliche Bibliothek interessieren besonders Bildbände mit Kinderfotos aus dem vorigen Jahrhundert. Sie werden ausgeliehen.

Im städtischen Museum haben die Erziehungskräfte eine Führung mit Spielaktion in der Sammlung mit historischem Spielzeug verabredet.

Eine Erziehungskraft baut mit den größeren Kindern Holzspielzeug nach. Es entstehen Steckenpferde und Nachziehtiere.

In der Kunsthalle ist die Kindergruppe mit einem Museumspädagogen verabredet und schaut sich ausführlich ein bis 2 Gemälde an, auf denen Kinder in der Kleidung der jeweiligen Epoche abgebildet sind.

Im Atelier der Kindertagesstätte entstehen an der Staffelei eigene Gemälde mit Pinsel und Farbpalette.

Ein Besuch im Museum kann neue Welten öffnen

An einem Vormittag nimmt die Gruppe der größeren Kinder am Unterricht der ersten Grundschulklasse teil. Bei einem Ausflug ins Rathaus lassen sich die Kinder den Raum für die Trauungen zeigen und die Zeremonie erklären.
Mithilfe einer Erziehungskraft erforschen die Kinder, weshalb es Eheringe gibt, wozu der Brautschleier und Brautstrauß gut sind und weshalb bei einer Hochzeit Reis geworfen wird.

Spontan entstehende Spielaktivitäten der Kinder
Es entstehen viele Zeichnungen und Bilder zu den Themen „Familie" und „Meine Freunde und ich".
Die Kinder schauen sich die ausgelegten Bilderbücher wieder und wieder an und wollen einzelne auch gern vorgelesen bekommen und über den Inhalt sprechen.
Die Kinder verkleiden sich „wie früher" – Kittel, Schürzen, große Schleifen im Haar.
Es werden Rollenspiele zu Themen des Projekts gespielt: heiraten, in die Schule gehen, Familie sein, Babys versorgen.
Die Kinder stellen immer wieder Heiratsurkunden und Pässe her. Eheringe und Freundschaftsbänder werden angefertigt.

6.4 Reflektieren und bewerten

In der Kindergruppe
In den morgendlichen Runden während des Projekts berichten die Kinder, was sie Weiteres im Zusammenhang mit dem Projekt machen möchten, und die Erziehungskräfte stellen ihre Angebote vor. So gibt es in jeder Woche einen Ausflug in eine andere Institution. Jeder Ausflug bringt neue Eindrücke und Erkenntnisse und das Bedürfnis, sie zu verarbeiten und nachzuspielen.
Nach 5 Wochen ziehen die Erziehungskräfte mit den Kindern ein Resümee ihrer Aktivitäten und verfolgen noch einmal anhand der im Gruppenraum und im Eingangsbereich hängenden Plakate, mit wie vielen Themen und Einzelheiten sie sich beschäftigt haben. Sie schließen das große Gruppenprojekt an dieser Stelle ab. Am nächsten Tag werden einige Kinder mit einer Erziehungskraft in die Bibliothek gehen und die geliehenen Bildbände zurückbringen.
Einige Kinder beschäftigen sich weiter damit, wie es wohl ist, größer zu sein, zur Schule zu gehen, eine Familie zu sein. Ihr Engagement zeigt sich weiter in Rollenspielen und vielen Bildern.

Im Team
Die Erziehungskräfte haben in ihren regelmäßigen Teamsitzungen über den Verlauf des Projekts gesprochen, Angebote kritisch nachbereitet und überlegt, welche Aktivitäten für welche Kinder jetzt und in den nächsten Tagen passend sein könnten.
Am Ende soll noch einmal auf die eingangs formulierten **Zielsetzungen** eingegangen werden. Inwieweit wurden sie beachtet und verfolgt?
Zum Beispiel **„Gemeinsamkeiten und Unterschiede** erkennen und benennen":
Es gab viele Gelegenheiten für die Kinder, Gemeinsamkeiten ihrer Situation als Kind und Unterschiede in ihren Familien auf den Fotos und den Stammbäumen zu sehen sowie anhand der verschiedenen Geschichten zu hören. Sie konnten weiterhin über ihre Generation hinaus einen Blick in das Leben früherer Kindheitssituationen werfen. All dies haben sie gemeinsam erlebt, immer wieder auch mit Erwachsenen besprochen und vielfach nachgespielt.
Auch die weiteren 5 formulierten **Zielsetzungen** fanden die Erziehungskräfte ausreichend berücksichtigt. In den Aktionen und Besprechungen kam es sehr auf die Sichtweise jedes einzelnen Kindes an. So gab es viele Gelegenheiten, das angemessene **Äußern von Ideen**, Bedürfnissen und Wünschen zu üben. Insbesondere bei Ausflügen muss sich eine Gruppe genau absprechen. Damit alle gut mitkommen, viel sehen und erleben und schließlich heil wieder in der Kindertagesstätte ankommen, müssen alle Rücksicht aufeinander nehmen. Dieses Projekt hat mit Sicherheit allen Kindern dazu verholfen, **sich zugehörig zu fühlen**. Sie haben vieles gemeinsam geplant und erlebt.
Immer wenn es darum ging, etwas Größeres herzustellen, angefangen von den Elternbriefen bis hin zu plastischen Darstellungen, haben die Kinder kooperiert und häufig arbeitsteilig an einer gemeinsamen Sache gearbeitet. Das geht nicht ohne regelmäßigen **Rollenwechsel:** vom Macher zum Helfer und umgekehrt; erzählen und Pläne ausbreiten und zuhören und antworten
Die **Gruppe** ist bei diesem Projekt weiter zusammengewachsen und die Kinder haben auf vielen Ebenen gemeinsam und individuell gelernt. Sie haben sich auf sehr unterschiedlichen Gebieten Wissen angeeignet und in den Gesprächen ihren Wortschatz erweitert. Sie

hatten ein weites Übungsfeld, um sich in Absprachen, Erzählungen und Bewertungen verbal auszudrücken. Sie konnten ein Stück **Sicherheit** im Umgang mit fremden Erwachsenen erwerben und haben sich mehrfach im Stadtverkehr zu Fuß und mit öffentlichen Verkehrsmitteln bewegt. Dies ist für viele Kinder, die mit dem Auto ihrer Eltern bewegt werden, ein eher unbekanntes Terrain. Sie haben sich über die Verarbeitung im Rollenspiel viele Erlebnisse wiederholend emotional verfügbar gemacht. Sie haben sich im kreativen und schriftlich-grafischen Ausdruck neue Felder erobert.

Das Projekt hat im Verlauf eine **Eigendynamik** entwickelt, von der sich alle haben mitreißen lassen. Der ursprünglich intendierte Schwerpunkt auf die ganz individuellen Beziehungen, die die Kinder in der Gruppe als Freundschaften und in ihrer Familie haben, ist eher in den Hintergrund geraten. Die interessanten Fragen kreisten eher um die Themen: Wer gehört zu einer Familie? Alle sind einmal Kinder gewesen, wie hat das ausgesehen? Wie geht es bei ausgewählten Institutionen für „Große" zu, der Schule und dem Standesamt? Woran erkennt man das „Großsein"?

Insgesamt ist das Team mit dem Verlauf des Projekts sehr zufrieden. Begleitend dazu wurde immer wieder geprüft, auf welche Weise die Kinder ihre Interessen im Bereich des Bauens und Konstruierens weiterverfolgen. Die Ergebnisse dieser Beobachtungen werden in das nächste größere Projektangebot einfließen.

6.5 Dokumentieren und präsentieren

Im laufenden Prozess haben die Erziehungskräfte verschiedene **Dokumentationsmethoden** verwendet.

1. Alle Ergebnisse der gemeinsamen Beratungen mit den Kindern wurden auf Plakaten festgehalten und mit Datum versehen nebeneinander gehängt. Dazu kamen Fotos, die bei allen Aktivitäten gemacht wurden. Außerdem hingen die Stammbäume, Zeichnungen und selbst gefertigten Urkunden aus. Jedes Kind konnte sich zu jeder Zeit den aktuellen Stand der Dokumentation ansehen. Weil alle Dokumente in der Reihenfolge ihrer Entstehung angebracht wurden, ergab sich daraus eine **Chronologie**. Regelmäßig standen Eltern mit ihren Kindern vor den Plakaten und ließen sich Einzelheiten berichten und erklären.
2. Im Moment wird an die Eltern ein **Fragebogen** zur Resonanz auf das Projekt ausgegeben. Dort soll auch angekreuzt werden, ob ein Interesse an einem zusätzlichen themenbezogenen **Elternabend** besteht.
3. Neben den Beobachtungsprotokollen und Fotos von Aktionen werden auch die Zeichnungen und sonstigen Papierprodukte in die **Portfolios** der Kinder übernommen. Hier haben alle die Möglichkeit der Einsichtnahme. Sie sind außerdem Basis für die Entwicklungsgespräche.

Während der Laufzeit des Projekts stand die **Dokumentation des Prozesses** im Vordergrund. Damit soll auch sehr jungen Kindern die Möglichkeit gegeben werden, Zusammenhänge zwischen den Unternehmungen und dem Verlauf ihres persönlichen Lernweges zu erkennen. Die Verlaufsdokumentation ist zudem ein Mittel der Demokratie und der **Partizipation** aller Beteiligten am Geschehen in der Kindertagesstätte. Es wird Transparenz geschaffen, auch die in der Regel nicht anwesenden Eltern haben neben den Erzählungen ihres Kindes eine weitere Möglichkeit, sich darüber zu informieren, was an diesem Tage abgelaufen und was demnächst geplant ist.

S. **Lernfeld 2**, Kapitel 7: Partizipation

Mit Ablauf des Projekts verändert sich der Zweck der Dokumentation. Sie bleibt weiterhin Erinnerungshilfe. Die Plakate werden jetzt nur noch so lange hängen bleiben können, bis der Platz für die Verlaufsdokumentation des nächsten Projekts benötigt wird. Um sich längerfristig zu erinnern, bleiben die Portfolios der einzelnen Kinder, in denen sich Spuren dieses Projekts finden lassen. Möglicherweise werden auch **Projektalben** erstellt. Diese bereichern dann die Auswahl an bereitstehenden Büchern und werden von den Kindern immer wieder gern angeschaut.

4

7 Beobachten und analysieren als pädagogische Haltung

7.1 Zweite Lernsituation

Anfang Oktober tritt die Erzieherin **Marita** ihre neue Stelle in der städtischen Kindertagesstätte an. Bei dem schönen, sonnigen Herbstwetter sind Kinder wie Erwachsene am liebsten den ganzen Tag im Freien. Heute früh fällt Marita folgende Situation auf:
Die 4-jährige **Maja** und der 5-jährige **Robin** sind die ersten Kinder im Sandbereich und beginnen damit, einen Graben zu buddeln. Kurz darauf kommen **Ole** und **Peter** (beide etwas über 4 Jahre alt) dazu, die sofort mitmachen wollen. Unter den Anweisungen von Robin entsteht nach und nach ein System von Gräben und Tunneln.
Eine Viertelstunde später kommt der 5-jährige **Sven** dazu; er springt in den Sand und ein Tunnel stürzt ein. Robin schreit empört auf. Sven schreit zurück. Dann stehen beide sich mit rotem Kopf und geschwollenen Halsadern gegenüber. Die übrigen 3 Kinder verstummen und sehen von einem Jungen zum anderen.
Marita ist unsicher, wie sie sich verhalten soll, denn sie kennt die Kinder noch nicht gut genug. Nun bemerkt sie zusätzlich, dass die kleine **Anne** schon eine Weile an ihrer Hose zupft: Sie will dringend Hilfe beim Toilettengang haben. Das hat Vorrang!

Als Marita danach wieder nach draußen tritt, ist der Sandbereich verwaist und die Gruppe hat sich offenbar zerstreut. Nur Robin und Sven sieht sie oben im Spielturm, einträchtig kletternd und sich ab und zu etwas zurufend. Marita ist erstaunt und bedauert sehr, dass sie die Weiterentwicklung der Situation nicht beobachten konnte. So einträchtig hat sie die beiden noch nicht erlebt.

Deshalb will sie eine Beschreibung dieser Szene als *Spontanbeobachtung* dokumentieren, die sie dann um Arbeitsfragen zur Reflexion im Team ergänzen wird.
Auch ihr Kollege Thomas findet diesen Ausgang bemerkenswert. Er hat den Eindruck, dass die beiden selbstbewussten Jungen sich schon seit einigen Tagen aneinander reiben und auf dem Weg dazu sind, eine gleichberechtigte Freundschaft zu entwickeln. Diese These behält er aber vorerst für sich, um Maritas Wahrnehmung und Erinnerung nicht schon im Gespräch zu verändern. Vielleicht hat sie auch noch andere interessante Einzelheiten wahrgenommen.
Beide verabreden, die weitere Entwicklung im Auge zu behalten und die Szene gemeinsam zu analysieren.

7.2 Beobachtung und Wahrnehmung

Beobachtung ist eine absichtsvolle Tätigkeit. Wer beobachtet, richtet seine Aufmerksamkeit auf ausgewählte Einzelheiten, Verhaltensweisen und Ereignisse mit dem Zweck, etwas herauszufinden. Wer beobachtet, ist aktiv, ist auf der Suche nach Informationen. Dabei steht dem Beobachter als Werkzeug seine Sinneswahrnehmung zur Verfügung. Insofern ist Beobachtung ein Spezialfall von Wahrnehmung – es kommen Interesse, bewusste Konzentration auf einen Ausschnitt aus der Wirklichkeit und Neugierde dazu.

Wahrnehmung
Als Sinneswahrnehmung wird ein Prozess bezeichnet, bei dem Reize

1. von Sinnesorganen aufgenommen,
2. über die Nervenbahnen an das Gehirn weitergeleitet werden und
3. bei der Person Empfindungen hervorrufen.

Eine Vielzahl gleichzeitig und nacheinander eintreffender Reize und so entstandener Empfindungen wird zu einer Wahrnehmung verarbeitet. Diese ist auch Ausgangspunkt nächster Wahrnehmungen. Genauer wird der Prozess der Sinneswahrnehmung in Kapitel 3.2 beschrieben.

> **Wahrnehmung** ist der Prozess und das Ergebnis der Informationsgewinnung und Informationsverarbeitung von Reizen aus der Umwelt und dem Körperinneren.

- Wahrgenommen werden nur ausgewählte Reize, sie sind ein Bruchteil der in der Umwelt vorhandenen Reize. Sie müssen durch die Sinnesorgane verarbeitet werden können: Beispielsweise können Menschen nur Lichtwellen eines engeren Spektrums wahrnehmen, Ultraviolett und Infrarot bleiben für sie unsichtbar.
- Die Reize müssen außerdem in ihrer Stärke eine bestimmte Schwelle überschreiten, um wahrgenommen werden zu können. Und schließlich müssen sie in der Konkurrenz mit anderen Reizen Aufmerksamkeit erregen: Wer sich z. B. mit einem Partner angeregt unterhält, überhört andere Geräusche, die sich erst in einer Gesprächspause in den Vordergrund der Aufmerksamkeit schieben können.

Die Erzieherin Marita (s. links) hat die gesamte Szene im Freien mit allen ihren Sinnen aufgenommen und sich dabei, ihrem Interesse folgend, mehr und mehr auf die 5 Kinder im Sand konzentriert. Alle anderen Reize, beispielsweise die Morgenkühle und der schon kräftige Sonnenschein, das Vogelzwitschern und die Geräuschkulisse der anderen Kinder im Außengelände, geraten mehr und mehr in den Hintergrund. Die kleine Anne muss schon Mühe aufwenden, um von Marita überhaupt wahrgenommen zu werden.

- Auch im weiteren Sinne ist Wahrnehmung subjektiv: Sie wird durch Vorerfahrungen und Erwartungen, Werte und Normen, Bedürfnisse und Interessen, Gefühle und Stimmungen bestimmt.

Berücksichtigt werden muss außerdem, dass das menschliche Gehirn für die schnelle Verarbeitung und Bewertung von Eindrücken optimiert ist. Im Dienste der Verarbeitungsschnelligkeit sind einige Organisationsprinzipien am Werk:

- Neben der Selektion der Eindrücke sind das Faktoren, die zur Vereinfachung und Generalisierung führen. Statt einzelner menschlicher oder Vogelstimmen hören wir das Zwitschern oder ein Stimmengewirr. Prägnantes, wie eine möglicherweise besonders tiefe Stimme, fällt eher auf, Unvollständiges, wie halb gehörte Wörter, wird ergänzt.
- Wegen der Wirksamkeit von Konstanzprinzipien können Dinge unabhängig von Blickwinkel und Perspektive wiedererkannt werden. Der Wahrnehmungsfokus kann willkürlich gewechselt werden, je nachdem, ob der Vordergrund oder der Hintergrund einer Szene von Interesse ist.

Zusammen genommen bewirken diese Mechanismen die menschliche Fähigkeit zur Gestaltbildung. Auf der Suche nach Sinn und Bedeutung werden Eindrücke selektiert und kombiniert, sie werden beständig mit den bisherigen Erfahrungen abgeglichen. Passendes wird aufgenommen; was die Grenzen des individuell Fassbaren sprengt, wird ignoriert. Vorsichtige Theoretiker definieren Wahrnehmung als „Kompromiss" zwischen vorhandenen Reizen und den persönlichen Erwartungen.
Man kann es auch radikaler formulieren: Die Organisation der Sinnessysteme und die Arbeitsweise des menschlichen Gehirns sind so beschaffen, dass sich jedes Individuum seine eigene Welt konstruiert und sich stets innerhalb dieser Konstruktion bewegt.

Wahrnehmung ist die individuelle Konstruktion von Wirklichkeit. (S. auch Kapitel 4.6)

So muss man davon ausgehen, dass alle 5 Kinder beim Bauen im Sand etwas Unterschiedliches erlebt und verschiedene Erfahrungen gemacht haben. Das hat auch etwas damit zu tun, dass sie nach und nach dazugekommen sind, dann unterschiedliche Rollen beim gemeinsamen Spiel eingenommen und für sich jeweils individuell gefüllt haben. Solange sich die Interessen und Rollen gut ergänzen, muss das niemandem auffallen. Erst als Sven die Szene betritt, wird klar, dass hier unterschiedliche Wahrnehmungen von Wirklichkeit aufeinandertreffen. Beide – Robin und Sven – sind empört und fühlen sich im Recht. Die Erzieherin Marita kann (noch) nicht wissen, was beide zu ihrem Handeln motiviert, sie kann deshalb nur von ihren eigenen Erfahrungen ausgehen.

Menschliche Kommunikation hat deshalb immer auch diesen Zweck zu erfüllen: Es ist ein Aushandlungsprozess um die Sichtweise von Situationen, in denen gemeinsames Handeln stattfinden soll.

Genaueres zum Thema Kommunikation findet sich im **Lernfeld 5,** Kapitel 5

Beobachtung

Beobachten als pädagogische Haltung

Naive und **Gelegenheitsbeobachtung** findet im Alltag wie auch in pädagogischen Zusammenhängen mehr oder weniger zufällig und unsystematisch statt. In Handlungssituationen mit Kindern stellen sich die Erziehungskräfte auf deren individuelle Bedürfnisse und Interessenäußerungen ein. Sie lernen die Eigenheiten einzelner Kinder im Laufe der Zeit kennen und stimmen ihr pädagogisches Handeln darauf ab. Die Informationen, die so nebenbei entstehen und in der Regel nicht dokumentiert werden, sind an die Erfordernisse eines erfolgreichen Alltagshandelns gebunden und bilden einen möglicherweise wenig genauen Eindruck von den Kompetenzen und den Entwicklungsfortschritten eines Kindes.

Häufig werden dabei eher Dinge bemerkt, die nicht glattlaufen, nicht optimal organisiert sind oder die ein Kind (noch) nicht (allein) bewältigen kann. An diesen Stellen gibt es pädagogischen Handlungs- oder Steuerungsbedarf. Was unproblematisch einfach geht, wird dann nicht so aufmerksam registriert. Auf diese Weise bleiben viele Situationen, in denen Kinder kompetent und angemessen handeln, unbemerkt.

Systematische Beobachtung: Deshalb gehört in einem sozialpädagogischen Arbeitsbereich die systematische Beobachtung zu den notwendigen Arbeitsinstrumenten. Mit unterschiedlichen Methoden versuchen Fachkräfte, möglichst vielfältige und genaue Informationen zu erheben. In Kindertagesstätten ist die regelmäßige und zielgerichtete Beobachtung der Kinder die Grundlage der professionellen Gestaltung der Arbeit. Dabei geht es darum, Geschehnisse in der Kindergruppe zu registrieren und das Verhalten einzelner Kinder wahrzunehmen. Die Ergebnisse von Beobachtungen sollen möglichst genaue Auskunft über die Interessen, Selbstbildungsprozesse und Entwicklungsschritte der Kinder geben und die Erzieherinnen dazu befähigen, passende Impulse zu setzen und interessante Angebote zu machen.

Kompetenzen für eine professionelle Beobachtung

- Die beobachtende Fachkraft weiß um die Subjektivität ihrer Wahrnehmung und kalkuliert ein, dass ihre Beschreibung einer Situation ihre persönliche Sichtweise widerspiegelt.
- Sie weiß, dass ihre Bewertungen trotz allen Bemühens um Sachlichkeit und Unvoreingenommenheit auch von ihrer aktuellen Befindlichkeit gefärbt sind.
- Zusätzlich ist zu berücksichtigen, dass auch eine noch so genaue und geduldige Beobachtung nur Verhalten registrieren kann. Wie das Kind die Situation erlebt und welche Absichten es verfolgt, kann etwas ganz anderes sein als das, was die Beobachterin interpretiert.

Womit sind Maja und Robin beschäftigt? Sand ist ein weiches, fließendes Material; es könnte ihnen um

die Freude am Gestalten gehen: Kraft ihrer Fantasie wird aus Nichts ein Berg, eine Straße, eine Kreuzung. Aber feuchter Sand hat auch ein Gewicht. Es könnte sein, dass Maja ihre Körperkräfte erproben will. Vielleicht genießt sie es auch, von einem größeren Jungen als Spielpartnerin anerkannt zu werden. Kooperieren die beiden Kinder, gehen Vorschläge und Ideen Hand in Hand oder gibt eines der beiden Kinder Anweisungen?
Die Reihe von Fragen oder Annahmen dieser Art kann man noch weiter fortsetzen. Auf den ersten Blick ist also **nicht genau erkennbar,** welche Interessen für die Kinder im Vordergrund stehen, was also die primären Motive für ihr Handeln sind. Marita ist sich dessen bewusst, sie greift bei der Einschätzung der Situation hilfsweise auf Erfahrungen zurück, die sie mit anderen Kindern gemacht hat.

Eine Beobachterin muss deshalb ihre Sichtweise absichern:

- Sie kann bei einer Einzelbeobachtung das Kind nach dem, was es dort tut, und nach seinen Absichten fragen.
- Sie kann darüber mit ihm in ein Gespräch treten und dabei zu einer ungleich größeren Tiefe der Beobachtung kommen. Zugleich erhält ein Kind, das bereitwillig über sein Tun oder seine Entdeckungen berichtet, im Gespräch mit einem Erwachsenen Resonanz und die Gewissheit, dass seine Sicht der Dinge wichtig und wertvoll ist.
- Eine Beobachtung kann auch dadurch abgesichert werden, dass Kolleginnen ergänzend beobachten und in einer gemeinsamen Reflexion die Sichtweisen vergleichen.
- Als weitere Möglichkeit, mit der Subjektivität von Wahrnehmung umzugehen, können Beobachtungsverfahren gelten, bei denen die schriftliche Reflexion über die Gefühle und Erinnerungen, die eine Situation auslöst, zu den routinemäßig zu absolvierenden Arbeitsschritten gehört.

Aufgabe

Beobachten Sie in Ihrer Praxis ein Kind eine Weile bei seinem Tun. Kommen Sie dann mit dem Kind ins Gespräch und lassen Sie es über sein Tun und seine Absichten berichten. Vergleichen Sie das Gehörte mit Ihren ersten Annahmen. Was stellen Sie dabei fest?
Machen Sie dieses Experiment mehrfach und erweitern so Ihr Erfahrungswissen.

Haltung: Auch insgesamt kommt es auf die Haltung der beobachtenden Fachkraft an, denn die Erwartung steuert den Blick und selektiert die wahrgenommenen Einzelheiten. Die Beobachterin entscheidet, ob es um die Registrierung von Defiziten, darum, was ein Kind (noch) nicht kann, oder um die Entdeckung von Stärken und bisher nicht sichtbaren Kompetenzen geht.

> Bei offenen Beobachtungsverfahren gelten ein absichtsloses Interesse und ein neugierig positiver Blick auf die Tätigkeiten des Kindes als Voraussetzung für wirklich neue Ergebnisse.

7.3 Beobachtungen schriftlich festhalten

Beobachtungen sind flüchtig. Wer einen Tag unter Menschen verbringt, seien es kleinere oder größere Kinder, Jugendliche oder Erwachsene, hat viel erlebt und zu verarbeiten. Das führt dazu, dass es am Ende schwerfallen wird, sich an die Erlebnisse ganz genau und im Einzelnen zu erinnern.
Es bleiben Eindrücke, möglicherweise viele Bilder, Urteile und Einschätzungen, aber der genaue Zusammenhang ist verblasst. Deshalb ist es notwendig, Beobachtungen zu dokumentieren. Dabei hat sich die Schriftform bei aller Mühe, die sie bereitet, bewährt, weil sie im Vergleich mit technischen Aufnahmegeräten unaufwendiger zu organisieren und doch ertragreich ist.

Aufgabe

1. Auch ein Unterrichtstag kann als Abfolge kleinster zwischenmenschlicher Ereignisse gesehen werden. Notieren Sie gegen Ende eines Schultags, was Sie heute erlebt haben, und vergleichen Sie Ihre Liste der Ereignisse mit der einer Mitschülerin. Gibt es Gemeinsamkeiten und Unterschiede? Wie beurteilen Sie diese?
2. Wählen Sie Beispielsituationen des Schulalltags aus. An welche Einzelheiten erinnert sich jede von Ihnen? Welche Unterschiede, welche Gemeinsamkeiten gibt es?

Die momentane **Rolle der Beobachterin** muss allen Beteiligten deutlich sein:

- Im Team ist für die Zeit der Beobachtung die Freistellung von anderen Aufgaben verabredet.

- Die Kinder wissen, dass sie heute von dieser Kollegin beobachtet werden und bei Unterstützungsbedarf andere Erzieherinnen ansprechen sollen.
- Die Beobachterin gibt sich die Erlaubnis, nicht einzugreifen, sondern Situationen ablaufen zu lassen (außer bei drohender Gefährdung eines Kindes).

Man unterscheidet folgende Formen schriftlicher Beobachtung:

Die Beobachtung mithilfe von Einschätzskalen und Beobachtungstabellen	**Die frei formulierte Beobachtung**
Diese lenken und konzentrieren den Blick und helfen, die Beobachtung zu strukturieren. Man spricht in diesem Fall von gezielter oder gerichteter Beobachtung. Dabei steuern die Kategorien der Tabelle die Erwartungen des Beobachters an das Verhalten des Beobachteten. Einige Skalen und Tabellen werden im Kapitel 8.2 vorgestellt.	Auch frei formuliert kann man einerseits gezielt und gerichtet bestimmtes Verhalten von Kindern oder typische Situationen dokumentieren. Andererseits kann man auch mit einer ungerichteten und absichtslos-neugierigen Haltung beobachten: Dabei entwickelt sich der Beobachtungsfokus im Laufe der Beobachtungszeit bzw. während der Dokumentation.

Ein professioneller Beobachter hat sich folgenden Sachverhalt bewusst gemacht: Er kann Verhalten sehen – nämlich die Mimik, die Gestik, die Körperbewegungen und insgesamt eine Abfolge von Handlungen. Er kann hören – Lautäußerungen, d.h. Sprechen oder Singen, auch unspezifische Laute wie Ausrufe oder Seufzer. Er nimmt zusätzliche Informationen mit allen Sinnen auf, die seine Beobachtung vervollständigen und ihr Anmutungen und Gefühle beisteuern.
Aber: Es sind zunächst einmal die Gefühle des Beobachters.

Was das beobachtete Kind erlebt, fühlt und denkt, kann vom Beobachter nur erahnt und interpretiert werden. Er ist dabei auf seine Empathiefähigkeit angewiesen. Diese ist zwar trainierbar, aber ein Stück Unsicherheit oder auch Projektion bleibt. Selbst die sichtbaren äußeren Anzeichen von innerer Bewegung, wie ein Lächeln, eine Stirnfalte, Tränen oder gerötete Wangen, sind mehrdeutig.
Zum theoretischen Hintergrundwissen eines Beobachters gehört die Erkenntnis, dass alle Gefühle, die menschliches Verhalten so entscheidend steuern, ebenso wie alle möglichen Absichten und Gedanken zum inneren Geschehen eines Menschen gehören.

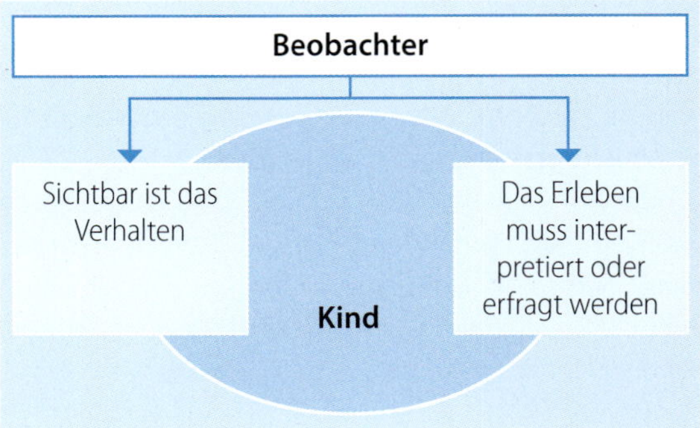

Eine steile Stirnfalte kann ein Zeichen für Konzentration oder für Ärger sein, also für eine ruhige Gemütshaltung oder für eine heftige Emotion.
Die Erzieherin Marita hat als aufmerksame Beobachterin genau registriert, wie sich nach Svens Sprung sein Verhalten und das von Robin weiter entwickelt haben. Sie hat auch kleinste Anzeichen registriert wie die Körperhaltung, mit der sie schließlich einander gegenüberstehen, bis hin zur Kopfhaltung. Sie kann sogar erkennen, dass beide wirklich einen „dicken" Hals bekommen haben. Diese kleinen Mosaiksteinchen fügt sie zusammen und aufgrund ihrer Empathiefähigkeit vermutet sie, dass beide in diesem Moment sehr wütend sein müssen. Das mobilisiert auch bei ihr entsprechende Gefühle: möglicherweise Erschrecken, Mitgefühl, gespannte Erwartung, aber auch Unschlüssigkeit. Sie verspürt den Impuls, als verantwortliche Erziehungskraft handeln zu sollen. Sie weiß in diesem Moment noch nicht, welche Intervention passend sein könnte …
Und festgehalten werden muss an dieser Stelle: Dies alles spielt sich in Maritas Gedanken und Gefühlen ab. Bisher ist nicht bekannt, was Robin, Sven und die anderen Kinder über diese Situation denken und welche Gefühle sie haben.

Die Leistung des Beobachtens und sachlichen Dokumentierens besteht nun darin, Sichtbares und Hörbares zu beschreiben und die eigenen Deutungen, Bewertungen und den Ausdruck von vermutetem Erleben davon zu unterscheiden.

Weil man diese sorgfältige Unterscheidung normalerweise im Alltag nicht trifft – wer könnte sich dann noch schnell orientieren und angemessen handeln? –, muss das sachliche Beschreiben **trainiert** werden. Auch die Konzentration auf das Wesentliche einer Situation, das Unterscheiden von mehr oder weniger wichtigen Einzelheiten sind erlernbar.
Möglich ist z. B. diese Steigerung in der Komplexität der Beobachtungsvorhaben:

Die Komplexität langsam steigern

a) die Beobachtung eines Kindes, das sich allein beschäftigt
b) die teilnehmende Beobachtung bei einem gemeinsamen Tun mit einem Kind
c) die Beobachtung eines Kindes innerhalb einer Kindergruppe
d) die Beobachtung von 2 oder 3 miteinander tätigen Kindern
e) ...

Wichtig ist es dabei, die eigene Wahrnehmungsfähigkeit nicht zu überfordern. Eine beliebige Steigerung der Größe der beobachteten Gruppe ist wenig sinnvoll, denn dann gerät die Tätigkeit der einzelnen Kinder und der Sinn ihres Tuns aus dem Blick.
Es gibt auch Verfahren zur Beobachtung einer gesamten Gruppe, beispielsweise unter gruppendynamischen Gesichtspunkten. Dabei kommt es eher auf den Überblick als auf das momentane Tun des Einzelnen an.

Orientierungsfragen für freie Beobachtungen

Um auch bei der Beobachtung eines Kindes mit der Fülle der Eindrücke umgehen zu können, kann eine **Struktur** hilfreich sein. Deshalb empfehlen sich einige Orientierungsfragen für eine freie Beobachtung wie beispielsweise die Folgenden:

a) Wo ist das Kind?
b) Mit welchen Dingen ist es beschäftigt?
c) Was genau tut es?
d) Was sagt es dabei zu sich selbst oder anderen?
e) Ist es für sich allein oder beschäftigt es sich neben anderen Kindern oder mit ihnen?
f) Nimmt es mit anderen Kindern oder Erwachsenen Kontakt auf, und auf welche Weise?
g) Nehmen andere Kinder Kontakt zu ihm auf und wie reagiert es darauf?

Beobachtungen von Schlüsselsituationen

Sehr informative Dokumentationen können auch bei der Beobachtung von Schlüsselsituationen im Tagesverlauf einer Einrichtung entstehen. Es können unter verschiedenen Fragestellungen einzelne Kinder oder Kindergruppen beobachtet werden:

a) bei der Ankunft und/ oder beim Abholen (z. B.: Wie verabschiedet es sich? Wie begrüßt es andere Menschen?)
b) bei einer Mahlzeit (z. B.: Wie selbstständig isst es? Wie genussvoll? Wie geht es mit der sozialen Situation beim Essen um?)
c) bei selbst bestimmten Tätigkeiten in unterschiedlicher Umgebung
   - drinnen/ draußen
   - in verschiedenen Räumen/ Bereichen
d) allein bzw. in einer Gruppe
e) im Kontakt mit Erwachsenen
f) beim Anziehen/ Ausziehen/ bei der Körperpflege (z. B.: Wie selbstständig ist es dabei?)

Auch hier können weitere Orientierungsfragen sinnvoll sein. Dabei kommt es darauf an, was und zu welchem Zweck beobachtet werden soll.

Die Schlüsselsituation Mahlzeit beobachten

Aufgabe

Wählen Sie Situationen in der Praxis aus und entwickeln Sie Leitfragen für eine Beobachtung. Führen Sie schriftliche Beobachtungen durch. Besprechen Sie Ihren Bericht mit Ihrer Anleitung. Überprüfen Sie dabei auch, ob Ihre Leitfragen geeignet waren oder ob sich andere oder weitere Fragen ergeben.

7.4 Das Beobachtungsinteresse

Für Beobachtung im sozialpädagogischen Berufsbereich gibt es unterschiedliche Motive. Sie ergänzen sich und sind Ausdruck des Bemühens darum, die **Qualität der Arbeit** weiterzuentwickeln und zu sichern, die eigenen fachlichen Kompetenzen zu verbessern und die pädagogische Diskussion im Team zu pflegen.
Zur persönlich wertschätzenden Aufmerksamkeit gehört es, die Kinder besser kennenlernen zu wollen. Wer Kindern zusieht, kann feststellen, mit wie viel Ernst, Konzentration und Freude sie Tätigkeiten nachgehen, deren Sinn sich für Erwachsene nicht sofort erschließt. Gerade dann kann es interessant und hilfreich sein, die **Motive für ihr Handeln** finden zu wollen. Diese geben Auskunft darüber, womit das Kind im Moment beschäftigt ist, man kann auch sagen: welchen Teil seiner Umwelt es sich gerade erobert.
Obwohl sich alle 5 Kinder in der Situation von Seite 200 am gleichen Ort aufhalten und zumindest 4 davon anfänglich harmonisch kooperieren, wird bei genauerem Hinsehen deutlich, dass sie individuell unterschiedliche Motive für ihr Handeln haben und durchaus nicht alle das Gleiche tun.

Entwicklungsverläufe und Gruppenprozesse

Bei regelmäßiger Beobachtung werden Themen, Herausforderungen und Aufgaben, die sich Kinder in diesem Moment ihrer Entwicklung stellen, erkennbar. Die Erziehungskräfte können so Entwicklungsverläufe in den Blick bekommen und die unterschiedlichen Persönlichkeiten der einzelnen Kinder differenzierter wahrnehmen. Sie können mithilfe normierter Beobachtungsverfahren vermutete Entwicklungsrisiken besser einschätzen (s. **Lernfeld 3**, Kapitel 10: Ressourcenorientiere Unterstützung – am Beispiel Sprachförderung).
Bei sorgfältiger Beobachtung werden auch die Beziehungen der Kinder untereinander besser erkennbar. Immer wieder tritt beispielsweise dann erst zutage, dass sich Kinder, die zunächst als still, schüchtern und eher am Rande der Gruppe stehend wahrgenommen wurden, als wichtige, geschätzte, weil aufmerksame und sozial kompetente Spielpartner erweisen. Erziehungskräfte, die auch solche Prozesse erkennen, können sich darauf einstellen und damit wirksam das eigene pädagogische Handeln verbessern. Sie haben mehr Anhaltspunkte, um Situationen positiv gestalten zu können.

Zusammenarbeit mit Eltern

Im Austausch mit Sorgeberechtigten kann es dann zu befriedigenden Gesprächen auf einer respektvollen Ebene kommen. Eine Erzieherin, die die Eltern gut dokumentiert über die im Alltag der Kindertagesstätte beobachtbaren Entwicklungsschritte und Kompetenzen ihres Kindes informieren kann, erwirbt sich eine solide Vertrauensbasis als pädagogische Fachkraft. Eine darauf gründende gute Kooperation erleichtert dem Kind den Übergang in eine neue Welt jenseits seines Elternhauses.

Netzwerkarbeit

Schließlich liegt es auch im Interesse einer sozialpädagogischen Fachkraft, mit anderen Institutionen kompetent in Kontakt treten zu können. In einem gut ausgebauten sozialen Netz auf lokaler Ebene sollen Kindertagesstätten wichtige **Anlaufstellen und Zentren für Nachbarschaft** und Familien sein. Sie sollen die gesetzlichen Aufgaben der Bildung, Erziehung und Betreuung von Kindern erfüllen und mit den sozialen Fachbehörden, den Gesundheitsdiensten und der Grundschule zusammenarbeiten (s. **Lernfeld 5** und **Lernfeld 6**). Das können Erzieherinnen nur dann auf gleicher Augenhöhe realisieren, wenn sie sich ihrer Fachlichkeit sicher sind und begründete Einschätzungen abgeben können.

Aufgabe

1. Befragen Sie Ihre Praxisanleitung nach den hauptsächlich verfolgten Beobachtungsinteressen in Ihrer Einrichtung.
2. Vergleichen und diskutieren Sie im Unterricht Ihre Ergebnisse.

7.5 Der Kontext – der Einfluss des Umfelds der Beobachtung

Jede Beobachtung findet in einem konkreten Zusammenhang statt, der sich auf das Ereignis und das Beobachtungsergebnis in besonderer Weise auswirkt. Stets ist eine Vielzahl von Faktoren wirksam, die das, was die Personen in der Situation tun und auf welche Weise sie miteinander in Kontakt treten, beeinflussen. Auch die Art, in der jede und jeder Einzelne die Situation wahrnimmt und bewertet, hängt von den in der Szene oder

Handlungssequenz wirksamen Faktoren ab. Solche Faktoren können längerfristig wirksam sein oder auch nur speziell und jetzt auftreten. Dabei spielt es keine Rolle, ob sich die Handelnden dessen bewusst sind oder nicht.

Im Folgenden sollen einige **Einflussfaktoren** benannt werden, über deren Existenz sich Beobachter in einem sozialpädagogischen Arbeitsfeld bewusst sein sollten. Nur dann kann man für sich selbst beurteilen oder im Austausch mit Kollegen herausfinden, wodurch und in welcher Weise die Beobachtung des Verhaltens und die Einschätzung der Situation gefärbt ist.

- In einer beobachteten Situation sind zunächst einmal die **aktuell Handelnden** und der oder die Beobachter/-in sichtbar. Dabei kommt es darauf an, ob ein Kind beobachtet wird, das sich allein beschäftigt, oder ob es mit anderen Kindern in Kontakt steht. Jede Veränderung in der Zusammensetzung der Gruppe schafft eine andere Situation. Ein Kind kann sich sehr unterschiedlich verhalten, je nachdem, mit welchen anderen Kindern es zusammen ist und ob es sich mehr oder weniger mit ihnen befreundet fühlt. Auch für kleine Kinder sind sprachliche Ausdrucksfähigkeit und Geschlecht wichtige Einflussgrößen, sowohl für das individuelle Verhalten als auch dafür, wie es von anderen wahrgenommen wird.

In der Situation im Außengelände der Kita (S. 200) beispielsweise war Marita zunächst mit den beiden Kindern Robin und Maja allein in der Sandspielzone. Marita wird vielleicht aufgefallen sein, wie die beiden nebeneinander gebuddelt haben und sich langsam ein Zusammenspiel entwickelt hat. Sie konnte dann möglicherweise sehen, wie sich mit der Ankunft der weiteren Kinder Robins Rolle verändert und er sich zum Ideengeber entwickelt hat. Entscheidend ist auch, dass sich die Szene draußen im Freien bei fast sommerlicher Wärme abgespielt hat, bei Regenwetter hätte es andere Spielverläufe gegeben.

- Generell übt der **Ort** einen entscheidenden Einfluss auf das Verhalten der Handelnden aus. Draußen im Freien gibt es mehr Platz und die Bewegungen können raumgreifender sein. Wenn der Platz beengt ist, müssen alle vorsichtiger agieren. In einem Haus bieten unterschiedliche Räume je nach Einrichtung und Mobiliar verschiedene Möglichkeiten und legen verschiedenes Verhalten nahe.

Die Schlüsselsituation einer gemeinsammen Aktivität beobachten

- Auch die **Art der Aktivität** beeinflusst das Verhalten. Beim Buddeln im Sand sind andere Verhaltensweisen angemessen als bei einem schnellen Bewegungsspiel und erst recht andere beim Rollenspiel oder im Atelier. Außerdem kennen alle Kinder Aktivitäten, bei denen sie sich sicherer fühlen als bei anderen.
- Ebenso werden Situationen zu unterschiedlichen **Zeiten** unterschiedlich ablaufen: je nachdem, ob sie sich am Anfang eines Tages, im Verlaufe oder gegen Ende abspielen. Was vorher war und was danach noch zu erwarten ist, übt einen Einfluss aus. Tageslicht wirkt anders auf die Sinne und die Psyche als Kunstlicht. Zu verschiedenen Jahreszeiten stehen unterschiedliche Aktivitäten im Vordergrund. Schließlich ist auch die Woche strukturiert: Es gibt eine Ablaufdynamik von Montag bis Freitag und dann eine Zäsur durch das Wochenende. Deshalb kann es von Belang sein, an welchem Wochentag die Beobachtung gemacht wird.
- Das **Wahrnehmungsvermögen** der beobachtenden Person unterliegt einer **Tagesform** und wird unmittelbar davon beeinflusst, was sie davor erlebt hat und vom Weitergang der Situation und des Tages generell erwartet. Hinzu kommen der eigene Anspruch, die Kenntnisse und die Beobachtungsroutine, die persönliche Geschichte und die eigenen Werte und Überzeugungen, das Geschlecht, das Alter und die Nationalität.
- Eine beobachtende Fachkraft weiß um die **Ansprüche**, die andere an die Ergebnisse ihrer Arbeit stellen. Das können die Kolleginnen und/oder die Leitung des Hauses sein. Es ist ein Unterschied, ob sich jede Erziehungskraft ihren Beobachtungsauftrag und die konkrete Ausgestaltung selbst gibt oder ob sie innerhalb eines Konzepts handelt.
- Es ist auch von Belang, wie die **Einrichtung** selbst organisiert ist: ob sie eigenständig arbeitet oder als Teil eines größeren Trägers, ob sie mit anderen Einrichtungen eine Kooperation eingegangen ist und mit anderen Institutionen im Kontakt steht. Und schließlich ist es von Belang, wo die Kindertagesstätte liegt und wie die Umgebung jenseits des Zauns um ihr Außengelände strukturiert ist: Handelt es sich um einen städtischen Ballungsraum? Liegt die Kindertagesstätte mitten darin oder eher am Rand? Oder liegt sie im ländlichen Gebiet? Davon hängt beispielsweise ab, unter welchen Umständen die Kinder sich auch außerhalb der Kindertagesstätte im Freien bewegen können und ob sie dort orientierungssicher sind.

Aufgabe

Notieren Sie, welche Einflüsse auf Sie wirken, wenn Sie in Ihrer Praxiseinrichtung tätig sind. Stellen Sie Vermutungen darüber an, in welcher Weise Ihre Sichtweise dadurch beeinflusst werden könnte.

7.6 Fehlerquellen und mögliche Gegenstrategien

Wie aus den vorangegangenen Abschnitten deutlich wird, ist es zunächst einmal wichtig, sich zu vergegenwärtigen, dass eine Beobachtung immer unter dem Einfluss einer Reihe von

- äußeren Voraussetzungen und
- inneren Einstellungen

zustande kommt. Eine Bewertung, eine Aussage ist nur unter Berücksichtigung dieser Umstände gültig und kann nicht davon unabhängig absolut gesetzt werden. Wenn also Marita an diesem sonnigen Morgen wahrnimmt, dass Robin beim Buddeln im Sand die Aktivitäten der anderen Kinder lenkt, so ist das eine mögliche von mehreren gültigen Aussagen oder Bewertungen. Er ist jetzt und mit diesen Mitspielern und vielleicht nur aus Maritas Sicht „der Bestimmer". Als dann Sven die Szene betritt, wird ihre Wahrnehmung zusätzlich von ihrem Unbehagen bestimmt. Sie hält es vielleicht für realistisch, dass die Konfrontation zwischen den beiden Jungen eskalieren kann und sie schlichtend eingreifen sollte. Andererseits ist sie unsicher, ob und wie dies gelingen kann und ob es richtig ist, den Kindern die Konfliktlösung abzunehmen. Hinzu kann kommen, dass die Beobachterin Marita möglicherweise eine Idealvorstellung von friedlichem Zusammenspiel und gelungener Kooperation im Kopf hat. Diese Vorstellung könnte nun als Maßstab zum Einsatz kommen: Allein daran gemessen, muss sie Sven für ein störend aggressives Kind halten.

Damit kann sich eine Vorstellung oder eine Idee als Fehlerquelle erweisen, als Ursache für die Einschätzung eines Verhaltens, das andere ganz anders sehen. Denn es ist offen, wie die Bewertungen der Situation durch die Kinder ausfallen; die könnten durchaus von Maritas Sicht abweichen.

Was eine Szene beeinflusst

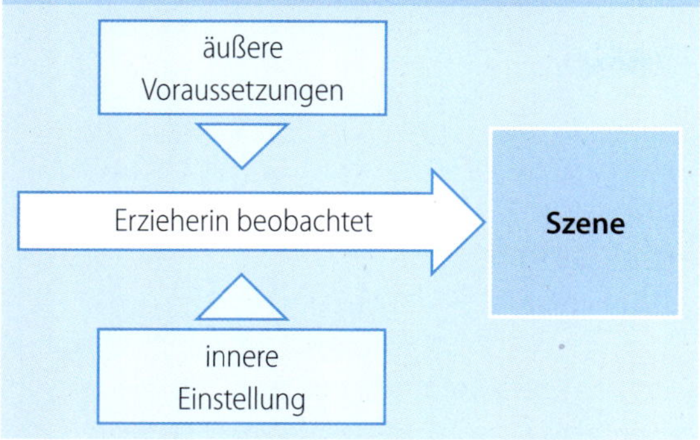

Immer geht also **das Menschenbild** der beobachtenden Person in die Beobachtung ein. Zum Problem wird dieses Phänomen auf längere Sicht, wenn nicht zwischen dem Bemühen um eine sachliche Darstellung und der Bewertung eines Verhaltens oder einer Szene unterschieden wird.

Vor diesem Hintergrund sind ein Austausch über Beobachtungsinhalte und die Schlussfolgerungen ein unverzichtbarer Arbeitsschritt und eine **wichtige Strategie zur Minimierung von Beobachtungsfehlern**. Das gilt ebenso für die im Folgenden skizzierten Wahrnehmungsfehler, denn: Wenn sie auftreten, so geschieht das in der Regel nicht bewusst.

Eine mögliche Fehlerquelle bei der Beobachtung liegt in der **Unzulänglichkeit des menschlichen Sinnesapparats**. Nicht alle Einzelheiten werden aufgenommen und es ist häufig nicht einfach zu beurteilen, wie stark Beobachtungslücken auf die Bewertung Einfluss nehmen.
Marita kann möglicherweise nicht sagen, wann und auf welche Art die kleine Anne sie zuerst angesprochen hat. Sie hat sie einfach nicht gehört: Sie war mit den Ohren „woanders".

Die Beobachtungsfalle der **selektiven Wahrnehmung** kann je nach der Persönlichkeit eines Beobachters von unterschiedlicher Art und verschieden stark ausgeprägt sein.

Wer sich nur selbst und die eigenen Wertvorstellungen als einzigen Wertemaßstab zulassen kann, erliegt notwendigerweise einer selektiven Wahrnehmung. Varianten selektiver Wahrnehmungen:

• Projektion

Die beobachtende Person ist so stark mit den eigenen Ideen beschäftigt, die eine Situation bei ihr auslöst, dass sie diese (alten) Ideen auf die aktuelle Szene überträgt – eben projiziert, die Ereignisse mit der alten Bedeutung verknüpft und so nur noch „den eigenen Film" sehen kann.
Projektion an sich ist eine überragende menschliche Fähigkeit. Wer eigene Gedanken und Gefühle bei der Wahrnehmung anderer Menschen mobilisieren und sie passend übertragen kann, ist zur Empathie fähig: Er kann das Erleben seines Gegenübers „erraten" und angemessen handeln. Die Projektion eigener Ideen auf die vermutete Gefühlslage anderer muss im weiteren Verlauf dann einen Realitätstest bestehen. Bis dahin sind es Ideen, Annahmen oder Vermutungen.

• Die Kraft des ersten Eindrucks – der Primacy-Effekt

Der erste Eindruck von einer Person oder einer Szene bestimmt die gesamte Bewertung des Geschehens und der Rolle der Handelnden so stark, dass die weitere Entwicklung des Verhaltens nicht mehr wahrgenommen werden kann.

• Ermüdung

Je länger eine Beobachtung dauert, desto mehr Anstrengung verlangt sie einer Beobachterin ab. Sie ermüdet und beobachtet nicht mehr so genau und differenziert wie am Anfang. Deshalb empfiehlt es sich, die Beobachtungsdauer von vornherein zu begrenzen.

• Milde-Effekt

Hier spielt die Beziehung eine Rolle. Die Handlungsweise einer Person, mit der die Beobachterin gute Erfahrungen gemacht hat und/ oder die sie mag, wird positiver gesehen und eben milder beurteilt.

• Strenge-Effekt

Umgekehrt ist es bei einer belasteten Beziehung. Hier tendiert die Beobachterin zu einer eher engeren oder strengeren Bewertung.

• Typisierung
Aus einem momentan wahrgenommenen Verhalten wird ein Charakterzug (der „Bestimmer“, der „Streithammel“, die „Mitläufer“). Es kann dann zu einer sich selbst erfüllenden Prophezeiung kommen: Man sieht nur Verhalten oder Eigenschaften, die man vorher erwartet hat.
• Halo-Effekt
(engl. Halo: Heiligenschein) Im Bemühen um eine schnelle Urteilsbildung neigen Menschen dazu zu vereinfachen. Eine einmal beobachtete Eigenheit wird auf weitere Gebiete übertragen. Ein Kind, das in einer Situation unauffällig mitspielt, gilt beispielsweise dann als generell schüchtern.
• Implizite Persönlichkeitstheorien
Wenn ein Beobachter davon überzeugt ist, dass ein Verhalten (oder eine Eigenschaft) immer mit einem anderen Verhalten verknüpft ist, wird es als vorhanden angenommen, obwohl es nicht beobachtet wurde. So können laute, lebhafte Kinder als aggressiv beurteilt werden, ohne dass ein aggressives Verhalten beobachtet wurde.

Häufig geht dieses Phänomen mit Unsicherheit einher, die „eng“ macht und es der Person nicht erlaubt, auch nur spielerisch eine andere Position einzunehmen.

Die Anlassbeobachtung als Beobachtungsfalle

Wenn Beobachtung von kindlichen Aktivitäten nicht regelhaft zum beruflichen Alltag gehört, wachsen die Gefahr von Beobachtungsfehlern und die Anzahl von Fehlerquellen stark an.
Wenn unregelmäßig und beispielsweise nur in zeitlicher Nähe zu fälligen Elterngesprächen beobachtet wird, fehlt es den Beobachtern an Routine. Daraus erwachsen Stress und das Bedürfnis nach schnellen Einschätzungen.

- Wenn dann Beobachtungsphasen als besondere Zusatzaufgabe erscheinen, entsteht subjektiv empfundener Zeitmangel. Häufig beschränkt sich die Beobachtung auf spezielle Situationen, in denen die Beobachtung als besonders einfach oder gut machbar erscheint.
- So kann es dazu kommen, dass das gesamte Tätigkeitsspektrum und die Verhaltensvariabilität eines Kindes nicht gesehen werden. Die Häufigkeit eines gesehenen Verhaltens wird überschätzt (Kind tobt immer nur oder malt immer nur).
- Werden nur einzelne „Problemkinder“ beobachtet, verstärken sich 2 ungünstige Effekte: Zum einen sucht der defizitorientierte Blick nach Belegen für Entwicklungsrückstände oder Verhaltensauffälligkeiten – die Stärken des Kindes werden nicht gesehen. Zum anderen fehlt das Korrektiv, das durch die Beobachtung von Kindern entstehen kann, die als unproblematisch gelten. Zeigen sie nicht das gleiche Verhalten oder Varianten davon?

Mangelnde konzeptionelle Absprache im Team

Brauchbare und tragfähige Beobachtungsergebnisse können nur entstehen, wenn ein Team sich über das Vorgehen einig weiß. Denn Unsicherheit über das Beobachtungskonzept in einer Einrichtung führt zu einer Sammlung schwer vergleichbarer und einschätzbarer Daten. Wenn eine systematische Auswertung unterbleibt, hat das Auswirkungen auf die Qualität der Beobachtungen: Sie werden nicht reflektiert, geraten zur Beliebigkeit und werden in keinen Zusammenhang gebracht.

Aufgabe

Trainieren Sie gemeinsam das Beobachten. Nehmen Sie kleinere Handlungssequenzen als Video auf und analysieren Sie ganz genau. Tragen Sie Ihre Sichtweisen zusammen und nutzen Sie die technischen Möglichkeiten (wiederholt ansehen, kleinere Ausschnitte prüfen, ein Stillbild erzeugen und analysieren, Ton wegschalten und dann Szene wirken lassen).

Wenn Unsicherheit über die Verwendung der Daten besteht und der Prozess der Auswertung nicht transparent ist, kann kaum sinnvoll erhoben werden. Die Beobachter können sich schwer auf das Geschehen konzentrieren, wenn im Hinterkopf stets die Frage nach der Verwendung eines Protokolls mitläuft. In so einer Situation kann kaum am Erwerb von Beobachtungsroutinen und einer vom gesamten Team getragenen Qualitätsverbesserung gearbeitet werden. Beobachtungsfehler, ungenaue Beschreibungen, vorschnelle Urteile und Schlussfolgerungen bleiben unentdeckt, wenn im Team der regelmäßige Austausch nicht möglich ist.

Beobachtungsfehler minimieren

Beobachtungen sind immer subjektiv! Es gibt aber Möglichkeiten, die Gefahr grober Verzerrungen in der Wahrnehmung abzumildern:

Mögliche Fehlerquellen	Strategien zur Vermeidung → mindestens ein Gesprächspartner benötigt, besser noch im Team
Das eigene Menschenbild schiebt sich vor die Beobachtung.	Den Austausch pflegen: Welches Bild vom Kind und seinem Sein in der Welt haben wir? Können wir uns auf eine Sichtweise einigen oder leben wir auch ganz gut mit unterschiedlichen Vorstellungen? Herausfinden, ob und wie sie sich auf die Beschreibung einer Szene auswirken.
Beobachtungslücken – keiner kann alles sehen	Bewusst mit mehreren Personen eine Szene beobachten. Eine Szene auf Video aufnehmen, gemeinsam analysieren und dabei vergleichen, was wir individuell wahrnehmen. Mehrfach ansehen.
Selektive Wahrnehmung	Sich das Wissen um die unterschiedlichen Formen aneignen und gemeinsam die Beobachtungsdokumente daraufhin überprüfen.
Fehlende Routine	Sich Übungsphasen zugestehen und nicht sofort Gültiges abliefern wollen.
Es werden nur „Problemkinder" gesehen.	Sich bewusst vornehmen, bei als problematisch wahrgenommenen Verhaltensweisen von Kindern deren besondere Stärken herauszufinden. (Sicher ist, dass sie vorhanden sind!) Alle Kinder unter ähnlichen Bedingungen beobachten.
Unsicherheit über die Konzeption oder die Verwendung der Ergebnisse	Klare Absprachen im Team treffen und regelmäßig überprüfen, ob sie eingehalten werden und sich als passend erwiesen haben.

Unregelmäßige Beobachtung und mangelnde Absprache können auch dazu führen, dass Erziehungskräfte veraltete und überholte Vorstellungen über die Kompetenzen der Kinder in ihrer Gruppe haben. Gerade sehr junge Kinder machen in kurzer Zeit viele Entwicklungsschritte und es ist für eine qualitativ gute Arbeit wichtig, dass diese bemerkt und berücksichtigt werden.

Wenn die Beobachtung nicht zum regelmäßigen Alltagsgeschäft gehört, gibt es eine geringere Variationsbreite der beobachteten Szenen. Selten ist dann eine Situation unter Beteiligung mehrerer Kinder im Blick, noch seltener eine Aktion zwischen Kind und Erziehungskraft.

8 Instrumente zur Beobachtung, Dokumentation und Analyse

Beobachtungen und die Auswertung der Ergebnisse kosten Zeit und Mühe und verlangen auch theoretische Kenntnisse. Deshalb ist es wichtig, vorher zu entscheiden, mit welcher Absicht beobachtet wird. Günstig ist es, wenn verabredet wird, wer wann mit welchem Mittel was beobachtet. Vor der Entscheidung für die Beobachtungsinstrumente muss also geklärt werden, was sie leisten können und was genau beobachtet werden soll.

In einer Kindertagesstätte können sich folgende Fragen stellen:

- Sollen aus kindzentrierter Perspektive Handlungsabfolgen dokumentiert werden, um herauszufinden, was das einzelne Kind im Moment interessiert, was seine Themen sind?
- Sollen die Lerndispositionen eines Kindes erkannt und die günstigsten Bedingungen für seine weitere Entwicklung ermittelt werden?

- Soll im Vergleich der Kompetenzen aller Kinder die Qualität der Einrichtung erhoben werden?
- Geht es darum, mögliche Entwicklungsgefährdungen zu erkennen, um angemessen fördern und ausgleichen zu können?
- Sollen die Beziehungen der Kinder untereinander und die Dynamik in einer Gruppe beleuchtet werden?

Die Erzieherin Marita (siehe S. 200) konnte unter anderem die Entwicklung eines interessanten Zusammenspiels und eines sozialen Gefüges innerhalb einer Kindergruppe sehen, weil sie mit ergebnisoffener, ungerichteter Aufmerksamkeit beobachtet hatte. Daraus ergeben sich für sie und ihren Kollegen einige Fragen, deren Wichtigkeit für die weitere Arbeit sie noch genauer analysieren wollen. Klar ist aber schon jetzt, dass sie wissen wollen, wie sich die Beziehung zwischen den ungefähr gleichaltrigen Jungen Robin und Sven weiter entwickelt. Man könnte auch ganz andere Fragen an diese Szene stellen, beispielsweise die, wie sich die Dynamik in der Gruppe insgesamt zeigt, was die anderen Kinder möglicherweise zum ersten Mal gemacht haben oder ob der Sandbereich der Nachfrage entsprechend weitläufig genug ist.

Ein Beobachtungskonzept haben

Um auch anderen Erkenntnisbedarf zu berücksichtigen und vor allem nicht einzelne Kinder aus dem Blick zu verlieren, erarbeiten sich die sozialpädagogischen Fachkräfte einer Einrichtung ein Beobachtungskonzept. Es handelt sich dabei um die Kombination oder um ein System von unterschiedlichen Instrumenten. Diese werden in regelmäßigen Abständen eingesetzt und wiederholt. Denn immer gilt:

Jede Beobachtung ist **eine Momentaufnahme** in einem ständigen Prozess der Veränderung und die gewonnenen Erkenntnisse haben eine zeitlich begrenzte Gültigkeit. Je jünger die beobachteten Kinder sind, desto schneller verläuft ihre Entwicklung und Beobachtungsergebnisse veralten.

Wenn eine Einrichtung ein Beobachtungskonzept entwickelt und umsetzt, wird über jedes Kind eine Fülle von persönlichen Daten gesammelt. Darüber müssen die Eltern bzw. die Sorgeberechtigten allgemein informiert werden. Zudem müssen Wege verabredet werden, in welcher Form die Eltern und Fachdienste Zugang zu den Daten des Kindes erhalten. Und natürlich muss jede Einrichtung die gesetzlichen Normen des **Datenschutzes** beachten. Wenn die Fragestellungen und die Verwendungsabsichten klar sind, ergeben sich Kriterien für die Auswahl von Beobachtungsinstrumenten und Methoden.

Die Daten von Eltern, Kindern und der Einrichtung schützen

In den folgenden Abschnitten werden einige unterschiedliche Beobachtungsverfahren vorgestellt, die anerkannt sind und zurzeit breite Verwendung finden. Es gibt im deutschen Sprachraum eine Fülle von Beobachtungsinstrumenten mit unterschiedlicher Zweckbestimmung und verschiedenen Theorien im Hintergrund. Die Auswahl soll beispielhaft aussagekräftige Verfahren zeigen.

8.1 Spontane Beobachtungen

Eine spontane Beobachtung findet beispielsweise statt, wenn einer Erziehungskraft eine Situation als besonders erscheint, wenn ein Kind ein in ihren Augen auffälliges oder interessantes Verhalten zeigt, wenn sich innerhalb einer Kindergruppe eine besondere Beziehungsdynamik entwickelt. Wenn etwas so Bemerkenswertes geschieht, wäre es wenig sinnvoll, die Situation nicht zu dokumentieren, weil Beobachtung für diesen Moment nicht verabredet ist. Viele bemerkenswerte Handlungen oder neu erworbene Kompetenzen von Kindern werden möglicherweise nicht aufgenommen, weil es gerade niemand bemerkt. Deshalb ist eine grundsätzlich aufnahmebereite Haltung eine pädagogische Kompetenz.

So etwas Bemerkenswertes hat die Erzieherin Marita erlebt. Zusätzlich zur Faszination bei der Beobachtung selbst kam für sie die Überraschung über den Ausgang des Konflikts zwischen den beiden Jungen. Es ist offenbar etwas Bedeutsames geschehen, das festgehalten werden sollte.

Allerdings sind spontane Beobachtungen allein kein ausreichendes Konzept. Dann besteht die Gefahr der Konzentration auf Kinder, die besonders auffallen: entweder durch ihr Verhalten, durch ihre Dominanz oder Lautstärke oder weil die Erziehungskraft einen besonderen „Draht" zu diesem Kind hat. Die zunächst unauffälligen Kinder drohen dabei aus dem Blick zu geraten.

Deshalb haben spontane Beobachtungen ihre Bedeutung für eine Fülle interessanter und aussagekräftiger Dokumente, müssen aber um andere Verfahren ergänzt werden.

Instrumente zur Beobachtung, Dokumentation und Analyse (Beispiele)

- Spontane Beobachtung
- Kompetenzfeststellungsverfahren
  - Bellers Entwicklungstabelle
  - Grenzsteine der Entwicklung
  - Entwicklungsrisiken (BEK)
  - Kinder mit anderer Muttersprache (SISMIK)
- Beobachtung mit strukturiertem Material
  - Die sieben Intelligenzen
- Auswertungshilfe bei frei formulierten Berichten
  - Die Leuwener Engagiertheitsskala für Kinder
- Soziometrie und Gruppenbeobachtung
  - Soziomatrix
  - Grundriss
  - Tabelle

(Siehe auch Tabelle Seite 226/227)

8.2 Kompetenzfeststellungsverfahren

Erwartung steuert die Beobachtung

Die Beobachtungsverfahren, mit denen festgestellt werden soll, welchen Entwicklungstand ein Kind erreicht hat, bestehen meist aus Listen oder Tabellen, in denen Beobachtetes eingetragen oder angekreuzt werden soll. Hinter diesen Tabellen stehen Konzepte, also Vorstellungen über die Entwicklung von Kindern. Wenn es sich um seriöse Instrumente handelt, dann enthalten sie in einem Beiheft Erläuterungen zu ihrer Entstehung, zu ihrer statistischen Absicherung und dazu, wie sie verwendet werden sollen. Daneben sind in vielen Einrichtungen selbst entwickelte Ankreuzbögen im Umlauf. Gegenüber ihrer Verwendung ist Vorsicht geboten.

Alle diese Verfahren gehen von einer Norm aus, an der gemessen und bewertet wird. Danach sollen Kinder in den unterschiedlichen Altersphasen eine Abfolge von Entwicklungsstufen erreichen und dazu passende Fähigkeiten und Fertigkeiten zeigen können.

Dabei muss man wissen, dass diese Bewertungen kulturell geprägt sind, sie gelten also nur innerhalb eines Zeitraums und einer Region. Sie müssen außerdem regelmäßig auf ihre Gültigkeit überprüft und gegebenenfalls verändert werden. Für die meisten hier verwendeten Kompetenzfeststellungsverfahren und Entwicklungstests wird angenommen, dass sie mindestens für Deutschland, andere auch für den deutschen Sprachraum verwendbar sind.

Für die sozialpädagogischen Fachkräfte, die Kompetenzfeststellungsverfahren anwenden, ist es wichtig zu wissen, dass die **Normen kein absoluter Maßstab** sind – immer muss auch die individuelle Persönlichkeit eines Kindes gesehen werden.

Es ist allerdings als Warnsignal zu verstehen, wenn ein Kind die für seine Altersgruppe beschriebenen Kompetenzen über einen längeren Zeitraum nicht zeigt: Dann soll davon ausgegangen werden, dass dies ein

Anzeichen für eine Entwicklungsgefährdung sein kann. Wenn dieser Befund gesichert ist, sollte eine Einrichtung unbedingt mit den Eltern des Kindes ins Gespräch kommen und weitere Fachleute hinzuziehen.

> Kompetenzfeststellungsverfahren sind nicht für spezielle Diagnosen geeignet – sie sollen die sozialpädagogischen Fachkräfte dabei unterstützen, begründete Aussagen über den Entwicklungsstand eines Kindes zu machen.

8.2.1 Die Beobachtung frühkindlicher Entwicklung (0–6 Jahre)

Kuno Bellers Entwicklungstabelle

Ein breit angelegtes Verfahren ist „Kuno Bellers Entwicklungstabelle". Mit diesem Instrument kann der Entwicklungsstand von Kindern von der Geburt bis zum 6. Lebensjahr in 8 Entwicklungsbereichen erhoben werden. Die Bereiche sind: Körperpflege, Umgebungsbewusstsein, sozial-emotionale Entwicklung, Spieltätigkeit, Sprache, Kognition, Grobmotorik und Feinmotorik. Ausgegangen wird von 14 aufeinanderfolgenden Phasen der Entwicklung, die ersten 4 Phasen sind dem ersten Lebensjahr zugeordnet, danach entspricht jede Phase dem Ablauf von etwa 6 Monaten. Zu jeder Phase in jedem Bereich werden 6 oder auch mehr Feststellungen (Items) benannt. Die beobachtende Fachkraft soll sich mit den über 400 Items vertraut machen und dann das Kind über einen längeren Zeitraum aktiv beobachten, z.T. auch auffordern, ein Verhalten wie zum Beispiel „Stehen auf einem Fuß" zu zeigen. Anschließend soll die Beobachterin mithilfe der Tabelle zu jedem Entwicklungsbereich befragt werden. Dabei beginnt man mit der Phase, die genau unter dem biografischen Alter des Kindes liegt. Zu jedem Entwicklungsbereich soll herausgefunden werden, in welcher Phase das Kind vollständig kompetent ist, also die genannten Tätigkeiten (Kompetenzen) sicher beherrscht. So werden die Entwicklungsphasen nach und nach bearbeitet, bis man zu einer Phase mit ihren Tätigkeiten (Kompetenzen) gelangt, die das Kind erst zum Teil oder noch nicht sicher zeigt. Es wird angenommen, dass ein Kind die Kompetenzen der dann folgenden Phase noch gar nicht erreicht hat. Da die Phasen durchnummeriert sind und aufeinander aufbauen, legen sie die Annahme eines Entwicklungsalters nahe, das vom biografischen Alter abweichen kann. Das Ergebnis wird in der Regel so sein, dass sich ein Kind zum Zeitpunkt der Beobachtung in den 8 Entwicklungsbereichen in unterschiedlichen Phasen befindet. Dann wird ein Entwicklungskorridor sichtbar, der Bereiche bevorzugter und nicht bevorzugter Tätigkeiten zeigt. Die Autoren betonen, dass ein Kind normalerweise in den verschiedenen Entwicklungsbereichen gleichzeitig unterschiedliche Phasen erreicht und sich daran seine Individualität zeigt.

Beller Entwicklungstabelle (die es auch in Form einer übersichtlich gestalteten Plakatserie gibt) ist für die Beobachtung aller Kinder gedacht und soll Hinweise auf besondere Stärken und eventuelle Unterstützungsbedarfe geben.

Grenzsteine der Entwicklung

Die „Grenzsteine der Entwicklung" nach Richard Michaelis bezeichnen Entwicklungsziele, die von 90–95 % „einer definierten Population gesunder Kinder" (Definition nach Infans) erreicht worden sind. Diese Ziele werden in 6 Entwicklungsbereichen (Körpermotorik, Hand-Finger-Motorik, Sprachentwicklung, kognitive Entwicklung, soziale Kompetenz, emotionale Kompetenz) kurz und stichwortartig formuliert. Die Grenzsteine der Entwicklung sollen in den ersten eineinhalb Lebensjahren nach jeweils 3 Monaten, dann nach einem halben und dann jährlich bis zum Erreichen des 7. Lebensjahres erreicht sein. Dabei soll die beobachtende Fachkraft mit „Ja" oder „Nein" ankreuzen, ob ein Kind die seinem Lebensalter zugeordneten Entwicklungsziele erreicht hat. Ein „Nein" gilt als Auffälligkeit und gibt den Anlass für einen Kontakt mit den Eltern sowie einem Kinderarzt oder einer Frühförderstelle.

Entscheidend ist hier, dass der Einschätzbogen genau zu dem Zeitpunkt ausgefüllt wird, an dem das Kind das entsprechende Alter erreicht hat. Mit den relativ wenigen Feststellungen in 6 Entwicklungsbereichen sind signalgebende Meilensteine benannt. Damit erfüllt das Verfahren die Funktion eines Frühwarnsystems bzw. lenkt den Blick auf die Stärken jedes Kindes in einer Gruppe. Der Vorteil dieses Verfahrens: Es ist schnell machbar und soll trotzdem sehr zuverlässig sein. In der Begleitforschung hat sich herausgestellt, dass diese wenigen Kompetenzen aussagekräftig zur Einschätzung der Entwicklung eines Kindes sind. Andererseits werden nur schlaglichtartig einzelne Kompetenzen beleuchtet und die individuelle Bandbreite der Stärken eines Kindes muss noch mit anderen Mitteln beobachtet werden.

Beispiel für die Phasen und Bereiche nach Beller:

Phase	Umgebungsbewusstsein	Spieltätigkeit	Grobmotorik
6	1. Weiß, wo im Raum Dinge aufbewahrt werden, ist interessiert, sie wieder zurückzulegen. [. . .] 4. Sammelt Gegenstände, die es auf Spaziergängen findet. [. . .] 6. Unterscheidet nach Sammelbegriffen (Wauwau für Tiere).	1. Spielt Rollenspiele mit einfachen Handlungen (spricht allein). 2. Sortiert Gegenstände nach Größe und Farbe. [. . .] 5. Folgt einfachen Modellen (beschäftigt sich mit der Reproduktion von Wahrnehmungen).	1. Wirft einen Ball mit beiden Händen. [. . .] 4. Ahmt Bewegungen von Tieren nach. [. . .] 6. Verfügt über gute Kontrolle beim Gehen und Rennen.
7	1. Erkennt und/ oder benennt Dinge, die es nicht täglich sieht. 2. Kennt die Bezeichnung für verschiedene Räume. [. . .] 4. Kennt den Vornamen von Erwachsenen.	1. Nimmt an Gruppenaktivitäten für kurze Zeit teil. [. . .] 3. Zeigt Geschicklichkeit und Aufmerksamkeitsspanne. [. . .] 5. Legt verschiedene Formen ins Formbrett.	1. Wirft einen Ball in ein Ziel. 2. Hüpft mit beiden Füßen auf der Stelle. [. . .] 5. Kriecht nach Aufforderung durch einen Reifen.
8	1. Nennt verschiedene Berufe. 2. Verhält sich siuations-entsprechend. 3. Sagt seinen Namen und weiß, wo es wohnt.	1. Spielt selbstständig. 3. Entwickelt Spielthemen mit Tierfiguren, Puppen und Handpuppen. 4. Erzählt Handlungssequenzen oder Erfahrungen.	1. Bewegt sich im Spiel auf allen vieren. [. . .] 3. Bewegt sich gut und furchtlos auf einer Rutsche. [. . .] 5. Kickt einen großen Ball.

Beispiel für Grenzsteine nach Michaelis:

Alter	Grenzsteine der Körpermotorik	Grenzsteine der Hand-Fingermotorik	Grenzsteine der Sprachentwicklung	Grenzsteine der kognitiven Entwicklung	Grenzsteine der sozialen Kompetenz	Grenzsteine der emotionalen Kompetenz
48 Monate	Dreirad o. ä. Fahrzeuge werden zielgerichtet und sicher bewegt, Kind tritt und lenkt gleichzeitig, umfährt gewandt Hindernisse ------------ Hüpfen aus dem Stand mit beiden Beinen gleichzeitig um 30–50 cm nach vorne, mit stabiler Gleichgewichtskontrolle möglich	Hält Mal-/ Zeichenstift korrekt mit den Spitzen der ersten 3 Finger ------------ Gegenständliches, auch Kopffüßler können gemalt und kommentiert werden	Kind verwendet „Ich" zur Selbstbezeichnung ------------ Ereignisse/ Geschichten werden in etwa in zeitlicher und logischer Reihenfolge wiedergegeben, meist noch mit Und-dann-und-dann-Verknüpfungen	W-Fragen (Warum, wieso, wo, wann, woher?) ------------ Gleiche Gegenstände verschiedener Größe können unterschieden und benannt werden (z. B. große und kleine Äpfel)	Beginnt und beteiligt sich an Regelspielen (Brett-Karten-Kreis-Bewegungsspiele) ------------ Kind ist bereit zu teilen	Kind kann seine Emotionen bei alltäglichen Ereignissen meist selbst regulieren. Gewisse Toleranz gegen Kummer, Enttäuschung, Freude, Vorfreude, Ängste, Stress ------------ Kind weiß, dass es Mädchen oder Junge ist, und verhält sich danach
	Ja – Nein	**Ja – Nein**	**Ja – Nein**	**Ja – Nein**	**Ja – Nein**	**Ja – Nein**

8.2.2 Spezielle, in Einzelfällen einsetzbare Beobachtungsverfahren

Verfahren bei als gravierend vermuteten Entwicklungsrisiken

BEK Beobachtungsbogen

Der **„Beobachtungsbogen zur Erfassung von Entwicklungsrückständen und Verhaltensauffälligkeiten bei Kindergartenkindern"** (**BEK**) ist nicht für die Beobachtung aller Kinder gedacht. Er soll ausdrücklich bei einzelnen Kindern im Elementaralter das Erkennen der in seinem Titel genannten Schwierigkeiten erleichtern und lediglich dann eingesetzt werden, wenn Auffälligkeiten beobachtet wurden. Sein Sinn besteht darin, sozialpädagogischen Fachkräften die Entscheidung zu erleichtern, ob sie bei einem Kind im Elementaralter Anzeichen für Entwicklungsrisiken beobachtet haben und Fachleute hinzuziehen sollten. Dieser Einschätzungsbogen soll kein Diagnoseinstrument sein und man kann damit auch keine Aussagen über Ursachen von Störungen machen.

Die Fachkräfte können ihre Beobachtungen in 5 Problembereichen (Sprache und Sprechen, kognitive Entwicklung, Wahrnehmung – Orientierung, Motorik, Verhalten) festhalten. Die Probleme können als unauffällig, leicht oder stark ausgeprägt gekennzeichnet werden. Es gibt Beispiele zur Orientierung darüber, welches Problem gemeint ist, aber auch die Möglichkeit, eigene Beschreibungen hinzuzufügen.

Zusätzlich können in 3 weiteren Problembereichen (Einzelsymptome, Gesundheit/körperlicher Zustand, familiäre und psychosoziale Belastungen) Beobachtungen angekreuzt werden. Anschließend soll auch stichwortartig notiert werden, welche Konsequenzen aus den Ergebnissen gezogen werden. Wenn mehrere Merkmale als „leicht ausgeprägt" festgestellt wurden, soll die weitere Entwicklung des Kindes auf alle Fälle genauer beobachtet werden.

Wenn mehrere Merkmale als „stark ausgeprägt" eingestuft wurden, ist das ein Hinweis darauf, dass das Problem genauer abgeklärt werden muss, besonders, wenn dies schon längere Zeit beobachtet wurde.

Beispiel für Problembereiche im BEK (Auszug):

	1. Problembereich: Sprache und Sprechen	**Eigene Beschreibungen und Anmerkungen zu diesen Problembereichen**
0* 1 2	1. Lautbildung: bildet Laute (z. B. k, r, s) oder Lautverbindungen falsch; lässt Laute aus oder ersetzt sie durch andere (...)	
0 1 2	6. Sprachverständnis: tut sich schwer beim Verstehen von Begriffen, Anweisungen oder Aufforderungen; zeigt allgemein wenig Interesse für Sprach	
	3. Problembereich: Wahrnehmung – Orientierung	
0 1 2	2. Auditiver Bereich: hat Probleme, Geräusche oder Laute zu erkennen oder die Quellen von Geräuschen ausfindig zu machen (...)	
	5. Problembereich: Verhalten	
0 1 2	1. Aggression in der Gruppe: streitet sich mit anderen Kindern; schlägt, beißt, kratzt andere Kinder; zerstört Spielzeug (...)	

* 0 = unauffällig, 1 = leicht ausgeprägt, 2 = stark ausgeprägt

Verfahren bei Kindern, deren Muttersprache nicht Deutsch ist

SISMIK

Auch der von Ulich und Mayr entwickelte **SISMIK „Sprachverhalten und Interesse an Sprache bei Migrantenkindern in Kindertageseinrichtungen“** ist nicht flächendeckend für alle Kinder gedacht.

Es sollen auch nicht Sprachstörungen im Sinne einer Entwicklungsstörung aufgedeckt werden. Besondere Aufmerksamkeit soll der Sprachentwicklung von Kindern mit einer anderen Familiensprache als Deutsch in der Kindertagesstättengruppe gewidmet werden.

Für diese spezielle Aufgabe, die den Bildungserfolg der Kinder in einer deutschsprachigen Umgebung sichern soll, ist der SISMIK als Hilfsmittel für die Erzieherin gedacht. Einerseits kann damit die Sprachentwicklung systematisch beobachtet und dokumentiert werden. Die Erhebungsbögen sind so konstruiert, dass sie auf Situationen eingehen, die im Kindergartenalltag vorkommen, in denen Sprechen wichtig ist und Sprache gelernt wird. Andererseits erhält die pädagogische Fachkraft mit dem SISMIK genaue Hinweise, welche sprachbezogenen Angebote das Kind im Moment braucht. Damit soll eine Verbindung zwischen der Erhebung und der Förderung geschaffen werden.

Gefragt wird nach dem Interesse der Kinder an Sprache und nach dem Sprachverhalten in einer konkreten Situation wie z. B. am Esstisch, in Gesprächsrunden, im Einzelgespräch, bei der Bilderbuchbetrachtung und beim Erzählen und Vorlesen, bei der Begegnung mit Schrift, bei Sprachspielen und Rollenspielen.

Für jedes Kind wird ein **eigenes Heft** benutzt, in dem die Beobachtungsbögen zu den Aspekten des Spracherwerbs zum Ankreuzen zur Verfügung stehen. Abgefragt werden 4 Bereiche:

- Sprachverhalten
- sprachliche Kompetenz im engeren Sinn (deutsch)
- die Familiensprache des Kindes
- die Familie des Kindes

Im Begleitheft wird angeregt, in der Einschätzung vor allem der Bereiche Sprachverhalten und sprachliche Kompetenz neben Ankreuzen auch eigene Anmerkungen hinzuzufügen. Die Bögen sollen auf verschiedenen Ebenen genutzt werden: zur Begleitung der individuellen Sprachentwicklung, zur Reflexion und zur Weiterentwicklung des pädagogischen Angebots und zur systematischen Beobachtung. Deshalb können die Bögen auf 2 Ebenen ausgewertet werden: als unmittelbare Hinweisgeber für die Inhalte von Förderangeboten und quantitativ für die Einschätzung des Entwicklungsstands verglichen mit der Altersgruppe des Kindes anhand von mitgelieferten Tabellen.

Ergebnis einer solchen Beobachtung ist ein umfassendes Bild kindlichen Sprachhandelns, also seiner kommunikativen Kompetenzen und persönlichen Stärken. Dazu gehören genaue Hinweise auf Förderbereiche, besonders im Hinblick auf den Übergang in die Schule und den Schritt von mündlicher zu schriftlicher Kommunikation.

Beispiel für einen Abfragebogen in einer sprachrelevanten Situation:

Tabelle F Verständigungsprobleme/ Ausdrucksnot (im Deutschen)

	nie	sehr selten	selten	manchmal	oft	sehr oft	Anm.
1. Kind zieht sich zurück, verstummt	○	○	○	○	○	○	
2. wird wütend	○	○	○	○	○	○	
3. versucht sich mit Gesten und Mimik zu verständigen	○	○	○	○	○	○	
4. holt sich Hilfe bei zweisprachigen Personen, die seine Familiensprache sprechen Es gibt diese Personen nicht →	○ □	○	○	○	○	○	
5. sucht Ersatzwörter, Umschreibungen	○	○	○	○	○	○	
6. benutzt seine Familiensprache	○	○	○	○	○	○	

8.3 Beobachtungsverfahren mit strukturiertem Material

Die sieben Intelligenzen

Mit einem weiteren strukturierten Beobachtungsverfahren soll der Blick auf individuelle Themen, Interessen und besondere Stärken von Kindern gelenkt werden. Dabei wird davon ausgegangen, dass sich jedes Kind seinen eigenen Weg zur Eroberung seiner Welt sucht. Die Beobachtungsbögen basieren auf der Theorie der „sieben Intelligenzen", mit der der amerikanische Psychologe Howard Gardner die Diskussion um Methodenvielfalt im Schulunterricht und die Bildung in der frühen Kindheit beeinflusst hat. Danach gibt es 7 unterscheidbare Wege zur Welt, die allen Menschen zur Verfügung stehen. Die Unterschiede bestehen darin, dass es individuelle Bevorzugungen gibt, besondere Lieblingswege. Kleine Kinder sind dabei, sie für sich zu entdecken und auszuprobieren. Aufmerksame Erwachsene können dabei die Stärken der Kinder in ihrem Charme entdecken und „Schätze heben", wie einige Autoren es ausdrücken.

Für die Arbeit mit kleinen Kindern wurden im Kindertagesstättenbereich 7 Abfrageskalen formuliert:

- sprachliche Intelligenz
- logisch-mathematische Intelligenz
- Bewegungsintelligenz
- musikalische Intelligenz
- soziale Intelligenz
- praktische Intelligenz
- wissenschaftliche Intelligenz

Der erste Schritt der Beobachtung besteht auch bei diesem Beobachtungsinstrument darin, sich mit den Fragen zu den sieben Intelligenzen vertraut zu machen. Danach sollen die Kinder intensiv beobachtet werden, damit man auf den Bögen ankreuzen kann, was auf das einzelne Kind zutrifft, und eigene Beobachtungen notieren kann. Beobachtet werden kindliche Tätigkeiten und Kompetenzen. Auf einem Resümeebogen kann in 5 Stufen von „kein Interesse" bis „sehr hohes Interesse" eingeschätzt werden, wie häufig und gern sich ein Kind in den unterschiedlichen Zugangswegen zur Welt oder Bildungsbereichen bewegt. Das Ergebnis ist ein einfach herstellbares **Interessen- und Stärkenprofil** für jedes Kind.

Beispiele für die Kennzeichen der sieben Intelligenzen:

Soziale Intelligenz	
5. Hat das Kind Freunde?	
6. Versteht es deren Vorlieben bzw. Abneigungen?	
11. Zeigt das Kind, dass es seine eigenen Fähigkeiten, Interessen und Schwierigkeiten kennt?	
14. Hat das Kind einen Sinn für Humor? (...)	
Was fällt Ihnen im Bereich der sozialen Kompetenz des Kindes noch positiv auf?	
16. ...	

Praktische Intelligenz	
1. Nimmt das Kind gern Dinge auseinander? (...)	
9. Benutzt das Kind die Methode von Versuch und Irrtum und lernt es dadurch?	
10. Benutzt das Kind ein systematisches Vorgehen beim Lösen mechanischer Probleme (z. B. wenn Schrauben nicht greifen oder Teile nicht passen)?	
Was fällt Ihnen im Bereich der praktisch-mechanischen Kompetenz des Kindes noch positiv auf?	
11. ...	

Wissenschaftliche Intelligenz	
1. Bemerkt das Kind häufig Veränderungen oder kleine Details in seiner Umgebung (z. B. neue Blätter an Pflanzen, Insekten an Baumstämmen, eine neue Anordnung von Bildern etc.)? (...)	
5. Fragt das Kind regelmäßig, um Dinge erklärt zu bekommen, die es beobachtet hat? (...)	
7. Zeigt das Kind Interesse daran, seine Beobachtungen in irgendeiner Form aufzuzeichnen (z. B. durch Zeichnungen oder Abdrücke)?	
Was fällt Ihnen im Bereich der wissenschaftlichen Kompetenz des Kindes noch positiv auf?	
8. ...	

Das so entstehende Profil ist ein erster Schritt zu einer differenzierten Beurteilung von Kompetenzbereichen und bevorzugten Bildungsbereichen eines Kindes. Die Erhebung der sieben Intelligenzen ist für alle Kinder einer Gruppe geeignet. Aus den einzelnen Profilen ergeben sich Hinweise auf die Themen, mit denen jedes der Kinder im Moment beschäftigt ist. Außerdem kann abgelesen werden, bei welchen Interessen es Anknüpfungspunkte für Themen gibt, die das Kind noch nicht für sich entdeckt hat.

8.4 Strukturierte Auswertungshilfen bei frei formulierten Berichten

Beobachtungen mit einer offenen, neugierig-positiven Haltung bieten die Chance, Neues zu entdecken, Handlungsweisen und Kompetenzen von Kindern zu sehen, die möglicherweise abseits der Erwartungen der Erwachsenen liegen. So entstehen frei formulierte Berichte, aus denen die momentanen Interessen und Themen der Kinder ermittelt werden können.

Für diese Beobachtungsform bietet es sich an, mit **offenen Leitfragen** zu arbeiten. Dabei geht es darum, die Beobachtung möglichst vorurteilsfrei zu Papier zu bringen und danach herauszufinden, welche eigenen Anteile die Sichtweise auf die Situation gefärbt haben. In einem nächsten Schritt soll der Versuch gemacht werden, herauszufinden, wie die Kinder die Situation erlebt haben könnten. Erst danach soll im Team darüber beratschlagt werden, mit welchen individuellen Entwicklungsbedürfnissen jedes Kind beschäftigt ist.

Ein Team könnte beispielsweise folgendermaßen vorgehen:

Der Beobachtungsbericht beantwortet die Fragen:
- Was geschieht? Was tun, sagen die Kinder?

Dann beantwortet die Beobachterin folgende Fragen:
- Was macht diese Situation mit mir?
- Welche Reaktionen (körperlich, emotional, z. B. Anspannung, Freude, Interesse, Ärger, Langeweile, Angst) werden bei mir hervorgerufen?
- Was berührt mich, ruft Bilder, Erinnerungen wach, löst Gedanken, Ideen aus? Worauf springe ich an?

Dann erfolgt die Perspektivenübernahme:
- Wenn ich das Kind wäre, welche Bedeutung hätte die Situation für mich?
- Wie fühlen sich die einzelnen Kinder aus meiner Sicht? (Ist das Kind/sind die Kinder engagiert?)

Für die fachliche Reflexion unter Kollegen werden folgende Fragen vorgeschlagen:
- Welche intuitiv begründeten Schlüsse ziehen wir aus der Beobachtung?
- Welche fachlich begründeten Schlüsse ziehen wir aus der Beobachtung?
- Wie deuten wir das, was die einzelnen Kinder tun?
- Was konstruieren die Kinder jeweils für sich und miteinander?
- Mit welchen Themen gehen die Kinder um?
- Welche Schlüsse ziehen wir daraus für unser pädagogisches Handeln (z. B. hinsichtlich des räumlichen, materiellen Angebots, der sozialen Erfahrungen)?
- Brauchen einzelne Kinder neue Herausforderungen oder Unterstützung?
- Welche weiteren Fragen ergeben sich für uns aus der Beobachtung?
- Worauf wollen wir in den nächsten Beobachtungen besonders achten?

(Vgl. Laewen, 2002)

Dies ist ein Erarbeitungsprozess, der viel Zeit in Anspruch nimmt, aber sehr lohnend sein kann, denn es entsteht ein sehr umfangreiches Dokument.

Einerseits werden viele Einzelheiten über die beobachteten Kinder deutlich, ihre Interessen und Spielideen, ihre Kompetenzen in den verschiedenen Entwicklungsbereichen, besondere Talente und Vorlieben. Dazu kommt ein genauer Einblick in die Kommunikation zwischen den Kindern, die nicht nur verbal abläuft. Der soziale Zusammenhang zwischen den Kindern in dieser Situation wird sichtbar: Freundschaft, Bestätigung und Freude am Zusammensein ebenso wie soziale Aushandlungsprozesse, gelungene und nicht so ganz gelungene Lösungen für einen Ausgleich der Interessen.

Anderseits ist es eine Gelegenheit, bei der den Erzieherinnen auf sehr persönliche Weise ihre pädagogische Haltung und ihre Wertvorstellungen deutlich werden können. Dies setzt ein Klima zwischen den Kolleginnen voraus, das von Offenheit und gegenseitiger Wertschätzung getragen ist. Auch dies ist sehr lohnend: Die

Qualität der pädagogischen Arbeit wächst, denn in einem gut reflektierenden Team wissen alle genau, wie sie handeln und welche guten Gründe bei einzelnen Entscheidungen im Hintergrund stehen können.
Und schließlich ergeben sich sehr viele Informationen für weitere pädagogische Initiativen und Projekte. Bei der Bearbeitung der Frage, was die Ergebnisse der Analyse für die weitere pädagogische Arbeit bedeuten, werden Ideen und Themen entstehen, mit denen die individuellen Bedürfnisse und Interessen der Kinder besser berücksichtigt werden können.

Die Leuvener Engagiertheitsskala für Kinder

Eine weitere Form des Umgangs mit frei formulierten Beobachtungsberichten ist die „Leuvener Engagiertheitsskala für Kinder“. Hier wird davon ausgegangen, dass Kinder für ihre Entwicklung ein anregungsreiches Umfeld und eine Atmosphäre einfühlsamer Kommunikation brauchen.
Erkennbar wird ein entwicklungsförderliches Klima an 2 Kennzeichen im kindlichen Verhalten und Erleben, deren äußere Anzeichen man beobachten und einschätzen kann:

1. dem emotionalen Wohlbefinden (well-being)	Kinder, die sich wohlfühlen, sind entspannt und offen. Sie zeigen Selbstbewusstsein und Vertrauen gegenüber ihren eigenen Fähigkeiten und gegenüber anderen Menschen. Sie wirken in ihrem Verhalten lebendig und angemessen flexibel. Sie passen sich Veränderungen in einer Situation unangestrengt an, ohne dabei ihre eigenen Interessen aufzugeben. Sie können den Moment und ihre Tätigkeiten genießen.
2. der Engagiertheit (involvement)	Engagiertheit ist eine besondere Qualität menschlicher Aktivität, die an einem freudigen Aufgehen in einer Tätigkeit erkennbar ist. Damit dies eintritt, darf die Tätigkeit ein Kind weder überfordern noch unterfordern. Wenn es mit einer beanspruchenden Tätigkeit beschäftigt ist, dann ist sie mit intensiven sensitiven und kognitiven Erfahrungen verbunden, und das bedeutet, dass intensives Lernen stattfindet. Körperliche und geistige Energien fließen und das Kind vergisst Zeit und Raum. Engagiertheit ist deshalb auch ein Zeichen davon, dass Kinder ihren Entwicklungsbedürfnissen nachgehen. Sie sind dann dabei, ihre Fähigkeiten und Grenzen auszuloten. Engagiertheit ist erkennbar an Konzentration, Ausdauer, Kreativität, Genauigkeit, Begeisterung, Zufriedenheit oder Anspannung.

Bei der Verwendung der Leuwener Engagiertheitsskala sollen die Erziehungskräfte nach einer Beobachtung einschätzen, in welchem Ausmaß sich ein Kind einer Tätigkeit hingibt, wie engagiert es also dabei ist. Sie können sich dabei an einer 5-stufigen Skala orientieren.

Die Stufen sind dabei folgendermaßen definiert:

1. Stufe: Keine Aktivität
   Das Kind ist nicht tätig, es wirkt teilnahmslos und geistesabwesend.
   Oder: Es ist nur scheinbar aktiv, z. B. bei stereotypen Wiederholungen einer immer gleichen Handlung.
2. Stufe: Häufig unterbrochene Aktivität
   Das Kind ist nur während der halben Beobachtungszeit wirklich aktiv.
   Oder: Es geht einer Tätigkeit nach, die es nicht wirklich fordert.
3. Stufe: Mehr oder weniger andauernde Aktivität
   Ein Kind zeigt eindeutig Aktivität, erscheint dabei aber unmotiviert und uninteressiert.
   Oder: Intensive Aktivität wird unterbrochen von nicht aktiven Phasen.
4. Stufe: Aktivität mit intensiven Momenten
   Das Kind ist während der gesamten Beobachtungszeit aktiv und dabei zeigt es mindestens während der halben Zeit deutliche Zeichen von Motivation, Interesse, Zufriedenheit etc.
   Oder: Ein Kind ist konzentriert und ausdauernd aktiv, geht aber einer Routinetätigkeit nach.
5. Stufe: Anhaltend intensive Aktivität
   Das Kind zeigt während der gesamten Beobachtungszeit Konzentration und Begeisterung bei einer Tätigkeit, deren Niveau seinen Fähigkeiten angemessen ist.

(Hegger, o. J.)

Auch mit diesem Verfahren werden Bildungsbereiche deutlich, in denen sich ein Kind gern aufhält, Entwicklungsschritte macht und

Ressourcen hat. Man kann mit den Ergebnissen auch herausfinden, in welchen Bereichen ein Kind möglicherweise Unterstützungsbedarf hat oder ob die Einrichtung genügend interessante Herausforderungen und Gelegenheit für neue Erfahrungen bietet.

8.5 Soziometrie und Gruppenbeobachtung

Bei der Gruppenbeobachtung verschiebt sich die Aufmerksamkeit auf ein größeres Gefüge. Es geht dann nicht mehr darum, möglichst genau zu erfassen, welche Interessen und Bedürfnisse das einzelne Kind als Individuum hat und auf welche Weise es was tut, sondern die Aufmerksamkeit richtet sich auf eine Gruppe, auf überindividuelle Zusammenhänge, Trends und soziale Beziehungen.

Das bekannteste Verfahren der **Soziomatrix** nach Moreno wird in **Lernfeld 2**, Kapitel 4.3 ausführlich dargestellt.

Das Grundprinzip der Soziometrie besteht darin, dass bestimmte Merkmale in größerer Zahl registriert werden, um sich einen Überblick zu verschaffen.

Wenn man beispielsweise wissen will, ob alle Spielorte, die das Gebäude einer Kindertagesstätte, ein Gruppenraum oder ein Bereich bieten, tatsächlich angenommen und genutzt werden, kann man das mithilfe eines Grundrisses dokumentieren. Es wird bepunktet oder angestrichen, wenn sich ein Kind dort länger als eine Minute aufhält. Über mehrere Tage verfolgt, ergibt sich sehr schnell ein aussagekräftiges Bild über die Attraktivität eines Raumes bzw. einzelner Bereiche.

Die Ergebnisse dieser Beobachtungen eignen sich entweder schon offensichtlich dafür, Veränderungsbedarf in der Raumaufteilung zu erkennen, oder sie liefern Kriterien für eine anschließende genauere Beobachtung.

Wenn man sich einen ersten Eindruck darüber verschaffen möchte, was einzelne Kinder im Laufe eines Tages tun und wo sie sich gern aufhalten, kann man dies anhand einer **Stundentabelle** schnell notieren. Auch bei diesem Verfahren ist es notwendig, die Tabelle mehrmals auszufüllen.

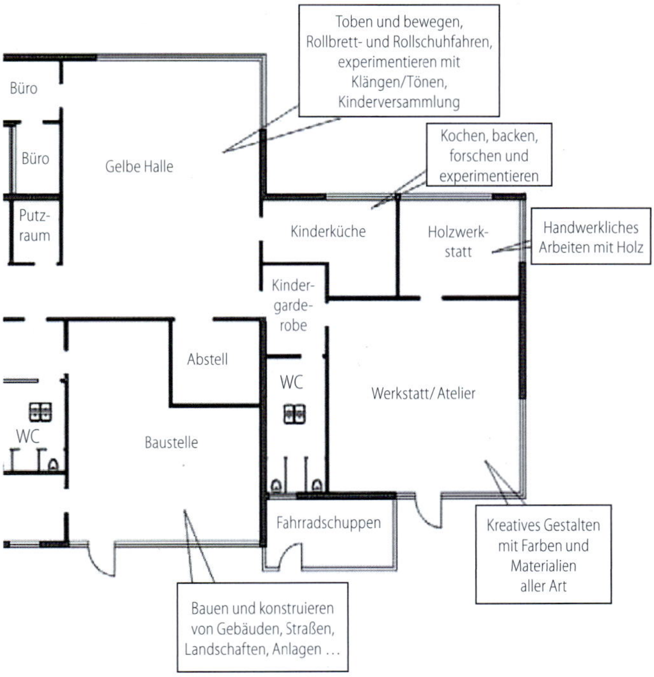

Grundriss einer Kita mit Funktionsräumen

Beispiel für eine Tagesablauftabelle:

Name des Kindes:		**Alter:**	**Datum der Beobachtung:**	
Uhrzeit	Wo ist das Kind?	Was tut das Kind?	Mit wem ist es zusammen?	Was ist noch wichtig?
8:00				
9:00				
…				
15:00				
16:00				

9 Dokumentationsverfahren

9.1 Beobachtungsplanung – Kombination verschiedener Instrumente

Zunächst wird sich ein Team darüber verständigen, mit welchem Ziel beobachtet werden soll.

Die folgenden Entscheidungen müssen vorab getroffen werden:

- Welche Informationen sind für eine gute pädagogische Arbeit wichtig? Welche Einzelheiten, welche Phänomene müssen erkannt und in welchen Abständen beobachtet werden?

Das könnte beispielsweise die Absicht sein, systematisch und gesichert herauszufinden, wofür sich jedes Kind individuell interessiert und mit welchen Stärken es auf die Welt zugeht. Wer dies weiß, kann die Bildungs- und Entwicklungsbedürfnisse jedes Kindes besser berücksichtigen. Es kann auch wichtig sein, bei einzelnen Kindern vermutete Entwicklungsrisiken genauer in den Blick zu nehmen. Und es kann wichtig sein, über den Augenblickseindruck hinaus zu wissen, welches soziale Gefüge, welche Freundschaften in einer Gruppe existieren und welche Kinder möglicherweise nicht gut miteinander auskommen.

Es ist für die Qualität der pädagogischen Arbeit ebenso wichtig, von Zeit zu Zeit zu überprüfen, ob die materielle Ausstattung der Einrichtung, die Raumaufteilung und das vorhandene Material noch genügend Anregungen bieten. Möglicherweise werden einzelne Bereiche nicht genutzt und für sinnvolle Veränderungen ist es wichtig herauszufinden, was sie derzeit nicht attraktiv erscheinen lässt.

- Als Nächstes müssen Beobachtungsinstrumente gesucht und daraufhin überprüft werden, ob sie für die jeweilige Frage oder Absicht passend sind. Man muss also wissen, mit welchen Instrumenten was gesehen werden kann. In der Regel wird man sich nicht auf eine einzige Form von Beobachtung verlassen, sondern mehrere Verfahren miteinander kombinieren. Eng damit verbunden ist die Frage danach, wie und durch wen die Beobachtungsergebnisse dokumentiert und analysiert werden. Dabei ist auch der Datenschutz zu berücksichtigen; mit Ergebnissen, die einzelne Kinder betreffen, muss vertraulich umgegangen werden. Und vor Beginn solcher Dokumentationen müssen die Eltern informiert werden.
- Bei der Entscheidung dafür, wie beobachtet und dokumentiert wird, ist es auch wichtig abzuschätzen, welcher Zeitaufwand jeweils für Beobachtung und die Auswertung veranschlagt werden muss. Diese Zeiten müssen im Team vereinbart und zur Verfügung gestellt werden.
- Im Team soll dann abgesprochen werden, wie die Aufgaben in der Beobachtung sinnvoll verteilt werden können. Möglicherweise müssen sich die Kolleginnen erst einmal mit den Kompetenzlisten oder Einschätzbögen vertraut machen oder sie haben das Bedürfnis, das Beschreiben zu üben.
- Schließlich: Wie fließen die Ergebnisse in den Alltag ein? Auch das muss regelmäßig bedacht werden. Am Anfang wird allein die Tatsache, dass die Beobachtung der Kinder systematisch und stetig erfolgt, Veränderungen bewirken. Wer in erster Linie beobachtet und registriert, kann gelassener hinsehen und abwarten, was passiert und wie sich die Dinge entwickeln. Das verändert den Blick auf die Tätigkeiten der Kinder – mit einem genaueren Blick wachsen die Erkenntnisse über die individuellen Vorlieben und bevorzugten Wege, sich die Welt anzueignen.

Bei der Planung von Beobachtungen kann man sich mit Organisationsrastern helfen. Raster aller Art sind ein wichtiges Planungsinstrument. Sie unterstützen dabei, systematisch vorzugehen. Die Beobachtungstätigkeit kann bewusst auf die Kollegen verteilt werden. Jeder kennt dann seine Aufgabe. Der Stand der Arbeit kann jederzeit einfach abgelesen werden. Ein Organisationsraster schützt davor, dass einzelne Kinder übersehen werden.

Beispiel Organisationsraster:

Welches Kind	mit welchem Instrument	in welchem Zeitraum	Durch welche(n) Kollegin/Kollegen	wann undwie analysiert

9.2 Portfolios und Bildungs- und Lerngeschichten

Unter einem Portfolio wird im vorliegenden Zusammenhang eine Mappe verstanden, in der die Bildungsgeschichte eines Kindes dokumentiert wird. In ihr werden die im Alltag beobachteten Lerngeschichten gesammelt, also die entstandenen Arbeitsdokumente der Erzieherinnen, Produkte und notierten Kommentare des Kindes, Fotografien, möglicherweise auch Beiträge von Eltern. Die Absicht besteht darin, die Bildungsgeschichte des Kindes mit ihm und seinen Eltern gemeinsam zu dokumentieren.
Mit der Dokumentation von Bildungs- und Lerngeschichten soll das Augenmerk auf die **Selbstbildungsprozesse** von Kindern gelegt werden. Daraus werden auch Erkenntnisse darüber gewonnen, welche Themen einem Kind zugemutet werden können, weil die Erzieherinnen davon überzeugt sind, dass sie für die Bildungsbiografie des Kindes von Bedeutung sind.

Aspekt Lerngeschichte
Die Methode der Lerngeschichten wurde von Margret Carr in den 1990er-Jahren in Neuseeland entwickelt. Sie zählt zu den *ressourcenorientierten* Ansätzen: Im Fokus der Beobachtung stehen die Stärken.
Dabei kann man auch bei sehr jungen Kindern **5 Lerndispositionen** beobachten, die als grundlegende Voraussetzungen für Lern- und Bildungsprozesse verstanden werden und Merkmale ihrer Auseinandersetzung mit der Umwelt sind:

Eine Portfolio-Mappe enthält die Bildungshistorie des Kindes

1. Interesse zeigen: Ein Kind gibt sprachlich oder handelnd zu erkennen, was es interessant findet.
2. Sich auf etwas einlassen, sich eine Zeit lang einem Thema widmen, sich identifizieren und immer besser auskennen.
3. Bei und trotz auftretender Schwierigkeiten eine Tätigkeit weiterführen (dabei entsteht die Chance, Fehler selbst zu erkennen und Abhilfe zu finden).
4. Sich mit anderen austauschen, dabei Ideen und Gefühle ausdrücken.
5. Übernahme von Verantwortung und die Bereitschaft, etwas von einem anderen Standpunkt aus zu sehen; eine Vorstellung von Gerechtigkeit und Unrecht entwickeln; Entscheidungen treffen und um Rat gefragt werden.

Die Erzieherinnen beobachten die Kinder im alltäglichen Geschehen und dokumentieren dabei Lerngeschichten, in denen die 5 Lerndispositionen zum Ausdruck kommen. Die Arbeit mit diesen Lerngeschichten umfasst 4 Schritte:
1. Beschreiben,
2. Diskutieren,
3. Dokumentieren und
4. Entscheiden.

Auch in diesem Verfahren werden die Interessen und Tätigkeiten eines Kindes *beschrieben*. Festgehalten wird dabei, welche Themen sie besonders interessieren und auf welche Weise die 5 Lerndispositionen erkennbar sind.
Die beobachteten Handlungssequenzen werden im Team diskutiert und mit den Beobachtungen von Kollegen verglichen. Sie werden aber auch mit dem Kind und den Eltern besprochen. Ziel ist es, zu gemeinsamen Deutungen zu kommen. Die Erfahrungen der Eltern und die Sicht des Kindes werden mit einbezogen. Es soll für alle Seiten erkennbar werden, welche Besonderheiten der Selbstbildungsprozess dieses Kindes hat und welcher Wert ihm beigemessen wird.
Alle Arbeitsschritte werden dokumentiert und Teil des Portfolios (s. oben). Aufgabe der Erzieherin ist es, darauf zu achten, dass die zentralen Fragen des Lernprozesses berücksichtigt werden, beispielsweise „Was hat das Kind in dieser Situation gelernt? Wie können die Interessen des Kindes so unterstützt werden, dass seine Lerndispositionen weiter gestärkt und seine Kompetenzen vertieft werden und an Komplexität gewinnen?".
Daraus folgt dann der vierte Schritt: die Entscheidung darüber, was das Kind als Nächstes braucht:
- Welche Anreize sind nötig?
- Welche Lernumgebung ist förderlich?
- An welchen Themen hat es Interesse bekundet?
- Welche Angebote wären passend?

Vorteile der Portfolio-Mappe

Das Dokumentieren von Bildungs- und Lerngeschichten erlaubt den Erzieherinnen einen systematischen Einblick in die Entwicklungsschritte eines Kindes. Sie können zielgenau mit Angeboten und Herausforderungen antworten und sind nicht so sehr in der Gefahr, das Kind zu überfordern oder zu unterfordern. Das Kind ist an der Gestaltung der Mappe und vor allem an der Dokumentation seiner Lerngeschichte beteiligt und erlebt sich selbst auf diese Weise als wichtige und besondere Person, deren Bemühungen die Wertschätzung seiner Bezugspersonen haben. Über die Portfolio-Methode entsteht eine selbstverständlichere und kontinuierliche Form der Zusammenarbeit zwischen Kindertagesstätte und Eltern. Durch den zeitnahen Austausch über wahrgenommene Lernprozesse werden diese besser unterstützt. Schließlich ist es auch hier so, dass ein Team viel genauer miteinander ins Gespräch kommt, denn die Arbeitsschritte Diskutieren und Entscheiden geben das vor.

9.3 Mappen anlegen – unterschiedliche Benutzergruppen

Mappe 1: Sinnvoll kann es auch sein, mit den Kindern selbst ihr Portfolio, ihre Bildungsmappe zu gestalten. So bestimmt jedes Kind, welche Produkte, welche Bilder und welche Geschichten und Kommentare aufgenommen werden. Diese Mappe steht dann im Gruppenraum jederzeit zur Verfügung, ist schön gestaltet und lädt zum Blättern, Erzählen und Sicherinnern ein. Die Kinder können schon sehr früh nachvollziehen, dass sie ihre eigene Geschichte haben, seit ihrer Geburt gewachsen sind und schon ein breites Spektrum an Kompetenzen und Interessen entwickelt haben.

Mappe 2: In einer zweiten Mappe für die Hand der Erzieherin werden dann die Informationen gesammelt, die für die Betreuung und Bildung des Kindes wichtig sind und die insbesondere dem Datenschutz unterliegen: Das sind die Anmeldebögen, aus denen auch besondere gesundheitliche Informationen hervorgehen, Beobachtungsberichte und -bögen, Auswertungen, Protokolle, Verabredungen mit den Eltern.

9.4 Fotografie und Videodokumentation

Fotografien und Videoaufzeichnungen sind mittlerweile einfach und kostengünstig herzustellen, sodass sie immer häufiger und umfassender benutzt werden. Für die Dokumentation von Bildungsprozessen, also als Hilfsmittel für die Beobachtung, kann man beide Möglichkeiten in unterschiedlicher Weise einsetzen.

Fotos bereichern eine Beschreibung und können – beispielsweise in Bericht integriert – eine weitere Dimension der Erinnerung eröffnen. Als Dokumentationsmittel nützen Fotos nur dann, wenn sie beschriftet sind, also eine Zuordnung zu einer konkreten Situation und zu einem Datum erkennen lassen. Digitale Fotografie erlaubt es außerdem, mit den Kindern sofort und zusammen zu bestimmen, was ein Foto zeigen soll.

Videoaufzeichnungen sind ein ausgezeichnetes Mittel, eine Szene zu konservieren und sozusagen für die Beobachtung bereitzustellen. Sie lässt sich dann wiederholt ansehen, mit und ohne Ton, zwischendurch einfrieren und im schnellen Vor- oder Rücklauf sehen. All diese technischen Möglichkeiten erlauben eine gründliche Analyse und geben die mehrfache Chance, Einzelheiten zu entdecken und unterschiedliche Bewertungen des Gesehenen zu erproben. Teams können gemeinsam Entdeckungen machen, sich in Ruhe auf Einschätzungen einigen oder auch ihre Beobachtungsfähigkeit schulen.

Man muss allerdings berücksichtigen, dass auch eine Videoaufzeichnung ein vergleichsweise kleiner Ausschnitt aus der Realität ist. Was sich links und rechts neben dem Bildausschnitt abspielt, entzieht sich der Kenntnis derer, die den Film ansehen. Die Beobachterin der lebendigen Szene kann mehr wahrnehmen und flexibler den Fokus wechseln. Oft ist die Tonqualität nicht befriedigend: Was die Kinder miteinander besprechen, ist schwer zu verstehen.

Auch mit den Kindern zusammen können je nach ihrem Alter viele Einzelheiten gesehen und entdeckt werden, insbesondere wenn es darum geht, Kompetenzen zu zeigen und dabei die Kinder in ihrem Selbstbewusstsein zu stärken. Kleinere Kinder reagieren vor allem begeistert darauf, sich und nahe andere Personen im Film zu sehen. Der Aufforderung „Zeig doch mal, was du schon kannst", gehen Kinder im Elementaralter gern nach und schauen sich das Ergebnis ebenso gern und begeistert an.

10 Planung von Bildungsangeboten

10.1 Das Bild vom Kind

Historischer Wandel

Die Vorstellung, dass es so etwas wie Kindheit gibt – eine eigenständige Lebensphase und mit wesentlichen Unterschieden zum Erwachsenenalter – ist eine moderne Vorstellung. Kinder als Kinder zu sehen und nicht als kleine Erwachsene, hat sich erst im Laufe des 16. und 17. Jahrhunderts entwickelt und hängt augenscheinlich mit der Erfindung des Buchdrucks und der Einrichtung von Bildungssystemen zusammen. Die Fähigkeit, lesen zu können, ist eine Entwicklungsfrage, die Kinder und Erwachsene als „Wissende" bzw. „Nichtwissende" zeitweilig trennt. In der Vergangenheit begann die Entwicklung von Büchern extra für Kinder, besonderer Kleidung und besonderer Spielgegenstände. Diese – für unsere Welt – völlige Normalität hatte zur Folge, dass Kinder, die zuvor selbstverständlicher Teil der Erwachsenenwelt waren, nun eigene Räume („Kinderzimmer") bekamen und damit ein Stück aus der Welt der Erwachsenen ausgegrenzt wurden. Auch die idealisierende Vorstellung der Kindheit im Sinne von Unbeschwertheit, Selbstvergessenheit und wenig Verantwortung fand hier ihren Ursprung. Im Gegensatz dazu wurden Kinder im Mittelalter beispielsweise nach allgemeiner Gesetzgebung bestraft und wurden ab dem 7. Lebensjahr als kleine Erwachsene gesehen.

In den 1980er-Jahren wurde von Neil Postman in seinem Buch „Das Verschwinden der Kindheit" in Frage gestellt, ob man heute überhaupt noch eine kindspezifische Lebensphase ausmachen könne. Er stellte die These auf, dass die Bildmedien (die Kindern ebenso wie Erwachsenen zugänglich seien und keine besonderen kognitiven Fähigkeiten zur Rezeption wie Lesen erforderten) die Trennlinie zwischen Kinder- und Erwachsenenwelt zum Auflösen bringen.

Somit bringt jede historische Epoche ihr eigenes Bild vom Kind hervor, prozesshaft erschaffen durch allgemeingesellschaftliche Veränderungen, zu denen auch die Industrialisierung (dadurch die Notwendigkeit von Kinderbetreuung) oder die veränderte gesellschaftliche Stellung der Frau (Gleichberechtigung) gehört. Heutzutage ist durch den gesellschaftlichen Wandel eine verstärkte Individualisierung zu beobachten – es gibt keine „Normalbiografien" mehr, jeder muss sich seinen eigenen Lebenslauf gestalten. Davon sind besonders Jugendliche betroffen, die am Übergang zwischen Kindsein und Erwachsenensein stehen (s. dazu **Lernfeld 3**, Kapitel 5).

Die Diskussion um Erziehungsnotwendigkeiten und damit die Frage nach dem „Bild vom Kind" ist nicht nur im historischen Kontext zu sehen, sondern bezieht sich auch auf die grundsätzliche Frage, inwieweit der Mensch erziehungsbedürftig ist.

Anthropologische Grundlagen

Verschiedenste Untersuchungen und Experimente haben immer wieder versucht, Antworten auf Fragen zu geben wie: Wie stark kann ich Einfluss nehmen? Unterliegt der Mensch bestimmten Trieben oder kann er selbst sein Tun lenken? Wie wichtig sind für den Menschen die anderen?

Zum Beispiel konnte durch grausame Experimente mit Kleinkindern vom deutschen Kaiser Friedrich I. (um 1200 n. Chr.) bewiesen werden, dass der Mensch von Anfang an ein Wesen ist, das ohne Beziehung nicht lebensfähig ist. Wir gehen also davon aus, dass Menschen so angelegt sind, dass sie einander zu ihrem Mensch-Werden brauchen. Sie haben ein existenzielles Grundbedürfnis nach Anerkennung und Zugehörigkeit. Sie benötigen für ihre Entwicklung Vorbilder für ihr Verhalten und damit auch Erziehung. Die Erziehungsbedürftigkeit des Kindes wird auch aus anthropologischer Sicht gestützt.

Wissenschaftlich wird hier im Vergleich von Mensch und Tier festgestellt:

- Der Mensch kommt im Vergleich zu anderen „höheren Säugetieren" biologisch gesehen nach 9 Monaten als „physiologische Frühgeburt" auf die Welt. Der Entwicklungsstand eines Säuglings ist im Hinblick auf z. B. motorische Fähigkeiten so schwach, dass er erst nach einem ganzen Lebensjahr („extrauterines Frühjahr") vergleichbare Fähigkeiten zu jungen vergleichbaren Tieren aufweist (eine artgerechte Fortbewegung – aufrechter Gang).
- Auch verfügt der Mensch über keine besonderen körperlichen Fähigkeiten. Er kann weder besonders schnell laufen, noch sich durch Krallen oder Gebiss sonderlich gut im Kampf erweisen, auch ist er nicht gut durch Fell oder dicke Haut vor Kälte oder Verletzungen geschützt. Rein körperlich betrachtet gilt

Die Instrumente	**Bellers Entwicklungstabelle**	**Grenzsteine der Entwicklung**	**Sieben Intelligenzen**	**BEK**	**SISMIK**	**Leuwener Engagiertheitsskala**	**Beobachtung der Themen der Kinder**	**Gruppenstrukturen (Soziogramme)**
Welche Erkenntnisse resultieren aus der Beobachtung?	8 verschiedene Entwicklungsbereiche, Entwicklungsprofil → besseres Verständnis	6 Kompetenzbereiche von Körpermotorik bis emotionaler Intelligenz; jährlich; bei vielen Nein-Antworten → Fachleute holen	Leichter ab 3. Lj. 2 x jährlich sprachliche bis wissenschaftliche Intelligenz: Was kann das Kind besond. gut? 76 Fragen ankreuzen (Ja/Nein)	8 Problembereiche, in denen Entwicklungsgefährdungen erkennbar sind	Systematische Begleitung; Lust an Sprache und kommunikativen Situationen; Kompetenzen: Wortschatz, Grammatik, Satzbau, Artikulation	Basis: Wygotskis Zone der n. Entw.; Lernen bei Engagement; bewertet wird Prozess nicht Ergebnis → Entwicklungsfortschritt → pädagogische Qualität	Themen der Kinder fördern, Reggio: • möglichst genaue Beschreibung • Was macht die Situation mit mir? • Perspektivwechsel	Für Gruppen mit max. 15 Kindern • Beziehungsstrukturen • isolierte Kinder sind erkennbar • Momentaufnahme!
Wie ist der Beobachtungsfokus?	**einzelne Kinder** 0–72 Monate Nicht notwendig für alle. Beurteilt wird das Tun! Mehrfach in kurzer Zeit beobachten	**einzelne Kinder** 4 x im 1. Lj. 3 x im 2. Lj. dann je 1 Woche vor oder nach dem Geburtstag. Ab 24 Monaten: max. 4 Wochen vor/nach Geburtstag	**einzelne Kinder** besonders geeignet bei unauffälligen oder negativ auffälligen Kindern	**einzelne Kinder** Ankreuzen von Auffälligkeiten in 3 Ausprägungen (unauffällig, leicht ausgeprägt, stark ausgeprägt)	**Kinder mit Migrationshintergrund** zwischen 3,5–6 J. 4 Teile: sprachl. Engagement in Alltagssituation/ Kompetenzen u. a. in Grammatik/ Familiensprache/ Lebenssituation	**einzelne Kinder** oder auch Gruppe – auch bezüglich der Attraktivität angebotener Aktivitäten	**einzelne Kinder** oder auch Gruppe 2–3 x pro Woche; alle Themen sind möglich; Freispiel 5–10 Min.; 3 Schritte s. o.	• soziale Einbindung • Freundschaften • Spielpräferenzen regelmäßig machen – halbjährlich
Wie kann dokumentiert werden?	Erhebungsprotokoll Formblatt → Entwicklungsprofil	Einschätzbögen Ja-/Nein-Liste Auswertungsliste	auf 7 Ankreuzbögen und 1 Auswertungsbogen	Ankreuzbögen für 5 Problembereiche; Formulare für 3 Problembereiche, die sich auf Hintergrundkenntnisse beziehen	12 S. Bogen, 96 Fragen; Ratingskalen und frei formulierbar; z. T. müssen die Situationen erst geschaffen werden, Bilderbuchgeschichten	vorgefertigte Beobachtungsbögen – eigene sind herstellbar	Beobachtungsbogen	• Kontaktsoziogramm: aktive/ passive Wahlen • Spielesoziogramm: an 10 Tagen innerhalb von 5 Wochen: Raumskizze und Notizen

Die Instrumente	Bellers Entwicklungstabelle	Grenzsteine der Entwicklung	Sieben Intelligenzen	BEK	SISMIK	Leuwener Engagiertheitsskala	Beobachtung der Themen der Kinder	Gruppenstrukturen (Soziogramme)
Wie wird ausgewertet?	14 Phasen: 4 fürs 1. Lj. dann ca. 1 pro Halbjahr; Items in 8 Bögen Beginn: eine Phase unter dem Lj. des Kindes Plakate zur Veranschaulichung	vorgegeben bei vielen Nein → diagnostische Abklärung	kann die einzelne Erzieherin machen; nicht beantwortbare Fragen sind Hinweis auf mangelnde Gelegenheiten in der Kindertagesstätte	Problembereiche sind direkt ablesbar: → Fachkraft hinzuziehen	• qualitativ → individuelle Betrachtung des Kindes: Vorlieben, Interessen • Vergleich mit der Normstichprobe; 6 Skalen Hinweise auf Fördermöglichkeiten	Mittelpunkt: Wie gut unterstützt die Einrichtung die Entwicklung der Kinder: • Raum • Spielmaterial • Angebote	Fachliche Reflexion: • Schlussfolgerungen • Deutungen • Themen Grundlegende entwicklungspsychologische Kenntnisse	Kontaktsoziogramm: Tabelle oder Grafik Listen: • beliebte Spiele • beliebte Spielorte • beliebte Spielpartner
Wofür werden die Erkenntnisse eingesetzt?	• genaue Kenntnis einzelner Kinder • Planung von Angeboten • Motivationsprogramm: Kombination aus Stärken und Schwächen	Entw.-Verzögerung → taktvolles Elterngespräch sonst wie Beller → kompensatorische Angebote	Grundlage für die weitere Arbeit; besondere Kompetenzen und Themen sind im Elterngespräch als wichtige Stärken benennbar	• Bei vermuteter Entwicklungsgefährdung • Basis für Elterngespräch • Basis für Gespräch z. B. mit sozialen Diensten	Beobachtung → Förderung kann auch die pädagogische Arbeit weiterentwickeln	Fokus auf Qualitätsverbesserung These: Kinder wollen engagiert sein und sich entwickeln	• Grundlage für Bildungsangebote • Erfreuliches für Elterngespräche	Vielzahl von Fragestellungen möglich: • Gruppenzusammensetzung • Raumgestaltung • Regeln
Voraussetzungen für das Verfahren?	Unterlagen: • Tabelle • Protokollbögen • Entwicklungsprofile Zeitkontingente für die Auswertung	• Einschätzbogen • genauer Zeitplan: Geburtstage der Kinder sind Richtschnur	• Ankreuzbögen/ Auswertungsbogen • Zeitplan, um alle Kinder zu erfassen	• Ankreuzbögen und Formulare • Zeitplan und Bereitschaft im Team	• Beobachtungsbögen und Begleitheft • 60 – 90 Min. Zeit im Gruppenalltag • Teamdiskussion zur Klärung	• Manual und Videobeispiele Arbeitsbuch • je 10 Min. Beobachtung • Teamdiskussion	• klare Absprachen im Team • regelmäßige Diskussion • Zeit für Dokumentation	• Formblätter • Raumskizze • mehr als 1 x in kurzer Zeit notwendig
Informationen und Anregungen	Beller-Schulungen; Plakate	MBJS Brandenburg	Laewen/Andres: Forscher, Künstler, Konstrukteure	Mayr/Ulich – IFP München	Mayr/Ulich – IFP München	Berufskolleg Erkelenz	Laewen/Andres: Forscher, Künstler, Konstrukteure	Viernickel; Laewen
	→ Stärken entdecken (Bellers Entwicklungstabelle, Grenzsteine der Entwicklung, Sieben Intelligenzen)			→ Kompetenzen feststellen (BEK, SISMIK, Leuwener Engagiertheitsskala, Beobachtung der Themen der Kinder)				→ Gruppendynamik/ Umgebungsqualität

Instrumente zur Beobachtung, Dokumentation und Analyse (Übersicht) der Mensch also als unspezialisiertes Mängelwesen, das körperlich schlecht ausgestattet ist, aber durch seine Anpassungsfähigkeit nahezu überall auf der Welt leben kann.

- Der Mensch ist außerdem wenig instinktgesteuert. Vieles, was bei Tieren automatisiert abläuft, muss der Mensch erst erlernen. Dazu gehört beispielsweise das richtige Werben um einen Partner oder das „Futterfinden".

Rein biologisch betrachtet zeigt sich in sehr klarer Weise, dass der Mensch erzogen werden muss. Bestimmte Fähigkeiten, Umgangsformen, Sprache und kulturelle Fähigkeiten entwickeln sich nicht von selbst. Dies beweisen auch die sogenannten „Wolfskinder", also Kinder, die ohne menschlichen Kontakt groß geworden sind. Ihr Verhalten spiegelt oftmals das der Tiere, die sie kennengelernt haben. Beispielsweise fehlt ihnen der aufrechte Gang, die ausgeprägte Mimik oder die Fähigkeit, Laute differenziert zu bilden. Diese starke Prägbarkeit des Menschen zeichnet ihn damit als weltoffenes Wesen aus, das die Eindrücke seiner Umwelt aufnimmt. Frühe kindliche Erfahrungen sind hier sehr bedeutsam für die weitere Entwicklung.

S. oben, Kapitel 3.1: physiologische Prozesse

Ein Kind als Erwachsener verkleidet

Aktuelle Forschung

Neue Studien der Bindungsforschung stützen darüber hinaus die Vorstellung, dass der Mensch ein Grundbedürfnis nach Sicherheit hat (vgl. Suess, 2005). Ein Sicherheitsgefühl entsteht dann, wenn Stabilität erfahren wird, wenn Abläufe bekannt sind, und wenn klar ist, wie man sich in bestimmten Situationen zu benehmen hat. Das menschliche Bedürfnis nach Sicherheit und Orientierung zeigt sich hier auch in der Weise, dass Kinder in schwierigen Situationen das Gewohnte suchen. Kennt sich also ein Kind mit Zurückweisung aus, provoziert es sie auch (unbewusst); fühlt sich ein Kind bei Bemutterung sicher, so versucht es, diese zu bekommen.

Prägend für das eigene Menschenbild sind auch individuelle Erfahrungen und maßgeblich kulturelle und gesellschaftliche Werthaltungen

- sowohl innerhalb einer Gesellschaft, die sich über die Zeiten hin verändert,
- als auch in parallelen Gesellschaften, die sich durch ihre Geschichte, ihren Glauben und die Sprache unterscheiden.

So war beispielsweise die Einstellung gegenüber Menschen mit Behinderungen in unserer Gesellschaft allein in den letzten 100 Jahren einem starken Wandel unterworfen. Ausgrenzungsstrategien bis hin zum Euthanasiegedanken des Nationalsozialismus in der Mitte des 20. Jahrhunderts haben einem Menschenbild Platz gemacht, das jeden Menschen zunächst als Menschen sieht – als Menschen mit unterschiedlichen Stärken und Schwächen, als liebenswertes Geschöpf, das sich innerhalb individueller Möglichkeiten verwirklichen kann und ein Recht auf Glück und Entwicklung hat.

Eine *einzige objektive Wahrheit* eines Bildes vom Kind kann folglich nicht ausgemacht werden, dennoch sollen 3 Gesichtspunkte aufgeführt werden, die ein „aktuelles Bild vom Kind" umreißen und neuen wissenschaftlichen Erkenntnissen entsprechen:

1. Betrachtet man die mitteleuropäische Gesellschaft, so lässt sich feststellen, dass sich die Vorstellung davon, dass Kinder wie unvollständige Erwachsene sind, die man durch Zufügen von Merkmalen komplettiert, geändert hat. Heute sieht man Kinder von Beginn an als reiche und immer wieder erneuerte Geschöpfe, die im Vergleich mit Erwachsenen unspezialisiert sind und sich selbst in der Interaktion mit ihrer Umwelt aktiv anpassen.
2. Das aktuelle Bild vom Kind baut eher auf der Vorstellung auf, dass beim Kind die leiblichen und seelischen bzw. gefühlsmäßigen und geistigen Vorgänge weitgehend verschmolzen sind. Gefühlsbewegungen und Köperbewegungen sind so stärker aneinander gekoppelt. Das bedeutet, dass Kinder anders als Erwachsene empfinden und auch ihre Empfindungen anders ausdrücken. Das wiederum bringt es mit sich, dass Kinder andere Bedürfnisse als Erwachsene entwickeln und nach anderen Formen der Befriedigung suchen.
3. Je nachdem, welche Vorerfahrungen ein Kind mit Bezugspersonen machen konnte, sind sein Lernverhalten und damit auch sein Bindungsverhalten geprägt. Dies kann im guten Sinne geschehen sein, dann ist das Kind nach einer gelungenen Eingewöhnung auch in der Kindertagesstätte ein „unproblematisches" Kind, es zeigt Selbstständigkeit, Interesse und Integrationsfähigkeit und kann infolgedessen auch zu einem guten „aktiven Konstrukteur seiner selbst" (s. oben, Kapitel 4.6) werden. Kinder, die ungeeignete Bindungserlebnisse hatten, haben größere Schwierigkeiten, von sich aus geeignete Lernimpulse anzustreben.

Kindliche Emotionen

Rolle der Fachkraft

Professionelle Pädagoginnen und Pädagogen sollten sich auf jeden Fall mit ihrem persönlichen Menschenbild auseinandersetzen. Denn der Schritt der Bewusstwerdung ermöglicht es, eine innere Klarheit über angestrebte Lern- und Entwicklungsaufgaben zu gewinnen, die wiederum Hinweise darauf geben, wie man die eigene pädagogische Rolle füllen möchte. Hierbei ist es u.a. wichtig, den Zusammenhang zwischen eigenen Erfahrungen und daraus entstandenen Meinungen über Kinder zu erkennen.

Aufgabe

1. Vervollständigen Sie diese Sätze und beantworten Sie die Fragen zur Selbstreflexion:
   - Kinder sind ...
   - Kinder brauchen ...
   - Als Kind war ich ...
   - Als Kind brauchte ich ...
   - Welche Werte bestimmen für mich das menschliche Zusammenleben?
   - Welches sind für mich wichtige Ziele in der Erziehung?
   - Welche Möglichkeiten und Grenzen sehe ich in der Erziehung?
2. Finden Sie Beispiele dafür, wie sich Vorstellungen vom Menschen (Frauen, Männer, Kinder) über die Zeit hinweg geändert haben oder wie sich diese im Vergleich von heutigen Gesellschaften unterscheiden können.
3. Konkretisieren Sie anhand der anthropologischen Merkmale des Menschen seine Erziehungsnot wendigkeit.
4. Sammeln Sie Gesichtspunkte dazu, was derzeit zu einer allgemeinen Vorstellung von Kindern als solche gehört und wie sich dies gesell schaftlich deutlich macht.

Das Bild vom Kind, das bei Marius' Anleiterin Britta (Situation Seite 158) deutlich wird, ist geprägt von großer Eigenständigkeit im Lernen. Sie sieht Kinder als Wesen, die sich selbst bilden und vor allem einen geeigneten Rahmen für dieses Lernen brauchen, der sich in geeigneten Räumen und offener Begleitung zeigt.

10.2 Erziehungsmittel

Wenn man sich fragt, womit man erzieht, welche Handlungsweisen man also einsetzt, um dadurch bestimmte Prozesse oder zu bestimmten Verhaltensweisen anzuregen, dann ist dies die Frage nach den Erziehungsmitteln. Dabei schwingt immer das jeweilige Menschenbild bzw. das Bild vom Kind mit und immer sind auch Zielfragen betroffen. Wozu möchte ich anregen? Warum gebe ich bestimmte Impulse? Was möchte ich eigentlich damit erreichen? Wofür setze ich die Mittel ein und welche pädagogische Haltung nehme ich dabei ein?
Äußerlich betrachtet können Erziehungsmittel durchaus als spröde Eingliederungs- und Ordnungsmittel (z. B. Ermahnungen) wirken. Durch eine innere Haltung, die durch Mitmenschlichkeit geprägt ist, werden sie aber zu Medien menschlicher Zuneigung, menschlicher Gesinnung und Zeichen menschlichen Behütetseins. Sie sind demnach mehr als bloße Eingliederungshilfen, sie geben Kindern und Jugendlichen Richtung und Orientierungspunkte.
Auch ist ein Mensch – insbesondere ein junger Mensch – nicht bloß einzugliedern oder „bei der Stange zu halten". Er ist mit den Worten von Friedrich Trost in erster Linie ein Mensch, „der die geistige Berührung mit anderen Menschen braucht, der davon lebt, dass er im anderen Menschen gilt, dass er beachtet wird, anerkannt und geliebt wird". Folglich geht es in diesem Sinne niemals darum, die Willkür eines Erziehers durchzusetzen.

Erziehungsmittel wollen z. B. helfen,
1. sich vertrauensvoll anzuschließen,
2. feste Beziehungspunkte zu gewinnen,
3. innere Vorbehalte abzubauen,
4. bei Fehlhandlungen und Fehlhaltungen zurückzufinden,
5. menschliche Beziehungen zu ordnen,
6. Klarheit zu gewinnen und
7. sich innerhalb der Organisation wohlzufühlen.

(vgl. F. Trost)

Wenn man sich über Erziehungsmittel informiert, so muss klar sein, dass es sich um Kategorien handelt, die in jedem konkreten Fall subjektiv gewertet werden. Das bedeutet, dass, wenn 2 dasselbe Mittel einsetzen, es nicht dasselbe ist. Jedes Mittel wird von jeder erziehenden Person modifiziert und „beseelt". Denn als erziehende Person handelt man immer durch sich hindurch. All das, was an echter Autorität, Beziehungsfähigkeit und Empathie in den Situationen vorhanden ist, prägt das Erziehungsmittel.

Präsenz zeigen
Das bedeutet, dass schon die bloße Anwesenheit eines (zuständigen) Erwachsenen einen Einfluss auf das Verhalten haben kann. Aufsicht zu führen, auf Kinder zu achten, für Ordnung, Gerechtigkeit und Frieden zu sorgen, diese Punkte wirken sich dabei orientierend aus. Schon ein Blick kann disziplinieren, ermuntern oder beschwichtigen.

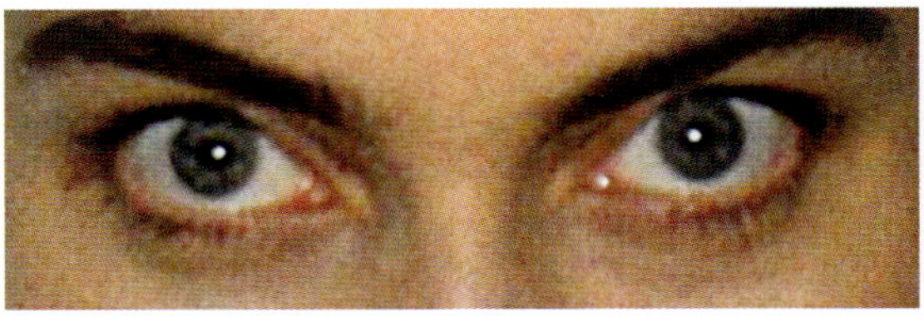

Orientierung geben
Nicht nur durch das eigene Beispiel gibt man den Heranwachsenden Richtung und Sicherheit. Auch in diesem Sinne dienlich sein können:
- Gebote (hilf dem, der Hilfe braucht)
- Lebensregeln (Ordnung muss sein)
- Ordnungsregeln (Spiele gehören in das Bord, die Bauklötze in die Kiste)
- Vorschriften (im Ruheraum ist man leise)
- Anweisungen (zieh dir bitte die Schuhe an)
- Anordnungen (jetzt räumen wir auf)
- Erinnerungen (denkt morgen an die Kartoffel)
- Ermahnungen (seid in der Kirche leise)
- Appelle (kommt, lasst uns alle zusammen anpacken)
- Aufrufe (wer ist bereit, am Sonntag zu helfen?)

Entscheidungshilfen an die Hand geben
Auch wenn die freie Entscheidung von Kindern und Jugendlichen aktuell eine große Bedeutung in der Erziehung hat, bleibt es nicht aus, ihnen in ihrer Entscheidung Unterstützung zu geben.

Diese Unterstützung kann verschiedene Gesichter haben. So kann es sich dabei handeln um:

- einen Rat (lass lieber die Finger davon),
- eine Bitte (bitte, tu das nicht),
- einen Befehl (lass es!),
- eine Zurede (überleg doch mal – es hätte Vorteile),
- eine Empfehlung (ich an deiner Stelle) oder um
- eine Aufforderung (los, probier es mal).

Erweiterungshilfen anbieten

Im Sinne von Bildungs- und Lernfortschritten, aber auch in Fragen des Betragens können verschiedene Möglichkeiten als Lernangebote dienen. Beispielsweise können angeboten werden:

- Aufgaben oder Hinweise gegeben (Gabel links, Messer rechts)
- Aufträge erteilt (Thomas, vergleiche bitte die Blattformen und lege ähnliche zusammen)
- Unterweisungen (z.B. im Bedienen von Geräten)

Auch die eigene Person kann als Modell dienen, indem man etwas vormacht.

Hilfen zur Situationserfassung geben

Um ein Gespür für bestimmte Situationen zu bekommen, kann man als Pädagoge/Pädagogin richtungsweisende Fragen stellen (was seht ihr hier?) oder etwas mitteilen (hier seht ihr eine Buche). Für besondere Situationen mag eine Ansprache das Richtige sein (Heute ist ein besonderer Tag, denn heute begrüßen wir 2 neue Kinder in unserer Gruppe). Im Straßenverkehr kann eine Belehrung zum korrekten Verhalten angemessen sein.

Vertrauens- und Erwartenshilfen äußern

Oftmals gilt es in der Pädagogik, Wege der Motivation zu finden, um etwas durchzuhalten oder auszuprobieren. An solchen Stellen kann dabei helfen, dieses Ziel zu erreichen:

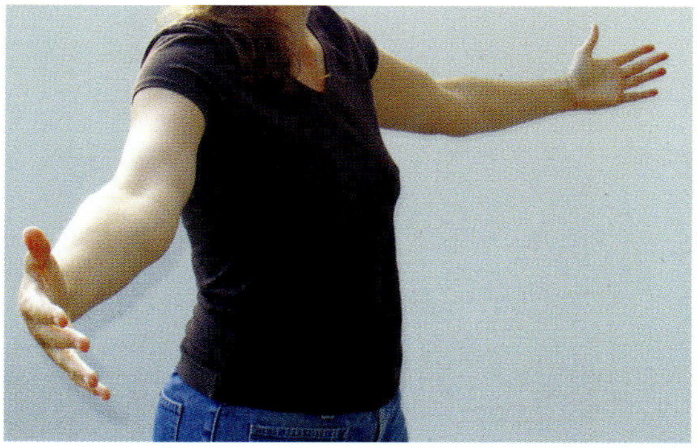

- Versicherungen (ich, weiß, dass du es schaffen kannst),
- Verheißungen (wenn du es geschafft hast, wirst du dich wunderbar fühlen) oder auch
- Versprechungen (wenn du es schaffst, dann darfst du heute die Glocke läuten).

Weisungen in Fehlsituationen aussprechen

Im menschlichen Zusammenleben kommt es nicht selten zu Schwierigkeiten und Konflikten. Dann kann es manches Mal angebracht sein,

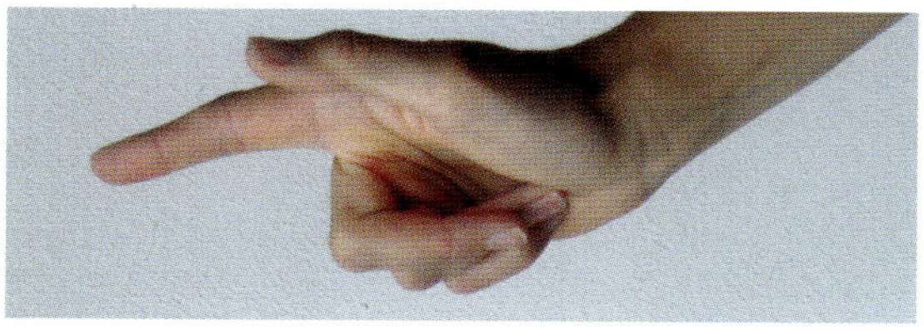

- zurechtzuweisen (das war jetzt aber nicht in Ordnung),
- zu warnen (ich warne dich: Lass die Finger davon!),
- zu verwarnen (noch einmal und dann musst du aus der Bauecke heraus) oder
- zu drohen (wenn du jetzt nicht aufhörst, Alex zu ärgern, dann musst du erst einmal an die Seite gehen).

Erzieherische Urteile einsetzen

Ist man in einer pädagogischen Leitungsrolle, so wird man dazu aufgefordert, Verhaltensweisen zu beurteilen – positiv oder negativ. In der Regel ist es sinnvoll, nach Möglichkeiten der positiven Verstärkung zu suchen, d.h. wünschenswerte Verhaltensweisen durch Bejahung, Lob, Belohnung und Zuspruch zu verstärken. Pädagogische Reaktionen auf nicht erwünschte Verhaltensweisen bergen immer das Risiko, dass sie, obwohl sie auf die Vermeidung des Verhaltens abzielen, diese dennoch verstärken können. Gründe für diesen paradox wirkenden Zusammenhang liegen darin, dass **irgendeine** Reaktion der Erziehenden aus Sicht der Kinder und Jugendlichen (unbewusst) immer noch besser erscheint als **keine**. Auch haben Kinder und Jugendliche schon früh ein eigenes Selbstbild entwickelt – und so führt das Bedürfnis, dieses Selbstbild (von außen) bestätigt zu bekommen und dadurch Sicherheit zu erfahren, dazu, auch selbstschädliches Verhalten beizubehalten.

Somit stellen Sanktionierungen ein mögliches Erziehungsmittel dar, doch muss sehr bewusst und sparsam mit ihnen umgegangen werden.

- Eine geringe Stufe stellt die Verneinung (Nein, Marco!) dar,
- weitere Eskalationsstufen sind Tadel (Das finde ich jetzt nicht in Ordnung!) und
- Strafen (So, jetzt musst du alle Verkleidungssachen allein aufräumen).

Berücksichtigt werden muss bei Strafen ganz besonders die Qualität: Z.B. erleichtert ein zeitlich naher Zusammenhang das Spüren der Verbindung von Tat und Strafe. Auch inhaltliche Bezogenheit, z.B. in Form von Wiedergutmachung, lässt eine Strafe nachvollziehbar werden. Ebenso sollte immer auf Verhältnismäßigkeit geachtet werden, da eine Strafe sich nur dann positiv auswirken kann, wenn sie mit Einsicht einhergeht. Zudem sind Situationen vorstellbar, die eher durch Nachsicht statt durch Strafe zum gewünschten Ergebnis führen können.

Reale oder fiktive dritte Personen einbeziehen

Der Mensch lernt im Besonderen durch Geschichten. Durch Identifikation mit bestimmten Figuren kann er aus den Geschichten von anderen auch für sich selbst Lehren ziehen und sich Verhaltensweisen, Werte und Normen zu eigen machen. Dabei lassen sich gerade Kinder auch auf nicht reale Personen ein und erleben diese als interessant und aufregend. Folglich ist der Einsatz von Märchen und Geschichten, Handpuppen oder Rollenspielen zur Anschaulichkeit ein geeignetes Mittel in der Erziehung. Traditionelle Beispiele findet man im Nikolaus, der Kinder auf ihre Artigkeit hin prüft, oder Kasperl, der sich für Recht und Gerechtigkeit und richtiges Verhalten im Straßenverkehr einsetzt. Aber auch „Gruppenmaskottchen" wie ein bestimmtes Kuscheltier oder eine Handpuppe lassen sich identifikationsstiftend und animierend einsetzen.

Zeichen und Symbole verwenden

Nicht nur Worte und Verhaltensweisen dienen zur Orientierung, Gleiches kann mit Zeichen und Symbolen erreicht werden – manchmal viel effektiver. Kinder können z.B. ihren eigenen Haken durch Beschriftungen oder Bilder wiederfinden, Gruppen können eine eigene Flagge oder einen Wimpel kreieren, um sich dadurch stärker miteinander zu identifizieren. Eine Trommel kann wirkungsvoll zum Versammeln rufen, eine Glocke zum Aufräumen läuten, ein Adventskranz an das nahende Weihnachtsfest erinnern und so eine gemütliche Atmosphäre und Wohlbefinden schaffen.

Rituale einführen

In aller Regel haben Kindertagesstätten feste Bestandteile im Tages-, Wochen- und Jahresablauf installiert. Weist der Kindergartentag feste, wiederkehrende Elemente wie einen Morgenkreis, Tischsprüche und Verabschiedungszeremonielle auf, so spricht man von einem ritualisierten Tagesablauf. Auch das besondere Gestalten von Situationen durch wiedererkennbare Abläufe trägt zur inneren Entspannung durch den Wiedererkennungseffekt bei, da die feste Struktur zu Rollen- und Aufgabenklarheit beiträgt. Symbolischen Handlungen beizuwohnen und als mögliche Handlungsweisen kennenzulernen birgt ein großes Potenzial für die Bewältigung späterer Herausforderungen und Probleme. Man denke dabei z.B. an den Verlust geliebter Gegenstände, Tiere oder Menschen. Ein Ritual stellt dabei eine Verdichtung von Handlungen und Botschaften dar, die schwer durch schlichte Verbalisierung (im Sinne von Erklärungen oder Trostbekundungen) ersetzt werden kann.

Aufgabe

1. Halten Sie fest, was in Ihrer pädagogischen Praxisstelle an Erziehungsmitteln vorrangig eingesetzt wird. Beschreiben Sie 3 Inhalte anhand von konkreten Beispielen.
2. Wählen Sie eine Kategorie der Erziehungsmittel, z.B. „Zeichen und Symbole verwenden", und sammeln Sie geeignete Konkretisierungen.
3. Wählen Sie eine selbst erlebte praktische Situation aus und analysieren Sie diese im Hinblick auf den Einsatz verschiedener Erziehungsmittel.
4. Konkretisieren Sie jedes genannte Erziehungsmittel anhand eines selbst erlebten Beispiels.

Der junge Praktikant Marius wird zunehmend die Mittel kennenlernen, die die Kinder in ihrem Kindergartenalltag begleiten und die zum einen kommunikative Elemente des sozialen Miteinanders sind, aber zum anderen auch strukturierende Elemente im Tagesablauf oder pädagogische Mittel wie Klangzeichen zur Versammlung.

10.3 Der „pädagogische Dreischritt": planen, durchführen, reflektieren

Die Professionalität erzieherischen Handelns ist in hohem Maße durch den gezielten und damit geplanten Einsatz von Handlungsweisen geprägt. Zudem kann auf der Grundlage der Planung später die konkrete Umsetzung das Geschehens ausgewertet werden. Aufgestellte Ziele können im Hinblick auf ihr Erreichen angesehen werden, Reihenfolgen von Arbeitsschritten können überprüft und Methoden auf ihre Eignung hin untersucht werden. Professionelles pädagogisches Handeln sollte also planvoll umgesetzt und anschließend reflektiert werden.

10.3.1 Planung

Etwas zu planen ist ein vielschichtiger Prozess, der Gesichtspunkte beinhaltet wie:

- die Rahmenbedingungen,
- die Gruppensituation,
- den kindlichen Entwicklungsstand,
- die eigene Vorbereitung,
- die Zielfestlegungen,
- die methodischen Überlegungen (wie?),
- die didaktischen Überlegungen (was?) sowie
- das „Setting" (Raumgestaltung, Sitzanordnung).

Im Folgenden werden solche **didaktischen** (Ziele, Thema, thematische Einarbeitung) und **methodischen** (Planungsprinzipien, verschiedene Sozialformen und Aufbau) Gesichtspunkte aufgefächert und erläutert, um die Dimensionen aufzuzeigen, die in Planungen berücksichtigt werden können und sollten.

Lernzielbereiche

Pädagogisches Handeln ist geprägt von Zielen, die bewusst oder auch unbewusst verfolgt werden. Entscheidend ist, dass diese Ziele auf sehr unterschiedlichen Ebenen liegen können und es für die konkrete Planung wichtig ist, aus übergeordneten Zielen solche Ziele zu formulieren, die konkret umsetzbar und auch überprüfbar sind. Diese Ziele, die man auch Lernziele nennt, bezeichnen das, was in angebotenen Aktivitäten, Unterweisungen o.Ä. angestrebt bzw. erreicht werden soll. Sie beschreiben das Verhalten, die Erkenntnisse, Einstellungen, Fähigkeiten und Fertigkeiten, zu dem die Lernenden durch den initiierten Prozess gelangen sollen.

Solche Ziele dienen vorrangig der Orientierung der Erzieherin. Sie zwingen einen, in der Planung realistisch und ergebnisorientiert zu denken. Lernziele enthalten verschiedene **Dimensionen**, z.B. soziale (gemeinschaftsbezogene), kognitive (denkbezogene) und affektive (gefühls- und empfindungsbezogene) Aspekte.

Eine Aufspaltung der Lernziele in verschiedene Dimensionen darf dabei nur analytisch verstanden werden, da sie nur theoretisch vorgenommen werden kann. In der Realität gehen diese Dimensionen ineinander über und hängen miteinander zusammen.
Beispiel: Ein Spiel (z.B. Memory®) dient sowohl sozialen Aspekten wie „Regeln einhalten", kognitiven „sich etwas merken", als auch affektiven wie „Freude und Spannung empfinden".

Zudem lassen sich noch weitere Aspekte benennen, die ebenfalls nur beispielhaft aufgeführt werden können, da es strittig ist, welche „Bereiche" des Menschen man in dieser Weise unterscheiden kann: motorische Aspekte (grob- und feinmotorische Leistungen),

sensorische Aspekte (Differenzierung der Sinneswahrnehmungen) und kreative Aspekte (Möglichkeiten zur Ausgestaltung eigener Ideen, Erfindungen und Experimente). Auch diese Gesichtspunkte lassen sich im Spiel aufzeigen.
Beim Spiel Memory® ist es z. B. eine grobmotorische Leistung, still zu sitzen, und eine feinmotorische, Karten mit den Fingern anheben zu können, sensorisch ist man visuell gefordert, genau hinzusehen und Bilder mit anderen zu vergleichen, der kreative Aspekt ist relativ gering, zeigt sich aber in der freien Auswahl der Karten und ggf. in spielerischen Nebenschauplätzen wie dem Erfinden von Geschichten zu Abbildungen oder dem Bau von Kartenhäuschen.

Kognitiver Bereich	*Denk- und Merkleistungen*, z. B. Zuordnungen, Text-/Melodielernen, Aufgaben verstehen, Begriffsverstehen, Zusammenhänge erkennen und benennen, Mengenverständnis entwickeln, Wissen, Verständnis, Wahrnehmungsfähigkeit, Denkvermögen, geistige Beweglichkeit, Ideenreichtum, Urteils- und Kritikfähigkeit, Sprachgebrauch
Emotional-affektiver Bereich	*Gefühlsregungen empfinden*, z. B. Freude, Gemeinschaftsgefühl, Albernheit, Betroffenheit, Spannung, Stolz, Wut, „Gruselkribbeln", Aufregung, Mitgefühl/Empathie, Erlebnisfähigkeit, Selbstbewusstsein, Sensibilität, Ausdrucksfähigkeit von Gefühlen, Werthaltungen, Vorstellungskraft, Fantasie
Motorischer Bereich	*Bewegungsleistungen*, allgemeine Körperbeherrschung, Bewegungen von Kopf, Schultern, Rumpf, Becken, Armen und Beinen (Grobmotorik) und Fingerfertigkeit/Mimik/Sprechen, Zehenbewegungen (Feinmotorik): grobmotorisch, z. B. körperliche Belastbarkeit, krabbeln, gehen, laufen, balancieren, klettern, kriechen, raufen, springen feinmotorisch, z. B. praktische Fertigkeiten, greifen, festhalten und loslassen, „Pinzettengriff" (Daumen-und-Zeigefinger-Griff), tippen, schneiden, Stift halten, malen und zeichnen, Gegenstände platzieren, sprechen, singen, verschiedene Gesichtsausdrücke
Sozialer Bereich	*Fähigkeiten und Leistungen, die sich auf die Gemeinschaft beziehen*, z. B. Kooperationsfähigkeit, Regeln verstehen und einhalten, zuhören, die Stimme erheben, warten, folgen, führen, kommunizieren, sich anpassen, sich durchsetzen, Rücksichtnahme, Verantwortungsbewusstsein, Kontaktfähigkeit, Toleranz Auch der Bereich der *Werteerziehung* kann hier zugeordnet werden. Wie wollen wir zusammen leben, gibt es Unterschiede in dem, was wir kennen? Welche Regeln sind uns wichtig, welches Verhalten finden wir richtig, welches falsch? Wie wachsen wir trotz aller Unterschiedlichkeiten als Gruppe zusammen?
Kreativer Bereich	*Erfindungsleistungen*, z. B. eigene Ideen entwickeln und umsetzen, experimentieren, etwas gestalten, etwas erfinden, sammeln
Sensorischer Bereich	*Sinneswahrnehmungen differenzieren*, z. B. genau hinhören (bestimmtes Geräusch herausfiltern, laut/leise, Richtungshören), genau hinsehen (etwas mit den Augen folgen, vergleichen, formen), schnuppern (Gerüche erkennen, Vorlieben entdecken), schmecken (etwas schmecken, Verschiedenes kennenlernen, Veränderungen durch den Kochprozess erschmecken, etwas mit verschlossener Nase schmecken), tasten (Oberflächenbeschaffenheiten unterscheiden, Temperaturen unterscheiden), Gleichgewichtsempfinden trainieren (Balance halten, rollen, drehen, sich auf den Kopf stellen, hinken) und Tiefensensibilität fördern (verschiedene Muskelspannungen erleben, etwas heben oder rühren, Körperbewegungen blind ausführen, an der Bewegungsqualität wie Händedruck, Anmut arbeiten)
Senso-motorischer Bereich	*Verknüpfung verschiedener Sinneswahrnehmungen durch Bewegung*, z. B. gehen und ausweichen, einem Geräusch blind folgen, tanzen, Tücher schwingen zu Musik, auf Klangsignale reagieren, etwas Gehörtes durch Bewegungen darstellen, etwas Gesehenes durch Klang darstellen

Die Unterscheidung dieser verschiedenen Dimensionen ist deswegen so wichtig, weil es Zeiten gibt, in denen man – gleichsam einem „pädagogischen Zeitgeist" folgend – einzelnen Dimensionen einen Vorrang einräumt. Mit der Bewusstheit von **allen** aufgeführten Dimensionen aber kann es gelingen, ungünstige Einseitigkeiten zu vermeiden und die Methoden, mit denen gearbeitet wird, so auszuwählen, dass sie alle Bereiche ansprechen. Kognitives Lernen würde so z. B. verbunden werden mit Sinneserfahrungen, Gemeinschaftsgefühl, Spaß und Raum für eigene Ideen.

Lernzielebenen

Grundsätzlich spricht man von 4 Lernzielebenen, die in der aufgeführten Reihenfolge immer stärker konkretisiert werden: Leitziele, Richtziele, Grobziele und Feinziele.

- Die Leitziele liegen auf der obersten bildungspolitischen Entscheidungsebene (z. B. demokratischer, mündig denkender und handelnder Staatsbürger).
- Die Richtziele konkretisieren solche Leitziele (z. B. kognitive Fähigkeiten in geeignete soziale Handlungen umsetzen können).
- Die Grobziele sind so konkret zu halten, dass einige Aspekte hervorgehoben werden und viele andere zunächst ausgeschlossen werden (z. B. Gespräche führen).
- Die Feinziele werden aus den Grobzielen abgeleitet. Sie sind so konkret wie möglich und in Bezug auf ihr Erreichen kontrollierbar (z. B. das Kind kann einem anderen zuhören, antwortet auf Fragen, stellt Fragen, weiß etwas über ein Thema zu sagen).

Den Prozess der Feinzielableitung aus dem Grobziel nennt man Operationalisierung. Bei dieser Operationalisierung, also der Konkretisierung abstrakter Lernziele, ist es wichtig, den Lernstand, die Lernfähigkeit und das Lerntempo der Lernenden zu berücksichtigen. Denn Lernziele sollen die Kinder nicht überfordern, aber auch nicht unterfordern, da beides Langeweile und Frustration hervorrufen kann.

Aufgabe

1. Sammeln Sie verschiedene Grobziele, die sich den Richtzielen „Selbstständigkeit", „Frustrationstoleranz", „Konfliktfähigkeit", „Sprachkompetenz", „(natur-)wissenschaftliche Kompetenz" und/oder „Selbstausdruck" zuordnen lassen.
2. Wählen Sie ein Grobziel und differenzieren Sie dieses in mehrere Feinziele aus.
3. Überprüfen Sie die von Ihnen aufgestellten Feinziele danach, ob Zielvorstellungen aus den Bereichen kognitiv, affektiv/emotional, sozial, sensorisch, motorisch und kreativ vorhanden sind. Ergänzen Sie gegebenenfalls.

Eine Sachanalyse vornehmen

Der Erfahrungsvorsprung von Erwachsenen reicht oftmals nicht aus, um spontan anspruchsvolle Bildungsarbeit zu betreiben. Dies merkt man dann, wenn Kinder etwas fragen, worauf man nicht sicher und umfassend antworten kann, z. B. „Was ist Strom?", „Warum ist der Himmel blau?", „Warum bildet sich eigentlich Haut auf dem Pudding?" oder „Warum ist der Mond mal klein und mal groß?"

Wird ein Angebot geplant, so ermöglicht eine Sachanalyse im Vorfeld, Hintergründe zu kennen und sich zu überlegen, was Kinder an dem Thema spannend finden und verstehen könnten. Eine Sachanalyse, also die eigene Einarbeitung in ein Thema, versetzt einen selbst in die Lage, innerhalb eines Themas zu gewichten und auszuwählen, welchen Teil man mit den Kindern machen möchte. Man erwirbt also durch die eigene Fachkompetenz zu einem Thema die Fähigkeit, bewusst Schwerpunkte zu setzen und so durch weiterführende Ideen, Fragen, Anregungen und Impulse die Kinder kompetent bei ihren Lernprozessen zu begleiten.

Aufgabe

Wählen Sie eine der oben genannten Kinderfragen, eine andere aus ihrer Erfahrung oder auch ein anderes mögliches Thema aus (z. B. „Meerschweinchen", „Sterben", „auf die Welt kommen"). Nehmen Sie eine Sachanalyse vor.

1. Arbeiten Sie sich dafür in das Thema fachlich ein.
2. Stellen Sie sich dann die Frage, was Kinder daran interessant und spannend finden könnten und was sie davon verstehen könnten und sollten.
3. Nehmen Sie schließlich eine eigene Gewichtung dahingehend vor, was sie den Kindern innerhalb des Themas vermitteln wollen.
4. Stellen Sie Ihrer Lerngruppe bzw. Kleingruppe den Weg und die Ergebnisse Ihrer Arbeit in einem kurzen Überblick vor.

Das Thema entwickeln

Die differenzierte Betrachtung dessen, was thematisch mit den Kindern gemacht werden soll, nennt man didaktische Analyse. In Beziehung zur Sachanalyse stellt sich hier also die Frage nach dem Sinn des Themas. Nach Thiesen können die folgenden Leitfragen dazu dienen, ein Thema auf seine Eignung hin zu prüfen:

1. Welche Bedeutung hat der Inhalt für die Kinder? Worin liegt die Bedeutung des Themas für die Zukunft der Kinder?
2. Wie wird die Wahl des Themas begründet (z. B. jahreszeitlich, Impuls durch ein Kind, anlassbezogen)?
3. Wofür soll das Thema exemplarisch, typisch oder repräsentativ sein?
4. Ist das geplante Thema (oder sind Teile davon) den Kindern bekannt? Spielt es eine lebendige Rolle im Leben der Kinder?
5. Wie ist meine innere Einstellung zu dem Thema?

Aufgabe

1. Gehen Sie anhand Ihres für die Sachanalyse gewählten Themas die 5 Fragen der Themenentwicklung durch und entwickeln Sie es ggf. durch Veränderungen und Anpassungen. Geben Sie Ihrem Thema abschließend einen Namen.
2. Benennen Sie im Hinblick auf Ihre Einstellung zum Thema mögliche Auswirkungen bei der Durchführung.

Die 4 Planungsprinzipien berücksichtigen

Um die aufgestellten Ziele zu erreichen, werden Angebote geplant. Bei dieser Planung lassen sich 4 Prinzipien ausmachen, an denen man sich ganz grundsätzlich orientieren kann:

Logischer Aufbau und Teilschritte: Ein logischer Aufbau von Planungsschritten unterstützt das Sicherheits- und Orientierungsempfinden der Kinder, sie können dem Ablauf dadurch mühelos folgen. Fertigkeiten und Fähigkeiten in sinnvolle Teilschritte zu zerlegen sichert den Weg zum Erfolg, da auf diese Weise das Kind die Chance erhält, Schritt für Schritt zu erfassen und mitzudenken. Für eine Zerlegung in Teilschritte gibt es kein allgemeingültiges Rezept. Sie ist jedem Gegenstand neu anzupassen.

Anschaulichkeit: Im Sinne der Anschaulichkeit geht es immer darum, möglichst das „Echte" zu erleben, zu sehen oder anfassen zu können (reale Gegenstände, Modelle, Abbildungen). Denn konkrete Gegenstände haben den höchsten Aufforderungscharakter – sie sind einer Abbildung oder einem Modell immer vorzuziehen. Ein weiteres Mittel der Anschaulichkeit stellt dar, sprachliche Vorgänge durch Handlungen vorstellbar zu machen (Situationen nachspielen), durch (sprachliche) Bilder die Fantasie anzuregen (wie ein Tiger schleichen) oder auch durch direktes Vormachen für Anschaulichkeit zu sorgen.

Mehrkanaliges Lernen: Lerneindrücke sind besonders dann intensiv, wenn Sinne, Gefühle, Körper und Verstand beansprucht werden. Je mehr man diese Bereiche einbinden und anregen kann, desto besser wird die Qualität des Lernangebots. In der Planung sollten deswegen folgende Teilschritte berücksichtigt werden: Sinneserfahrungen (anfassen, hören, sehen, schmecken, riechen, heben, raufklettern), Emotionen anregen/Betroffenheit wecken, das Denken anregen (Gemeinsamkeiten und Unterschiede erkennen, Ursachen und Folgen benennen, Zusammenhänge suchen) und das Handlungsbedürfnis befriedigen (sich bewegen, etwas ausprobieren, herstellen).

Offenheit und Beteiligung: Nicht alle Vorgänge sind planbar, auch sind sie darauf angewiesen, dass die Kinder sich beteiligen. In den geplanten Abläufen sollte folglich Raum gelassen werden, der verschiedenartige Schwerpunkte, individuelle Bedürfnisse und Wünsche und freie Gestaltungsmöglichkeiten einbezieht.

Aufgabe

1. Entwickeln Sie zu „Ihrem" Thema konkrete Ideen zur Durchführung mit einer Kindergruppe oder einigen Sie sich in einer Kleingruppe auf ein Thema, zu dem Sie gemeinsam konkrete Ideen entwickeln. Berücksichtigen Sie dabei alle 4 Planungsprinzipien:
   a) Benennen Sie einen groben logischen Aufbau in Ihrem Vorgehen.

b) Führen Sie Möglichkeiten an, wie Sie mit den Kindern anschaulich arbeiten könnten.
c) Entwickeln Sie Ideen, wie Sie den Kindern ein „mehrkanaliges" Lernen ermöglichen können.
d) Überprüfen Sie Ihr Vorgehen im Hinblick auf mögliche Freiräume und legen Sie ggf. „Räume" dafür fest.

2. Stellen Sie Ihre Ergebnisse in der Lern- bzw. Kleingruppe vor und stellen Sie Ihre Vorschläge zur Diskussion: Was überzeugt? Wo gibt es weitere Anregungen/Ideen? Was erscheint realisierbar – was nicht?

Sozialformen bewusst einsetzen

In der Planung von Vorgängen und Aktivitäten können verschiedene Sozialformen Berücksichtigung finden und bewusst eingesetzt werden:

- **Einzelarbeit** bedeutet, dass jedes Kind für sich etwas übt oder ausprobiert. Auch in arbeitsteiliger Form können die Kinder eigene Aufgaben bekommen (z.B. Martha schneidet den Schnittlauch und Bert rührt den Quark).
- **Partnerarbeit** heißt, dass 2 Kinder zusammen einen Auftrag bekommen. Solche Partneraufträge gelingen am besten, wenn sie wirklich nur zu zweit erledigt werden können (einer hält das Band fest, der andere schneidet es durch).
- **Eine eigenständige Kleingruppenarbeit** ohne Erwachsene ist in der Vorschularbeit fast nie möglich. Übertragen auf die Situation in der Kindertagesstätte bedeutet das z.B., dass die Hälfte der Gruppe etwas zusammen mit einem Erwachsenen tut.
- **Gesamtgruppe** bedeutet die Anwesenheit aller, die zur Gruppe gehören. Ein Treffen in der Gesamtgruppe findet z.B. im Stuhlkreis und in Morgen- und Abschlusskreisen statt.

Die „Dreiheit der Einheit"

Um eine in sich stimmige und damit „runde" Einheit zu planen, empfiehlt es sich, eine grundsätzliche Struktur anzustreben, die sich in die Dreiheit von Einstieg, Hauptteil und Schluss gliedert. Eine solche Struktur wird dem menschlichen Bedürfnis gerecht,

- sich auf eine neue Situation einzustellen und sich „anzuwärmen", sich zu interessieren und sich von anderen Vorhaben zu lösen (Einstieg),
- an einer Beschäftigung aktiv teilzunehmen, etwas zu lernen oder zu erschaffen (Hauptteil),
- nach einer Schaffensphase das Geschaffene zu würdigen, es zu präsentieren, nochmals zu erleben oder sich in ritualisierter Form zu lösen, um sich dadurch frei auf Neues einlassen zu können (Schluss).

1. Der Einstieg

Der Einstieg dient der Motivation. Hier sollte jedes Kind auf das Thema eingestimmt werden. Dies wird dann möglich, wenn die Kinder einen gefühlsmäßigen Bezug zum Thema finden. Es sollen Neugierde, Freude, Begeisterung, Staunen oder Wissensdurst geweckt werden. Bei Kindern erfolgt dies vor allem über Sinneswahrnehmungen, siehe Tabelle. Die Kinder bekommen eine Vorstellung davon, worauf sie sich gerade einlassen sollen, und verstehen, warum sie sich mit dem Thema beschäftigen.

Aufgabe

Überlegen Sie sich ein Thema und erfinden Sie einen motivierenden Einstieg.

Sehen	Gegenstände, Bilder, Modelle, Vorgänge, Pantomime
Hören	Geräusche, Töne, Lieder, Erzählungen, Stille
Spüren	Ertasten von Beschaffenheiten und Formen, Bewegungen spüren, Temperatur spüren
Riechen und schmecken	Nahrungsmittel, Düfte und Gerüche
Bewegen	Gleichgewicht, Orientierung im Raum, Spannungsabbau

2. Der Hauptteil

Das eigentliche Thema wird im Hauptteil schrittweise verfolgt. Eine logische Abfolge wird geplant und der Aufbau durchdacht.

Der Hauptteil stellt das Kernstück einer Aktivität mit Kindern dar, in der ein Thema mit unterschiedlichen Methoden und Handlungsschritten erarbeitet oder erfahren wird. Unterschiedliche Aufgaben, Rollen und Handlungsschritte werden von Einzelnen, in Paaren oder der Gruppe umgesetzt. Die erfolgte Planung des Aufbaus dient dabei als Raster, das situativ durch sinnvolle Zwischenschritte, Auslassungen oder spontane Ergänzungen verändert werden kann, um so unterschiedlichen Bedürfnisse der Kinder, unerwarteten Besonderheiten und spontanen Einfällen Raum geben zu können.

Aufgabe

Erstellen Sie zu einem eigenen oder einem der folgenden Themen einen sinnvoll strukturierten Ablauf: Gespräch über Winterkleidung – Verhalten im Straßenverkehr – Erstellung von Kressequark – Laternenbasteln – musikalische Gestaltung eines Lieds.

3. Der Schluss

Die Anspannung des Hauptteils wird in eine Entspannung übergeleitet, in der das Erlebte gewürdigt, ein abschließendes Erfolgserlebnis ermöglicht wird oder Erkenntnisse aus dem Hauptteil vertieft bzw. reflektiert werden. Beispiele:

- Hergestellte Gegenstände finden eine Anwendung (mit den Rasselröhrchen wird musiziert).
- Werke werden gemeinsam betrachtet („Was können wir in dem Farbenklappbild erkennen?").
- Erkenntnisse werden praktisch ausprobiert (Geschmack entsteht vor allem in der Nase: Schmecken mit offener/geschlossener Nase).
- Es wird eine Zusammenfassung vorgenommen („Heute konnten wir miterleben, wie Butter gemacht wird.").
- Körperliche Anstrengung wird zur Entspannung geführt (nach Wettspielen wie Tauziehen folgt eine gegenseitige „Wettermassage" des Rückens).
- Geistige Anstrengung wird mit körperlicher Bewegung ausgeglichen (nach der Vorlesegeschichte und dem Gespräch über Igel kullern alle Kinder wie die Igelkinder aus dem Buch).

Aufgabe

Finden Sie zu jedem Schlussbeispiel ein weiteres.

Gebundene und freie Angebote

Ein pädagogisches Angebot kann gebunden oder frei sein. Bei einem freien Angebot entscheiden die Kinder selbst, ob sie mitmachen möchten, bei einem gebundenen setzt die Erzieherin die Gruppe zusammen. Dabei gibt es phasenbezogene Unterschiede:

<table>
<tr><th>Gebundenes Angebot</th><th>Freies Angebot</th></tr>
<tr><td colspan="2">Momentanes Erleben der Kinder
(Ein Kind baut an seiner Burg, eins kocht für sein Puppenkind, eins malt ein Bild.)</td></tr>
<tr><td>Übergang
Der Spielschluss wird angekündigt, um die Möglichkeit zum Fertigspielen zu geben.</td><td>Übergang
Die Kinder werden auf die Tätigkeit aufmerksam.</td></tr>
<tr><td>Einstieg/ Motivation
Die Erzieherin stellt einen gefühlsmäßigen Bezug her zwischen Kindern – Thema – sich selbst (Erzieherin).
Überleitung
Die Kinder erfahren das Thema und eine Begründung.</td><td>Einstieg/ Motivation
Aus dem Anreiz, den die Tätigkeit auf die Kinder ausübt, ergibt sich die Motivation. Sie sehen oder hören, was gemacht wird. Sie interessieren sich dafür und möchten mitmachen.</td></tr>
<tr><td colspan="2">Hauptteil
Die Erzieherin führt die (geplanten) Schritte in einer logischen Reihenfolge durch und beachtet dabei, dass
• auf jedes Kind eingegangen wird, alle Kinder aktiv mitmachen können,
• anschaulich und kindgemäß vorgegangen wird,
• lebensnah gestaltet wird (vom Bekannten zum Unbekanntem, vom Leichten zum Schweren).</td></tr>
<tr><td>Übergang
Kinder erleben, dass die Aktivität zu Ende geht.
Abschluss
Die Erzieherin führt eine (geplante) gemeinsame Aktivität durch, die zu einer Entspannung führt oder erkennen lässt, welchen Sinn die Anstrengung hatte.</td><td>Übergang und Abschluss
Meist entscheidet jedes Kind für sich, wie lange es mitmachen möchte, und beendet die Tätigkeit, wenn es kein Interesse und keine Ausdauer mehr hat (Ausnahme: Es wird vorher anders vereinbart). Ein frei werdender Platz kann von einem anderen Kind besetzt werden.</td></tr>
<tr><td colspan="2">Weiteres Erleben der Kinder
Von den Kindern werden möglicherweise vertiefende Tätigkeiten oder ein Ausgleich gewünscht.</td></tr>
</table>

10.3.2 Durchführung

In der Durchführung wird der geplante Ablauf (nach Möglichkeit) umgesetzt und ggf. anschließend dokumentiert. Die Durchführung bietet dabei die Chance, zuvor Erdachtes anhand der Realität zu prüfen und selbst pädagogische Erfahrungen zu sammeln. Mit der Dokumentation ruft man sich im Anschluss daran den Verlauf in Erinnerung und beschreibt das Geschehen. Orientiert an geplanten Abläufen wird so geschildert, wie es tatsächlich gelaufen ist, wie die Kinder reagiert und agiert haben, welche Verhaltensweisen man selbst gezeigt hat und welches eigene Erleben ggf. eine Rolle gespielt hat. So können in die Schilderung durchaus eigene Gedanken und Gefühle, Wahrnehmungen, Bedürfnisse und Motivationen eingeflochten werden.

Aufgabe

Führen Sie einen geplanten Ablauf mit Klassenkameraden oder mit einer Kindergruppe durch und tauschen Sie sich anschließend über den Ablauf des Geschehens aus, ohne schon zu bewerten.

10.3.3 Reflexion

Die Reflexion pädagogischer Handlungen bildet die Grundlage dafür, das eigene pädagogische Handeln zu verbessern und zu erweitern. Durch die Reflexion formuliert und vertieft man Erkenntnisse, sie ist für eine pädagogische Professionalität unerlässlich. Neben dem grundsätzlichen Gegensatzpaar „Was war gut?" und „Was war schlecht?" kann im Prinzip jede Theorie herangezogen werden.

Im Rahmen des Dreischritts von Planung, Durchführung und Reflexion bietet es sich an, die Reflexion auf die pädagogische Planung und die Durchführung zu beziehen. Dieses kann in allgemeiner Form geschehen, indem man sich kritisch, d.h. mit positiven und negativen Angaben zu folgenden Punkten äußert:

1. Wie habe ich die Situation mit den Kindern erlebt?
2. Gab es Abweichungen vom geplanten Verlauf?
3. Wie habe ich mich selbst verhalten?
4. Was würde ich bei einer Wiederholung ggf. ähnlich oder anders machen?

Folgende Frageimpulse können dabei unterstützen:

Einstieg	Wie wurde motiviert? Wirkte die Einführung motivierend? War die Motivation originell? War sie zielgerichtet? Stand sie im richtigen Verhältnis zu Hauptteil und Schluss?
Hauptteil	War der Aufbau klar gegliedert? Wurde in sinnvolle, nachvollziehbare Lernschritte gegliedert? Wurde zu viel auf einmal verlangt? War die Sitzordnung richtig gewählt? Hatte jedes Kind genügend Spiel- und Arbeitsfläche?
Schluss	Wie war der Schluss gestaltet? • abrundend, stimmungsvoll • künstlich gezwungen • plötzlicher Abbruch
Erzieherverhalten	Wie habe ich gewirkt (unsicher, überheblich, freundlich, locker)? Wie war der Kontakt zu den Kindern (lebhaft, freundlich, gleichgültig, verhalten, erzwungen, herzlich)? War ich mit Einsatzfreude dabei? Wie bin ich mit Konflikten umgegangen? War ich einfühlsam? Habe ich die Kinder gelobt? Habe ich sinnvoll unterstützt? Wie?
Sprache	Wie habe ich gesprochen und erklärt (kindgemäß, kindlich, sehr anspruchsvoll)? Wie war meine Ausdrucksweise (anschaulich, abstrakt)? Wie war meine Sprechweise (deutlich/ undeutlich, stockend/ fließend, lebendig/ monoton, humorvoll, natürlich, zu laut, zu leise, zu schnell)?
Ziele	War die Zielsetzung dem Entwicklungsstand der Kinder angemessen? Wurden die angestrebten Ziele erreicht? Welche Ziele wurden zusätzlich erreicht? War die Zielsetzung sinnvoll?

Auch Schwerpunktsetzungen aus dem Planungsvorgehen bieten geeignete Möglichkeiten zur reflexiven Vertiefung.
Beispielhaft können dafür folgende Fragestellungen aufgeführt werden:

- Inwieweit war ich inhaltlich vorbereitet? An welchen Stellen konnte ich durch meine Sachanalyse gut auf die Kinder eingehen?
- Inwieweit war die Themenauswahl gelungen?
- Inwieweit wurden die Planungsprinzipien in geeigneter Form berücksichtigt? Womit bin ich zufrieden? Wo sehe ich Verbesserungsmöglichkeiten?
- Inwieweit stellt sich der Aufbau von Einstieg, Hauptteil und Schluss als gelungen dar? Welche Verbesserungsmöglichkeiten sehe ich?
- Gibt es Rahmenbedingungen, die ich mir für ähnliche Vorhaben anders wünschen würde?

Aufgabe

Reflektieren Sie die Durchführung einer Planung anhand der Reflexionstabelle und ergänzen Sie die Inhalte durch eine der vertiefenden Fragestellungen.

Der erste Kita-Tag ist für Marius noch nicht in seinen Strukturen voll erkennbar. Zunehmend wird er sich damit auseinandersetzen, wozu bestimmte Aktionen und Interaktionen dienen. Er wird in inhaltliche Arbeitsprozesse mit den Kindern gehen und diese gestalten und reflektieren. Dabei wird auch immer seine Vorbereitung und Planung einen wichtigen Platz einnehmen.

10.4 Aktivitäten, Projekte und umfangreichere Themen

Angebote, die Erziehungskräfte Kindern machen, können von unterschiedlicher Dauer und in ihrem Inhalt aus verschiedenen Quellen gespeist sein. Die Spanne reicht vom spontanen Aufnehmen eines Interesses an einem Spiel bis hin zum durchgeplanten Thema, das dem Kind neue Entfaltungsmöglichkeiten eröffnen soll. Die Basis für die Entscheidung über Angebote, die Erziehungskräfte den Kindern machen, ist die Analyse von Beobachtungen und die Dokumentation der Entwicklung, die die Kinder durchlaufen. So lassen sich Ziele formulieren, denen mit dem Angebot nachgegangen werden kann.
Weitere Orientierungsrahmen für die Arbeit und eine Übersicht über die Bildungsarbeit in der Elementarpädagogik bieten der landesweit gültige **Bildungsplan für Kindertagesstätten** und das **Konzept** der Einrichtung. Hier werden die Aufgaben und das Verständnis von frühkindlicher Bildung formuliert. Es werden Vorschläge für die didaktische und methodische Gestaltung von Bildungsprozessen in Kindertagesstätten gemacht und Bildungsbereiche skizziert. Damit sollen den pädagogischen Kräften in den Tagesbetreuungseinrichtungen Strukturierungshilfen für die Bildungsarbeit mit Kindern zur Verfügung gestellt werden.
In den Bildungsplänen für Kindertageseinrichtungen wird vom *kompetenten Kind* ausgegangen, das *Akteur seiner Entwicklung* ist. Seine Interessen, seine Lust darauf, tätig zu sein, und das, was im Moment im Zentrum seiner Aufmerksamkeit steht, sollen an erster Stelle berücksichtigt und als wertvollster Motor des Lernens gesehen werden. Aufgabe der Erzieherinnen ist es, diese Eigenbewegung wahrzunehmen, zu unterstützen und weiterzuführen.
Darüber hinaus werden Themen formuliert, die möglichst an alle Kinder herangetragen werden sollen, damit sie eine Chance auf die gleichberechtigte Teilhabe am Wissen und an den kulturellen Gütern der Gesellschaft haben. Aufgabe der Erziehungskräfte ist es auch, darauf hinzuwirken, dass alle Kinder beim Übergang in die Schule die notwendigen Fertigkeiten für einen erfolgreichen Start erlangt haben, zum Beispiel ein ausreichend differenziertes Sprachverständnis und Sprechvermögen.

Die in den Plänen der Bundesländer genannten Bildungsbereiche variieren und heißen z. B.:
Bildungsplan Nordrhein-Westfalen

- Bewegung
- Spielen und gestalten, Medien
- Sprache(n)
- Natur und kulturelle Umwelten

oder
Bildungsprogramm Berlin, Hamburg

- Körper, Bewegung und Gesundheit
- soziale und kulturelle Umwelt
- Kommunikation: Sprachen, Schriftkultur und Medien
- bildnerisches Gestalten
- Musik
- mathematische Grunderfahrungen
- naturwissenschaftliche und technische Grunderfahrungen

Projekt

Ein Projekt ist eine längerfristige Untersuchung eines Themas. Wesentlich ist dabei der Dialog zwischen Kindern und Fachkraft.
Bei den Nachforschungen während eines Projekts sind zahlreiche intellektuelle, wissenschaftliche und soziale Fertigkeiten und Kompetenzen gefragt. Je nach Entwicklungsstand sollten Tätigkeiten wie Hantieren mit Material, Darstellen, Malen, der Ausdruck mit kreativen Medien, Geschichten erfinden, Messen, Schreiben, Zeichnen, Lesen und das Herstellen von Modellen integriert werden.
Ein Projekt sollte möglichst dazu beitragen, dass sich die Kinder neues Wissen und neue Konzepte in Bereichen wie Naturwissenschaften, Sozialwissenschaften, Literatur und Kunst aneignen.

Als wichtige Form der nachhaltigen Bildungsarbeit mit Kindern und Jugendlichen gilt die Projektmethode. Projektarbeit ist eine Idee, die bis in die Anfänge des 20. Jahrhunderts zurückreicht und an deren Entwicklung sowohl amerikanische wie auch europäische Pädagogen beteiligt waren. In Deutschland trugen insbesondere Reformpädagogen nachhaltig zu ihrer Entwicklung bei. Als anerkannte Methode etablierte sie sich hierzulande aber erst 10, 20 Jahre nach dem Zweiten Weltkrieg in den Zeiten der „offenen Erziehung" der 1960er- und 1970er-Jahre.
Zum Bildungsverständnis der Projektmethode gehört die dem Lebensalter entsprechend wachsende **Partizipation der Kinder** an der Themenfindung und dem Verlauf von Aktivitäten. In länger angelegten Projekten bietet sich die Chance, teilweise das Alltagsleben zu erforschen und den besonderen Raum der Kindertagesstätte zu verlassen und sich den sozialen Nahraum des Stadtteils zu erobern. Ebenso kann das Interesse der Kinder an Dingen des Alltags wie Einkaufen, Arztbesuchen oder den Berufen ihrer Eltern zu Themen werden, mit denen sich eine Gruppe über einen längeren Zeitraum beschäftigt und zu deren Bearbeitung auch immer wieder Exkursionen gehören.
S. **Lernfeld 2**, Kapitel 7: Partizipation von Kindern und Jugendlichen

Merkmale eines Projekts: Ein Projekt ist ein konkretes Unternehmen, das eine Gruppe aushandelt, plant und durchführt. Projekte sind zielorientiert, aber ergebnisoffen. Bei Beginn steht noch nicht genau fest, welche Ergebnisse im Einzelnen erreicht werden sollen. Nach Gudjons (2008) hat ein Projekt folgende Merkmale:

- Situationsbezug und Lebensweltorientierung
- Orientierung an den Interessen der Beteiligten
- Selbstorganisation und Selbstverantwortung
- Einbeziehung vieler Sinne
- soziales Lernen
- längerfristige Zielsetzung und Beschäftigung

Möglicher Ablauf eines Projekts: Folgende Phasen können bei der Durchführung eines Projekts als Orientierung dienen.

1. ein Thema finden
   - Ideen äußern, Einfälle sammeln
   - Sortieren, Eingrenzen
   - Prüfen und Auswählen
   - Entscheidung fällen
2. die Ausführung planen
   - Schritte festlegen
   - Material besorgen
3. das Vorhaben verwirklichen
   - Ergänzungen vornehmen
4. Rückbesinnung, Reflexion, Auswertung
5. Präsentation, Dokumentation

Austausch und Dialog: Den Weg des Projekts gehen die Erzieherinnen mit den Kindern gemeinsam. Das Wesentliche ist dabei der Dialog, der Austausch mit den Kindern und der Kinder untereinander. Je jünger die beteiligten Kinder sind, desto genauer müssen die Erwachsenen den Handlungsrahmen planen. Die Erzieherinnen müssen Sorge dafür tragen, dass die Kinder z. B. angemessene Aufgaben übernehmen, die sie nicht überfordern, da vor allem gelungene Prozesse und eigenständiges Arbeiten für Spaß und eine hohe Lernmotivation sorgen.

Mögliche Kriterien für die Auswahl von Projektinhalten:

- Beobachtbarkeit in der Umgebung, also Teil der realen Welt der Kinder
- Die Kinder haben schon Erfahrungen damit sammeln können.
- Die Kinder können es selbst erforschen (keine potenziellen Gefahren).
- Es lässt sich vor Ort pragmatisch umsetzen.
- Eignung zur kreativen Aufarbeitung (Rollenspiele, Konstruktionen, Bilder, Fotos u. a.)
- Eltern, die sich beteiligen wollen, können ohne große Schwierigkeiten mitmachen.

- Angemessenheit bezogen auf die örtliche Kultur wie auch allgemein kulturell angemessen
- Sie stoßen auf das Interesse der Kinder.
- Sie entsprechen den Bildungszielen der Einrichtung und den Bildungsplänen für Kindertagesstätten.
- Sie bieten Gelegenheit für das Anwenden altersgemäßer Fertigkeiten.

Steuerung des Prozesses: Die Kriterien zeigen, dass in einem Projekt das eigenständige Handeln der Kinder die Erziehungskräfte nicht von der Aufgabe der Prozesssteuerung entbindet. Der Erfahrungsvorsprung eines Erwachsenen soll dazu genutzt werden, den Kindern Räume zu verschaffen, die sie selbst in angemessener Weise füllen. Eine geeignete Moderation von Entscheidungsprozessen, gezieltes Hinterfragen von Vorschlägen, strukturierendes Verabreden von Aufträgen und Ähnliches sind hier Elemente erzieherischen Handelns, die viel professionelles Geschick erfordern.

Projektarbeit in der Kindertagesstätte ist begrifflich mit dem **Situationsansatz** verbunden. Dieser Ansatz ist so formuliert, dass er auch in der Bildungsarbeit mit älteren Kindern, Jugendlichen und Erwachsenen gut verwendet werden kann.
S. Kapitel 12.6 in diesem Lernfeld 4: Situationsansatz

11 Bildungsangebote in Beispielen

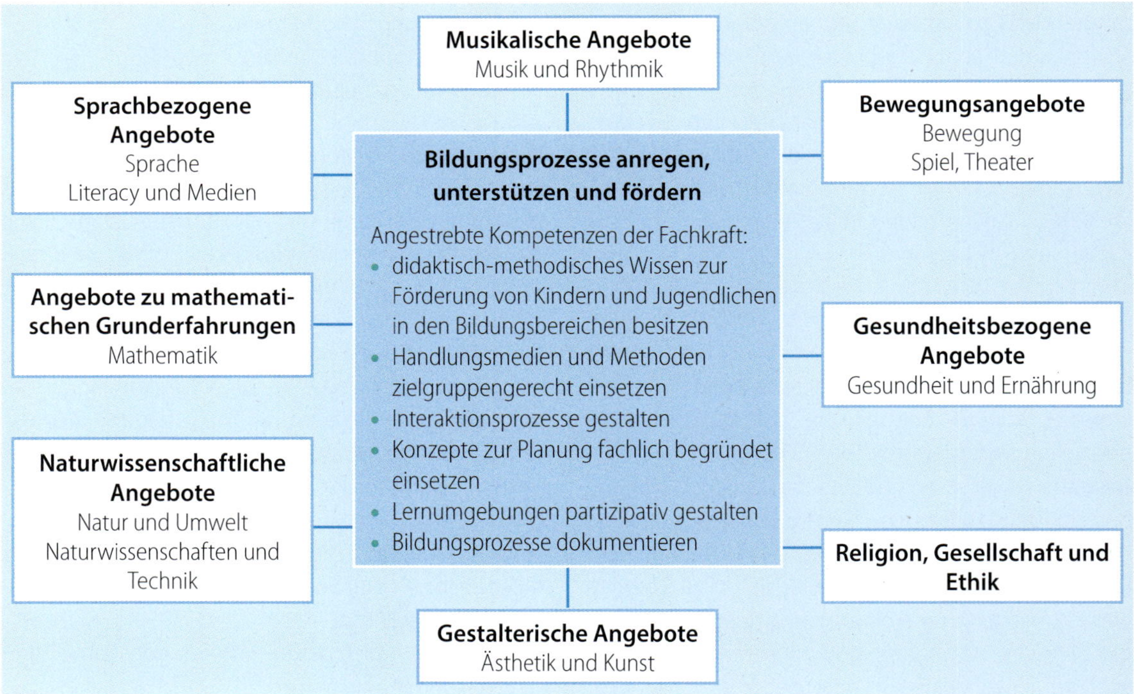

Das erzieherische Handlungsfeld „Entwicklungs- und Bildungsprozesse anregen, unterstützen und fördern" ist ein wesentlicher Bereich in der pädagogischen Arbeit mit Kindern und Jugendlichen. Bildung vollzieht sich in der Aneignung von Welt in einem Zusammenhang von Lernen, Wissen, Können, Wertebewusstsein und Handlungsfähigkeit (s. Kapitel 3 und 4, Lern- und Entwicklungsprozesse). Natur, Kultur, Gesellschaft und Technik bieten dabei den Rahmen.

In der pädagogischen Arbeit soll den Selbstbildungspotenzialen von Kindern, Jugendlichen und jungen Erwachsenen Raum gegeben werden.

11.1 Sprachbezogene Angebote

S. auch **Lernfeld 3**, Kapitel 10: Sprachförderung

Zu lesen bedeutet, Zeichen zu erkennen und ihnen Bedeutung zu verleihen.
Lesen kann man aber nicht nur in Büchern, sondern auch in Gesichtern anderer Menschen, in Spuren im Wald oder auch in den Händen. Zeichen sind Bedeutungsträger, sie stehen „für" etwas, symbolisieren etwas. Verkehrszeichen weisen z. B. auf bestimmte erforderliche Verhaltensweisen hin. „Hier anhalten und gut gucken" ‚sagt' das Stoppschild, „Halten verboten" das rote Kreuz auf blauem Grund.
Zeichen sind damit nicht schon der Sinn selbst, sie ermöglichen nur den Weg zur Bedeutung: Einen Fußabdruck im Schnee wahrzunehmen heißt noch nicht, zu wissen, dass es sich um Kaninchenspuren handelt. Um den Zeichen die richtige Bedeutung zu geben, muss man dies lernen, und zwar von Anfang an: Wir lernen, Gesichtsausdrücke bestimmten Stimmungen zuzuordnen, wir lernen, Kaninchenspuren von Gummistiefelabdrücken zu unterscheiden, und spätestens in der Schule lernen wir etwas über Schriftzeichen: über Zahlen, Buchstaben und Liednoten.
In Gesellschaften, die eine Schriftkultur entwickelt haben, kann individuelles oder gemeinschaftliches Wissen und Denken in Symbolen festgehalten werden. Durch Zeichen können Menschen (z. B. in Briefen) zu einem sprechen, obwohl sie nicht anwesend sind.
Lesen zu lernen stellt somit im Hinblick auf die Menschheitsgeschichte einen wichtigen Schritt dar, um am kollektiven Gedächtnis teilzuhaben. Vergangene Zeitepochen sind vor allem durch schriftliche Aufzeichnungen zugänglich und erforschbar.

Lese- und Schreibkompetenz fördern

In der Gesellschaft ist es üblich, das Lesen- und Schreibenlernen in die Schule zu verlagern. Es erscheint es einigen falsch, Kinder schon vorher zu unterweisen – zu sehr erinnert es u. a. an den im Situationsansatz kritisierten „Leistungsdrill". Man befürchtet eine „Verschulung" des Kindergartens. Inzwischen diskutiert man unter dem Stichwort „**Emerging Literacy**" Ansätze für eine allmählich entstehende Lese- und Schreibfähigkeit – zumal davon auszugehen ist, dass jedes Kind vor Schulbeginn längst Erfahrungen mit der Schrift und mit der Kommunikation mithilfe von Zeichen gemacht hat. Kinder versuchen, Sinn aus Zeichen zu ziehen, von denen sie umgeben sind. Sie tasten sich an die kulturellen Formen heran, in denen Schriftlichkeit in ihrer Umgebung erscheint.
Mündlichkeit ist immer ein wesentlicher Bestandteil der Schriftlichkeit. Expressive und literarische Formen von Mündlichkeit (das Imitieren von Geräuschen, Tierlauten, Sprechstilen, erste Reime und Zungenbrecher) sind eine wichtige Unterstützung auf dem Weg zur Schriftlichkeit. Auch **Singen** fördert die „phonologische Bewusstheit", die Wahrnehmungsfähigkeit von Silben und Lauten. So beinhaltet die Alphabetisierung von Kindern: Hören, Sprechen, Singen, Lesen und Schreiben. Die Förderung jeder dieser Fähigkeiten fördert zugleich die anderen.
Die Anfänge des Lesen- und Schreibenlernens liegen somit weit vor dem Schulbeginn. An dieses natürliche Interesse kann auch von Kindertageseinrichtungen angeknüpft werden. Kinder erfahren ab dem Krippenalter, dass Buchstaben und Zeichen

- Informationen vermitteln,
- Eigentum bezeichnen,
- als Markenzeichen ein Qualitätsurteil über Gegenstände abgeben,
- Botschaften versenden,
- ein Lied wiedergeben,
- eine Geschichte erzählen.

> Schriftsprachenerwerb ist ein Entwicklungsprozess, der schon lange vor der Einschulung beginnt.

Durch das Vorlesen von Büchern können Kinder beispielsweise lernen, dass Schrift Wiederholbarkeit ermöglicht, da die Botschaft gleich bleibt. Sie lernen auch etwas über die Beziehung zwischen Bildern und Text und über gebräuchliche Erscheinungsformen, z. B. ein Titel als Vorschau zu einem Text.
Kinder lernen dies aber nur, wenn ihnen ihr Umfeld einen Zugang dazu vorlebt, ihnen Erfahrungen mit Schrift und Zeichen ermöglicht und sie gegebenenfalls dazu anregt. Wenn dies nicht im Elternhaus geleistet wird, ist die Bedeutung der Kindertagesstätte hier besonders groß. Somit gilt es, Wege zu entdecken, um auf spielerische und natürliche Weise Angebote für Kinder zu entwickeln, die fördernd wirken.

Den Bildungsauftrag praktisch umsetzen

Kinder auf ihrem Weg in eine gelungene Schriftlichkeit zu begleiten, sie gut auf die Fähigkeit des Lesens vorzubereiten, ist eine kostbare Unterstützung, die Kinder-

tageseinrichtungen bieten können. Dies hat nichts mit überforderndem Leistungsanspruch zu tun, sondern etwas damit, Kinder beim Hineinwachsen in unsere Welt zu begleiten. Unsere Welt ist eine Welt, in der Schriftzeichen eine wichtige Rolle spielen. Mit ihnen umgehen zu können ist eine zentrale Kompetenz, die es zu erlangen gilt. Kindertageseinrichtungen können viel dafür tun, den Weg dahin organisch zu gestalten.
Grundsätzlich sind 2 Herangehensweisen sinnvoll:

- zum einen Erfahrungen mit der Schriftsprache zu ermöglichen,
- zum anderen die Fähigkeit zu fördern, Sprache als Zusammensetzung wiederkehrender Laute zu begreifen (phonologische Bewusstheit).

Erfahrungen mit Schriftzeichen ermöglichen

Erfahrungen mit der Schriftsprache lassen sich spielerisch besonders gut in Rollenspielen umsetzen. Die Kinder greifen hier ganz automatisch auf den Einsatz von Schrift zurück, wenn es zu den Rollen passt: Als Polizist wird ein Strafzettel ausgestellt und als Arzt ein Rezept. Dies gilt es, über das Materialangebot zu fördern und bei Beobachtung ggf. als Anregung in ein Spiel der Kinder einzubringen, z.B. wenn es darum geht, dass die „Mutter" einkaufen geht und vorher eine Einkaufsliste geschrieben werden könnte. Die generelle Wertschätzung von Schreibexperimenten, z.B. bei Erhalt eines „Kritzelbriefes", setzt hier wichtige Impulse.

Über Rollenspiele hinaus gilt es, Buchstaben und Worte als **bedeutungsvoll erfahrbar** zu machen: So könnten schon in der Krippe Notizen in großer Schrift auftauchen – durchaus in verschiedenen Sprachen. Bilder der Kinder mit den Zahlen ihres Geburtstags, ein Briefkasten für jedes Kind, Bücher und Schreibecken, die

Ein Kritzelbrief als frühe Erfahrung mit Schrift

nicht nur Papier und Schreibgeräte, sondern vielleicht auch Taschenrechner, Kalender, Grußkarten, Briefumschläge, Schiefertafeln, Stempel u.v.m. bieten. Bilder werden mit **großen Druckbuchstaben** betitelt und mit den Kindernamen gekennzeichnet.
Zudem gilt es, Bereiche zu entdecken, in denen Schrift eine Rolle spielt, sei es im Spiel oder verbunden mit bestimmten Orten oder Tätigkeiten. Hier einige Beispiele, inspiriert durch Donata Elschenbroich:

- ein „Schreibspaziergang", auf welchem in der Luft, im Sand oder im Schnee der eigene Name oder ein Buchstabe geschrieben wird
- eine „Buchstabenjagd" durch die Straßen (Heute suchen wir das M)
- Schnitzeljagden, wo Botschaften den Weg weisen
- Beschreiben beschlagener Fensterscheiben
- Besuch eines Friedhofs – Erinnerung an die Verstorbenen durch Schrift
- etwas mit dem eigenen Namen im Sinne der eigenen unverwechselbaren Handschrift unterschreiben
- Führen eines gemeinsamen Kindergartentagebuchs
- ein Buch selbst binden
- eine E-Mail verschicken
- eine Einladung an die Eltern selbst tippen

Literaturtipp
D. Elschenbroich, Weltwissen der Siebenjährigen, 2012

Förderung der phonologischen Bewusstheit

Die Grundbausteine der Sprache sind Laute, die wiederkehrend in unterschiedlichen Kombinationen auftauchen. Die Schriftsprache fußt auf der Nachbildung der gesprochenen Sprache durch Zeichen für diese Laute. Um zu verstehen, wie Schrift funktioniert, ist es somit eine unabdingbare Vorausetzung, gleiche Laute in verschiedenen Wörtern als gleich zu erkennen.
Diese Fähigkeit lässt sich auf verschiedene Weise unterstützen:

1. Reime sprechen, Fingerspiele spielen und Lieder singen (nicht die Bedeutung eines Wortes steht im Vordergrund, sondern sein Klang)
2. Regelspiele auf Sprachlaute hin verändert einsetzen (ich sehe was, was du nicht siehst, und das beginnt mit „O")
3. Geschichten erzählen, in denen bestimmte Laute eine hervorgehobene Rolle spielen (der badende Bär Bobo)

Die aufgeführten Beispiele zeigen, dass es sich keinesfalls um überforderndes, aufzuzwingendes Leistungslernen handelt. Vielmehr geht es bei allem darum, Kindern einen positiven Zugang zur (Schrift-)Sprache zu ermöglichen, ihr Interesse zu wecken und auch den praktischen Sinn von Schriftzeichen zu eröffnen.

Aufgabe

1. Sammeln Sie Abzählverse.
2. Finden Sie einen Kinderreim, den Sie gern mögen.
3. Erinnern Sie sich an ein Fingerspiel aus Ihrer eigenen Kinderzeit und recherchieren Sie ggf. Text und Ablauf.
4. Sammeln Sie Kinderlieder.
5. Erdenken Sie eine neue Variante zu einem bekannten Regelspiel (z. B. Karten aus Memory® dazu nutzen, um Wörter mit gleichem Anlaut zu finden). Spielen Sie.
6. Schreiben Sie eine kleine Lautgeschichte zu einem selbst gewählten Laut.

Begegnung mit Literatur: Bilderbuchbetrachtungen

Grundsätzliches

Bilderbücher sind die ersten Medien, die auch sehr junge Kinder gut nutzen können. Es gibt sie in Ausführungen aus dicker Pappe oder auch aus Kunststoff in wasserfester Form; in kräftigen Farben und beinahe unverwüstlich.

Der Spaß ist noch größer, wenn das Anschauen und Entdecken ein gemeinsames Erlebnis mit einer liebevollen Bezugsperson wird.

Die ersten Bücher kommen ganz ohne das gedruckte Wort aus und zeigen in der Regel einzelne Gegenstände aus der Alltagswelt: einen Ball, einen Apfel, eine Blume oder auch einen Kamm ... Sie helfen bei ersten Abstraktionsleistungen: es gibt einen Unterschied zwischen einem wirklichen Ball und seinem Abbild. Auch ein abgebildeter Apfel ist ein Erlebnis und eine wichtige Entdeckung, Mutter oder Vater gibt das Wort dazu; aber dieser Apfel ist zweidimensional, nicht essbar und führt in die Welt der Symbole ein.

Gerade in der Kita bieten Bilderbücher auf wunderbare Weise Sprechanlässe, können anspruchsvoll unterhalten und künstlerische Erstbegegnungen ermöglichen. Bilderbücher trainieren die Sprach- und Denkleistungen von Kindern, führen in fantastische und magische Welten und regen damit die Fantasie an. Sie teilen Wissen mit und machen neugierig auf mehr. Nicht zuletzt können sie Kindern dabei helfen, ihre eigene Realität zu bewältigen. Es gibt Figuren, mit denen sie sich identifizieren und deren Handlungen und Erlebnisse sie teilen können. Bilderbücher regen auch zum Träumen an, zeigen die Welt der Gefühle und helfen, eigene Gefühle benennen zu können.

Bilderbuchbetrachtungen sind Zeiten der Ruhe und Zuwendung im oftmals hektischen Alltag und bieten gleichzeitig Bildungsimpulse. Das gemeinsame Anschauen von Bilderbüchern bietet eine gute Gelegenheit dafür, Gedanken sprachlich mitteilen zu lernen und Interesse an Büchern, dem Lesen- und Schreiben sowie am Geschichtenerfinden zu entwickeln. Sie geben damit Sprechanlässe und trainieren die Sprach- und Denkleistung der Kinder. Im sozialen Kompetenzbereich lernen sie dabei, sich mit anderen zu verständigen und anderen aufmerksam zuzuhören sowie sich in die Perspektive von anderen hineinzuversetzen.

Auswahl und Arrangement

Bei der Auswahl der Bücher gibt es die folgenden Kriterien:

- je kleiner die Kinder, desto weniger Text
- Inhalte und Themen, die die Kinder aktuell interessieren
- anregende und anschauliche Bilder

Beim Vorlesen selbst ist eine sichere Textbeherrschung wichtig, sodass man sich (wenn notwendig) vom Text lösen und den Inhalt sicher und eindrucksvoll erzählen kann. Es ist auch legitim, zu große Passagen zu kürzen und umzuformulieren, je nachdem, wie viel die Kinder ohne Ermüdung verkraften können. Allerdings kommt es dabei auf die gute Kenntnis der Kindergruppe an. Kinder können sich bei Geschichten, die ihnen gefallen, jedes Wort und jede Wendung merken. Sie werden beim nächsten Mal auf der „richtigen Geschichte" bestehen – und das ist die Version, die sie beim ersten Mal gehört haben, schließlich wurde ja „vorgelesen"!

Bilderbücher eignen sich auch hervorragend dazu, mit den Kindern ins Gespräch zu kommen. So kann man die Kinder fragen, was sie in den Bildern erkennen und sich mit ihnen gemeinsam die Geschichte darüber erschließen. In der Vorbereitung bedeutet dies, zu prüfen, für welche Passagen ein Gespräch hilfreich sein kann und welche Impulse hier geeignet sein können. Grundsätzlich gilt es, möglichst **offene Fragen** zu stellen, die nicht nur mit Ja oder Nein beantwortet werden können, sondern dazu einladen, nachzudenken und sich in jemanden hineinzudenken.

Auch die Sitzordnung spielt eine Rolle dabei, ob alle Kinder sich wohl und einbezogen fühlen können. Der Rückzug auf ein gemütliches Sofa oder in eine Kuschelecke schafft eine vertraute Situation, in der alle gleichzeitig ins Buch sehen und sich gemeinsam in die Geschichte vertiefen können. In größeren Gruppen können alle etwas sehen, wenn man im Halbkreis sitzt, gegenüber von dem/der Vorlesenden. Eher lebendige Kinder sollten nicht nebeneinander sitzen; auch kann es ihnen helfen, in (Berührungs-)Nähe zum Vorlesenden zu sitzen. Der Blickkontakt sollte zu allen möglich sein. Gut ist es auch, wenn die Kinder das Licht im Rücken haben und das Buch selbst für alle sichtbar gehalten wird.

Interesse und Empfindungsvielfalt

Spannungsbogen

Jede gute Geschichte lebt von einem Spannungsbogen. Ein geeigneter **Einstieg** weckt das Interesse der Kinder und lässt eine positive Erwartungshaltung entstehen. Dafür kann man das Titelbild zeigen, den Titel des Buches vorlesen oder ein besonderes Bild aus der Mitte zeigen und mit den Kindern über ihre Ideen von der Geschichte sprechen. Es ist auch möglich, einen Gegenstand, der im Buch eine Rolle spielt, mitzubringen oder ein passendes Kuscheltier oder eine andere Figur sprechen zu lassen. Besonders wirkungsvoll ist es, die eigene Stimme auch verändert einzusetzen (laut, leise, erschrocken, überrascht) und den Blickkontakt zu halten und Mimik einzusetzen. Außerdem können zusätzliche Geräusche eingebaut werden (z. B. schnalzen, Galoppgeräusch, Türenquietschen nachmachen).

Während des **Vorlesens** ist es wichtig, im Auge zu behalten, dass alle Kinder der Geschichte gut folgen können. Man kann sie zwischendurch nach ihrer Meinung zum Geschehen fragen: Das aktiviert die Fantasie und klärt, ob alle verstanden haben, worum es geht. Dabei gilt es, die Reaktionen der Kinder abzuwarten, Impulse für ein Gespräch zu geben, Lösungsideen für in der Geschichte auftretende Probleme einzuholen, auf die Fragen der Kinder einzugehen und dabei auch die Schüchternen im Blick zu behalten und sehr lebhafte Kinder auch behutsam zu bremsen.

Ein sinnvoller **Abschluss** könnte sich z. B. auf den Einstieg beziehen und das mitgebrachte Kuscheltier noch einmal sprechen lassen oder eine Frage danach zu stellen, wie es wohl weitergehen könnte. Auch kann auf die spannenden und bewegenden Themen mit weiterführenden Angeboten reagiert werden z. B. mit Malen, Rollenspielen und Kneten.

Möglicher Verlauf einer Bilderbuchbetrachtung

„Wo die wilden Kerle wohnen" von Maurice Sendlak

Einstieg: Die Kinder bei sich versammeln. Sich mit gespielter Wut (weiterhin ein bisschen lächeln) ärgern und die Fäuste ballen.

Sagt mal, ward ihr schon mal ganz richtig wild und habt Unfug gemacht und dafür Ärger bekommen? Wie war das? (Kinder antworten.) Schaut mal her. Ich habe ein Buch dazu, „Wo die wilden Kerle wohnen" (das Buch zeigen). Das Buch wird aufgeschlagen und es wird das erste Bild der etwas eingeschüchterten wilden Kerle mit Max gezeigt. Schaut mal hier, das sind die wilden Kerle und das ist Max. Um den geht es in diesem Buch.

Hauptteil: *Geheimnisvoll:* An dem Abend, als Max seinen Wolfspelz trug (gemeinsam das Bild betrachten und sich dazu austauschen)
(umblättern) *mit etwas vorwurfsvollem Ton:* und nur Unfug im Kopf hatte (gemeinsam das Bildbetrachten: Na, was macht er denn da? Soll er das?)
(umblättern) *ärgerlich:* schalt seine Mutter ihn: „Wilder Kerl!" „Ich fress dich auf", sagte Max und da musste er ohne Essen ins Bett. (Bild betrachten)
(umblättern) *geheimnisvoll und verträumt:* Genau in der Nacht wuchs ein Wald in seinem Zimmer (Bild betrachten),
(umblättern) der wuchs *(etwas lauter)*
(umblättern) *noch lauter und ehrfurchtsvoll:* und wuchs, bis die Decke voll Laub hing und die Wände so weit wie die ganze Welt waren.
(umblättern) *überrascht und engagiert:* Und plötzlich war da ein Meer mit einem Schiff, nur für Max, und er segelte davon, Tag und Nacht (Bild betrachten, vielleicht M A X lesen)
(umblättern) *bedeutungsvoll:* und wochenlang und fast ein ganzes Jahr bis zu einem Ort, wo die wilden Kerle wohnen (Bild betrachten, auf den Gesichtsausdruck von Max eingehen).
(umblättern) *lautmalerisch und pantomimisch unterstützt:* Und als er dort ankam, wo die wilden Kerle wohnen, **brüllten** sie ihr fürchterliches Brüllen und **fletschten** ihre fürchterlichen Zähne und **rollten** ihre fürchterliche Augen und zeigten ihre **fürchterlichen** Krallen (Bild betrachten und evtl. zu Bewegungen und Lauten animieren, z.B. Schenkelpatschen und Schreie),
(umblättern) *nachdrücklich:* bis Max sagte: „Seid still!", und sie zähmte mit seinem Zaubertrick: Er starrte in alle ihre gelben Augen *(reihum in die Augen schauen),* ohne ein einziges Mal zu zwinkern. Da bekamen sie Angst und nannten ihn den wildesten Kerl von allen und (umblättern) *bedeutungsvoll:* machten ihn zum König aller wilden Kerle. *(aufgeregt und bestimmend)* „Und jetzt" rief Max „machen wir Krach!" *(gemeinsam Laute [oo-ah-oh-ahh] singen, ganz durcheinander, lachen und sich rhythmisch auf die Schenkel hauen).*
(umblättern) Das Bild betrachten – was machen sie denn jetzt?
(umblättern) Und jetzt?
(umblättern) *gebieterisch:* „Schluss jetzt!", rief Max und schickte die wilden Kerle ohne Essen ins Bett. *Traurig:* Und Max, der König aller wilden Kerle, war einsam und wollte dort sein, wo ihn jemand am allerliebsten hatte. *Sehnsuchtsvoll:* Da roch es auf einmal um ihn herum nach gutem Essen und das kam von ganz weither quer durch die Welt. *Zerknirscht:* Da wollte er nicht mehr König sein, wo die wilden Kerle wohnen.
(umblättern) *mit tieferer Stimme:* Aber die wilden Kerle schrien: „Geh bitte nicht fort – wir fressen dich auf, wir haben dich so gern!" *Höhere Stimme:* Und Max sagte: „Nein!" frei vom Text: Da brüllten die wilden Kerle ihr fürrrrrchterlichstes Brüllen und fleeetttschten ihre schaaaarfen, fürchterlichen Zähne und rrrrrooollten auch ihre fürchterlichen gelben Augen und zeigten ihre langen schrecklichen Krallen. **Pause:** *sachlich:* Aber Max stieg in sein Schiff und winkte zum Abschied (Bild betrachten und die Zufriedenheit bei Max wahrnehmen).
(umblättern) *betont:* Und er segelte zurück, fast ein gaaanzes Jahr und viele, viele, viele Wochen lang und noch einen Tag **(Spannungspause)**.
Bis in sein Zimmer, wo es Nacht war und das *(entspannt)* Essen auf ihn wartete. (Bild: Guckt mal, was ist denn mit dem Wolfskostüm?)
(umblättern) *wohlklingend:* Und es war noch warm.

Abschluss: Alle atmen einmal durch und jeder reibt sich seine Hände aneinander, „So (vormachen), ganz doll. Jetzt schließt alle einmal die Augen und legt euch eure Hand auf den Bauch und fühlt, wie warm die Hand ist. Stellt euch vor, wie schön es ist, ein warmes Essen in den Bauch zu bekommen. Mmmmh."

Das Bilderbuchkino

Bilderbuchkino wird in vielen öffentlichen Bibliotheken als Veranstaltung angeboten, um größere Kindergruppen mit Bilderbüchern bekannt zu machen und als künftige Leser ins Haus zu locken. Es werden die Bilder des Buches auf große Leinwand projiziert und dann kann die Geschichte eindrucksvoll erzählt werden. Auch bei dieser Form gilt:

- die Geschichte wird spannend erzählt,
- die Kinder werden einbezogen und mit Impulsen und offenen Fragen zum Mitdenken aufgefordert,
- die Fragen und Anregungen der Kinder sind mindestens ebenso wichtig wie das Buch oder das einzelne Bild.

Auch in der Kita ist ein Bilderbuchkino gut machbar. In vielen Einrichtungen stehen Beamer, Projektor oder Leinwand zur Verfügung und viele Kinderbuchverlage bieten heute Bilderbuchkino-Versionen ihrer Bücher an.

Für größere Kinder und Jugendliche:

Leseabend

Sich zum Lesen treffen – Leseabend drinnen

... oder in der Natur

Auch ältere Kinder und Jugendliche genießen es, wenn ihnen vorgelesen wird. Das Vorhandensein von Bildern ist hier weniger wichtig, vor allem dann, wenn die Geschichte selbst spannend und bildhaft geschrieben ist. Vorlesesequenzen könnten so z. B. ein fester Bestandteil von angeleiteten Gruppentreffen werden. Eine Alternative dazu stellt ein gemeinsam gestalteter Leseabend dar: Jeder bringt einen kurzen Text mit, der ihm gefällt oder als Kind gut gefallen hat: ein kleines Märchen, ein Gedicht, einen kurzen Romanauszug.

Besonders schön kann es sein, im Kreis zu sitzen; eine Mitte wird z. B. mit Tüchern und Kerzen in Gläsern gestaltet. Das milde Kerzenlicht sorgt für eine gemütliche Stimmung. Auch gemeinsames Singen oder Klopfmassagen helfen, dass alle mit ihren Gedanken und Gefühlen ankommen können. Dann wird reihum vorgelesen. Derjenige, der einen Text, eine Geschichte ausgesucht hat, stimmt die Zuhörer mit ein paar Worten auf seine Auswahl ein und liest dann vor. So kann jeder einmal im Mittelpunkt stehen und eine Erfahrung mit Literatur wird ein persönlicher Beitrag zum Gruppengeschehen. Wichtig ist eine **Abschlussrunde**, in der die Gelegenheit zur Meinungsäußerung besteht: dazu, welche Gedanken interessant waren, was einem beim Zuhören durch den Kopf gegangen ist, wie es einem jetzt geht oder was man besonders schön fand.

Erlebnisse mit Literatur: eine Lichterwanderung

Eine besondere Form für Erlebnisse mit Texten ist eine Lichterwanderung in der Nacht.

Für eine Lichterwanderung werden Teelichter in Gläsern oder sonstige geschützte Kerzen mit jeweils einem kurzen Text oder einem Gedicht(-vers) in angemessenem Abstand draußen als Spazierweg in der Dunkelheit aufgestellt. Folgende Regeln werden erklärt: Nicht sprechen, auch nicht, wenn man am Ende der Strecke angekommen ist; die Texte für sich lesen; der Weg zum nächsten Licht gibt die Gelegenheit, den Inhalt nachwirken zu lassen.

Anschließend gehen die einzelnen Teilnehmenden in einem zeitlichen Abstand von 10–15 Minuten von Licht zu Licht und lassen in Ruhe die ausgelegten kleinen Texte auf sich wirken. Am Ende treffen sich alle (weiterhin in Stille) an einem schön gestalteten Platz, z. B. einem Lagerfeuer (klären, ob erlaubt). Erst, wenn dort entweder ein abschließender Text vorgelesen oder noch ein Lied zusammen gesungen wurde, wird ein Austausch über die Erlebnisse angeregt.

11.2 Musikalische Angebote

Grundsätzliches

Das Singen und Musizieren mit Kindern ist ein intuitives, lustvolles und soziales Erlebnis, ein Erlebnis, das den Tag bereichert und einen mit Klang und der Erinnerung daran erfüllen kann. Deswegen ist es gut, wenn musikalische Elemente grundsätzlich im Tageslauf verankert sind.

Im „Bildungsbereich Musik" sind sehr verschiedenartige Angebote für Kinder möglich: Singen, rhythmisches Sprechen, Instrumentalspiel, Höraufgaben, rhythmische Bewegungserfahrungen/Tanzen, Klanggeschichten und Spiellieder. Singen, wie auch anderes musikalisches Erleben, ist eine geeignete Möglichkeit, sich mit einer Gruppe im Einklang zu fühlen und durch die Gemeinsamkeit mehr zu erschaffen, als es einem allein möglich wäre. Das Üben des genauen Hinhörens, des sich Einfügens, selbst auch ggf. Leitungsimpulse geben zu dürfen, mit Klängen zu experimentieren und auf diese Weise konstruktiv mit anderen zu agieren und seine eigenen Fähigkeiten zu erweitern, ist eine ganz besondere und sehr wichtige Erfahrung für Menschen, die weit über die Qualität eines reinen Konsumierens von Musik hinausgeht.

Wichtige Gemeinschaftserfahrungen machen

Das Singen mit Kindern ist ausgesprochen bedeutsam, weil es unter anderem sehr wichtige **Impulse zur Sprachentwicklung** liefert und beim Musizieren mit Kindern häufig den Ausgangspunkt für Erweiterungen im Hinblick auf **Bewegung** und Instrumentalspiel darstellt. Das Singen mit Kindern kann selbst der Kern eines Bildungsangebots sein, in Bildungsangeboten mit anderem Schwerpunkt eingebaut oder auch in alltägliche Handlungen einbezogen werden. Deswegen zunächst einige Grundsätze zur Liedvermittlung und dem Umgang mit Liedern.

Hinweise zur Vorbereitung

Es ist wichtig, sich mit dem zu identifizieren, was man tut. Die eigene Begeisterung für ein Lied und die Vermittlungsschritte, die man sich überlegt hat, tragen maßgeblich dazu bei, wie die Kinder das Angebot annehmen können. Deswegen ist es wichtig, das Lied selbst sicher zu beherrschen.

Ebenso wichtig ist das Anstimmen einer kindgemäßen Tonhöhe, damit die Kinderstimmen nicht strapaziert werden und Unlustgefühle entstehen. Tiefer als das c' sollte mit Kindern nicht gesungen werden, selbst wenn sie sich anders dazu äußern. Hilfreich kann es sein, die Stimmen mit lustigen Stimmübungen zu pflegen, um ein kindgerechtes Singen zu unterstützen.

Hinweise zur Liedauswahl

Das Lied sollte vorher auf seine Eignung für die Altersgruppe geprüft werden: Tonumfang, Tonsprünge, Textmenge, Reime, Wiederholungen, Thema – so lässt sich Misserfolgen vorbeugen.

Immer wieder sollten schon bekannte Lieder aufgegriffen (und variiert) werden, so bildet sich Stück für Stück ein Liedrepertoire heraus.

Hinweise zur Liedgestaltung

Es sollte ein möglichst breiter Empfindungsbereich bei den Kindern angesprochen werden. Deshalb ist es sinnvoll, im Vorwege lebendige und abwechslungsreiche Impulse vorzudenken, z.B. (freie) Bewegungen und Stimmungsvariationen. Kinder aktiv in den Ablauf einbeziehen, ihre Vorschläge und Ideen aufgreifen.

Mit Kindern zu singen bedeutet, dass sie Gelegenheit haben, ihre Stimme zu schulen und diese zu stärken. Gleichzeitig verbindet sich damit (je nach Gestaltung) auch das Differenzieren zwischen laut und leise, langsam und schnell, hoch und tief. Neben der Stärkung eines Rhythmusgefühls bietet das Singen damit Impulse für die Gehör- und Sprachbildung sowie für die Koordinationsfähigkeit und das Selbstwertgefühl. Außerdem hilft es, Hemmungen zu überwinden und Gemeinschaft zu erleben, denn man muss auf die anderen achten und sich dem gemeinsamen Geschehen anpassen, man wird Teil eines größeren Ganzen.

Auch das Lernen der Lieder geht mit einem **Kompetenzzuwachs** einher: Textkenntnisse, Vokabular,

Kenntnisse über die eigene oder eine andere Kultur und ggf. Umgang mit Instrumenten. Insgesamt übt das Singen damit auch die Konzentrations- und die Merkfähigkeit. Es lässt Platz für kreative Impulse, z.B. wenn die Stimme verfremdet wird oder freie Bewegungs- und Spielelemente eingebaut werden.

Schwerpunkte setzen: Bei der Vielzahl von Aspekten bietet es sich an, Schwerpunkte bei der Liedauswahl und den begleitenden Aktivitäten zu setzen, die besonders einen Kompetenzbereich entwickeln helfen.

Spannungsbogen

Bevor Sie ein Lied mit Kindern singen oder musizieren, sollten Sie die Kinder auf das Lied und/oder das Thema neugierig machen. Wichtig ist es, einen Kernaspekt des Bildungsangebots auszuwählen und kurzgefasst in das Bildungsangebot einzuführen. Beispiele:

- Eine spannende Geschichte (eigenes Erlebnis) zum Thema erzählen.
- Ein Bild/einen Gegenstand/ein Naturobjekt zum Thema betrachten.
- Zum Thema passendes Material mitbringen (Piratenmütze, Indianerfeder).
- Den Kindern ein Rätsel aufgeben.
- Ein Geheimnis mitbringen (ein unter einem Tuch verstecktes Instrument).
- Eine Hand- oder Fingerpuppe erzählen oder mit den Kindern sprechen oder singen lassen.
- Mit geschlossenen Augen etwas (er-)fühlen (taktile Herangehensweise).

Tipp: Die Einführung sollte nicht zu lang sein. Malen oder Basteln sind eher ungeeignet, weil die Kinder mit unterschiedlichem Tempo arbeiten und fertig werden.

Im Hauptteil sollte es darum gehen, das Lied auszugestalten. Es gibt vielfältige Möglichkeiten. Sie könnten mit den Kindern z. B.:

- ein Lied durch Spielen mit der Stimme (laut/leise/quietschig) lustig gestalten,
- ein Lied als Tanz, Gestenlied, Finger- oder Kreisspiel singen und spielen,
- passende Materialien einsetzen (Masken, Tücher, Blätter, Hüte),
- ein Bewegungs- oder Rollenspiel mit Klanguntermalungen erarbeiten,
- Körperklänge und Klänge von Gegenständen als Instrumente einsetzen,
- ein Lied/eine Geschichte oder Bilder mit Instrumenten begleiten/untermalen, zuvor gebastelte Instrumente im Bildungsangebot zum Einsatz kommen lassen,
- Klangmassagen und Instrumentalimprovisation erleben lassen,
- Wahrnehmungsaufgaben und Aufgaben des Führens und Folgens stellen: Spiele, was du siehst; bewege, was du hörst; spiele, was du hörst.

Zum Ende hin sollten Sie nicht einfach weggehen und sagen „Tschüs, das war's", sondern einen geeigneten Abschluss einplanen. Dann kann das Erlebte nachwirken. Auch hier gibt es viele Möglichkeiten. Sie können z. B. mit den Kindern:

- ein Bild/Bilder zum Thema malen/gestalten,
- ein passendes Spiel spielen (Feuer, Wasser, Blitz für ein Wetterlied),
- eine Traumreise oder Klangmassage durchführen, die thematisch zum Lied passt,
- eine kleine „Aufführung" machen (für sich selbst), in der das Erarbeitete noch mal zusammengeführt und erlebt wird.

Möglicher Verlauf eines konkreten Bildungsangebots

Liedeinführung: Bruder Jakob

Einstieg: Unter einem Tuch versteckt wird eine Glocke geläutet und die Kinder stellen Vermutungen dazu an, um welches Geräusch es sich handelt. Es findet ein kurzer Austausch dazu statt, woher man Glockengeläut kennt (Kirche, Weihnachten, Wecker, Handy, Freiburger Rathaus). Es wird zusammengefasst, dass uns Glocken auf etwas aufmerksam machen, dass etwas beginnt, z. B. ein Gottesdienst, eine Hochzeit oder auch die nächste Unterrichtsstunde.

Hauptteil: „In dem Lied, was wir heute singen, geht es ums Aufwecken, weil jemand dabei ist, etwas Wichtiges zu verpassen. Dieser jemand muss aufgeweckt werden und als erstes wollen wir uns und unsere Stimme aufwecken. Wir stehen auf und recken und strecken uns. Wir summen Tonschleifen und gähnen, wir klopfen uns die Gliedmaßen aus, atmen ein und atmen auf „sch" lange aus und „singgähnen" ein von hoch oben heruntergezogenes „uahhh" und schütteln uns die Arme und Beine aus. Und singen höher gehend ein einfaches „Guten Morgen". Bei unserem Bruder Jakob, der als Mönch im Kloster lebt, hat es eines Morgens nicht gereicht, dass die Glocken laut geläutet haben. Er schlief einfach weiter und dann haben die anderen Mönche gesungen (auf dem Glockenspiel wird ein f' angespielt und mit diesem Ton begonnen).

Mit Vor- und Nachsingen wird das Lied Stück für Stück durchgesungen.

Dabei wird jeder Abschnitt mehrfach in verschiedenen Lautstärken von leise nach laut gesungen. Anschließend wird es mehrmals in verschiedenen Variationen (die Kinder werden ebenfalls nach Ideen gefragt) gesungen: „Und dann gab es da nämlich ganz verschiedene Mönche – der eine war ganz lieb, als er Bruder Jakob wecken wollte und hat ganz freundlich gesungen".

Es folgenden weitere Durchgänge, je nach Charakter eines Mönches: zögerlich, ängstlich, energisch, genervt. „Und dann gab es noch einen, der einfach besonders schön singen konnte, so schön, dass immer, wenn er sang, alle dachten, es sei wie von einem Engel gesungen". Spätestens an dieser Stelle stehen alle auf und singen das ganze Lied möglichst schön.

„Doch stellt Euch vor, das hat dann eher bewirkt, dass er einfach weiter geträumt hat. Bruder Jakob hat sich einfach auf die andere Seite gedreht und war nicht aufzuwecken. Da versuchten die Mönche ganz laut zu sein und trampelten auf den Fußboden, sie patschen sich auf die Schenkel und trommelten auf ihren Brustkorb.

Abschluss: Nichts half. Da hatte der ‚liebe' Mönch eine Idee: „Wir könnten ihn ja wachkitzeln". Wir fassen uns im Sitzkreis jeweils an das Außenknie der Sitznachbarn (oder im Stehen an die Hände), noch ohne etwas zu machen. Auf los „krabbeln" wir mit den Fingern. Alles wird ein bisschen albern und lustig, dann folgen die Abschlussworte: „Und damit kriegten sie Bruder Jakob, die Schlafmütze, dann wach!"

Anmerkung: *Weitere Strophen sind bei der Liedeinführung bewusst nicht eingeplant. Diese würden nachfolgend eingeführt werden.*

Literaturtipps

Musizieren mit Kindern in der Sozialpädagogik. Meinig, 2013

Zehn kleine Krabbelfinger. Austermann, 2002

Musik aktiv erleben. Tischler, 1998

Für Jugendliche:

Gemeinsam tanzen

Individuell und als Gruppe

Ob nun von einer pädagogischen Fachkraft angeleitet oder auch in Eigenregie erdacht und durchgeführt – Tanzen bringt Spaß und kann ein schönes Gruppenerlebnis sein. Als Teil einer verabredeten Mottoparty könnte sich z. B. eine Untergruppe einen Mitmachtanz für alle ausdenken – entweder als Kreistanz oder als Formationstanz. Beides muss leicht genug sein, dass alle sofort mitmachen können.

- **Vorbereitung:** Motto und Party
- **Einstieg:** Publikumsbegeisterung üben, indem man 4 Stufen von Applaus durchführt: Eher mau – artig und gefällig – ordentlich und zufrieden – begeistert und ekstatisch.
- **Hauptteil:** Tanzelemente langsam und ohne Musik vor- und nachmachen. Erst anschließend im Tempo, noch ohne Musik in Verbindung machen, dann mit Musik.
- **Abschluss:** ekstatischer Applaus für die Vorbereitungsgruppe

11.3 Bewegungsangebote

Grundsätzliches

Bewegungsangebote im Kindergarten fördern Kinder in allen Kompetenzbereichen. Neben der Verbesserung der motorischen Geschicklichkeit und der Ausdauer wird das gemeinsame Spiel angeregt und vielfältige Material- und Raumerfahrungen ermöglicht. Vielseitige Bewegungsanregungen tragen zur Verfeinerung der Sinneswahrnehmung bei und unterstützen die sensorische Integration (s. Kapitel 3).
Die folgenden Angebote haben immer einen spielerischen Charakter. Ein besonderer Schwerpunkt liegt dabei auf der Eigeninitiative und Selbsttätigkeit der Kinder und ihrer Kreativität im Umgang mit dem Sport- und Spielmaterial. Es werden Anregungen dazu geboten, sich in seinem Körper wohl zu fühlen und die Freude an der Bewegung zu erhalten, dabei werden koordinative Fähigkeiten und die Ausdauer unterstützt, wodurch das Vertrauen in die eigenen motorischen Fähigkeiten entwickelt wird. Hinzu kommen Lerneffekte wie die Freude an der Bewegung mit anderen und gegenseitiges Unterstützen sowie die Auseinandersetzung mit eigenen und fremden Grenzen (soziale Kompetenz). Das Einordnen und das Erlernen von Spielregeln sowie den Umgang mit bestimmten Geräten gehören ebenfalls zu dem Kompetenzerwerb.
Die Bewegungsangebote sind für die meisten Kinder attraktiv und können systematisch alle Bewegungsgrundformen wie Gehen, Laufen, Hüpfen, Springen, Kriechen, Klettern, Rollen, Ziehen, Schwingen, Werfen und Fangen beinhalten sowie vielseitige Sinneserfahrungen ermöglichen. Diese können sowohl in das Spiel mit Geräten/Materialien einbezogen werden, als auch in Bewegungsspielen Anwendung finden. **Bewegungsgeschichten** können das Spielgeschehen begleiten.

Spieleketten

Eine spannende Form für ein Bewegungsangebot sind auch sogenannte Spieleketten. Hier werden angeleitete Spiel-und Bewegungsformen durch eine spannende Rahmenhandlung miteinander verbunden. Jedes Spiel/jede Aktion baut auf den vorangegangenen Spielen auf, die Kette hat dadurch einen hohen Aufforderungscharakter und lässt den Kindern ausreichend Freiraum für Fantasie, Eigeninitiative und Kooperation. Bei der Auswahl des Themas ist es wichtig, dass die Kinder damit etwas verbinden können, und dass es sich als „roter Faden" durch die gesamte Bewegungsstunde zieht. Dabei ist die Verwendung von passenden Gegenständen und Verkleidungen sinnvoll.
Mögliche Themen sind: Im Zirkus; im Zauberwald; bei Riesen und Zwergen; im Land der Indianer; Reise um die Welt; im Märchenland, im Dschungel, Besuch im Zoo; auf der Ritterburg u. v. m.

1. Bei Spieleketten wird zu Beginn die Rahmengeschichte erzählt und anschließend ein Begrüßungs- bzw. ein Kontaktspiel zur Einstimmung gespielt. Hier eignet es sich, Spiele zu wählen, bei denen alle das Gleiche tun.
2. Anschließend werden abwechselnd ruhige und lebhafte Partner- und Gruppenspiele gespielt, die in die Geschichte eingebunden werden.
3. Ein sich anschließendes Gestaltungs-, Großgruppen- oder Darstellungsspiel unterstreicht den Wendepunkt in der Geschichte und stellt den Spannungshöhepunkt dar.
4. Zum Abschluss eignen sich entspannende Simultanspiele.

Spannungsbogen: Im Einstieg von Bewegungsangeboten sollte etwas umgesetzt werden, was alle Kinder können. Ziel ist es dabei, dem Bewegungsdrang der Kinder zu entsprechen, ihnen die Gelegenheit zum Austoben, Spaß haben und zum Kontakt miteinander zu geben. Günstig sind grobmotorische Übungen (Laufen, Gehen, Hüpfen) in Form eines Bewegungsspiels oder mit rhythmischer Begleitung.
Im Hauptteil gilt es, verschiedene Bewegungsmöglichkeiten und Übungen mit oder ohne Gerät/Material (Schwerpunktthema z.B. Spiele mit Zeitungspapier, Spiele mit dem Schwungtuch, Übungen mit verschiedenen Bällen, Aufbau einer „Bewegungslandschaft") umzusetzen. Hier wird etwas Neues ausprobiert, geübt und Bekanntes gefestigt. Wichtig ist der Wechsel zwischen Phasen des freien Ausprobierens mit Phasen angeleiteten Übens und der Auseinandersetzung mit Bewegungsaufgaben. Die Spielideen der Kinder sollten nach Möglichkeit aufgegriffen werden.
Zum Ausklang sollten die Kinder wieder als Gruppe zusammen und nach einem aufregenden und erschöpfenden Bewegungsangebot zum Ausruhen kommen. Um wirklich einen Spannungsbogen zu erzielen, der einer Aktivität Befriedigung verschafft, muss dafür ein eigener Zeitraum eingeplant werden. Geeignet sind z. B. ein ritualisiertes Kreisspiel o. Ä. oder eine kleine Entspannung.

Bewegungsparcours
Beim Bewegungsparcours werden Sportgeräte so aufgebaut, dass sie für die Kinder Bewegungsherausforderungen bieten. Will man die Selbsttätigkeit des Kindes unterstützen, können impulsgebende und anregende Methoden sinnvoll sein. Zum Beispiel: „Wie kann man auf den Kasten hinaufkommen?" oder „Wie kann man von einem Ende zum anderen Ende der Bank gelangen?" Die Kinder werden so angeregt, eigene Ideen zu entwickeln und jedes Kind kann entsprechend seiner Möglichkeiten die Herausforderungen bewältigen und Erfolge erleben. Lösungen einzelner Kinder können aufgegriffen und zum Ausprobieren an die Gruppe weitergegeben werden.

Balancieren und Springen

Methodische Hinweise

- Bewegungsaufgaben sind sehr spannend für die Kinder, wenn sie in eine Geschichte eingekleidet sind. Belehrende und stark lenkende Methoden sollten vermieden werden.
- Außerdem ist es wichtig, die Grundregeln für das Verhalten im Bewegungsraum vorher mit den Kindern zu besprechen und dann für deren Einhaltung zu sorgen. Dazu gehören auch die angemessene Kleidung und Schuhe (bzw. barfuß laufen).
- Die Geräte müssen auf Sicherheit und Tauglichkeit überprüft werden, damit mögliche Gefahren ausgeschlossen werden.
- Schließlich gilt es Warteschlangen zu vermeiden und Material erst auszugeben, wenn es tatsächlich Anwendung finden soll.
- Auch auf ein geeignetes Setting (z. B. Sitzkreis) bei möglichst anschaulichen und kurzen Spielerklärungen ist zu achten.
- Mit älteren Kindern, die auch schon Erfahrungen mit Bewegungsparcours haben, kann man die Geräte auch mit ihnen zusammen aufbauen und sie ihre Ideen ausprobieren lassen. Dabei ist es die Aufgabe der Erwachsenen, mögliche Gefahren abzuschätzen, den Kindern aber auch etwas zuzumuten, an dem sie wachsen können.

> Literaturtipp
> Renate Zimmer – diverse Veröffentlichungen zu Bewegung, Sport und Spiel im Kindergarten

Möglicher Verlauf einer Bewegungsstunde

Einstieg: Autospiel. Zu Beginn wurde ein bei den Kindern in der Gruppe bereits immer wieder auftauchendes Thema „Autofahren" aufgegriffen. Jedes Kind suchte sich aus, welches Fahrzeug es sein wollte (bevorzugt wurden schnelle Sportwagen, schwere Lastwagen oder Polizeiwagen). Einige Kinder wollten Trecker oder Motorrad spielen. Die „Fahrzeuge" fuhren zunächst einmal mit viel Lärm und Getöse durch den Raum, sie knatterten und brummten, parkten, fuhren rückwärts und beschleunigten ihre Fahrt.

Impuls durch Geräte
Erster Impuls durch die Erzieherin: Nach einiger Zeit des freien Spiels ohne Material legte die Erzieherin sogenannte Heulrohre aus (ca. 1 m lange biegsame Plastikrohre, die im Bauhandel als Leerrohre verkauft werden): Ein Ende der Rohre war jeweils eingeschnitten, sodass sie zusammengesteckt werden konnten und in ihrer runden Form von den Kindern schnell als Lenkrad gedeutet wurden. Ein Junge ließ das Rohr in der Luft kreisen, sodass es einen heulenden Ton produzierte, er spielte ab jetzt ein Feuerwehrauto.

Impuls durch Spielanregung
Zweiter Impuls durch die Erzieherin: Die Erzieherin unterbrach das Spiel der Kinder kurz und erklärte, auf den Straßen, auf denen die Autos kreuz und quer fuhren, gäbe es auch eine Ampel.
Mit den Kindern besprach sie die Bedeutung der Farben Rot-Gelb-Grün im Straßenverkehr und bezog dann 3 Tücher in den entsprechenden Farben in das Spiel ein. Folgende Regel wurde vereinbart: Beim Hochhalten des grünen Tuchs fahren alle Autos durch den Raum, bei Gelb verringern sie ihr Tempo

und bei Rot bleiben sie stehen. Kommt die Farbe Gelb nach Rot, fahren sie im „Leerlauf" auf der Stelle.

Impuls durch Aufgabenstellung

Dritter Impuls: Nach ca. 15 Minuten unterbrach die Erzieherin das Spiel mit dem Hinweis: „Langsam wird es Abend und die Autos fahren nach Hause. Dort wartet eine Garage auf sie (an alle Kinder wurde eine Teppichfliese ausgegeben), in der sie die Nacht verbringen. Legt euch auf die Teppichfliese und stellt euch vor, ihr wäret ein ganz müdes Auto, das den ganzen Tag fahren musste und nun froh ist, in seiner warmen Garage zu sein. Eure Arme und Beine sind die Räder, sie fühlen sich ganz matt an und freuen sich, dass sie nun ausruhen können. Schließt die Augen und stellt euch vor, was das Auto in seiner warmen Garage alles träumen kann."

Zweiter Schwerpunkt

Nach dieser Entspannungsphase, die von fast allen Kindern bereitwillig aufgegriffen und über ca. 4–5 Minuten eingehalten wurde, schloss sich ein Gespräch über die Fortsetzung der Spielaktivitäten an.

Die Kinder schlugen vor, an einer Idee, die bereits häufiger im Mittelpunkt der Bewegungserziehung stand, weiterzumachen: Aus Bänken, mehreren Brettern und Getränkekisten, die mit der Öffnung auf den Boden gestellt werden, bauten sie Balancierstraßen, Brücken. Tunnels.

Die Erzieherin gab Hilfen, wenn die Kinder sie direkt anforderten oder wenn bei einem Aufbau Gefahren übersehen wurden. Ansonsten spielte sie eher mit, als dass sie das Spiel steuerte, griff Ideen der Kinder auf und gab sie an die Gruppe weiter.

Als 2 Kinder um einen dicken Ball, den sie sich aus dem Geräteraum geholt hatten und die schräge Bank hinunterrollen lassen wollten, in Streit gerieten, griff sie ein: Sie gab mehrere Bälle in unterschiedlichen Größen ins Spiel, bestimmte aber dann, dass nun keine weiteren Geräte mehr herausgeholt werden dürften.

Die Stunde näherte sich dem Ende und in den letzten 10 Minuten beschäftigten sich die Kinder intensiv damit, an den Stegen, Brücken und Türmen zu balancieren, zu springen oder die Bälle über die Bänke und Bretter rollen zu lassen. Gemeinsam wurde abschließend aufgeräumt.

In dieser Einheit wurde auf einen Abschluss in Form eines gemeinsamen Liedes, eines Tanzes oder eines Spiels mit Regeln, wie sonst oft üblich war, verzichtet. Die Kinder waren so intensiv mit ihren Spielgedanken beschäftigt, dass die zur Verfügung stehende Zeit voll hierfür ausgenutzt wurde.

Dieses Beispiel für den Ablauf einer Bewegungsstunde ergab sich aus einem situativen Anlass. Die Erzieherin griff eine Spielidee der Kinder auf, sie gab Impulse, um das freie Spiel der Kinder z. B. durch Hinzunahme von Geräten und Materialien zu erweitern; sie beobachtete das Verhalten der Kinder intensiv und schaltete sich behutsam ein, wenn Konflikte sich anbahnten oder ein neuer Schwerpunkt (Entspannungsphase)im Spielverlauf sinnvoll erschien.

(Quelle: Zimmer, R.: Handbuch der Bewegungserziehung. 1993)

Für Jugendliche:

Standardtanz

Auch Jugendliche lassen sich in Bewegung bringen. Möglicherweise erweist sich die Idee, Grundschritte im Standardtanz zu erlernen, als zündend (z. B. Discofox, Rumba und langsamer Walzer). Damit kann das eigene Bewegungsrepertoire beim Tanzen erweitert werden.

Spieleketten „Ich und die anderen"

Auch sinnvolle Spieleketten lassen sich gestalten. Da sich Jugendliche verstärkt die Frage stellen, wer sie eigentlich sind und wie sie auf andere wirken, sind auch Spiele für sie besonders interessant, bei denen sie sich selbst und die anderen besser kennen lernen und die „feedbackhaltig" sind. Allerdings sollten die Gruppen dafür grundsätzlich konstruktiv miteinander gestimmt sein.

Kontaktspiel: Kuscheltierwettlauf: Im Stehkreis bilden sich dadurch 2 Gruppen, indem immer jede/r zweite zur selben Gruppe gehört. Anschließend wird an den Gegenüberliegenden Punkten jeweils ein Ball oder Kuscheltier in den Kreis gegeben um es von Gruppenmitglied zu Gruppenmitglied möglichst schnell weiter zu geben. Wenn das eine Tier das andere eingeholt hat, hat die zugehörige Gruppe gewonnen. Alternative: etwas, das alle können „Kaffee oder Tee?" Alle haben einen Zettel bei sich und sollen von jeweils benannten Begriffspaaren entscheiden, was besser zu ihnen passt:

Kaffee oder Tee, Schwimmen oder Sonnenbaden, Paris oder St.-Peter-Ording an der Nordsee, Salat oder Steak). Anschließend gibt es entweder einen kurzen Austausch mit dem Nachbar dazu oder eine kurze Stellrunde bzw. Melderunde.

Partnerspiel: Konzentrische Kreise mit „auf einer Skala von 1 bis 10": Alle Mitglieder der einen Gruppe stellen sich als Innenkreis mit dem Gesicht nach außen auf und die andere Gruppe stellt sich gegenüber so dazu, dass sich Paare bilden. Diese setzen sich an Ort und Stelle auf den Boden. Jeder bekommt einen Zettel und einen Stift und es schließen sich Selbsteinschätzungsfragen an, die man auch auf den andere anwendet. Z. B. „Auf einer Skala von 1 bis 10, wie schreckhaft bist du?" Dann schätzt man sich selbst (heimlich) auf dem Zettel ein und anschließend sein Gegenüber. Danach tauscht man sich über die Einschätzungen aus und bekommt dann einen „Siegpunkt", wenn man die Selbsteinschätzung des anderen entweder genau getroffen hat oder höchstens einen Punkt davon abweicht. In derselben Konstellation werden noch 2 weitere Fragen gestellt und anschließend ausgetauscht und Siegpunkte festgehalten. Z. B.: „Auf einer Skala von 1 bis 10, wie gern naschst du?" und „Auf einer Skala von 1 bis 10, wie gern gehst du schwimmen?" Anschließend wird die Paarkonstellation getauscht, indem z. B. der Außenkreis 2 Personen nach rechts zieht. Wieder werden 3 Fragen gestellt. Anschließend wechselt der Innenkreis eine Person nach rechts usw. (Insgesamt 9–12 Fragen).

Großgruppenspiel: Was wäre die Person als…? Eine oder auch 2 Personen verlassen den Raum und können sich Fragen dazu vorüberlegen, was/wer jemand als Möbelstück, Pflanze, Tier, Vogel, Haushaltsgerät, Urlaubsreise oder Filmschauspieler wäre. Die Gruppe legt fest, nachdem die „Frager" den Raum verlassen haben, wer dran ist. Anschließend werden die Frager wieder hereingebeten und stellen nacheinander die Fragen, die dann entweder der Reihe nach oder je nach Einfall aus der Gruppe heraus beantwortet werden. Schließlich raten die Frager und haben es geschafft, wenn sie richtig liegen. Es empfiehlt sich mindestens 3 Runden zu spielen.

Alternative: Activity/ Scharade. Es bilden sich 2 Gruppen (z. B. der vorherige Innen- bzw. Außenkreis) und es werden verschiedene Begriffe geraten, die entweder durch Pantomime, Zeichnen oder Worte dargestellt werden.

Begriffe pantomimisch darstellen

Bewegungsspiel: Riesen, Zwerge, Zauberer: 2 Gruppen stehen sich draußen gegenüber, sie verabreden jeweils heimlich für die andere Gruppe, was sie gleich sein werden (Riesen = Hände in die Hüften gestemmt, Zwerge = Spitzhut mit Händen andeuten, Zauberer = pantomimisch den Zauberstab entgegenhalten). Anschließend stellen sich die Gruppen in 2 Reihen gegenüber und nah aneinander auf. Auf „drei" nehmen alle die von ihrer Gruppe verabredete Körperhaltung ein und dann wird Ticken bis zur Anfangslinie gespielt: Die Riesen jagen die Zauberer, die Zauberer die Zwerge und die Zwerge die Riesen. Wer getickt ist, wechselt ab dem nächsten Durchgang in die andere Gruppe.

Entspannungsspiel: Ballmassage: Zu ruhiger Musik wird der Rücken eines anderen Gruppenmitglieds mit dem Ball „berollt". Nach einer Weile wird auf den Impuls der Leitung hin gewechselt.

11.4 Gesundheitsbezogene Angebote

Grundsätzliches

Die Absicht, „Menschen zu befähigen, für ihr eigenes Wohlergehen zu sorgen und für gesunde Lebensbedingungen einzutreten" (WHO, World Health Organization) geht auch mit einer umfangreichen Gesundheitserziehung im Kindergarten einher. Neben Möglichkeiten der Körperwahrnehmung über die verschiedenen Sinne ist die Kenntnis über unsere Ernährung von entscheidender Bedeutung für ein bewusstes, eigenverantwortliches Leben.

Inhaltlich können aus diesem Bildungsbereich unterschiedliche **Angebote** mit den Kindern bearbeitet werden: Übungen zur Körperhygiene, z. B. das Zähneputzen, Kenntnisse über Lebensmittel und ihre Herkunft, die gesundheitliche Bedeutung und entsprechende Zubereitungsmöglichkeiten, Wissensvermittlung zum Thema „Wie funktioniert mein Körper?", sowie Unfallgefahren und Sicherheitsverhalten.

Die Gestaltung von **Essenssituationen** in der Gemeinschaft hat für die Kinder einen hohen Erfahrungswert. Durch das praktische Tun und Miterleben bei der gemeinsamen Nahrungszubereitung werden Kinder in ihrer Selbstständigkeit und in ihrem Selbstvertrauen gestärkt. Ihre Handlungskompetenz erhöht sich (z. B. sachgerechter Umgang mit Arbeitsgeräten) und verringert ihre Abhängigkeit von den Erwachsenen.

Essenssituationen mit kommunikativem Charakter

Die vielfältige Kenntnis über Lebensmittel und ihre Zubereitung ist bedeutungsvoll und inhaltlich mit den oben genannten Angebotsmöglichkeiten zu verknüpfen. Für die praktische Arbeit in der Kinderküche ist ein sinnvolles Arbeiten nur in Kleingruppen von 3-6 Kindern möglich. Es sollten Zubereitungsformen gewählt werden, deren einzelne Arbeitsschritte möglichst von den Kindern eigenständig durchgeführt werden. Darüber hinaus fallen beim Kochen und Backen zahlreiche Nebenarbeiten an, z. B. Tisch decken, Müll entsorgen, Geschirr abwaschen. Auch hier können Kinder mit einbezogen werden, um Verantwortungsbewusstsein und Selbstständigkeit zu stärken.

Wichtig ist es auch, gemeinsame Mahlzeiten genießen zu können und damit Impulse zu einer angenehmen Esskultur zu erfahren. Dabei sollte darauf geachtet werden, dass ein Grundverständnis über gesunde Ernährung, eine gesunde Umwelt und ökologische Kreisläufe erreicht wird. Hineinspielen ebenfalls Kenntnisse über Hygiene.

Zu den vorbereitenden Tätigkeiten gehört es, ein einfaches und gesundes Rezept auszuwählen und ggf. zusammen mit den Kindern ein Bildrezept zu erstellen. Ferner gilt es zu überlegen, welche Tätigkeiten die Kinder selbstständig ausführen können. Schließlich müssen auch die Zutaten besorgt und bereitgestellt werden bzw. gemeinsam mit den Kindern eingekauft werden. Bei der Auswahl und Vorbereitung für den Raum muss bedacht werden, dass es genügend Platz zum Hantieren für jedes Kind gibt und die Zutaten und Geräte überschaubar angeordnet sind. Wichtig sind auch Sicherheitsmaßnahmen gegen Unfallgefahren, die von einer heißen Herdplatte oder dem Backofen ausgehen können. Vermieden werden sollten Stolperfallen durch Verlängerungskabel. Die Kleidung durch Schürzen schützen und Lappen und Probierlöffel bereit legen. Den Kindern kann z. B. durch Kennzeichnung verschiedener Arbeitsgeräte deutlich gemacht werden, was sie eigenständig benutzen dürfen und was nicht: z. B. rot (Gefahr) und grün (erlaubt).

Auch gesundheitsbezogene Informationen über kitaeigene Regeln bei der Nahrungszubereitung müssen eingeholt und berücksichtigt werden. Dazu kann es beispielsweise gehören, dass kein mit rohen Eiern zubereiteter Kuchenteig probiert wird (Salmonellengefahr) oder dass ausschließlich Vollkornprodukte Verwendung finden.

Spannungsbogen

- Ein geeigneter Einstieg soll die Kinder neugierig machen und sie auf das kommende Geschehen vorbereiten. Dazu kann man eine Geschichte nutzen oder einen ersten Kontakt mit den mitgebrachten Nahrungsmitteln ermöglichen und diese mit den verschiedenen Sinnen erfahren (erfühlen, erschmecken, vergleichen, erschnuppern, seltener mag auch etwas zu erhorchen sein).

- Zum Hauptteil gehört es, die Arbeitsschritte und die Aufgabenverteilung zu besprechen und dann gemeinsam z.B. anhand des Bildrezepts die Herstellung der Speise zu erarbeiten, damit die Kinder im Anschluss möglichst selbstständig handeln können. Unbekannte Tätigkeiten werden vorgemacht und mit Worten begleitet. Dinge, die nicht mehr benötigt werden, sollten immer wieder weggestellt werden. Der Ort der Essenszubereitung ist ein Arbeitsplatz; ihn übersichtlich und sauber zu halten, erfordert Wissen und Übung.
- Ein naheliegender Abschluss besteht darin, den Tisch ansprechend zu decken und die hergestellte Speise gemeinsam zu genießen. Selbstverständlich tun alle beim Aufräumen am Ende mit.

Für Jugendliche:

4-Gänge-Menü

Vorbereitung: über eine geeignete Küche (am besten 2 Küchen) verfügen, geeignete Rezepte aussuchen (Zeiten beachten, Unverträglichkeiten berücksichtigen), Gänge verteilen (z. B. 2-3 Personen sind für einen Menügang zuständig. Dies wird entweder verlost oder nach Vorliebe eingeteilt). Schließlich muss eingekauft werden, auch an Tischdekoration und Servietten sollte gedacht werden.

Einstieg: Geeignet ist eine kleine Ansprache, in der diejenigen gewürdigt werden, die schon bei der Vorbereitung beteiligt waren, sodass alle auf die nächsten gemeinsamen Aktivitäten eingestimmt sind.

Hauptteil: Die Gerichte werden arbeitsteilig vorbereitet und bekommen einen Titel für die Menükarte. Wenn eine Gruppe frühzeitig fertig ist, schreibt sie die Menükarte und beginnt den Tisch zu decken.

Abschluss gemeinsames Essen. Mit gemeinsamem Beginn und der jeweiligen Ankündigung des Ganges und dem Dank an jede Kochgruppe.

Literaturtipps

AID Bonn: Ernährungsratgeber (div.)

Gesundheitheitserziehung im Kindes- und Jugendalter, Reich 2018

11.5 Gestalterische Angebote

Grundsätzliches

Malen und Gestalten ist für Kinder ein Erlebnis, an dem sie Freude haben, das ihnen hilft, die Welt zu verstehen und eigene Ausdrucksmöglichkeiten zu entwickeln.
Mit Fantasie stellen sie Zusammenhänge her, schaffen eigene Ordnungen und experimentieren mit ganz unterschiedlichen Materialien und machen vielfältige Sinneserfahrungen. Anregungen dazu können aus Natur und Kultur gezogen werden.
Zu den Zielen gehört es, die Aufmerksamkeit zu schärfen und die Sinne anzuregen. Angebote mit kreativen Materialien bieten Räume für Fantasie und Originalität. Dabei können Kinder das gemeinsame Tun und die Werke der anderen schätzen lernen und miteinander ins Gespräch darüber kommen. Auch die sachgerechte Handhabung von Werkzeugen und Materialien erweitert die Kompetenzen der Kinder und lässt sich in andere Situationen übertragen.
Bei der **Vorbereitung** von gestalterischen Angeboten in der Kita ist es sinnvoll, sich für ein konkretes Angebot zu entscheiden (Malen, Arbeiten mit Papier, Ton, Gips, Holz) und dafür die entsprechenden Werkzeuge bereit zu stellen (Pinsel, Hammer, Schwämme) und Materialien auszuwählen (Farben, Holz, Papier). Die Technik selbst sollte ausprobiert werden und es muss geklärt werden,

- wo die Aktivität stattfinden soll (Atelier, Außengelände),

- wie der einzelne Arbeitsplatz eingerichtet ist (Tisch, Staffelei, auf dem Boden, ausreichend Platz, Ort für Werkzeug und Materialien) und
- wo die fertigen Arbeiten abgelegt werden können (Wäscheleine, Pinnwände, abgedeckter Tisch…).

Es gilt auch, für Schutzkleidung zu sorgen.

Spannungsbogen
Um eine Aktivität spannend zu beginnen, ist es hilfreich, einen fantasievollen Anfang zu gestalten oder auch die Kinder für das Kommende zu sensibilisieren. Ansatzpunkte hierfür sind das Material, ein Bild oder auch Gegenstände. Ein Weg ist es z. B. das, worauf die Fachkraft die Kinder neugierig machen will, unter einem Tuch oder in einem Karton zu verstecken und die Kinder durch Fühlen raten zu lassen und so das Geheimnis aufzudecken. Offene Fragen können zum Gespräch einladen.
Geht es um eine bestimmte Technik oder die Herstellung eines bestimmten Objekts, ist es auch möglich, unvollendete Werke (z. B. eine nackte Styroporkugel auf einem Rundstab) zu zeigen und diese zu den Kindern sprechen zu lassen: „Ich kann noch gar nichts sehen!" oder: „Ich habe gar keine Haare!" Anschließend könnte man mit den Kindern gemeinsam Gestaltungsmöglichkeiten für einen Puppenkopf entwickeln, indem die Materialien auf ihre Verwendbarkeit hin besprochen werden.
Sachverhalte können von den Kindern auch selbst erfahren werden, indem sie etwas auseinander bauen, z. B. eine gefaltete Schachtel. Eine Erklärung sachgerechter Handhabung von Werkzeugen gehört ebenfalls an den Anfang eines Angebots.
Der Einstieg sollte nicht zu lange dauern, denn die Energie der Kinder richtet sich auf das praktische Tun.
Nach der Motivation folgt das selbstständige Arbeiten der Kinder, welches häufig mit einer Experimentierphase beginnt. Dabei sollte man die Kinder die Farbe, das Farbverhalten und den Einsatz von Werkzeugen und Materialien erleben lassen. Sie entdecken dabei selbstständig und durch Anregungen des Erwachsenen oder anderer Kinder die Gesetzmäßigkeiten der Farbenlehre und der Materialien.

Falsches Zeichnen, Malen oder Formen existiert in der bildnerischen Ausdruckswelt der Kinder nicht! Alles, was Kinder uns zeigen, ist ihre individuelle entwicklungsgemäße Ausdrucksweise und verdient entsprechende Beachtung.

Je jünger das Kind, desto größer sind die Mal- und Gestaltungsmaterialien, z. B. große Blätter, dicke Pinsel, denn Grobmotorik und Feinmotorik verfeinern sich erst allmählich und aufeinander aufbauend.
Sollten Kinder mit ihren Produkten nicht zufrieden sein, kann ihnen mit Denkanstößen zum selbstständigen Finden von Lösungsmöglichkeiten geholfen werden. Erwachsene sollten nicht in die Werke der Kinder hineingestalten, denn dies entmutigt das Kind und mindert ihre Identifikation mit dem eigenen Werk und Schaffen.
Der Hauptteil endet in der Regel mit dem Aufräumen.
Abschließend sollten die Werke immer gemeinsam mit den Kindern betrachtet werden und ein Austausch über die Erlebnisse während des Gestaltens stattfinden. Auf diese Weise kommt es zu einer abschließenden Würdigung des Geschaffenen, auch können die Kinder hier Ähnlichkeiten und Unterschiede in den Umsetzungen entdecken und lernen so ganz unterschiedliche „Wege zum Glück".

Literaturtipps
Kinder, Kunst und Kompetenzen. Dienstbier, 2013
Krippenkinder, Kunst und Kompetenzen. Dienstbier, 2014

Möglicher Verlauf eines künstlerischen Bildungsangebots

Herstellung von Kammbildern – Experimentieren mit dickflüssigen Farben

Fachliche Vorüberlegungen: Das Experimentieren mit dickflüssigen Farben bietet die Möglichkeit unterschiedliche Spuren zu gestalten und zu verfolgen (geschwungen, zackig, gerade, überschnei-

dend), Mischerfahrungen zu machen, prozesshaft zu gestalten. Kleine Kinder werde eher Freude am Ausprobieren, Verwandeln, Fantasieren haben, während ältere Kinder und Jugendliche sich von den abstrakten, ästhetischen Formen, Überschneidungen, Farbmixturen und den schnellen Ergebnissen inspirieren lassen.

Vorbereitung: Schutzkleidung, Kämme mit unterschiedlicher Zackenbreite (diese können auch als Zackenspachtel selbst hergestellt werden, aus Pappe oder Plastikresten, während Krippenkinder ihre gespreizten Finger wie einen Kamm benutzen können). Farbtuben mit dickflüssiger Farbe (auf Wunsch dicke Pinsel). Tische als Arbeitsfläche mit genügend Platz für die geplante Anzahl von Kindern, genügend Papier mindestens im A3-Format.

Einstieg: Die Farbtuben (die die Kinder schon kennen sollten) stehen in der Mitte auf dem Tisch, für alle gut sichtbar. Jedes Kind nimmt sich einen grobzinkigen Kamm oder Zackenspachtel in die Hand und es gibt ein Gespräch darüber, was man damit alles anstellen kann.

Hauptteil: Jedes Kind entscheidet sich dafür, mit welcher Farbe/welchen Farben es sein Experiment starten will. Die Erziehungskräfte unterstützen bei Bedarf und stehen zum Gespräch über die Entdeckungen zur Verfügung. Jedes Kind hat genügend Zeit zur Verfügung, seine Entdeckungen zu machen und sein Bild zu gestalten.
Zum Abschluss räumt es seinen Arbeitsplatz auf, legt sein Bild zum Trocken an den verabredeten Ort und wäscht den Kamm und ggf. den Pinsel aus.
Abschluss: Die entstandenen Bilder werden gemeinsam betrachtet. Jedes Kind hat die Gelegenheit, über seine Erlebnisse bei der Gestaltung mit Farbe und Kamm zu sprechen. Vielleicht gibt es Bildstellen, in denen man eine zufällig entstandene oder bewusst gestaltete Figur entdecken kann.

Nachbereitung: Die Bilder werden gemeinsam mit den Kindern für befristete Präsentation ausgehängt. Ggf. werden dafür bunte Rahmen geschnitten und die Kinder können den schönsten Ausschnitt für ihren Rahmen in ihrem Bild suchen.

Für Jugendliche:

Wandrelief
Vorbereitung Materialbeschaffung: geeignetes Holzbrett, Maschendraht in entsprechender Größe, Gipsbinden, Farbe. Entscheidung, ob ein gemeinsames Werk erarbeitet wird oder jeder ein eigenes erstellt. Anschließend können die Werke gemeinsam ausgestellt werden oder ein großes Ganzes ergeben.
Ablauf: Ein Stück Maschendraht wird mit einer Haushaltsschere eingeschnitten und die dadurch entstehenden Drahtstreifen in alle Richtungen aufgebogen. Das Drahtgebildet wird dann mit Krampen auf ein Holzbrett genagelt. Nun werden Teile des Drahts mit Gipsbinden umwickelt, nur noch an wenigen Stellen soll Draht zu sehen sein und die Struktur der Gipsbin-

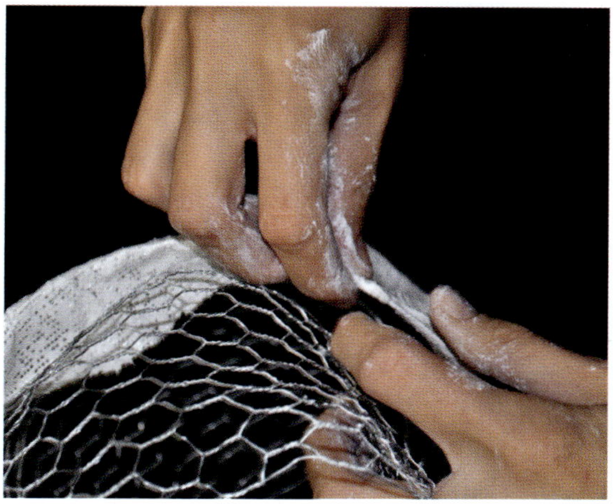

Maschendraht mit Gips belegen, um Formen herzustellen

den soll durch Verstreichen mit feuchten Fingern möglichst wenig zu erkennen sein.
Es können außerdem noch Objekte durch den Gips ins Relief eingearbeitet werden (Holstücke, Kachelbruchstücke, Muggelsteine, Kastanien, Steine).
Nach dem Austrocknen des Gipses werden die Flächen bemalt. Folgende Vorgaben sind hilfreich:

- nicht mehr als 3 verschiedene Farben verwenden (Kontrastfarben bewirken eine Verstärkung der bizarren Formen),
- auch freie (weiße) Stellen lassen.

Anbringen des Reliefs an eine geeignete Stelle. Betitelung. Weiterführend: Fotografie und Postkartenherstellung der Werke und/ oder Werkkombinationen.

11.6 Angebote zu mathematischen Grunderfahrungen

Grundsätzliches

Mathematik ist so viel mehr als rechnen können. Mathematik ist Lebenshilfe, Hilfen zum Einordnen von Dingen unserer Welt, Erkennen von Symbolen, Erkunden von Regelmäßigkeiten und Mustern, von Reihenfolgen, Wiederholungen oder Dimensionen von Zeit.
Mathematik erfasst und umspannt unsere gesamte Welt. Den Kindern begegnen erste mathematische Grundregeln im alltäglichen Spiel und natürlich in der Welt der Erwachsenen.
Mathematische Grunderfahrungen können am besten an den Fragen des Kindes im Alltagsgeschehen aufgegriffen werden. Die große, unübersichtliche Welt wird durch das Einordnen in mathematische Zusammenhänge übersichtlicher. Für die Erziehungskräfte kommt es darauf an, die kindliche Freude an der Begegnung mit Mathematik anzuregen und zu erhalten und Aktivitäten des Alltags einen mathematischen Stellenwert zu verleihen (z. B. „wir brauchen 6 rote Stifte und 5 Scheren").
Die Ziele mathematischer Grunderfahrungen liegen in einem Verständnis für die eigene Größe, das eigene Gewicht und das eigene Alter. Kinder sollen anderen auch sagen können, wie viele Teile sie von einer Sache besitzen, haben möchten bzw. geben möchten. Auch sollen sie Anweisungen, wie viele Kinder in einer Gruppe sein sollen, verstehen können. Schließlich sollen sie Zahlen in ihrer Funktion zur Kennzeichnung, zum Zählen und zum Messen kennen (Wie viele? Wie groß? Wie lang? Wie hoch?) und ein Grundverständnis von Zeit entwickeln (vorher – nachher, gestern – heute – morgen, Tage, Wochen, Monate, Jahre). Durch die Beschäftigung mit diesen spannenden Fragen wird die Basis für die Lust am Umgang mit Zahlen geschaffen.
Die Fähigkeit, mathematische Probleme zu lösen, entwickelt sich in der frühen Kindheit auf Basis von Erfahrungen, die das zeitlich-räumliche und gleichzeitig das sprachlich-analytische Denken herausfordern.

Kinder lernen durch das Tun: Sehen, Greifen, Tasten, Fühlen und Kommunizieren über ihre Erfahrungen und Gedanken. Man geht von **6 Pfeilern** aus, auf die sich mathematische Grunderfahrungen stützen:

1. Sortieren und Klassifizieren,
2. Muster,
3. Zahlen,
4. Geometrie,
5. Wiegen, Messen und Vergleichen,
6. Grafische Darstellungen und Statistik.

Die je 6 Pfeiler der Grunderfahrungen Mathematik wurden nachfolgend mit Beispielen veranschaulicht, um in der Vielfalt eigene Zugangsmöglichkeiten für Bildungsimpulse zu finden.

„Sortieren und Klassifizieren"

- Autos sortieren nach Eigenschaften (hier Rennwagen – hier keine/ Rennwagen - Kombis - Lastautos / rote Rennwagen - blaue Lastautos)
- Materialien aus den Spielkisten auf den Fußboden kippen und Ordnung in das Chaos bringen
- Knöpfe nach Größen sortieren
- aus einer Krimskrams-Kiste Dinge heraussuchen, die nach Meinung der Kinder zusammen gehören, eigene Kategorien entwickeln und erzählen
- Memory ® spielen

„Muster"

- Muster aus Bewegungen oder aus Tönen erkennen, beschreiben und fortsetzen; (Schnipsen und Klatschen, Tanz-Muster, Tonmuster am Keyboard)
- Muster malen
- Krimskrams-Muster; Musterreihen mit dem Inhalt von Sortierkästen legen, z.B. Schlüssel, Nähgarnrollen, Knöpfe, Schlüssel
- Buchstaben-Symmetrie; welche Buchstaben weisen Ähnlichkeiten auf (rund, lang, dick, dünn)
- Natur beobachten; nach dem Donner kommt der Blitz/ aus dunklen Wolken folgt oft Regen/ nach dem Frühling kommt der Sommer/ nach der Knospe kommt die Blüte

„Zahl"

- Zahlenreime
- Zahlenreihe; nach Anzahl der Kinder wird eine Zahlenreihe mit Kreide auf den Boden geschrieben, jedes Kind bekommt eine Zahlenkarte und ordnet sich zu
- Stufen von Treppen zählen und mit Zahlen beschriften
- Tisch decken und dabei zählen, wie viele Kinder, wie viele Becher
- Hüpfspiele mit Kästchen und Zahlen auf den Boden malen
- Spielzeug zählen und die Zahl daneben schreiben

„Geometrie"

- beim Bauen oder Puzzeln Wörter wie vor, hinter, über, unter, zwischen, innen oder außen benutzen (räumliche Beziehungen)
- einen Gegenstand anhand einer (Schatz-)Karte finden, nach einen „Stadtplan" sich gegenseitig zuhause besuchen
- einfache und komplizierte Konstruktionen nachbauen mit Lego, Bauklötzen, ... Treppen bauen, Turm bauen; eine Stadt aus Kartons von verschiedenen Größen bauen
- Stühle zählen; die Reise nach Jerusalem spielen
- Brotscheiben in verschiedene geometrische Formen schneiden und belegen
- geometrische Formen in der Kita entdecken und zeichnen oder fotografieren

„Wiegen, Messen und Vergleichen"

- 2 Gegenstände nach einer der folgenden Gegenstände vergleichen: Länge, Höhe, Gewicht, Volumen, Obst und Gemüse sortieren, vergleichen und messen (wiegen)
- Messwerkzeuge kennen lernen und herstellen (Mess-Füße, Mess-Fäden)
- 2 Ereignisse zueinander in Beziehung setzen und dabei folgende Wörter benutzen: später als, früher als, länger als, gestern, morgen, nach dem Mittagessen;
- Vorstellungen darüber entwickeln, wie Zeit vergeht und das mit Wörtern wie Sekunde, Minute, Stunde, Tag, Woche, Monat, Jahr/ Jahreskalender/ Geburtstagskalender

„Grafische Darstellungen und Statistik"

- Informationen über verschiedene Gegenstände und Ereignisse sammeln
- die Informationen in grafischen Darstellungen organisieren und Vergleiche anstellen
- Kinder nach Größe oder Alter oder weiteren Merkmalen sortieren
- Schuhe vergleichen - eigene Kategorien entwickeln und sortieren

(Ideen und Zitate aus:
Nancy Hoenisch, Elisabeth Niggemeyer: Mathe Kings. 2004)

Möglicher Verlauf eines Bildungsangebots

Mit dem Zauberer ins Zahlenland

Einstieg: Im Stuhlkreis wird mit den Kindern besprochen, welche Zahlen bereits bekannt sind, anschaulich werden dazu Zahlenkarten auf den Boden gelegt. Ein Zauberer erzählt den Kindern, dass er sie mit seinem Zauberstab heute in „Zahlenmeister" verwandelt. Wenn sie gleich nach draußen gehen, verwandelt sich das Außengelände in ein Zahlenland. Alles, was die Kinder dort vorfinden, soll gezählt werden.

Hauptteil: Je nach Alter der Kinder gehen sie zu zweit oder dritt herum und erforschen ihre Umgebung auf „Zählbares" wie z.B.: Spielgeräte, Bäume, Blumen, Sandspielzeug, Kinder, Steinplatten. Immer, wenn sie eine Zahl ermittelt haben, hält der Zauberer (Erzieherin) dies in seinem Zauberbuch fest.

Abschluss: Im Abschlusskreis liest der Zauberer die Ergebnisse vor, vergleicht, bestaunt. Die Zahlen werden mit Kärtchen auf den Boden gelegt. Der Zauberer entzaubert die Kinder wieder.

Literaturtipp
Mathe-Kings. Hoenisch/Niggemeier 2004

Für Jugendliche:

Für Jugendliche gilt ebenso, wie für kleine Kinder, dass der Umgang mit Mengen und Maßen einen Zugang zur Mathematik schaffen kann. Damit sind Angebote mit Kochen und Backen oder dem Bauen von Nutzgegenständen (Vogelhäuschen, Kaninchenställen, Möbel) sowie auch das Aussuchen und damit verbundene Ausmessen von Räumen, die gestaltet werden, sinnvolle Zugänge. Auch Hospitationstage bei unterschiedlichen Gewerken können interessante Einblicke gewähren und das Interesse von Jugendlichen binden. Geht es um die Verbesserung im Schulfach Mathematik und damit bei Jugendlichen um abstraktere Themengebiete, so empfiehlt sich konkrete Nachhilfe und Einzelberatung. Es lassen sich aber, wenn man selbst als pädagogische Fachkraft Zugang dazu hat, durchaus Spiele finden, die ein Wissen z.B. über Wahrscheinlichkeitsrechnung anstoßen können. Dazu gehören z.B. Würfelspiele wie Backgammon.
Geht es darum, überhaupt einen souveränen Umgang mit Zahlen zu fördern, so hilft natürlich Übung und so können Spielsituationen, bei denen z.B. Punkte zusammengezählt werden müssen so genutzt werden, dass die Jugendlichen nicht nur Service erfahren, sondern selbst rechnen sollen (Scrabble, Qwirkel, Kniffel). Wichtig ist hier der entspannte Umgang und fehlender Zeitdruck, um das Rechnen mögen zu lernen.

11.7 Naturwissenschaftliche Angebote

Grundsätzliches

Der Bildungsbereich Natur erschließt sich Kindern über den Umgang mit den Elementen Erde, Luft, Wasser und – faszinierend, aber nur mit Begleitung von Erwachsenen – Feuer.
Tiere und Pflanzen aus der Umgebung der Kinder bilden den Ausgangspunkt für verantwortungsvolle Verhaltensweisen mit der Natur.
Der Zugang folgt zunächst durch das Sammeln von z.B. Naturmaterialien, dem genauen Betrachten von Vorgängen, dem Umgang mit technischen Materialien und den daraus erwachsenden Erfahrungen und dem Experimentieren.
Erst dann kommen die Fragen nach dem Wie und dem Warum. Die Antworten, die Kinder auf ihre Fragen finden, sollen nicht in erster Linie nach Richtigkeit oder Unrichtigkeit im wissenschaftlichen Sinn bewertet werden, sondern nach dem Wert für eine gute Orientierung der Kinder in der Welt und der Möglichkeit, weiter zu fragen.
(Zum Beispiel darf man ohne grobe Verfälschung sagen, dass Öl und Wasser sich nicht mögen, denn sie stoßen sich ab und wollen sich nicht mischen. Streng wissenschaftlich gesehen haben Flüssigkeiten vermutlich keine Gefühle.)
Um Fragestellungen zu finden und Erfahrungen machen zu können, müssen sich Kinder in einem Umfeld bewegen, in dem sie Natur in ihren Zusammenhängen erleben und untersuchen können (z.B. auf großen Wiesen, im Wald, auf einem naturnahen Spielplatz oder Kita- Außengelände).
Sie brauchen Anregung und sachgerechte Unterstützung (d.h. Dialogpartner) beim Entdecken von Naturerscheinungen und, wenn möglich und passend, Gelegenheit zum Sammeln oder Dokumentieren der vielfältigen Eindrücke. Sie brauchen ein interessiertes Umfeld, das ihre Neugierde teilt; Material, mit dem sie experimentieren können; Zeit, um Antworten auf ihre Vermutungen (Hypothesen) zu finden; Verständnis, das ihnen erlaubt, ihr Weltbild nach diesen Erkenntnissen zu entwerfen und auszubauen.

Literaturtipp
KompaktWISSEN Umweltbildung in der Kita. Dohrmann, 2014

Entwicklungsspezifische Voraussetzungen – Alter der Kinder

Im Hinblick auf naturwissenschaftliche Erfahrungen und Angebote spielt das Alter der Kinder eine besondere Rolle:

Kleinkinder bis 4 Jahre wenden sich beispielsweise spontan allem zu, was sich bewegt (technischen Gegenständen wie drehenden Rädern ebenso wie krabbelnden Tierchen). Sie nehmen die Umwelteindrücke mit allen Sinnen auf und interessieren sich oft *nur* für ein Detail *eines Ganzen* (z. B. für Schriftzüge in Leuchtreklamen, aber nicht für die Lichtquelle oder die Bedeutung). Sie denken magisch und schreiben Erscheinungen höheren Mächten zu oder interpretieren Gesehenes mit menschlichen Verhaltensweisen (die Blätter wollen tanzen, also wehen sie). Kleine Kinder sprechen Tieren und Gegenständen Gefühle und auch Macht zu und denken egozentrisch d.h. sie erklären sich Erscheinungen in Bezug zu sich selbst (die Tischkante wollte mir wehtun, doofer Tisch!).

Fünf- bis Sechsjährige sammeln und untersuchen gern und stellen Fragen. Sie können bei konkreten Sachverhalten Folgerungen ableiten, auch Gefahren voraus denken; (z. B. im Straßenverkehr, beim Umgang mit scharfen Messern). Kinder dieses Alters forschen nach Naturphänomenen, nach dem Werden und Vergehen. Sie eignen sich nicht selten ein beeindruckendes Spezialwissen an (z. B. über Autos, Dinosaurier).

Naturwissenschaftliche Bildungsangebote stellen die Umwelt als eine Quelle für vielfältige Erfahrungen ins Zentrum. Sie regen dazu an, Fragen zu stellen und den Dingen auf den Grund zu gehen. Sie bieten damit auch Impulse dafür, Verantwortung für die Umwelt zu übernehmen und gemeinsam mit anderen Vorschläge für Lösungswege zu entwickeln.

Bei naturwissenschaftlichen Bildungsangeboten kann eine Menge Sachkenntnis erworben werden, z. B. die Bedeutung der Grundelemente: Erde, Wasser, Feuer und Luft für das Leben zu kennen. Sie bieten Anlass dazu, Dinge und Erscheinungen differenziert wahrzunehmen und dabei alle Sinne einzusetzen, z. B. Gerüche, Geräusche und Farben in der Natur zu erleben. Die Kinder lernen dabei, einfache Ursache- und Wirkungszusammenhänge herzustellen und erfahren, dass Fragen, Forschen und Nachdenken beim Lernen helfen kann.

Anregungen für naturwissenschaftliche Experimente

Mit Wasser sind vielfältige Angebote im naturwissenschaftlichen Bereich möglich, deren Schwerpunkte altersbezogen unterschiedlich gesetzt werden können:

Experimente mit Wasser

Für Kinder von 0-4 Jahren kann man einen Pool oder viele mit Wasser gefüllte Plastikschüsseln bereitstellen, besonders umweltfreundlich ist auch eine ge-

füllte Regentonne und generell die Verwendung von Regenwasser. Zusätzlich sollte es weitere Materialien und Gefäße geben wie Bälle, leere Gefäße, Siebe und Trichter. Den Kindern sollte unbedingt Zeit für das eigene Ausprobieren gelassen werden. Neue Materialien können angereicht werden. Wenn Müdigkeit entsteht oder das Interesse erlahmt bzw.

nach ca. einer halben Stunde Angebotsdauer, sollte man die Kinder abtrocknen und ggf. ankleiden.

Für etwas ältere Kinder gilt, dass gezielt Materialien angeboten werden, die schwimmen oder untergehen, damit diesbezüglich experimentiert werden kann. Um die Kinder dafür zu interessieren, können Beispiele vorgemacht werden: z.B. Korken, Stein und Knopf im Vergleich.

Auch mit dem Zusatz von Salz und Zucker zu Wasser kann experimentiert werden. Interessant ist es hier auch, das zuvor gelöste Salz wieder sichtbar zu machen, indem ein Löffel voll Salzwasser über einer Kerzenflamme erhitzt wird, bis das Wasser vollständig verdampft ist.

Weitere mögliche Experimente
- Geschmackstest: Leitungswasser, Mineralwasser mit und ohne Kohlensäure, Apfelschorle u.a. (mit verbundenen Augen testen)
- verschiedene Aggregatzustände von Wasser herstellen
- Regenmengenmessgeräte bauen, aufstellen, ablesen.
- Backpulvervulkan

Literaturtipp
Mit Kindern forschen und erfinden. Braun, 2000

Für Jugendliche:

Jugendliche können abstrakt denken und auch kompliziertere Versuchsfragen angehen und Dingen tiefer gehend auf den Grund gehen. Für diese Altersgruppe bieten sich größere Projekte an, damit auch für sie Herausforderungen entstehen.
Das können Umweltfragen sein wie z.B. die Wasserqualität eines Gewässers in der Umgebung. Möglich ist auch die Bestimmung von Pflanzen- oder Tiervorkommen in der Stadt. (Das Ergebnis kann überraschend ausfallen, weil es eine Einwanderung wild lebender Tiere in die Städte mit ihrem besseren Nahrungsangebot gegeben hat.) Auch technische Fragen bieten sich an: z.B. Fotobelichtungsexperimente oder die bestmögliche Schalldämmung für den Übungsraum der Band, welches Material ist wirksam und kostengünstig? Leitend sind hier die Fragen der Jugendlichen.

Fotobelichtungsexperiment

Bei solchen Projekten stoßen sie auf vielfältige mathematische und naturwissenschaftliche Probleme, die gemeinsam angegangen und gelöst werden können. Auch die einfache Renovierung eines Gruppenraums bietet viele Aufgaben, die dann gemeinsam angegangen werden.

Für viele Jugendliche stellen beispielsweise Pfadfinderlager, Kochen auf Holz und auch kältere Jahreszeiten für das Leben mit Zelt eine Herausforderung dar, für andere ist es schon eine Fahrradtour oder eine kleine Wanderung oder Paddeltour. In jedem Fall aber bedeutet der Verzicht auf Komfort und das Einlassen auf Herausforderungen unserer Umwelt einen Impuls dazu, sich zu stärken und Abstand zu allzu selbstverständlichem Konsum zu gewinnen und seine eigenen Grenzen zu testen.

Risiko: Beim Thema Experimentieren könnten Jugendliche dazu neigen, zu riskante Ideen verwirklichen zu wollen. Hier ist die kritische Unterstützung der Erwachsenen gefragt, die eine Gefahreneinschätzung und auch die ethische Vertretbarkeit von einzelnen Experimenten anregen. Sicherlich ist es hilfreich, Ideen einzubringen: Färben mit natürlichen Farben (Zwiebelschale, Walnüsse, Rotkohl), mehrfarbige Batikshirts und Batikbilder herstellen und dabei planen, welche Farbmischungen und Mustereffekte man bewirken möchte (Vorbild afrikanische Batikkunst), Marmelade kochen und verkaufen, dabei neue Sorten erfinden, Sauerteig herstellen und verstehen, wie er funktioniert, Frischkäse selbst herstellen und andere Käseexperimente versuchen, einen Heilkräutergarten anlegen bzw. auf einer Wiese sammeln und sich mit der Wirkung der Pflanzen beschäftigen.

11.8 Angebote im Bereich Ethik

Philosophieren mit Kindern und Jugendlichen

Beim Philosophieren versucht man durch das Nachdenken darüber, warum etwas so ist wie es ist, seine Gedanken zu klären. Wichtig ist es dabei im Gespräch mit den anderen, freundlich miteinander umzugehen – dies sollte mit den Kindern und Jugendlichen vorab unbedingt angesprochen werden: Es ist wichtig, dass man einander zuhört und sich ausreden lässt und gleichzeitig auch darauf achtet, dass alle Zeit haben etwas beizutragen. Beim Philosophieren gibt es auch keinen Gewinner und Verlierer, manchmal kommen Gedanken auch nicht zum Ende – dann freut man sich auf das nächste Mal, wenn man wieder zusammensitzt, um gemeinsam nachzudenken.

Hilfreich ist es, sich einen Ausgangspunkt für das Nachdenken zu suchen: **ein Thema, eine Geschichte, ein Gedanke…**

Grundsätzlich teilen sich philosophische Themen in vier Bereiche, die erstmals von Immanuel Kant (1724 – 1804) formuliert wurden. Er zählt zu den bedeutendsten Philosophen der abendländischen Philosophie. Er war der Auffassung, dass wir uns durch die Brille unseres Verstandes ein Bild von der Welt machen. Dies ist in Zeiten modernen Neurowissenschaften wieder hochaktuell.

Die vier Bereiche

Erkenntnislehre (Was kann ich wissen?): Was kann als verlässlich gelten und welche Kriterien lassen sich dafür finden? Welche Bedeutung haben Begriffe und Vorstellungen für unsere Erkenntnis?

Ethik (Was soll ich tun?): Was sind Kriterien für gutes und schlechtes Handeln? Was ist gut, was böse und kann es überhaupt Regeln geben, die für alle gleich gut sind?

Metaphysik (Lehre des Nicht-Körperlichen) **(Was darf ich hoffen?):** Ist Gott beweisbar? Haben Menschen eine Seele? Was kommt nach dem Tod? Da nach Kant die Beantwortung dieser Fragen nicht mit üblichen Verstandeskategorien erfasst werden können, geht es also um die Frage, was man hoffen darf, wenn man es nicht wissen kann.

Philosophische Anthropologie (Was ist der Mensch?): Was ist das Wesen des Menschen? Welche Stellung nimmt er im Kosmos ein? Was ist seine Natur? Kants Antwort: Er ist, was er, als frei handelndes Wesen, aus sich selbst macht, oder was er machen kann und soll.

Diese Aspekte lassen sich durch unterschiedliche Ausgangspunkte auf verschiedene Zielgruppen anpassen. Für Kinder könnte es z. B. eine Frage sein, die in dem Buch von Kristina Calvert und Sabine Dittmer „Wolkenbilder und Möwendreck" aufgegriffen wird: Wer hat mehr Recht auf den Fisch? Der Mensch, die Möwe oder der Fisch?

Mit Jugendlichen könnte man z. B. über das Wesen des Glücks sprechen, wie es in dem Buch „Hectors Reise oder die Suche nach dem Glück" von François Lelord aufgegriffen wird.

12 Handlungskonzepte der Gruppenarbeit

Als Rahmen zu der Entwicklung von Bildungsangeboten haben sich im Laufe der letzten 200 Jahre zahlreiche pädagogische Handlungskonzepte zur professionellen Kleinkinderziehung entwickelt.

Im Folgenden werden wichtige vorgestellt.

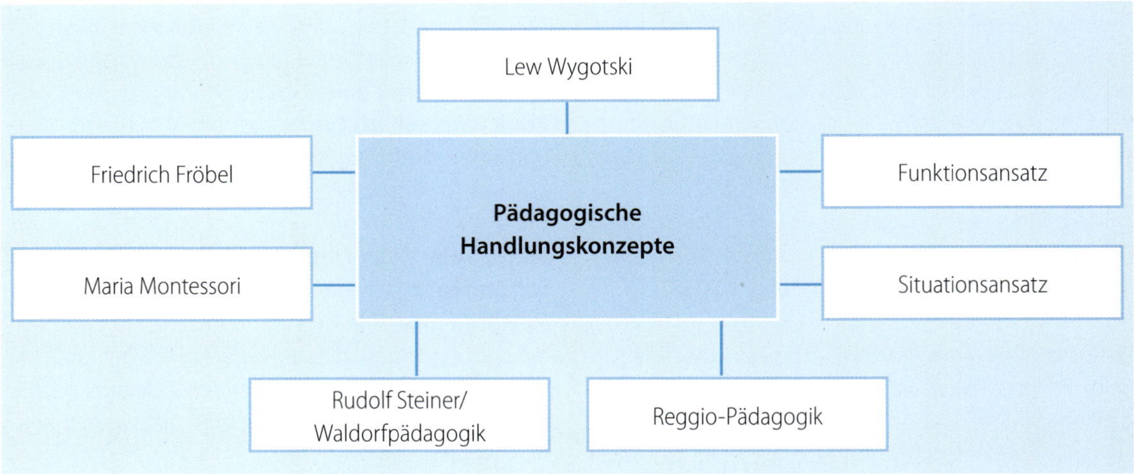

12.1 Friedrich Fröbel: Gar hoher Sinn liegt oft im kindischen Spiel

Friedrich Fröbel (1782-1852) gilt als „Vater" des Kindergartens. Auf ihn ist die Pädagogisierung der Kleinstkinderziehung zurückzuführen, indem er nicht nur den Namen „Kindergarten" erschuf, sondern im Spannungsfeld von Aufbewahrung und Schulpädagogik Grundideen für eine eigenständige Erziehungs- und Bildungseinrichtung für Kleinkinder formulierte und verwirklichte. Fröbel knüpfte in seinen Überlegungen dabei an den Gedanken der „mütterlichen Erziehung" Johann Heinrich Pestalozzis (seinen Zeitgenossen und Kollegen) an, indem er dieses Prinzip der Selbsttätigkeit für jüngere Kinder anpasste. Sein Ziel war es, die frühkindliche Erziehung im Elternhaus ergänzend zu unterstützen, dem Bildungsbedürfnis des Vorschulkinds gerecht zu werden und eine „Schule des Spiels" zu etablieren.

Erst greifen, dann begreifen

Es ist Friedrich Fröbels Verdienst, die Bedeutung des kindlichen Spiels erkannt zu haben. Vehement setzte er sich dafür ein, das kindliche Spiel nicht als Spielerei oder Müßiggang abzuqualifizieren. Vielmehr sei das Spiel „im Grund nichts anderes als Vorbild und Nachbild des gesamten Menschenlebens".

Er wies dem Erwachsenen die Rolle zu, dem Kind im Spiel anerkennend und achtend zu begegnen und das Spiel als Voraussetzung gesunder Entwicklung zu begreifen. Auch sah er im Spiel von Eltern und Kindern die entscheidende Möglichkeit, familiäre Bande zu knüpfen und darüber zur „Lebenseinigung" zu gelangen.

Fröbel vertrat die Anschauung, dass es in der Kleinkindererziehung nicht darum gehen dürfe, zu belehren oder rein verbal zu vermitteln, sondern dass eine erziehende Haltung erforderlich ist, die sich an der kindlichen Entwicklung ausrichtet und die Selbsttätigkeit im Mittelpunkt hat. Nach Fröbel ging es darum, Spiel- und Beschäftigungsmittel bereitzustellen, die das Denken der Kinder entwickeln. Die Rolle der Erzieherin ist es an dieser Stelle, die Kinder im Gebrauch der Spielmittel zu unterweisen. Fröbels Leitgedanke ist somit die „freie Selbsttätigkeit und Selbstbestimmung" des jungen

Menschen. Kinder sollen aus eigener Anschauung heraus lernen, aus ihrer Erfahrung.
Für Fröbel ist alles in der Welt ein Symbol des Göttlichen, dem Ehrfurcht gebührt und dessen Sinn erforscht werden muss. Das Grundprinzip menschlichen Erkenntnisgewinns sieht er dabei im Verstehen von Gegensätzen. So kommen Kinder mit Ahnungen um den symbolischen Gehalt der Dinge, die in und um sie sind, auf die Welt. Die Ahnungen gilt es zu geklärten Begrifflichkeiten zu entwickeln. Dieser Prozess entwickelt sich aus der Verbindung von Erleben und Sprache, indem die Erwachsenen dieses Interesse erwecken und zu Begrifflichkeiten führen.
Fröbels Pädagogik lebt einerseits von dem Zutrauen in das kindliche Spiel, in dem das Kind sich selbst auf die Herausforderungen des Lebens vorbereitet, und andererseits von der Idee, Kinder in Spiele einzuführen und ihnen einen Gebrauch vorzugeben, den sie selbst im wiederholenden Spiel üben.

Familienspiel

Die pädagogischen Mittel, die er dazu an die Hand gibt, stellen für ihn eine Vergegenständlichung des Grundgesetzes allen Lebens dar und gliedern sich in 3 Bereiche:

1. das Spiel mit den „Gaben" und „Beschäftigungs- und Bildungsmitteln"
2. die Kreis- und Bewegungsspiele
3. die Gartenarbeit

Beschäftigungs- und Bildungsmittel

Für die praktische Umsetzung seiner Ideen schuf Fröbel eigene ergänzende Spielmittel, mit denen er das kindliche Fühlen, Ahnen, Denken und Erkennen sowie seine Motorik, Fantasie und Kreativität aktivieren wollte. Diese Spielmittel werden als „Fröbelgaben" bezeichnet. Fröbel gibt zudem eine durchdachte Reihenfolge vor. Zu den Fröbelgaben gehören Wollbällchen, Holzkugel, Holzwürfel und Holzzylinder. Ferner gibt es in verschiedenen Graden ausdifferenzierte Holzbausätze, z. B. Würfel, die aus verschiedenen Formen zusammengesetzt werden können (aus acht oder mehr Würfeln oder acht rechteckigen Säulen o. a.).
Neben diesen Spielgaben setzte Fröbel manuelle Beschäftigungen ein, die ebenfalls vom Konkreten zum Abstrakten überleiten sollten:

- Spiele mit Flächen: Falten, Schneiden, Zusammenbinden und Kleben, Legen (Tafel, Papier)
- Spiele mit Linien: Stäbchen, Papierstreifen, gepresstes Stroh, gezeichnete Linien
- Spiele mit Punkten: Erbsen, Perlen, Knöpfe, Lochen und Nähen

Fröbelsterne *Fröbelgaben*

Kreis- und Bewegungsspiele

Durch das gemeinschaftliche Spielen erlebt sich das Kind als „Gliedganzes" und lernt spielerisch, sich in eine Gruppe einzufügen. Das gemeinsame „Von-einer-Sache-Ergriffensein" stärkt das Gemeinschaftsgefühl, wobei sich durch die Kreisform die Zugehörigkeit des einzelnen Kindes symbolisch deutlich macht. Die Spiele sind nach Fröbel: „... bildend für die Sprache und den Gesang, sie erwecken Aufmerksamkeit, Sinn für Ordnung, Anstand und Schönheit. Vor allem aber bewirken sie ein freudiges und zufriedenes Zusammenleben". Zu den Spielen gehören darstellende Kreis- und Bewegungsspiele, Nachahmungsspiele, Laufspiele, Gehspiele und reine Kreisspiele.

Ein Garten für Kinder

Zur Aneignung biologischer Grundkenntnisse war für Fröbel ein Garten unverzichtbar. Hier sollte möglichst jedes einzelne Kind ein eigenes Beet zur Bearbeitung haben. Denn „... auf das den Kindern eigens eingeräumte Beetchen können sich die Kinder pflanzen, was und wie sie wollen; auch mit den Pflanzen umgehen, wie sie es wollen, damit sie aus unstatthafter Behandlung selbst erfahren, dass man auch sorgsam und gesetzmäßig mit Gewächsen umgehen müsse". Fröbel entwarf einen ausführlichen Plan zur Gestaltung, Bepflanzung der Beete entsprechend den Jahreszeiten.

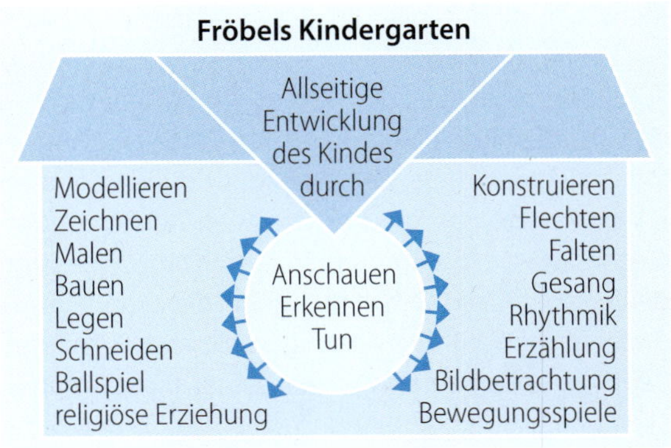

Aufgabe

1. Führen Sie mit der Gruppe das Taubenhaus-Spiel durch.
2. Äußern Sie sich schriftlich dazu, was Sie als aktuell von dem Konzept in Ihrer Praxis erkennen.

Wir öffnen jetzt das Taubenhaus (Text: Friedrich Fröbel, Musik: Robert Kohl)

1. Enger Stehkreis in Handfassung: „Täubchen" sitzen „schlafend" in der Mitte.
2. Langsam auseinandergehen und Arme heben; die „Täubchen" fliegen hinaus.
3. „Täubchen" kehren zurück, der Kreis wird wieder eng und geschlossen.

(Quelle: Mutter- und Koselieder, Friedrich Fröbel 1844)

12.2 Maria Montessori: Selbstständigkeit durch Selbsttätigkeit

Die Italienerin Maria Montessori (1870–1952) promovierte 1886 als erste Frau Italiens im Fachbereich Medizin. Während ihrer Zeit als Assistenzärztin erwachte ihr Interesse an Kindern mit geistigen Behinderungen. Die damaligen Lebensbedingungen für die als „schwachsinnig" und „geisteskrank" bezeichneten Kinder waren an heutigen Bedingungen gemessen unvorstellbar schlecht und unwürdig: bar jeder Anregung zur Entwicklung. Sie wurden in vollgepferchten Räumen „verwahrt" – nur auf die nötigste Versorgung hin abzielend. Nach näherer Beschäftigung mit diesen Kindern vermutete Montessori in der „geistigen Minderwertigkeit" kein medizinisches, sondern ein pädagogisches Problem. Sie ging diesem Gedanken nach und stieß auf das Werk des französischen Arzts Séguin, der schon Mitte des 19. Jahrhunderts sonderpädagogisches Material entwickelt hatte.

Maria Montessori vertrat öffentlich die Auffassung, dass „zurückgebliebene Kinder" keine außergesellschaftlichen Wesen seien, sondern vielmehr genauso viel, wenn nicht größeres Anrecht auf Erziehung hätten als „normale Kinder". Dieser für Italien damals völlig neue Gedanke sorgte für die Gründung einer staatlichen „Schwachsinnigen-Schule", deren Leitung man Maria Montessori übertrug. Aus der Verbindung dieser pädagogischen Arbeit mit Fortbildungsreisen entwickelte sie Lern- und Arbeitsmethoden, die zahlreiche Kinder dieser Anstalt in die Lage versetzten, das gleiche Niveau im Lesen und Schreiben zu erreichen wie Kinder der Regelschulen. 1907 übernahm sie die Leitung eines Kinderhauses im Elendviertel von Rom. Hier erhielt sie die Möglichkeit, ihr nach wissenschaftlichen Grundsätzen erdachtes Material anfertigen zu lassen, das dem für die Kinder mit geistigen Behinderungen ähnelte. Aus der Arbeit mit den Kindern leitete Maria Montessori durch sorgfältige Beobachtung wichtige Erziehungsgrundsätze ab, die in aller Welt viel Aufmerksamkeit fanden, teilweise heftig bekämpft wurden (vor allem von diktatorischen Regimes) und auf die bis heute zurückgegriffen wird.

Hilf mir, es selbst zu tun

Ziel von Maria Montessori war der mündige Mensch, der selbstständig, selbsttätig im Leben steht sowie kreativ, offen und risikobereit Aufgaben bewältigt.

Ihr Bild vom Kind stellt die Kompetenz des Kindes in den Vordergrund. Diese kindlichen Fähigkeiten gilt es zu wecken, zu beobachten und zu begleiten. Maria Montessori stellt in diesem Sinne die Beobachtung als erzieherische Kompetenz in den Mittelpunkt ihrer Pädagogik und verbindet dies mit der grundlegenden Bereitschaft der Pädagoginnen, sich von vorgefassten Meinungen zu lösen. Darüber hinaus hat die Pädagogin die Rolle einer Materialpflegerin, einer Unterweiserin in den Materialien, einer Beziehungsknüpferin zwischen Kind und Umgebung, einer Unterstützerin, einer Zuhörerin, einer Zeitgeberin für Phasen der Ruhe und der „Arbeit", einer Respektiererin von kindlichen Fehlern, einer Anbieterin von bisher abgelehntem Material und einer liebenden erwachsenen Person, die bei Bedarf da ist. Nach Montessori geht es darum, einen führenden Erwachsenen in den Hintergrund treten zu lassen. Nur da, wo es erforderlich ist, soll geholfen werden und dies nur in dem Sinne, dass zu weiterer Eigenständigkeit verholfen wird.

Die vorbereitete Umgebung

Kind in Montessori-Kita

Nach Montessori haben Kinder ein intensives Bedürfnis nach Betätigung. Um dieses Bedürfnis zu befriedigen, ist das Kind insofern auf die Erwachsenen angewiesen, als diese ihnen die Vielfalt der Lebensmöglichkeiten zugänglich machen. Dabei geht es nicht darum, Kinder zu beeinflussen oder zu unterrichten, sondern man muss die entsprechende Umgebung bereitstellen, in der es sich frei entfalten kann. Montessori geht davon aus, dass Kinder (wie alle Lebewesen) die Fähigkeiten besitzen, aus der Umgebung genau das zu wählen, was notwendig ist, um das Leben zu gestalten und zu erhalten. D. h., dass jedes Kind sich genau das Material wählen wird, das gerade zu diesem Zeitpunkt für seine Entwicklung am wichtigsten ist.

Sensitive Phasen
Aus ihren Beobachtungen leitete Maria Montessori Phasen ab, in denen Kinder für bestimmte Themen und Entwicklungsaufgaben besonders empfänglich sind:

Montessori unterscheidet folgende sensitive Phasen:

<table>
<tr><th>0–0,6 J.</th><th>0,6–1 J.</th><th>1–1,6 J.</th><th>1,6–2 J.</th><th>2–2,6 J.</th><th>2,6–3 J.</th><th>3–3,6 J.</th><th>3,6–4 J.</th><th>4–4,6 J.</th><th>4,6–5 J.</th><th>5–5,6 J.</th><th>5,6–6 J.</th></tr>
<tr><td></td><td></td><td></td><td></td><td></td><td></td><td></td><td></td><td></td><td colspan="2">Lesen</td><td></td></tr>
<tr><td></td><td></td><td></td><td></td><td></td><td></td><td></td><td></td><td>Entwicklung des Tastsinns</td><td></td><td></td><td></td></tr>
<tr><td></td><td></td><td></td><td></td><td></td><td></td><td></td><td colspan="2">Schreiben und Zeichnen</td><td></td><td></td><td></td></tr>
<tr><td></td><td></td><td></td><td></td><td></td><td></td><td colspan="6">Empfänglichkeit für Einflüsse von Erwachsenen</td></tr>
<tr><td></td><td></td><td></td><td></td><td></td><td colspan="7">Verfeinerung der Wahrnehmung über Sinneserfahrungen</td></tr>
<tr><td></td><td></td><td></td><td></td><td colspan="4">Verfeinerung der Bewegungen
Beschäftigung mit Wahrheit und Wirklichkeit
Entwicklung von der Vorstellung von Zeit und Raum</td><td></td><td></td><td></td><td></td></tr>
<tr><td></td><td></td><td></td><td colspan="5">Entwicklung der Koordination der Muskulatur
Interesse an Gegenständen</td><td></td><td></td><td></td><td></td></tr>
<tr><td></td><td></td><td></td><td colspan="3">Sprachliche Entwicklung</td><td></td><td></td><td></td><td></td><td></td><td></td></tr>
<tr><td colspan="6">Gesteigerte Aufnahmebereitschaft und Aufnahmefähigkeit für Umwelteinflüsse und Sinneserfahrungen</td><td></td><td></td><td></td><td></td><td></td><td></td></tr>
<tr><td>0–0,6 J.</td><td>0,6–1 J.</td><td>1–1,6 J.</td><td>1,6–2 J.</td><td>2–2,6 J.</td><td>2,6–3 J.</td><td>3–3,6 J.</td><td>3,6–4 J.</td><td>4–4,6 J.</td><td>4,6–5 J.</td><td>5–5,6 J.</td><td>5,6–6 J.</td></tr>
</table>

Das Sinnesmaterial
Maria Montessori ging davon aus, dass das Kind seine Umwelt mit den Sinnen studiert. Sie nannte ihr Material „materialisierte Abstraktion", da das Kind über die Erfahrung mit dem Material zu klaren Begrifflichkeiten kommen kann (gößer/kleiner, schwerer/leichter, A/B/C). Das Ergebnis des Umgangs mit den Materialien ist also nicht bloß Geschicklichkeit und die Unterscheidung von den Gegenständen, sondern die Welt des Kindes wird durch die gemachten Erfahrungen geordnet. Durch die Erfahrung mit den eigenen Händen wird das Kind zur Abstraktion hingeführt. Das Material soll dabei kein Ersatz für Erfahrungen in und mit der Natur sein. Es stellt aber eine Art Schlüssel dar, durch den das Kind fähig wird, die empfangenen Eindrücke in nahezu wissenschaftlicher Art und Weise zu ordnen. Montessori hat das Material so konzipiert, dass immer eine Eigenschaft durch das Material isoliert und die Aufmerksamkeit so gelenkt und fokussiert wird. Zudem bieten die Materialien die Möglichkeit zur Selbstkontrolle und weisen aufeinander aufbauende Schwierigkeitsgrade auf.

Zu den Sinnesmaterialien gehören:
Einsatzzylinder in verschiedenen Größen, Würfel mit abnehmenden Kantenlängen (rosa Turm), Quader mit abnehmendem Querschnitt (braune Treppe), Stangen in abnehmender Länge (rote Stangen), farbige Zylinder, Gegenstände für Tastübungen (Brettchen mit aufgeleimtem Sandpapier, welche verschiedene Rauheiten und Formen aufweisen, Sammlung verschiedener Stoffstückchen), Materialien für Farben, Gewicht, Geräusch, Töne, Geruch, Geschmack usw.

Montessori selbst gibt keine Reihenfolge für den Materialgebrauch an, schlägt aber vor, diejenigen als Erstes anzubieten, bei denen die Kinder mechanische Fehlerkontrollen haben und bei denen nur ein Sinn beteiligt ist (z.B. Gewichtsplättchen). Sie verweist aber immer wieder darauf, dass eine Kindergruppe nicht im Gleichschritt lernen kann.

Übungen des praktischen Lebens und der Handgeschicklichkeit

Neben dem Sinnesmaterial gibt Montessori auch viele verschiedene Übungen an die Hand. Sinn dieser Übungen ist es, Kindern die Möglichkeit zu geben, zweckfrei zu üben, um Sicherheit und Unabhängigkeit zu erlangen. Wenn es sich beispielsweise den Knopfrahmen holt, kann es ohne zeitlichen Druck, der in realen Aufbruchs- und Anziehsituationen besteht, das Knöpfen üben. Es findet eigenständig zum Erfolg und kann dann in Alltagssituationen überraschen. Neben der Anpassung an das tägliche Leben übt es sich in Motorik und Koordination. Weitere Beispiele:

- Pflege der eigenen Person, z.B. Hände waschen
- Pflege der Umgebung, z.B. Metalle reinigen, Blumen pflegen, Tiere füttern, Böden säubern
- Pflege der sozialen Beziehungen
- Analyse und Kontrolle der Bewegung, z.B. töpfern, rhythmische Übungen

Aufgabe

1. Vergleichen Sie die Fröbelpädagogik mit dem Ansatz von Montessori. Wo sehen Sie Ähnlichkeiten, wo Unterschiede?
2. Basteln Sie ein Geräuschmemory aus Filmdosen. Denken Sie sich eine Möglichkeit der Selbstkontrolle aus.
3. Halten Sie schriftlich fest, was Sie an dem Konzept Montessoris überzeugt.

Farbplättchen, Geräuschdosen, Waage, Glocken

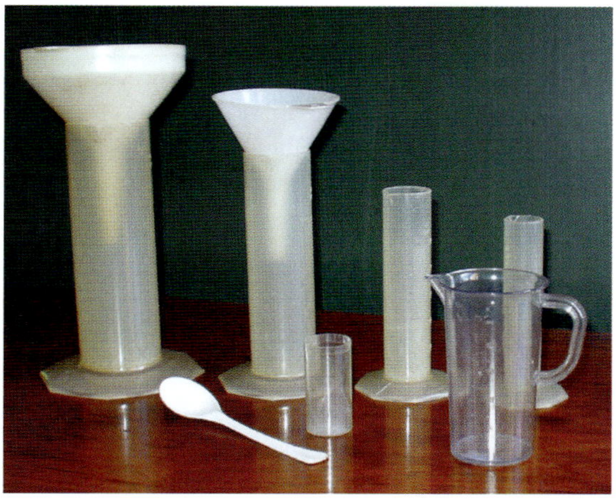
Messbecher

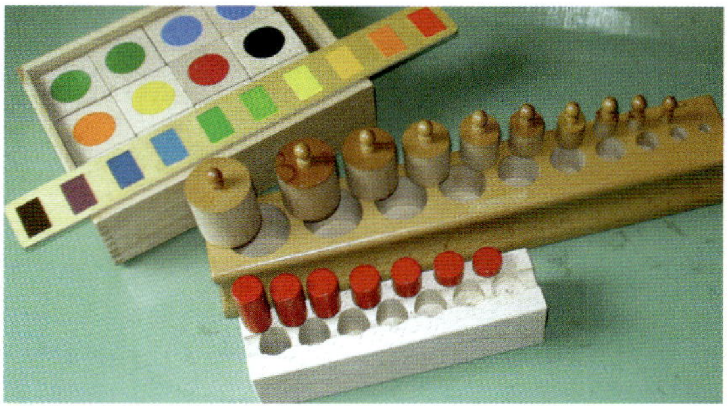
Verschiedene Zylindersätze

12.3 Rudolf Steiners Waldorfpädagogik: Rhythmus und Wiederholung

Rudolf Steiners Leben (1861-1925) ist geprägt von vorwärtsstrebendem Schaffen, großem breit gefächerten Wissens- und Forschungsdrang und praktischer pädagogischer Umsetzung. Er studierte sowohl alle klassischen Naturwissenschaften wie auch Medizin und Philosophie. Eine zentrale Frage war dabei für ihn, die Spaltung von Natur- und Geisteswissenschaften zu überwinden. Er entwickelte die Erkenntnis, dass der Mensch sich nicht von einer äußeren Macht Gesetze geben lässt, sondern sein eigener Gesetzgeber ist und ihn gerade dies zum Menschen macht. Damit besteht Gott für ihn nicht im Außenleben, sondern im Inneren des Menschen. Dies bedeutet eine hohe Verantwortung für den einzelnen handelnden Menschen gegenüber der Natur und der Gesellschaft.
Nach seinem Studium arbeitete Rudolf Steiner als Hauslehrer für einen behinderten Jungen und arbeitete parallel u. a. an seiner Dissertation. Neben Aufsätzen zu literarischen Themen engagierte er sich für eine freiheitliche individuelle Gesinnung und wandte sich gegen den aufkommenden Antisemitismus.
Ab 1899 lehrte er an der von dem Kommunisten Wilhelm Liebknecht gegründeten Arbeiterbildungsschule in Berlin und gründete die Anthroposophische Gesellschaft (Anthroposophie: geisteswissenschaftliche Lehre vom Menschen).
Kern seines Schaffens wurde die Überzeugung, Begriffe erleben zu lassen. Den pädagogischen Schwerpunkt seines Wirkens bildet die Erschaffung der „Waldorfschule", die er 1919 mit finanzieller Hilfe und auf Initiative der Stuttgarter „Waldorf-Astoria-Zigarettenfabrik" gründete.

Der Entwicklung Zeit und Raum geben

Rudolf Steiner ging von einem 7-Jahres-Rhythmus immenschlichen Leben aus. Die jeweiligen Lebensabschnitte dienen entsprechenden Entwicklungsschritten, die ihre Zeit brauchen. Das Sich-Ineinanderfügen oder Sich-Entfalten von Geist, Seele und Leib vollzieht sich hierbei in Stufen, für die Steiner sehr genau festlegt, was ein Mensch im jeweiligen Alter für seine optimale Entwicklung benötigt. Nach Steiner vermag das Kind beispielsweise im ersten Jahrsiebt noch nicht Gut und Böse oder Richtig und Falsch zu unterscheiden. Ob die Entwicklung gut verläuft, hängt hier entscheidend von den Sinneseindrücken und den Vorbildern ab. Hauptaufgabe der Erziehenden ist es in dieser Phase, dem Kind eine friedliche, harmonische Umgebung zu schaffen und ihm ein gutes Vorbild zu sein, in dem die tägliche Arbeit mit Freude verrichtet wird. Dem Kind muss genügend Zeit gelassen werden, mit den Materialien der Natur und des Alltags umzugehen, Umwelteindrücke zu verarbeiten und seine Fantasie auszuleben. Dabei entwickelt sich das kindliche Spiel von der Freude an der Tätigkeit selbst (aufheben, öffnen, bauen) hin zu Spielfantasie und Rollenspiel.

Spiele mit Tüchern

Lernen durch Rhythmus, Nachahmung und Vorbild

Nachahmung und Wiederholung sind nach Steiner das bestimmende Lernprinzip der frühen Kindheit. Das Kind lernt dabei über Tätigkeiten, seinen Körper zu beherrschen. Seine Entwicklung wird durch Nachahmung geführt, und so sollen Fachkräfte selbst tätig sein. Nicht ein gemeinsames Spiel steht im Zentrum des Miteinanders von Erwachsenen und Kindern, sondern die Tätigkeit, die Arbeit an sich und die Freude an ihr. Die Kinder lernen im Laufe des Jahres auch durch vielfältige Festvorbereitungen sehr viele verschiedene handwerkliche Tätigkeiten kennen. Extra eingerichtete Bastelstunden kommen dabei äußerst selten vor. Gelegentlich unterbricht die Erzieherin ihre Arbeit, um zu helfen oder sich an einem Rollenspiel der Kinder zu beteiligen. Die Orientierung an wiederkehrenden Elementen im Tages-, Wochen- und Jahresablauf sowie (handwerkliche) Tätigkeiten, Feste und Rituale spielen hier eine bedeutsame Rolle. Auch der Ernährung wird eine besondere Bedeutung zugewiesen. So wird z. B. das zweite gemeinsame Frühstück im Kindergarten zubereitet. Es orientiert sich an jahreszeitlich passenden Früchten und Nahrungsmitteln. Die verschiedenen Getreidegerichte (Brot, verschiedene

Breie und Grützen) sind jeweils bestimmten Wochentagen zugeordnet, um durch diese Regelmäßigkeit zur Orientierung der Kinder beizutragen. Überhaupt weisen der Tages-, Wochen- und Jahresrhythmus klare, immer wiederkehrende Elemente auf: Freispielzeit, Singen, Musizieren und rhythmische Spiele, Gartenarbeit und Märchenerzählungen. Im Wochenablauf sind feste Zeiten für künstlerische Tätigkeiten wie Eurhythmie (Bewegungsab-folgen zu Musik), Plastizieren, z. B. mit Bienenwachs, vorgesehen.

Räumlichkeiten und Spielmittel

Der Waldorfkindergarten legt besonderen Wert darauf, dass sich die Menschen in den Räumen wohlfühlen. Die Räume sollen sich „anschmiegen" und nicht hart und kantig sein. Deswegen wird möglichst auf rechte Winkel verzichtet und werden Pastellfarben aus natürlichen Inhaltsstoffen eingesetzt.

Im Waldorfkindergarten wird als Spielmittel viel Naturmaterial angeboten und wenig ausgestaltetes oder technisches Spielzeug, um so die Fantasiefähigkeit der Kinder anzuregen. Echte Dinge werden bevorzugt, weil sie die Sinne nicht „belügen" und auch direkt „aus dem Wachstum der Schöpfung" hervorgegangen sind.

Waldorfpuppe

Die nur angedeuteten Gesichtszüge der Puppen werden in der Fantasie der Kinder vollendet und sind im Ausdruck nicht festgelegt. Die in Handarbeit hergestellten Puppen sind ohne anatomische Details zu allen Lebensäußerungen fähig: Sie können schlafen, essen und gepflegt werden, sie sind weich und anschmiegsam. Außerdem gibt es eine Vielzahl von unspezifischen Materialien wie Fäden zum Fingerhäkeln, Knüpfen oder Flechten, Tücher, Wäscheklammern zum Häuserbau und Verkleiden, bunt gefärbte Schafswolle zum Bilderlegen, einfache Puppen, und auch das Mobiliar dient dem Tun der Kinder.

Ergänzung zum Elternhaus – Elterneinbindung

Explizit sind nicht nur die Erzieherinnen in den Konzepten Steiners benannt, sondern gleichfalls die Erziehungsberechtigten und andere Mitglieder der Familie. Der Kindergarten soll das Kind nicht der Familie „entreißen", sodass es sich bei Waldorfeinrichtungen in aller Regel immer um eine Halbtagseinrichtung handelt. Hausbesuche, Elternabende und Erziehungsberatung sowie gemeinsamen Projekte, die die Waldorfeinrichtung durch den Austausch und gemeinsame Aktivitäten, wie Lesen, Basteln, Vortragsveranstaltungen und Festvorbereitungen, zu einem kleinen „Kulturzentrum" machen können, verbinden Sorgeberechtigte und Einrichtung.

Märchenharfe

Aufgabe

1. Erzählen Sie sich gegenseitig Märchen.
2. Erzählen Sie in Ihrer Praxiseinrichtung ein Märchen und wiederholen Sie es ggf. an den darauffolgenden Tagen. Begleiten Sie sich ggf. auf einem Instrument.
3. Ertasten Sie blind eine normale Plastikpuppe und anschließend eine Waldorfpuppe oder einen Naturgegenstand und ein Plastikspielzeug. Benennen Sie gefühlte Unterschiede.
4. Diskutieren Sie die Aussage Steiners, dass vorgefertigte Spielzeuge die Sinne belügen und die Fantasie einschränken. Halten Sie die Aussage für richtig? Welche Ziele erreicht man durch den Einsatz von Naturspielzeug und reduziert vorgestaltetem Spielmaterial?
5. Schreiben Sie eine persönliche Stellungnahme zu dem Thema „Vorbild in der Freude am handelnden Tun (Arbeit)".

12.4 Lew Wygotski: Der kindlichen Entwicklung immer ein wenig voraus

Lew Semjonowitsch Wygotski wurde 1896 im damaligen Russland geboren und wuchs in der Stadt Gomel auf. Als Kind gebildeter Juden erfuhr er eine umfassende Bildung, erlernte acht Sprachen, schloss nach einem kurzzeitigen Medizinstudium ein Studium in den Fächern Rechtswissenschaft, Geschichte, Philosophie, Psychologie und Literatur erfolgreich in Moskau ab und kehrte 1917 nach Gomel zurück. Er arbeitete zunächst als Lehrer, gründete dann ein psychologisches Laboratorium am pädagogischen Institut in Gomel und wurde schließlich 1924 nach Moskau gerufen, um dort u. a. als Direktor eines psychologischen Laboratoriums sowie als Professor und Dekan verschiedener Akademien und Institute zu arbeiten. Wygotski starb nach noch nicht einmal 40 Lebensjahren 1934 in Moskau, kurz nachdem er Direktor der „Psychologischen Sektion des nationalen Instituts der experimentellen Medizin" geworden war. Er veröffentlichte in seinem kurzen Leben mehr als 180 Bücher und Artikel und gilt, obwohl er keine formalen Qualifikationen auf dem Gebiet der Psychologie erworben hat, als einer der einflussreichsten Psychologen seiner Zeit.

Da er in seinem Schaffen auch nach Lösungen für die damaligen großen sozialen Probleme suchte (hohe Quote der Analphabeten, viele vernachlässigte und verwahrloste Kinder, unzureichende Förderung blinder, gehörloser und geistig eingeschränkter Kinder), wurde er auch zum „Vater der Psychopathologie und Sonderpädagogik" in der Sowjetunion. Seine Lehren wurden unter Stalin verboten und erst Mitte der 1950er-Jahre wieder zugelassen. In den Ländern des ehemaligen Ostblocks erlebten seine Theorien dann eine umfassende Renaissance. Aktuell erfahren seine Konzepte in den USA und der Bundesrepublik Deutschland große Beachtung, da sie gängige Theorien über kindliche Entwicklungsprozesse fundamental infrage stellen und konstruktive Beiträge zu Erkenntnissen frühpädagogischer Prozesse anbieten.

Kognitive Entwicklung durch den kulturellen Kontext

Wygotski entwickelte den Gedanken, dass das Kind nur dadurch zu einem denkenden Wesen wird, indem es sich durch die Interaktion mit einer „kompetenteren Person" kognitive Grundkompetenzen aneignet. Diese werden dann erprobt und geübt, bis sie selbstständig und effektiv angewendet werden können. Zwar bauen höhere geistige Funktionen auf den angeborenen und sich entwickelnden Anlagen, wie Wahrnehmung und Merkfähigkeit, auf – sie entstehen aber erst durch eine Interaktion und Verinnerlichung erlebter kultureller Strukturen. Während in anderen Theorien meist das Kind als Individuum im Mittelpunkt der Betrachtung steht, bezieht Wygotski immer den sozialen und kulturellen Kontext mit ein. Nach Wygotski erwirbt ein Kind psychische Strukturen, Wissen und Denkweisen eben nicht durch individuelle Reifung, eigenständiges Lernen oder selbsttätiges Kreieren, sondern durch sein Erleben in und die **Interaktion mit der Umwelt**. Die Kulturaneignung ist dabei aber kein einseitiger Prozess, bei dem das Kind nur aufnimmt. Seine kognitive Entwicklung ist als „gemeinsame Konstruktion" von Kind und „kompetenterer Person" zu verstehen.

Das Kind wird als aktiv lernend gesehen. Das, was es aufnimmt, verarbeitet es geistig und bildet es um. Es muss selbst handeln und lernen. Es geht also immer um die Zusammenarbeit von Lehren und Lernen. Das entscheidende Mittel und Voraussetzung für die Entwicklung höherer geistiger Prozesse ist die Sprache.

Die Bedeutung des (Rollen-)Spiels

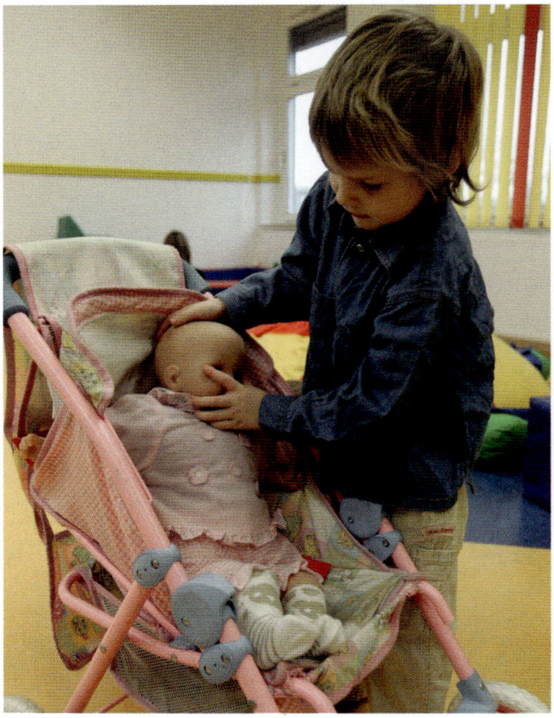

Rollenspiel in der Kita

Das Spiel ist die vorherrschende Aktivität von Kindern und für ihre Entwicklung die wichtigste. Im Spiel werden höhere psychische Funktionen wie Denken, Abstrahieren, Erinnern und Kreativität ausgebildet.
Wygotski analysierte die Bedeutung des kindlichen Rollenspiels in folgender Weise:

1. Im Rollenspiel gelingt es dem Kind, sich von dem unmittelbaren realen Kontext zu lösen und diesen auf eine neue Ebene zu heben. So kann z. B. aus einem Holzstück eine Puppe oder aus einem Stock ein Pferd werden. Eigene Ideen, Vorstellungen und Gedanken werden nicht mehr von äußeren Gegebenheiten bestimmt. Auf diese Weise wird der **Weg zum abstrakten Denken** bereitet, der auf dem Verwenden von Symbolen beruht.
2. Durch das Rollenspiel wird die Fantasie des Kindes gefördert – zum einen in Form des inneren Sprechens, zum anderen als kreatives Handeln.
3. Das Rollenspiel ermöglicht es, viele der vorhandenen **Wünsche und Bestrebungen** mithilfe der Fantasie zu befriedigen.
4. Im Zusammenspiel mit anderen Kindern lernt das Kind Selbstkontrolle und die Einhaltung von Regeln.
5. Gleichzeitig erfährt es auch die **Freude an der Zusammenarbeit** mit anderen.
6. Durch das Erlernen solcher Normen und Regeln, ihre Übertragung auf andere Situationen und auch das Erkennen der Rollenspielsituation als solche wird zugleich die kognitive Entwicklung gefördert.
7. Zudem kann sich das Kind Verhaltensweisen aneignen, die seinem derzeitigen Entwicklungsstand oder seiner Rolle gar nicht entsprechen. In diesem Sinne kann es im Spiel „seiner Zeit voraus" sein und sich **zukünftige Rollen, Normen und Leitbilder** aneignen.

Das Interesse der Kinder berücksichtigen

Bis etwa zu einem Alter von 2 Jahren durchläuft das Kind ein vorsprachliches Stadium in der Entwicklung des Denkens, dann erfolgt eine Verbindung der beiden Entwicklungslinien. Die Folge ist, dass Sprache nun bewusst gedacht wird und Denken versprachlicht wird. Denken und Sprache beeinflussen sich nun wechselseitig. Über das Erlernen einzelner Wörter und deren Übertragung auf Ähnliches fangen Kinder an zu denken und erkennen später vielschichtige Bedeutungen und symbolische Funktionen von Begriffen. Mit zunehmender Sprachbeherrschung bzw. Versprachlichung des Denkens kann sich das Kind immer besser selbst steuern und lernt, exemplarische Erfahrungen zu verallgemeinern, bis es selbst Richtlinien und Prinzipien für sein Verhalten aufstellen kann, die auf den übernommenen Regeln und Normen aufbauen.
Entscheidend für die Auswahl des „Lernstoffs" ist, dass nach Wygotski Kinder von 0 – 3 Jahren „spontan" nach ihrem eigenen Programm lernen und den Lernstoff ihrer Umwelt direkt entnehmen, z. B. die Sprache. Schulkinder hingegen sind in der Lage, sich der Auswahl eines anderen anzupassen. Sie können „reaktiv" anhand eines angebotenen Programms lernen. Kinder von 3 – 6 Jahren lernen „spontan-reaktiv". Sie lernen in Abhängigkeit davon, wie sehr das Programm einer Erzieherin zu ihrem eigenen wird. Je älter sie werden, desto leichter können sie sich „fremden" Programmen anpassen. Kleinere Kinder können also nur das tun, was mit ihren eigenen Interessen übereinstimmt. Das Vorschulkind tut das, was es will, es will aber auch schon das, was derjenige will, der es anleitet. Schulkinder können das tun, was die Lehrerin will. Aktivitäten im Kindertagesstättenbereich müssen also auch immer die Interessen der Kinder berücksichtigen, aber ebenso für die Kinder sinnvoll sein.

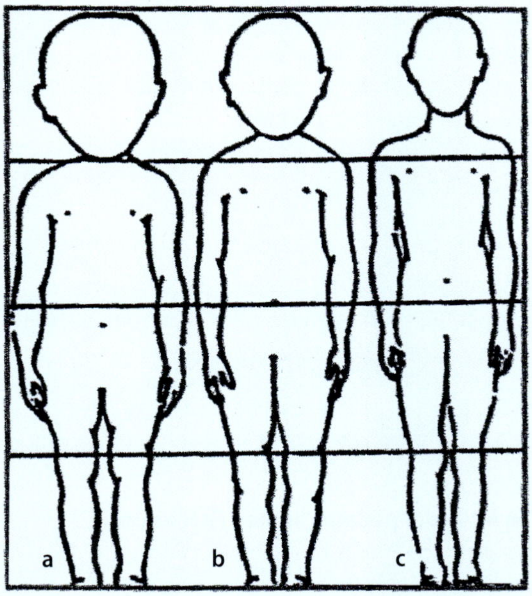

a Kleinkind spontan **b** Vorschulkind spontan-reaktiv **c** Schulkind reaktiv

Die drei Stadien (vereinfacht dargestellt)

Die Zone der nächsten Entwicklung

Das Kind kann durch Nachahmung mehr erreichen als das, wozu es selbstständig in der Lage ist. Gleichzeitig ist aber seine geistige Nachahmungsfähigkeit an den jeweiligen Entwicklungsstand geknüpft. In diesem Zusammenhang schuf Wygotski den Begriff der „Zone der nächsten Entwicklung". Sie meint das potenzielle Entwicklungsniveau im Vergleich zum aktuellen Entwicklungsstand:

> „Was das Kind heute in Zusammenarbeit und unter Anleitung vollbringt, wird es morgen selbstständig ausführen können. (...) Wenn wir also untersuchen, wozu das Kind selbstständig fähig ist, untersuchen wir den gestrigen Tag. Erkunden wir jedoch, was das Kind in Zusammenarbeit zu leisten vermag, dann ermitteln wir seine morgige Entwicklung."

Nur wenn man das aktuelle und das potenzielle Entwicklungsstadium erfasst, bekommt man einen umfassenden Eindruck von den Fähigkeiten und Kompetenzen des jeweiligen Kindes.

Nach Wygotski sind erzieherische und bildende Maßnahmen nur dann sinnvoll und Erfolg versprechend, wenn sie in diese Zone der nächsten Entwicklung fallen. Denn liegen sie auf dem aktuellen Entwicklungsniveau, lernt das Kind nichts Neues. Liegen sie aber oberhalb dieser Zone, so ist das Kind überfordert und frustriert. Es geht also darum, immer nur ein wenig „voraus" zu sein, um so das Kind herauszufordern, aber auch zum Lernen zu motivieren.

1. Stufe	Vormachen und nachmachen lassen
2. Stufe	Etwas beginnen und zu Ende führen lassen
3. Stufe	Eine schwierige Aufgabe in Zusammenarbeit lösen lassen
4. Stufe	Hilfestellung beim eigenständigen Lösen geben

Die Rolle der pädagogischen Fachkraft

Es lassen sich folgende Rollenbeschreibungen für pädagogische Fachkräfte herauskristallisieren:

- Beobachter und Bewerter: Um die Zonen der nächsten Entwicklung ausfindig zu machen, beurteilen die Fachkräfte die Entwicklung der Kinder anhand regelmäßiger Beobachtungen.
- Aktivitäten- und Umweltgestalter: Entsprechend den ermittelten Zonen wählen die Fachkräfte für einzelne Kinder und/oder Kleingruppen oder die Gesamtgruppe geeignete (entwicklungsfördernde) Aktivitäten aus, reichern Gruppen- und Nebenräume mit weiteren Materialien an und passen ihre Interaktion den Erfordernissen an.
- Dialogpartner: Um das Denken der Kinder anzuregen, sollen in der Interaktion mit den Kindern neue Bedeutungen von Begriffen vermittelt werden.
- Aktive Teilnehmer an Lernprozessen: Die Fachkräfte beteiligen sich aktiv an Lösungsprozessen von Aufgaben und Problemen, wobei sie die Kinder nur so weit wie nötig unterstützen und anleiten. Beispielsweise helfen sie den Kindern, ihre Gedanken und Ideen zu ordnen, selbst Antworten auf Fragen zu finden, geeignete Beobachtungs- oder Experimentieraufgaben zu finden, verschiedene Problemlösungsstrategien auszuprobieren, notwendige Fertigkeiten zu entwickeln und sich neue Kenntnisse anzueignen. Sie fungieren quasi als Brückenbauer zwischen Bekanntem und Unbekanntem.
- Spielpartner: Erzieherinnen sollen aktiv am Spiel der Kinder teilnehmen, um innerhalb dieser zentralen Aktivität von Kleinkindern deren Entwicklung in der Interaktion gezielt zu beeinflussen.
- Lehrmeister und Verhaltensmodelle: Die Fachkräfte sind durch sich selbst Repräsentanten der Gesellschaft und ihrer Kultur. Sie vermitteln ihre Kenntnisse und Fertigkeiten und führen die Kinder dabei immer mehr zur Selbstkontrolle.

(nach L. Wygotsky, in: Textor, o. J.)

Aufgabe

Beschreiben Sie mit eigenen Worten, worin Unterschiede, aber auch Ähnlichkeiten von Wygotskis Aussagen zu den bisher vorgestellten Konzepten bestehen. Beachten Sie dabei folgende Gesichtspunkte:

- Entwicklungsprozesse von Kindern
- Rolle der Erwachsenen

12.5 Reggio-Pädagogik: Dialog zwischen Kindern und Erwachsenen

Die sogenannte Reggio-Pädagogik erhält ihren Namen nicht durch einen Menschen oder ein inhaltliches Konzept, sondern durch einen norditalienischen Landstrich: Die Reggio Emilia, ein Ort im Zentrum des Städtedreiecks Mailand-Venedig-Florenz. Die Reggio-Pädagogik ist nach der Montessori-Pädagogik das zweite in Italien entwickelte pädagogische Konzept, das international Einfluss auf elementarpädagogische Theoriediskussionen und die Praxis gewonnen hat. In den späten 1960er-Jahren beschloss die Bevölkerung dort – in Reaktion auf den Zweiten Weltkrieg – einen Kindergarten zu gründen, der eine Generation erziehen sollte, die zukünftige Kriege zu vermeiden lernt. Wichtige Zielsetzungen waren demzufolge eine Erziehung zu Demokratie, sozialer Gerechtigkeit und Solidarität. Diese politische Dimension durchströmt das Konzept der Reggio-Pädagogik. Die Kinder sollten in einem friedfertigen und künstlerischen Umfeld Bildung erleben. Als wichtige Begleiter des Reggio-Konzepts gelten zum einen der Grundschullehrer **Loris Malaguzzi** (1920–1994), der den ersten Reggio-Kindergarten leitete, Mariano Dolci, der als Puppenspieler in den reggianischen Einrichtungen arbeitete, und schließlich Gianni Rodari, der sich als Kindergedichtautor und Befürworter einer konsequenten ästhetischen Erziehung einsetzte. Seit den 1980er-Jahren wurden die Außenwirkung und der internationale Austausch gefördert, z. B. durch die Wanderausstellung „Die hundert Sprachen der Kinder". Seitdem hat ihre Verbreitung und Beachtung in der Welt stark zugenommen.

Der Kindergarten als Kommunikations- und Erfahrungsstätte

Die Reggiokindergärten verstehen sich nicht als Schutzzonen oder Lernfabriken, sondern als Kommunikations- und Erfahrungsstätten, die alle Beteiligten und deren Alltag einbeziehen. Sie möchten in ständiger Interaktion mit dem Umfeld stehen: „Erziehung von Kindern ist eine Sache von Familien, öffentlichen Einrichtungen und der Gesellschaft." Auf diese Weise soll ein Bewusstsein für gesellschaftliche Zusammenhänge entstehen, wodurch Mündigkeit und Emanzipation ermöglicht werden.

Dialog zwischen Kindern und Erwachsenen

In der Reggio-Pädagogik geht es um einen dialogischen Lernprozess zwischen Kindern und Erwachsenen, indem Eindrücke und ihre Wertungen vielfältig ausgedrückt und gestaltet werden. Der Prozess verläuft dabei über das Bemerken, Staunen und Fragen im gemeinsamen Entdecken, Suchen und Experimentieren, wodurch Themen und Erscheinungen des Lebens verstehbar, handhabbar oder veränderbar werden. Auf diese Weise sollen die kreativen Fähigkeiten des Kindes, mit der Umwelt zu kommunizieren, unterstützt werden. Ausgangspunkt für diesen Prozess sind beispielsweise Fragestellungen und Problemsituationen aus der Lebenswelt des Kindes, auf die sowohl die Kinder als auch die Fachkräfte/Erwachsenen nach Lösungen suchen.

Lernen durch Spielen

Nach Rodari ist das Spiel „... schöpferische Aufarbeitung, ein Prozess, durch den das Kind die Gegebenheiten der Erfahrung miteinander verbindet, um eine neue Realität zu konstruieren. (...) Mit den Dingen zu swpielen dient dazu, sie besser kennenzulernen. Und ich sehe keinen Sinn darin, die Freiheit des Spiels einzugrenzen, weil das heißen würde, zu leugnen, dass es die Funktionen der Bildung und Erkenntnisfähigkeit besitzt". Dabei lassen sich 3 bevorzugte Arten des Spiels in reggianischen Einrichtungen ausmachen:

- Das Bauspiel: Hier werden Holzbauklötze und LEGO-Elemente offen präsentiert, sie können situativ durch andere Gegenstände und Materialien (Natur, Wegwerf-Materialien, Spielsachen) ergänzt werden. Dabei gibt das Material Impulse für gestaltete Spielhandlungen oder die Gestaltung einer Spiellandschaft, bei der auch soziale Dimensionen, wie das Aushandeln und territoriale Kämpfe, eine zentrale Rolle spielen können.
- Das Erkundungsspiel: Hier werden Geräte bereitgestellt, die der experimentellen Begegnung mit Licht, Schatten und Farben dienen (z. B. Leuchttisch, Overhead- und Diaprojektor, Lupen, Filmleinwände). Der Umgang mit optischen Geräten bietet eine Verknüpfung von Physik und Fantasie.
- Das darstellende Spiel: Gemeint ist im weitesten Sinne des Wortes eine Vielzahl von sozialen Erfahrungen: Deuten und Gestalten von Interaktionssituationen, spielerisches Inszenieren, Aushalten und Lösen von Konflikten, Perspektivwechsel, Ertragen gegenläufiger Interessen, Erleben emotionaler Nähe und

Distanz oder das Ausprobieren ungewohnter Rollen. Angeregt werden die Kinder hierzu durch Verkleidungsutensilien, unterschiedliche räumliche Bereiche (verschiedene Grade an Intimität und Öffentlichkeit), Handpuppen, Marionetten und andere Gegenstände.

Das Kind ist Konstrukteur seiner selbst

In der Reggio-Pädagogik gilt das Kind weder als biologisch vorbestimmt noch als vollkommen von der Umwelt bestimmbar. Auch stellt man sich seine Entwicklung nicht als ein in Stufen linear ablaufendes Schema vor, bei dem es zu einer fortschreitenden Ansammlung von Wissen, Fertigkeiten und Fähigkeiten kommt. Für Reggianer läuft ein Kind von Anfang an, es spricht sofort – wenn auch noch nicht mit Worten –, da sein ganzes Tun sich auf den Erwerb solcher Fähigkeiten richtet, und es trainiert. Das Kind bringt sein „Rüstzeug für die Welt" durch sein Bedürfnis mit, die Welt kennenzulernen, zu ihr in Beziehung zu treten und „so viele Gesprächspartner" wie möglich zu haben.

Damit hat die Reggio-Pädagogik ein optimistisches Bild vom Kind als ein Wesen, das sich aktiv mit seiner gegenständlichen, seiner sozialen Welt und sich selbst auseinandersetzt. Das Kind wird so als Konstrukteur seiner eigenen Entwicklung und seines Wissens betrachtet (s. Kapitel 3).

Im Spiegelzelt

Allerdings ist das Kind aber ebenfalls auf Ressourcen und **Impulse von außen** angewiesen. Solche Impulse bestehen zwischenmenschlich aus Vertrauen und Zuneigung, Sicherheit, Geborgenheit, Rückmeldung, Handlungsanstößen und gewährten Freiräumen. Auch braucht es eine Peergroup für gemeinsame Spielhandlungen und Projekte.

In Bezug auf Materialien bedarf es solcher Gegenstände, die die Komplexität der Welt repräsentieren, zu Experimenten anregen, dem Ausdruck der eigenen Person dienen oder für die Kommunikation zu nutzen sind. In diesem Sinne wird das Kind wie auch der Erwachsene gleichzeitig als vollständiger und als sich entwickelnder Mensch betrachtet.

Ein Kind ist aus hundert gemacht (Loris Malaguzzi, 1985)

Ein Kind ist aus hundert gemacht
Ein Kind hat
Hundert Sprachen
Hundert Hände
Hundert Gedanken
Hundert Weisen zu denken
Zu spielen und zu sprechen.
Immer hundert Weisen
Zuzuhören
Zu staunen und zu lieben
Hundert Weisen zu singen und zu verstehen
Hundert Welten
Zu erfinden
Hundert Welten zu träumen.
Ein Kind hat hundert Sprachen
Doch es werden neunundneunzig geraubt.
Die Schule und die Umwelt trennen ihm den Kopf vom Körper.
Sie bringen ihm bei
Ohne Hände zu denken
Ohne Kopf zu handeln
Ohne Vergnügen zu verstehen
Ohne Sprachen zuzuhören
Nur Ostern und Weihnachten zu lieben und zu staunen.
Sie sagen ihm, dass die Welt bereits entdeckt ist
Und von hundert Sprachen rauben sie dem Kind neunundneunzig.
Sie sagen ihm
Dass das Spielen und die Arbeit
Die Wirklichkeit und die Fantasie
Die Wissenschaft und die Vorstellungskraft
Der Himmel und die Erde
Die Vernunft und der Traum
Dinge sind, die nicht zusammengehören.
Sie sagen also, dass es die hundert Sprachen nicht gibt.
Das Kind sagt: „Aber es gibt sie doch."

(von Loris Malaguzzi, 1985)

Der Raum als „dritter Erzieher"

Der Raum ist in der Reggio-Pädagogik Teil des pädagogischen Konzepts. Dabei sind nicht nur Kindertagesstättenräumlichkeiten und deren Ausstattung gemeint, sondern ebenso das Umfeld (Straßen, Plätze, öffentliche Gebäude, Parks, Gärten, Gewässer). Eine solche Öffnung des Tagesstättenalltags zum Leben im Dorf, in der Stadt und zur Erwachsenenwelt kommt auch in der Architektur der Gebäude zum Ausdruck: große, tief heruntergezogene Fensterflächen und ein einladender Eingangsbereich mit Fotowänden, Wandzeitungen und Projektdokumentationen. Die Räume der Einrichtung dienen einer Atmosphäre des Wohlbefindens, einer Förderung der Kommunikation. Sie stellen Material für Spiel- und Projektaktivitäten zur Verfügung und sollen Impulse für die Bereicherung von Kinderaktivitäten geben.

Die Rolle der Fachkraft

Die Erzieherin in der Reggio-Pädagogik versteht sich als Begleiterin und Dialogpartnerin der Kinder. Sie ist dafür verantwortlich,

1. eine Atmosphäre des sozial-emotionalen Wohlbefindens zu schaffen, in der sich die Kinder angesprochen fühlen, Ängste überwinden und eigentätige Spiel- und Erkundungsaktivitäten entwickeln;
2. zu beobachten und zuzuhören. Hier soll sie im Sinne eines „dritten Auges bzw. eines dritten Ohres" (Malaguzzi) Gesten, Mimik und Worte der Kinder feinfühlig wahrnehmen und verstehen. Diese Beobachtungen sollten möglichst umgehend dokumentiert werden, um der Interpretation zu einem späteren Zeitpunkt zugänglich zu sein;
3. Kinder aktiv zu begleiten. Dies meint, die Ausdrucksformen der Kinder aufzunehmen, zu verarbeiten, zu interpretieren und darauf aufbauend unterschiedlichste Ressourcen bereitzustellen;
4. pädagogisch zu planen innerhalb des Begleitungsprozesses. Hier sollen Beobachtungen anhand der Frage interpretiert werden, was die einzelnen Kinder für ihre Entwicklung brauchen;
5. sich wechselseitig im Team zu beraten und in die Beratung bzw. den Austausch mit Eltern zu gehen;
6. sich selbst in Bereichen der Pädagogik und Psychologie sowie den Feldern des persönlichen Interesses oder des aktuellen Kompetenzbedarfes weiterzuqualifizieren.

Aufgabe

1. Experimentieren Sie selbst in der Gruppe mit verschiedenen Materialien und optischen Geräten (Mikroskop, Lupen, Projektoren und Spiegeln).
2. Vergleichen Sie die Bedeutung der „Dialogpartnerin" bei Wygotski und in der Reggio-Pädagogik.
3. Diskutieren Sie innerhalb der Klasse die reggianische Aussage: „Das Kind weiß am besten, was es braucht, und verfolgt eigenständig und energiereich seine eigene Entwicklung."

12.6 Situationsansatz versus Funktionsansatz: Erfahrungszusammenhänge berücksichtigen

Anders als bei den zuvor dargestellten pädagogischen Handlungsansätzen ist es bei den gebräuchlichen Bezeichnungen „Funktionsansatz" und „Situationsansatz" schwieriger, ein geschlossenes bzw. einheitliches Konzept herauszuarbeiten und die Konzepte klar an eine konkrete Person oder einen konkreten Entstehungszusammenhang zu knüpfen. Im Prinzip ist es auch nicht möglich, von „dem" Funktionsansatz zu sprechen, genauso wie auch „der" Situationsansatz nicht als in sich geschlossenes Konstrukt existiert. Folglich geht es an dieser Stelle vor allem darum, eine Polarisierung vorzunehmen und Unterschiede herauszuarbeiten, um daran die verschiedenen Herangehensweisen an die Gestaltung pädagogischer Situationen zu verdeutlichen.

Der Funktionsansatz

Der Funktionsansatz ist grundsätzlich als eine pädagogische Haltung zu verstehen, die darauf abzielt, bestimmte festzulegende Funktionen bei Kindern anzubahnen, zu schulen, zu fördern und/ oder zu intensivieren. Ziele sind dabei die selbstständige Lebensbewältigung sowie Gesichtspunkte sozialer und kulturtechnischer Bildung, siehe Schaubild.
Die pädagogische Planung innerhalb eines Funktionsansatzes geht vom Grundsatz her von zu erreichenden Persönlichkeitsmerkmalen aus. Sie orientiert sich an Bildungsplanvorgaben und Lebensherausforderungen.

Der Situationsansatz

Erste Anfänge des situationsorientierten Ansatzes liegen in der Bewegung der sogenannten Kinderläden in

Hamburg und Berlin zu Beginn der 1960er-Jahre. Es entwickelte sich eine Bewegung, die sich eine oppositionelle Haltung gegenüber vielem, was Regeln setzte oder autoritär anmutete, zu eigen machte. In Deutschland wollte man die Idee der antiautoritären Erziehung, die sich am Konzept ihres Begründers Alexander Sutherland Neill (1883–1973, Gründer der Summerhill-Schule in England 1921) orientierte, und damit den Willen und Wunsch der Kinder in das Zentrum der Pädagogik rücken. Als Reaktion auf das Etablieren festgelegter Abläufe in den Kindergärten erteilte der aufkommende Situationsansatz dann dem Funktionsansatz in den 1970er-Jahren eine klare Absage. Erster definiert sich eher methodisch durch Distanzierung zu fachdidaktisch organisierten Bildungs- und Lernangeboten. Wissen soll problemorientiert organisiert werden.

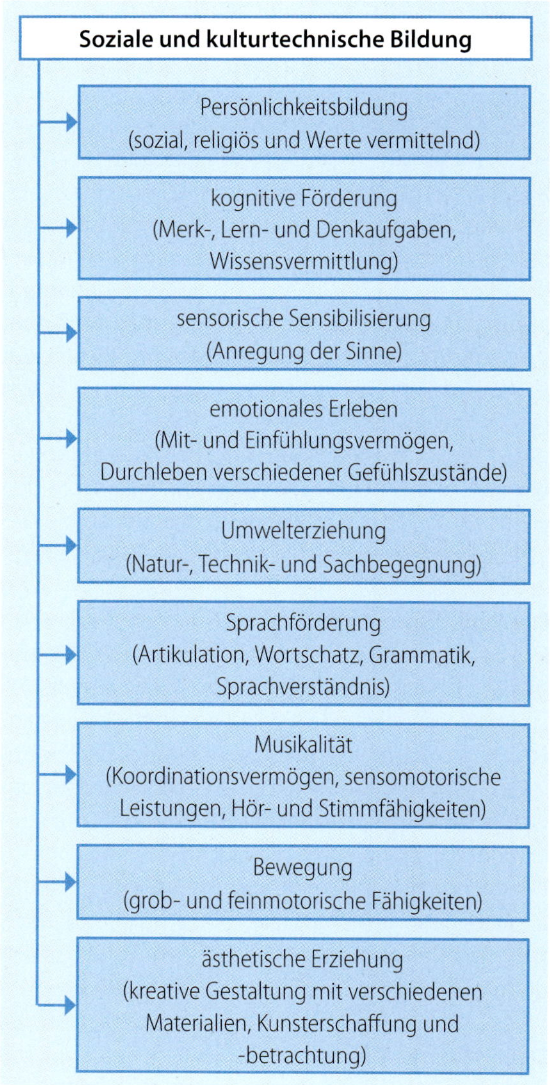

Ziele des Funktionsansatzes

Wie auch im Funktionsansatz geht es z.B. um die Vermittlung von Sozial- und Sachkompetenz, doch die Planungsschritte sollen mit den Kindern gemeinsam entwickelt und umgesetzt oder konkret an ihre Lebenssituation angebunden werden.

Im Situationsansatz wird die Kindheit als eigenständige Phase der individuellen Entwicklung gesehen, nicht als Vorbereitungsphase auf das Erwachsenenalter. Das Kind ist eine aktiv handelnde Persönlichkeit, die sich mit der Umwelt auseinandersetzt und dabei Kompetenzen erwirbt. In diesem Sinne versucht man im Situationsansatz sachbezogenes Lernen mit sozialem Lernen zu verbinden und interpretiert die Bildungsaufgabe von Kindertagestätten als Betonung der kindlichen Eigenständigkeit.

Für die Pädagogin oder den Pädagoge gilt demnach, aus den konkreten Situationen heraus zu planen. Der Situationsansatz gibt nicht vor, wie aus den konkreten Situationen heraus geplant und gearbeitet werden soll. Wichtig bleibt es aber, sich dieser „Situation" zuzuwenden, sie zu betrachten und auszuwerten.

Der Situationsansatz betont das Freispiel, da in dem freien Spiel der Kinder eine selbstbestimmte Aneignung von Bildungsinhalten geschieht – auch offenbaren sich hier das Interesse und der Bildungsstand des Kindes. Anders als in der Schule können Erzieherinnen – von diesen Interessen ausgehend – Angebote und Programme entwickeln, die weiterführen. Und gerade dieses Weiterführen ist so wichtig, da sich die Kinder ja nicht ohne Hilfe in eine über Jahrhunderte gewachsene Kultur „einspielen" können (s. auch Kapitel 3).

Im Funktionsansatz würde der Gegenstand solcher weiterführenden Programme vorgegeben werden und z.B. an den Jahreszeiten orientiert sein. Ausgehend von Situationen würden ebenfalls „didaktische Einheiten" geplant und umgesetzt werden, nur würde sich der Inhalt an von den Erzieherinnen wahrgenommenen Erlebnissen der Kinder entfalten, z.B. wenn ein Geschwisterchen geboren wird.

Aufgabe

Skizzieren Sie zu dem Thema „Die Milch kommt von der Kuh – wo kommt die Milch her?" sowohl in funktionsorientierter Weise wie in situationsorientierter Weise. Benennen Sie die Unterschiede für die pädagogische Arbeit.

12.7 Übersicht zur geschichtlichen Einordnung

1810	1816: Friedrich Fröbel gründet die „Allgemeine deutsche Erziehungsanstalt" in Thüringen
1820	
1900	1907: Maria Montessori eröffnet das 1. Kinderhaus im Elendsviertel St. Lorenzo in Rom
1910	Ab 1919: Entstehung von pädagogischen Einrichtungen im Sinne von Rudolf Steiner (Waldorfpädagogik)
1920	Ab 1924: Lew Wygotski veröffentlicht seine erziehungspsychologischen Theorien
1960	In den 1960ern: Aufbau von Volkskindergärten in der Reggio Emilia (Italien) In den 1960ern: Neubelebung funktionsorientierter Lernprogramme in Deutschland
1970	1970er: Formulierung des Situationsansatzes als Gegenbewegung
1980	1980er: Umsetzung des integrativen Ansatzes (s. Kapitel 5.3)
1990	
2000	

Aufgabe

1. Erarbeiten Sie (ggf. arbeitsteilig) die Kerngedanken der einzelnen Konzepte und stellen Sie die Inhalte anhand der folgenden Gesichtspunkte einander gegenüber:
   Bild vom Kind – Rolle der Erzieherin – Charakter des Spielmaterials – Mitbestimmung der Kinder – angestrebte Lern- bzw. Entwicklungsziele – Überprüfbarkeit der pädagogischen Arbeit.
2. Vertiefen Sie sich in einen weiteren pädagogischen Ansatz, den Sie anderen innerhalb eines Referats näher bringen. Beispiele: Janusz Korczak (Das Recht des Kindes auf Achtung), Anton S. Makarenko (Lernen im Kollektiv), Celestin Freinet (Das Kind in den Mittelpunkt stellen) oder die Kibbuz-Pädagogik (Kinder der Gemeinschaft).
3. Äußern Sie sich erneut zu Ihrem eigenen Bild vom Kind. Was hat Sie überzeugt, wo hat sich Ihre Position erweitert, wo verfestigt?

Weitere Lernsituationen

Lernsituation A

Auf dem Rückweg von der Schwimmhalle zur Kindertagesstätte kommt die Kindergruppe an einer Baustelle vorbei. Der Rohbau des Hauses steht, es gibt schon einen Dachstuhl, aber ansonsten ist noch nicht viel zu sehen. Obwohl es regnet, bleiben die Kinder auch dieses Mal eine Weile stehen und unterhalten sich über Veränderungen gegenüber der letzten Woche. Einige Kinder stapfen in den Pfützen herum, die sich im losen Sand der Baustelle gebildet haben.

Lernsituation B

Anna (5;2 Jahre) sitzt in der Sandkiste und gräbt eine Mulde. Aus einem Eimer kippt sie Wasser hinein, um einen Teich zu machen, wie sie der Erzieherin erzählt. Dann geht sie zum Außenwasserhahn der Kindertagesstätte und füllt den Eimer wieder auf. Als sie wiederkommt, schaut sie verwundert in die Mulde und entdeckt, dass das Wasser verschwunden ist. Ein anderes Kind hat die Situation beobachtet und fragt laut, wo denn das Wasser geblieben sei. Ein drittes Kind im gleichen Alter kommt hinzu und fängt an, nach dem Wasser zu graben. Doch das Wasser bleibt verschwunden. Die Kinder staunen.

Lernsituation C

Juri und Tim „fläzen“ sich im Jugendhaus auf einem durchgesessenen Sofa herum und betrachten missmutig die Wände, die schon von vielen unterschiedlichen, auch übereinander gesprühten „Tags“ ihrer Vorgängergeneration übersäht sind. „Man, das ist ein Mittelalterscheiß. Das turnt ja nur noch ab“, sagt Tim, „hier kann man ja gar nichts mehr machen.“ Diesen Ausspruch hören Sie gerade, als Sie an der geöffneten Tür vorbeigehen. Die beiden haben Recht, welche Jugendlichen können sich mit so einer verkommenen Einrichtung noch identifizieren? Sie wissen, dass der kommunale Jugendausschuss Geld zur Renovierung des Jugendhauses zur Verfügung stellen würde, wenn ein schlüssiges Raumkonzept vorgelegt wird. Sie informieren sich über bedürfnisorientierte Raumgestaltung in Jugendhäusern und beziehen die Jugendlichen in die Erstellung eines Konzeptes ein.

Lernsituation D

Sinje, Sina und Jill (alle 3 fast 5 Jahre alt) haben heute Essensdienst in der Kindertagesstätte. Ihre Aufgabe ist es, für das gemeinsame Frühstück die „Vitamingeber“ in mundgerechte Stücke zu schneiden. Dafür müssen sie mit scharfen Küchenmessern hantieren. Die Erzieherin hat eine frische Gurke, 2 rote Paprikaschoten und 5 Tomaten auf den Tisch gelegt.
Sinje schiebt schnell die Arme um die Tomaten und Sina greift nach den beiden großen Paprikaschoten. Jill schluckt, eine Träne kullert plötzlich über ihre rechte Wange: „Das ist ungerecht. Ich hab nichts abgekriegt.“ Schnell gibt Sinje ihr 3 Tomaten und sagt zu Sina: „Du auch.“ Sina bekommt einen roten Kopf und flüstert: „Nein.“ Da hält ihr Jill die Gurke zum Tausch hin. Sina gibt Jill eine Paprikaschote und nimmt die Gurke. Alle 3 Mädchen lächeln sich an und rufen nach der Erzieherin: Sie soll endlich die Messer herausgeben.

Lernsituation E

Weihnachten steht vor der Tür. Im „Kindergarten Nestchen“ geht es wie alljährlich darum, die Weihnachtszuwendung des Trägers sinnvoll einzusetzen. Klar ist, dass wie jedes Jahr keine Einzelgeschenke an die Kinder gegeben werden, sondern dass die Ausstattung des Kindergartens durch „Gruppengeschenke“ erweitert werden soll. In den letzten Jahren wurden verschiedene Bau- und Konstruktionssysteme angeschafft, die sich die Gruppen auch wechselseitig ausleihen. Nun geht es darum zu entscheiden, was dieses Jahr mit der nicht geringen Summe geschehen soll.

Die Meinungen hierzu sind unterschiedlich. Die einen möchten gern eine Puppenecke einrichten, die anderen finden den Kindergarten insgesamt viel zu vollgestopft und möchten das Geld lieber in eine geeignete Aktion fließen lassen. Wieder andere möchten aber etwas Bleibendes, doch auf gar keinen Fall „Plastikkram" …

Ulrike schwirrt der Kopf. Sie ist erst seit kurzem Erzieherin im „Nestchen" und deswegen etwas unsicher, inwieweit sie die Diskussion mitbestimmen soll. Doch sie spürt, dass es ihr ein großes Anliegen ist, pädagogisch fundiert zu argumentieren und zu entscheiden. Sie möchte über den Tellerrand der eigenen Gruppe hinausschauen und Ideen erarbeiten, die sich nicht nur an persönlichen Vorlieben der Einzelnen orientieren. Insofern geht es ihr nicht nur um die Frage, was angeschafft werden soll, sondern auch um die Diskussion, warum und wozu dies getan wird.

Lernsituation F

Mina arbeitet in einer recht neuen Einrichtung, bei der noch vieles drunter und drüber geht. Sie ist mit der Situation unzufrieden und macht sich Gedanken über eine geeignete Tagesstruktur und sinnvolle Materialanschaffungen. Zur Vorbereitung greift sie auf ihr Wissen über Handlungskonzepte zurück. Sie entwickelt konkrete Vorschläge, um sie im Team vorzustellen.

Aufgabe

Bearbeiten Sie eine dieser Lernsituationen nach den folgenden Schritten:

- Analysieren
- Planen
- Durchführen
- Reflektieren und bewerten
- Dokumentieren und präsentieren

Anregungen zur Selbstreflexion

Beobachtung von Lernprozessen

1. Schulen Sie systematisch Ihre Aufmerksamkeit und Wahrnehmungskraft:
   - Schließen Sie Ihre Augen für einige Minuten und nehmen wahr, was Sie hören, riechen und auf der Haut fühlen. Wiederholen Sie dieses Experiment an unterschiedlichen Orten, z. B.
     - drinnen / draußen,
     - im eigenen Zuhause,
     - in der Schule,
     - unterwegs.
   - Schauen Sie sich für einen Moment beispielsweise im Klassenraum oder im Gruppenraum Ihrer Praxiseinrichtung um und notieren dann in einer Liste, was Sie gesehen haben. Tauschen Sie sich mit einer Partnerin oder einem Partner über Gemeinsamkeiten und Unterschiede aus.
2. Beobachten Sie ein Kind mit unterschiedlichen Beobachtungsmethoden und vergleichen Sie die Ergebnisse. In welcher Weise unterscheiden sich die gewonnenen „Bilder" bzw. Einschätzungen?
3. Dokumentieren Sie Beobachtungen in unterschiedlicher Form (z. B. als Tabelle, als Erzählung, als Fotoreihe oder Fotoroman, mit einer Nachbearbeitung über Leitfragen).

Begründetes, pädagogisches Handeln

1. Wenn Sie sich an Ihre eigene Kindergarten- oder Grundschulzeit erinnern:
   - Welche Szenen steigen auf?
   - Was war schön und ermutigend?
   - Womit waren Sie beschäftigt?
   - Gab es auch Situationen, in denen Sie sich als Kind nicht wohlgefühlt haben?
   - Was war beeinträchtigend für Ihr Wohlergehen?
2. Wie haben Sie die physikalische Umwelt und die Natur wahrgenommen? Was war Ihr Lieblingsspielzeug? Haben Sie gebaut? Mit welchem Mate-rial haben Sie sich gern beschäftigt? Haben Sie Freude am Sortieren gehabt? Wie haben Sie Muster entdeckt?
3. Hatten Sie als Kind eine beste Freundin/ einen besten Freund? Haben Sie gern in größeren Gruppen gespielt oder lieber zu zweit oder allein? Welche Menschen waren nach Ihrer Erinnerung für Ihre Entwicklung wichtig?
4. Gab es größere Unternehmungen oder Projekte, die Sie als Kind in der Kindertagesstätte erlebt haben?
5. Können Sie sich daran erinnern, im Rahmen von Jugendfreizeitgruppen, Sportgruppen oder in der Schule an Projekten teilgenommen zu haben?
6. Formulieren Sie mindestens 3 wichtige Erkenntnisse, die Sie aus der Auseinandersetzung mit diesem Lernfeld gewonnen haben.

5 Erziehungs- und Bildungspartnerschaften mit Eltern und Bezugspersonen gestalten sowie Übergänge unterstützen

1 Erste Lernsituation

Jörn sitzt seit einer Stunde vor dem Computer, aber unter der Überschrift *Zwischenbericht Ambulante Flexible Hilfe für Denizli, Murat (geb. 02.10.2004) nach §§ 27 ff. SGB VIII* ist das Dokument immer noch leer.
Jörn Schuster, 33 Jahre, arbeitet seit 2 Jahren als **Erzieher bei einem Jugendhilfeträger** in Köln. Sein Einsatzgebiet ist der Stadtteil Neu-Ehrenfeld. Dort findet Straßensozialarbeit, Beratung in einem kleinen Büro und offenes Fußballtraining für alle Jugendliche auf einem Bolzplatz statt. Inzwischen haben sich auch feste Jungs-Mannschaften verschiedener Altersklassen gebildet, die Jörn trainiert und auf Wettkämpfe gegen Mannschaften in anderen Stadtteilen vorbereitet.
Seit einem halben Jahr hat Jörn außerdem den „Fall Murat" als **Betreuer in der ambulanten Hilfe** übernommen. Nun soll er einen Zwischenbericht für das Jugendamt schreiben. Die Arbeit mit Murat und seiner Familie läuft ganz gut, aber das Schreiben fällt Jörn schwer.

Jörn erinnert sich: Frau Denizli kam mit ihrem Sohn Murat nicht mehr zurecht. Sie hatte sich schweren Herzens an das Jugendamt gewandt. Über eine gemeinsame Hilfeplanung mit der Familie brachte das Jugendamt die Flexible Hilfe nach §§ 27 ff. SGB VIII auf den Weg. Murat wurde an der Suche nach einem geeigneten Begleiter beteiligt. Beim ersten Treffen mit dem Erzieher Jörn war das Eis zwischen ihnen schnell gebrochen – beide kannten sich vom Fußballplatz.

Jörn nimmt sich den **Hilfeplan** noch einmal vor. Dort heißt es:

Hilfeplan

Ort und Datum: Im Jugendamt am 13.03.20..

Teilnehmer/-innen und Funktion:
Frau Wagner (Allgemeiner Sozialer Dienst Ehrenfeld), Frau Denizli und Murat Denizli

Situationsbeschreibung aus der Sicht der Hauptbetroffenen:
Murat, 10 Jahre, ist der Sohn von Cem Denizli und Erika Denizli, geb. Schäfer. Murats Eltern sind inzwischen geschieden. Herr Denizli lebt in Süddeutschland mit seiner neuen Familie. Er hat 3 weitere Kinder, ist freiberuflich tätig und zeitlich sehr gefordert.
Murat lebt bei der Mutter zusammen mit seinen beiden Halbgeschwistern Leon, 5 Jahre alt, und Lilly, 3 ½ Jahre alt. Der Vater von Leon und Lilly, Wolfgang Kunz, der sich in der Zeit des Zusammenlebens auch sehr um Murat gekümmert hatte, hat sich vor einem Jahr von der Familie getrennt. Frau Denizli

beschreibt ihre Situation als Alleinerziehende mit 3 Kindern als sehr anstrengend. Sie würde sich mehr Unterstützung von Wolfgang wünschen, damit sie ab und zu eine Auszeit für sich hätte. Dieser ist allerdings nicht bereit, seine (und nur seine!) Kinder mehr als vorgesehen zu betreuen. Murat vermisst den regelmäßigen Kontakt zu seinem leiblichen Vater. Wegen der großen Entfernung sieht er ihn etwa alle 3 bis 4 Monate für eine Woche. Wochenendbesuche sind auch finanziell für die Familie nicht realisierbar. Murat vermisst auch Wolfgang. Der Kontakt zu ihm ist seit der Trennung schwierig.
Murat hat wenig Selbstbewusstsein. Er wirkt traurig und müde, kann aber auch, wenn ihn etwas belastet, sehr aggressiv werden.
In der Schule zeigt er unterschiedliche Leistungen. Er ist oft unkonzentriert und er erledigt seine Hausaufgaben fast nie. Er hält keine Ordnung in seinen Schulsachen. Seine Lehrerin ist aber überzeugt davon, dass er ein intelligenter Junge ist und sie gibt eine gymnasiale Empfehlung für ihn. Murat selbst ist ehrgeizig, allerdings ist seine Frustrationstoleranz sehr gering.

Wille des Betroffenen, Mitwirkungsbereitschaft

Murat möchte zuverlässige regelmäßige Kontakte zu seinem Vater.
Er möchte seine Wut besser kontrollieren können.
Er möchte auch einmal mit seiner Mutter etwas alleine unternehmen.
Er möchte aufs Gymnasium gehen.
Er möchte Nachhilfe in Deutsch.

Kooperationswille

Frau Denizli wünscht sich, dass Murat selbstbewusster und zufriedener wird und seine Aggressionen in den Griff bekommt. Sie möchte, dass man ihr Ratschläge gibt, wie sie ihrem Sohn dabei helfen kann.

Richtungsziel(e) / Aufträge / Auflagen

- Murat soll bzgl. der schulischen Anforderungen motivierter sein,
- sein Selbstbewusstsein soll gestärkt werden
- sein Kontakt zum Vater sollte intensiviert werden,
- die Mutter sollte regelmäßig mit Murat alleine etwas unternehmen,
- Murat sollte Nachhilfe in Deutsch bekommen.

Dann sieht sich Jörn die **Ressourcenkarte** an, die er am Anfang erstellt hatte. Dort heißt es:

Eigene Ressourcen

- Murat ist intelligent,
- er ist gut in Mathematik und Musik,
- er ist sehr sportlich, besonders gut kann er Fußball spielen,
- er kümmert sich liebevoll um seine kleineren Geschwister,
- er ist bindungsfähig

Soziale Ressourcen im Umfeld des Betroffenen

- seine Mutter
- die Geschwister
- Nachbarn
- Freunde in der Schule und beim Fußball

Wirtschaftliche Ressourcen

- 450-€-Job der Mutter
- Unterhalt vom Vater
- Unterstützung vom Sozialamt

Infrastrukturelle Ressourcen

- Schule, hier besonders die Klassenlehrerin
- Hausaufgabenhilfe in der Schule
- Jugendamt
- Sozialamt
- Fußballtraining
- Beratungsstelle im Stadtteil
- Jugendmusikschule im Stadtteil
- Pfadfindergruppe der Kirchengemeinde

Jörn stehen 10 Wochenstunden für die ambulante flexible Hilfe zur Verfügung. Er hat die Stunden so aufgeteilt, dass er an 4 Nachmittagen (montags, dienstags, donnerstags und freitags) jeweils 2 Stunden in der Familie ist, bzw. etwas mit Murat unternimmt und 2 Stunden für Organisation, Planung und Dokumentation (Gespräche mit der Mutter, dem Vater, der Lehrerin, Planung von Aktivitäten, Reflexion und Dokumentation) zur Verfügung hat. In den 2 Wochenstunden müssen auch die monatlichen Supervisionssitzungen, die kollegialen Fallbesprechungen und die Absprachen mit dem Koordinator der Einrichtung untergebracht werden.

In dem halben Jahr sind bereits einige Teilziele erreicht worden. So konnte mit dem Vater von Murat verabredet werden, dass er Murat jeden Samstag zu einer bestimmten Zeit anruft. Jörn hatte ein Treffen mit dem Vater, bei dem diese Vereinbarung getroffen werden konnte. Für die Ordnung der schulischen Anforderungen sorgen ein Hausaufgabenheft und ein Kalender, den Murat jetzt regelmäßig pflegt. Jörns Idee, Murat für die Pfadfinder in der hiesigen Kirchengemeinde zu interessieren, ist schief gegangen. Ebenso ist es noch nicht gelungen, ihn für das Erlernen eines Musikinstrumentes bei der Jugendmusikschule zu interessieren.

Da die Mutter eine Beratung gewünscht hat, wie sie Murat unterstützen könne, war es zunächst einfach, auch mit ihr bestimmte verlässliche Verabredungen zu treffen. Nach einigen intensiveren Gesprächen mit der Mutter und nach Beobachtung des Alltags in der Familie ist Jörn jedoch aufgefallen, dass die Mutter völlig überlastet zu sein scheint. Sie scheint an Depressionen zu leiden. Auf Drängen von Jörn hat Frau Denizli inzwischen einen Arzt aufgesucht, der Jörns Verdacht bestätigt hat. Möglicherweise muss nun die Hilfe für Murat und die Familie erweitert werden. In Absprache mit dem Koordinator soll Jörn in seinem Zwischenbericht darauf hinweisen.

2 Angestrebte Kompetenzen

Jörn Schuster arbeitet erst seit einem Jahr in einer Einrichtung der Jugendhilfe. Es ist wichtig, dass er auch die rechtlichen Rahmenbedingungen seiner Arbeit kennt, weiß, wie z.B. ein Hilfeplan zustande kommt, wie seine erzieherische Arbeit in diesem Rahmen einzuordnen ist und dass diese dokumentiert werden muss.

Nachdem ein weiteres Problem in der Familie offenkundig geworden ist, die Krankheit der Mutter, wird der Hilfeplan nun wahrscheinlich erweitert werden müssen. Das bedeutet, dass auch Jörn an der nächsten Hilfeplankonferenz teilnehmen und sein Entwicklungsbericht Grundlage dieser Konferenz sein wird. Jörn sollte also auch die in Frage kommenden Maßnahmen kennen und wissen, wie der Ablauf einer Hilfeplanung ist. Die rechtlichen Rahmenbedingungen finden sich in **Kapitel 3**.

Bei jeglicher Art von Hilfen zur Erziehung muss der Erzieher das soziale Umfeld des Kindes oder des Jugendlichen in seine Arbeit mit einbeziehen, d.h. er arbeitet mit den Eltern und Geschwistern, gegebenenfalls auch mit Großeltern, Stiefeltern oder anderen nahestehenden Verwandten des Kindes oder des Jugendlichen zusammen. Hier soll der Erzieher zunächst das Vertrauen der Bezugspersonen des Jugendlichen oder Kindes gewinnen, um gemeinsam mit ihnen im Sinne der Hilfeplanziele arbeiten zu können. Einfühlungsvermögen in die Lebenssituation der Betroffenen, systemisches Denken, angemessenes Kommunizieren und nachhaltiges Agieren sind hier notwendige Kompetenzen des Erziehers. In den **Kapiteln 6 und 7** werden die Grundlagen der Kommunikation und die Bedingungen für eine gelingende Kommunikation beschrieben.

Zudem muss Jörn Schuster berücksichtigen, dass die Bezugspersonen Partner in der Zusammenarbeit sind, das heißt die Sorgeberechtigten bzw. Bezugspersonen sollen in angemessener Weise an allen Schritte partizipativ beteiligt und informiert werden. Hierzu führt **Kapitel 9** Näheres aus.

Wichtig ist es auch, das sozialräumliche Umfeld miteinzubeziehen. Hier geht es darum, zu betrachten, welche Ressourcen im Sozialraum aktiviert oder geschaffen werden können. Beispielsweise Murats Niedergeschlagenheit kommt sicher nicht nur daher, dass er seinen Vater und Stiefvater vermisst, ganz sicher belasten ihn auch die Überforderung und die depressiven Stimmungen der Mutter. Der Zustand seiner Mutter führt wahrscheinlich dazu, dass er sich – mehr als es gesund ist – für seine Geschwister verantwortlich fühlt. Eine flexible Hilfe für Murat muss also in jedem Fall auch Lösungsmöglichkeiten für die Situation der Mutter und der Geschwister mitdenken. Hier können andere Institutionen im Stadtteil oder in erreichbarer Umgebung helfen: Wenn der Mutter geholfen wird, wird es Murat mit Sicherheit entlasten. Der Erzieher sollte sich also gut im betreffenden Gemeinwesen auskennen und sich mit den sozialen Institutionen vernetzen, die sich bereits um die Familie kümmern. Hier ist die Kindertagesstätte zu nennen, die Murats Geschwister besuchen. Dann geht es auch darum, weitere Angebote, die es im Stadtteil gibt und die genutzt werden können, zu finden und die Familie darauf aufmerksam zu machen. Ideen hierzu bietet das **Kapitel 4**.

Der Erzieher wird beratend tätig, wobei er berücksichtigt, dass das Kind oder der Jugendliche sich in einem System von verschiedenen Bezugspersonen und Institutionen befindet und also nicht isoliert betrachtet werden darf; zugleich sind auch die eigenen Grenzen der Beratung zu akzeptieren. Hiervon handelt das **Kapitel 9** Kommunizieren, kooperieren und beraten.

Kinder, Jugendliche und deren Familien durchlaufen im Lauf ihres Lebens verschiedene Übergänge, die entwicklungspsychologisch bedingt und i.d.R. an dem Übergang von einer Institution zur nächsten festgemacht werden. Zur Gestaltung der Übergänge braucht man geschultes Fachpersonal. Das Thema Übergänge wird in **Kapitel 10** thematisiert.

3 Hilfen zur Erziehung und SGB VIII

Im vierten Abschnitt des **„Achten Buchs Sozialgesetzbuch (SGB VIII) Kinder- und Jugendhilfe“** (umgangssprachlich KJHG) sind die verschiedenen Maßnahmen für die Hilfe zur Erziehung, die Eingliederungshilfe für seelisch behinderte Kinder und Jugendliche und die Hilfe für Volljährige beschrieben (§§ 27 ff.), außerdem in § 36 die Vorschriften für die Mitwirkung und den Hilfeplan.

SBG VIII § 27 Hilfe zur Erziehung

(1) „Ein Personensorgeberechtigter hat bei der Erziehung eines Kindes oder eines Jugendlichen Anspruch auf Hilfe (Hilfe zur Erziehung), wenn eine dem Wohl des Kindes oder des Jugendlichen entsprechende Erziehung nicht gewährleistet ist und die Hilfe für seine Entwicklung geeignet und notwendig ist.

(2) Hilfe zur Erziehung wird insbesondere nach Maßgabe der §§ 28 bis 35 gewährt. Art und Umfang der Hilfe richten sich nach dem erzieherischen Bedarf im Einzelfall; dabei soll das engere soziale Umfeld des Kindes oder des Jugendlichen einbezogen werden. [...]“

Die Hilfen zur Erziehung umfassen:

§ 28 SGB VIII	**Erziehungsberatung** (ambulante Krisenintervention, therapeutische Hilfe u.a.)
§ 29	**Soziale Gruppenarbeit** (ambulante Hilfe in der sozialpädagogischen Gruppe)
§ 30	**Erziehungsbeistandschaft und Betreuungshelfer** (langfristige ambulante Unterstützung durch Fachkräfte, evtl. vom Jugendgericht zugewiesen)
§ 31	**Sozialpädagogische Familienhilfe** (intensive Begleitung von Familien, langfristig angelegt)
§ 32	**Erziehung in Tagesgruppen** (Gruppenarbeit nach der Schule, intensive, teils schulische, Förderung)
§ 33	**Vollzeitpflege** (Fremdunterbringung in einer anderen Familie, zeitlich befristet oder dauerhaft)

§ 34	**Heimerziehung und sonstige betreute Wohnformen** (Fremdunterbringung, sozialpädagogisch betreut und mit der Zielsetzung Rückkehr in die Familie)
§ 35	**Intensive sozialpädagogische Einzelbetreuung** (Einzelbetreuung von Jugendlichen außerhalb der Familie, längerfristig angelegt) (s. auch **Lernfeld 2**, Kapitel 4.6: Erlebnispädagogik)

Ambulante Hilfen vor stationären Hilfen: Der Gesetzgeber legt Wert darauf, dass die Hilfe immer zuerst unter Einbeziehung der Familie, des sozialen Umfelds und der Ausschöpfung aller Angebote im Sozialraum gegeben wird. Eine stationäre Unterbringung oder gar eine sogenannte intensive sozialpädagogische Einzelbetreuung kommen erst in Betracht, wenn alle anderen Hilfsangebote nicht mehr greifen.
Kinder und Jugendliche sollen an allen Angelegenheiten, die sie betreffen, „kindgemäß und altersangemessen" beteiligt werden.

Der Hilfeplan

Das **Hilfeplangespräch** dient dazu, zunächst eine genaue Situationsbeschreibung und Problemdarstellung aus der Sicht aller Betroffenen zu erhalten.
Die Personensorgeberechtigten und das Kind oder der Jugendliche sollen nach ihren Wünschen und ihrer Mitwirkungsbereitschaft befragt werden. Sie werden über die Art und den Umfang der Hilfe beraten und auf die möglichen Folgen für die Entwicklung des Kindes oder des Jugendlichen hingewiesen. Am Schluss werden die Ziele für den **Hilfeplan** gemeinsam formuliert und dann wird über die in diesem individuellen Fall sinnvolle und passgenaue Art der Hilfe entschieden.

Im Hilfeplangespräch zusammenarbeiten

Teilnehmer eines ersten Hilfeplangesprächs sind normalerweise ein Vertreter des zuständigen Jugendamts, das Kind oder der Jugendliche selbst und ein Personensorgeberechtigter (oder mehrere). Nach der Entscheidung über die Maßnahme wird ein **Jugendhilfeträger**, der entsprechende Leistungen anbietet, vom Jugendamt beauftragt, die Maßnahme durchzuführen.

Träger der Kinder- und Jugendhilfe: Diese Organisationen erbringen konkrete Leistungen nach SGB VIII. Darunter fallen

- freie Träger (gewerbliche Organisationen, oft gemeinnützige Vereine oder Verbände; Beispiele: Kirchen, Wohlfahrtsverbände wie DRK oder Caritas, aber auch kleine Vereine oder zugelassene Elterninitiativen),
- öffentliche Träger (Jugendamt oder Organisationen auf Landesebene).

Die öffentliche Jugendhilfe ist gehalten, mit den freien Trägern partnerschaftlich zusammenzuarbeiten und sie zu fördern (§§ 4, 74 SGB VIII).
Leistungen der Kinder- und Jugendhilfe können z. B. sein: Kitas, Horte, Heime, Jugendtreffs, Angebote der Feriengestaltung oder Erziehungsberatung. Dafür beteiligt sich der Staat an den Kosten.

Bevor der Hilfeplan ausgewertet oder/und fortgeschrieben wird, wird ein weiteres Hilfeplangespräch abgehalten, an dem dann zusätzlich ein Vertreter des Trägers der Maßnahme und die jeweilige Fachkraft teilnehmen.

SGB VIII § 36 Mitwirkung/Hilfeplan
(2) „Die Entscheidung über die im Einzelfall angezeigte Hilfeart soll, wenn Hilfe voraussichtlich für längere Zeit zu leisten ist, im Zusammenwirken mehrerer Fachkräfte getroffen werden. Als Grundlage für die Ausgestaltung der Hilfe sollen sie zusammen mit dem Personensorgeberechtigten und dem Kind oder dem Jugendlichen einen Hilfeplan aufstellen, der Feststellungen über den Bedarf, die zu gewährende Art der Hilfe sowie die notwendigen Leistungen enthält; sie sollen regelmäßig prüfen, ob die gewählte Hilfeart weiterhin geeignet oder notwendig ist.
Werden bei der Durchführung der Hilfe andere Personen, Dienste oder Einrichtungen tätig, so sind sie oder deren Mitarbeiter an der Aufstellung des Hilfeplans und seiner Überprüfung zu beteiligen."

Ziel aller Hilfen zur Erziehung ist es, die Bedingungen in der Herkunftsfamilie innerhalb eines Zeitraums, der für die Entwicklung des betroffenen Kindes oder Jugendlichen sinnvoll ist, so zu verbessern, dass keine Unterstützung von außen mehr notwendig ist. Wenn das nicht gelingt, soll mit den Betroffenen eine Perspektive entwickelt werden, die nachhaltig dem Wohl des Kindes oder des Jugendlichen dient (vgl. § 37).

Weitere wichtige Aspekte des SGB VIII

Das umfangreiche Achte Buch geht in Abschnitt 1 (Jugendarbeit, Jugendsozialarbeit, erzieherischer Kinder- und Jugendschutz) und Abschnitt 2 (Förderung der Erziehung in der Familie) genauer auf die vielseitigen Aufgaben der öffentlichen Kinder- und Jugendhilfe ein. Hervorgehoben werden sollen hier folgende wichtige Paragrafen:

- Förderung der Jugendarbeit § 11
- Förderung der Jugendverbände § 12
- Jugendsozialarbeit § 13
- Erzieherischer Kinder- und Jugendschutz § 14
- Förderung der Erziehung in der Familie § 16
- Beratung in Fragen der Partnerschaft, Trennung und Scheidung § 17
- Unterstützung bei der Ausübung der Personensorge und des Umgangsrechts § 18
- Gemeinsame Wohnformen für Mütter/Väter und Kinder § 19
- Betreuung des Kindes in Notsituationen § 20
- Zusammenarbeit bei Hilfen außerhalb der eigenen Familie (Pflegefamilien u.a.) § 37

4 Sozialräumliche Vernetzung

Sozialraum: Unter dem Begriff versteht man die Einrichtungen in einem Ort oder Stadtteil, in denen die Menschen des Gemeinwesens leben, sich aufhalten, ihre Freizeit verbringen, in denen sie betreut werden, sich treffen und in denen sie arbeiten. Beispiele für solche Einrichtungen sind z.B.: das Jugendzentrum, die Kita, die Erziehungsberatungsstelle, die Bibliothek, das Einkaufszentrum, der Sportplatz, die Familienbildungsstätte, die Kirchen und das Sozialamt.

Unter „Gemeinwesen“ werden alle Organisationsformen des Zusammenlebens verstanden, die über den Familienverband hinausgehen.

Sozialraumorientierte Sozialarbeit ist eine Weiterentwicklung von Gemeinwesenarbeit, die neben der Sozialen Gruppenarbeit und Einzelfallhilfe eine der Grundformen sozialer Arbeit ist.

Gemeinwesenarbeit ist eine Form der Sozialarbeit, die Ende des 19. Jahrhunderts in Amerika entstanden ist. Gemeinwesenarbeiter sind Sozialarbeiter, die in Gemeinden mit einer hohen Konzentration von sozialen Problemen arbeiten. In diesen „sozialen Brennpunkten“ findet man eine hohe Arbeitslosigkeit, Armut, multikulturelle Einwohnerschaft und häufig eine hohe Kriminalitätsrate vor. Es geht nun darum, zusammen mit den Menschen vor Ort unter Einbeziehung aller sozialen Einrichtungen in der Gemeinde die Lebensbedingungen der Menschen dort langfristig zu verbessern und die Probleme nachhaltig zu lösen.

Die Voraussetzung für sozialraumorientierte Arbeit ist es, dass sich die Sozialarbeiter sehr gut in dem jeweiligen Stadtteil auskennen und sie sich in die Lebenswelt ihrer Klienten hineinversetzen können.

- Denn der Ausgangspunkt jeglicher Arbeit muss das Interesse der Menschen in dem Wohnquartier sein.
- Dabei sollen die Ressourcen der Menschen und der Institutionen im Stadtteil ausgeschöpft werden.
- Die Arbeit soll die Betroffenen in erster Linie aktivieren, weniger betreuen.
- Alle Aktivitäten beziehen mehrere Gruppen mit ein.
- Voraussetzung für eine funktionierende Hilfe ist die Vernetzung der verschiedenen sozialen Dienste.

Vernetzt arbeiten: Für viele Träger gehört Vernetzung heutzutage ganz selbstverständlich zu ihrer Konzeption. Im Kinder- und Jugendhilfe-Gesetz heißt es dazu:

SGB VIII § 22a Förderung in Tageseinrichtungen

(2) Die Träger der öffentlichen Jugendhilfe sollen sicherstellen, dass die Fachkräfte in ihren Einrichtungen zusammenarbeiten

1. mit den Erziehungsberechtigten und Tagespflegepersonen zum Wohl der Kinder und zur Sicherung der Kontinuität des Erziehungsprozesses,
2. mit anderen kinder- und familienbezogenen Institutionen und Initiativen im Gemeinwesen, insbesondere solchen der Familienbildung und -beratung,
3. mit den Schulen, um den Kindern einen guten Übergang in die Schule zu sichern und um die Arbeit mit Schulkindern in Horten und altersgemischten Gruppen zu unterstützen. [...]

S. auch **Lernfeld 6**: In Netzwerken kooperieren

5 Auseinandersetzung mit der Lernsituation

Zur Lernsituation von Seite 284

Nachdem Jörn Schuster sich die Anfangssituation noch einmal vor Augen geführt hat, stellt er fest, dass sich die Situation für den Jungen Murat bereits entspannt hat und es klar ist, wie er weiter mit ihm arbeiten wird.
Es muss jetzt darum gehen, die Mutter zu stärken, damit sie psychisch und körperlich weiterhin in der Lage ist, ihre 3 Kinder angemessen zu versorgen.
Ebenso muss auf Leon und Lilly geschaut werden. Hier ist auch die Kita einzubeziehen, in der die beiden betreut werden.
Wenn es der Mutter besser geht und die Geschwister sich gut entwickeln können, kann sich Murat auf sich konzentrieren und muss nicht unbewusst die Rolle des fehlenden Vaters in der Familie einnehmen.
Jörn schaut im Kinder- und Jugendrecht nach, welche Möglichkeiten dort aufgezeigt werden. Dass die Fachkräfte der öffentlichen Einrichtungen zusammenarbeiten sollen, ist im Paragraphen 22 a geregelt. Hierauf kann er sich beziehen, wenn die Zusammenarbeit mit der Kita angestrebt wird.
Welche Möglichkeiten sieht das Gesetz aber für die Unterstützung der Mutter vor? Jörn blättert weiter im Kinder- und Jugendrecht. Der „Zweite Abschnitt, Förderung der Erziehung in der Familie" trifft nicht ganz, was Jörn sucht.
Es ist wieder der „Vierte Abschnitt, Hilfe zur Erziehung, Eingliederungshilfe für seelisch behinderte Kinder und Jugendliche, Hilfe für junge Volljährige", wo Jörn fündig wird:
Im § 31 Sozialpädagogische Familienhilfe hießt es: „Sozialpädagogische Familienhilfe soll durch intensive Betreuung und Begleitung Familien in ihren Erziehungsaufgaben, bei der Bewältigung von Alltagsproblemen, der Lösung von Konflikten und Krisen sowie im Kontakt mit Ämtern und Institutionen unterstützen und Hilfe zur Selbsthilfe geben".
Darauf wird sich Jörn beziehen, wenn er den Zwischenbericht schreibt. Er wird empfehlen, dass die Hilfe um eine Unterstützung der Mutter erweitert werden muss. Seine Empfehlung wird sein, dass die Mutter sowohl eine therapeutische Begleitung als auch eine praktische Haushaltshilfe bekommt.
Außerdem muss das Augenmerk auch auf die beiden kleinen Geschwister von Murat gerichtet werden und zusammen mit den Erziehungspersonen in der Kita überlegt werden, was Lilly und Leon noch brauchen, um sich gut entwickeln zu können.

Zwischenbericht: Ambulante flexible Hilfe für Murat Denizli

Murat hat bereits große Fortschritte gemacht. Der Kontakt zum Vater ist wiederhergestellt. Die regelmäßigen Kontakte zu ihm geben Murat Orientierung und Halt. Murat hat gelernt, Ordnung in seinen Schulsachen zu halten. Er hat einen Überblick über seinen Stundenplan und seine Hausaufgaben. Ich konnte ihm einen Nachhilfelehrer für Deutsch vermitteln. Die Klassenlehrerin gibt ihm eine gymnasiale Empfehlung. Aus meiner Sicht genügt es, wenn Murat zukünftig einmal pro Woche für 2 Stunden sozialpädagogische Betreuung bekommt. Da meine Beziehung zu Murat gewachsen ist, würde ich diese Begleitung gern weiter übernehmen. Während der Arbeit mit Murat ist mir aufgefallen, dass die Mutter dringend der Hilfe bedarf. Murat fühlt sich für sie verantwortlich, das überfordert ihn. Ebenso übernimmt er zurzeit die Vaterrolle für seine jüngeren Geschwister. Ich schlage vor ...

6 Grundlagen der Kommunikation

6.1 Das Prinzip sozialer Kommunikation

Der Grundvorgang menschlicher Kommunikation kann damit beschrieben werden, dass ein Sender eine – wie auch immer geartete – Nachricht von sich gibt und ein Empfänger diese Nachricht auf verschiedene Weise aufnimmt. Der Empfänger seinerseits reagiert auf die empfangene Nachricht. Damit wird er selbst zum Sender, der nun eine Mitteilung zum ehemaligen Sender, nun Empfänger schickt. Und so setzt sich dieser Vorgang fort.

Kompliziert wird dieser Kommunikationsvorgang, weil ein Sender seine Mitteilung verschlüsselt. Er benutzt dazu ihm bekannte und (wenn es ein Mitglied derselben Kultur/Gesellschaft ist) meist auch dem Empfänger bekannte Codierungen wie Worte, Mimik, Gesten, Tonfall.

Der Empfänger seinerseits muss die angekommene Nachricht „decodieren". Dazu benutzt er seine verschiedenen Sinnesorgane (= Kanäle). Wurde die Botschaft verstanden, sendet der Empfänger seinerseits eine Rückmeldung. So entsteht ein Regelkreislauf.

In vielen Fällen gelingt der Kommunikationsprozess und das Wesentliche der Botschaft wird richtig verstanden. Die beiden Menschen, die miteinander kommunizierten, haben ihr Ziel erreicht. Man kann also von einer erfolgreichen Kommunikation sprechen.

Jedoch kommt es auch vor, dass einer (oder beide) der beteiligten Kommunikationspartner sein Ziel nicht erreicht, sich nicht verstanden fühlt oder sich mit Reaktionen konfrontiert sieht, die er nicht erwartet hat. Diese Störung in der Kommunikation kann zu weiteren Ärgernissen, Schwierigkeiten in der Erziehung oder Beziehung, Streit oder Aggression führen.

6.2 Kommunikationspsychologische Grundlagen nach Watzlawick

Paul Watzlawick (1921-2007), ein aus Österreich in die USA emigrierter Professor für Psychologie, hat mit seinen Mitarbeitern eine Darstellung menschlicher Kommunikation erarbeitet, die das Verständnis hierfür sehr erweitert hat.

Grundlegende Ausgangssituation ist für ihn folgende Erkenntnis: Bestimmte Phänomene bleiben unerklärlich, solange sie nicht in genügend weitem Kontext gesehen werden, oder es werden dem betreffenden Organismus Eigenschaften zugeschrieben, die er nicht besitzt.

Beispiel: Hier nennt Watzlawick die Ansicht amerikanischer Soldaten während des 2. Weltkrieges, Engländerinnen seien leicht zugänglich. Dasselbe behaupteten diese von den amerikanischen Soldaten. Eine Untersuchung ergab, dass das Paarungsverhalten vom Kennenlernen der Partner bis zum Geschlechtsverkehr verschiedene Stufen durchlief, die jedoch bei Engländern und Amerikanern in unterschiedlicher Reihenfolge stattfanden.

Der Kuss z.B. fand bei Amerikanern relativ früh, bei den Engländern dagegen spät, nahe vor dem Geschlechtsverkehr statt. Gaben sich die Engländerinnen nach einem Kuss nun dem Amerikaner hin, obgleich sie sich um wichtige Stufen des Kennenlernens betrogen fühlten, so sahen die Amerikaner dies als viel zu frühes und schamloses Verhalten.

An diesem Beispiel wird deutlich, dass dem einzelnen Menschen, isoliert betrachtet, Eigenschaften zugeord-

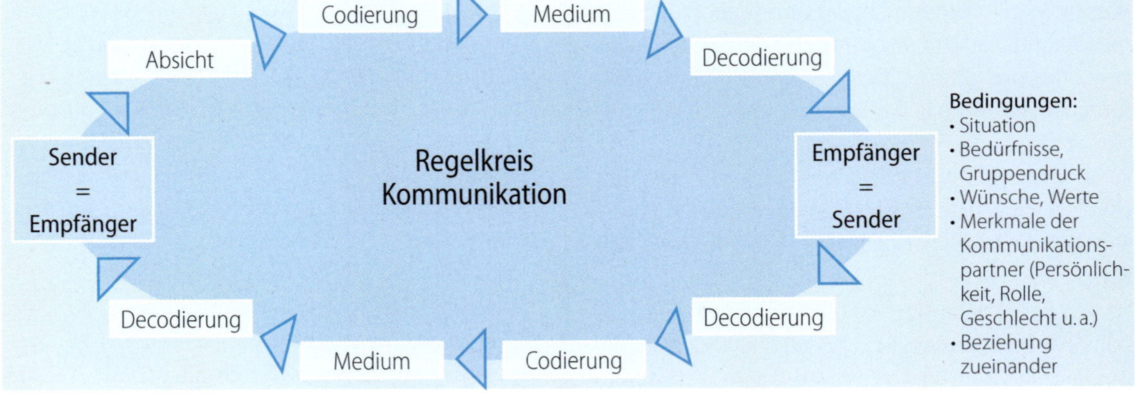

net werden, die sich anders erklären ließen, würde man die Wechselbeziehung zwischen den Menschen betrachten. „Wenn aber die Grenzen dieser Untersuchung weit genug gesteckt werden, um die Wirkung eines solchen Verhaltens auf andere, die Reaktionen dieser anderen und den Kontext, in dem all dies stattfindet, zu berücksichtigen, so verschiebt sich der Blickpunkt von dem Einzelnen auf die Beziehung zwischen den Einzelelementen größerer Systeme. Das Studium menschlichen Verhaltens wendet sich dann ... den beobachtbaren Manifestationen menschlicher Beziehungen zu. Das Medium dieser Manifestationen ist die menschliche Kommunikation" (Watzlawick, 2000).

Daraus entwickelte der Psychologieprofessor **Axiome** (als richtig anerkannte Grundsätze), die die Eigenschaften der Kommunikation, die im Bereich des Zwischenmenschlichen wirksam sind, verdeutlichen:

1. Axiom: Die Unmöglichkeit, nicht zu kommunizieren

Unter Kommunikation versteht man eine hier noch nicht näher begrenzte Verhaltenseinheit. Das Material von Kommunikation sind nicht nur die Worte selbst, sondern ist auch die Art, wie sie gesprochen werden (langsam, hoch, mit Pausen u. a.), wie auch Körperhaltung und Körpersprache, also Verhalten jeder Art. Diese Annahme verdeutlicht, dass man sich nicht nicht verhalten kann.
Wenn Verhalten zugleich Mitteilungscharakter hat, so folgt, dass man nicht nicht kommunizieren kann. Das bedeutet, dass in jedem menschlichen Beisammensein, ob nun beabsichtigt wie bei einer Verabredung oder unbeabsichtigt beim Warten auf den Bus, menschliche Kommunikation stattfindet. Das Schweigen oder Wegsehen hat ebenso einen Mitteilungscharakter wie Worte, die nur aus Höflichkeit oder aber aus Interesse gewechselt werden. All diese Verhaltensformen beeinflussen den anderen in seinem Verhalten. Dieser wiederum kann seinerseits nicht nicht auf diese Kommunikation reagieren, womit auch er zwangsläufig kommuniziert.

Aufgabe

Suchen Sie aus Ihrem pädagogischen Alltag Situationen heraus, die darauf angelegt waren, nicht zu kommunizieren. Achten Sie verstärkt auf Situationen, in denen Kinder anwesend waren. Welches Kommunikationsverhalten fällt Ihnen dabei auf?

Störungen des 1. Axioms

Die Unmöglichkeit, nicht zu kommunizieren, wird dann zu einem Problem, wenn die Umwelt diesen verbal oder meist nonverbal gezeigten Wunsch nicht respektiert. Dann wird derjenige, der diesen Wunsch hegt, in eine Situation gezwungen, die er zu umgehen wünscht. Seine körperliche Mitteilung wurde bereits ignoriert. Nun kann er auf digitale (= sprachliche, s. 4. Axiom) Weise sehr deutlich machen, dass er nicht reden möchte (z. B. mit seinem Nachbarn im Zugabteil). Dies ist nicht nur unhöflich, sondern bringt ihn bereits in die Situation zu kommunizieren.
Um einem weiteren Gespräch zu entgehen, kann er die Äußerungen seines Gesprächspartners entwerten, verharmlosen, selbst unvollständig oder ungereimt reden, sodass sein Gegenüber bald kein Interesse mehr zeigen wird.
Vorgetäuschte Symptome wie Müdigkeit, Kopfschmerzen, Unkenntnis der Sprache oder des Themas helfen, sich zu entziehen.
In allen Punkten gerät derjenige, der nicht kommunizieren möchte, jedoch in die Situation, sich entgegen seinem Wunsch und Echtheitsbedürfnis verhalten zu müssen, wenn seine Umwelt nicht auf die analog (= nicht sprachlich, s. 4. Axiom) geäußerte Mitteilung eingeht.
Eine weitere Problematik entsteht, wenn es zu einer paradoxen Kommunikationsform kommt, in der in einer Aussage 2 sich widersprechende Handlungsaufforderungen stehen. Dies ergibt sich zum Beispiel, wenn man eigentlich für ein Gespräch zu viel zu tun hat und dies auch nonverbal äußert, verbal aber darauf besteht, sich auf ein Gespräch einlassen zu wollen.

Der Gesichtsausdruck von Kindern zeigt oft noch nahezu unverfälscht, in ihrem Inneren vor sich geht

2. Axiom: Jede Kommunikation hat einen Inhalts- und einen Beziehungsaspekt, derart, dass letzterer den ersteren bestimmt und daher eine Metakommunikation ist.

Jede Mitteilung vermittelt eine Information. Dies ist zunächst der Inhalt dieser Mitteilung. Dabei ist es unerheblich, welchen Charakter diese Information hat – falsch, wahr, gültig oder unentscheidbar. Zugleich wird diese Information auf eine bestimmte Weise vermittelt, nämlich so, wie der Sender der Mitteilung sie vom Empfänger verstanden wissen möchte. Damit drückt er zugleich seine Beziehung zum Empfänger aus. Die Art der persönlichen Stellungnahme zum anderen kann so prägnant sein, dass darunter die verbal geäußerte Information zurücktritt.

Aufgabe

Suchen Sie Beispiele aus der Praxis (z. B. zwischen Erzieherinnen, zwischen Kind und Erzieherin, zwischen Eltern und Erzieherin) und klären an diesen den Inhalts- und den Beziehungsaspekt der jeweiligen Kommunikationssituation.

Störungen des 2. Axioms

Im Idealfall stimmen die Inhalts- und die Beziehungsebene überein. Ist die Beziehungsebene gestört, hat dies Einfluss auf die Inhaltsebene, sofern nicht auch hier bereits Uneinigkeit besteht. Zwischen diesen beiden Polen gibt es verschiedene Mischformen.

Eine gute Beziehungsebene erträgt Uneinigkeiten auf der Inhaltsebene.

Fällt die Einigkeit auf der Inhaltsebene fort, kann es jedoch aufgrund einer gestörten Beziehungsebene zum Auseinanderbrechen der Beziehung führen. Dieser Mechanismus wird zum Beispiel in Familien mit der Sündenbockrolle eines Kindes deutlich. Wenn sich die Problematik des Kindes bessert, laufen die Ehen Gefahr zu zerbrechen. Dies gilt z. B. auch, wenn äußere Schwierigkeiten die Ehe zu gemeinsamem Kampf zusammengehalten haben. Ist das Problem beseitigt, fehlt auch die Grundlage für weitere Gemeinsamkeit.

Eine weitere Schwierigkeit ergibt sich, wenn sich ein Beziehungspartner in einer Weise definiert, die der andere nicht bestätigt, also verwirft. Dies kann jedoch auch eine klärende Wirkung haben. Z.B. kann eine schnippische Bemerkung einer Fachkraft zur Praktikantin implizieren, dass sie die Schülerin als Lernende und nicht als gleichwertig Verantwortliche sieht wie sich selbst.

Problematisch wird es, wenn die Selbstdefinition des anderen entwertet wird, wie der folgende Satz zeigt: „Nichts wäre unmenschlicher, als dass man in der Gesellschaft losgelassen und von all ihren Mitgliedern völlig unbeachtet bleiben würde" (William James). Würde dem Menschen diese Möglichkeit des Austausches genommen und sein Selbst keine Beachtung durch andere erfahren, würde diese Situation zum Selbstverlust führen; dann hätte sie nichts mehr mit „du siehst dich richtig/falsch" zu tun, sondern die Aussage wäre „du existierst nicht".

Exkurs: Metakommunikation

„Wenn wir Kommunikation nicht mehr ausschließlich zur Kommunikation verwenden, sondern um über die Kommunikation selbst zu kommunizieren, so verwenden wir Begriffe, die nicht mehr Teil der Kommunikation sind, sondern (im Sinne des griechischen Präfix meta) von ihr handeln. In Analogie zum Begriff der Metamathematik wird dies Metakommunikation genannt."

Es gibt jedoch einen Nachteil zur Mathematik: Während diese über 2 Begriffssysteme verfügt (Zahlen und Symbole für die Mathematik, Sprache für die Metamathematik), „besitzt die menschliche Kommunikationsforschung nur die natürliche Sprache als Medium der Kommunikation und der Metakommunikation" (Zitate: Watzlawick, 2000).

Fragt z.B. eine Erzieherin ein Kind: „Hast du dieses Bild gemalt?", so kann dieser Inhalt des Satzes eine jeweils unterschiedliche Bedeutung erhalten, je nachdem, wie der Beziehungsaspekt ausgedrückt wird – z.B. misstrauisch oder bewundernd. Somit wird gleichsam anhand dieser Kommunikation, wer das Bild gemalt hat, metakommuniziert, wie die Beziehung dieser beiden zueinander ist (misstrauisch: „ich glaube dir nicht" oder „du kannst so etwas nicht"; bewundernd: „du hast dich toll weiterentwickelt, ich habe dich unterschätzt").

3. Axiom: Die Natur einer Beziehung ist durch die Interpunktion der Kommunikationsabläufe seitens der Partner bedingt.

Das bisher Gesagte verdeutlicht, dass Kommunikation ein Regelkreislauf ist: das Gesagte/das Verhalten des einen löst eine Reaktion des anderen aus, die wiederum zum Auslöser einer Reaktion des Ersten wird. Von außen betrachtet sieht dies wie ein ununterbrochener Austausch von Mitteilungen aus. Die Beteiligten dieser Interaktion legen jedoch jeweils für sich eine Struktur fest – jeder Kommunikationspartner definiert für sich, was Ursache und was Wirkung ist.

Indem man eigenes Verhalten als Reaktion auf das Verhalten des Partners zurückführt, wird eine **Interpunktion** vorgenommen. „Ob die Interpunktion gut oder schlecht ist, steht hier nicht zur Debatte, da es ohne Weiteres klar sein sollte, dass sie Verhalten organisiert und daher ein wesentlicher Bestandteil jeder menschlichen Beziehung ist" (Watzlawick, 2000).

Am o. g. Beispiel der amerikanischen Soldaten und der Engländerinnen wird deutlich, dass jede Kultur ihre eigene Interpunktionsweise mit sich bringt, die festlegt, was „richtiges" Verhalten ist.

Die gängige Frage bei einem Streit zwischen Kindern, wer denn angefangen hat, verstößt im Grunde gegen dieses Axiom, da Kommunikation kreisförmig ist. Streit zwischen 2 Menschen hat auch diesen **kreisförmigen** Verlauf, bei dem jedes Verhalten zugleich Ursache und Wirkung ist.

Auslöser für Beziehungskonflikte sind häufig unterschiedliche Interpunktionen der Kommunikationspartner. Ein typisches Beispiel sind Partnerschaftskonflikte, in denen Partner A sich zurückzieht, weil Partner B immer nörgelt. B hingegen nörgelt, weil A sich immer zurückzieht.

Störungen des 3. Axioms

Eine Praktikantin äußert Kritik in ihrer Einrichtung, ist sich aber im Nachhinein unsicher, ob das richtig war. Daraufhin reagiert sie nun genau auf jegliche Änderung im Verhalten ihrer Anleiterin und stellt fest, dass diese harscher im Ton und weniger rücksichtsvoll ist, was bei ihr zu Unsicherheit und Rückzug führt. Die Anleiterin ihrerseits hat eine selbstbewusste Praktikantin wahrgenommen, der sie einiges zutrauen kann, daher auch einmal Kritik an ihrem Verhalten äußerte und sie weniger vorsichtig behandelte. Da die Praktikantin zurzeit einige Fehler machte, wurden diese von der Anleiterin vor dem o.g. Hintergrund kritisiert.

Hier sind beide Kommunikationspartner von unterschiedlichen, aber aus der jeweiligen Sicht logisch wirkenden Einschätzungen derselben Situation ausgegangen. Eine frühzeitige Verständigung kann weiter gehende Konflikte verhindern.

Sich selbst erfüllende Prophezeiungen verstoßen ebenfalls gegen die Interpunktion.

Bei einer sich selbst erfüllenden Prophezeiung handelt es sich um einen psychischen Mechanismus, durch den eine bestimmte Erwartungshaltung an den Kommunikationspartner (indirekt) zum Ausdruck gebracht wird. Die Wahrscheinlichkeit, dass sich der Kommunikationspartner dann so verhält, ist erhöht.

Beispiel: Eine Frau begegnet ihrer Nachbarin und nimmt an, dass diese sie nicht respektvoll genug gegrüßt hat. Misstrauisch sucht sie nach Bestätigung des Eindrucks. Dies führt bei der Nachbarin ebenfalls zu abweisendem Verhalten.

4. Axiom: Menschliche Kommunikation bedient sich digitaler und analoger Modalitäten.

Es gibt 2 grundsätzliche Kommunikationsmodalitäten, derer sich der Mensch bedient. Die Sprache ist eine **digitale** Kommunikationsform. Sie arbeitet nach dem Alles-oder-Nichts-Prinzip, d. h., sie benennt Gegenstände aufgrund einer semantischen Vereinbarung, z. B. mit der Buchstabenfolge T-i-s-c-h. Warum der Tisch Tisch heißt, ist eine typische Frage von Kindern und verdeutlicht, dass diese semantische Vereinbarung nichts Tischähnliches hat, sondern lediglich eine Festlegung für diese Beziehung zwischen Wort und Objekt ist.

Die **analoge** Kommunikationsform hingegen, wie sie in einer Zeichnung zum Ausdruck kommt, hat durchaus eine Beziehung zum bezeichneten Gegenstand: Der Tisch ist als solcher zu erkennen. Diese ältere und archaischere Ausdrucksform erleichtert Kindern, die ja im Aufbau ihres Wortschatzes sind, das Verständnis.

Geht es jedoch darum, aus welchem Material dieser Tisch ist (also um detailliertere Eigenschaftsbeschreibungen), wird deutlich, dass die analoge Kommunikationsform sehr hoch entwickelte Ausdrucksmöglichkeiten haben muss und dennoch irgendwann scheitert. Die digitale Kommunikation hingegen kann relativ einfach bestimmen, dass dieser Tisch aus Holz ist, mit einer abwischbaren Kunststoffplatte versehen.

An diesem einfachen Beispiel wird deutlich, dass menschliche Kommunikation beide Ausdrucksformen verwendet. Sie haben jedoch ihre eigenen spezifischen Anwendungsschwerpunkte. So geschieht die

Übermittlung von Wissen (Inhaltsaspekt) und damit die Weiterleitung menschlicher Errungenschaften mithilfe digitaler Kommunikation. (Dies könnte nur rudimentär geschehen, wenn es die Entwicklung digitaler Kommunikation nicht gegeben hätte und der Mensch in der Verwendung analoger Ausdrucksformen stehen geblieben wäre.) Andererseits wurde oben bereits festgehalten, dass in jeder Mitteilung nicht nur ein Inhalts-, sondern auch ein Beziehungsaspekt liegt.
Die Vermittlung dieses **Beziehungsaspekts** geschieht weitgehend auf analoge Weise: In Tonfall, Ausdruck und Körpersprache erhält die Mitteilung ihre beziehungsmäßige Einfärbung. Hier werden keine digitalen Vereinbarungen benutzt, sondern der Ausdruck des Körpers/Gesichts steht in Ähnlichkeit bzw. Beziehung zu dem, was gemeint ist. Der andere kann daran „ablesen", wie sein Gesprächspartner die Beziehung zu ihm definiert.
So signalisiert das Hochziehen der Augenbrauen eine spontane Reaktion und verdeutlicht, dass die Körpersprache nicht lügt.

Aufgabe

Versuchen Sie Situationen, die Sie im angesprochenen Sinne widersprüchlich fanden, nachzuspielen. Oder denken Sie sich Beispiele aus, in denen die digitale Aussage eine andere ist als die analoge, und spielen diese in einem Rollenspiel nach.

Störungen des 4. Axioms

Die Übersetzung von analogen Kommunikationsformen, z. B. einem Geschenk, in digitale Entsprechungen kann zu Konflikten führen. Dies ist der Fall, wenn die Beziehungspartner dazu neigen, jeweils die digitale Entsprechung als den für sich gültigen Ausdruck zu wählen, der ihrer eigenen Sichtweise entspricht, ohne die Entsprechung des Partners zu berücksichtigen: Ein Geschenk kann eine freundliche Geste oder ein Bestechungsversuch sein.
Analoge Kommunikation kann mehrdeutig sein und damit im Sinne des Kontextes falsch interpretiert werden. Ein Kuss auf die Wange lässt sich als Zuneigung oder Abschiedsritual deuten.
Zudem kann ein analoger Ausdruck nicht „nicht" ausdrücken, ebenso keine logischen Sinnzusammenhänge oder abstrakten Begriffe benennen.
Andererseits ist es fast unmöglich, in digitaler Form Beziehungen zu definieren. Jede noch so genaue und feinfühlige Beschreibung einer guten Beziehung gilt nichts, wenn nicht ein analoger Ausdruck wie ein freundliches Gesicht oder eine herzliche Geste dazukommt.
Stimmen digitaler und analoger Ausdruck nicht überein, kann dies zu Störungen führen:
A (zieht sich zurück): Weil B immer nörgelt, gehe ich.
B (nörgelt): Weil A immer weggeht, schimpfe ich.

Diese Art von Konflikt lässt sich, wie schnell einzusehen ist, kaum lösen, solange auf der Kommunikationsebene mit der jeweiligen Interpunktion verblieben wird. Erst eine **Metakommunikation** über die individuelle Beziehungsdefinition ließe dieses Muster der Interpunktion neu entstehen und möglicherweise für beide befriedigender werden.

Aufgabe

Stellen Sie (entsprechend der Situation des amerikanischen Soldaten und einer Engländerin) eine Szene aus heutiger Zeit nach, z. B. die Begegnung zwischen einem jungen Mann und einer jungen Frau aus unterschiedlichen Kulturen. Versuchen Sie die jeweilige Interpunktion ihrer Sichtweise von Dingen nachzuvollziehen.
Wie können sich beide so verständigen, dass sich ihre Sichtweise des anderen ändert?

5. Axiom: Zwischenmenschliche Kommunikationsabläufe sind entweder symmetrisch oder komplementär.

Die Beziehung zwischen 2 Menschen kann entweder auf Gleichheit oder auf Ungleichheit basieren. Wenn man versucht, einander möglichst gleich zu sein, so spricht man von einer symmetrischen Beziehung. Ist die Unterschiedlichkeit der Partner die Grundlage, so handelt es sich um eine komplementäre Beziehung.
In einer **komplementären Beziehung** gibt es 2 unterschiedliche Positionen: zum einen die vorherrschende, übergeordnete und zum anderen die kleinere, schwächere, untergeordnete. Damit ist jedoch kein Werturteil – gut oder schlecht – gefällt. In der Regel treten diese Beziehungen als durch den gesellschaftlichen oder kulturellen Kontext gegeben auf, wie dies bei Arzt und Patient, Mutter und Kind, Lehrer und Schüler der Fall ist. Die Verhaltensweisen sind unterschiedlich, ergänzen sich aber.
In einer **symmetrischen Beziehung** gehen beide Seiten von einer ebenbürtigen Beziehung aus, in der das Verhalten spiegelbildlich, z. B. hinsichtlich Stärke, Schwäche, Güte, und damit symmetrisch ist.

Am Beispiel von Lehrer und Schüler lassen sich Verständnis und Missverständnis an der Interpretation der Beziehung ablesen. Das Lehrer-Schüler-Verhältnis wird gesellschaftlich bedingt überwiegend als komplementäre Beziehung gesehen. Infolge der 68er-Jahre sollten gesellschaftliche Bedingungen verändert werden, Lehrer definierten das bisherige Verhältnis als schlecht und versuchten ein symmetrisches Verhältnis zu etablieren. Die aufgrund dieses Werturteils veränderte Beziehung konnte zur Diffusion führen, wenn Schüler dieses Urteil für die Art der Beziehung nicht zugrunde legten.

Dennoch kann es eine Ebene der Beziehung geben, die **zugleich** symmetrisch und komplementär ist. So kann die Beziehungsebene symmetrisch sein, nämlich gleich als Menschen, jedoch komplementär in Bezug auf unterschiedlichen Wissensstand und die Richtung des Informationsflusses.

Aufgabe

Beschreiben Sie die Beziehungsstrukturen von sich zu Kindern aus Ihrer Praxisstätte, zwischen Erzieherin und einem Kind, zwischen Eltern und ihrem Kind. Fallen Ihnen weitere Beispiele ein?

Störungen des 5. Axioms

Eine Störung in symmetrischen Beziehungen liegt vor, wenn beide Partner dazu neigen, etwas „gleicher" als der andere sein zu wollen. Dies ist zu beobachten in internationalen Beziehungen zwischen Nationen (Wettrüsten), aber auch in zwischenmenschlichen Beziehungen. Wenn befreundete Kinder immer das haben wollen, was das andere hat, und dabei in ein Wetteifern geraten, spricht man von „symmetrischer Eskalation".

Störungen in komplementären Beziehungen liegen vor, wenn diese keiner natürlichen Entwicklung unterliegen, sondern in ihrem einmal festgelegten Zustand belassen bleiben. Beispiel kann hier sein: das Kind, dem ein Selbstständigwerden nicht zugestanden wird, oder der Praktikant, der in seine alte Kindertagesstätte zurückkehrt und von der ehemaligen Erzieherin nicht als entwickelter gleichwertiger Erwachsener gesehen wird.

Die Störung der komplementären Beziehung ist insofern gravierender, da sie eine Entwertung der Selbstdefinition des Beziehungspartners bedeutet, was wiederum zu pathologischen Problemen führen kann.

6.3 Grundregeln für das Verständnis von Nachrichten nach Schulz von Thun

Friedemann Schulz von Thun (*1944), ein Hamburger Psychologieprofessor, hat den Ansatz von Watzlawick mit seinen Mitarbeitern weiterentwickelt. Ausgehend von dessen Erkenntnis, dass man nicht nicht kommunizieren kann sowie dem Axiom, dass jede Kommunikation einen Inhalts- und Beziehungsaspekt aufweist, war es ihm wichtig, auch andere wesentliche Erkenntnisse der Psychologie (von Rogers, Adler, Cohn) für eine praktische Kommunikationspsychologie dienlich zu machen. So entwickelte sich in ihm die Erkenntnis, dass Kommunikation von 4 Seiten zu beleuchten ist:

1. Zum einen soll ein Sachverhalt klar und verständlich mitgeteilt werden.
2. In der Art, wie der Redner spricht, wird dem Gesprächspartner zugleich vermittelt, was er von ihm hält. Der Gesprächspartner stellt fest, ob er akzeptiert oder nicht ernst genommen wird.
3. Die bisherigen 2 Aspekte sind nicht nur Mitteilung an jemanden, sondern teilen auch etwas von dem Sprechenden selbst mit. Er gibt etwas von seiner Persönlichkeit zu erkennen, gleichgültig wie stark das Bemühen ist, sich hinter einer Fassade zu verbergen.
4. Die vierte Seite betrachtet das Ziel des Gesagten, denn wenn jemand etwas von sich gibt, möchte er auch Einfluss nehmen bis hin zur Manipulation.

Hierauf baut Schulz von Thun seine Grundregeln zum Verständnis von Nachrichten auf. Ein Sender teilt etwas mit, das er in erkennbare Zeichen verschlüsselt, also in Sprache, Ausdruck, Mimik. Diese Nachricht muss nun vom Empfänger entschlüsselt werden. Je nachdem, wie dieser Decodierungsprozess verläuft, sieht die Reaktion des Empfängers aus. Im Decodierungsprozess selbst liegt die Wurzel für Verständigungsprobleme.

Die Nachricht eines Senders hat grundsätzlich 4 Seiten, die es zu decodieren gilt:
- den Sachinhalt oder worüber ich informiere
- die Selbstoffenbarung oder was ich von mir selbst kundtue
- den Beziehungsaspekt oder was ich von dir halte und wie wir zueinander stehen
- den Appell oder wozu ich veranlassen möchte

Beispiel
Dies lässt sich an folgendem Beispiel demonstrieren: *„Immer müsst ihr so laut sein."*

Der **Sachinhalt** hierzu lautet: Es ist laut. Immer, wenn es um die Sache geht, es also vor allem auf den Informationsgehalt ankommt, sollte diese Seite im Vordergrund stehen.

Auf der **Selbstoffenbarungsseite** vermittelt der Sender dem Empfänger die Nachricht, dass es ihm nicht gut geht. Das Bedeutende an dieser Seite der Selbstoffenbarung ist, dass sie nicht zu vermeiden ist. In allem, was der Sender von sich gibt, verdeutlicht er auch etwas über sich selbst. Oft versuchen die Menschen jedoch diese Seite zu verstecken und verwenden allerhand Techniken, um möglichst nicht so schnell „erkannt" zu werden.

Auf der **Beziehungsseite** sind im Grunde 2 Botschaften zu finden. Es wird mitgeteilt, was der Sender von dem Empfänger hält. Hierzu wird im Satz deutlich, dass die Angesprochenen für zu laut gehalten werden.
„Allgemein gesprochen: Eine Nachricht senden heißt auch immer, zu dem Angesprochenen eine bestimmte Art von Beziehung auszudrücken. Streng genommen ist dies natürlich ein spezieller Teil der Selbstoffenbarung. Jedoch (ist) die psychologische Situation des Empfängers verschieden.
Beim Empfang der Selbstoffenbarung ist er ein nicht selbst betroffener Diagnostiker (Was sagt mir deine Äußerung über dich aus?), beim Empfang der Beziehungsseite ist er selbst ‚betroffen' (oft im doppelten Sinn dieses Wortes). ... Während also die Selbstoffenbarungsseite (vom Sender aus betrachtet) Ich-Botschaften enthält, enthält die Beziehungsseite einerseits Du-Botschaften und andererseits Wir-Botschaften" (Schulz von Thun, 2007).

Es bleibt schließlich noch die Seite, die etwas bewirken möchte, Einfluss nehmen will: der **Appell**. In den Dienst des Appells werden durchaus auch die 3 anderen Seiten der Nachricht gestellt. Damit umgeht man die Situation, deutlich zum Ausdruck zu bringen, was man bewirken möchte.

Die 4 Seiten einer Nachricht lassen sich in folgendem Schema zusammenfassen:

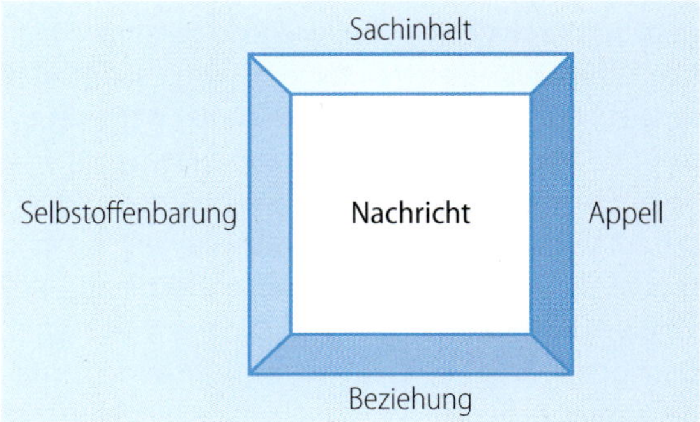

Aufgabe

Analysieren Sie folgende Beispiele nach dem Modell der 4 Seiten einer Nachricht.

a) Die Erzieherin sagt zur Praktikantin: „Jan hat in die Hose gemacht."
b) Die Praktikantin stöhnt: „Nie informiert mich jemand."
c) Die Mutter sagt zu ihrem Kind: „Toll, dass du die Hausaufgaben schon fertig hast."

Das Verhältnis der 4 Seiten einer Nachricht zueinander
Die 4 Seiten einer Nachricht erschließen sich dem Empfänger nicht immer sofort und schon gar nicht durch das Wort. Die Nachricht wird transportiert

1. durch das gesprochene Wort,
2. zugleich durch die Art und Weise des Ausdrucks, des Tonfalls, des Kontextes, in dem etwas gesagt wird.

Zum Beispiel kann ein gesprochenes Lob durch Tonfall und Kontext in das absolute Gegenteil verkehrt werden. Wenn eine Erzieherin zu einem Kind, dass gerade ein Glas Wasser über sein Bild gestoßen hat, sagt „Das hast du ja toll gemacht ..." – dies noch in einem genervten Ton – wird deutlich, dass sie genau das Gegenteil ihrer Worte meint. Hatte das Kind das Tuschbild mit Absicht mit Wasserschlieren verwandelt, so können die gleichen Worte der Erzieherin echte Bewunderung ausdrücken.

Schulz von Thun geht wie Watzlawick von der Unmöglichkeit, nicht zu kommunizieren, aus, da jedes Verhalten, eben auch Mimik, Gestik, einen Mitteilungscharakter hat.

Er unterscheidet dabei

- explizite Nachrichten, also Nachrichten, die ausdrücklich formuliert werden, und
- implizite Nachrichten, Nachrichten, die durch Mimik, Tonfall u. a. weitergegeben werden.

Die explizite Nachricht ist in der Situation mit dem Tuschbild das Lob selbst. Strahlt die Erzieherin dabei über das ganze Gesicht, drückt sie zugleich implizit aus, dass sie sich darüber freut, dass das Kind solch eine gute Idee hatte.

Wie Watzlawick bereits bei der digitalen und analogen Vermittlung von Nachrichten verdeutlichte, sieht auch Schulz von Thun, dass es bei der Übermittlung von expliziten und impliziten Nachrichten zu Kommunikationsverzerrungen kommen kann. Er führt dafür die Begriffe **kongruent** und **inkongruent** ein:

Weisen die expliziten und impliziten Anteile einer Nachricht in die gleiche Richtung, so heißt eine Nachricht *kongruent*. Die Nachricht ist in sich stimmig: Ein trauriges Gesicht, eine leise, weinerliche Stimme und der Satz *„Mir geht es gar nicht gut"* sind kongruent und vermitteln beide dieselbe Botschaft.

Sagt der traurig blickende Mensch nun mit derselben Stimme: *„Mir geht es wirklich gut"*, so erhält der Empfänger 2 Botschaften, die sich widersprechen und ihn in die Verwirrung stürzen, welcher Botschaft er denn nun trauen soll. Wenn er auf die eine oder andere Seite der Botschaft reagiert, kann der Sender ihm daraus einen Vorwurf machen.

Erfährt das Kind in der Tuschbild-Situation bei einem Fehlverhalten (= umgestoßenes Glas) immer diese Art der Reaktion, kann es auf Dauer zu großer Verwirrung führen. In diesem Zusammenhang ist der Begriff **„Doppelbindung"** (paradoxe Kommunikationssituation) entstanden, der auch schon von Watzlawick benannt worden war.

Warum verhält sich der Sender *inkongruent*? Ein Aspekt kann sein, dass der Sender „2 Seelen in seiner Brust" hat, also sowohl das eine als auch das andere möchte, sich noch nicht entschieden hat und dies nach außen transportiert. Solange diese Selbstklärung noch nicht erfolgt ist, führt es zu diesem inneren Zwiespalt. Ein typisches Beispiel hierfür können Eltern sein, die wohl wissen, dass sie ihr Kind in die Selbstständigkeit entlassen müssen, zugleich aber noch nicht verarbeitet haben, dass ihr Kind sie dann weniger braucht, sie eventuell stärker allein sind.

Ein Vorteil von Doppelbotschaften besteht für den Sender darin, dass er sich zum einen nicht festlegen muss, wenn er dies (noch) nicht möchte. Zum anderen kann er auf „elegante" Weise eine Botschaft loswerden, die er aus Höflichkeitsgründen nicht hätte ausdrücken wollen.

„Natürlich freue ich mich, dass Sie gekommen sind", sagt der Gastgeber mit einem Blick auf seine Uhr, als nachts um 1:00 Uhr der letzte Gast eintrifft.

Aufgabe

Stellen Sie die Aussage „ich habe Stress" explizit und implizit sowie kongruent und inkongruent in einem kleinen Rollenspiel dar.

Die Entschlüsselung von Nachrichten

Für den Empfänger entsteht bei Erhalt einer Nachricht das Problem, dass er gleichzeitig 4 Nachrichten aufnehmen muss. Er versucht, die Sachaussage zu verstehen. Zugleich ergründet er sein Gegenüber und versucht zu erkennen, was dies für ein Mensch ist oder wie diesem gerade zumute ist.

In der Art und Weise, wie mit dem Empfänger gesprochen wird, ist er selbst betroffen und erhält eine Botschaft, wie der Sender zu ihm steht. Hier werden oft die Gefühle des Empfängers angesprochen *(Die Lehrerin war ja total freundlich zu mir! Wie behandelt mich der Typ eigentlich, glaubt er, er wäre etwas Besseres?)*. Schließlich muss er den Appell wahrnehmen und sich fragen, was er machen soll oder was ihm das Gesagte nützt.

Sinnbildlich gesprochen, benötigt der Empfänger eigentlich 4 Ohren, um sich allen Seiten widmen zu können.

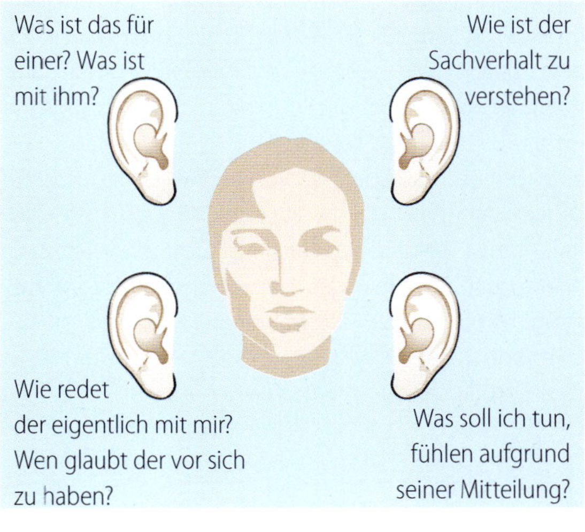

Der Empfänger einer Nachricht ist kein objektiv auswertender Computer, sondern ein Mensch mit seinen subjektiven Ansichten, Wünschen, Bedürfnissen und Gewohnheiten. Er hat prinzipiell die freie Auswahl, welche der angekommenen Nachrichten er bevorzugt aufnimmt und auf welche er reagieren will. Dies ist oft ein Quell zwischenmenschlicher Missverständnisse, da der Empfänger nicht unbedingt auf die Seite der Nachricht reagiert, die dem Sender wichtig war, sondern darauf was ihm, dem Empfänger als bedeutend erscheint. Wofür er sich dabei entscheidet, hat mit seinem Selbstkonzept oder dem Bild zu tun, das er sich von seinem Gesprächspartner gemacht hat, sowie mit der Beziehung zu seinem Gesprächspartner.

Schulz von Thun geht – ähnlich wie Watzlawick – davon aus, dass bei Störungen im Kommunikationsprozess nicht der Einzelne mit seinen Eigenarten der „Störfaktor" ist, sondern dass das **gesamte Interaktionssystem** zu betrachten ist. „Die systemtheoretische Betrachtungsweise ist die Annahme, dass ‚Störungen' nicht so sehr Eigenarten eines Individuums widerspiegeln, sondern sozusagen auf einer systematisch missglückten Form des Aneinandergeratens beruhen." Das bedeutet, in jeder Kommunikation entsteht eine Art Eigendynamik, die nicht aus den Anteilen der einzelnen Kommunikationspartner zu erklären ist. „Dabei kann es sich zum Beispiel erweisen, dass die ‚Störung' des einen ein ‚sinnvolles' Mittel zur Aufrechterhaltung der Beziehung darstellt" (Schulz von Thun, 2007).

Bei vielen Menschen gibt es einseitig ausgebildete Empfangsgewohnheiten:

Sachebene

Die vorrangige Wahrnehmung des Sachinhalts kann dazu führen, dass man sich auf die Sachauseinandersetzung stürzt, obgleich es um ein anderes Thema geht.

Hinter manchem Sachinhalt ist im Kern eine Beziehungsbotschaft versteckt, die bei dieser Empfangsgewohnheit vollkommen ignoriert würde. In der Regel haben die wenigsten Menschen es gelernt, „den eigenen Standpunkt mit dem Respekt vor dem Meinungsgegner zu verbinden." Den Sachstandpunkt auf der einen Seite und die Unterschiedlichkeit des Meinungsgegners auf der anderen Seite zu akzeptieren wäre Ziel einer guten Kommunikation.

Beziehungsebene

Ist hingegen das **„Beziehungsohr"** empfindlicher ausgeprägt, wird jede Botschaft dahin interpretiert, wie der andere zum Empfänger steht oder was er von ihm hält. In der Aussage *„Immer müsst ihr so laut sein"* signalisiert z. B. die Sprecherin, dass sie aufgrund ihrer Rolle für Ruhe sorgen darf.

Der Beziehungsaspekt ist von großer Bedeutung für die Kommunikation, da dieser nicht nur auf die momentanen Gefühle des Gesprächspartners wirkt, sondern auch langfristig zu seinem Selbstkonzept beiträgt, denn in der Art, wie sich der andere an ihn wendet und seine Beziehungsbotschaft vermittelt, ist der Empfänger direkt betroffen.

Ist die Zuwendung zum anderen wertschätzend und angemessen in der Art der Lenkung/ Bevormundung, wirkt sich dies positiv auf die Beziehung aus. Andernfalls erzeugt sie Widerstand. Hintergrund der Beziehungsinterpretation ist das Bild, das sich der Empfänger von sich selbst und vom anderen macht.

Der reflektierende Empfänger kann auf die angebotene Beziehungsdefinition unterschiedlich reagieren: Er kann sie akzeptieren, durchgehen lassen, zurückweisen oder ignorieren und damit entwerten.

Einem Kind wird dies nicht ohne Weiteres gelingen. Es ist verstärkt dem Mechanismus ausgesetzt, dass die Beziehungsbotschaft vom Erwachsenen gesteuert wird und sein Selbstkonzept prägt.

Werden Beziehungsaussagen in Form von Du-Botschaften gesendet *(ihr seid viel zu laut)*, tragen sie im Laufe der Zeit den Charakter einer sich selbst erfüllenden Prophezeiung.

Selbstoffenbarung

Eine ausgeprägte Empfangsbereitschaft für die Selbstoffenbarung kann hingegen manchmal hilfreich sein. Vielleicht will das Gegenüber signalisieren: *„Mir geht es schlecht"*.

Die negative Seite dieser Empfangsgewohnheit zeigt sich, wenn es darum geht, sich selbst darzustellen bzw. einen „guten" Eindruck zu hinterlassen. Die Angst davor, sein Selbst so zu offenbaren, wie es ist, dieses Selbst zugleich als unzureichend und zu wenig interessant einzuschätzen, führt zu Verhaltensweisen, die das Selbst anders darstellen oder verbergen.

Die Angst, in der Prüfung etwas zu sagen oder in einer neuen Klasse Fragen zu stellen **(Fassadentechnik)**,

ist wohl als Phänomen genauso bekannt wie das Drauflosreden oder Vorgeben von scheinbar interessanten Begebenheiten. Sich aufspielen, nur die besten Seiten seines Selbst bekannt geben oder in scheinbar unbedeutenden Nebensätzen Informationen über sich selbst einzustreuen **(Imponiertechniken)**, dies alles dient dazu, sich in einem Licht zu zeigen, das aus eigener Sicht das Selbst besser dastehen lässt als das eigentliche Ich.
Sprachliche Hilfsmittel, um sich selbst zu verbergen, sind zudem die Vermeidung von Ich-Sätzen; lieber wird von *man, wir* oder es gesprochen oder werden Fragen gestellt, statt die eigene Meinung zu sagen.

Die Wirkung dieser Selbstverbergung verhindert, dass eine echte Beziehung aufgebaut wird. Eine zwischenmenschliche Distanz wird weiter ausgebaut. Die Inkongruenz der Botschaften wird dem Kommunikationspartner auf Dauer deutlich werden. Zugleich verhindert derjenige, der sich selbst so verleugnet, den Zugang zu seinen eigenen Gefühlen und damit Authentizität.

Appell

Menschen, die vor allem zunächst den Appell heraushören, fühlen sich aufgefordert, darauf zu reagieren und zu tun, was ihrer Ansicht nach an Aufforderung in der Botschaft liegt. Sie sind sozusagen „auf dem Appell-Sprung". Sie fühlen sich für alles und jedes verantwortlich und verlieren darüber oft ein Gefühl für das, was wirklich für sie wichtig ist.
Andererseits hat ein für Appelle sensibler Zuhörer auch die Möglichkeit, sich die Aufforderung bewusst zu machen und sich dafür oder dagegen zu entscheiden.
Manchmal geht es um einen Appell, der eher ausdrucksorientiert ist, dem es vor allem darum geht, den Istzustand zum Ausdruck gebracht zu haben, und einen, der mehr darauf abzielt, eine Wirkung zu erreichen. Erst eine vertraute Beziehung lässt den Empfänger sicher einschätzen, welche Wirkungsabsicht der Sender mit seiner Botschaft verbindet. Grundsätzlich gilt, dass jeder Appell dem anderen ein Stück Freiheit und Selbstbestimmung nimmt.
Daher gibt es eine Reihe Appelle, die wenig oder keine Wirkung erzielen. Dazu gehören die „gut gemeinten" Appelle. Auch tief greifende Veränderungen lassen sich durch einen Appell nicht herbeiführen (*„Nun sei nicht eifersüchtig"*). Appelle verhindern spontanes Verhalten oder verhindern Urhebererlebnisse (z.B. *„Setz dich an die Hausaufgaben"*, wenn das Kind gerade im Begriff ist, dies zu tun).

Dagegen kommt ein sogenannter **paradoxer Appell**, der das Gegenteil dessen aussagt, was bewirkt werden soll, in der Erziehung durchaus an. Gerade weil es dem Kind wichtig ist, selbst zu bestimmen, was es tun darf, der Erwachsene aus seiner Sicht jedoch Gründe hat, dies nicht zu erlauben, kann ein paradoxer Befehl beiden die Möglichkeit geben, zum Ziel zu gelangen: Beispiel: Ein 3-jähriges Kind klettert auf den Tisch. Die Aufforderung *„bleib oben"* führt sicher eher dazu, dass das Kind herunterklettert, als der Appell *„komm herunter"*.

„Wir hatten schon erörtert, dass der um seine Selbstachtung besorgte Empfänger sich unter Umständen einem Appell nicht deshalb widersetzt, weil er ihm ungelegen kommt, sondern weil er ihn als unzulässigen Eingriff in sein ‚Königreich' erlebt und die Befolgung als Eingeständnis einer persönlichen Niederlage. Umgekehrt kann die Nichtbefolgung als Beweis der eigenen Unabhängigkeit erlebt werden und somit als Gelegenheit, die eigene ‚Größe zu fühlen'"(Schulz von Thun, 2007).

Aufgabe

Bilden Sie Zweiergruppen. Eine sagt einen Satz, worauf die andere mit einer einseitigen Empfangsgewohnheit reagiert. Berücksichtigen Sie alle 4 Seiten einer Nachricht nacheinander. Wechseln Sie nach einiger Zeit die Rollen.

7 Bedingungen für eine gelingende Kommunikation

7.1 Kommunikation und Beziehung

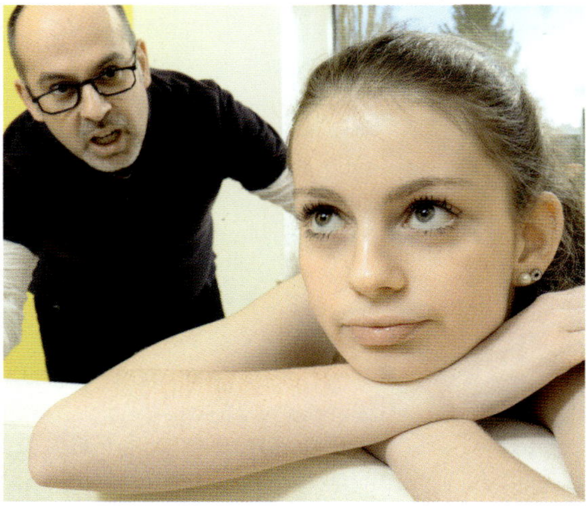

Kommunikation lebt davon, eine gute Beziehung zum Gesprächspartner zu entwickeln. Dazu gehören nicht nur Wissen über kommunikationstheoretische Inhalte, sondern auch eine eigene Haltung und zu berücksichtigende Bedingungen.

Förderliche Aspekte

Grundsätzlich sollte die Erzieherin in einem Gespräch bereit sein, das zu hören, was der Gesprächspartner sagt (was nicht heißt, dass sie seiner Meinung sein muss). Dazu gehören eine innere Bereitschaft und Aufgeschlossenheit. Verdeutlicht werden kann dies durch die unten genannten Maßnahmen der Abbildung:

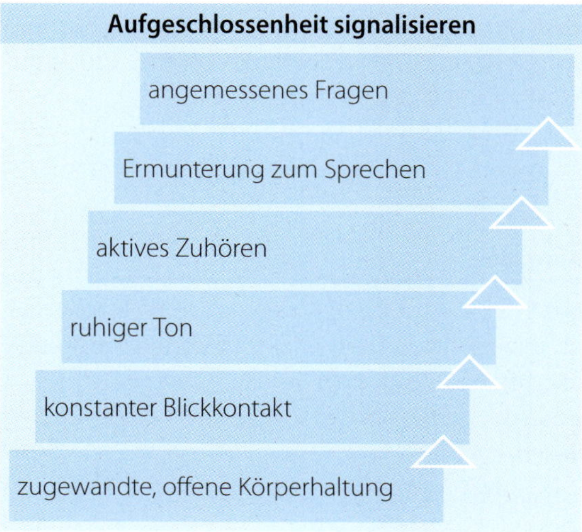

Ein konstanter und freundlicher Blickkontakt signalisiert dem anderen, dass er wahrgenommen wird. Für ein Kind ist dies oft bereits ein Teil seines Anliegens. Insgesamt sollte die Erzieherin eine wertschätzende Haltung einnehmen, die minimal lenkt und dem anderen Zeit gibt, ohne Unterbrechung sein Anliegen vorzutragen. Dabei kann die Erzieherin Positives betonen. Hier hilft es, wenn sie für ein längeres Gespräch einen ungestörten Ort aufsucht und sich Zeit nimmt für das Gespräch.

Hindernde Aspekte

Ein Gespräch wird negativ beeinflusst, wenn die Erzieherin als Gesprächspartnerin Unruhe ausstrahlt, den Blick abwendet, Langeweile zeigt. Auch das Beschäftigen mit anderen Dingen während des Gesprächs lässt keine gute Beziehung aufkommen und führt zur Verkürzung oder zum Abbruch des Gesprächs.

Neben der Körperhaltung, die eine innere Haltung dokumentiert, sollte sie sich bewusst sein, wie sie in dem Gespräch interagiert.

So können abrupter Themenwechsel, Kritik, Vorwürfe, Besserwissen und Ähnliches den Gesprächsfluss ebenfalls stoppen. Befehlen, Drohen und Moralisieren sind einleuchtende Kommunikationssperren. Aber auch Ratschläge erteilen, belehren, loben oder trösten sowie ablenken und verhören lenken das Gespräch zu stark in eine Richtung, die mit dem Anliegen des Gesprächspartners gar nichts zu tun haben mag.

Diese sprachlichen Mitteilungen haben alle ein hohes Maß an Lenkung und Geringschätzung in sich und belasten damit die Beziehungsebene des Gesprächs. Thomas Gordon (s. **Lernfeld 6**, Kapitel 7.3) wertet sie entsprechend negativ und bezeichnet sie als Kommunikationssperren. Der Sprechende drängt sein Gegenüber in eine Verteidigungshaltung. Er hat keine Möglichkeit mehr, sich angstfrei und ohne Druck mit seinem Thema auseinanderzusetzen.

Aufgabe

Spielen Sie in einem Rollenspiel eine Gesprächssituation durch. Berücksichtigen Sie dabei die förderlichen Aspekte für ein Gespräch. Lassen Sie sich beobachten und Feedback geben.

7.2 Empfangsvorgänge auseinanderhalten

Die Erzieherin ist oft die Zuhörende, die sowohl kindliche Botschaften als auch Mitteilungen von Eltern und Kollegen aufnimmt. Aus der Auseinandersetzung mit den 4 Seiten einer Nachricht wurde deutlich, dass das Resultat der Nachricht ein Produkt des Entschlüsselungsprozesses des Empfängers, also hier der Erzieherin, ist. Um dem Sender – dies gilt vor allem auch für das Kind, das erst dabei ist zu lernen, alle seine Bedürfnisse zu formulieren – gerecht zu werden, ist das Zuhören eine zentrale Aufgabe für die Erzieherin. Ist es bereits eine schwierige Aufgabe, bewusst alle 4 Seiten wahrzunehmen, so kommen noch 2 weitere Aufgaben dazu:

- Die aufgenommene Nachricht wird interpretiert und
- sie löst beim Empfänger selbst Gefühle aus.

Um diesen Vorgang bewusster zu erkennen und adäquater damit umgehen zu können, soll er hier entzerrt werden.

Drei Bearbeitungsstufen muss eine Nachricht durchlaufen, bevor es zu einer Reaktion kommt. Für die Nachricht gilt:

- etwas wahrnehmen
- etwas interpretieren
- etwas fühlen

Wahrnehmen heißt: etwas sehen oder hören. Beispiel aus der Lernsituation: *Gewonnen! Gewonnen!*

Interpretieren heißt: Das Wahrgenommene bekommt eine Bedeutung. Beispiel: *Jonas freut sich, er hat das Spiel für sich entschieden. Das klingt ja sehr auftrumpfend.*
Die Interpretation kann richtig oder falsch sein. Jedoch erst die bewusste Interpretation ermöglicht die Chance, das Eigentliche der Nachricht zu verstehen oder aber zu klären, ob die eigene Interpretation der Situation oder der Intention des Senders entspricht.

Fühlen heißt: auf das Wahrgenommene und Interpretierte mit einem Gefühl reagieren. Beispiel: *Ich freue mich, dass die 3 miteinander spielen. Ich ärgere mich, dass es immer gleich so laut werden muss.*
Auch hier geht es nicht um richtig oder falsch (die gefühlsmäßige Reaktion ist Tatsache), sondern eher um Wahrnehmung der eigenen Reaktion. Diese liegt nicht nur im Inhalt der Sendung, sondern hängt auch von der momentanen Beschaffenheit ab.

Normalerweise werden diese 3 Vorgänge nicht auseinandergenommen, sie verschmelzen zu einem und führen dann zu unreflektierten Reaktionen, die Störungen in der Kommunikation hervorrufen. Macht sich der Empfänger stärker bewusst, dass er eine Mimik oder andere Nachricht in bestimmter Hinsicht interpretiert, kann er besser nachfragen, ob diese richtig verstanden wurde. Seine Interpretation kann nun bestätigt oder korrigiert werden. Schulz von Thun weist darauf hin, dass dem Empfänger erst auf diese Weise deutlicher wird, dass seine Reaktion auf den anderen viele eigene Anteile enthält, die nicht ursprünglich mit der empfangenen Nachricht zusammenhängen. Wird die angekommene Botschaft hinreichend auf ihre Interpretation geklärt, wird deutlich, dass manche Reaktion eher etwas mit Fantasievorstellungen zu tun hat, die der Empfänger vom anderen hat, als mit der realen Situation.

Aufgabe

Üben Sie zu zweit mit einfachen Sätzen und Situationen den Dreischritt: wahrnehmen – interpretieren – fühlen.

7.3 Aktives Zuhören

Zu hören, was der Gesprächspartner mitteilt, dieses aufzunehmen, zu verstehen und daraus resultierend eine Antwort und ein Verhalten zu entwickeln, welche stimmig sind, ist eine entscheidende Komponente im Kommunikationsprozess. Dies trägt dazu bei, dass die sprechende Person sich selbst versteht und von allein erkennt, was das Beste für sie ist.

Was genau ist nun aktives Zuhören?
Unter Zuhören kann sich jeder etwas vorstellen. Man lässt seine Gedanken bei der redenden Person und schweift nicht ab, sondern konzentriert sich auf sein Gegenüber.

An dieser Stelle setzt das aktive Zuhören an. „Aktives Zuhören bedeutet, dass der Zuhörende sich ganz auf die Empfindungen und Gefühle des Ratsuchenden konzentriert, sie heraushört und versprachlicht. Er spricht dabei die Selbstoffenbarungsseite des Sprechenden an und versucht damit, ihn auf dieser Ebene wirklich zu verstehen" (Bröder, 2004).

Die zuhörende Erzieherin nimmt also nicht nur die Worte auf, die der andere sagt, sondern versucht wahrzunehmen, in welcher gefühlsmäßigen Verfassung der Gesprächspartner ist – vor allem die nonverbalen Kommunikationssignale wie Stimmung, Tonlage, Wortwahl sowie die Ausstrahlung des Gegenübers sagen etwas darüber aus, wie er sich fühlt. Diese Gefühle sind mindestens so wichtig wie das, was er informativ zum Ausdruck bringen möchte. Die Gefühle werden in der Regel nicht genannt, sagen aber viel über den Gesprächspartner aus.

Als aktiv Zuhörende nimmt die Erzieherin diese unausgesprochenen Gefühle auf und verbalisiert sie: Sie agiert als „Spiegel" des anderen und nennt seine Gefühle, wie sie sie wahrnimmt, jedoch ohne sie zu kommentieren oder zu bewerten. Beispiel:

Jan: „Ich spiele nie wieder mit Timo. Er ist so gemein."
Erzieherin: „Du bist ärgerlich auf Timo."
Jan: „Ja, ich bin so sauer. Er hat …"

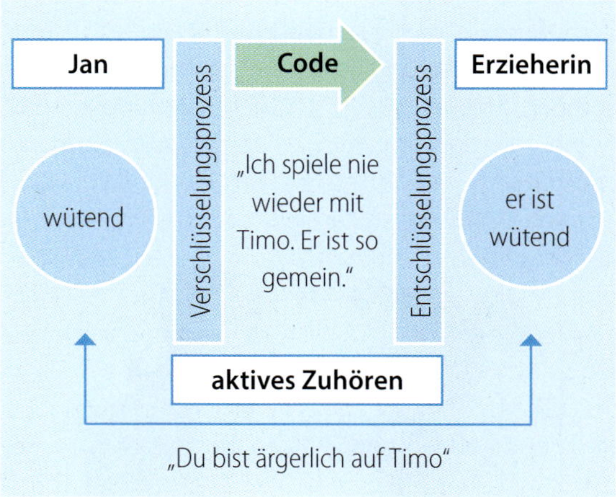

Durch das Benennen des Gefühls wird einem Tatbestand Raum gegeben, der im Gespräch vorhanden ist, aber bisher unbenannt war und somit kein Gesprächsgegenstand sein konnte. Der Gesprächspartner konnte oder wollte diese Seite nicht ansprechen, brachte sie aber in den Kommunikationsprozess mit ein.

Die unmittelbare Wirkung auf den Gesprächspartner

Durch die Entschlüsselung des Gefühls und seine Versprachlichung wird dem Gesprächspartner nun Folgendes möglich:

- Er kann auf dieses Angebot, das Gespräch zu erweitern, eingehen; damit wird das aktive Zuhören zu einem „Türöffner" für eine weitere Dimension des Gesprächs.
- Trifft das verbalisierte Gefühl nicht den eigentlichen Gefühlszustand, so kann er diesen korrekt benennen; damit können Missverständnisse aus dem Weg geräumt werden.
- In jedem Fall merkt er, dass ihm jemand gegenübersitzt, der ihn verstehen und annehmen will und damit die wichtigste Voraussetzung schafft, dass man sich öffnet.
- Durch aktives Zuhören wird ihm Gelegenheit gegeben, seine eigenen Gefühle besser zu verstehen und Probleme ausführlicher zu besprechen.
- Durch aktives Zuhören kann sich herausstellen, dass das eingangs genannte Thema nicht das eigentliche Thema ist – er tastet sich an den Kern der Sache heran oder ist sich selbst noch nicht sicher, worum es geht, oder er möchte testen, wie weit er seinem Gesprächspartner vertrauen kann, um dann erst zum Kern der Sache zu kommen.
- Durch aktives Zuhören wird seine Beziehung zu seinem Gesprächspartner verbessert, da er merkt, dass dieser ihn versteht und nicht kritisiert.
- Letztlich hilft ihm aktives Zuhören, über sein Problem oder Verhalten selbst nachzudenken und damit selbst auf eine Lösung zu kommen.

Die mittelbare Wirkung von aktivem Zuhören auf den Gesprächspartner

Über das unmittelbare Gespräch hinaus trägt aktives Zuhören dazu bei, Authentizität seiner selbst und des Gesprächspartners zu bewirken.

Authentizität bezeichnet die Echtheit, die bejahende Wahrnehmung der eigenen Gefühlswelt und damit eine geringere Sorge um die den anderen gezeigte Selbstdarstellung. Damit wird stärker die Frage nach dem „Wer bin ich?" in den Raum gestellt. Es findet eine echte Auseinandersetzung mit dem Selbstbild statt, was langfristig zu mehr Zufriedenheit führen kann.

Bei der Auseinandersetzung mit der eigenen Gefühlswelt wird deutlich, dass das eigene Verhalten nur dann zufriedenstellend ist, wenn die Innen- und die Außenseite des Verhaltens stimmen, also wenn das eigene Verhalten sowohl die Gefühle als auch die sich aus dem Alltag/der Situation ergebenden Notwendigkeiten berücksichtigt.

„Aktives Zuhören bestärkt diesen Prozess: Ich fühle mich verstanden, weil ich aufgrund des entgegengebrachten Interesses positive Wertschätzung erlebe. Diese positiven Gesprächsmerkmale verstärken sich gegenseitig" (Perras-Emmer, o. J.).

Diese Erfahrung ermuntert den Sprechenden, sich mit allen seinen Seiten auseinanderzusetzen und dadurch zunehmend zu einem realistischeren Selbstbild mit für sich passenderem Verhalten zu gelangen.

Voraussetzungen für die Anwendung von aktivem Zuhören

Einfühlungsvermögen ist die wichtigste Voraussetzung, die man mitbringen muss, wenn man mit einem anderen Menschen ein hilfreiches Gespräch führen will. Es beinhaltet eine respektvolle Haltung zum Gegenüber, ist damit mehr als eine Methode und darf nicht zum Aushorchen eines anderen Menschen missbraucht werden.

Die erhoffte o. g. Wirkung von aktivem Zuhören zu authentischem Verhalten sich selbst gegenüber muss auch für die Zuhörenden gelten – die echte Auseinandersetzung mit den eigenen Gefühlen trägt dazu bei, wirkliches Interesse am Gesprächspartner zu haben.

Dazu gehört auch die Bereitschaft, ihm ein Stück weiterzuhelfen sowie bereit zu sein, ihn seine Lösungen selbst finden zu lassen, statt mit Ratschlägen zu lenken.

> Das heißt, die Erzieherin muss trennen können zwischen der eigenen Person und der Person des Gesprächspartners, ihren eigenen Gefühlen und denen des Gegenübers.

Erst durch aktives Zuhören kann die eigentliche Bedeutung des Gesagten erfasst werden. Eigene Vorschläge können an geeigneter Stelle genannt werden, müssen sich aber nicht als die richtigen für den Gesprächspartner erweisen, sie können sogar – zu früh genannt – den Gesprächsfluss zerstören.

Die oben genannte Auseinandersetzung mit den eigenen Gefühlen ist zudem auch deshalb wichtig, weil alle Gefühle erlaubt sein müssen, auch diejenigen, die in der Gesellschaft weniger akzeptiert sind. Nur dann ist es möglich, den anderen ganz zu verstehen und mit seinen Gefühlen umzugehen.

Eng damit verbunden ist die Haltung, eigene Wertmaßstäbe und Haltungen zurückzustellen und denen des Gesprächspartners Raum zu geben. Durch aktives Zuhören werden diese unterstützt und geben dem Gesprächspartner damit die Möglichkeit, sich aktiv mit seinen eigenen Haltungen auseinanderzusetzen und zu einer Lösung zu kommen.

Für diesen ganzen Prozess muss dem anderen **Zeit gelassen** werden, was manches Mal ein hohes Maß an Geduld erfordert.

Schwierigkeiten bei der Anwendung von aktivem Zuhören

Wenn man ungeübt in der Anwendung des aktiven Zuhörens ist, treten einige typische Schwierigkeiten auf. Oft besteht Unsicherheit, das **Gefühl** eines Gesprächspartners anzusprechen. Hinzu kommt die Unsicherheit (und auch Ungeübtheit), ein Gefühl zu erkennen und es richtig zu deuten. Dabei entsteht oft das Gefühl: *„Wenn ich schon ein Gefühl benenne, muss es auch unbedingt das richtige sein."* Dabei wird nicht gesehen, dass das ehrliche Verstehen des anderen mehr zählt als richtiges oder falsches Benennen seines Gefühlszustands. Die nicht getroffene Benennung eines Gefühls kann korrigiert werden. Der Zuhörende findet es meist angenehm, dass etwas in Worte gefasst wird, was er gefühlt, aber nicht ausgesprochen hat. Die dadurch entstehende authentische und ruhige Atmosphäre hilft ihm, seinem Ich auf die Spur zu kommen.

Eine weitere Schwierigkeit besteht darin, dass die zuhörende Person oft meint, sie werde gefragt, um einen Rat abzugeben. Bekommt man einen schnellen **Rat**, besteht nicht die Möglichkeit, der ganzen Vielschichtigkeit der eigenen Gedanken (die ja nicht immer ganz klar sind) nachzugehen.

Dennoch heißt dies nicht, dass gar kein Rat erwünscht ist. Wurde im Lauf des Gesprächs die eigentliche Bedeutung des Gesprächs bewusst, kann ein Rat hilfreich sein und sich dann erheblich von dem eingangs spontan geäußerten Gedanken unterscheiden. Außerdem hat der Gesprächspartner im Lauf des Gesprächs die Möglichkeit, selbst eine Lösung herbeizuführen. Gelingt ihm dies nicht oder ist er unsicher in Bezug auf die gefundene Lösung, wird er so viel Vertrauen durch aktives Zuhören aufgebaut haben, dass er die Erzieherin nun auffordert, einen Rat zu geben oder Stellung zu seinem Lösungsvorschlag zu nehmen.

Ein Gespräch bringt auch **Pausen** mit sich. Hier ist es wichtig, Pausen und Stille aushalten zu können. Pausen sind sinnvoll, um über das vorher Gesprochene nachdenken zu können. Dies kann benannt werden: *„Ich muss erst mal darüber nachdenken, was wir gerade besprochen haben."* Die aktiv Zuhörende kann dies ebenfalls tun: *„Ich habe den Eindruck, du musst erst mal nachdenken."* So erhält man Rückmeldung, an welcher Stelle des Gesprächs man sich befindet. Braucht der Gesprächspartner Zeit zum Überlegen oder einen Impuls, weil er nicht weiterweiß?

Das Paraphrasieren – unterstützende Haltung für ein Gespräch

Das aktive Zuhören in einem Gespräch kann begleitet werden durch das Paraphrasieren. Nicht immer muss ein Gefühl benannt werden. Oft hilft es auch, durch zustimmende kleine Bemerkungen wie „hm, ja, erzähl" etc. den Gesprächsverlauf in Gang zu halten. Beim eigentlichen Paraphrasieren wiederholt man den Gesprächsinhalt, ohne eine Wertung einfließen zu lassen. Beispiel:

Jan: „Morgen früh gehe ich nicht mit Timo zur Schule."
Erzieherin: „Morgen früh willst du nicht mit Timo zur Schule gehen."
Jan: „Genau. Weißt du, ..."

Damit führt die Erzieherin dem anderen den Inhalt seiner Worte noch einmal vor Augen. Er hat dadurch die Möglichkeit zu korrigieren, falls er es eigentlich etwas anders gemeint hat. Ebenfalls kann das Paraphrasieren dazu genutzt werden, wenn man sich nicht sicher ist, ob man das Gesagte richtig verstanden hat. Auch dann besteht die Möglichkeit für den Gesprächspartner, klarzustellen, ob das Gehörte richtig verstanden wurde.
Der Unterschied zum aktiven Zuhören besteht darin, dass das Paraphrasieren nur bereits Gesagtes wiederholt, während das aktive Zuhören eine weitere, bisher nicht verbalisierte Ebene – die Gefühlsebene – erschließt. Beide Gesprächsführungsformen bedeuten einen Kompetenzzuwachs, nicht nur für die Erzieherin, sondern auch für Eltern im Umgang mit ihren Kindern.

Aufgabe

Üben Sie zu dritt. Zwei von Ihnen unterhalten sich über eine als schwierig empfundene Situation mit einem Kind aus der Praxis. Die Dritte von Ihnen beobachtet Sie bei diesem Gespräch. Für die Gesprächspartnerinnen gilt folgende Aufgabe:
Zunächst versuchen Sie Ihre Partnerin mit Paraphrasieren zu begleiten. Nach einigen Minuten tauschen Sie sich zu dritt über das Beobachtete und Empfundene in dieser Gesprächssituation kurz aus. Nun führen Sie das gleiche Gespräch unterstützt durch aktives Zuhören. Auch hierüber tauschen Sie sich nach einigen Minuten aus.
Stellen Sie Unterschiede fest.
Anschließend wechseln Sie die Rollen.

7.4 Effektive Ich-Botschaften

Bisher sind eine Reihe von Bedingungen beschrieben worden, die der Erzieherin als derjenigen, die das Gespräch führt und zuhört, die Kommunikation erleichtern und dazu beitragen helfen, dass möglichst wenig Störungen auftreten.
Ebenso haben Watzlawick und Schulz von Thun deutlich gemacht, dass vieles von dem, was in einem Gespräch verstanden wird, Ergebnis des Decodierungsprozesses des Empfängers ist.
Dennoch ist es wichtig, dass die eigentliche Botschaft möglichst klar und eindeutig formuliert wird. Dies ist umso wichtiger, wenn es um Verhalten geht, das störend und frustrierend wirkt, und daher zur Veränderung angeregt werden soll. Häufig greift der Erwachsene dann zu indirekten Botschaften, die die Kinder verwirren, weil sie die doppelte Botschaft nicht herauslesen können oder sich in eine Verteidigungshaltung gebracht fühlen.
Diese Du-Botschaften kommen in unterschiedlicher Gestalt daher, eines ist ihnen aber gemeinsam – sie schränken die Selbstachtung des anderen ein, setzen ihn herab in seinem Sein oder seiner Fähigkeit, selbst das notwendige Verhalten zu erkennen. Sie treffen in der Regel weder das Bedürfnis des Angesprochenen noch das Anliegen des Senders.

Beispiele verschiedener Du-Botschaften

Du-Botschaften haben die Eigenart, dass sie über den anderen reden:
„Geh, such dir etwas zu spielen." (anordnen)
„Spiel bitte woanders." (zureden)
„Schon gut, Herr Neunmalklug." (verhöhnen)
„Warum gehst du nicht in den Hof und spielst?" (Vorschläge machen)
„Ich finde, du bist frech." (urteilen)
„Du willst nur Aufmerksamkeit erregen." (diagnostizieren)

„Wenn du nicht aufhörst, fang ich an zu schreien." (warnen)
„Was würdest du sagen, wenn ich das mit dir machen würde?" (belehren)

Nicht immer geht es bei diesen Sätzen um ein fehlerhaftes Verhalten des Kindes, sondern oft ist der Sachverhalt für den derart Sprechenden störend aufgrund der eigenen Bedürfnislage. Thomas Gordon hat die Unterscheidung zwischen Du-Botschaften als unwirksame Botschaften und effektiven Ich-Botschaften als wirksame Botschaften erkannt. Ein mit „ich" beginnender Satz ist jedoch nicht immer eine Ich-Botschaft, sondern häufig eine verkappte Du-Botschaft.

Charakterisieren einer effektiven Ich-Botschaft
Eine effektive Ich-Botschaft verdeutlicht, wie ich als der Sprechende die Situation für mich erlebe. Damit wird der Gesprächspartner nicht verurteilt oder herabgesetzt, sondern es wird von dem eigenen Empfinden gesprochen, das sich aus einem bestimmten Grund gestört fühlt. Eine Ich-Botschaft sollte 3 Komponenten enthalten:

1. Das störende Verhalten des anderen wird kurz beschrieben, ohne es zu werten.
2. Die dadurch ausgelösten Gefühle werden ehrlich benannt.
3. Die konkrete Wirkung dieses Verhaltens, also die Konsequenz des Verhaltens, wird genannt.

Bezogen auf das o. g. Beispiel der Du-Botschaft „geh, such dir etwas zu spielen", hieße dies:
„Ich merke, dass du dich langweilst. Das macht mich unruhig, weil ich gerade so viel zu tun habe."
„Wenn du so an mir zerrst, werde ich ganz kribbelig, weil ich das Gefühl habe, den ganzen Tag haben schon Menschen an mir gezerrt. Ich brauche einen Moment Ruhe."

Aufgabe

Formulieren Sie die weiteren Du-Botschaften in effektive Ich-Botschaften um.

Um noch einmal auf das Sender-Empfänger-Modell zurückzugreifen: Der Sender verschlüsselt seine Nachricht in der Ich-Botschaft so eindeutig, dass der Empfänger besser in der Lage ist, zu verstehen, worum es dem Sender geht. In der Du-Botschaft ist diese Codierung weniger deutlich, die Decodierung kann dann in eine völlig falsche Richtung laufen und zu weiteren Kommunikationsproblemen führen.
Auch für ein Kind ist die Ich-Botschaft wirksamer. Es fühlt sich weniger bedroht in seinem Autonomiewunsch und wird nicht in die Verteidigung gedrängt.

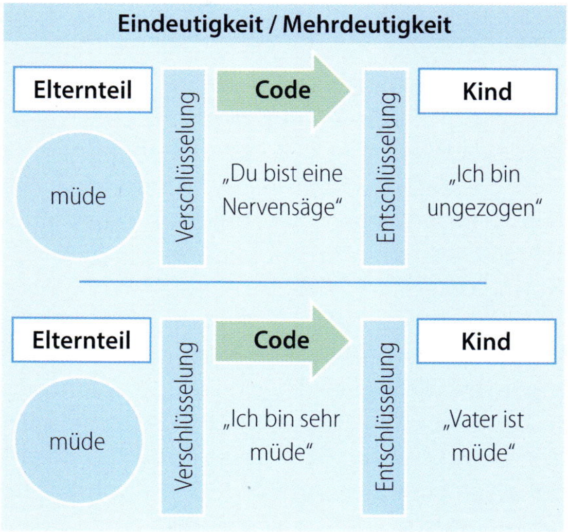

Das Kind erfährt von seiner Erzieherin oder einem Elternteil, dass sein Verhalten bei dem anderen Wirkung gezeigt hat, möglicherweise eine Wirkung, die das Kind gar nicht beabsichtigt hatte *(das hat mir wehgetan; ich fühle mich völlig erschöpft und zu nichts mehr in der Lage)*. Das Kind kann nun von selbst erkennen, dass es sein Verhalten ändern muss, da es die Wirkung seines Verhaltens nicht möchte. Es erhält die Verantwortung für sein Handeln und erfährt, dass es in der Lage ist, etwas zu bewirken – ein wichtiger Aspekt in der Autonomiegewinnung. Letztlich ist eine Ich-Botschaft das Angebot, eine als störend empfundene Situation kooperativ zu lösen.

Aufgabe

Charakterisieren Sie die nachfolgenden Du-Botschaften. Formulieren Sie daraus anschließend Ich-Botschaften.

1. Die Mutter kommt nach einem anstrengenden Tag nach Hause und sagt zu der Tochter: „Du hättest wenigstens dein Zimmer aufräumen können."
2. Die Erzieherin sieht 2 Jungen streiten, geht auf sie zu und sagt zu Torben: „Du musst nicht immer Streit anfangen."
3. Die Mutter lässt ihre Tochter am Eingang stehen und will gehen, da sagt die Erzieherin zu ihr: „Ich finde, Sie hätten freundlicher zu Ihrer Tochter sein sollen."

8 Zweite Lernsituation

Johanna ist ein zierliches Mädchen, das den Erzieherinnen der kleinen Kindertagesstätte durch ihre klugen Bemerkungen immer wieder auffällt.
In der Gruppe der Fünfjährigen spielt sie selbstbewusst mit und gibt auch gern den Ton an. Sie ist mit **Marie** befreundet, die in 2 Monaten ihren sechsten Geburtstag feiern wird. Marie ist ein stämmiges Mädchen, die gern alles mitmacht, was Johanna ihr vorschlägt. Allerdings ist Johanna nicht die Einzige, die die „Bestimmerin" in der „Großen"-Gruppe sein will. Es gibt schon mal Auseinandersetzungen zwischen den insgesamt 6 Mädchen, die mit Schreien, Tränen und Wegrennen enden. Dann gehen sie zu zweit oder allein eine Weile ihrer eigenen Wege.
In solchen Situationen sucht Johanna nach ihrer 2 Jahre **jüngeren Schwester**, die in derselben Kindertagesstätte betreut wird. Sie „passt auf sie auf" und spielt eine Zeitlang mit ihr. Diese freut sich darüber immer, obwohl sie ansonsten auch ohne die große Schwester gut integriert ist und sich mit eigentlich allen Kindern versteht. Das dritte Kind der Familie wird auch bald in die Kita kommen, noch wird es von der Mutter betreut, deren Elternzeit aber bald ausläuft.
Jetzt im Januar sind seitens der Kindertagesstätte schon die ersten Kontakte zur **Grundschule** in der Nähe aufgenommen worden. Die „Großen" freuen sich darauf, im Sommer zur Schule zu kommen, obwohl es noch sehr lange dauern wird, bis es endlich soweit ist. Die Eltern wollen bei der Anmeldung in der Schule darauf dringen, dass alle Kinder aus dieser Kindertagesstätte in dieselbe Klasse kommen.
Da Johanna Anfang August geboren ist, gilt sie als sogenanntes „Kann-Kind"; sie könnte in diesem Sommer eingeschult werden oder erst ein Jahr später. Sie selbst scheint dazu keine eigene Meinung zu haben. Die Erzieherinnen, die alle Kinder im Vorschulalter unter dem Aspekt beobachten, was sie noch brauchen könnten, um in der Schule zurechtzukommen, sind sich nicht einig: Einerseits kann Johanna ihren eigenen Namen schreiben, sie interessiert sich brennend für Bücher und lässt sich gern etwas vorlesen. Sie kann sich gut konzentrieren und spielt auch über längere Strecken allein: Sie legt ein schwieriges Puzzle oder malt intensiv. Sie kann gut Geschichten erzählen, das tut sie allerdings niemals im Morgenkreis. Sie interessiert sich für die Natur und für naturwissenschaftliche Phänomene: Im Moment ist sie gern mit der Lupe unterwegs und untersucht kleinste Dinge, beispielsweise Wollfussel von Pullovern, Haare und auch die Vogelfedern, die noch von der Indianerschmuck-Aktion übrig geblieben sind. Johanna ist drahtig und flink. Beim Sport und beim Tanzen bewegt sie sich sicher und geschickt.
Andererseits genießt sie den Status einer „Großen" in der Kindergruppe noch nicht sehr lange und nicht durchgängig. Sie spielt eben auch sehr gern mit den kleineren Kindern Rollenspiele im Kaufmannsladen, baut mit ihnen, ohne sie zu dominieren. Sie hat erst vor kurzem körperlich „einen Schuss" gemacht und ist nun nicht mehr sehr viel kleiner als die übrigen Fünfjährigen.

Johannas Eltern scheinen im Moment damit beschäftigt zu sein, den beruflichen Wiedereinstieg der Mutter zu organisieren. Da kein Großelternteil in der Nähe wohnt, müssen sie sich beim Bringen und Abholen der Kinder absprechen und haben bei der Kita-Leitung nach den Konditionen für eine zeitweilige Teilnahme an der Frühgruppe gefragt. Die Mutter hat dabei schon durchblicken lassen, dass mit Johannas Einschulung möglicherweise noch mehr zeitlich zu koordinieren sein werde, aber das sei ja zum Glück bis zum Sommer Zukunftsmusik. Sie sei aber froh, dass Johanna in Marie eine so gute Freundin gefunden habe, mit der sie dann sicherlich gern in eine Klasse gehen werde.

Johannas Bezugserzieherin in der Kita hat den Eindruck, dass die Eltern sich und dem Kind zu viel zumuten werden. Ohne Zweifel ist Johanna dem schulischen Lernen intellektuell gewachsen und wird problemlos mit abstrakten Zeichensystemen umgehen lernen. Andererseits wird sie dann nicht mehr die schützende Umgebung der Kita haben und in der Schule sofort zu den „Kleinen" gehören. Die Erzieherin möchte beim nächsten Entwicklungsgespräch den Eltern davon abraten, Johanna jetzt einzuschulen. Sie sollten sie lieber noch ein Jahr den gesicherten Status in der Kindergruppe genießen lassen. Sie ist sich allerdings nicht ganz sicher, ob dies den Stolz der Eltern auf ihr kluges Mädchen verletzen wird.
Sie wird sich also im Sinne einer wertschätzenden Kommunikation sorgfältig auf das Gespräch mit den Eltern vorbereiten.

9 Kommunizieren, kooperieren und beraten – Zusammenarbeit mit Sorgeberechtigten

9.1 Partizipation von Sorgeberechtigten

Notwendigkeit zur Zusammenarbeit mit Sorgeberechtigten

Die Zusammenarbeit mit den Erziehungsberechtigten ist in allen Gesetzen zur Kindertagesbetreuung festgeschrieben. Es wird heutzutage von einer **Erziehungs- und Bildungspartnerschaft** mit den Sorgeberechtigten gesprochen.

SGB VIII, § 22a, Abs. 2:
„Die Erziehungsberechtigten [sind] an den Entscheidungen in wesentlichen Angelegenheiten der Erziehung, Bildung und Betreuung zu beteiligen."

Weitere Paragrafen (§ 27 ff.) s. oben, Kapitel 3 Hilfen zur Erziehung und SGB VIII

Erziehungsberechtigte sollen informiert, beraten und unterstützt werden in ihrer erzieherischen Tätigkeit sowie in Form von Mitbestimmung in die pädagogische Arbeit der Kindertagesstätten/Horte einbezogen werden. Damit schlägt sich ein aus pädagogischer Sicht sinnvolles und notwendiges Ansinnen im Gesetzestext nieder.

Mit dem Eintritt in die Kindertagesstätte (Krippe, Kita, Tagespflege) betritt das Kind in der Regel zum ersten Mal einen kontinuierlichen Rahmen, in dem es sich mit anderen Anforderungen, Ritualen, Gewohnheiten und Beziehungen als innerhalb seiner Familie auseinandersetzen muss. Diese Aspekte sollen in der Kindertagesbetreuung aufgenommen, vertieft, erweitert werden und das Kind auf seinem Lebensweg positiv begleiten. Gleichzeitig sehen sich die Eltern – vor allem beim ersten Kind – u. U. mit erzieherischen Fragen konfrontiert, die in ihrem bisherigen Leben anders oder gar nicht eine Rolle spielten. Ihre Absicht, dem Kind eine möglichst gute bis optimale Betreuung und Erziehung zu ermöglichen, wird konfrontiert mit neuen Erfahrungen:

- Erfahrungen des Umgangs mit dem Loslassen des Kindes
- Erfahrungen mit einer eventuell neuen Interpretation von Fragen des Alltags
- Erfahrungen mit Bildungsanforderungen ungeahnten Ausmaßes an das Kind

Aus diesem kurzen Einblick wird deutlich, dass die Information der Eltern über pädagogische Ziele und Umsetzung seitens der Einrichtung notwendig ist. Damit sich für das Kind eine stimmige Linie der Erziehung zwischen Elternhaus und Kindertagesstätte ergibt, bedarf es eines kontinuierlichen Informationsflusses, einer Abstimmung mit oder Beratung von verunsicherten Eltern und Unterstützung, wenn dieser Abstimmungsprozess schwierig verläuft.
Besuchen Kinder den **Hort**, ergänzt sich die Informationsarbeit zu den Eltern um den Aspekt Bildungsanforderungen. Einerseits formuliert der Hort im Rahmen der Kindertagesstättenkonzeption eigene Anforderungen, andererseits hilft der Hort den Kindern, die schulischen Anforderungen zu erfüllen. Dies kann er nicht allein, sondern muss Hand in Hand mit dem Elternhaus arbeiten. Es sind Absprachen nötig über Hausaufgaben, Probleme mit Lehrern oder Klassenkameraden, denn Kinder, die den Hort besuchen, lassen Ärger oder Frustration über die Schule hier raus. Gleichzeitig kann dies auf keinen Fall ein einseitiger Prozess sein, sondern auch Eltern müssen die Möglichkeit haben, ihre Ideen, Anregungen und Meinungen in die pädagogische Einrichtung zu transportieren. Die hierzu vom Gesetzgeber

festgeschriebenen Formen werden unten ausgeführt. Deutlich sollte geworden sein, dass die gesetzliche Vorgabe nicht eine formale Notwendigkeit der Erziehungs- und Bildungspartnerschaft beschreibt, sondern dass dies zum Wohle des Kindes geschehen muss. Das Kennenlernen der Persönlichkeiten seitens des Elternhauses sowie der Kindertagesbetreuung hilft dabei, möglichst an einem Strang zu ziehen. Es bereichert den Beziehungsrahmen Eltern-Kind-Kindertagesstätte/Hort und auch den Alltag in beiden Institutionen: Sorgeberechtigte haben z. B. Ideen und Fähigkeiten, die ein gerade laufendes Projekt wunderbar ergänzen; andererseits können zu Hause übernommene Regeln des Kindergartens helfen, Alltagssituationen besser zu strukturieren.

Aufgabe

Informieren Sie sich über die entsprechenden gesetzlichen Grundlagen zur Zusammenarbeit mit Sorgeberechtigten in Ihrem Bundesland.

Verständnis von Arbeit mit Sorgeberechtigten

Das Verständnis von Arbeit mit Sorgeberechtigten, gemeinhin Elternarbeit genannt, war in den letzten Jahren verstärkt in der Diskussion und hat sich verändert. Eltern wird vom Gesetzgeber ein deutlich partizipierender Platz eingeräumt, der sich durch Elternvertreter, Elternbeirat und Elternversammlung manifestiert. Dies spiegelt sich in dem neuen Begriff „Erziehungs- und Bildungspartnerschaft" wider.
Doch auch die Änderung der Arbeits- und Lebensbedingungen haben zur Veränderung dieses Verständnisses geführt. Zum Wohl des Kindes mussten sich Kinderbetreuungsstätten zunehmend den Familienbedürfnissen nach veränderten Öffnungszeiten, Angeboten zur Bildung der Kinder und Angeboten zur Unterstützung der Eltern anpassen. Der Begriff „Elternarbeit als Kundenorientierung" tauchte auf. Das Wort „Kunde" im pädagogischen Zusammenhang entstand vor dem o.g. Hintergrund sowie durch die Situation, dass durch den Ausbau des Platzangebots bei Kindertagesstätten und die damit verbundenen größeren Wahlmöglichkeiten der Einfluss der Eltern deutlich zugenommen hat. Nur bei attraktivem Betreuungsangebot sowie familientauglichen Betreuungszeiten kann der Dienstleister Kindertagesstätte dauerhaft und wirtschaftlich tragbar bestehen. Diese an sich positive Konkurrenzsituation ist in einigen Gebieten verschärft worden, da neben abnehmender Geburtenzahl auch Arbeitslosigkeit zur Abnahme der Anmeldungen von Kindern führte, was vor allem für ländlichere Regionen gilt.

Erziehungs- und Bildungspartnerschaft: In dieser Partnerschaft sollte ein Verständnis der dialogischen Zusammenarbeit herrschen, in dem jeder um seine Kompetenzen weiß und dem anderen seine pädagogischen Möglichkeiten auch zubilligt. Gelingt dieses Verständnis, kann es in optimaler Weise zur gegenseitigen Bereicherung im Interesse des Kindes sowie aller Beteiligten führen.
Ziel ist es, das Kind, den Jugendlichen bestmöglich zu unterstützen.
Das bedeutet auch, mit anderen Dienstleistern zusammenzuarbeiten (s. **Lernfeld 6**, Kapitel 9 Partizipation mit Diensten).

Dieses positive Verständnis ist nicht immer leicht umzusetzen. Verstärkte und divergierende Wünsche von Eltern sowie Verständigungsprobleme und unterschiedliche pädagogische Ansichten, z.T. durch unterschiedlichen kulturellen Hintergrund geprägt, lassen Elternarbeit bei mancher Erzieherin als schwierig erscheinen, als etwas, „das man schnell hinter sich bringt" oder bei dem man „nicht auch noch diese Aufgabe übernehmen will".
Aus dem Bündel für mögliche Ursachen der Schwierigkeiten sollen 3 Aspekte herausgegriffen werden:

1. Gerade junge Erzieherinnen fühlen sich von Eltern eher argwöhnisch beobachtet und projizieren ihre eigene Unsicherheit auf die Eltern. Hier gilt es, sich mit der eigenen Professionalität auseinanderzusetzen – in Aus- und Fortbildung als auch im Team.
2. Weiter haben Erzieherinnen immer noch ein weniger positives Image als z.B. Grundschullehrerinnen. Eltern wissen oft nicht, wie lang die Ausbildungszeit für diesen Beruf ist und was sich hinter der pädagogischen Haltung des z.B. passiv wirkenden Beobachtens verbirgt. Hier muss gute Öffentlichkeitsarbeit zum gegenseitigen Verständnis beitragen.
3. Gerade in städtischen Kinderbetreuungseinrichtungen, aber nicht nur dort, entspricht es der Normalität, eine Vielzahl von Familiensprachen unterschiedlichster kultureller Herkunft vorzufinden. Die Schwierigkeit der Erziehungspartnerschaft beginnt mit der Verständigung und erschöpft sich hier manches Mal bereits. Oft gelingt gar nicht erst die Erkenntnis, auf Eltern zu treffen, die trotz unterschied-

licher Herkunft interessante Aspekte zum Leben in der Kindertagesstätte beitragen könnten. Da Eltern mit Migrationshintergrund oft selbst diese Einstellung mitbringen, bleiben beide Seiten im Verständigungsprozess stecken. Hier können veränderte Formen und Methoden der Erziehungspartnerschaft zu einer verbesserten Zusammenarbeit führen. Hier ist auch interkulturelle Kompetenz vonnöten.

Aufgabe

1. Klären Sie das Verständnis von Kooperation mit Sorgeberechtigten in Ihrer Praxiseinrichtung. Führen Sie dafür Gespräche mit Kollegen, Leitung und Eltern.
2. Erarbeiten Sie mit Ihren Mitschülern, was Ihnen an Elternarbeit wichtig erscheint.

Formen und Methoden der Arbeit mit Sorgeberechtigten

Grundsätzlich ist Elternarbeit ein Kommunikationsprozess, der in unterschiedlichen Formen und gestützt durch vielfältige Methoden verläuft. Daher gilt als Basis der im Folgenden genannten vielfältigen Möglichkeiten praktizierter Erziehungspartnerschaft alles, was sich im obigen Kapitel 6 Grundlagen der Kommunikation findet.

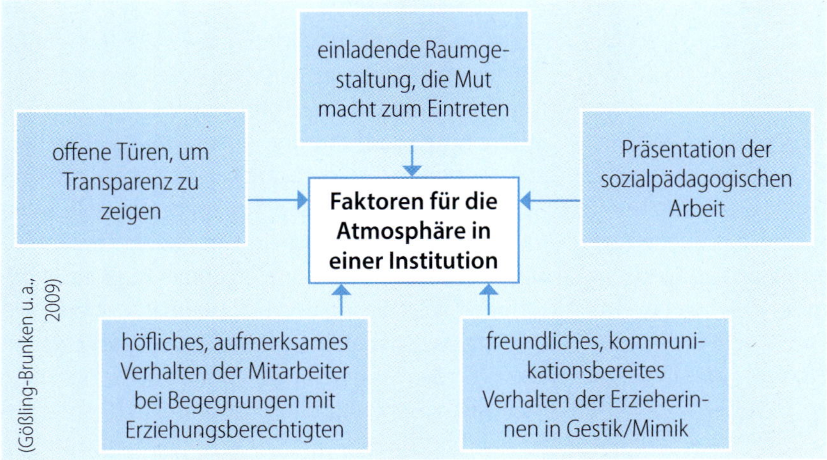

Erstkontakt zwischen Eltern und Kindertagesstätte

Wenn ein Kind im Kindergarten oder einer Krippe angemeldet wird, findet der erste Kontakt zwischen Eltern und Einrichtung statt. Dieser erste Kontakt ist oft entscheidend für die weitere Zusammenarbeit: Hier wird nicht nur entschieden, ob das Kind überhaupt angemeldet wird, sondern auch ob eine Basis für zukünftige Zusammenarbeit möglich erscheint.

Daher ist es wichtig, sich hierfür Zeit zu nehmen, um alle Fragen der Eltern hinsichtlich organisatorischer und konzeptioneller Abläufe beantworten zu können. Zugleich sollte sich die Erzieherin bewusst machen, dass nicht immer Fragen über den Kindergartenalltag vorhanden sind, weil dies unter Umständen die Ersterfahrung damit ist. Daher sollten von der Einrichtung auch ohne entsprechende Aufforderungen seitens der Eltern inhaltliche Angebote angesprochen werden. Dazu gehört eine praktische Vorstellung des Angebots durch Zeigen der Räumlichkeiten, der Arbeitsergebnisse und – wenn möglich – direkter Einblick in einen Gruppenalltag. Gesprächsthemen können auch sein:

- Motive der Eltern zur Wahl dieser Einrichtung
- Aktuelle Familiensituation

Nicht zu vernachlässigen sind etwaige Unsicherheiten der Eltern, die umfassend, aber nicht erschlagend und von „oben herab" behandelt werden sollten. Es gilt, das Gegenüber willkommen zu heißen. Schilder an wichtigen Plätzen oder ansprechend gestaltete Räumlichkeiten (Empfangsbereich, Sitzbereich) sind hier zu nennen. Wichtig ist es, bereits zu diesem Zeitpunkt schon auf die Mitwirkungsmöglichkeiten (Partizipation) der Eltern zu verweisen und ein echtes Interesse daran zu verdeutlichen.

Beim Anmeldegespräch sollten die Eltern bereits darauf hingewiesen werden, welchen Zeitraum sie für die **Eingewöhnungsphase** (s. Kapitel 10 unten, am Beispiel Krippenkind) freihalten sollten.

Tür- und Angel-Gespräche

Eine klassische Form der Zusammenarbeit zwischen den Erziehungspartnern sind die „Tür-und-Angel-Gespräche". Dies sind Gespräche, die in der Bring- und Abholsituation entstehen und vor allem 2 Aspekten dienen: Hier werden organisatorische Notwendigkeiten ausgetauscht (heute Mittag wird Max von seiner Babysitterin abgeholt) und wird ein Kontaktklima geschaffen, das eine freundliche Zugewandtheit und Interesse sowie Wahrnehmung der Eltern signalisiert.

Nicht geeignet sind diese Gespräche zur Klärung größerer und schwerwiegender pädagogischer Absprachen.

Elterngespräche

Ein regelmäßiges Elterngespräch ein- bis zweimal im Jahr dient dem Austausch über den Entwicklungsstand des Kindes und der Abstimmung über erzieherisches Verhalten bzw. Regeln. Dies ist zudem der Ort, wo tiefer gehende Probleme angesprochen werden können. Hier kann die Erzieherin nachfragen, um Verhaltensweisen des Kindes zu verstehen, vielleicht verursacht durch familiäre Änderungen oder Probleme. Auch Eltern können in diesem Rahmen Sorgen loswerden, die das Wohl des Kindes beeinträchtigen oder momentane Unruhezustände erklären. Weiterführende Nachfragen nach Unterstützung oder Beratung können hier angesprochen und gemeinsam weitere Schritte überlegt oder Beratungsangebote gesucht werden.

- Um dieses Gespräch gut vorzubereiten, sollte sich Zeit genommen werden.
- Es muss in einem Raum stattfinden, in dem ungestört gesprochen werden kann.
- Der Termin wurde von den Gesprächspartnern gemeinsam vereinbart.
- Der Raum wurde gastlich vorbereitet mit Getränk und kleiner Verköstigung.
- Zudem sollte vorab kurz geklärt werden, um welchen Themenbereich sich dieses Gespräch handeln wird, damit sich beide – Eltern wie Erzieher – darauf vorbereiten können.

Bezogen auf die zweite Lernsituation (Seite 308) würde dies bedeuten, in der nächsten Zeit einige Elterngespräche zu führen und den Schulbeginn aus verschiedenen Perspektiven (intellektuelle Reife, soziale Entwicklung) zu besprechen.

Vertrauen schaffen

Leider ist es manchmal so, dass ein dringendes Gespräch mit Eltern ansteht, diese aber kaum zu erreichen sind. Ein angekündigtes Elterngespräch kann dann sogar zum Fernbleiben der Eltern aus Unsicherheit oder Angst vor dem Vorwurf eigenen Versagens führen. Auch Eltern mit Migrationshintergrund haben manchmal aufgrund von vielfältigen Behördenkontakten kein ungetrübtes Verhältnis zu offiziellen Gesprächen. Und eine Einladung zum Gespräch seitens der Kindertagesstätte ist dann ein offizielles Gespräch. Hier muss mit viel Sensibilität Vertrauen aufgebaut werden und das Klima für die Basis eines fruchtbaren Elterngesprächs vorbereitet werden.

Elternabende mit Wahl

Elternabende als Elternversammlung sind gesetzlich vorgeschrieben und finden mindestens einmal im Jahr statt. Aus ihrer Runde werden Elternvertreter/-innen gewählt. Dies geschieht auf Gruppen- und Einrichtungsebene. In größeren Einrichtungen entsteht aus diesen Vertretern der Elternrat, der mit dem Kindergartenrat (Träger und pädagogische Mitarbeiter) zusammenarbeitet und bei wichtigen Entscheidungen einbezogen wird.

Pädagogische Veranstaltungen/Elternbildung

Auf dem Elternabend soll darüber hinaus über den pädagogischen Alltag informiert werden. Oft gibt es ein Thema, zu dem vertiefend berichtet wird und mit dem man sich auseinandersetzt. Die Art der Gestaltung ist sehr unterschiedlich: Vorträge von Erzieherinnen oder Gastreferenten, offene Gespräche in der Runde oder Mitgestaltungsangebote sind möglich. Häufig steht nur eine begrenzte Zeit zur Verfügung, in der eine Vielzahl von Themen behandelt werden soll. Das führt oft zur Methode des Vortrags, die zwar weniger zeitintensiv, dafür ermüdend ist.
Sicher ist es nicht möglich, immer alle Eltern zufriedenzustellen. Doch es ist sinnvoll, sich Beteiligungsformen für die Eltern zu überlegen, um über deren **aktive Mitgestaltung** den Abend anregend wirken zu lassen, manches pädagogische Thema nachhaltiger zu vermitteln und damit zu mehr Interesse anzuregen. Gelingt dies, wird ein Elternabend stärker akzeptiert, da der Eindruck bleibt, dass man als Eltern profitiert hat. Dazu gehören ein möglichst klares Bild der Elternschaftsstruktur, Klarheit über die eigenen Ziele für den Abend und Kenntnis über vielfältige Methoden. Herz und Kopf, Hand und Fuß, Anschaulichkeit und Lebensnähe sowie der Mut, die intellektuell wirkende Ebene des Referats zu verlassen und Lebendigkeit in den Abend zu bringen, tragen zu einem gelungenen Abend bei.

Mitarbeit von Eltern: Feste

Klassisch in der Einbeziehung von Eltern ist das gemeinsame Feiern von Festen, z. B. Erntedank, in der Vorweihnachtszeit, Laternenfest und andere. Beachten sollte man dabei auch Feste anderer Religionen und Kulturen, z. B. das Fastenbrechen zur Beendigung des Ramadan bei den Moslems. Bei der Gestaltung dieser Feste wird i. d. R. die Planung von der Kindertagesstätte erledigt, die Eltern werden zu Beiträgen für das Büfett gebeten. Hier ist zu überdenken, ob Eltern nicht verstärkt in die Gesamtplanung einzubeziehen sind.

Mitarbeit von Eltern: Aktionstage

Zur Kooperation zu zählen sind gemeinsame Aktionswochenenden oder -tage. Hier werden in der Kita geplante Änderungen der Haus- oder Gartengestaltung gemeinsam umgesetzt, manches Mal mithilfe des Know-hows eines Elternteils (z. B. Gartenarchitektur).

Orientierung und Informationen für Eltern

Vor dem Hintergrund der oben besprochenen Kundenorientierung der Kindertagesstätte gibt es Einrichtungen, die dem Bedürfnis der Eltern nach Kontakt zu anderen Eltern sowie dem Bedürfnis nach Orientierungshilfen für ihr eigenes Leben nachkommen. Dazu zählen **Sitzecken** für Eltern, in die sie sich zur Unterhaltung mit einem Getränk zurückziehen können. Hier liegen **Broschüren** und Hinweise auf Beratungseinrichtungen aus, die den Eltern unverfänglich ermöglichen, sich nach Hilfe umzusehen. Dazu zählen auch Angebote, die Eltern mit Migrationshintergrund **Sprachkurse** anbieten, um die Einstiegsbedingungen für die Elternarbeit zu erleichtern (s. auch Familienzentrum). S. **Lernfeld 2**, Kapitel 3.6 Menschen mit Migrationshintergrund

Sprachcafé in der interkulturellen Erziehungspartnerschaft

Hospitation

Eltern können in der Einrichtung (nicht eingreifend) hospitieren, um Verhaltensweisen des Kindes in der Einrichtung konkret zu erleben. Dies ist manches Mal förderlicher als das rein theoretische Gespräch.

Alltagsarbeit

Inwieweit Eltern in den Alltag der Tagesstätte unterstützend, nicht nur hospitierend, einbezogen werden, bedarf einer genauen Absprache über Aufgabe und Rolle.

Kontakt mit Eltern – Öffentlichkeitsarbeit

Auch Öffentlichkeitsarbeit ist Elternarbeit. Dies beginnt mit den schriftlichen Mitteilungen (auch Elternbriefe genannt), die die Kinder aus der Einrichtung mit nach Hause nehmen, um z. B. über Termine oder das Mitbringen von Regenkleidung zu informieren. Diese werden ergänzt oder zum Teil ersetzt durch deutlich angebrachte größere Notizen in der Einrichtung selbst, die auf Krankheiten im Haus oder das nächste Fest verweisen und um Mithilfe bitten. Häufig endet die Öffentlichkeitsarbeit hier.

Dabei ist die Mitteilung über Abläufe des Kinderalltags, die Beteiligung der einzelnen Kinder an Angeboten, das Präsentieren ihrer Ergebnisse als Plakate, als Aufführung, als Mitteilung über soziale Prozesse, mindestens ebenso wichtig (wenn nicht wichtiger), um das eingangs monierte, manchmal fehlende Verständnis für die Arbeit in der Einrichtung zu vermitteln.

Aufgabe

1. Informieren Sie sich über die Angebote für Elternarbeit in Ihrer Praxisstätte.
2. Vergegenwärtigen Sie sich dann die verfolgten Ziele dieser Angebote. Verfahren Sie ebenso bei den Angeboten von Öffentlichkeitsarbeit.
3. Überlegen Sie mit Ihren Mitschülern einrichtungsorientierte Verbesserungen.

Arbeit mit Eltern von Kindern mit Behinderung

Für Eltern, deren Kind eine Behinderung hat, gelten alle bereits angesprochenen Aspekte von Elternarbeit. Zusätzlich muss eine individuellere Arbeit unter gezielter Berücksichtigung der Familiengeschichte stattfinden.

Mit dem medizinischen Fortschritt, der es erlaubt, bereits vor der Geburt eine Entscheidung für oder gegen ein Kind treffen zu können, ist Eltern eine große Verantwortung auferlegt worden. Eine Entscheidung für ein voraussichtlich behindertes Kind ist eine schwierige und schwerwiegende Entscheidung. Trotz aller Untersuchungen kann es eine Garantie für ein gesundes Kind niemals geben. Komplikationen bei der Geburt können zu einer Behinderung führen und sind eine große psychische Belastung für die Eltern. Eltern dieser Kinder sind daher mit einer Reihe schwieriger Gefühle konfrontiert, wie Enttäuschung, Verzweiflung, Unsicherheit. Die Unsicherheit bleibt insofern, da unklar ist, was durch Therapien zu erreichen ist. Zudem sind die eigenen Sozialisationserfahrungen nicht oder nur wenig auf den eigenen Nachwuchs zu übertragen. Gleichzeitig entwickeln sich die Eltern zu Experten über die Behinderung ihres Kindes, da sie sich oft mit hohem Zeitaufwand bemühen, den Zustand des Kindes zu bessern.

Vor diesem Hintergrund ist der erste Kontakt mit einer institutionellen Einrichtung zu sehen, sei es die Frühförderung oder die Kindertagesstätte.

Oft fällt es den Eltern schwer, ihre überbehütende Sorge jemand anderem zu überantworten. Daher ist hier eine sorgfältige, vertrauensbildende Zusammenarbeit erforderlich. Erst wenn eine transparente, sich gegenseitige respektierende Atmosphäre geschaffen wurde, kann ein allmähliches Loslassen der Eltern gelingen. Das Einbeziehen der Eltern in den Alltag der Kindertagesstätte sollte so gestaltet sein, dass die Arbeit den Eltern verständlich ist und eine Vertrauensbasis entsteht.

Auch über die Eingewöhnung hinaus sollte ein regelmäßiger Informationsaustausch die Zusammenarbeit positiv fördern. Das können neben Gesprächen auch Hausbesuche oder Zusammenkünfte aller an der Erziehung und Therapie des Kindes beteiligten Fachkräfte sowie der Eltern sein. Es gilt, wie für alle Eltern, eine vertrauensvolle Basis für gelungene Erziehungspartnerschaft zu gestalten.

S. auch **Lernfeld 3**: Inklusion

9.2 Beratung

Im Gespräch mit Eltern

Kommt es zu einem Elterngespräch mit einer Erzieherin, kann dies bereits ein Beratungsgespräch sein. Das Beantworten von Fragen zu allgemeiner Erziehung und Entwicklung junger Menschen ist eine Aufgabe, die alle pädagogischen Kräfte in der Kinder- und Jugendhilfe erfüllen sollten, solange sie sich dafür ausreichend qualifiziert und kompetent fühlen.

Da eine Erzieherin keine spezialisierte Fachkraft ist (wie z. B. für die Drogen- oder Eheberatung erforderlich), handelt es sich bei dieser allgemeinen Form von Beratung um funktionale Beratung. Die **funktionale Beratung** soll dazu beitragen, durch Beratungsgespräche Mütter, Väter und andere Sorgeberechtigte zu befähigen, ihre Erziehungsverantwortung besser wahrzunehmen und die Klärung von vorgebrachten Fragen oder auftretenden Problemen herbeizuführen. In kurzfristig angesetzten Gesprächen wird auf die gewünschte Thematik eingegangen, sie umfassen also keine Anamnese, Diagnose oder gar Therapie. Manchmal ist die Beratung auch nur ein Teilaspekt der Interaktion mit Eltern oder Jugendlichen bzw. Heranwachsenden. Die Beratung kann in Einzelgesprächen in der Einrichtung, aber auch bei Hausbesuchen oder im Kontext von Gruppenarbeit mit Eltern stattfinden. Oft reicht es aus, durch relevante Informationen oder handlungsorientierte Ratschläge weiterzuhelfen. Gelegentlich ist es jedoch erforderlich, den Ratsuchenden durch einen Problemlösungsprozess zu begleiten. Hierbei müssen folgende Aspekte beachtet werden:

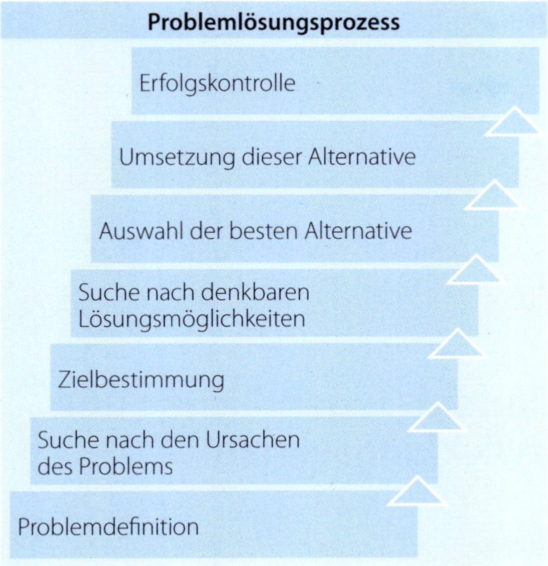

Die Erzieherin beschränkt sich dabei auf die Unterstützung und Beratung der Rat suchenden Person. Dabei berücksichtigt sie alle Kriterien, die Kommunikation unterstützen, wie Empathie, Wertschätzung, Vertrauen, Offenheit, Geduld und Achtung vor der Eigenständigkeit des Gesprächspartners. Wird dieser Problemlösungsprozess beschritten, kann sich oft herausstellen, dass ein funktionales Beratungsgespräch nicht ausreicht. Dann müssen andere Hilfsangebote vermittelt werden, die sich tiefer mit der Problematik auseinandersetzen können.

Systemische Sichtweise – das Kind im Beziehungsgeflecht von Familie und Institution

Familienpositionen

Wie bereits angeklungen, ist es für die Arbeit und Beratung im Zusammenhang mit Kindern (aber auch Jugendlichen) entscheidend, sich zu vergegenwärtigen, dass die Heranwachsenden sich in verschiedenen Systemen bewegen. Neben das Familiensystem tritt mit 3-4 Jahren das System Kindertagesstätte, dem das Schulsystem folgt. Ein eventueller Aufenthalt in der Heimerziehung (stationäre Kinder- und Jugendhilfe) ergänzt diese Systempalette noch. In allen Systemen hat der Heranwachsende seinen Platz (bzw. soll ihn finden), geht Bindungen ein, sucht und findet Beziehungen und ist systembedingten Regeln, Ritualen und Anforderungen unterworfen, die selten aufeinander aufbauen.

In den meisten Fällen tritt erster Beratungsbedarf an jenem Übergang auf, wenn das Kind in das neue System Kindertagesstätte und/oder System Schule eintritt. Um das Beratungsgespräch konstruktiv und gewinnbringend zu gestalten, sollten alle Systemzusammenhänge, in denen sich der zu Erziehende bewegt, berücksichtigt werden.

Wesentliches Element des Familiensystems ist die **Fähigkeit, Bindungen zu entwickeln**, die als Basis für vertrauensvolle Beziehungen in späteren Bildungs- und Erziehungsprozessen dienen. Eine weitere zunächst in der Familie zu erwerbende Kompetenz, die für den Übergang in die nächsten Systeme von Bedeutung ist, ist die **Adaptabilität**. Sie bezeichnet die Fähigkeit der Familie, sich an entwicklungsbedingte und situative Anforderungen und Veränderungen anzupassen. Ebenso spielen Unterschiede in der Machtstruktur, den Rollenbeziehungen und Regelungen bei der Anpassung an Veränderungen eine Rolle. In all diesen Prozessen sind Kinder und Eltern aktiv beteiligt. Die hier entwickelten Kompetenzen oder Unzulänglichkeiten sind die Basis, die das Kind beim Übertritt zum nächsten System mitbringt und mit der es diesen Übergang gestaltet.

In die Kindertagesstätte kommt das Kind mit den in der Familie gelernten Kompetenzen, die es nun in unbekannte Zusammenhänge einbringt. Hier muss es sich in einer Gruppe einen Platz erarbeiten, Regeln gerecht werden, die zum Teil anders als in der Herkunftsfamilie sind, und Anforderungen bewältigen, die sein Verständnis und seine Selbstständigkeit fordern und fördern. Seine Fähigkeit, Beziehungen aufzubauen, kommt hier zum Tragen ebenso wie die Kompetenz, Veränderungen konstruktiv zu bewältigen. Gelingt dies nicht im gewünschten Maße und entsteht Beratungsbedarf für die Eltern, sind alle in beiden Systemen beteiligten Interaktionspartner und Systemzusammenhänge zu berücksichtigen. In dieser Unterschiedlichkeit der Systeme liegt die Notwendigkeit, dass Kinder, Eltern und alle anderen am Erziehungsprozess Beteiligten miteinander partizipieren.

Zudem sollte deutlich geworden sein, dass die Berücksichtigung beider Systeme, also der Familie und der Kindertagesstätte, nicht erst bei Beratungsbedarf zu bedenken ist. Wird das Kind im Beziehungsgeflecht von beiden – und wenn die Schule hinzukommt, von allen 3 – Systemen gesehen, wächst das Verständnis für den Heranwachsenden und Unterstützung sowie Beratung werden effektiver.

Aufgabe

1. Informieren Sie sich über die Formen und Angebote von Beratung in Ihrer Praxiseinrichtung.
2. Besprechen Sie mit Ihrer Anleitung das Verständnis von Beratung .

S. auch **Lernfeld 2**, Kapitel 3.9: Systemtheorie

10 Übergänge im Leben von Kindern, Jugendlichen und jungen Erwachsenen im Entwicklungsverlauf

Kinder, Jugendliche und deren Familien durchlaufen im Laufe ihres Lebens verschiedene Übergänge, die entwicklungspsychologisch bedingt und i.d.R. an dem Übergang von einer Institution zur nächsten festgemacht werden.

Diese Übergänge oder Transitionen sind soziale Prozesse, an denen nicht nur der einzelne „Übergänger" beteiligt ist sondern auch weitere Personen sowie Institutionen. Wenn man den Übergang als sozialen Prozess sieht, wird auch deutlich, dass die alte Auffassung von einer linearen Aktion eines Individuums abzusehen ist. Stattdessen handelt es sich um eine komplexe Situation, die vor ihrem Eintritt bereits vorbereitet wird und auf verschiedenen Ebenen Veränderungen mit sich bringen: auf der individuellen Ebene, der interaktionalen und der kontextuellen Ebene (vgl. Griebel/Niesel, 2004).

Die Transitionstheorie greift Überlegungen des ökopsychologischen Ansatzes von Urie Bronfenbrenner auf, der besagt, dass unterschiedliche gesellschaftliche Subsysteme oder sogenannte Lebensbereiche, in denen Ereignisse stattfinden, die Menschen in unterschiedlichem Maße beeinflussen (vgl. Bronfenbrenner, 1981). Das heißt, ein „Übergang findet statt, wenn eine Person ihre Position in der ökologisch verstandenen Umwelt durch einen Wechsel ihrer Rolle, ihres Lebensbereichs oder beides ändert" (Bronfenbrenner, 1981). Den Anstoß für Übergänge geben die menschliche Entwicklung oder kontextuale Veränderungen, also aus einer Wechselwirkung zwischen Individuum und Umwelt entstanden.

Den Anstoß aus der menschlichen Entwicklung heraus kann man an Eriksons Stufenmodell ablesen, der in Relation zur Entwicklung jeweilige **Entwicklungsaufgaben** formuliert hat, die sich durch das gesamte Leben ziehen. In Bezug auf die institutionellen Übergänge und formuliert als Aufgaben für pädagogische Begleitung lassen sich für Krippe, Kindergarten, Grundschule und Sekundarstufe bzw. Jugendzeit diese Entwicklungsaufgaben nennen:

- Aufrechterhalten und Ausbau von Vertrauen,
- Unterstützung der Autonomie,
- Begleitung des sich entwickelnden Leistungswillens,
- Orientierung bieten für den Identitätsprozess.

S. auch **Lernfeld 3**, Kapitel 5: Entwicklungsaufgeben des Jugendalters

Die Begleitung und Unterstützung erfolgt dann in Hinsicht auf die individuelle, die interaktionale und die kontextuale Ebene. Dies wird im Folgenden für die die Altersstufen konkretisiert.

Übergangsprozesse und pädagogische Begleitung Krippe

Der Übergang in die Krippe eines Kleinkindes unter 3 Jahren erfordert vor allem, dass es sichere Bindungen aufbaut. Die primäre Bindungsperson, in der Regel die Mutter, bleibt und wird ergänzt durch eine zweite Beziehungsperson in Gestalt der (Bezugs-)Erzieherin. Von dieser wird hohe Feinfühligkeit im Aufnehmen der kindlichen Signale verlangt. Denn erst ab dem 2. Lebensjahr erfährt sich das Kind als individuell und entwickelt mit zunehmendem Sprachvermögen seine Personalität.

Der Übergang wird gut bewältigt, wenn eine gelungene Eingewöhnung des Kindes in die Krippe (oder die Tagespflege) erfolgt. Hierbei werden die Eltern als Interaktionspartner deutlich einbezogen. Seitens der Krippe steht eine Fachkraft bereit, die sich nur um dieses Kind in der ersten Zeit kümmert. Denn nicht nur das Kind muss eine Bindung zu einer neuen Person aufbauen, auch die Eltern wachsen in neue Rollen und müssen Vertrauen aufbauen, um ihr Kind loslassen zu können.

Dazu braucht man ein geschultes Fachpersonal, einen ausreichenden Personalschlüssel, eine nicht zu große Gruppengröße und eine möglichst kontinuierliche Betreuung der Kinder. Dieser Zustand des Übergangs, in dem Vertrautes zeitweise verlassen wird und Neues noch nicht gefestigt ist, kann hilfreich begleitet werden durch Rituale, die den Dreischritt von Trennung, Umwandlung und Eingliederung verdeutlichen.

Die Eingewöhnungsphase bei Neuaufnahme eines Krippenkinds

Die Trennung von den Bezugspersonen aus einer bestenfalls sicher gebundenen Beziehung des Elternhauses ist der für das junge Kind sicherlich schwierigste Übergang und kann exemplarisch für die professionelle Gestaltung anderer Übergänge gesehen werden, hier zitiert nach Rüther-Dahlmanns (2014):

Die Eingewöhnung eines Säuglings in eine Krippe sollte sehr feinfühlig vollzogen werden. Eine Eingewöhnung während der sogenannten Vorbindungsphase erscheint wenig sinnvoll. Die Phase im Alter bis zu 8 Monaten, in der die Bindung entsteht, ist ebenfalls als kritische Zeit zu betrachten – insbesondere dann, wenn der Säugling gerade begonnen hat, seine Aufmerksamkeit konkret auf seine primären Bezugspersonen zu richten und demzufolge auf fremde Personen skeptisch reagiert (Fremdeln). Besser erscheint es davor (zwischen dem 4. und 6. Lebensmonat) oder danach (wenn sich die Bindung eindeutig herauskristallisiert hat) mit der Eingewöhnung in die Krippe zu beginnen. Ebenfalls geeignet ist die Phase nach dem 12.Lebensmonat. Dann ist im Normalfall der Bindungsprozess abgeschlossen.

Das folgende Eingewöhnungsmodell beruht auf Erkenntnissen der Bindungstheorie und ist als praktisch umsetzbarer Vorschlag zu verstehen.

Phase	Bezugsperson	Kind	Erzieherin	Methodisch-didaktische Überlegungen
Phase 1 Anwesenheit Die Bezugsperson ist als verlässliche Basis stets erreichbar. Aufenthalt nicht länger als 2 Stunden*. Kind und Bezugsperson verlassen gemeinsam die Einrichtung. Diese Phase sollte ca. 3 Tage dauern.	Sie bleibt die erste Bezugsperson. Füttert, übernimmt Körperpflege, bietet Körperkontakt, tröstet. Gewinnt Einblick in das Gruppengeschehen (Kinder, Abläufe, Räumlichkeiten, pädagogisches Klima).	Es erhält im Schutz der Bezugsperson Zeit zum Beobachten, um die zahlreichen neuen Eindrücke aufzunehmen (Räumlichkeiten, Spielgegenstände, Kinder, Erzieherinnen, Sinneseindrücke). Kontaktversuche nur, wenn sie vom Kind ausgehen oder von ihm akzeptiert werden.	Die Erzieherin ist dabei, wenn Bezugsperson das Kind füttert u. a. Erfasst persönliche Besonderheiten des Kindes. Begleitet das Kind bei der ersten Begegnung mit der neuen Situation.	Die erste Phase dient dem gemeinsamen Kennenlernen und Erleben im Gruppengeschehen. Akklimatisierung ohne Anspruch auf ein „schnelles" Eingewöhnen vermittelt Sicherheit für Kind und Bezugsperson. Die Erzieherin kann das Kind in Ruhe beobachten und erhält Einblick in den Umgangsstil der Bezugsperson.

Phase	Bezugsperson	Kind	Erzieherin	Methodisch-didaktische Überlegungen
Phase 2 Kooperation Die Erzieherin führt in Zusammenarbeit mit der Bezugsperson die täglichen Aufgaben wie Wickeln durch. Für das Kind entsteht Vertrauen und Sicherheit. Seine Gewohnheiten werden berücksichtigt. Neben der verlässlichen Beziehung erlebt es keine weiteren gravierenden Veränderungen im Ablauf. Ein halbtägiger Aufenthalt wird empfohlen. Trennung nur kurzzeitig innerhalb der Einrichtung.*	Sie überlässt der Erzieherin weitgehend die täglichen Aufgaben, ist jedoch anwesend und assistiert eventuell. Es findet zugewandte, positive Kommunikation zwischen Kind, Erzieherin und Bezugsperson statt. Die Bezugsperson kann kurzzeitigden Raum verlassen, signalisiert dies jedoch dem Kind. Sie bereitet sich innerlich auf das baldige Überlassen des Kindes in der Einrichtung vor.	Mögliches Verhalten des Kindes: - Erste eigenständige Schritte/ Kontakte, vermutlich mit Rückversicherung auf die Bezugsperson. - Das Kind lässt sich auf Kontakte mit der Erzieherin ein. - Das Kind klammert nicht. - Das Kind akzeptiert tägliche Verrichtungen durch die Erzieherin. - Das Kind wehrt sich nicht gegen Trostversuche.	Die Erzieherin geht initiativ auf das Kind zu und übernimmt die anfallenden Aufgaben. Sie bezieht die Bezugsperson in diese Handlungen ein und vermittelt eine vertrauensvolle Atmosphäre und Zusammenarbeit. Beim kurzzeitigen Verlassen des Raumes seitens der Bezugsperson bietet sie sich als Kontaktperson an. Sie tröstet das Kind bei Bedarf und vermittelt Zuversicht auf die baldige Rückkehr der Bezugsperson. Die Erzieherin nimmt das Kind u. U. „an die Hand" und initiiert Spielkontakte.	In der Phase der Kooperation von Bezugsperson und Erzieherin erlebt das Kind das zunehmende Vertrauen und gewinnt so Sicherheit. Wenn dieser Prozess ohne Drängen auf schnelles Gelingen verläuft, ist eine gute Basis für die Eingewöhnung gegeben. Kinder, die sanft und sicher eingewöhnt werden, haben ein nachweislich besseres Grundbefinden (sind auch krankheitsresistenter). Eine sanfte und bewusste Eingewöhnung ist ein Qualitätsmerkmal für eine Tageseinrichtung. Insofern besteht im Team Bereitschaft, der Bezugserzieherin Zeit und Raum für diesen Prozess einzuräumen.
Phase 3 Die Übernahme Die Erzieherin agiert nun eigenverantwortlich, die Bezugsperson zieht sich stufenweise zurück. Mindestens 6 Wochen lediglich eine halbtägige Betreuungszeit einplanen.*	Sie spielt vermehrt auch mit anderen Kindern, übernimmt Hilfstätigkeiten. Bleibt in Reichweite bei täglichen Verrichtungen. Vorbereitung auf den Abschied, d.h. das Verlassen der Einrichtung ohne das Kind.	Es bringt sich eigenständig (je nach Alter) ins Spiel ein, wirkt zufrieden, zeigt kaum Zeichen von Verunsicherung. Durch die zeitweise Abwesenheit der Bezugsperson hat das Kind den Abschied bereits „geübt".	Sie wendet sich zunehmend wieder dem Gesamtgruppengeschehen zu, doch mit besonderem Augenmerk auf das neue Gruppenmitglied. Sie ermutigt Bezugsperson und Kind, die Eingewöhnungszeit zu beenden.	Das Team steht nunmehr wieder mit ungeteilter Aufmerksamkeit dem Gesamtgruppengeschehen sowie individuellen pädagogischen Anforderungen zur Verfügung. Ein unnötiges Herauszögern ist nicht förderlich – bisweilen benötigen Eltern den Anstoß und das Kind die Herausforderung. Länger als 2 Wochen sollte die Eingewöhnungszeit nicht dauern.*

Phase	Bezugsperson	Kind	Erzieherin	Methodisch-didaktische Überlegungen
Phase 4 **Die Verabschiedung** Sie wird trotz aller „Übung" für die Beteiligten ein besonderer Schritt sein, der mit zahlreichen, auch widersprüchlichen Gefühlen verbunden ist. Je sicherer sich die Bezugsperson fühlt, desto leichter wird es dem Kind fallen, sich in die neue Situation einzuleben.	Sie sollte die Einrich- tung zügig und in herzlicher Weise verlassen (evtl. mit Hilfe eines täglichen Rituals oder dem Helfer „Kuscheltier"). Es sollte Telefonrufbereitschaft bei Untröstlichkeit des Kindes bestehen! Nach ca. einer Stunde kann in der Einrichtung angefragt werden, wie es dem Kind geht.	Wenn das Kind weint, braucht es den Trost der Erzieherin, ebenso bei emotionalem Rückzug. Diese Phase kann individuell sehr unterschiedlich verlaufen. Ein Kuscheltier ist ein treuer Begleiter und hilft über Abschiedschmerz hinweg.	Sie begleitet bei der direkten Verabschiedung oder beim Winken. Sie schenkt dem Kind besondere Aufmerksamkeit: Sie übernimmt es direkt von der Bezugsperson, nimmt es z. B. an die Hand, auf den Arm, auf den Schoß und begleitet es in eine Aktivität. Angebot von Körperkontakt.	Es kann durchaus passieren, dass ein Kind sich zunächst scheinbar leicht trennt und nach einigen Tagen Trennungsschmerz zeigt. Dies kann ebenfalls bei den Bezugspersonen geschehen. Es kann hilfreich sein, die Bezugspersonen auf die Ambivalenz ihrer Empfindungen aufmerksam zu machen oder Selbstreflexion in Gang zu setzen. Zur Verabschiedung gehört auch die baldige Begrüßung beim Abholen. In einem verlässlichen, überschaubaren Rhythmus entwickelt sich Sicherheit.

* Zeitangaben über die Dauer der Phase/n sind jeweils an die gegebene und aktuell beobachtbare Situation anzupassen; also nicht verbindlich. (Rüther-Dahlmanns, 2014)

Kindergarten

Erfolgt der Übergang von der Familie in den Kindergarten, erlebt sich das Kind in einer neuen Rolle. Entwicklungspsychologisch durchläuft es charakteristische Phasen, die den Aufenthalt mit anderen Kindern herausfordern. Das Kitakind entdeckt sich als von Objekten seiner Umgebung getrennt, erlebt sich als eigene Person und wird ausgesprochen selbstbezogen, wie Piaget verdeutlicht. Die sich zugleich entwickelnde Sprache verleiht dem Kind einen Grad an Selbstständigkeit, der unterstützt werden muss. Gleichzeitig benötigt das Kind weiterhin die vertrauten Beziehungen, die die Eltern bzw. die Familie geben und neu aufgebaut in der Kita entstehen sollen.

In diesem Alter erlebt es sich im Kindergarten als anders als andere Kinder und erprobt sich in neuen **Rollen**. Es erlebt sich als Kindergartenkind, das neue Aufgaben, Freiheiten und Räume entdeckt, das aber auch anderen als den familiären Anforderungen gegenübersteht. Gleichzeitig erkennt es Gleichgesinnte in den anderen Kindern, die ihm, anders als die Eltern bzw. Erwachsenen, mit ähnlichen Fähigkeiten direkt begegnen. Die Entwicklung von **Beziehungen** zu anderen Kindern entsteht. Kooperationen müssen ausgehandelt werden, was lautstark vor sich gehen kann, die Situationen sind unsicher, Regeln sind noch nicht verinnerlicht. Sich einigen auf immer wieder gleich auftauchende Regeln wird erprobt und erfahren.

Auch die Eltern wachsen in eine neue Rolle, an die Erwartungen gestellt werden. Beide erleben neue Anforderungen, denen sie sich stellen müssen und die in die bisher geschlossener Familienstrukturen hineinreichen. Das Beziehungsfeld von Kind und Familie verändert sich, vergrößert sich. Neue Lebensräume kommen hinzu. Das Kind muss sich an die neue Einrichtung gewöhnen und den Wechsel zur häuslichen Umgebung leisten.

Die Erzieherin begleitet diesen Übergang durch informierende Gespräche im Vorfeld, die die Eltern auf die neuen Anforderungen und Veränderungen vorbereiten und ihnen eine positive Grundeinstellung zur Einrichtung ermöglichen. Dem Kind wird ebenso wie dem Krippenkind eine neue Bezugsperson angeboten, ein kontinuierlicher Rahmen, der in seinen Regeln Orientierung bietet und mit Ritualen den Übergangsprozess erleichtert.

Das Kitakind Johanna erprobt sich in einer neuen Rolle, die der „Großen". In der ungeklärten Übergangssituation zur Grundschule sollte mit den Eltern die Bedeutung dieses Rollenwechsels besprochen werden – und eventuell auch, wie der Rollenwechsel für Johanna in der Grundschule stabilisiert werden kann.

Grundschule

Das Kind erwirbt konkret-operationale Fähigkeiten, die ihm die Möglichkeit verleihen, logische Beziehungen herzustellen, Kategorien zu bilden und das Prinzip des Massenerhalts zu erkennen (vgl. Piaget). Gleichzeitig beginnt es, sich über die eigene Leistung zu begreifen und möchte etwas bewirken. In dieser Zeit liegt institutionell der Übergang in die Grundschule, die das Kind in neuen Rollen fordert. Der vertraute Umgang mit den Eltern und oft noch ähnlich mit der Erzieherin wird abgelöst von einer Lehrerin, die nun zu mehreren Kindern eine ähnliche Beziehung herstellen muss. Ihre Aufgabe wird nicht mehr vorrangig die Beziehungsgestaltung, sondern die **Vermittlung von Bildungsinhalten** sein.

Das Kind will in der Regel nun Schulkind sein, sich abgrenzen vom Kindergartenkind. Dieser Prozess ist jedoch nicht an einem Tag vollzogen, sondern entwickelt sich über eine gewisse Zeit. Es werden neue Beziehungen zu anderen Kindern eingegangen, Konkurrenz entsteht, die eigene Rolle unterliegt klaren Regeln, von denen erwartet wird, dass sie eingehalten werden. Der Umgang mit Zeit ist klarer reguliert, so dass das Pendeln zwischen den beiden Lebensbereichen Schule und Familie deutlich unterschieden ist von dem zwischen Familie und Kindertagesstätte. Allmählich wird dem Kind bewusst, dass der Abschied vom Kindergarten endgültig ist, Verlustgefühle können auftauchen.

Auch die Eltern und das familiale Umfeld berührt die Umstellung. Nun sind sie Eltern von einem Schulkind, müssen den Tagesrhythmus stärker auf den Schulalltag abstimmen, erleben andere Eltern, mit denen sie sich identifizieren, und können ihrem Kind die schulischen Anforderungen nur erleichtern, nicht nehmen.

Die Begleitung des Übergangs beginnt bereits sehr früh, indem dem Kind bereits im Kindergarten ein **positives Selbstkonzept** vermittelt wurde. Es kennt seine Stärken und Schwächen und hat Selbstbewusstsein aufgebaut. Darüber hinaus hat es gelernt, sich in Gruppen zu bewegen. Die Eltern werden frühzeitig beraten, inwiefern das Kind bereit für die Schule ist.

S. auch **Lernfeld 3**, Kapitel 10.4.2: Einschätzung der sprachlichen Schulfähigkeit

S. auch **Lernfeld 6**, Kapitel 9.2: Partizipation mit Grundschulen

Weitere Schulen

Der Wechsel zur weiterführenden Schule vertieft die oben genannten Aspekte. Ein herausfordernder Übergang im Entwicklungsverlauf wird mit der Pubertät eingeläutet. Die bisher aufgebaute Identität wird nochmal aufgebrochen und nach neuen Kriterien geordnet zeitgleich mit dem physischen und neuronalen Umbau, der in Körper und Gehirn vor sich geht.

Der Jugendliche spürt, dass er bestimmte **Entwicklungsaufgaben**, wie Hurrelmann es nennt, zu bewältigen hat, die sich zwischen dem Zurechtfinden in der eigenen Geschlechterrolle, Aufbau von Beziehungen zum eigenen und anderen Geschlecht, kognitiven Herausforderungen sowie Orientierung in die Zukunft hinsichtlich Beruf und Platz in der Gesellschaft bewegen. Die Gesellschaft verlangt vom Jugendlichen und jungen Erwachsenen individuelle Bewältigung, die jedoch durch Begleitung von Schule und Familie gestützt werden muss.

Zunehmend sucht sich der Jugendliche selbst seinen Weg. In der Schule wird eventuell eine Lehrkraft sein Ansprechpartner. In der Jugendarbeit kann dem Jugendlichen im bewertungsneutralen Bereich angeboten werden, sich mit seiner Geschlechterrolle oder seinen außerschulischen Stärken zur Kräftigung des Selbstbewusstseins auseinanderzusetzen.

Literaturtipp

Lebensphase Jugend. K. Hurrelmann. 2012

Weitere Lernsituationen

Lernsituation A

Die Praktikantin Jana ist seit 3 Wochen in einer Kindertagesstätte. Sie merkt, dass sie sich zunehmend unwohl fühlt, da die Zweitkraft Karin in ihrer Gruppe sehr starre Vorstellungen hat. Auch hat Jana das Gefühl, dass weder sie noch die Kinder viel selbstständig tun dürfen. Sie ist ständig für den Restaurantdienst eingeteilt, möchte sich aber lieber mit den Kindern beschäftigen. Eines Tages beklagt sie sich darüber bei ihrer Anleiterin Birte. Da Birte häufig außerhalb der Gruppe zu tun hat, wird das meiste von der pädagogischen Arbeit durch Karin geregelt.

Birte ist erstaunt über Janas Äußerung und meint: „Natürlich kannst du dich mit den Kindern beschäftigen. Nur ab und zu ist jede mal mit dem Restaurantdienst dran." In den Tagen darauf hat Jana das Gefühl, dass Karin sie nicht mehr grüßt. Sie ist sehr verunsichert und denkt, dass dies bestimmt mit ihrer Kritik zu tun hat. Durch ihre Verunsicherung wird sie auch im Alltag unsicher und wird von Karin getadelt, als sie einen Teller fallen lässt: „Nun pass doch endlich mal auf. Nie bist du bei der Sache." Jana fängt an zu weinen. Am nächsten Tag meldet sie sich krank.

Lernsituation B

Max ist ein aufgeschlossener und sehr wissbegieriger kleiner Junge, der im September 6 Jahre alt wird. Jedoch fällt es ihm schwer, sich in eine Gruppe einzufügen, da er immer gerade mit etwas beschäftigt ist, das ihn mehr interessiert. Seine Mutter, Frau Hahn, sucht im Januar das Gespräch mit der Erzieherin Monika, weil sie gerne wissen möchte, ob sie ihn vorzeitig einschulen sollte. Die Erzieherin befürchtet, dass die Mutter zu ehrgeizig ist, weiß aber nicht, wie sie ihr das mitteilen soll. Sie möchte vielmehr die Sozialkompetenz von Max stärken. Ihr ist unwohl vor dem Gespräch.

Als Frau Hahn zum vereinbarten Termin erscheint, ist Monika noch mitten im Geschehen mit den Kindern. Sie ruft Frau Hahn zu: „Ich komme gleich." Und dann fügt sie seufzend und leiser hinzu: „Nützt ja eh nichts, das Gespräch." Leider hat Frau Hahn dies mitbekommen. Und so fragt sie später auch leicht verärgert, warum dieses Gespräch unnütz sein solle. Erzieherin Monika fühlt sich überrumpelt und antwortet: „Ich glaube, Sie sind zu ehrgeizig und wollen Max deshalb einschulen. Sie sehen gar nicht, dass er nicht in der Gruppe zurechtkommt." Frau Hahn ihrerseits fühlt sich nun überrumpelt und giftet zurück: „Ja, das hätten Sie mir wohl auch früher sagen können. Sie haben recht, das Gespräch nützt wirklich nichts. Auf Wiedersehen."

Anregungen zur Selbstreflexion

1. Überprüfen Sie Ihre Kenntnisse des sozialen Umfeldes Ihrer Praxisstätte.
2. Verdeutlichen Sie sich bei den Ihnen anvertrauten Kindern/Jugendlichen, welche unterschiedlichen Systeme auf sie einwirken.
3. Suchen Sie sich eine Auszubildende und achten Sie gegenseitig auf Ihre Sprache: arbeiten Sie mit Du- oder Ich-Botschaften. Hören Sie aktiv zu? Kommunizieren Sie partizipativ mit Bezugspersonen? Notieren Sie diese Eindrücke eine Zeit lang und setzen Sie sich dann zusammen und besprechen sie. Achten Sie darauf, sich gegenseitig konstruktives Feedback zu geben.

6 Institution und Team entwickeln sowie in Netzwerken kooperieren

1 Lernsituation

Frau Kerger ist die Leiterin und gleichzeitig Gruppenleiterin in einer Einrichtung, die eine Kindertagesstätte mit einem Hort führt. Sie selbst und die sozialpädagogischen Fachkräfte, Frau Dubs, Frau Dammann, Frau Neuberg und Herr Retzer, möchten die **Arbeit im Bildungsbereich** – besonders die Förderung der Sprachkompetenz der Kinder – verstärken und damit eine andere Akzentuierung als bisher organisieren. Der derzeitigen pädagogischen Arbeit in der Einrichtung lag bereits eine Konzeption zugrunde, die in Teilen durchaus auch die Förderung des Spracherwerbs umfasste. Zum Beispiel wurden neben dem Erzählen und Vorlesen zahlreiche Kinderverse eingeübt und verschiedene Sprach- und Sprechspiele durchgeführt.
Frau Kerger hat zu dem Träger der Einrichtung Kontakt aufgenommen und ihn darüber informiert, dass sie selbst die Leitung des Vorhabens übernehmen wird. Um das Projekt mit allen Mitarbeiterinnen und Mitarbeitern – auch denen, die keine Gruppe leiten – zu erörtern, wird Frau Kerger zu einem Initiativgespräch ein-

laden. Beabsichtigt ist, eine **angepasste Konzeption**, eingebettet in ein professionelles Konzept zur Qualitätsentwicklung und Qualitätssicherung, für die Einrichtung zu entwickeln. Auch örtliche Angebote mit passender Zielsetzung sollen in das neue Arbeitskonzept einbezogen werden. Klar ist, dass die Kindergruppen im Rahmen der gegebenen Möglichkeiten neu organisiert und die vorhandenen personellen, sächlichen und finanziellen Ressourcen entsprechend angepasst werden müssen.

Die Kindertagesstätte wird vormittags von 2 Kindergruppen von 8:00–13:00 Uhr besucht sowie von 2 weiteren Kindergruppen ganztags (Gruppe 1 bis 16:00 Uhr, Gruppe 2 bis 17:00 Uhr). Der Hort ist von 12:00–17:00 Uhr geöffnet.

Zwischen 12:00 und 13:30 Uhr können die Kinder eine Mahlzeit einnehmen, wobei die Kindergartenkinder in 2 Gruppen von 12:00–13:00 Uhr, die Hortkinder von 13:00–13:30 Uhr essen.

Die Kindertagesstätte umfasst 4 Regelgruppen, in denen jeweils etwa 25 Kinder zusammengefasst sind. In allen Gruppen befinden sich zu rund einem Viertel Kinder aus Familien mit Migrationshintergrund. Frau Dubs, Frau Dammann und Frau Neuberg sind Erzieherinnen und leiten jeweils eine Gruppe, Frau Kerger ist die Leiterin einer vierten Gruppe. Eine Sozialassistentin (Frau Barth oder Frau Stange) oder eine Kinderpflegerin (Frau Leber oder Frau Drewes) stehen jeweils als Zweitkraft zur Verfügung.

Der Hortbereich umfasst derzeit 21 Kinder. Er wird von dem Erzieher Herrn Retzer geleitet, dem eine Sozialassistentin (Frau Möllner) als Zweitkraft zugeordnet ist.

Frau Kerger ist Erzieherin mit entsprechender Fortbildung für die Leitung einer sozialpädagogischen Einrichtung, sie bietet auch einzelne pädagogische Projekte im Musikbereich an.

Als zusätzliches Personal für die direkte Arbeit mit den Kindern gibt es noch Herrn Schuhmann, einen freiwillig

Dienstleistenden, der Randaufgaben wahrnimmt, sowie Frau Abert, eine Praktikantin. Gelegentlich kommt auch Unterstützung von Herrn Liebig, der ehrenamtlich tätig ist und mit den Kindern Spiele durchführt, die ihr naturwissenschaftliches Verständnis fördern können.
In der Kindertagesstätte wird montags, mittwochs und freitags zwischen 10:00 und 12:00 Uhr ein vorbereitetes Programm wechselnden Inhalts (vorrangig aus dem künstlerisch-kreativen Bereich) entweder allen Kindern gemeinsam oder bestimmten Gruppen angeboten. Bei den Gruppenangeboten können Kinder aus pädagogischen Gründen zeitweise von ihrer Gruppe in eine andere wechseln. Zu den übrigen Zeiten überwiegt das Freispiel in den Räumen der Einrichtung oder außerhalb auf Spielplätzen, im Wald oder an sonstigen geeigneten Orten. Darüber hinaus wird regelmäßig das örtliche Heimatmuseum besucht, in dem einfache Werkzeuge und Gegenstände aus vergangenen Jahrhunderten nachgebaut werden können. Die Erzieherinnen nutzen die Freispielzeit auf der Basis ihrer Beobachtungen zur Förderung einzelner Kinder oder kleiner Kindergruppen.
Im Hort wird den Kindern Gelegenheit zur Hausaufgabenerledigung gegeben, darüber hinaus können vorwiegend Sportspiele auf einem 1.500 m^2 großen Rasenstück durchgeführt werden.

2 Angestrebte Kompetenzen

Wer untätig in der Ecke sitzt, dem wird kein Brot ins Haus gebracht. (Ägyptische Weisheit)

Für alle Beteiligten an der bevorstehenden neuen Konzeptions- und Qualitätsentwicklung in der Einrichtung ist die Aufteilung der Verantwortung für die Entwicklung, Durchführung und das Gelingen des Vorhabens zu organisieren: Frau Kerger hat als Leiterin der Einrichtung die Gesamtverantwortung. Sie wird sich hinsichtlich aller Maßnahmen eng mit dem Träger, ihren Mitarbeiterinnen und Mitarbeitern sowie den externen Partnern, vor allem den Eltern sowie mit anderen örtlichen Einrichtungen der sprachlichen Kinder- und Jugendförderung abstimmen. Frau Dubs, Frau Dammann, Frau Neuberg und Herr Retzer sind pädagogisch erfahren und können als Mitglied einer Projektgruppe oder durch ihre Antworten im Rahmen einer Fragebogenaktion sowie der Bewertung von Antworten zur umfassenden Qualitätsentwicklung gemäß der vereinbarten Konzeption ihren fachlichen Beitrag sachkundig leisten. Nach Abschluss der Qualitätsentwicklungsarbeit werden sie als Erzieherinnen und Erzieher bei ihrer täglichen pädagogischen Tätigkeit Verantwortung für die Erreichung der Qualitätsziele übernehmen. Gleichzeitig werden die übrigen Mitarbeiterinnen und Mitarbeiter von ihnen entsprechend eingesetzt und angeleitet.
Zur Vorbereitung auf das anstehende Gespräch in der Einrichtung wollen Frau Dubs, Frau Dammann, Frau Neuberg und Herr Retzer zunächst die Einbettung der bisherigen Konzeption und vor allem der sprachlichen Förderung in die sozialpädagogische und organisatorische Arbeit in allen Gruppen und auf allen Ebenen der Einrichtung feststellen. Dazu können sie sich die Fragen stellen: *Wie machen wir etwas? Was brauchen wir? Was soll dabei herauskommen?* Über die Auseinandersetzung mit den Inhalten der Begriffe Prozessqualität, Strukturqualität und Ergebnisqualität können sie deren konkrete Ausformung und Vernetzung in ihrer pädagogischen Einrichtung gliedern. Sie informieren sich darüber, an welchen Stellen vor allem ihre pädagogische Kompetenz gefragt ist. Hiermit beschäftigt sich **Kapitel 3**.
Die Sprachförderung einschließlich der unterstützenden Musikförderung durch Frau Kerger, die in der Einrichtung sehr geschätzt wird, ist in letzter Zeit nicht mehr systematisch evaluiert worden. Auch die Einbindung von Netzwerkpartnern wurde nicht ausreichend beurteilt. Niemand könnte deshalb fachlich differenziert die Frage beantworten, ob die Sprachförderung in allen Kindergruppen gleich gut durchgeführt wird und nach welcher Systematik welche genau definierten Ergebnisse erreicht werden sollen und können. Das Gleiche trifft auch auf andere pädagogische Arbeitsfelder zu.
Frau Dubs, Frau Dammann, Frau Neuberg und Herr Retzer sollten unterschiedliche Modelle der Qualitätsentwicklung und Qualitätskriterienkataloge studieren sowie deren Vor- und Nachteile bei einer Übertragung auf sozialpädagogische Dienstleistungen überprüfen.

Als Erzieherinnen und Erzieher sind sie besonders angesprochen bei der Feststellung der Stärken und Verbesserungspotenziale sowie bei deren Bewertung. Das heißt, sie müssen die Vorteile und Schwächen ihrer Einrichtung und deren pädagogischer Arbeit benennen können. Dies wird in **Kapitel 4** näher erläutert.

Im Rahmen qualitätsentwickelnder Maßnahmen können Stärken und Verbesserungspotenziale in einer Einrichtung vor allem durch die Befragung aller Mitarbeiterinnen und Mitarbeiter, Eltern, Kinder, Träger, anderer regionaler Unterstützersysteme sowie auch nachfolgender Institutionen (vor allem der Grundschule) festgestellt werden. Die Erzieherinnen und Erzieher brauchen also die Kenntnis unterschiedlicher Fragetechniken und deren Auswirkungen auf die Antworten, sie müssen die Techniken je nach Erfordernis anwenden können. Sie sollten auch wissen, welche Regeln bei Befragungen eingehalten werden sollten. Es gilt also, Fragebögen entwickeln, einsetzen und auswerten zu können. Siehe dazu **Kapitel 5**.

Von den anstehenden Besprechungen erwarten die Fachkräfte als Ergebnis Entscheidungen über Inhalte, Methoden und Organisation,

- wie z. B. das Qualitätsentwicklungsprojekt analysiert und vorbereitet, geplant, durchgeführt, reflektiert und bewertet sowie
- in welcher Form der Qualitätsentwicklungsprozess dokumentiert und präsentiert werden soll.

Alle Mitarbeiterinnen und Mitarbeiter sollten schließlich Absprachen und Vereinbarungen treffen, die die neuen Zuständigkeiten für die künftige sozialpädagogische Arbeit und die Verantwortungen genau festlegen und wie die vorhandenen Ressourcen gemäß den vereinbarten Arbeitsschwerpunkten aufzuteilen sind: **Kapitel 6**.

Die Erzieherinnen und Erzieher konnten durch die intensive Vorbereitung auf die Besprechung mit Frau Kerger feststellen, welche gewinnbringenden Anstöße zu Diskussionen und Verständigungen sie dadurch bereits erhielten:

Sie werden Verantwortung für eine weiterentwickelte Produktqualität übernehmen können, diese ergibt sich aus:

- der Vernetzung von Prozessqualität, Strukturqualität und Ergebnisqualität
- dem Vergleichen und Nutzen unterschiedlicher Modelle für das Ziel der Qualitätsentwicklung und Qualitätssicherung
- dem Herausfinden und Bewerten von Schwächen und Verbesserungspotenzialen ihrer sozialpädagogischen Arbeit
- dem Wert einer Prozessklärung, in die alle internen und externen Betroffenen und Beteiligten einbezogen sind
- dem Vergleich mit anderen sozialpädagogischen Einrichtungen und deren Unterstützersystemen

Diese anspruchsvolle Arbeit erfordert eine gute Kommunikation im Team. Zu den Grundlagen der Kommunikation wurde bereits im **Lernfeld 5** Grundsätzliches dargelegt. Darüber hinaus kann es auch zu unterschiedlichen Ansichten bei der Qualitätsentwicklung kommen. Damit diese nicht in einen ernsten Konflikt ausufern, gibt **Kapitel 7** förderliche Informationen.

Möglicherweise wird nicht alles, das der Qualitätsentwicklung dient, allein im Hause entwickelt werden können – die Einbindung von Netzwerkpartnern ist notwendig. Hier ist ein partizipativer Ansatz erforderlich, wie **Kapitel 9** verdeutlicht.

Abschließend soll gezeigt werden, dass zur qualitativen Entwicklung einer Institution auch gute Nachwuchsarbeit gehört. Die zukünftigen Erzieher und Erzieherinnen sind durch die Praktika an eine Einrichtung gebunden und sollten hier optimal betreut und ausgebildet werden. Näheres dazu erläutert **Kapitel 8**.

3 Strukturierung der Qualität pädagogischer Dienstleistungen

Für die Entwicklung und Beurteilung von Qualitätsmodellen und Konzepten ist es wichtig zu wissen, in welchen Konzeptionen und Strukturen die Vorgänge in einer sozialpädagogischen Einrichtung ablaufen, welche Rahmenbedingungen bestehen und welche Ergebnisse erwartet werden.

Konzeptionsentwicklung und Weiterentwicklung

- Worin sind wir eingebunden,
  - organisatorisch,
  - rechtlich,
  - regional?
- An welchem Menschenbild orientieren wir uns?
- Wie beschreiben wir unser Erziehungs-, Bildungs- und Betreuungsangebot?
- Wie arbeiten wir miteinander und wie gehen wir miteinander um?
- Wie wirtschaften wir, um die künftigen Herausforderungen bestehen zu können?

Die Aufgabenverteilung auf die Mitarbeiterinnen und Mitarbeiter legt die pädagogischen Verantwortlichkeiten fest, die Einrichtung erstellt das Netzwerk der internen und externen Kooperationen und deren Abhängigkeiten voneinander, die Finanzierung markiert die ökonomischen Möglichkeiten und Grenzen. Die Ergebnisqualität zeigt, ob bei Prozess- und Strukturqualität die richtigen Entscheidungen getroffen wurden.

Teilschritte gehen, aber das Ganze sehen.

Trotz der begrifflichen Aufgliederung des Geschehens in den Einrichtungen ist leicht zu erkennen, dass damit keine Trennung von Bereichen markiert werden soll. Ganz im Gegenteil wird deutlich, dass die Abläufe nur dann zum Ziel führen, wenn sie aufeinander abgestimmt und miteinander verwoben sind. Für die Qualitätsentwicklung findet sich hier die sichtbare Begründung, warum alle Mitarbeiter sowie extern Betroffenen und Beteiligten in die Qualitätsentwicklung einzubeziehen sind.

Prozessqualität

Wie machen wir etwas?

Die Prozessqualität umfasst das gesamte Verfahren der pädagogischen Arbeit mit den Kindern und Jugendlichen. Dazu zählen vor allem:

- eine Erwartungsanalyse der am Erziehungs- und Bildungsprozess Beteiligten
- die Orientierung an einer abgestimmten und vereinbarten Konzeption für die Einrichtung
- die Art der Erbringung der pädagogischen Dienstleistung
- die Organisation und Gestaltung der pädagogischen Prozesse
- die Einrichtung von pädagogischen Steuerungsgruppen, Problemlösungsgruppen, Supervisionsgruppen, Qualitätszirkeln u.a. und deren Vernetzung
- die Gestaltung der Räume und die Auswahl der Materialien
- die Führung und das Management der sozialpädagogischen Einrichtung
- Strategien für eine adäquate Personalentwicklung und Personalführung
- der kontinuierliche Prozess der Weiterentwicklung der pädagogischen Arbeit unter Einbeziehung der Erfahrungen von Einrichtungen mit ähnlichen Zielsetzungen
- arbeitsrechtliche Aspekte
- ökologische Verantwortung

Strukturqualität

Was brauchen wir?

Die Strukturqualität umfasst die Rahmenbedingungen der Einrichtung für die pädagogische Arbeit, also die Organisationsform, das Ausbildungsniveau der Mitarbeiterinnen und Mitarbeiter, den Personalschlüssel sowie die Verfügbarkeit von Ressourcen, vor allem:

- die Art und Größe der Einrichtung, Trägerstruktur und ihre rechtliche Ausformung
- die Anzahl und Ausbildung der Mitarbeiterinnen und Mitarbeiter
- die vorhandenen Räume und Freiflächen, ökologische Strukturen
- die Ausstattung
- die Anpassung der Ablauf- und Aufbaustruktur der Einrichtung an den jeweils neuen Stand der Konzeption
- die Festlegung von Zuständigkeiten und Verantwortungen
- Entscheidungen zum Personalschlüssel
- die Klärung der Weiterbildung des Personals
- die Aufnahme und Ausbildung von Praktikantinnen und Praktikanten
- die Verwaltung der finanziellen Ressourcen
- Entscheidungen über die Einbeziehung von Unterstützungssystemen und Kooperationspartnern von außerhalb der Einrichtung

Ergebnisqualität

Was soll dabei herauskommen?

Die Ergebnisqualität orientiert sich an der Persönlichkeitsentwicklung und den Kompetenzen der Kinder und Jugendlichen im Rahmen des Erziehungs- und Bildungsprozesses, vor allem:

- die Sicherung der Zielerreichung durch die Kinder und Jugendlichen gemäß der pädagogischen Konzeption der Einrichtung
- die Zufriedenheit der Kinder und Eltern
- die Zufriedenheit des Personals
- die Zufriedenheit des Trägers und die Anerkennung im regionalen Umfeld
- die Persönlichkeitsentfaltung aller am pädagogischen Prozess Beteiligten
- die Finanzierbarkeit der Einrichtung
- eine unterstützende Öffentlichkeit (Presse, regionale gesellschaftliche Einrichtungen und Gruppen)
- die Zufriedenheit der aufnehmenden Grundschule

Aufgabe

1. Notieren Sie, welche Informationen zur Strukturqualität Sie der Beschreibung der Lernsituation entnehmen können.
   Was fehlt in der Beschreibung, um über die Prozessqualität der Einrichtung ebenso genau informiert zu sein?
2. Informieren Sie sich über die Konzeption und die Ziele einer Einrichtung. Berücksichtigen Sie bei Ihren Aufzeichnungen der Ergebnisse die To-do-Liste (Wer macht was bis wann mit welchen Ressourcen mit wem?).

4 Qualitätsentwicklungsmodelle

Qualitätsentwicklung bringt Vorteile, z. B.:

- Die Konzeption der Einrichtung und die Qualitätskriterien vermitteln allen Beteiligten Orientierung.
- Der Qualitätsentwicklungsprozess wirkt motivierend und identitätsstiftend.
- Die Vereinbarungen schaffen Transparenz, klären Verantwortungen und ermöglichen eine Ressourcenverteilung gemäß den festgelegten inhaltlichen Schwerpunkten.
- Die neue Qualitätsentwicklung lässt Fortschritte feststellen.
- Die Ergebnisse des Prozesses können eine Grundlage für eine verbesserte Öffentlichkeitsarbeit werden.
- Die Einrichtung kann ihren externen Partnern gegenüber ihrer Informations- und Rechenschaftspflicht nachprüfbar nachkommen.

4.1 Qualitätsentwicklung in der Sozialpädagogik nach Modellen

Umfassende Qualitätsentwicklungskonzepte sind in der Wirtschaft fest etabliert und zu deutlichen Wettbewerbsvorteilen geworden. Mit der Einführung neuer Steuerungsmodelle auf kommunaler Ebene ist auch die Jugendhilfe – und somit ebenfalls die sozialpädagogischen Einrichtungen, die gemäß dem Kinder- und Jugendhilfegesetz (KJHG, integriert in das SGB VIII) zuzuordnen sind – von der Qualitätsentwicklung betroffen. In §79a KJHG ist genau festgeschrieben, was die einzelnen Träger im Rahmen ihrer Planungsverantwortung zu leisten haben.

S. auch **Lernfeld 5**: Erziehungs- und Bildungspartnerschaften mit Eltern und Bezugspersonen gestalten sowie Übergänge unterstützen

Erziehungs-, Bildungs- und Betreuungsarbeit für und mit Kindern und Jugendlichen basiert aber zunächst auf anderen Voraussetzungen und Rahmenbedingungen, als sie für die Wirtschaft oder für die Verwaltung gegeben sind. Denn das Sichentwickeln und Lernen der Kinder und Jugendlichen sind weder ein Produkt noch eine Dienstleistung im eigentlichen Sinne, sondern das Ergebnis einer intersubjektiv begründeten Anstrengung eines jeden Individuums.

Lernen wird nicht produziert, es ist vielmehr eine Aktivität des Lernenden selbst, es kann nur durch Kontextbedingungen, wie Raum, Zeit, Materialien sowie personelle Kompetenz, gefördert und unterstützt werden (s. auch **Lernfeld 4**, Kapitel 3: Lernen und Denken).

Qualitätsentwicklung in pädagogischen Einrichtungen zielt deshalb auf die Steuerung der **Kontextbedingungen** von Lernen und Entwicklung hin, die sich im Ablauf des Geschehens in der Einrichtung widerspiegeln.

Qualitätssicherung

Reaktiv	**Aktiv**
• Beschwerden nachgehen • fehlende Nachfrage aufgreifen • schlechte Evaluationswerte verbessern	• systematisch Qualitätsfelder angehen

(Meier, 2005)

In der Sozialpädagogik liegt – wie in vielen anderen ähnlichen Bereichen auch – die Aufarbeitung der Erfahrungen und Vorschläge von umfassenden Qualitätsmodellen trotz erheblicher Fortschritte noch in konturierten Anfängen. Zuvor wurden Qualitätssysteme überwiegend auf den pädagogischen Kern der Tätigkeit und der damit befassten Personen bezogen, ohne ausreichend das Gesamtsystem der Einrichtung und möglicher ergänzender regionaler Unterstützungssysteme zu sehen (vgl. z.B. Gerull, 2001 und Rezeptionen).

Qualität ist heute vor allem durch die gesellschaftlich gewollte starke Akzentuierung der Erziehungs- und Bildungsarbeit in den sozialpädagogischen Einrichtungen nicht mehr nur ein individueller Auftrag, sondern ihre Sicherung ist zu einer allgemeinen Aufgabe aller handelnden Personen und deren Absprachen in den Institutionen geworden. Qualitätsverbesserung und Qualitätssicherung erstrecken sich auf alle „qualitätschöpfenden" Bereiche sowie auf alle Mitarbeiterinnen und Mitarbeiter. Nur durch die Beherrschung aller Prozesse, einer Orientierung an den gesamten Prozessabläufen und den Wünschen der Zielpersonen – Kinder, Jugendliche und junge Erwachsene sowie deren Eltern – kann Qualität nachhaltig und innovativ verbessert werden. Die früheren Verfahren reichen nicht mehr aus, um die Entwicklungschancen sozialpädagogischer Einrichtungen und ihrer Klientel auszuschöpfen.

Allein geht's nimmer

Es reicht auch nicht mehr aus, die Qualitätsanstrengungen nur auf den Innenbereich der Einrichtung zu konzentrieren, da mit breit gefächerten Bildungs- und Erziehungsaufgaben in der Sozialpädagogik mehr oder weniger zahlreiche externe Unterstützer sich anbieten und je nach Leitbild einbezogen werden können und beurteilt werden müssen. Die Aktionsräume werden weiter und vielfältiger. Die Grenzen zwischen den Verantwortlichkeiten innerhalb der Einrichtung verändern sich ebenso wie die Aufgabenverteilung und -ausführung zwischen Einrichtung und Umfeld. Dieser Umstand zieht verstärkt Verschiebungen der

Organisationsstruktur hin zu **Netzwerken** und Netzwerksteuerungen nach sich.
Ein pädagogisch sinnvolles Beziehungsgeflecht ändert allerdings nichts an der pädagogischen Gesamtverantwortung, die bei den pädagogischen Fachkräften verbleibt. Sie haben die für die geforderte Arbeit anerkannte Ausbildung, sie kennen die einzelnen Kinder und Jugendlichen am besten, sie erleben sie am intensivsten und können deshalb die detailliertesten Beobachtungen machen und dokumentieren, sie haben den leichtesten Zugang zu ihren Kollegen, um Beobachtungsschwerpunkte erforderlichenfalls anregen und umsetzen zu können, sie können ihre Entscheidungen auf professioneller Basis nach außen hin vertreten.
Das neue Profil von Qualitätsentwicklung will einen **kontinuierlichen Prozess** initiieren, in den alle Beteiligten, auch die externen Kooperationspartner, eingebunden werden. Die Aktivitäten zur Qualitätsförderung sind deshalb nach einer Analyse des bisherigen Geschehens systematisch und umfassend zu planen, zu entwickeln, umzusetzen, zu dokumentieren und auf ihre Wirkung hin zu überprüfen. Wege und Mittel sind so zu wählen, dass sie, übertragen auf die Sozialpädagogik, kontinuierlich nachhaltige Erziehungs- und Bildungsprozesse sichern – sichern im Sinne von ermöglichen.
Besonders hervorzuheben ist der **konzeptionelle Rahmen** und die darauf basierende Zielbildung für die Aktivitäten, die einer strukturierten Qualitätsentwicklung in einer Einrichtung zugrunde liegen. Eine solche Konzeption kann nicht von einer einzelnen Erzieherfachkraft erarbeitet werden. Vielmehr muss sie – von der Leitung und vom Träger gewollt und gesteuert – von und mit allen Mitarbeitern der Einrichtung vereinbart und konkret geschaffen werden, sie verlangt auch die Einbindung der externen Partner der Einrichtung. Erst die Einbeziehung aller ermöglicht auch bedarfsgerechte Auslastung, Arbeitserleichterung sowie individuelle und einrichtungsinterne und -externe Anerkennung.

Die Entwicklung von Qualität ist ein langwieriger und kontinuierlicher Prozess, der nie abgeschlossen werden kann. Immer wieder stellt sich die Aufgabe, sie gemäß neuen wissenschaftlichen Erkenntnissen und den Wandlungen in unserer Gesellschaft zu ändern und zu verbessern. Ziel dabei ist, nachhaltige Akzeptanz bei allen Beteiligten zu erreichen und Verantwortung für die Entwicklung, die Erstellung und den Erhalt von Qualität am sozialpädagogischen Arbeitsplatz sowie eine Motivation zur Zielerreichung aufzubauen.

Dieser Prozess kann nicht über Zufälligkeiten gelingen, vielmehr muss er mit dokumentierten Daten so professionell wie möglich immer wieder neu analysiert, bewertet, gestaltet und ausgehandelt werden.

Aufgabe

Stellen Sie in einem Gespräch mit einer Erzieherin oder einem Erzieher in Ihrer Praktikumseinrichtung fest, welche Erwartungen die pädagogische Fachkraft dort an ein Qualitätsentwicklungskonzept hat. Gewichten Sie die Erwartungen, stellen Sie mit der Fachkraft eine Rangfolge auf und lassen Sie sich eine kurze Begründung für die Entscheidung geben, die Sie schriftlich festhalten sowie mit einer Mitschülerin oder einem Mitschüler erörtern, s. Beispieltabelle für Kriterien unten.

Rang	Erwartung: Ein Qualitätskonzept …	Begründung
	• stimmt mit der Konzeption der Einrichtung überein • bringt eine Qualitätsverbesserung der pädagogischen Arbeit • berücksichtigt die rechtlichen Anforderungen • berücksichtigt ökologische Aspekte • wird von einer Projektgruppe erarbeitet und schriftlich dokumentiert • belastet mich zeitlich nicht über Gebühr	

Rang	Erwartung: Ein Qualitätskonzept ...	Begründung
	• vereinheitlicht die Qualität in der Einrichtung • ermöglicht Qualitätsvergleiche mit anderen Einrichtungen • gibt mir Hilfen bei der Außendarstellung meiner pädagogischen Arbeit • beteiligt alle Mitarbeiter der Einrichtung • erhöht die Zufriedenheit der Kinder, der Eltern, des Trägers, der Behörden etc. • verursacht nicht übermäßig hohe Kosten • gibt mir die Möglichkeit einer adäquaten Fortbildung • gibt mir die Möglichkeit der Erörterung mit den Kolleginnen und Kollegen • erlaubt eine Zertifizierung • (eigene Ergänzungen)	

(Birner/Fexer, 1999)

4.2 Bestehende Modelle zur Qualitätsentwicklung

Zur Qualitätsentwicklung in der Einrichtung kann im Team ein eigenständiges Konzept für die Stärken-Schwächen-Analyse und die Bewertung erarbeitet werden. Man kann aber auch auf ein schon entwickeltes Konzept oder Teilkonzept zurückgreifen. In der Regel werden Mischformen zustande kommen, indem aus verschiedenen Systemen einzelne Bestandteile ausgewählt werden, sodass daraus ein maßgeschneidertes Qualitätsentwicklungskonzept für die eigene Einrichtung entsteht. Je spezifischer die Konzeption einer Einrichtung ist, desto stärker werden **Modifizierungen** und Anpassungen an den bereits vorhandenen Modellen vorgenommen werden müssen.

Der Aufwand des Vorhabens hängt sehr stark von seinen Grenzen ab. So kann die Qualitätsentwicklung von Beginn an die ganze Einrichtung umfassen oder aber auch Schritt für Schritt vorgegangen werden: Es können also zunächst nur Teile der Einrichtung in das Vorhaben einbezogen werden, wobei der weitere Ausbau möglichst zeitnah verwirklicht werden sollte.

Für Qualität sind alle verantwortlich.

Im Folgenden werden 3 Modelle und Bewertungsverfahren vorgestellt:

- **DIN EN ISO 9000 ff.** ist ein ganzheitliches Qualitätsmanagementsystem (Total Quality Management, TQM) mit dem Ziel der Zertifizierung durch Fremdbewertung nach Abschluss interner/externer Audits (= Befragungen und Anhörungen).
- **EFQM** ist ebenfalls ein ganzheitliches Qualitätsentwicklungsmodell vor allem mit dem Ziel der Selbstbewertung durch die Leitung der Einrichtung, die Mitarbeiter und andere Beteiligte.
- Der von Tietze/Viernickel herausgegebene **Kriterienkatalog** für pädagogische Qualität – im Folgenden wegen seines Untertitels jeweils als „nationaler" Kriterienkatalog zitiert – hat umfangreich und einrichtungsübergreifend Qualitätskriterien zusammengestellt, um einen pädagogischen Istzustand feststellen und bewerten zu können, wobei die Übertragung auf die einzelne Einrichtung von dieser selbst geleistet werden muss.

4.2.1 Total-Quality-Management-Systeme (TQM-Systeme)

Zu den TQM-Systemen zählen vor allem die Modelle DIN EN ISO 9000 ff. sowie EFQM. TQM zielt auf systematische und konsequente Anwendung einer Managementmethode, die

- die gesamte Einrichtung mit allen Mitarbeitern in die Qualitätsverbesserung einbezieht,
- die Qualität der Produkte und Dienstleistungen, aber auch deren Herstellungsprozesse in den Mittelpunkt stellt,
- durch die Zufriedenstellung der Kunden auf langfristigen Erfolg sowie Nutzen für die Mitglieder der Organisation und für die Gesellschaft zielt.

Alle TQM-Systeme gehen also weit über die bloße Endkontrolle der Spezialistentätigkeiten – hier der Erzieherinnen – hinaus. Sie erfassen alle Regelungen und Maßnahmen sowie deren Vernetzung, die gewährleisten, dass die Organisation den Erwartungen und Anforderungen gerecht wird und ihre Ziele erreicht (also Ziele nicht nur als bloße Handlungsphilosophie definiert).

Für alle TQM-Systeme wurde jeweils ein Modell von Qualitätskriterien und Teilkriterien entwickelt, auf die Organisationen bei ihren Bemühungen, ein Qualitätsentwicklungskonzept zu erstellen und einzusetzen, zurückgreifen können.

DIN EN ISO 9000 ff.

DIN EN ISO ist die Abkürzung für „Deutsches Institut für Normung e.V. – Europäische Norm – International Organization for Standardization".

Das Normenwerk wurde in den 1980er-Jahren verabschiedet. Die ISO ist eine weltweite Vereinigung nationaler Normungsinstitute. Ziel ist es, eine höhere Produktqualität, aber auch eine höhere Qualität der Produktion zu erreichen. Das Normenwerk enthält Empfehlungen zu Aufbau, Aufrechterhaltung, Dokumentation, zur internen und externen Überprüfung sowie zur Zertifizierung eines Qualitätsmanagementsystems. Im Rahmen der Überarbeitung im Jahre 2000 wurden auch die Erwartungen und Anforderungen der Kunden, Lieferanten und anderer Externen in die Produktion und in die internen Prozesse stärker eingebunden.

Unter Qualität wird in der Normenreihe die mit dem Kunden vereinbarte Qualität oder die von dem Kunden erwartete Qualität eines Produkts oder einer Dienstleistung verstanden. Dazu soll der Herstellungsprozess so geplant und gesteuert werden, dass die in Aussicht gestellte Qualität garantiert werden kann.

Die Unternehmen, die sich nach DIN EN ISO 9000 ff. zertifizieren lassen möchten, gehen die Verpflichtung ein, das Qualitätsmanagementsystem nach dieser Normenreihe zu entwickeln und einzuführen. Ziel der Zertifizierung ist, beim Kunden Vertrauen in die Qualität der Produkte des Unternehmens herzustellen und die Wettbewerbsfähigkeit gegenüber der Konkurrenz zu erhalten (vgl. DIN ISO 9004-2000, Beuth).

Die Hauptarbeit der Einrichtung beim Aufbau eines Qualitätsmanagementsystems nach den ISO-Normen liegt darin, den aufgrund der Qualitätsanforderungen interessierter Gruppen weiterentwickelten und nunmehr erreichten gewollten Istzustand bei den Qualitätsmerkmalen für die Produkte oder Dienstleistungen sowie bei der Aufbau- und Ablauforganisation in einem **Qualitätshandbuch** differenziert zu beschreiben und danach zu arbeiten. Sind die Qualitätsstandards in der Einrichtung einmal festgelegt worden, sind sie verbindlich. Qualität ist danach also allein das Ergebnis eines Soll-/Ist-Vergleichs.

Die Zertifizierungsgesellschaft misst die Organisationen an deren eigenen Qualitätsvorgaben.

Bei ISO 9000 ff. liegt der Schwerpunkt auf der **Fremdevaluation**. Die internen Audits liegen zeitlich jeweils vor den regelmäßigen externen Audits. Die Fachkräfte bringen ihre Kompetenz in die Qualitätsentwicklung im Rahmen dieser internen Audits ein.

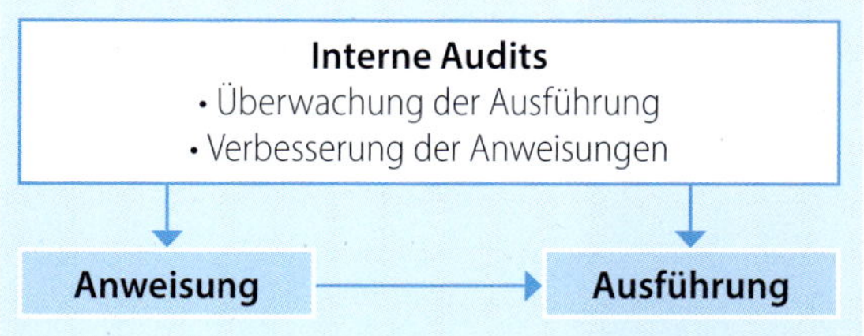

(Wuppertaler Kreis, 2000)

EFQM

EFQM ist die Abkürzung für „European Foundation for Quality Management". Die EFQM wird von der EU gefördert, ihren Sitz hat sie in Brüssel.

EFQM ist das europäische Modell für die Vergabe von Qualitätspreisen für Business Excellence. 1988 gründeten 14 führende europäische Unternehmen die Foundation. Mittlerweile gehören ihr mehr als 800 Unternehmen und Organisationen an, darunter auch solche des öffentlichen Dienstes, wie Schulen, Universitäten, Kliniken und Verwaltungen. Der Qualitätspreis der EFQM, der „European Quality Award" (EQA) orientiert sich an dem amerikanischen Preis, dem „Malcolm Baldrige National Quality Award" (MBNQA), der wiederum von dem japanischen „Deming Price" beeinflusst wurde.

Für die Auswahl der Preisträger war es erforderlich, anerkannte Kriterien zu entwickeln und diese der Vergabe des EQA zugrunde zu legen. Dieses „EFQM-Modell für Excellence" – kurz EFQM-Modell – wird inzwischen nicht mehr nur im Rahmen des EQA, sondern auch für eine systematische Verbesserung der Arbeit in Organisationen verwendet.

Wie das ISO-Konzept stützt sich auch das EFQM-Modell auf die Eckpfeiler *Ergebnisorientierung; Kundenorientierung; Führung und Zielkonsequenz; Management mit Prozessen und Fakten; Mitarbeiterentwicklung und -beteiligung; kontinuierliches Lernen, Innovation und Verbesserung; Aufbau von Partnerschaften; Verantwortung gegenüber der Öffentlichkeit.*

Der Pfeil „Innovation und Lernen" im Schaubild (S. 332) verdeutlicht, dass eine Organisation aus ihren eigenen

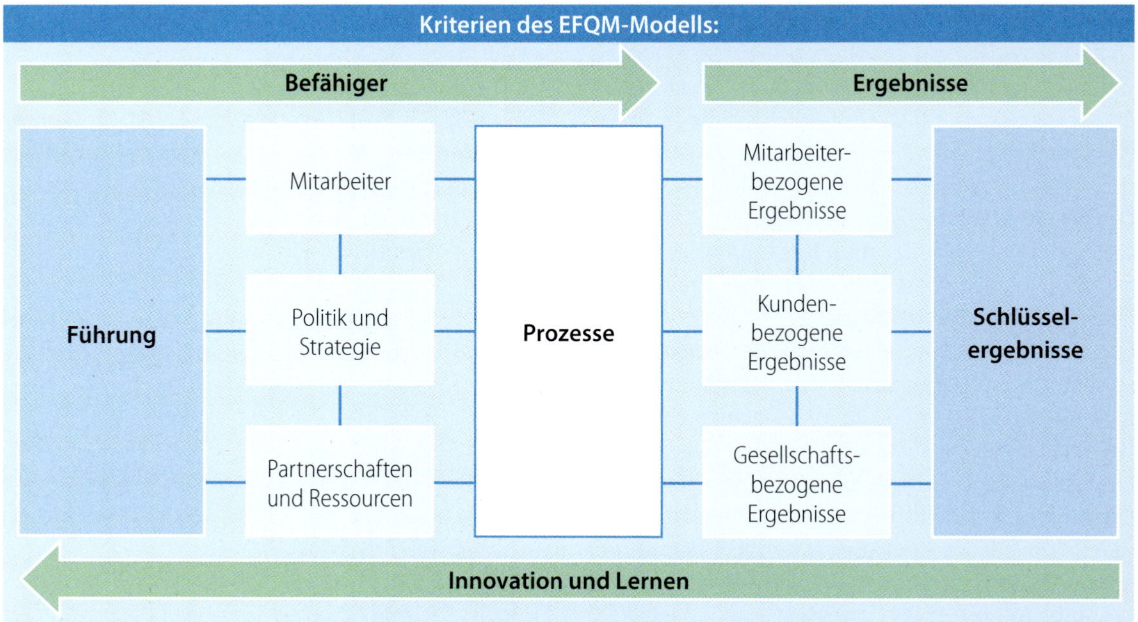

(EFQM, 1999–2003) (Formulierung von Teilkriterien sowie möglichen Orientierungspunkten für den pädagogischen Bereich: vgl. Kotter, 2004)

Ergebnissen sowie aus dem Vergleich mit Verfahren anderer Organisationen (sogenanntes *Benchmarking*) lernen kann, durch geeignete Maßnahmen in ihrem Befähiger-Bereich wirksame Verbesserungen zu erreichen, die wiederum zu verbesserten Ergebnissen führen. Innovation und Lernen sind also die Rückkopplung zwischen den Ergebnissen und den Befähigern.
Von besonderer Bedeutung bei dem EFQM-Modell ist also die **Selbstbewertung**, die kontinuierliche Verbesserungen ermöglicht. Im Rahmen einer kritischen und konstruktiven Selbstbewertung lassen sich Stärken und Verbesserungsbereiche in einer Organisation feststellen. Aus diesen können die Aktivitäten abgeleitet werden, um Verbesserungen zu erreichen. Die Umsetzung der Verbesserungsmaßnahmen führt zu einem höheren Qualitätsniveau im Sinne von Excellence nach den Kriterien von EFQM.

Die RADAR-Logik der EFQM besagt Folgendes: Die Organisation definiert zunächst die Ergebnisse (**R**esult), die sie aufgrund ihrer Zielsetzungen erreichen möchte. Auf dieser Basis plant und entwickelt sie Vorgehensweisen (**A**pproach), um die Ergebnisse zu erzielen. Sie muss diese Vorgehensweise systematisch umsetzen (**D**eployment), um so deren Realisierung sicherzustellen. Durch die kontinuierliche Bewertung (**A**ssessment) und Überprüfung (**R**eview) der konkreten Vorgehensweisen und deren Umsetzung werden mögliche Verbesserungen identifiziert, geplant und eingeführt. RADAR kann eingesetzt werden, um über alle Kriterien des EFQM-Modells hinweg eine Selbstbewertung der Organisation vorzunehmen. (Deutsches EFQM-Center, o. J.)
Grundlage für die Bewertung in den Einrichtungen sind in der Regel die Ergebnisse einer Fragebogenaktion oder von anderen Befragungen durch die Mitglieder einer internen Projektgruppe für Qualitätsentwicklung. Die Befragungen werden ergänzt – soweit erforderlich – durch zusätzliche Interviews u. a.

Frau Kerger ist von dem umfassenden Konzept der TQM-Systeme überzeugt, sie will deshalb in der anstehenden Besprechung vorschlagen, sich auf eine systematische Qualitätsentwicklung einzulassen, um nur punktuelle Verbesserungsbemühungen zu überwinden und mehr Kontinuität sowie Offenheit in der Qualitätsentwicklung in der Einrichtung zu etablieren. Gleichzeitig will sie die Qualitätsbemühungen besser nach außen hin darstellen und begründen können. Allerdings weiß sie, dass kein bestehendes TQM-Modell einfach auf ihre sozialpädagogische Einrichtung übertragen werden kann, vielmehr muss ein eigener Weg ausgestaltet werden. Es empfiehlt sich deshalb ihrer Ansicht nach auch nicht, bereits in der Aufbauphase der Qualitätsentwicklung die Zertifizierung durch eine externe Institution oder ein Unternehmen anzustre-

ben – allerdings soll nach dem Vorliegen von Erfahrungen dieses Ziel durchaus erneut geprüft werden.
Frau Kerger möchte zumindest eine pädagogische Mitarbeiterin oder Herrn Retzer als Mitglied in einer Projektgruppe einsetzen, die eine Analyse der Schwächen und Verbesserungspotenziale in der Einrichtung durchzuführen soll. Die Analyse soll zunächst durch Mitarbeiterbefragungen vorgenommen werden. Im Anschluss daran werden im Rahmen der Selbstevaluation die erhaltenen Antworten bewertet und gewichtet.

Analyse des Istzustands und Zielbestimmung

- Sind die bisher gesetzten Ziele gemäß der Konzeption der Einrichtung erreicht worden?
- Sind die neuen Ziele angemessen?
- Auf welchen nachweisbaren Stärken können wir aufbauen?
- Wo bestehen Verbesserungspotenziale? Wo müssen wir uns weiterentwickeln?
- Welche Herausforderungen gilt es künftig zu bewältigen?
- Welche kurz-, mittel- und langfristigen Ziele können wir erreichen?
- Sind die Ergebnisse auf eigene Aktivitäten zurückzuführen?
- In welchem Umfang sind die Ergebnisse in allen Bereichen der Einrichtung feststellbar?
- Können Vergleiche der Ergebnisse mit anderen pädagogischen Einrichtungen durchgeführt werden?
- Wie können ökologische Möglichkeiten besser ausgeschöpft werden?
- Gibt es geeignete externe Unterstützer für eine neue Konzeption?

Der Beurteilung der Befragungsergebnisse in den einzelnen Bewertungsfeldern kann – so die Überlegungen von Frau Kerger – die EFQM-Vorgehensweise zugrunde gelegt werden, also: gewünschte künftige Ergebnisse bestimmen, Vorgehen entwickeln und planen, Vorgehen systematisch umsetzen, Vorgehen und Umsetzung auf Basis der Konzeption bewerten und dokumentieren und danach erneut überprüfen.
Um den Arbeitsaufwand für Frau Dubs, Frau Dammann, Frau Neuberg und Herrn Retzer bei den Mitarbeiterbefragungen nicht zu groß werden zu lassen, will Frau Kerger auf einen bereits bestehenden Kriterienkatalog verweisen. Ein Qualitätskriterienkatalog ist – das weiß Frau Kerger – noch kein TQM-System. Er lässt sich aber sehr gut als „Steinbruch" für die Entwicklung eines einrichtungsspezifischen Konzepts verwenden. Besonders gut einsetzbar für die Entwicklung eines Befragungsbogens stellt sich für Frau Kerger der im Folgenden beschriebene Kriterienkatalog dar. Für den Bereich „Sprache und Kommunikation", aber auch für weitere 19 Qualitätsbereiche beschreibt er ihrer Ansicht nach die wichtigsten Kriterien.

4.2.2 Pädagogische Qualität in Tageseinrichtungen für Kinder – ein Nationaler Kriterienkatalog

Dieser erstmals im Jahre 2002 veröffentlichte Qualitätskriterienkatalog ist im Rahmen der Nationalen Qualitätsinitiative im System der Tageseinrichtungen für Kinder (NQI) des Bundesministeriums für Familie, Senioren, Frauen und Jugend erarbeitet worden.

Er versteht sich als Kompendium, das die erforderlichen professionellen **Kompetenzen** der Fachkräfte im Bereich Bildung, Erziehung und Betreuung von Kindern von 0-6 Jahren und die räumlich-materiellen Bedingungen bester pädagogischer Fachpraxis umfassend und systematisch **beschreibt**.

Eine Engführung auf Bildungsbereiche wird im aktuellen Nationalen Kriterienkatalog nicht betrieben. Er beansprucht, das gesamte Spektrum von potenziell für die Entwicklung und das Wohlbefinden von Kindern relevanten Situationen im Alltagsgeschehen einer Kindertageseinrichtung zu erfassen. Der Oberbegriff dafür ist – so die Herausgeber – „Pädagogische Qualität".

Der „Nationale" Qualitätskriterienkatalog repräsentiert in 20 Qualitätsbereichen die zentralen Bereiche pädagogischer Arbeit in der Tageseinrichtung einschließlich der sie unterstützenden Prozesse wie Organisation und Verwaltung oder die Kooperation mit den Familien und der Grundschule:
Räume für Kinder; Tagesgestaltung; Individualität, Vielfalt und Gemeinsamkeit; Mahlzeiten und Ernährung; Körperpflege und Hygiene; Ruhen und Schlafen; Sicherheit; Sprache, Mehrsprachigkeit und Bilinguale Erziehung; Kognitive Entwicklung; Soziale und Emotionale Entwicklung; Bewegung; Fantasie- und Rollenspiel; Bauen und Konstruieren; Ästhetische Bildung; Natur, Umgebung und Sachwissen; Eingewöhnung; Begrüßung und Verabschiedung;

Zusammenarbeit mit Familien; Übergang Kindertageseinrichtung – Schule; Leitung und Team.

Für die konkrete Gestaltung der Arbeit werden 6 Leitgesichtspunkte angesprochen: räumliche Bedingungen, pädagogische Fachkraft-Kind-Interaktion, Planung, Nutzung und Vielfalt von Material, Individualisierung, Partizipation. Alle 20 Qualitätsbereiche sind nach einer kurzen Einleitung nach jenen **6 Leitgesichtspunkten** untergliedert.
Das folgende Beispiel verdeutlicht das Konzept:

Kriterien für den Bereich „Sprache, Mehrsprachigkeit und Bilinguale Erziehung" (Auszug)

Einleitung

Die pädagogische Fachkraft organisiert den Tagesablauf so, dass eine Vielfalt von kommunikativen Situationen entsteht: Sie unterhält sich mit den Kindern bei alltäglichen Routinen, erzählt und spricht mit einzelnen Kindern und initiiert Gruppenaktivitäten wie Gesprächskreise, Erzählen und Vorlesen oder darstellendes Spiel. Die Kinder erhalten ausreichend Zeit und Raum, ihre Interessen mit selbst gewählten Spielpartnern zu verfolgen und ihre Erfahrungen mitzuteilen. Die Kinder erleben in der Kindertageseinrichtung eine Gesprächsatmosphäre, die durch Akzeptanz, Offenheit, Vertrauen und Freundlichkeit gekennzeichnet ist. Die Erzieherin hört jedem Kind aufmerksam zu und bestärkt es darin, seine Erfahrungen und Vorstellungen auszudrücken. [...]

1 Räumliche Bedingungen

1.1 Die Räume und die Flurbereiche der Kindertageseinrichtung sind so ausgestattet, dass sie Kindern und Erwachsenen vielfältige Gelegenheiten zum Verweilen und zum Gespräch bieten.

1.2 Spezielles Mobiliar (z. B. Hängekorb oder Wippe im Gruppenraum) ermöglicht Kleinstkindern, Gespräche aus der Nähe zu verfolgen oder sich an ihnen zu beteiligen. [...]

2 Pädagogische Fachkraft-Kind-Interaktion

2.1 Die pädagogische Fachkraft beobachtet regelmäßig und systematisch das Sprachverhalten der Kinder in unterschiedlichen Alltags- und Spielsituationen. Sie setzt dabei erprobte und anerkannte Instrumente ein. Sie achtet ebenfalls auf die Kommunikation der Kinder untereinander. [...]

2.38 Die pädagogische Fachkraft unterstützt das Bedürfnis der Kinder, sich sprachlich mit Gleichaltrigen auszutauschen, indem sie einerseits Gespräche zwischen den Kindern initiiert und sich andererseits bei Kindergesprächen zurückhält bzw. sich ganz zurückzieht. [...]

3 Planung

3.4 Die pädagogische Fachkraft organisiert den Tagesablauf so, dass sie sowohl mit einzelnen Kindern als auch mit Kleingruppen intensiven sprachlichen Kontakt hat. [...]

4 Vielfalt und Nutzung von Material

4.5 Den Kindern steht eine breite Auswahl entwicklungs- und altersangemessener Bücher in den Familiensprachen der Kinder aus den Bereichen Fantasie, Märchen, Natur- und Sachwissen sowie Geschichten über Menschen aus unterschiedlichen Lebensmilieus und Kulturen zur Verfügung. [...]

5 Individualisierung

5.7 Sie wendet sich Kindern zu, die sich sprachlich wenig äußern, und knüpft an den persönlichen Stärken und Vorlieben der Kinder für bestimmte Materialien, Geschichten, Märchen, Bücher, Filme oder Spiele an, um ein Gespräch zu beginnen. [...]

6 Partizipation

6.3 Die pädagogische Fachkraft vereinbart mit den Kindern Regeln für gemeinsame Gespräche und Diskussionen; zu den Regeln gehören wichtige Elemente angemessener Kommunikation wie das Zuhören und das Aussprechenlassen. [...]

Nationaler Kriterienkatalog (Tietze/Viernickel, 2016)

Frau Kerger wird ihre Fachkräfte bitten, sich intensiv mit dem „Nationalen" Qualitätskriterienkatalog auseinanderzusetzen.

Aufgabe

1. Wählen Sie aus dem „nationalen" Kriterienkatalog mindestens 5 Kriterien aus einem Bereich aus und passen Sie die dortigen Formulierungen der pädagogischen Situation Ihrer Praktikumseinrichtung an. Beispiel: Formulierung aus dem „nationalen" Kriterienkatalog:
   „3.4 Die pädagogische Fachkraft organisiert den Tagesablauf so, dass sie sowohl mit einzelnen Kindern als auch mit Kleingruppen intensiven sprachlichen Kontakt hat."
   Mögliche Formulierung, angepasst an Ihre Einrichtung:
   „3.7 Die Kinder erleben, dass die pädagogische Fachkraft im Alltag schreibt (z.B. Namen auf Bilder, Geburtstagskarten, Bildungsdokumentationen)."
2. Notieren Sie Stärken und Verbesserungspotenziale eines ausgewählten Qualitätsbereichs Ihrer Praktikumseinrichtung. Vergleichen Sie Ihre Arbeitsergebnisse mit den Kriterien dieses Qualitätsbereichs aus dem „nationalen" Kriterienkatalog.
3. Stellen Sie Vorteile und Nachteile von Selbstevaluation und Fremdevaluation aus der Sicht einer Erzieherin für die Qualitätsentwicklung in einer pädagogischen Einrichtung zusammen.
4. Zwei Schülerinnen diskutieren ihre Rolle in der Schule (s. unten). Lesen Sie den Dialog und erläutern Sie, worin sich Produktion und Kunden der Wirtschaft von den Leistungen für die Abnehmer pädagogischer Einrichtungen unterscheiden. Übertragen Sie die Schulsituation auf eine Kindertagesstätte, einen Hort oder ein Heim. Inwiefern ist dort die Situation ähnlich, aber nicht ganz gleich (s. Dialogende)?

Zu Aufgabe 4:

Schülerin 1: Hallo Sabine.
Schülerin 2: Hallo Christine. Du siehst müde aus. Bist du krank?
Sch. 1: Ich bin ganz geschafft von der Diskussion, die wir eben im Unterricht geführt haben. Und das alles, weil überdurchschnittlich viele in der Klasse bei der letzten schriftlichen Arbeit schlecht abgeschnitten haben. Frau L. hat deshalb gemeint, wir müssten einmal grundsätzlich unsere Rolle in der Schule überdenken.
Sch. 2: Warum denn das?
Sch. 1: Wir haben erörtert, ob wir Schüler Kunden oder Produzenten sind. Und was meinst du, was herauskam? Wir sind beides!
Sch. 2: Dass wir Kunden sind, verstehe ich. Wir erhalten von der Schule oder direkter von den Lehrkräften eine Dienstleistung. Und am Ende wird geprüft, was von der Dienstleistung bei uns angekommen ist. Dann sind wir entweder zufrieden mit der Dienstleistung oder nicht. Was soll daran falsch sein?
Sch. 1: Ganz so einfach ist es nicht, wie wir in unserer Diskussion feststellen konnten. Wir sind nicht nur „Produkte" der Dienstleistung, sondern auch „Koproduzenten".
Sch. 2: Aber wir haben doch keinen Einfluss auf die Unterrichtsinhalte!
Sch. 1: Das ist richtig. Du wirst mir aber darin zustimmen, dass wir den Unterrichtsprozess – ein neuer Begriff, den wir heute auch kennengelernt haben – mitgestalten. Je nachdem, wie wir uns vorbereitet haben auf das Thema, das gerade ansteht, und wie wir uns selbst im Unterricht einbringen, steigt die Qualität der Unterrichts- UND der Lernprozesse oder bleibt flacher.
Sch. 2: Leuchtet mir ein. Aber dennoch tragen ja die Lehrkräfte den größeren Teil der Verantwortung für das Lernergebnis bei uns.
Sch. 1: Das hängt ganz von der Gestaltung der einzelnen Unterrichtsstunde ab. Wenn Gruppenarbeit ansteht zur Lösung eines fachlichen Problems, sieht das schon ganz anders aus. Ganz dumm stehen wir da, wenn wir Material bekommen haben, mit dem wir die Lösung des Problems zu Hause vorbereiten sollten und dies nicht oder nur halb getan haben.
Sch. 2: Stimmt: Aber wir sind doch noch Schüler. Unsere Kompetenz und Urteilsfähigkeit sollen doch in der Schule erst ausgebildet werden. Wenn wir schon perfekt wären, müssten wir nicht mehr in den Unterricht kommen, sondern könnten uns gleich prüfen lassen.
Sch. 1: Ja. Wir sind eben Kunden und Produzenten ... oder umgekehrt; wie du willst. Das trifft auch zu, obwohl nie genau festgestellt werden kann, wo die Schnittstellen für die Verantwortung der beiden Partner liegen.
Sch. 2: Habt Ihr eigentlich auch darüber gesprochen, ob wir ebenfalls die Rolle von „Produzenten" haben, wenn es um die Kunden Eltern, Behörden, Öffentlichkeit, weiterführende Bildungseinrichtungen, spätere Berufs- und Arbeitswelt etc. der schulischen Dienstleistungen geht?
Sch. 1: Nee, haben wir noch nicht.
Sch. 2: Und wie ist das mit den Kindern und Jugendlichen in den sozialpädagogischen Einrichtungen?
Sch. 1: Das ist sicher nicht ganz dasselbe, aber ähnlich ist es schon. Lass uns jetzt erst einmal essen gehen.

5 Grundregeln für Befragungen und Befragungstypen

5.1 Grundregeln

Um die Stärken und Verbesserungspotenziale in einer Einrichtung zu erfassen, sind schriftliche Befragungen des gesamten pädagogischen Teams und der Eltern der übliche Einstieg in die Informationssammlung. Der Bedeutung angemessen sollten hierbei bestimmte Grundregeln eingehalten werden:

Grundregeln für Befragungen

1. Beginnen Sie den Fragebogen damit, dass Sie den Grund der Befragung nennen.
2. Ihre Fragen sollten der individuellen Situation angepasst sein. Fragen aus fremden Quellen können nur Anregungen bieten.
3. Die Fragen müssen einfach, klar und verständlich formuliert sein.
4. Ihre Fragen müssen die Zielgruppe angemessen ansprechen.
5. Vermeiden Sie Suggestivfragen, die den befragten Personen den Spielraum nehmen, ihre eigene Sichtweise einzubringen.
6. Ziehen Sie nicht mehrere Fragen zu einer zusammen, da sonst Aussagen der Befragten nicht eindeutig zugeordnet werden können. (Negativbeispiel: „Haben Sie die Vorgaben der Projektgruppe immer verstanden und konnten Sie sie bei Ihrer pädagogischen Arbeit umsetzen?")
7. Formulieren Sie Ihre Fragen so konkret wie möglich, um zu allgemeine Antworten zu vermeiden.
8. Die Fragen sollten sich in ihrem Umfang streng am Fragebedarf orientieren, um die Motivation der Befragten, Ihre Fragen zu beantworten, nicht zu beeinträchtigen.
9. Der Fragebogen sollte Raum bieten für zusätzliche Antworten und Kommentare der Befragten.
10. Geben Sie an, wohin und bis zu welchem Datum die Antworten zu senden sind.
11. Das Layout des Fragebogens sollte die Befragten optisch ansprechen.
12. Die Befragten sollten zeitnah über das Ergebnis der Befragung informiert werden.
13. Die Vertraulichkeit der Befragung ist zuzusichern und unbedingt einzuhalten.
14. Führen Sie eine Probebefragung mit einer Person durch, um einzelne Fragen evtl. noch überarbeiten zu können.

(vgl. Schratz/Iby/Radnitzky, 2011)

5.2 Befragungstypen

Die Wahl der Befragungsform steuert die Form der Auswertung der erhaltenen Informationen. Die Antworten auf geschlossene Fragen lassen sich leicht auszählen und grafisch meist einfach darstellen. Andererseits aber bedeutet dieser Modus eine Einengung der Aussagekraft. Offene Fragen lassen individuelle Antworten zu, erschweren aber die Auswertung, da sie eine nachträglich zu erarbeitende Kategorisierung und eine anstrengende Zuordnung der Antworten erforderlich machen. Im Folgenden werden einige gängige Befragungstypen vorgestellt:

Alternativfragen

Zwischen 2 Möglichkeiten ist eine auszuwählen.

Beispiel: Sind Sie bereit, im Projektteam zur Qualitätsentwicklung in unserer Einrichtung mitzuarbeiten?

ja	☐	nein	☐

Auswahlfragen

Aus mehreren vorgegebenen Aussagemöglichkeiten soll diejenige oder sollen diejenigen ausgewählt werden, die die befragte Person am ehesten als zutreffend einstuft.

Beispiel: Wie sind Sie von der Projektgruppe für die Qualitätsentwicklung über den Fortgang des Prozesses jeweils informiert worden?

regelmäßig	☐	höflich	☐
pünktlich	☐	unkompliziert	☐
zielführend	☐	herablassend	☐
geduldig	☐	hektisch	☐

Polaritätenprofil
Hier ist die Aussage vorgegeben, die Ausprägeform wird auf einer Skala zwischen 2 Polen gewichtet.
Beispiel: Die Förderung des Spracherwerbs bei den Kindern und Jugendlichen in unserer Einrichtung war bereits bisher exzellent.

trifft vollständig zu ☐ ☐ ☐ ☐ ☐ ☐ trifft überhaupt nicht zu

Stimmungsbarometer
Damit soll die Stimmung der befragten Personen bei einer bestimmten Aussage festgestellt werden.
Beispiel: Wenn ich an die Wertschätzung meiner pädagogischen Leistungen durch die Einrichtungsleitung denke, werden meine Gefühle am besten ausgedrückt durch das Gesicht:

Offene Fragen
Diese werden meist verwendet, um zusätzliche Informationen zu den Antworten auf geschlossene Fragen zu erhalten.
Beispiel: Welche positiven und negativen Erfahrungen konnten Sie mit der Errichtung einer Projektgruppe zur Qualitätsentwicklung in Ihrer Einrichtung machen?

Aufgabe

1. Formulieren Sie mindestens 3 offene Fragen an mindestens 5 Ihrer Mitschüler zur Ist-Situation in einer sozialpädagogischen Einrichtung. Ordnen Sie die Antworten denjenigen aus geschlossenen Fragetypen zu.
2. Erarbeiten Sie exemplarisch Punkte mit Untergliederungen, die in der pädagogischen Einrichtung der Lernsituation vereinbart werden sollten, um ein gemeinsames Qualitätsentwicklungskonzept zu sichern. Wer muss mit wem etwas vereinbaren?

Beispiel für eine Zielvereinbarung

Zielvereinbarung zwischen ______________ **und** ______________

Ziele für den Zeitraum von ______________ bis ______________

1. pädagogische
2. methodische
3. organisatorische
4. im Rahmen der Konzeptionsentwicklung
5. persönliche

Welche Maßnahmen sind besonders vorzusehen?

Mit wem muss kooperiert und abgestimmt werden?

Wer prüft, ob die Ziele erreicht werden?

Welche Vorteile entstehen
1. für die Kinder/Jugendlichen?
2. für die Eltern?
3. für die Kolleginnen und Kollegen?
4. für die Einrichtung?
5. für die Unterstützungspartner?
6. für die nachfolgende Grundschule?
7. für mich?

(Datum, Unterschriften der Vereinbarungspartner)

Aufgabe

Bereiten Sie eine adressatengerechte Präsentation der Konzeption einer sozialpädagogischen Einrichtung vor und führen Sie die Präsentation durch.
Befragen Sie dazu auch Ihre Mitschüler, welche Form der Präsentation vorgesehen werden soll (s. Strichliste unten).

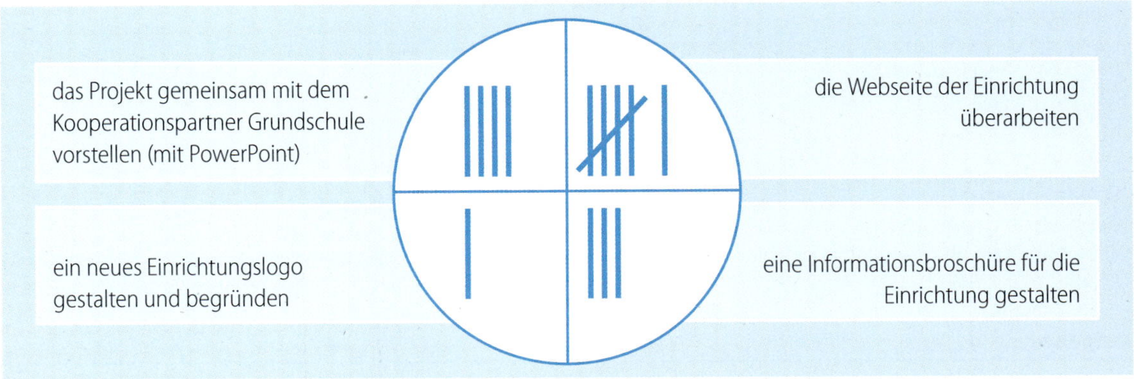

6 Durchspielen einer vollständigen Handlung

Zur Lernsituation von Seite 322

Für den ersten Durchgang der Qualitätsentwicklung in ihrer Einrichtung hält Frau Kerger es nicht für angebracht, zu komplexe Analysen und Ziele auf der Basis eines TQM-Modells ausarbeiten zu lassen. Die anstehende Entwicklung einer neuen Konzeption in ihrer Einrichtung in Verbindung mit einem Qualitätsentwicklungskonzept soll deshalb (so ihre Vorstellung) auf einer überschaubaren Ebene, aber dennoch systematisch erfolgen. Frau Dubs, Frau Dammann, Frau Neuberg und Herr Retzer wissen, dass sie (wenn auch in unterschiedlichen Rollen) an der Analyse – hier unter dem Begriff Selbstevaluation gefasst – und der Bewertung des Istzustands aus fachlicher Sicht maßgeblich beteiligt sind, einer Analyse und Bewertung, die in allen Qualitätsentwicklungsmodellen als unabdingbare Schritte vorgesehen sind. Besonders ist Frau Kerger an der vollen Zustimmung der pädagogischen Mitarbeiter interessiert, die die operativen Erziehungs-, Bildungs- und Betreuungsprozesse tragen und für jede Kindergruppe neu gestalten müssen. Individuelle Verantwortung soll in kollektive Verantwortung für das pädagogische Geschehen in der Einrichtung verwandelt werden.
Frau Kerger kennt ihre Mitarbeiter. Sie geht von einer breiten Zustimmung zu ihrem Projektvorhaben aus, obwohl die Projektplanung und -organisation ein zeitaufwendiges Unternehmen vor allem für die Mitglieder der dazu speziell einzurichtenden Projektgruppe sein werden. Für die Organisation des Vorhabens will sich Frau Kerger an den nachfolgenden Schritten orientieren.

Literaturtipp

Schwan, R., Kohlhaas, G.: Qualitätsmanagement in Beratungsstellen. Selbstbewertung nach dem EFQM-Excellence Modell. 2002

Gonon, P., Hügli, E. u. a.: Qualitätssysteme auf dem Prüfstand. Die neue Qualitätsdiskussion in Schule und Bildung. 2001

6.1 Analysieren

Die Menschen wünschen nicht, dass man zu ihnen redet. Sie wünschen, dass man mit ihnen redet. (Emil Oesch)

Die umfassenden Auswirkungen der Qualitätsentwicklung in einer Einrichtung erfordern die Information und Beteiligung aller Mitarbeiter.
Zu einer umfassenden Qualitätsentwicklung gehört, noch vor einer Entscheidung eine **Informationsveranstaltung** durchzuführen, auf der die rechtlichen Vorgaben, die Absichten, die Ziele (soweit bereits feststehend), die Methoden, die Maßnahmen, die Verwendung der Ergebnisse, der Nutzen für die Einrichtung, besonders aber die Vorteile für die Kinder und deren Eltern, von der Leitung der Einrichtung vorgetragen und diskutiert werden. Frau Kerger hat diese Informationsveranstaltung inzwischen durchgeführt und darüber das folgende Protokoll gefertigt:

Protokoll

über die erste Informationsveranstaltung zur Qualitätsentwicklung am 10. Okt 20.., 16:00-19:00 Uhr.
Anwesende: Frau Kerger, Frau Dammann, Frau Dubs, Frau Neuberg, Herr Retzer, Frau Barth, Frau Möllner, Frau Stange, Frau Leber, Frau Drewes, Frau Abert, Herr Liebig, Herr Carron (Elternvertreter)
Entschuldigt fehlte: Herr Schuhmann

Verlauf:

Die Leiterin der Einrichtung Frau Kerger informierte die Anwesenden ausführlich über die Absicht, ein Qualitätsentwicklungsprojekt zu initiieren, in dessen Rahmen die derzeitigen Stärken und Verbesserungspotenziale der Einrichtung durch eine Befragung aller festgestellt und neu bewertet werden sollen. Anlass für die Überlegungen in diese Richtung war ein Vorschlag, die Arbeit im Bildungsbereich – besonders die Förderung der Sprachkompetenz – zu verstärken und damit eine andere Akzentuierung als bisher zu organisieren.
Um festzustellen, ob und ggfs. wie diesem Anliegen entsprochen werden kann, analysierte Frau Kerger die pädagogische Ist-Situation der Einrichtung zunächst aus ihrer Sicht. Die Ergebnisse ihrer Überprüfung insbesondere der Situation der Sprachförderung waren zusammengefasst die folgenden:

- Die pädagogischen Mitarbeiter haben bereits in der Vergangenheit hier besondere Angebote gemacht, auf erste Erfahrungen mit ihnen können die Erzieherinnen und Erzieher zurückgreifen. Die Resultate der Bemühungen waren jedoch schon länger nicht mehr evaluiert worden.
- Der Schwerpunkt Musik im künstlerisch-kreativen Arbeitsfeld erhält intern wie extern Anerkennung.
- Die Fachkräfte der einzelnen Bereiche informieren sich zwar, schließen zur einheitlichen Qualitätssicherung jedoch noch keine Vereinbarungen ab.
- Die Qualitätskriterien der Einrichtung sind sehr allgemein gehalten und öffneten deshalb Nischen, für die jetzt Verbesserungspotenziale bestehen. Stärken machen sich vor allem an einzelnen Personen fest.

Auf der Grundlage dieser knappen Analyse schlug Frau Kerger vor:

1. Es soll eine Projektgruppe eingerichtet werden, die mithilfe einer Befragung aller Mitarbeiter, der Kinder, Eltern, der aktiven Netzwerkpartner, des Trägers u. a. den Istzustand der pädagogischen Arbeit in der Einrichtung feststellt. Darüber hinaus soll sie die Ergebnisse bewerten und Vorschläge für eine ausdifferenzierte neue Konzeption der Einrichtung in Abstimmung mit allen Mitarbeitern, dem Träger, den Eltern und den externen Partnern erarbeiten.
2. Neben der Stärken-Schwächen-Analyse soll der Projektgruppe als Ziel mitgegeben werden, eine intensivere Förderung des Erwerbs vor allem der deutschen Sprache während des

Aufenthalts der Kinder in der Kindertagesstätte in der Konzeption zu verankern, um alle Kinder in das Gruppengeschehen noch besser zu integrieren und sprachliche Rückstände möglichst nicht erst entstehen zu lassen. Die Schwerpunkte der Förderung sollen auf Wortschatz, Verständnis von Bitten sowie aktive Äußerungen gelegt werden. Im Bereich der musikalischen Förderung soll das Lied akzentuiert werden, wodurch die Sprachförderung unterstützt werden kann.

3. Die Projektgruppe sollte bestehen aus der pädagogischen Leiterin der Einrichtung, die auch die Projektgruppe leiten wird, Frau Dubs aus dem Erzieherteam und Herrn Carron als Vertreter der Eltern. Einem Vertreter des Trägers sowie einem Vertreter der externen Partner wird die Mitarbeit freigestellt.
4. Die Mitarbeiter sollten durch die Befragung nicht so stark belastet werden, dass sie ihrer täglichen Arbeit nicht mehr voll nachkommen können.
5. Der Projektgruppe wird gestattet, sich mit einem Experten für Qualitätsentwicklung fachlich auszutauschen.

Nach lebhafter und teilweise kontroverser Diskussion wurde mit Ausnahme von einer Gegenstimme und 2 Stimmenthaltungen den Vorschlägen von Frau Kerger zugestimmt.
Die Arbeit der Projektgruppe soll am 1. Feb. 20.. beginnen und bis zum 31. Dez. des gleichen Jahres abgeschlossen sein.
Frau Kerger wird bis zum Beginn der Projektgruppenarbeit mit dem Träger der Einrichtung einen arbeitszeitlichen bzw. finanziellen Ausgleich für die Mehrarbeit der Mitglieder in der Arbeitsgruppe aushandeln.

Ort, Datum (Unterschrift der Protokollführerin/des Protokollführers)

Am Abend der Informationstagung notierte Frau Dammann noch für sich:
„Zwei Aspekte der Diskussion habe ich besonders verfolgt:

1. Gab es eine Tendenz bei den Diskussionsbeiträgen für eine neue inhaltliche Konzeption?
   Ich denke, diese Frage ist zu bejahen. Die verstärkte Sprachförderung gemäß Protokoll wurde eindeutig favorisiert. Wenn möglich sollte – so meine pädagogischen Kollegen – auch die Musik weiter ausgebaut werden, da sie die Sprachförderung direkt unterstützt. Herr Liebig soll – so Tendenzaussagen – seine sehr beliebten naturwissenschaftlichen Spiele fortsetzen. Bei der Benennung von Problemfeldern waren die Beiträge der Anwesenden sehr zurückhaltend.
2. Wie ging die Leiterin mit Einwänden um?
   Die Vorbehalte und Einwände wurden überzeugend beantwortet, sodass die Mitarbeiter sich besser mit der geplanten Aufgabe identifizieren können. Allerdings gelang es nicht, alle Mitarbeiter für die neue professionelle Qualitätsarbeit zu gewinnen, aber nur eine pädagogische Mitarbeiterin (Sozialassistentin Frau Barth) enthielt sich der Stimme. Für das Gelingen ist es jedoch wichtig, dass der überwiegende Teil des Einrichtungsteams das Projekt befürwortet. Ich denke mir, dass auch die Skeptiker eine wichtige Funktion einnehmen können, wenn sie manchmal vielleicht allzu euphorische Einschätzungen der Reformwilligen relativieren. Unerlässlich sind der gegenseitige Respekt und die dauerhafte Einbeziehung aller Beteiligten.

Die Diskussion hat mir auch signalisiert, dass es zwischen Leitung, Fachkräften, Verwaltung, Träger und Eltern wahrscheinlich manchmal zu Spannungen kommen wird, z. B. bei Entscheidungs- und Weisungsbefugnissen. Ich bin gespannt, wie die Projektgruppe damit konstruktiv umgehen wird."

6.2 Planen

Gut überlegt ist schon halb gewonnen (ägyptische Weisheit).

Teamsitzung zwecks Planung

Die Projektgruppe ist sich bewusst, dass sie für das gesamte Projektverfahren verantwortlich ist. Sie weiß, dass zur Qualitätsentwicklung die Qualität der ganzen Einrichtung gehört und nicht nur die einer oder weniger Abteilungen. Alle Fachkräfte möchten erfolgreich arbeiten und dafür die Unterstützung und Anerkennung der anderen Fachkräfte erhalten. Die Projektgruppe sieht sich auch gefordert, während des Projekts eventuell auftretende Probleme schnell und unkonventionell zu lösen.
Vor diesem Hintergrund einigt sie sich auf die nachfolgenden Planungspunkte.

Kurzplanung

Ziel	Handlungsschritte
Die Angebote im Bildungsbereich verstärken	• Festlegen der Inhalte und Methoden des Konzepts der Qualitätsbewertung • Planung eines Informationsverfahrens sowie der Beteiligung aller Mitarbeiter • Planung der Datenerhebung • Planung der Qualifizierung des Projektteams sowie der Mitarbeiterschulung • Bildung eines Bewertungsteams • Erarbeiten eines Projektplans unter Berücksichtigung der rechtlichen Vorgaben für sozialpädagogische Einrichtungen

Festlegen der Inhalte und Methoden des Konzepts der Qualitätsbewertung

Da die Einrichtung noch keine Erfahrungen mit TQM-Modellen für die Qualitätsentwicklung und Bewertung besitzt, plant die Projektgruppe, sich zunächst nicht von einem Anbieter eines fertig konzipierten Qualitätssystems evaluieren zu lassen. Vielmehr beschließt sie, mit einem eigenen Konzept in die Selbstbewertung einzusteigen. Mit einem eigenen Fragebogen und eigenen Bewertungskriterien auf der Grundlage des „Nationalen" Qualitätskriterienkatalogs soll in der Einrichtung zunächst eine Evaluationskultur aufgebaut werden, die von Anfang an möglichst von allen getragen wird. Zur Qualifizierung der Leiterin in Projektmanagement für Qualitätsbewertung und entsprechender Moderationstechnik möchte sich Frau Kerger an einen externen Berater wenden, der schon Qualitätsprojekte durchgeführt oder begleitet hat und in der Lage ist zu moderieren, um latente Konflikte sichtbar werden zu lassen. Der Projektgruppe ist klar, dass sie mit ihrer Entscheidung „Leitplanken" eines umfassenden Qualitätssystems verliert, nur noch einzelne, aber immerhin wesentliche Aspekte von dort können in das eigene System übernommen werden.
Neuer inhaltlicher Schwerpunkt soll die verbesserte Förderung der Kompetenz der deutschen Sprache für die Kinder in der Kindertagesstätte sein. Darüber hinaus soll die musikalische Kompetenz der Kinder – vor allem das Liedersingen – vertieft werden. Im Rahmen der Qualitätsentwicklung sollen alle pädagogischen Arbeitsfelder hinsichtlich ihrer Stärken und Verbesserungspotenziale evaluiert werden. Mit dieser Konkretisierung der neuen Qualitätspolitik der Einrichtung, die in den wichtigsten Zügen bereits in der ersten Informationsveranstaltung vorgenommen wurde, sind – so die Auffassung der Projektgruppe – realistische und realisierbare Qualitätsziele genannt, die auch Aussicht auf Erfolg haben.

Planung eines Informationsverfahrens sowie der Beteiligung der Mitarbeiter

Nach Fertigstellung des Konzepts der Analyse und Bewertung der bisherigen pädagogischen Arbeit hinsichtlich von Stärken und Verbesserungspotenzialen will die Projektgruppe in schriftlicher Form die Mitarbeiter über das Kommunikationsverfahren zwischen Projektgruppe und Einrichtungsteam sowie den Eltern und den externen Partnern informieren. Der Informationsplan wird an einem Nachmittag erläutert und diskutiert. Er enthält:

- Art und Zeitpunkte des Informationsaustauschs
- Art der Einbeziehung der Mitarbeiter sowie der Eltern und externen Partner in den Entwicklungs- und Umsetzungsprozess
- einen besonderen Kommunikationsplan in Richtung Träger

Planung der Datenerhebung

Hinsichtlich der Datenerhebung entscheidet sich die Projektgruppe für eine schriftliche Umfrage in standardisierter Form. Für zusätzliche Anregungen und Informationen soll eine Schreibzeile auf dem Fragebogen vorgesehen werden.

Die Befragungsbögen sollen den Mitarbeitern sowie den externen Betroffenen (Eltern, Partner) am 31. Mai 20… ausgehändigt und spätestens am 31. Juli wieder eingesammelt werden. Die Bearbeitung der Bögen im Team ist möglich. Zwischenergebnisse zum Ablauf der Befragung und deren Auswertung werden erstmals am 15. Oktober im Sekretariat der Einrichtung ausgelegt und danach jeweils erneut im Monatsabstand.

Planung der Qualifizierung des Projektteams sowie der Mitarbeiterschulung

Das Projektteam sieht es als vordringlich an, an einer Fortbildung teilzunehmen, die folgende Inhalte umfasst:

- allgemeine Grundsätze der Qualitätsentwicklung, vor allem der Bewertung der Antworten auf die Fragen in den Befragungsbögen
- eine praktische Einübung der Systematik anhand einer Fallstudie mit Musterlösung

Anschließend sollen die Mitarbeiter der Einrichtung einen Bericht über die Fortbildung erhalten. Die Unterlagen werden nach der mündlichen Berichterstattung im Sekretariat der Einrichtung ausgelegt.

Frau Kerger, die ja auch die Projektleitung übernommen hat, bemüht sich selbst um ihre eigene Fortbildung in Projektmanagement und Moderationstechnik.

Bildung eines Bewertungsteams

Aus Vereinfachungsgründen beschließt die Projektgruppe, für den ersten Durchgang der Qualitätsentwicklung kein eigenes Bewertungsteam (Assessoren) zu bilden, sondern selbst die Bewertung der Antworten vorzunehmen und den Bewertungsbericht zu erstellen. Die sozialpädagogische Einrichtung ist im Verhältnis zu einem Wirtschaftsbetrieb sehr klein. Für ein neues Bewertungsteam stehen nicht ausreichend neue Mitglieder zur Verfügung. Es soll versucht werden, die RADAR-Logik von EFQM den Bewertungen der einzelnen Kriterien zugrunde zu legen.

Erarbeiten des Projektplans

Der Projektplan der Projektgruppe wird zu Beginn der Durchführungsphase zwischen allen Beteiligten in der Einrichtung schriftlich vereinbart. Er enthält:

- das Konzept, nach dem gearbeitet wird
  - inhaltliche Schwerpunkte der künftigen Konzeption
  - rechtliche Vorgaben
  - eigene Befragungsbogen
  - eigene Bewertungskriterien
- alle durchzuführenden Maßnahmen
  - Organisation
  - Gespräche
  - Entscheidungen
- die Verantwortlichen
- einen Zeitplan

Die externen Partner der Einrichtung werden über den Projektplan in einem eigens dazu angesetzten Gespräch von Frau Kerger informiert.

6.3 Durchführen

Der Sinn einer Idee ist ihre Verwirklichung, und taugt die Verwirklichung nichts, war die Idee für die Katz (Hans Kasper).

Qualifizierung des Projektteams sowie der Mitarbeiter

Die Inhalte der Schulungen waren bereits in der Planungsphase festgelegt worden. Für die Qualifizierung des Projektteams war ein Experte gefunden worden. Die Fortbildung fand noch vor der Befragungsaktion statt. Auch Frau Kerger als Leiterin des Projekts hat ihre besondere Qualifizierung erhalten. Über die Fortbildung berichteten die Projektmitglieder mündlich unmittelbar nach deren Abschluss allen Mitarbeitern. Die Einladung zu diesem Gespräch war rechtzeitig verschickt worden. Nach dieser Informationsveranstaltung wurden die schriftlichen Berichte im Sekretariat zum Nachlesen hinterlegt.

Um die Kosten der Qualifizierungen zu reduzieren, hatte die Projektgruppe Kontakt zu 2 weiteren sozialpädagogischen Einrichtungen in der Stadt aufgenommen und nachgefragt, ob auch dort Interesse an den geplanten Schulungen besteht. Beide Einrichtungen haben an den Fortbildungen teilgenommen.

Durchführung der Datenerhebung
Als Basis für die Datenerhebung galt das von der Projektgruppe erarbeitete Befragungskonzept, das die Besonderheiten der Einrichtung berücksichtigte. Die Mitarbeiter sowie die externen Partner orientierten sich für ihre Situationsberichte an dessen Struktur und Kriterien. Weitere Informationen erhielt das Projektteam durch zusätzliche Befragungen. Der Prozess der Datenerhebung war erst abgeschlossen, als alle als notwendig angesehenen Daten vorlagen und diese strukturiert dokumentiert worden waren.

Bewertung der gesammelten Daten und Berichterstellung
Die Projektgruppe führte die Bewertung in einem Workshop durch, der von Frau Kerger moderiert wurde. Der Bewertungsprozess begann mit der Individualbewertung durch jedes Mitglied des Projektteams, danach folgten die Konsensfindung und schließlich die Erstellung des Feedbackberichts. Im Rahmen der Konsensfindung wurde Einvernehmen hergestellt hinsichtlich der Stärken und der Verbesserungspotenziale der Einrichtung sowie der Maßnahmen, die ergriffen werden müssen, um bestehende Schwächen abzubauen und Stärken auszubauen. Schließlich wurden die möglichen Verbesserungsmaßnahmen nach Schwerpunkten und Prioritäten geordnet. Dabei berücksichtigte die Projektgruppe die beschlossene neue Konzeption der Einrichtung und deren Zielsetzungen. Die Projektgruppe wusste, dass diese Prioritätensetzung sicher jener Teil der Ergebnisse des Workshops ist, der anschließend in der Einrichtung am stärksten diskutiert würde. Die Erörterung zwischen allen Beteiligten und Betroffenen trägt aber in der Regel dazu bei, die Akzeptanz aller zu erhöhen und die Motivation zu stärken.

Der Feedbackbericht wurde allen Mitarbeitern, den Eltern, dem Träger sowie den externen Partnern zugestellt. Dem Bericht konnten nicht nur die festgestellten Stärken und Verbesserungspotenziale entnommen werden, sondern auch Erklärungen dazu, wie das Projektteam zu seinen Ergebnissen gekommen war. Um eine möglichst große Akzeptanz zu erreichen, wurden die Ergebnisse leicht nachvollziehbar dargestellt.

Bewertung der gesammelten Daten durch die Projektgruppe

Individualbewertung

▼

Konsensfindung in der Projektgruppe
- zu den Stärken und Verbesserungspotenzialen der Einrichtung
- zu den zu ergreifenden Maßnahmen
- zur Schwerpunktsetzung und Rangfolge der möglichen Verbesserungsmaßnahmen auf Basis der Konzeption

▼

Erstellung des Feedbackberichts mit den festgestellten Stärken und Verbesserungspotenzialen

Umsetzung der Verbesserungsmaßnahmen
Die Bewertung der Stärken und Verbesserungspotenziale einer Einrichtung ist noch nicht Garant dafür, dass die Ergebnisse des Qualitätsentwicklungsprozesses danach in die tägliche Arbeit und in die Planungen der Einrichtung einmünden. Daher wurde von der Projektgruppe für die Umsetzung des vorrangigen Maßnahmenkatalogs ein **Aktionsplan** erarbeitet, der zwischen allen Mitarbeitern vereinbart wurde (**Zielvereinbarung**). Er enthält Absprachen darüber,
- in welchen Zeiträumen welche Ziele gemäß den bestehenden Verantwortungen erreicht werden sollten und
- wer die Arbeitsschritte überwacht.

Auch ging es darum, zu einzelnen Bereichen, für die ein erhöhter Verbesserungsbedarf festgestellt wurde, die erforderlichen Entwicklungsmaßnahmen zu erarbeiten und Absicherungen vorzusehen.

6.4 Reflektieren und bewerten

Wo keine Fragen mehr gestellt werden, beginnt die Verantwortungslosigkeit. (André Brie)

Die Projektgruppe wollte sowohl die positiven wie die negativen Erfahrungen während ihrer Arbeit festhalten. Sie überprüfte, ob sie für und während des

Projektverlaufs die richtigen Entscheidungen getroffen und die jeweils angemessenen Maßnahmen ergriffen hatte. Sie betrachtete kritisch, ob alle wichtigen Bewertungsfelder in der Einführungsphase der Qualitätsentwicklung berücksichtigt wurden. Und natürlich beantwortete sie besonders die Frage, welche Erfahrungen in künftige Qualitätsentwicklungsprozesse einfließen könnten.

Reflexionsfragen

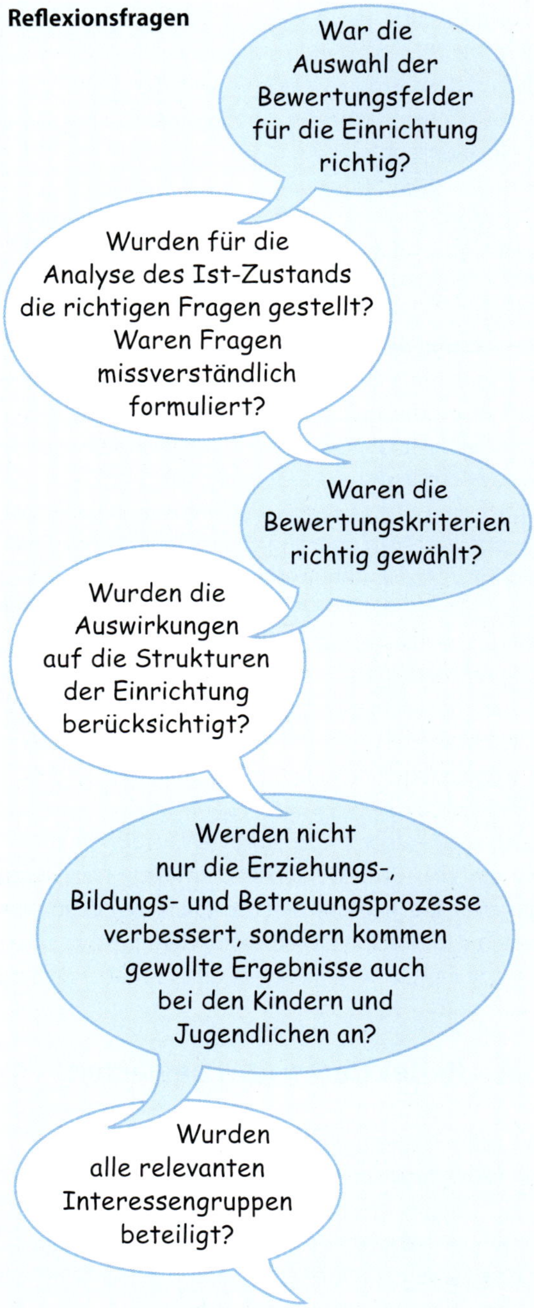

6.5 Dokumentieren und präsentieren

Über den gesamten Projektverlauf, die Inhalte, die Ergebnisse, die Erfahrungen und seine Bewertung fertigte die Projektgruppe einen schriftlichen Bericht an. Er erleichterte die Nachvollziehbarkeit der Schritte und die Reflexion sowie die Planung der weiteren Maßnahmen. Die dokumentierten Auswirkungen der positiven und negativen Erfahrungen der Projektgruppe wurden im Rahmen einer Präsentation von allen Mitarbeitern der Einrichtung, den Eltern, dem Träger, externen Unterstützern und anderen Interessierten und Betroffenen nach den gleichen Maßstäben bewertet wie die Abfrageergebnisse. Eine geeignete Pressemitteilung wurde verfasst.
Nach Abschluss der Arbeiten des Projektteams und der notwendigen Anschlussabsprachen können die pädagogischen Mitarbeiter in der Einrichtung jetzt individualisierte Konzepte für die Arbeit in ihren jeweiligen Gruppen entwickeln und durchführen. Sie werden neue Erfahrungen sammeln und können künftig regelmäßig Evaluationen durchführen.

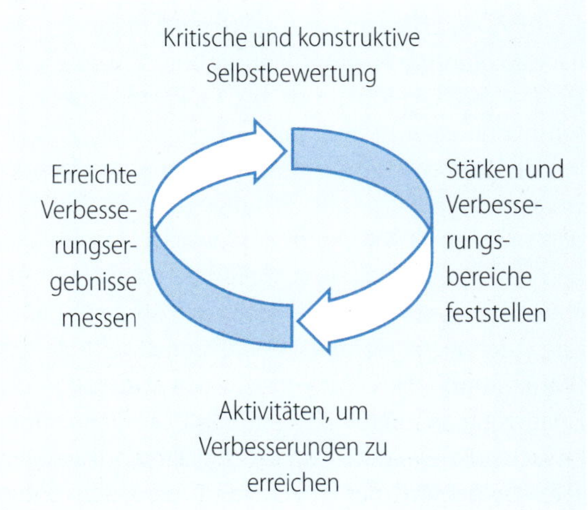

Das Prinzip des kontinuierlichen Verbesserungsprozesses (vgl. Böhm, 1999)

7 Kommunikation im Team

7.1 Multiprofessionelle Teams

Unter den wachsenden Aufgaben von Kindertagesstätten oder Familienzentren entstehen bereits heute als auch zukünftig anvisiert multiprofessionelle Teams. Notwendig sind neben Erzieherinnen und Sozialassistentinnen bereits heute Heilpädagoginnen sowie Sozialpädagoginnen. Hinzu kommen Pädagogen mit spezifischen kulturellen und musischen Disziplinen als auch nichtpädagogische Kräfte aus dem Handwerksbereich. Die Zusammenarbeit mit älteren Nachbarn wird ebenso praktiziert wie die mit Therapeuten unterschiedlicher Fachrichtung.

In der Lernsituation dieses Lernfelds sind es ein ehrenamtlich tätiger Naturwissenschaftler sowie ein freiwillig Dienstleistender.

Bisher wurde die interdisziplinare Zusammenarbeit von Fachleuten und Dienststellen in der Regel außerhalb der Tageseinrichtungen praktiziert und verstanden, hat sich aber zum Teil bereits verlagert und wird sich zunehmend auch in die Kitas und eben auch Familienzentren (s. unten) ausweiten. Dies gilt ebenso für Einrichtungen der Jugendarbeit.

Diese verschiedenen Berufsgruppen wirken sich auf die Organisationskultur einer Einrichtung aus. „Durch den täglichen Umgang miteinander bilden sich Handlungsweisen heraus, die im Laufe der Zeit Strukturmerkmale werden." (Kita aktuell Recht, 2012) Diese Merkmale entstehen aus den Überzeugungen der Beschäftigten und werden zu einem Gesamtsystem.

Um zu einer gelingenden Kommunikation miteinander zu kommen, bedarf es einer Analyse der Organisationskultur, die E. H. Schein nach einem **Drei-Ebenen-Modell** ordnet:

Die nach außen sichtbare, leicht zu beobachtende, aber nicht immer in ihrer Bedeutung zu erfassende Ebene verdeutlicht Artefakte wie Kleidervorschriften, Raumgestaltung, Umgangsformen und Sprachgewohnheiten.
In einer zweiten Ebene geht es um Wertvorstellungen und Verhaltensweisen, Verstöße werden sozial sanktioniert.
Spätestens hier greifen die Möglichkeiten der Kommunikation, zu einer gelingenden Organisationskultur beizutragen. Da diese Ebene meist unterbewusst ist, ein Verstoß sich gegen die Regeln der Organisation wendet, ist vorbereitende Kommunikation gerade in multiprofessionellen Teams sinnvoll.
Bei der letzten Ebene handelt es sich um grundlegende Weltanschauungen, die in der Regel nicht verhandelbar sind.

In multiprofessionellen Teams kann es zu Subkulturen kommen. Diese müssen auf der Basis ihres beruflichen Selbstbewusstseins sowie ihres Wissens um ihre jeweiligen spezifischen Handlungsmöglichkeiten zu einem Team zusammenwachsen. Hilfreich sind dabei Teamentwicklungsmodelle und ein kooperativer Führungsstil seitens der Einrichtungsleitung (vgl. Wachsmuth-Biller, 2012).

Ein erfolgreiches Team zeichnet sich aus durch
- klare Zielorientierung,
- genaue Aufgabenverteilung,
- gegenseitige Unterstützung und
- eine offene Kommunikationskultur.

Diese Aspekte sind besonders bei multiprofessionellen Teams bedeutsam, da unterschiedliche Ausbildungen und Berufserfahrungen zu unterschiedlichem Umgang mit Aufgabenbereichen und Zielen geführt haben. Daher bedarf es guter interner Absprachen, damit die Multiprofessionalität ein Gewinn ist.

In der Lernsituation wird dies deutlich durch die Person von Herrn Liebig, einem Naturwissenschaftler, der möglicherweise andere Kommunikationswege kannte, als sie im sozialpädagogischen Bereich üblich sind.

Ein besonders gutes Team unterscheidet sich vom normalen Team vor allem auch durch die **Qualität der Beziehungen**.

Die Qualität der Beziehungen wird mitgetragen von der Qualität der Kommunikation. Die sich daraus ergebende funktionierende Zusammenarbeit im Team ist eine wichtige Voraussetzung für den Erfolg der pädagogischen Arbeit. Sich auf eine gemeinsame Grundlage der Arbeit zu verständigen bzw. ein vorhandenes Konzept derart zu konkretisieren, dass alle Teammitglieder sich daran halten können, ist eine Herausforderung für ein gutes Team.

Gelingt einem Team diese Aufgabengestaltung, kann es für das einzelne Mitglied einen hilfreichen Rückhalt bieten, um Probleme aus dem Alltag aufzufangen, und trägt damit wesentlich zur Berufszufriedenheit und auch Leistungsfähigkeit des Einzelnen bei.

7.2 Konflikte und Konfliktangst

Ein gut funktionierendes Team ist jedoch nicht ein Team ohne Konflikte. Ein Team besteht aus Individuen, die sich mit ihrer jeweils eigenen Geschichte, unterschiedlichen beruflichen Erfahrungen und pädagogischen Vorstellungen sowie differentem Lebensalter zu einer gemeinsam agierenden Gruppe zusammenfinden sollen, was sich in der Regel nicht ohne Konflikte entwickeln kann.

Diese Selbstverständlichkeit wird jedoch in der Praxis eher nicht so gesehen. Hier ist vielfach eine regelrechte Angst vor Konflikten anzutreffen. Als wünschenswert wird dabei angenommen, möglichst keine Konflikte im Team (und auch sonst nirgendwo) zu haben. Doch das Fehlen von Konflikten sollte man eher als Warnsignal nehmen, denn das würde heißen, dass diese „unter den Teppich gekehrt" sind oder dass nicht konstruktiv mit Konflikten umgegangen wird.

Unter Konflikt versteht man das Austragen unterschiedlicher Ansichten, Vertreten divergierender Interessen, Abweichen von gemeinsam empfundenen Grundlagen oder Regeln.

Konflikt wird assoziiert mit Wut, permanentem Kampf und Unverständnis seitens anderer. Die wenigsten haben angemessene Konfliktlösungsstrategien gelernt, sondern verknüpfen Konflikte seit frühester Kindheit mit Ärger, Liebesentzug, oft auch Ohnmacht gegenüber mächtigeren Personen, wie es Eltern oder Lehrer gewesen sind.

Ignoranz oder Verdrängung sind kein angemessener Umgang mit Konflikten. Zudem führt die Vermeidung von Konflikten im Team zu einer distanzierten, wenig offenen Atmosphäre, in der Ärger unterdrückt wird und wo Frustration sich in Krankheit, Flucht in die Schwangerschaft oder Kündigung niederschlagen kann. Dennoch überwiegt oft die Angst, sich dem Konflikt zu stellen.

Zwar ist es nicht gesagt, dass es einfacher ist, Probleme zu lösen, als mit ihnen zu leben, jedoch sollte deutlich geworden sein, dass das Unterdrücken von Konflikten eine ganze Menge Energie bindet, die besser für den Versuch eingesetzt werden kann, den Konflikt zu lösen.

Aufgabe

Schließen Sie für einen Moment die Augen und erinnern Sie sich an einen noch andauernden oder vergangenen Konflikt aus Ihrem Leben. Versuchen Sie sich auf die Bilder und Gefühle, die Ihnen nun begegnen, einzulassen. Anschließend versuchen Sie diese Gefühle durch Farben und Formen auf einem Blatt Papier festzuhalten. Besprechen Sie Ihre Ergebnisse zu zweit.

7.3 Möglichkeiten der Konfliktvermeidung und Konfliktlösung

Vorab sollen typische Konfliktquellen in pädagogischen Teams genannt werden (vgl. Leupold, 2002).

Konflikte mit hierarchischen Strukturen

- Strukturen innerhalb des Teams sind nicht klar genug oder die Absprachen zwischen Leitung und Team werfen Fragen auf; die Erwartungen aneinander sind nicht ausreichend geklärt.

- Entscheidungsfreiräume sind zu eng bemessen.
- Es bilden sich Koalitionen im Team. (u. a.)

Individuelle Unterschiede
- Berührungsängste zwischen Teammitgliedern
- Neid, Eifersucht, Antipathien
- mangelnde Berufseignung
- persönliche Probleme (u. a.)

Veränderungen
- Eine neue Leitung bringt neue Ideen ein und stellt Bewährtes infrage.
- Ein neues Teammitglied hält sich nicht an Gepflogenheiten, die in der Gruppe herrschen. (u. a.)

Ziel der Konfliktbearbeitung sollte es sein, dass im Team ein Klima des Vertrauens und der Offenheit geschaffen wird, um auftretende Konflikte ansprechen zu können. Hierzu können die oben ausgeführten Kommunikationsregeln sowie das Verständnis für Kommunikationsprozesse wesentlich beitragen.

Eine partnerschaftliche Grundhaltung, aktives Zuhören und das Reden in effektiven Ich-Botschaften tragen vor allem dazu bei, das Klima innerhalb eines Teams günstig zu beeinflussen.

Das aktive Zuhören begünstigt das gegenseitige Verständnis und hilft dadurch im Vorwege, Konflikte gar nicht erst entstehen zu lassen. Sind dennoch divergierende Ansichten entstanden, kann die eigene Ansicht oder Kritik in effektiven Ich-Botschaften formuliert werden und nimmt einem sich anbahnenden Konflikt die Schärfe. Zudem sollte vorhandene Kritik konkret und möglichst bald benannt werden. Die Analyse des Problems und das Verstehen der Sichtweise des anderen können oft schon zu einer Entspannung führen und sind manchmal wichtiger, als dass sofort eine Problemlösung auf dem Tisch liegt.
In der Lernsituation ist ein Konflikt im Team nur im Ansatz erkennbar. Sichtbar wird, dass die Rollen im Team neu austariert werden müssen, da sich neue Aufgaben ergeben werden. Vor allem ändert sich die Rolle von Frau Kerger, da sie nun zusätzlich die Konzeptarbeit anleiten will. Außerdem werden möglicherweise neue Kolleginnen von Netzpartnern Aufgaben der anvisierten Sprachförderung übernehmen. Neben der fachlichen Ebene muss die Ebene der Kommunikation und neuer Rollenzuschreibung transparent gemacht werden

Konfliktbewältigung im pädagogischen Alltag: s. auch **Lernfeld 2**, Kapitel 9

Themenzentrierte Interaktion (TZI) nach Ruth Cohn

Ruth Cohn (1912-2010)

Die Themenzentrierte Interaktion wurde von **Ruth Cohn** gegründet und aus der psychoanalytischen Theorie, gepaart mit gruppendynamischen Erfahrungen, entwickelt. TZI hilft, eine Balance zu erzeugen zwischen der Autonomie des Menschen und seiner Verbundenheit zu seinen Mitmenschen. Dies beinhaltet Verantwortung für sich selbst sowie Wertschätzung gegenüber dem anderen.
In der TZI stehen sich 3 Elemente gegenüber, die sowohl ihre eigene Bedeutung haben, als auch in Interaktion in einem bestimmten sozialen Umfeld miteinander verbunden sind:
- das **Ich** als individuelle Persönlichkeit,
- das **Wir** als Gruppe und
- das **Es** als das Thema.

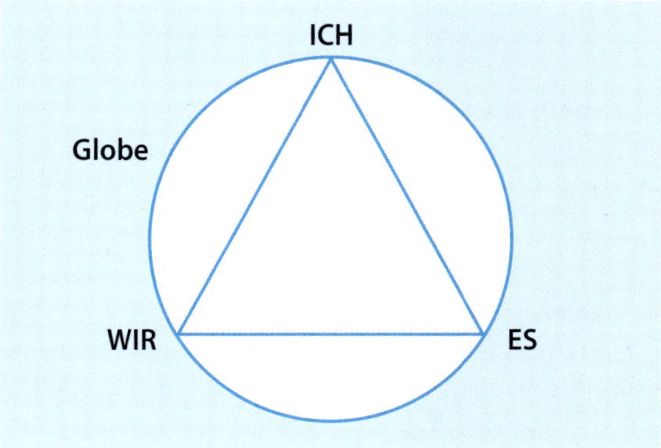

Um zu einem ausgewogenen Ergebnis zu kommen, mit dem sich alle identifizieren können und das der Sache gerecht wird, drückte es Ruth Cohn so aus: Um zu lebendigem Lernen zu gelangen, müssen alle 3 Elemente ausreichend und in guter Balance zueinander beachtet werden. Schule beachtet häufig zu stark das Sachthema, während z.B. Selbsthilfegruppen verstärkt den Einzelnen und die Gruppe bedenken, die das Thema darstellen. Damit diese Balance gelingt, gibt es einige Regeln zur Unterstützung.

Die 2 wichtigsten Regeln lauten:

1. **Sei dein eigener Chairman.** Dies bedeutet, dass jeder für sich selbst spricht und verantwortlich ist für das, was er sagt und tut. Zugleich weiß er um die Eigenverantwortlichkeit der anderen, spricht also nicht für sie. Er ist sich seiner selbst bewusst und entscheidet selbst, wann und ob er spricht.
2. **Störungen haben Vorrang.** Unterdrückter Ärger, Langeweile, Unverständnis oder andere Gefühle, die den Einzelnen lähmen und verhindern, dass er sich offen in das Gespräch begibt, sollen nicht unausgesprochen bleiben, sondern im Gegenteil benannt werden. Sie blockieren den weiteren Prozess der Konfliktklärung und wirken damit kontraproduktiv.

Die Konfliktlösungsstrategie TZI stellt die 3 Elemente Ich, Wir und Es gleichberechtigt nebeneinander, wobei das Es nur befriedigend zu lösen ist, wenn Ich und Wir miteinander im Einklang sind, gleichzeitig jedoch Es nicht aus dem Blick gerät. Hierbei muss deutlich sein, dass tiefer sitzende persönliche Probleme nicht durch TZI zu lösen sind und in einer Teamsitzung auch nicht ihren Platz haben.
Die folgenden Regeln verdeutlichen noch einmal, dass es um Klärung geht und weitere Verletzungen oder Machtkämpfe ausgeschlossen werden sollen:

Themenzentrierte Interaktion TZI

1. **Mache persönliche Aussagen.** Die Bedeutung, die Aussagen in Ichform haben, kann nicht genug betont werden. Damit wird der eigene Standpunkt klar vorgestellt und zugleich die Verantwortung dafür selbst übernommen.
2. **Sei zurückhaltend mit Fragen.** Fragen können unterschwellig den Machtkampf weiterführen und umgehen eigene Stellungnahmen. Begründete Informationsfragen, die verdeutlichen, dass dem Fragenden etwas unklar ist, bringen das Gespräch weiter. Scheinfragen, die verkappte Ratschläge oder Kritik enthalten, sollten unterlassen werden.
3. **Vermeide Interpretationen.** Auch Interpretationen lenken ab von der eigenen Person und können den Gesprächsverlauf unterbrechen. Hier gilt ebenso, dass Interpretationen nur hilfreich sind, solange sie von der eigenen Person sprechen.
4. **Feedback begründen.** Rückmeldung zum Verhalten anderer Teammitglieder sollte sich wie Fragen und Interpretationen auch an der eigenen Person orientieren – die effektive Ich-Botschaft verdeutlicht, wie ich das Gesagte für mich empfunden habe, und trägt damit dem Element Ich des TZI Rechnung. Du-Botschaften werden zu Beschuldigungen und wirken damit nicht klärend.
5. **Seitengespräche haben Vorrang.** Seitengespräche verdeutlichen, dass ein Gesprächsaspekt weiteren Klärungsbedarf hat. Unsicherheit der Gruppenmitglieder lässt diesen Aspekt jedoch nicht in den Gruppenprozess fließen. Auch Langeweile kann zu Seitengesprächen führen. Hier ist es Aufgabe der Gesprächsleiterin, die Ursache von Seitengesprächen zu klären und den Gruppenmitgliedern Möglichkeit zur Rückkehr auf die Wir-Ebene zu bieten.
6. **Es spricht immer nur einer.** Geht es um Eigenverantwortung und Achtung vor dem Nächsten, so versteht es sich von selbst, dass immer nur einer zurzeit spricht. Bei starkem Diskussionsbedarf sollte eine Reihenfolge der Redebeiträge festgelegt werden.

Die Anwendung der Regeln von TZI will geübt sein und wird nicht unbedingt sofort gelingen. Das Besondere an dieser Konfliktlösungsstrategie ist die Betonung der Eigenverantwortung jedes Einzelnen für sich selbst und in der Interaktion zu anderen. Sich selbst immer wieder bewusst zu machen, welche Bedürfnisse und Gefühle hinter Handeln und Sprechen liegen, ist nicht einfach und erfordert ein Bewusstsein für Verantwortung. Diese Authentizität und die bewusste Wahl dessen, was in die Interaktion mit anderen hineingetragen wird, verhelfen zu einer offenen Atmosphäre und klärendem Gesprächsklima mit anderen. Auf dieser Basis lassen sich Sachthemen konstruktiv für alle Seiten lösen.

Aufgabe

Setzen Sie sich zu dritt oder viert in einer Gruppe zusammen und üben Sie die Regeln der TZI anhand eines Gesprächs zu einem einfachen Sachthema (z. B. Pausengestaltung).

Das Konfliktlösungsmodell von Thomas Gordon

Der Psychologe Thomas Gordon (1918–2002) versucht, in seinem Modell zur Konfliktlösung einen Weg anzubieten, der dem häufig autoritären (ich gewinne, du verlierst) oder permissiven (ich verliere, du gewinnst) Muster einer Konfliktlösung entgegentritt. Gordons Auseinandersetzung mit Konflikten in Familie, Schule, Partnerschaft und Arbeitswelt schuf die Erkenntnis, dass erst partnerschaftliche Konfliktlösungen längeren Bestand haben und zur Zufriedenheit aller führen.

Bei diesem Modell soll unter Berücksichtigung aller Informationen, Bedürfnisse, Wünsche und Fakten eine Lösung erarbeitet werden, die von allen akzeptiert und mitgetragen werden kann. Ein wichtiger Aspekt ist dabei, dem anderen das Recht auf eigene Gefühle, Wünsche und Bedürfnisse zuzugestehen. Auf dieser Basis zeigt sich dann oft, dass die Menschen zu Kompromissen durchaus bereit sowie willens sind, ihr Verhalten zu ändern, wenn sie in ihrer Person und ihren Bedürfnissen akzeptiert und nicht abgewertet werden.

Damit verschiebt sich auch der Punkt der Auseinandersetzung. Nun geht es nicht mehr um Recht oder Unrecht, sondern um unterschiedliche Ansichten und Interessen. Steht der eigene Standpunkt als einer von mehreren möglichen gleichberechtigt neben den anderen ohne das subjektive Gefühl der Abwertung, lässt sich offener über das Sachthema diskutieren, weil nun möglicherweise verletzte Gefühle nicht mehr in die Auseinandersetzung hineinwirken.

Gordon schlägt ein **Vorgehen in 4 Schritten** vor, das ausgeht von der Feststellung: Ich sehe/habe ein Problem – was können wir tun?

Diese einfache Ausgangsfrage ist für unterschiedliche Gruppen anwendbar. Es beinhaltet den Aspekt, dass ein Problem aus eigener Sicht wahrgenommen wird und Vorwürfe und Verletzungen des Selbstwertgefühls des anderen nicht Ausgangspunkt sein können. Es setzt einen gewissen Grundkonsens im Team voraus. Schwerwiegendere Konflikte und tiefer sitzende Probleme lassen sich hiermit nicht lösen. Eine wichtige Rahmenbedingung für dieses Modell sind ausreichend Zeit und ein ruhiger Ort.

Schritt 1: Das Problem erkennen und klären

Dieser Schritt ist insofern der entscheidende, da er die Ebene des Selbstwertgefühls klären hilft. Jeder Konfliktpartner erhält die Gelegenheit, das Problem aus seiner Sicht darzustellen. Wichtige kommunikative Elemente sind hierbei effektive Ich-Botschaften für den Sprechenden und aktives Zuhören bei den anderen Teilnehmern des Gesprächs. Das aktive Zuhören hilft dabei, die möglicherweise starke emotionale Verstrickung des Sprechenden wahrzunehmen und sichtbar zu machen. Das gezeigte Interesse macht dem Konfliktpartner deutlich, dass seine Sicht der Dinge ihre Relevanz hat, er also nicht um Wahrnehmung seiner Person oder Recht und Unrecht kämpfen muss. Wichtig ist in dieser ersten Runde auch, den wahren Kern des Konflikts zu ermitteln und nicht in Folgeerscheinungen hängen zu bleiben.

Für die Lernsituation könnte dies heißen: Sara äußert ihr Befremden darüber, wie Suse auf die Mutter reagiert hat und sich gegen die Kinder gestellt hat. Möglicherweise liegt dem aber zugrunde, dass sich die Rolle von Sara seit Anwesenheit der Praktikantin verändert hat oder für sie selbst unklarer geworden ist (als ein mögliches Problem).

Am Ende dieser ersten Runde sollte jeder Konfliktpartner seine Klagen gegenüber dem anderen in *Wünsche* umformulieren. Damit ist der Übergang zum nächsten Schritt vollzogen.

Schritt 2: Lösungsmöglichkeiten entwickeln

In dieser Phase geht es darum, Ideen für Lösungsmöglichkeiten zu entwickeln, ohne dass der Anspruch besteht, dass diese bereits die endgültige Lösung sind. Jeder soll hierbei zu Wort kommen und auch unkonventionelle Vorschläge sollen beachtet werden.

Schritt 3: Bewertung der Lösungsvorschläge und Einigung

In dieser Runde werden die vorgebrachten Lösungsideen auf ihre Durchführbarkeit, Akzeptanz und notwendige Änderung hin bewertet und untersucht. Wichtig ist hierbei, dass offen mit allen Bedenken umgegangen wird, da das Ziel sein soll, eine Lösung zu finden, die alle akzeptieren können – nach dem Motto: Jeder ist Gewinner.

Da bereits jeder mit seinem Standpunkt zu Wort kommen konnte und auch Ideen zur Lösung vorgestellt hat, ist es nun einfacher, zu einer von allen akzeptierten Lösung zu gelangen. Diese sollte möglichst *konkret* auf der Verhaltensebene ausformuliert sein, um die Durchführung und Überprüfung zu erleichtern.

Schritt 4: Durchführung der Entscheidung und abschließende Bewertung

Je mehr ein Team an dieses Konfliktlösungsverfahren gewöhnt ist, desto einfacher wird es sein, sich an die verabredeten Verhaltensregeln zu halten. Ich-Botschaften helfen, wenn der reibungslose Ablauf hakt. Wichtig ist es, nicht wieder in Kritik und Beschuldigung zu verfallen. Abschließend sollte die Lösung einer gemeinsamen Bewertung unterzogen werden, um zu klären, ob dies ein befriedigendes Vorgehen war oder ob - bei Misserfolg – der Kern des Problems noch nicht erfasst worden ist.

Aufgabe

Üben Sie in einer Kleingruppe die verschiedenen Schritte nach Gordon. Zur Übung bietet sich ein einfaches organisatorisches Thema (Sitzordnung, Klassendienst o.a.) an.

Konflikte gehören zu unserem Leben und damit auch zur Arbeit in einem Team. Jedoch muss bei der Konfliktbearbeitung darauf geachtet werden, wie tiefliegend das Problem ist. Unterschiedliche Standpunkte zu verschiedenen Themengebieten der pädagogischen Arbeit im Kindergarten, Hort oder Heim können mit diesen Modellen bearbeitet werden. Ebenso eignen sie sich für Interessengegensätze oder Meinungsverschiedenheiten oder auch eng umschriebene störende Verhaltensschwierigkeiten eines Teammitglieds. Passt jedoch die Gesamtpersönlichkeit eines Teammitglieds nicht in die Gruppe, lässt sich dies nicht mit den vorgestellten Konfliktlösungsstrategien ändern. Auch schwelende Teamkonflikte oder tiefer gehende persönliche sowie Drogen- oder Suchtprobleme im Team sollten mit Hilfe von außen thematisiert werden. **Supervision** kann hier ein möglicher Ansatz sein (s. **Lernfeld 2**, Kapitel 3.10).

Die vorgestellten Konfliktlösungsmodelle setzen bei der **Stärkung der eigenen Persönlichkeit** an und versuchen, positives Kommunikationsverhalten und Vertrauen in offene Gespräche zu stärken. Gelingt dies, ist der Weg zum Umgang mit Konflikten leichter und mutiger geworden, sodass die Basis für die Teamarbeit optimaler wird und tief gehende Konflikte vermindert werden.

8 Anleiten im Praktikum

Feedback geben

Feedback ist eine Rückmeldung an den Partner, die mitteilt, welche Wirkung eine Person durch ihr Handeln beim anderen ausgelöst hat. Diese Art der Rückmeldung ist grundlegend für soziales Lernen. Sie ist in jedem Prozess sozialen Miteinanders unter Berücksichtigung bestimmter Regeln einsetzbar, also nicht nur im Zusammenhang des Praktikums. Hier kann sie den Reflexionsprozess über eigenes Verhalten anstoßen und den Boden für die notwendige Beurteilung am Ende des Praktikums bereiten.

Feedback muss sensibel gegeben werden, damit es aufbauend und nicht destruktiv oder entmutigend wirkt. Im Praktikum bedeutet dies, dass vor allem zu Beginn, wenn die Unsicherheit der Praktikantin noch groß ist, verstärkt positive Rückmeldung gegeben wird, um vorhandene Stärken zu betonen und Sicherheit und Selbstbewusstsein zu untermauern.

Regeln für das Annehmen des Feedbacks

1. Der Gesprächspartner sollte ausreden können. Dazu sollte sich die Zeit genommen werden.
2. Wichtig ist, sich nicht zu verteidigen oder geradezurücken, da der andere nur die Wirkung auf sich selbst beschreiben kann, nicht die beschriebene Person in seinem Wesen selbst.
3. Feedback ist ein Angebot, von dem man sich nehmen kann, was einem möglicherweise weiterhilft (vgl. Becker/Langlosch, 1986).

Aufgabe

Suchen Sie einen Gesprächspartner in der Klasse und üben Sie gemeinsam das Feedback-Geben.
Beginnen Sie damit, Ihrem Gegenüber zu sagen, was Ihnen heute an ihm aufgefallen ist. Nach einer Weile tauschen Sie sich darüber aus, wie es Ihnen damit ging, Feedback zu geben und zu bekommen. Wechseln Sie anschließend die Rollen.

Regeln für Feedback, um eine konstruktive Wirkung zu erzielen:

konkret	Die wahrgenommenen Verhaltensweisen müssen möglichst konkret, d.h. nicht verallgemeinernd und pauschal geäußert werden. Dabei gilt es, konkrete Beobachtungen zu äußern, die auf einen überschaubaren Bereich begrenzt sind. Es geht dabei um die Äußerung wahrgenommener Verhaltensweisen.
kurz	Das unmittelbar Erlebte sollte knapp geäußert werden und sich auf wenige Aspekte beschränken. Dabei muss die Aufnahmekapazität des anderen bedacht werden.
kurzfristig	Feedback sollte möglichst unmittelbar und nicht verspätet oder rekonstruierend gegeben werden.
konstruktiv	Hierunter sind mehrere Aspekte zu verstehen: • Die „innere Haltung“ sollte so ausgerichtet sein, dass der andere das Feedback aufnehmen kann und nicht umgeworfen wird. • Es erfolgt nur, wenn der andere es wünscht. • Positives und negatives Feedback sollten sich die Waage halten. • Das Feedback soll in Ich-Botschaften formuliert sein. Damit vertritt man seine eigene Meinung und verallgemeinert nicht. • Die Ich-Botschaften verknüpfen beobachtete Tatsachen mit der Wirkung auf die eigenen Gefühle. Damit werden Bewertungen des anderen vermieden.

9 Partizipation mit Netzwerkpartnern

Bildungs- und Betreuungseinrichtungen wie Kindertagesstätten, Horte oder Heime sollten sich als ein Interaktionspartner im Verbund mit vielen anderen begreifen. Dabei muss man sich verdeutlichen, wer alles in der Region und im Sozialraum für die Zielgruppe Kinder und Jugendliche arbeitet und wie man einander unterstützen und miteinander im Interesse der Zielgruppe interagieren kann.

Sozialraum: Darunter versteht man die Einrichtungen und Dienste in einem Ort oder Stadtteil, in denen die Menschen des Gemeinwesens leben, sich aufhalten, ihre Freizeit verbringen, in denen sie betreut werden, sich treffen und in denen sie arbeiten.

Die Idee der Sozialraumorientierung ist in der Kinder- und Jugendhilfe fest verankert. Aufgrund von gesellschaftlichen Veränderungen sieht diese heutzutage aber anders aus als früher, da sich auch die Lebenswelten (inklusive Risikofaktoren) der Klientel verändert haben.

Ärzte, Polizei, Schulen, Beratungsangebote in therapeutischer sowie kultureller Sicht privater und behördlicher Träger, familiäre Unterstützung, Hilfe bei Missbrauch

und Gewalt sowie Eltern sollten Teil einer gemeindenahen sozialen Zusammenarbeit sein. Dies schließt die Teilhabe von Kindern und Jugendlichen mit Behinderungen ein (s. **Lernfeld 3** Inklusion). An der Vernetzung untereinander (z.B. mit dem Hort in der Kindertagesstätte) sollte den Erzieherinnen im Rahmen einer professionellen Haltung gelegen sein und sie bestrebt sein, die Zusammenarbeit mit zu entwickeln.
Grundlegend nötig ist eine Wertschätzung gegenüber der Arbeit und Haltung des Interaktionspartners und eine Kenntnis dessen, was man selbst zu leisten in der Lage ist bzw. welche Unterstützung vom anderen notwendig ist.

Grundsätzliche Voraussetzungen für eine Zusammenarbeit der Anbieter sind:

- Interesse auf beiden Seiten sowie Wertschätzung
- Wechselseitiges Wissen um die Möglichkeiten (vgl. hierzu die Leistungen der Kinder- und Jugendhilfe, SGB VIII, § 2, Abs. 2) und um die Kompetenzen
- Vertrauen (Aufbau einer Vertrauensbasis)
- Regelmäßiger Kontakt und Austausch
- Festlegung gemeinsamer Ziele und Inhalte
- „Auf Augenhöhe miteinander arbeiten" (Gleichberechtigung)
- Gute Kommunikation im Team/in der Einrichtung
- Akzeptanz eigener Grenzen
- Aufmerksames Wahrnehmen und Beobachten der Klientel, um Unterstützungsbedarf zu erkennen und einzuleiten
- Genehmigung durch Sorgeberechtigte
- Evaluation und Reflexion der Angebote und der Zusammenarbeit

Am Beispiel von Murat, 10 Jahre, wird im **Lernfeld 5** das sozialräumliche Umfeld bei der Hilfe zur Erziehung betrachtet.

9.1 Partizipation von Diensten

Kindertagesstätten sind ebenso wie die Schule abgegrenzte Systeme gegenüber den sozialen Diensten. Dabei ist eine Zusammenarbeit beider Systeme notwendig.
Die meisten Erzieherinnen in Kindertageseinrichtungen versuchen z.B., selbst mit auffälligen Kindern fertig zu werden und Eltern mit Problemen zu beraten. Diese Ansprüche können zu einer Überforderung der Erzieherin führen. Hier gilt es, eine Balance zu finden zwischen dem, was in der Kindertagesstätte zu leisten ist, und dem, wo Hilfe anderer Einrichtungen angeraten erscheint. Vor dem Hintergrund, dass Kinder zunehmend als „auffällig" erscheinen und deutlich wird, dass sie ein spezielles Beratungs- oder therapeutisches Hilfsangebot benötigen, muss eine Zusammenarbeit auch in diesem Bereich intensiviert werden.
Die Zusammenarbeit mit Einrichtungen und Personen außerhalb der Kindertagesstätte ist nicht unbekannt: Ob Musikangebot oder Sport, oft kommen Angebote von draußen. Einrichtungen mit Integrationsgruppen sind zusätzlich darin erprobt, externe therapeutische Hilfeleister für einige Kinder im Haus zu haben. Darüber hinausgehende Zusammenarbeit scheitert auch an Kompetenzfragen: Was ist noch Aufgabe der Kindertagesstätte, was nicht mehr?

Familienzentrum (Eltern-Kind-Zentrum, Mütterzentrum)

In dem Konzept des Familienzentrums stellt die Kindertageseinrichtung einen „Knotenpunkt" dar in einem beispielhaften Netzwerk, das Familien umfassend berät und unterstützt. Dafür werden die vorhandenen Angebote vor Ort stärker miteinander vernetzt und durch die Kita gebündelt. Da die wohnortnahe Tageseinrichtung ein Ort ist, denen Eltern Vertrauen entgegenbringen, können Informationen und Hilfe leichter zugänglich gemacht werden.
Familienzentren werden finanziell gefördert, besonders die Landesregierung in Nordrhein-Westfalen ist hier aktiv (www.familienzentrum.nrw.de).

Einige Aufgaben und Tätigkeitsbereiche:

- Sprachdefizite erkennen und beheben
- Beratung anbieten zu Erziehung, Gesundheit, Ernährung u.a.
- Einrichtung steht auch Eltern zur Bildung offen
- Vereinbarkeit von Familie und Beruf verbessern
- Zuwanderfamilien ansprechen
- Familien Hilfe bei Alltagskonflikten bieten
- Umgang mit Medien üben
- Gute Altersmischung
- Zusammenarbeit mit Anbietern der Tagespflege
- Ein Ort des Austauschs im Stadtteil sein
- U.v.m.

Literaturtipp
www.early-excellence.de Familienzentren nach dem englischen Vorbild Early Excellence Centre

Psychosoziale Dienste

Die Zusammenarbeit mit psychosozialen Diensten sollte grundsätzlich üblich sein, so sieht es Martin Textor: „Frühzeitige Interventionen bei Kindern oder eine frühzeitige Beratung von Eltern sind in der Regel nur möglich, wenn auffällige Kinder oder durch Probleme belastete Familien an die entsprechenden psychosozialen Dienste weitervermittelt werden – und zwar von den Institutionen, in denen Auffälligkeiten, Behinderungen, Entwicklungsverzögerungen, Erziehungsschwierigkeiten, familiale Belastungen u. Ä. erstmals offensichtlich werden." Damit lassen sich bereits verfestigte Entwicklungsverzögerungen frühzeitig zum Wohl des Kindes verhindern.

Damit dies möglich ist, sind einige Fragen in der Einrichtung zu klären:

- Was bedeutet es für die Erzieherinnen, sich einzugestehen, ein „schwieriges" Kind abgeben zu sollen? Heißt dies Versagen der Einzelnen?
- Woran wird erkannt, dass die Grenzen der pädagogischen Mitarbeiterinnen der Kindertagesstätte erreicht sind?

Diese Klärung sollte intern stattfinden, aber auch in Zusammenarbeit mit möglichen Partnern der sozialen Dienste. Ziel sollte es sein, eine Zusammenarbeit anzustreben,

- um im Einzelfall gemeinsam nach Lösungen für ein Kind zu suchen,
- um Eltern über Beratungsangebote zu informieren,
- um für sich selbst fallbezogene Unterstützung zu erhalten.

Um diese Ziele zu erreichen, bedarf es der Kenntnis über die möglichen Angebote sozialer Dienste im Umfeld der Institution. Bereits dann kann im Problemfall weitervermittelt werden. Besser ist es, mit entsprechenden Einrichtungen zu kommunizieren und die Absicht der verstärkten Zusammenarbeit bei Notwendigkeit zu verdeutlichen. Hier gibt es zunehmend Vorbilder, wie Vernetzung zwischen Kindertagesstätte und sozialen Diensten funktionieren kann (vgl. dazu Textor und Hillenbrandt). Wichtig ist es, die möglicherweise vorhandene Hemmschwelle durch gegenseitige Besuche und Informationen zu verringern. Bei Bedarf kann auch zu einem Elternabend zum Thema „Kennenlernen verschiedener Beratungsangebote" eingeladen werden. Mindestens sollte Informationsmaterial ausliegen, zu dem auch die Erzieherin kurz Stellung nehmen kann.

Frühe Hilfen

In der Zusammenarbeit mit Eltern von Säuglingen und Kindern unter 3 Jahren nehmen sogenannte „Frühe Hilfen" das Kindeswohl in den Blick und bieten Unterstützungsangebote, die präventiv mit Blick auf mögliche Kindeswohlgefährdung wirken sollen. Die Hilfen richten sich an die jungen Eltern und stellen selbst bereits ein Netzwerk dar.

„**Frühe Hilfen** bilden lokale und regionale Unterstützungssystem mit koordinierten Hilfsangeboten für Eltern und Kinder ab Beginn der Schwangerschaft und in den ersten Lebensjahren mit einem Schwerpunkt auf der **Altersgruppe der 0- bis 3-Jährigen**. Sie zielen darauf ab, Entwicklungsmöglichkeiten von Kindern und Eltern in Familie und Gesellschaft frühzeitig und nachhaltig zu verbessern.
Neben alltagspraktischer Unterstützung wollen Frühe Hilfen insbesondere einen Beitrag zur Förderung der Beziehungs- und Erziehungskompetenz von (werdenden) Müttern und Vätern leisten. Damit tragen sie maßgeblich zum gesunden Aufwachsen von Kindern bei und sichern deren Rechte auf Schutz, Förderung und Teilhabe."
(Nationales Zentrum Frühe Hilfen, 2010, S. 12)

Literaturtipp
www.fruehehilfen.de Bundesinitiative „Frühe Hilfen für Eltern und Kinder und soziale Frühwarnsysteme" (präventiver Kinderschutz, Gesundheitsförderung und Hilfsangebote für Familien u.a.)
Hier: Modellprojekte wie „Guter Start ins Kinderleben" (Interventions- und Vernetzungsprojekt, Baden-Württemberg u.a.)

Frühförderung

Frühförderung kann ein wichtiger Baustein der Frühen Hilfen sein, ist von der Definition her eigentlich ein Instrument der Entwicklungshilfe, das drohende Behinderung oder Entwicklungsbeeinträchtigungen abwenden will, indem es individuell fördert. Besonders Kindertageseinrichtungen bieten im Sinne von Netzwerken einen Raum, um über die Angebote der

Frühen Hilfen und der Frühförderung zu informieren oder auf Bedarfe für ein Kind hinzuweisen.

> Literaturtipp
> **www.fruehfoerderstellen.de** Hilfe bei der Vernetzung von Angeboten zur Frühförderung von Kindern, die von Behinderung bedroht sind

> Ebenfalls von Interesse
> Zusammenarbeit im Bereich …
> Heimerziehung: s. **Lernfeld 2**, Kapitel 1
> Supervision: s. **Lernfeld 2**, Kapitel 3.10
> Erlebnispädagogik: s. **Lernfeld 2**, Kapitel 4.6
> Sprachförderung: s. **Lernfeld 3**, Kapitel 10

Aufgabe

1. Suchen Sie das Gespräch mit Ihrer Anleiterin und finden Sie gemeinsam heraus, welche Aufgaben mit den Ihnen anvertrauten Kindern in andere Hände als die von Erzieherinnen gehören.
2. Mit welchen Einrichtungen arbeitet Ihre Praxisstätte zusammen? Welche weiteren Angebote gibt es im Einzugsgebiet der Praxisstätte?

9.2 Partizipation mit Grundschulen – zum Bildungsauftrag von Kindertagesstätten

Ineinandergreifen

Seit einiger Zeit kann man davon sprechen, dass Kindertagesstätten als Bildungseinrichtungen ernst genommen werden und dass auch sehr jungen Kindern lange vor der Schulzeit ein Anrecht auf Bildung und damit Teilhabe an gesellschaftlich verankertem Wissen zugestanden wird. Einen eigenständigen Bildungsauftrag für Kindertagesstätten gibt es in Deutschland im Kinder- und Jugendhilfegesetz (SGB VIII) erst seit 1991.

Mittlerweile haben alle Bundesländer Bildungsempfehlungen oder offene Bildungspläne für den Kindertagesstättenbereich herausgegeben. Seitdem ist mit der Anerkennung der Kindertagesstätten als Bildungseinrichtungen für die frühe Kindheit der Anspruch an alle Erziehungskräfte hinzugekommen, dass sie sich in den Kindergruppen um Bildungsprozesse bemühen sollen.

> Literaturtipp
> Bildungspläne für Tageseinrichtungen für Kinder (eine Übersicht der Länderpläne unter: www.bildungsserver.de, Suchbegriffe „Bildungspläne der Bundesländer für frühe Bildung in Kindertageseinrichtungen")

So gehen beinahe alle Bildungspläne für Kindertagesstätten davon aus, dass Bildung nicht von außen machbar oder verfügbar ist, aber durch didaktische Inszenierungen gefördert werden kann. Der Auftrag der Erziehungskräfte besteht darin, die lernmethodischen Kompetenzen der Kinder zu erkennen und ihnen Strukturen zu deren Weiterentwicklung anzubieten. Sie sollen an die Erfahrungen der Kinder anknüpfen und ihr forschend handlungsbezogenes und ganzheitliches Lernen begleiten. Damit fördern sie die Entwicklung der Kinder.

„Leitlinie der Bildungsarbeit ist immer das lebenskompetente Kind mit

- dem Wissen
  (nicht nur schulisch unmittelbar relevantem, sondern breitem Wissen in Bezug auf die verschiedensten sachlichen und sozialen Zusammenhänge, einschließlich der Fähigkeit, sich selbstständig Wissen zu beschaffen, Informationen zu bewerten und auszuwählen),
- den Kompetenzen
  (z. B. in den Bereichen Motorik, Wahrnehmungs- und Ausdrucksfähigkeit, logisch-mathematische sowie technische Kompetenzen, psychosoziale Kompetenzen wie Kooperations-, Partizipations- und Mediationsfähigkeit),
- den Dispositionen
  (z. B. der Bereitschaft, sich auf neue Erfahrungen einzulassen und sich neuen Herausforderungen zu stellen, Kreativität, die Fähigkeit und Bereitschaft, sich

realistische Ziele zu setzen und beharrlich zu verfolgen, der Bereitschaft, aus Erfahrung zu lernen) und

- **den Einstellungen**
  (positives Selbstbild, Selbstvertrauen, prosoziale Einstellung),

die es ihm ermöglichen werden, sein Leben ,in die eigenen Hände' zu nehmen und im Rahmen seines Entwicklungsstandes handlungsfähig und sozial verantwortlich zu gestalten." (Strätz, 2003)

Ein Kind ist stets auch damit beschäftigt, sich auf künftige Lebens- und Lernabschnitte vorzubereiten. Der nächste Abschnitt seines Bildungswegs ist für ein Kind im Elementaralter ganz klar die Grundschule. Die Zusammenarbeit von Kindertagesstätten und Grundschulen muss in Deutschland immer wieder bewusst gewollt und organisiert werden. Dabei müssen die Beteiligten berücksichtigen, dass beide Einrichtungen verschiedenen Systemen angehören und durch unterschiedliche gesetzliche Grundlagen geregelt werden.

Die handelnden professionellen Kräfte – Erzieherinnen und Grundschullehrkräfte - haben einen unterschiedlichen beruflichen Status. Damit ihre Zusammenarbeit zugunsten der Kinder als gute Kooperation gelingen kann, muss zunächst gesichert werden, dass sich die Mitarbeiterinnen beider Einrichtungen auf gleicher Augenhöhe treffen.

Offene Arbeit in Kita und Grundschule

In den letzten Jahren hat es mit der Entwicklung der offenen Unterrichtsarbeit in der Grundschule und der Etablierung der offenen Arbeit und des **Situationsansatzes** im Bereich der Kindertagesstätten eine weitgehende Annäherung in Bezug auf die pädagogischen und didaktischen Grundüberzeugungen gegeben. Trotzdem sind Kindertagesstätte und Grundschule 2 unterschiedliche Institutionen. Deshalb muss ein für Eltern und Kinder sichtbarer Übergang von beiden Seiten – der Schule und der Kindertagesstätte – gestaltet werden.

Für die Kinder bedeutet der Übergang eine grundlegende Neuorientierung und Veränderung des bestehenden Selbstbilds: Waren sie bisher die „Großen" in der Gruppe in der Kindertagesstätte, so sind sie jetzt die „Kleinsten" in der Schule. Sie müssen sich neue Rollenmuster aneignen und erleben Phasen von Verunsicherung. Das kann ihrer persönlichen Entwicklung einen fördernden Schub versetzen, sie aber auch zeitweilig in eine Krise führen.

Grundschule

Kindertagesstätte

Den Übergang gestalten

Übergänge im Kindesalter sind von zentraler Bedeutung für die zukünftige Entwicklung des Kindes. Durch ihre positive Bewältigung erwirbt das Kind grundlegende Kompetenzen für sein zukünftiges Leben. Krisenhafte Entwicklungen im Rahmen der Übergangssituation können dagegen die kindliche Entwicklung für längere Zeit blockieren (vgl. Wilde, 2005).

Um die Zusammenarbeit von Kindertagesstätte und Grundschule etwas näher zu beleuchten, muss der bildungspolitische Kontext betrachtet werden. Die Ergebnisse der PISA-Studien in den letzten Jahren haben auch Einfluss auf das Miteinander von Grundschule und Kindertagesstätte. Es stehen 2 Systeme nebeneinander, die in ihrem Verständnis von Bildung, Lernprozessen und institutionellen Rahmenbedingungen scharf unterschieden sind. Der Übergang der Kinder von einem zum anderen System hat fast den Charakter eines Initiationsritus, der durch das Wort *Einschulung* entsprechend markiert ist. Eine Zusammenarbeit beider Systeme findet noch zu wenig statt, meist ausgehend von Kindertagesstätte und Hort. Maßgeblich dafür ist das genannte unterschiedliche Verständnis.
Auch die Organisation von Lernprozessen ist in der Kindertagesstätte deutlich informeller, um der Individualität von Lerntypen und Lernstilen entgegenzukommen.
Für Kinder im Übergang zur Grundschule kann es so zu Brüchen kommen, die einerseits als Herausforderung zur Bewältigung dieser Übergangssituationen zu sehen sind, aber auch Überforderung und Rückschlag für die intellektuelle Entwicklung darstellen können.

Der Entwicklungspsychologe Urie Bronfenbrenner sieht dann eine Lösung des Konflikts, wenn verstärkt auf die Übergänge zwischen den beiden Systemen gesehen wird. Diese könnten gelingen, wenn die **Rollenanforderungen** vereinbar und **Ziele besser abgestimmt** im Sinne des sich entwickelnden Kindes sind. Hierzu sollten Verbindungen zwischen beiden Systemen entstehen, die bis in die Lebensbereiche des Kindes wirken und ihm bessere Orientierung und Vertrauen für den Übergang zur Grundschule ermöglichen.
Lösungen sind schwierig, wenn an herkömmlichen Definitionen von Bildung, Schulfähigkeit, Einschulung und Lernmethoden festgehalten wird. Bei aller institutionellen Unbeweglichkeit tragen einige Modellversuche zu langsamer Veränderung bei. Die Kindertageseinrichtungen sind aufgefordert, sich mit Bildungsbereichen auseinanderzusetzen und sich als Bildungseinrichtung für die Kinder zu verstehen.

Der Übergang wird jenen Kindern erleichtert, die ein stabiles **Selbstwertgefühl** und das Bewusstsein haben, selbst etwas bewirken zu können (s. auch **Resilienz**). Sie bewältigen die Situation in der Regel gut, wenn sie das Bewusstsein haben, dafür kompetent und gerüstet zu sein. Sie müssen den Wunsch haben, in die neue Lebenssituation einzutreten, und über Rückhalt, Unterstützung und Begleitung durch das soziale Umfeld und vertraute Bezugspersonen verfügen können. Je weniger diese Bedingungen gegeben sind, desto schwerer ist es, den betreffenden Übergang produktiv zu bewältigen.

Hinsichtlich des Übergangs von der Kindertagesstätte in die Grundschule stellen sich 2 Aufgaben:
- Der Kindertagesstätte kommt die Aufgabe zu, Kindern solche Erfahrungen zu ermöglichen, die ihnen eine gute Ausgangsbasis für die Bewältigung des Übergangs ermöglichen.
- Kindertagesstätte und Grundschule sollen gemeinsam dafür sorgen, dass die Kinder beim Übergang in die Grundschule begleitet und unterstützt werden. Diese Begleitung ist vor allem dann notwendig, wenn Kinder besonders ängstlich oder zum Zeitpunkt des Übergangs zusätzlichen Belastungen ausgesetzt sind.

Die Zusammenarbeit ritualisieren

Als Hilfe für die Erzieherinnen werden in allen Bildungsplänen der Länder Anregungen für eine gute Zusammenarbeit mit der Grundschule gegeben und das aktive Bemühen darum wird zur Verpflichtung gemacht.
Schritte zur Lösung und damit zur Erleichterung des Übergangs für das Kind sind zu finden, wenn Schulfähigkeit nicht mehr als personenbezogenes Einschulungskriterium, sondern als Ziel betrachtet wird, an dessen Erreichung alle an der Erziehung und Bildung des Kindes beteiligten Personen mitwirken.
Dann kann Bildung auch nicht mehr nur stoffbezogen verstanden werden, sondern muss ein *kompetenzorientierter Bildungsbegriff* sein, den es mit unterschiedlichsten Lernmethoden und individualisierten Lernprozessen umzusetzen gilt. Zudem ist es erforderlich, eine

diagnostische Kompetenz zu entwickeln, die die Bildungsnotwendigkeiten des Kindes besser erkennen lässt. Nicht zuletzt ist eine Stärkung der Elternrolle in diesem Prozess zu nennen.

Vor diesem Hintergrund soll die Zusammenarbeit beider Systeme ritualisiert werden und nicht als ein Zwang, sondern als eine gegenseitige Unterstützung verstanden werden. Daraus folgernd kann dann eine Zusammenarbeit vor Ort entstehen.

Nach Knauf/Schubert (2005) könnte eine Zusammenarbeit folgende Kriterien umsetzen:

- Schul- und Jugendhilfeträger formulieren auf kommunaler Ebene Leitbilder für eine gemeinsame Entwicklungsförderung jüngerer Kinder durch Familie, Kindertagesstätte und Schule.
- Kindertageseinrichtungen, Grundschule und Elternvertreter entwickeln Kontrakte für einen formalen Rahmen und eine inhaltliche Gestaltung von wechselseitiger Kommunikation und Kooperation.
- In Kindertageseinrichtung und Grundschule werden regelmäßig Räume, personelle und sächliche Ressourcen entsprechend den Vereinbarungen wechselseitig zur Verfügung gestellt. Die hierdurch konzentrierten Erfahrungen können für entwicklungsfördernde Aktivitäten der Kinder genutzt werden.
- Die pädagogisch dysfunktionalen Grenzen zwischen Überzeugungen, Haltungen und professionellen Praktiken von Erzieherinnen und Grundschullehrkräften werden durch gemeinsame Planung und Gestaltung pädagogischer Situationen abgebaut.
- In Kindertageseinrichtung und Grundschule werden die Instrumente pädagogischer Diagnostik aufeinander abgestimmt, gemeinsam ausgewertet und als Grundlage für die individuelle und gemeinsame Förderung der Kinder in der Schuleingangsphase verwendet.
- Die Erziehungspartnerschaft zwischen Eltern, Erzieherinnen und Grundschullehrkräften wird intensiviert und durch informative, beratende und partizipative Elemente gestärkt.

Damit werden die schulischen Lernvoraussetzungen gestärkt und bei den Kindern wird die Fremdheit vor dem neuen System Schule abgebaut. Eine verbesserte, aufeinander abgestimmte Diagnostik in Kindertagesstätte und Schule ermöglicht eine individuelle Einschulung und bessere Förderung.

Literaturtipp

http://bildung.luebeck.de/bildungsmodelle/schule-kita.html Modellprojekt in Lübeck zum Übergang von Kita in die Grundschule

Ebenfalls von Interesse

Mehr zu Übergängen im Leben von Kindern und Jugendlichen im Entwicklungsverlauf: s. **Lernfeld 5**, Kapitel 10

Gute Netzwerke sind dadurch gekennzeichnet, dass alle Beteiligten – auch die Kinder und die Sorgeberechtigten – selbstverständlich partizipativ beteiligt sind.

Zur Partizipation von Kindern und Jugendlichen: s. **Lernfeld 2**, Kapitel 7

Zur Partizipation von Eltern und Sorgeberechtigten: s. **Lernfeld 5**

Bindungsmuster sind von Relevanz bei jeder Art von Transition, gute Bindungen erleichtern das Wechseln. Mehr zu Bindung: s. **Lernfeld 4**, Kapitel 5.1

Zur Abstimmung zwischen Kita und Schule kann auch die Qualitätsentwicklung beitragen: s. oben in diesem Lernfeld, Kapitel 3 f. Dort wird beispielhaft beschrieben, wie die Erarbeitung eines umfassenden Ziels innerhalb des Team geleistet werden kann.

Supervision, Hilfe im Team: s. **Lernfeld 2**, Kapitel 3.10

Aufgabe

1. Informieren Sie sich, welche Grundschulen im Bereich der Kindertagesstätte liegen, in der Sie Ihr Praktikum absolvieren.
2. Klären Sie, welche Formen der Zusammenarbeit zwischen beiden Institutionen existieren.
3. Überlegen Sie in einer Arbeitsgruppe Ihrer Klasse, welche weiteren Hilfen die Vorschulkinder Ihrer Einrichtungen benötigen, um einen guten Übergang zur Grundschule zu erhalten. Bedenken Sie dabei mögliche Formen der Zusammenarbeit mit der Schule.

Weitere Lernsituationen

Lernsituation A

Der Träger einer sozialpädagogischen Einrichtung mit einer Kindertagesstätte und einem Hort möchte nach der Sommerpause zusätzlich eine Kinderkrippe in sein Angebot aufnehmen. Er bittet die Leitung der Einrichtung, dafür die Konzeption der Einrichtung entsprechend neu zu gestalten. Die Leiterin möchte die angestrebte Erweiterung nicht nur mit der zuständigen Gruppenleiterin erörtern, sondern im Team.

Die Erzieherinnen und Erzieher, die Eltern und externe Partner sind bereit, sich gemeinsam auf die neue Aufgabe vorzubereiten und damit auch die bisherige Konzeption der Einrichtung zu überdenken. Sie schlagen vor, umfassend den Ist-Zustand zu analysieren, die pädagogischen Stärken der Einrichtung in einer neuen Konzeption festzulegen und darauf ein einrichtungsspezifisches überzeugendes Qualitätsentwicklungskonzept aufzubauen.

Der derzeitige Schwerpunkt der Einrichtung liegt auf der Entwicklung der Motorik. Die Räume und die Ausstattung dafür wurden über Jahre hinweg entsprechend aufgebaut. Weiterbildungen für die pädagogischen Fachkräfte wurden angeboten und genutzt.

Aufgabe

Beschreiben Sie die Handlungswege gemäß der Abfolge „Durchspielen einer vollständigen Handlung" (s. Kapitel 6) mit den Schritten Analysieren, Planen, Durchführen, Reflektieren und Bewerten, Dokumentieren und Präsentieren. Leitende Fragen für eine erste Analyse können sein:

- Welche Einrichtungskonzeption besteht?
- Welche Ziele und Normen sind in der Einrichtung handlungsleitend? Welche Auffassungen haben die Erzieherinnen zur pädagogischen Qualität ihrer Einrichtung?
- Wie werden die pädagogischen Ziele und Vorstellungen umgesetzt?
- Welche internen Informations- und Beteiligungsprozesse laufen wie ab?
- Wer ist wofür verantwortlich und auf welcher Basis?
- Gibt es externe Partner?
- Welche Evaluationsstrategien bestehen und wie werden sie umgesetzt?
- In welcher Form und mit welchem Ziel findet Fortbildung statt?
- Liegen Dokumentationen über definierte Zeiträume aus der Vergangenheit vor?
- Wie sieht die Werbestrategie für die Einrichtung aus?

Lernsituation B

Eine sozialpädagogische Einrichtung möchte dem Wunsch der Grundschule nachkommen, ihre Kinder sprachlich und motorisch besser vorzubereiten. Zwar gibt es ein entsprechendes Konzept der Einrichtung, es mangelt aber an ausreichendem Raum und zum Teil an Fachkräften. Daher wird sie dieses Vorhaben nicht allein meistern können und sieht sich nach Netzwerkpartnern in der näheren Umgebung um. Dabei erfährt sie, dass der ortsnahe Sportverein sich eine Zusammenarbeit vorstellen kann, zumal die Sporthalle an einem Tag der Woche vormittags noch Kapazitäten frei hat. Auch die Musikschule steht dem Vorhaben grundsätzlich positiv gegenüber. Wünschenswert wäre es, noch ehrenamtliche Personen zu finden, die für kleine Gruppen in der sozialpädagogischen Einrichtung selbst im Sinne von Literacy Angebote machen.

Aufgabe

Beschreiben Sie diese Situation gemäß Kapitel 6 „Durchspielen einer vollständigen Handlung".

Anregungen zur Selbstreflexion

A

1. Beginnen Sie, ein **Ausbildungstagebuch** zu führen. Tragen Sie an jedem Praxistag ein,
   - wie Sie sich fühlen;
   - welche Beobachtungen, Wahrnehmungen, Gefühle Sie im Zusammenhang mit den Kindern gemacht haben;
   - welche Beobachtungen, Wahrnehmungen, Gefühle Sie im Zusammenhang mit Eltern und mit Ihren Kolleginnen gemacht haben;
   - welches Verhalten von Ihnen selbst Sie als gelungen empfanden, welches Sie kritisch beurteilen.
2. Nehmen Sie sich nun von Zeit zu Zeit (alle 2 Wochen oder vor jedem Anleitungsgespräch) die festgestellten Gefühle, Beobachtungen und Wahrnehmungen vor, die Ihnen besonders wichtig sind,

und teilen Sie diese in Ich-Botschaften mit: entweder für sich selbst in schriftlicher Form oder/und später im Anleitungsgespräch.

3. Nehmen Sie sich von Zeit zu Zeit Ihr eigenes Verhalten vor und erteilen Sie sich selbst ein ausgewogenes Feedback. Bedenken Sie dabei alle Regeln und achten Sie darauf, dass Sie sowohl die positive als auch die veränderungswürdige Seite bedenken.

B

Für Ihre Selbstreflexion des Lernerfolgs sind die **Dokumentation** Ihrer jeweils angestrebten Lernziele, die Umsetzung der geplanten Ziele in konkretes Lernhandeln, die Reflexion über die gewählten Ziele und das dazu eingeschlagene Handeln Voraussetzung.
Die Ergebnisse der Selbsteinschätzung können gut in einem **Lerntagebuch** festgehalten werden. Es empfiehlt sich, die Lernleistung jeweils eines kurzen Lernabschnitts zu protokollieren, um die Ergebnisse in regelmäßigen Zeitabständen bewerten zu können. Mittel- und langfristig kann durch diese Form der Dokumentation ein Wechsel von der extrinsischen zur intrinsischen Belohnung erreicht werden. Lehrkräfte, sofern sie die Lerntagebücher regelmäßig auswerten dürfen, können Einblicke in Ihr Lern- und Arbeitsverhalten bekommen und dadurch gezielter Anregungen zum effektiven Lernen geben.

Die Führung eines Lerntagebuchs ist Teil Ihrer selbstständigen Tätigkeit. Es fördert die konzentrierte Mitarbeit im Unterricht. Indem Sie kontinuierlich Ihren Lernfortschritt festhalten, gelingt die Vorbereitung auf Prüfungen angstfreier und selbstbewusster. Die ständige Selbstreflexion des eigenen Lernverhaltens trägt gezielt zu dessen Weiterentwicklung bei. Auch Fragen an die Lehrkräfte und Vorschläge zur Gestaltung des Unterrichts werden von Ihnen durchdachter eingebracht werden können.
Hilfreich für Ihre Strukturierung der Protokollabschnitte sind folgende **Leitfragen**:

Name der Einrichtung ____________________ Ihr Name ____________________

Dokumentationszeitraum ____________________

Kinder-/Jugendlichengruppe ____________________ Zahl, Alter, Geschlecht ____________________

Zusammenfassung der Ergebnisse

Vorgehen

Hatte ich eine eigene Lernstrategie?
Hatte ich bestimmte persönliche Lernziele?
Welches waren meine Arbeitsschritte für den Lernabschnitt?

1. ____________________

2. ____________________

3. (usw.)

Habe ich jeweils den Zeitplan eingehalten?
Welche Schritte sind mir leichtgefallen?
Welche Schritte sind mir besonders gelungen?
Bei welchen Schritten hatte ich Schwierigkeiten?
Welche Fehler habe ich gemacht?
Wie bin ich mit meinen Fehlern umgegangen?
Was förderte mich beim Lernen?
Erhielt ich Unterstützung? Von wem?
Was hinderte mich am Lernen?

Meine Lernerfolge

z. B.:
Ich berücksichtige stärker als früher die Beiträge anderer.
Ich arbeite besser bei der Planung der Gruppenarbeit mit.
Ich achte mehr auf eine ausreichende Mitarbeit in der Gruppe.

Meine Überlegungen und Planungen für die künftige Arbeit

z. B.:
Ich muss noch besser auf die Arbeitsanweisungen achten.
Ich lasse mich noch zu schnell ablenken, wenn ich ohne Beaufsichtigung arbeite; das muss besser werden.
Ich möchte eine Projektaufgabe übernehmen und sie selbstständig fertigstellen.
Ich möchte selbstständig eine Präsentation meiner Dokumentationsergebnisse durchführen.

Glossar

Administration: Verwaltung

Akkomodation: Anpassung. Die Anpassung von Denk- und Handlungsstrukturen (Schemata) an die Umwelt/Realität (Piaget).

Ambiguitätstoleranz: Die Fähigkeit, Ungereimtheiten, Unterschiede und Widersprüche ertragen zu können.

Anthropologie: Wissenschaft vom Menschen und seiner Entwicklung in natur- und geisteswissenschaftlicher Hinsicht.

Antisemitismus: Die Feindseligkeit gegenüber Menschen mit jüdischer Abstammung.

antizipiert: vorgedacht

Äquilibration: Der Zustand des inneren Gleichgewichts einer Person, der durch das Zusammenwirken von Assimilation und Akkomodation entsteht (Piaget).

Assimilation: Angleichung. Die Einordnung von neuen Erfahrungen in schon bestehende Denk- und Handlungsstrukturen (Schemata; Piaget).

Audit: Die kritische Überprüfung von Sachverhalten durch Personen, die außerhalb des geprüften Bereichs stehen. Die Prüfung erstreckt sich auf das gesamte Geschehen in der Einrichtung einschließlich der dazu angefertigten Aufzeichnungen und auf deren Ordnungsmäßigkeit, Zweckmäßigkeit und Richtigkeit.

Ausbildung der Erzieherinnen und Erzieher: „Ziel der Ausbildung ist die Befähigung, Erziehungs-, Bildungs- und Betreuungsaufgaben zu übernehmen und in allen sozialpädagogischen Bereichen als Erzieher oder Erzieherin selbstständig und eigenverantwortlich tätig zu sein" (Rahmenvereinbarung über Fachschulen, Teil II).

Authentizität: Echtheit, Glaubwürdigkeit

autistisch: Mit schweren Verhaltens- und Kommunikationsstörungen behaftet, extrem selbstbezogen.

autoaggressiv: Aggressiv gegen sich selbst

autoritär: Unterdrückerisch, absoluten Gehorsam verlangend

Autorität: Autorität zu haben bedeutet, echtes Ansehen zu genießen. Beachte: Das Adjektiv zu „Autorität" ist „autoritativ", das bedeutet „maßgebend, entscheidend" (nicht „autoritär", was „diktatorisch" bedeutet). Das Nomen zu „autoritär" ist Autoritarismus (absoluter Autoritätsanspruch).

Benchmarking: Ein Managementverfahren, mit dem eine kontinuierliche Qualitätsentwicklung durch den systematischen Vergleich der eigenen Leistungen/Prozesse mit denen in vergleichbaren Einrichtungen sichergestellt werden soll. Ziel ist es, von den besten Ideen und Lösungen zu lernen.

Beobachtungsbericht: Ein meist frei formulierter, nach vereinbarten Kriterien angefertigter Bericht über eine Verhaltensbeobachtung (eines Kindes/Jugendlichen).

Beobachtungsverfahren: Ein Untersuchungsinstrument. Hierzu werden Verhaltensbeobachtungen angefertigt, weiterbearbeitet und in einen sinnvollen Kontext eingeordnet. Je nach pädagogischer Fragestellung wird ein passendes Verfahren gewählt. Es liegen unterschiedliche wissenschaftlich abgesicherte und erprobte Verfahren vor.

berufliches Wissen: Verbindet die Kenntnis von Fakten, Grundsätzen und Theorien mit Praxiswissen, insbesondere dem Wissen um Verfahrens- und Vorgehensmöglichkeiten, in einem arbeitsmarktrelevanten Tätigkeitsfeld.

Berufsfachschulen: „Die Berufsfachschulen (in Baden-Württemberg auch Berufskollegs) haben das Ziel, Schülern und Schülerinnen Grundlagen für den Erwerb beruflicher Handlungsfähigkeit zu vermitteln und zu vertiefen, ihnen berufliche Grundqualifikationen für einen oder mehrere anerkannte Ausbildungsberufe zu vermitteln oder sie zu einem Berufsausbildungsabschluss in einem Beruf zu führen. Sie erweitern die vorher erworbene allgemeine Bildung und können einen darüber hinausgehenden Schulabschluss vermitteln." (Rahmenvereinbarung über die Berufsfachschulen 2013)

Berufsvorbereitungsjahr (BVJ): Ein Bildungsgang an der Berufsschule für Schüler/Schülerinnen mit und ohne Hauptschulabschluss. Im BVJ (auch: Berufseinstiegsjahr, BEJ) werden die Schülerinnen und Schüler auf die Arbeitswelt vorbereitet. Z. T. besteht die Option auf einen Hauptschulabschluss.

Beziehungsdynamik: Die Entwicklung in der Kommunikation einer Beziehung.

Bindung: Bedeutet nicht den Gegensatz zu Autonomie und Selbstständigkeit, sondern ein „Basis-füreinander-Sein" (L. Krappmann) im Sinn eines Füreinander-da-Seins, wenn man einander braucht. Bindung bedeutet die Unterstützung von Autonomie und Erkundung im Rahmen einer sicherheitsspendenden Beziehung. Bindungstheorie: J. Piaget/M. Ainsworth.

biografisch: Die Lebensgeschichte eines Menschen betreffend.

Controlling: Die zielorientierte Koordination von Aktivitäten zur Leistungserfassung.

Corporate Identity: (Engl., „Unternehmensidentität") Darunter versteht man die „Persönlichkeit" bzw. den „Charakter" einer Organisation, die als Akteur mit quasi menschlichen Eigenschaften handelt und darüber ihre Identität bzw. ihr Erscheinungsbild prägt.

Curriculum: Der Rahmenplan eines Lehrprozesses, der die Lehrziele, Lehrinhalte, Lernprozesse und Lernorganisation beinhaltet. Dies geht über den alltagssprachlichen Gebrauch von „Lehrplan" weit hinaus.

defizitär: Mit Defiziten behaftet, mangelhaft

Didaktik: Die Lehre vom Lehren und Lernen. Im engeren Sinne die Theorie der Bildungsinhalte.

Diversität: Vielfalt

Effektivität: Überprüft, ob die angestrebten Ziele angemessen umgesetzt und die gewünschten Ergebnisse erreicht werden.

Effizienz: Überprüft das Verhältnis von Aufwand und Erfolg. Sie bringt den Grad der Zielerreichung und den Wirkungsgrad der Leistungen (Effektivität) in ein Verhältnis zur Höhe der aufgewendeten Kosten.

Eingewöhnungsmodelle: Konzepte, nach denen Kinder in Einrichtungen eingewöhnt werden. Beispiele: Berliner, Münchner Eingewöhnungsmodell.

Eingliederungshilfen: Werden angeboten, wenn Kinder bei unangepasstem Verhalten (Wut, Respektlosigkeit, Regelübertretung) Unterstützung benötigen, um wieder mit anderen in Kontakt zu kommen. Dies können sein Zureden, freundliche Gesten, Vorschläge zur Weiterarbeit u. a.

emotional: Das Gefühlsleben eines Menschen betreffend.

emotionale Kompetenz: Beinhaltet die Fertigkeiten, mit eigenen/fremden Gefühlen angemessen umzugehen, als auch die Fähigkeit zur Selbstwirksamkeit. Damit einher geht die Fähigkeit, Emotionen in Worte zu fassen und sie zu regulieren.

Empathiefähigkeit: (Empathie: Einfühlung) Eine Grundkompetenz im sozialpädagogischen Berufsfeld. Sie bezeichnet die Fähigkeit, sich in die Gedanken- und Gefühlswelt eines Kindes/Jugendlichen hineinversetzen und sie von eigenen Gefühlen abgrenzen zu können.

Empfindungen: Das Ergebnis aufgenommener und verarbeiteter Sinnesreize. Beispiel: Der Eindruck von Wärme oder Kälte, der über Rezeptoren in der Haut geliefert wird.

Engagiertheit: Nach dem von Laevers entwickelten Beobachtungskonzept für Kindertagesstätten. Engagiertheit bezeichnet ein Maß für die Stärke der inneren Beteiligung und Freude, mit der ein Kind einer Tätigkeit nachgeht. Es liegen Kriterien für die Stärke nach einer fünfstufigen Skala vor.

Entwicklungsaufgaben: Abfolge von Bewältigungsaufgaben in der sozialen und psychischen Entwicklung und Reifung im Lebenslauf einer Person. Führt zu Veränderungen des Denkens und Handelns. Von R.J. Havighurst geprägter Begriff.

Entwicklungsbedürfnis: Konstruktivistisch beeinflusste pädagogische und entwicklungspsychologische Konzepte gehen von einem menschlichen Grundbedürfnis nach Lernen und Wachstum aus. Kinder signalisieren demnach über ihr Handeln u.a. ihre Bedürfnisse nach Entwicklung.

Entwicklungsbereich: Der abgrenzbare Teil des kindlichen Handlungsspektrums (z. B. Motorik, Sprachverhalten, soziale, emotionale Entwicklung), in dem sich seine Entwicklung beobachten lässt.

Entwicklungsgefährdung: Die Umstände, die ein Kind daran hindern, sich seinem Alter gemäß weiterzuentwickeln. Das können neben chronischen Krankheiten vor allem die Lebensbedingungen sein, unter denen es aufwächst (z. B. soziale und ökonomische Armut, insuffiziente Bezugspersonen).

ergebnisoffen: Eine bewusste Haltung bei pädagogischen Aktionen und Beobachtungen, bei der die sozialpädagogische Kraft sich entscheidet, einen sozialen Prozess zuzulassen und erst spät oder gar nicht einzugreifen. Sie dient dem möglichst vorurteilsfreien Erkenntnisgewinn.

Erleben: Alle inneren Prozesse (Gedanken und Gefühle), der Gegensatz zum „Verhalten".

Erziehungs- und Bildungspartnerschaft: Sorgeberechtigte und pädagogische Fachkräfte arbeiten zum Wohl der Kinder und Jugendlichen zusammen. In dieser Partnerschaft soll ein Verständnis der dialogischen Zusammenarbeit herrschen, in dem jeder um seine Kompetenzen und Möglichkeiten weiß.

Erziehungsmittel: Alle bewussten Handlungen, die Erziehende einsetzen, um auf die zu Erziehenden einzuwirken.

Evaluation: Das systematische Sammeln und Analysieren von Daten und Informationen, um begründete Bewertungen vornehmen zu können. Evaluation ist also ein systematischer Prozess, der auf Dauer angelegt ist und in den die Perspektiven aller Beteiligten einfließen. Er dient nicht dazu, anzuprangern, sondern Schlussfolgerungen zu erreichen, die der Verbesserung/Weiterentwicklung zugute kommen.

explizit: Ausdrücklich, nachdrücklich, deutlich

explorativ: Erkundend, erforschend

Fachkompetenz: Umfasst Wissen und Fertigkeiten. Sie ist die Fähigkeit und Bereitschaft, Aufgaben- und Problemstellungen selbstständig, fachlich angemessen, methodengeleitet zu bearbeiten und das Ergebnis zu beurteilen.

Fachschulen: Einrichtungen der beruflichen Weiterbildung. Die Bildungsgänge in den Fachbereichen schließen an eine berufliche Erstausbildung und an Berufserfahrungen an. Fachschulen qualifizieren für die Übernahme von Führungsaufgaben und fördern die Bereitschaft zur beruflichen Selbstständigkeit (Rahmenvereinbarung Fachschulen 2018). In Bayern: Fachakademien.

Fähigkeiten: Umfassen angeborene Bedingungen, eine gewisse Variationsbreite für Anreize der Umwelt sowie solche Bedingungen, die auf Lernprozesse zurückgehen.

Fertigkeiten: Bezeichnen die Fähigkeit, Wissen anzuwenden und Kenntnisse einzusetzen, um Aufgaben auszuführen und Probleme zu lösen.

formell: Bestimmte offizielle Regeln einhaltend.

Fremdevaluation: Hierbei wird die Innenansicht der Einrichtung durch eine Bewertung von außen ergänzt. Träger der Evaluationsmaßnahme sind beauftragte Personen, Unternehmen oder Behörden.

Frustrationstoleranz: Die Fähigkeit, mit Enttäuschungen in sozialverträglicher Art und Weise umzugehen bzw. sie zu verkraften.

Gender Mainstreaming: Bedeutet, bei allen gesellschaftlichen Vorhaben die unterschiedlichen Lebenssituationen und Interessen von Frauen und Männern von vornherein und regelmäßig zu berücksichtigen, da es keine geschlechtsneutrale Wirklichkeit gibt.

Gender: Soziales oder psychologisches Geschlecht im Unterschied zum biologischen Geschlecht. Geschlechtsrolle, soziale und kulturelle Geschlechtsmerkmale, Geschlechtsidentität.

Generalisierung: Die menschliche Gewohnheit, eine Erfahrung oder die Bewertung einer Situation auf andere ähnliche Situationen/Verhaltensweisen zu übertragen. Sie dient neurologisch der schnelleren Orientierung, kann aber in die Falle von Vorurteilen oder Stereotypen leiten.

Genese: Entstehung, Entwicklung

Geschlechtsidentität: Bezeichnet den Umstand, dass ein Mensch in der Lage ist, sich einem Geschlecht zuzuordnen. Dieses Empfinden ist sozial konstruiert, da Kinder von ihrem sozialen Umfeld in ihrer G. direkt oder indirekt bestärkt werden.

Gestaltbildung: Die speziell menschliche Fähigkeit, unterschiedliche Wahrnehmungen zu einem sinnvollen Ganzen zusammenzufügen.

Grobmotorik, Feinmotorik: Grobmotorik meint die Bewegungen von Kopf, Schultern, Rumpf, Becken, Armen und Beinen. Feinmotorik meint die Bewegungen von Fingern, Zehen und Gesicht.

Halo-Effekt: (Engl. Halo: Heiligenschein) Ein Beobachtungsfehler. Eine Eigenschaft eines Menschen „überstrahlt" andere Eigenschaften, die dann in der Beobachtung nicht mehr richtig wahrgenommen werden.

Handlungsfelder: Orientieren sich an berufsbezogenen Aufgabenstellungen innerhalb zusammengehöriger Arbeits- und Geschäftsprozesse. Sie verknüpfen berufliche, gesellschaftliche und individuelle Anforderungen.

Handlungskompetenz: Die Bereitschaft und Befähigung des Einzelnen, sich in beruflichen, gesellschaftlichen und privaten Situationen sachgerecht durchdacht sowie individuell und sozial verantwortlich zu verhalten. Handlungskompetenz entfaltet sich in den Dimensionen Fachkompetenz, Selbstkompetenz, Methodenkompetenz und Sozialkompetenz.

Handlungsorientierter Unterricht: Ein didaktisches Konzept, das fach- und handlungssystematische Strukturen miteinander verschränkt.

Heilpädagogik: Ein Bereich der Pädagogik, der sich sowohl theoretisch als auch praktisch mit der Erziehung und Ausbildung körperlich und/oder emotional bzw. geistig beeinträchtigter Kinder befasst.

Heimerziehung (stationäre Jugendhilfe): Im Kinder- und Jugendhilfegesetz geregelte Form der Hilfe der Erziehung mit stationärer Unterbringung in einer Einrichtung.

Hilfe zur Erziehung: Die Leistungen der Jugendhilfe für Familien mit Kindern/Jugendlichen.

Hilfeplan: Er dient in der Kinder- und Jugendhilfe dazu, eine geeignete Erziehungshilfe für Kinder, Jugendliche und Familien zu regeln. Auch in der Behindertenhilfe ein festes Instrument.

Hirnreifungsprozesse: Die zunehmende Stärkung der Verbindungen zwischen Bereichen des Gehirns und einzelnen Nervenzellen des Gehirns.

Humankompetenz: s. Selbstkompetenz

Hypothese: Eine unbewiesene Annahme

Ich-Kompetenz: Die in einigen pädagogischen Veröffentlichungen verwendete Bezeichnung für Selbst-/Humankompetenz.

Identitätsbildung: Besonders in der Jugendphase besteht die Aufgabe, eine Ich-Identität (ein Selbst-Bewusstsein) zu entwickeln, weil die Identitätsbildung ein lebenslanger Prozess ist. Dies geschieht in einem Spannungsfeld von Individuation und Integration, Loslösung und Zugehörigkeit.

implementieren: Einbinden

implizit: Inbegriffen, mit einbegriffen, mitgemeint

implizite Persönlichkeitstheorien: Unausgesprochene und häufig nicht bewusste Annahmen über die Persönlichkeit eines Kindes, die sich z. B. als (Vorab-)Bewertung in eine Verhaltensbeschreibung einschleichen.

informell: Ohne Formalitäten

Inklusion: Das Konzept der Inklusion berücksichtigt generell zahlreiche Dimensionen von Heterogenität - Möglichkeiten und Einschränkungen geistiger oder körperlicher Art, soziale Herkunft, Geschlecht, kulturelle und ethnische Hintergründe, sexuelle Orientierung, politische oder religiöse Überzeugung. Im allgemeinen Sprachgebrauch wird Inklusion oft im Rahmen von Menschen mit Behinderung verstanden. Inklusion als Verstehen von Heterogenität als Selbstverständlichkeit und Chance ist eine der Querschnittsaufgaben des Erziehers.

inkongruent: Nicht übereinstimmend, nicht passend

inneres Geschehen: Das, was eine Personen über ihre eigenen Gedanken, Gefühle und Körperempfindungen wahrnimmt. Dies kann ein länger währender Prozess sein.

Integration: Eingebundensein. Sie steht für gleichberechtigte Teilhabe aller Menschen an den gesellschaftlichen Entscheidungsprozessen und Ressourcen, darunter auch an der Ressource Bildung.

Interaktion: Zwei oder mehr Personen agieren wechselseitig mit einander.

interkulturelle Bildung und Erziehung: Pädagogik, die unterschiedliche kulturelle Hintergründe in einer heterogenen Gesellschaft nicht nur mitberücksichtigt, sondern diese als Bildungschance für die gesamte Lerngruppe zu nutzen versteht. Die Fachrichtung der interkulturellen Pädagogik beschäftigt sich speziell mit den Folgen der Migration und Globalisierung für Bildung und Erziehung. Interkulturelle Bildung und Erziehung richtet sich grundsätzlich an alle: an Kinder, Jugendliche und Erwachsene, an Lernende wie Lehrende. Sie ist kein spezielles Konzept für Bildungssituationen mit Personen mit Migrationshintergrund. Sie zielt vor allem auf die Veränderungen von Deutungsmustern, Einstellungen und Haltungen.

interpsychisch: Psychische Vorgänge zwischen 2 Menschen.

intrapsychisch: Innerhalb der eigenen Psyche.

intuitiv: Auf dem Verstehen, Ahnen oder Fühlen von Zusammenhängen beruhend.

Kinästhetik: Die Lehre von der Bewegungsempfindung. Das kinästhetische System ermöglicht es dem Menschen zu empfinden, in welcher Lage und Bewegung seine Körperteile sind, ohne dies zu sehen. Die Informationen liefern dem Menschen die Grundlage, um sich bewegen zu können. Die Sinnesorgane dieses Systems sind die Propriozeptoren, die sich in Muskeln, Sehnen und Gelenken befinden. Der kinästhetische Sinn wird auch als „Eigenwahrnehmung" bezeichnet.

kognitiv: das Denken, Erkennen betreffend; geistig.

kognitive Entwicklung: Entwicklung geistiger Funktionen wie Denken, Sprache, Wahrnehmen, Lernen, Behalten, Erinnern. J. Piaget entwickelte das Stufenmodell der kognitiven Entwicklung im Kindesalter.

Ko-Konstruktion: Lernen durch Zusammenarbeit, also von Fachkräften und Kindern gemeinsam ko-konstruiert. Aus dem Ansatz des Konstruktivismus stammend. Pädagogische Kräfte unterstützen die Kinder beim Erforschen von Bedeutung (Unterstützung beim Selbstbildungsprozess).

kommunikative Kompetenz: Meint die Bereitschaft und Fähigkeit, kommunikative Situationen zu verstehen und zu gestalten. Hierzu gehört es, eigene Absichten und Bedürfnisse sowie die der Partner wahrzunehmen, zu verstehen und darzustellen.

Kompetenz: Bezeichnet die Fähigkeit und Bereitschaft des Einzelnen, Kenntnisse und Fertigkeiten sowie persönliche, soziale und methodische Fähigkeiten zu nutzen und sich durchdacht sowie individuell und sozial verantwortlich zu verhalten. Kompetenz wird in diesem Sinne als umfassende Handlungskompetenz verstanden.

Kompetenzunklarheiten: Unklarheiten darüber, wer welche Entscheidungen treffen oder Anordnungen geben darf.

Konditionierung: Gelernte Verhaltensweisen, die sich so äußern, dass auf bestimmte Reize immer dieselben Reaktionen folgen (Reiz-Reaktions-Schema).

Konfusion: Durcheinander

kongruent: Übereinstimmend, passend

Konstanzprinzipien: Die menschliche Fähigkeit, Dinge wiederzuerkennen, auch wenn sie in einem anderen Blickwinkel oder in einem anderem Sinnzusammenhang erscheinen. S. auch Perspektivenübernahme.

Konstruktivismus: Die Theorie, dass jeder einzelne Mensch alles, was er wahrnimmt oder neu dazulernt/erfährt, in seine bisherigen Erfahrungen, Erlebnisse und in sein bisheriges (Hintergrund-)Wissen einordnet. Auf diese Weise sind Wissen, Erkenntnisse, Zusammenhänge und Ideen nicht naturgegebene und objektive Wahrheiten, sondern immer nur individuelle und vom jeweiligen Individuum konstruierte.

Kontext: Zusammenhang

Konzentrationslager: Gefängnisähnliche Einrichtung zur massenhaften Internierung von politisch und weltanschaulich missliebigen Personen.

konzeptionelles Handeln: Planvolles Handeln

latent: Vorhanden, aber (noch) nicht sichtbar.

Lebenslanges Lernen: Wissen und Fähigkeiten der Erstausbildung genügen heutzutage nicht mehr, um eine jahrzehntelange Berufslaufbahn zu bewältigen und aktiv an der Gesellschaft zu partizipieren. Formelles und informelles Lernen gehören im gesamten Lebensverlauf dazu.

Lebenswelt(en): Die konkret erfahrbare Umwelt, wie ein Individuum sie erlebt und gestaltet. Dazu gehört die soziale, kulturelle und räumliche Umwelt.

Lernergebnisse: Bezeichnen das, was Lernende wissen, verstehen und in der Lage sind zu tun, nachdem sie einen Lernprozess abgeschlossen haben.

Lernfelder: Sind durch die Handlungskompetenz mit inhaltlichen Konkretisierungen und die Zeitrichtwerte beschrieben. Sie sind aus Handlungsfeldern des jeweiligen Berufes entwickelt und orientieren sich an berufsbezogenen Aufgabenstellungen innerhalb zusammengehöriger Arbeits- und Geschäftsprozesse. Sie verbinden ausbildungsrelevante berufliche, gesellschaftliche und individuelle Zusammenhänge unter dem Aspekt der Entwicklung von Handlungskompetenz.

Lernkompetenz: Ist die Bereitschaft und Fähigkeit, Informationen über Sachverhalte und Zusammenhänge selbstständig und gemeinsam mit anderen zu verstehen, auszuwerten und in gedankliche Strukturen einzuordnen. Zur Lernkompetenz gehört insbesondere auch die Fähigkeit und Bereitschaft, im Beruf und über den Berufsbereich hinaus Lerntechniken und Lernstrategien zu entwickeln und diese für lebenslanges Lernen zu nutzen.

Lernorte: Orte, in denen die Ausbildung zum Erzieher/zur Erzieherin stattfindet, darunter versteht man Schule und Praxis.

Lernsituationen: Sind curriculare Strukturelemente der Lernfeldkonzeption. Sie gestalten die Lernfelder für den schulischen Lernprozess aus. Sie setzen exemplarisch die Kompetenzerwartungen innerhalb der Lernfeldbeschreibung um, indem sie berufliche Aufgabenstellungen und Handlungsabläufe aufnehmen und für die unterrichtliche Umsetzung didaktisch und methodisch aufbereiten.

Literacy: (Engl.) Sammelbegriff für Erfahrungen mit Lese-, Erzähl- und Schriftkultur.

Logopädie: Sprachheilkunde. Die Lehre von den Sprachstörungen und deren Heilung.

Medienkompetenz: Förderung der M. ist eine Querschnittsaufgabe des Erziehers. Ziel ist es, einen angemessenen, altersgerechten, kritischen und selbstbestimmten Umgang mit Medien zu entwickeln. M. umfasst 4 Dimensionen: Medienkunde, Medienkritik, Mediennutzung und Mediengestaltung. Mit Medienkunde ist das Wissen über die heutigen Mediensysteme gemeint. Medienkritik bedeutet ihre analytische Erfassung, kritische Reflexion und ethische Bewertung. Mediennutzung meint ihre rezeptive und interaktive Nutzung, Mediengestaltung ihre innovative Veränderung und kreative Gestaltung.

Meilenstein: Begriff in der pädagogischen Diskussion. Ein wichtiger Entwicklungsschritt, der für ein Kind erkennbar eine neue Dimension der Weltaneignung eröffnet. Beispiel: Krabbeln zu können bedeutet für ein Kind eine neue Mobilität und die Erweiterung des Blickfelds.

Metakommunikation, Metaebene: In der Metakommunikation begeben sich die Gesprächspartner auf eine höhere Ebene und sprechen z.B. darüber, wie sie miteinander sprechen. Metaebene meint Entsprechendes: Man begibt sich aus der aktuellen Ebene des Gesprächs (der Handlung) hinaus und betrachtet dieses quasi von oben neu.

Methodenkompetenz: Bezeichnet die Bereitschaft und Fähigkeit zu zielgerichtetem, planmäßigem Vorgehen bei der Bearbeitung von Aufgaben und Problemen (zum Beispiel bei der Planung der Arbeitsschritte).

Methodik: Die Wissenschaft vom planmäßigem Vorgehen beim Unterrichten oder in der Arbeit mit Kindern und Jugendlichen.

Migration: Die Wanderung von Einzelnen oder Gruppen im geografischen oder sozialen Raum. Jede längerfristige, räumliche Verlagerung des Lebensschwerpunkts über eine größere Distanz, die ein Verlassen des sozialen Aktionsraums zur Folge hat.

Migrationshintergrund: Zu den Menschen mit M. (im weiteren Sinn) zählen „alle nach 1949 auf das heutige Gebiet der Bundesrepublik Deutschland Zugewanderten, sowie alle in Deutschland geborenen Ausländer und alle in Deutschland als Deutsche Geborenen mit zumindest einem zugewanderten oder als Ausländer in Deutschland geborenen Elternteil". (Statistisches Bundesamt)

Mikrokosmos: Eine begrenzte Vorstellungswelt, ein vom Gesamtzusammenhang gelöster Bereich.

Mikrosystem: Ein kleines System.

Milieu: Die soziale, ökonomische und geografische Umwelt eines Menschen, die ihn prägt und beeinflusst.

Mitarbeiterfluktuation: Häufiger Mitarbeiterwechsel durch Kündigung und Neueinstellung.

Motivation: Die Beweggründe, die menschliches Handeln beeinflussen. Man unterscheidet extrinsische (von außen bewirkte) und intrinsische (von innen heraus kommende) Motivation.

Nachhaltige Entwicklung (Bildung für): Kinder und Jugendliche dabei zu unterstützen, Verantwortung für zukünftige Entwicklungen (global, lokal) zu übernehmen, ist eine Querschnittsaufgabe in der sozialpädagogischen Arbeit.

Neue Armut: Durch die Wirtschaftskrise und Globalisierung ausgelöste Arbeitslosigkeit, die auch bei denjenigen auftritt, die einen Job haben. Dieser Job ist im Niedriglohnsektor und reicht manchmal nicht zur Deckung des Notwendigsten.

niedrigschwellige Angebote: Jene Angebote, die ein Mitmachen oder Sich-darauf-Einlassen leicht machen.

nonverbal: Nicht sprachlich

Objektpermanenz: Erkenntnis von Kindern etwa ab dem 6. Lebensjahr, dass Objekte auch dann existieren, wenn sie nicht gesehen werden.

Operationalisierung: Ein Vorgehen wird so beschrieben, dass es überprüfbar bzw. messbar wird.

Pädagogik: Die Bezeichnung für die Theorie, die Lehre und die Wissenschaft von Erziehung, Bildung und Unterricht sowie für die entsprechende Praxis.

Pädagogik der Vielfalt: s. interkulturelle Bildung

Pädophiler: Ein Erwachsener, der sich sexuell zu Kindern hingezogen fühlt.

Paradigma: Erklärungsansatz, Denkrichtung im wissenschaftlichen Bereich

Paradigmenwechsel: Neue Denkrichtungen. Beispielsweise haben mehrere Paradigmenwechsel in der Begleitung von Menschen mit Behinderung stattgefunden, von der Verwahrung über die Förderung hin zur Assistenz und Lebensbegleitung.

Partizipation: Formen der Beteiligung, Teilhabe und Mitbestimmung von Zielgruppen. In Einrichtungen der Kinder- und Jugendhilfe soll die Klientel altersgemäß und entsprechend ihrem Entwicklungsstand beteiligt werden (demokratische Erziehung). Querschnittsaufgabe des Erziehers. In der Elternarbeit soll Partizipation ebenso praktiziert werden.

Patchworkfamilie: Neu zusammengesetzte Familie, z. B. aus einer Mutter mit ihren Kindern und einem Vater mit seinen Kindern bestehend.

pathologisch: krankhaft verändert

Peergroup: Gruppe der Gleichaltrigen

Personalkompetenz: s. Selbstkompetenz

Persönlichkeitsentwicklung: Dies bedeutet, dass ein Mensch Raum, Anlass und Anregung bekommt, um innere Vorgänge durch Worte, Kreativität oder Bewegung auszudrücken.

Perspektivenübernahme: Das „Hineindenken" in die Gedankenwelt des anderen. Man unterscheidet zwischen emotionaler, visueller und geistiger Perspektivenübernahme. Die visuelle P. ist einem Kind ab ca. 4 Jahren möglich, die geistige P. beginnt zwischen dem 3. und 5. Lebensjahr. S. auch Theory of Mind.

Phänomen: Erscheinungsform; etwas Außergewöhnliches

phonologische Bewusstheit: Die Fähigkeit, einzelne Laute und Lautäußerungen differenziert wahrzunehmen und zuzuordnen.

Prävention: Ressourcenorientierte Unterstützung von Kinder und Jugendlichen bei der Bewältigung von Lebensphasen und Übergängen. Hintergrund ist die Entwicklung von Resilienz. Querschnittsaufgabe des Erziehers.

Primärbeziehungen: Die ersten Beziehungen eines Menschen, im Allgemeinen die Beziehung zur Mutter und zum Vater.

professionelle Haltung: Dieser Aspekt der Erzieherinnenpersönlichkeit besteht aus Selbstkompetenz, Sozialkompetenz und der fachlichen Expertise (Fachkompetenz). Darüber hinaus bedeutet Professionalität, in doppelter Hinsicht verantwortlich zu sein – dem Einzelnen und der Gesellschaft gegenüber.

Projektion: Die Zuschreibung eigener Empfindungen und Gefühle auf andere Personen.

Protagonist: Die zentrale Person

Psychomotorik: Die Verbindung von psychischen und motorischen Vorgängen. Beispiele: Aufregung beim Rutschen, Spaß beim Hüpfen, Angst beim Balancieren, Stolz und Erleichterung bei bewältigten Bewegungsherausforderungen.

Psychopathologie: Jene Richtung der Psychologie, bei der krankhafte Erscheinungen und deren Ursachen bzw. Auswirkungen auf das Seelenleben untersucht werden.

Qualifikation: Bezeichnet das formale Ergebnis eines Beurteilungs- und Validierungsprozesses, bei dem eine dafür zuständige Institution festgestellt hat, dass die individuellen Lernergebnisse vorgegebenen Standards entsprechen.

Qualität: Das Maß der Übereinstimmung zwischen Leistungsversprechen und Leistungserbringung.

Querschnittsaufgaben des Erziehers: Durch den gesellschaftlichen Wandel erlangen folgende Querschnittsaufgaben in der Ausbildung sozialpädagogischer Fachkräfte – unabhängig von der Tätigkeit in den verschiedenen Arbeitsfeldern – besondere Bedeutung: Partizipation, Inklusion, Prävention, Sprachbildung, Wertevermittlung, Medienkompetenz.

rational: vernünftig

Reflexion: Das vergleichende und überprüfende Betrachten. Die Auswertung pädagogischer Situationen und Handlungsweisen.

Reformpädagogik: Pädagogik, die sich Ende des 19. und im ersten Drittel des 20. Jahrhunderts gegen Lebensfremdheit und Autoritarismus der vorherrschenden „Paukschulen" wendete.

relevant: wichtig

Resilienz: Die psychische Widerstandsfähigkeit von Kindern, Jugendlichen und Erwachsenen gegenüber biologischen, psychologischen und psychosozialen Entwicklungsrisiken.

Resozialisierung: Einer Person, die z. B. im Gefängnis war, helfen, ein normales Leben zu führen.

Ritual: Ein nach genauen Regeln ablaufendes Geschehen.

Ritzen: Eine Form der Selbstverletzung, indem ein Mensch sich die Haut (oft an den Unterarmen) aufritzt.

Rolle: Die Summe aller Erwartungen von verschiedenen Gruppen und Personen, die Menschen in einer bestimmten sozialen Position beeinflussen. Jeder Mensch hat verschiedene Rollen inne.

Rollenfeld: An die Position einer Person (z. B. Praktikantin) werden von unterschiedlichen Menschen (z. B. von Kindern, Eltern, Kollegen) Erwartungen herangetragen, die letztlich mitbestimmen, wie diese Position auszufüllen ist. Diese verschiedenen Erwartungen nennt man Rollenfeld.

Rooming-in: Das heute übliche Angebot in Krankenhäusern, das Neugeborene im Zimmer der Mutter schlafen zu lassen.

Sanktionierung: Eine Zwangsmaßnahme als Reaktion auf nicht gebilligtes Verhalten (z. B. mit Tadel und Strafe).

Schulanfang: „In der Phase des Schulanfangs ist es wichtig, dass Schule, Elternhaus und vorschulische Einrichtungen aufeinander zugehen und verstärkt zusammenarbeiten. Geeignet sind z. B.

- gemeinsame Besprechungen sowie gegenseitige Besuche von Erzieherinnen oder Erziehern und Lehrkräften,

- Besuche der Kindergartenkinder in der Grundschule,
- gemeinsame Unternehmungen und Veranstaltungen,
- die gemeinsame Elternarbeit und
- die beratende Tätigkeit vorschulischer Einrichtungen" (Empfehlungen der KMK zur Grundschule).

Schweigepflicht: Nebenpflicht aus dem Arbeitsvertrag. Bedeutsam auch über das Arbeitsverhältnis hinaus.

Selbstbildung: Ein Mensch wird nicht gebildet, er bildet sich selbst. Bildung ist ein eigentätiger und lebenslanger Prozess, der in sozialen Situationen und in Interaktion mit der Umwelt stattfindet. Das kindliche Spiel ist ein wichtiger Aspekt der Selbstbildung in den frühen Lebensjahren.

Selbstevaluation: Zur Qualitätsentwicklung/-verbesserung am Standort nehmen die in der sozialpädagogischen Einrichtung Tätigen eine datengestützte Selbsteinschätzung vor. Diese bezieht sich auf die Wirkungsweise, die Wirksamkeit und die Zusammenhänge der Handlungen. Selbstevaluation kann durch externe Bewertungen ergänzt werden.

Selbstkompetenz: (auch Humankompetenz) Bezeichnet die Fähigkeit und Bereitschaft, als individuelle Persönlichkeit die Entwicklungschancen, Anforderungen und Einschränkungen in Familie, Beruf und öffentlichem Leben zu klären, zu durchdenken und zu beurteilen, eigene Begabungen zu entfalten sowie Lebenspläne zu fassen und fortzuentwickeln. Sie umfasst Eigenschaften wie Selbstständigkeit, Kritikfähigkeit, Selbstvertrauen, Zuverlässigkeit, Verantwortungs- und Pflichtbewusstsein. Zu ihr gehören insbesondere auch die Entwicklung durchdachter Wertvorstellungen und die selbstbestimmte Bindung an Werte.

Selbstständigkeit: Bezeichnet die Fähigkeit und Bereitschaft, eigenständig und verantwortlich zu handeln, eigenes und das Handeln anderer zu reflektieren und die eigene Handlungsfähigkeit weiterzuentwickeln.

Sensomotorik (auch Sensumotorik): Das Wechselspiel zwischen Sinneswahrnehmung und Bewegung.

sensorische Integration: Das Entwicklungsziel sensorische Integration ist dann erreicht, wenn alle Abschnitte des Zentralnervensystems zusammenarbeiten. Man spricht bei solchen sensomotorischen Leistungen auch von praktischer Intelligenz. Beispiele: Gleichgewicht halten, geschickt fallen, sich flüssig bewegen, tanzen u. a.

Setting: (Engl.: Umgebung) Rahmenbedingungen, in denen etwas stattfindet.

situativ-reaktive Pädagogik: Pädagogik, die immer nur in der Situation und auf die Situation bezogen reagiert.

Sorgerecht: Die Rechte der Eltern oder Sorgeberechtigten gegenüber ihren Kindern.

Sozialdatenschutz: Geschützt sind alle Daten, die im Zusammenhang mit personenbezogenen Leistung nach SGB VIII den Mitarbeitern einer Einrichtung anvertraut werden. Freie und öffentliche Träger der Jugendhilfe sind hier zu besonderem Schutz verpflichtet. Auch Daten aus dem Betreuungsvertrag zwischen Eltern und Träger werden geschützt. Vgl. SGB VIII §§ 61-65.

Sozialisation: Die Entwicklung der Persönlichkeit in Abhängigkeit und in Interaktion mit der sozialen und materiellen Umwelt. Wechselseitiges Verhältnis von Person und Umwelt.

Sozialisierung: Eine Person in eine Gesellschaft/Gemeinschaft einführen, jemanden gesellschaftsfähig machen.

Sozialkompetenz: Die Fähigkeit und Bereitschaft, zielorientiert mit anderen zusammenzuarbeiten, ihre Interessen und sozialen Situationen zu erfassen, sich mit ihnen rational und verantwortungsbewusst auseinanderzusetzen und zu verständigen sowie die Arbeits- und Lebenswelt mitzugestalten. S. ist ein Aspekt der professionellen Haltung der Erzieherin.

sozialökonomisch: Volkswirtschaftlich

Sozialraum: Der Raum, in dem sich eine Person grundsätzlich bewegt.

Sozialraumorientierung: Handlungskonzept in der Gemeinwesenarbeit, Jugendhilfe und Behindertenpädagogik. Geht einher mit Öffnung zur Gemeinde inkl. Kooperation und Aufbauen von Netzwerkstrukturen.

Spielmittel: Im Gegensatz zu Spielzeug (industriell hergestellte Massenware) eher unspezifisches Material zum Spielen (Decken, Tücher, Bretter, Äste u. a.).

Stigmatisierung: Die Kennzeichnung eines Menschen in diskriminierender Weise.

Stimm- und Sprechtherapie: Hierbei wird die differenzierte Wahrnehmung der Wechselwirkung von Atmung, Stimme, Sprache, Bewegung und psychischer Konstitution geübt und an einem besseren Zusammenspiel dieser Komponenten gearbeitet.

subjektive Potenziale: Möglichkeiten, die der einzelne Mensch hat.

Subjekt-Subjekt-Begegnung: Die Begegnung zweier Menschen, die einander ernst nehmen.

Symbolverständnis: Die Fähigkeit, Dingen einen weiterführenden oder übergeordneten Bedeutungszusammenhang zuzuordnen.

Symptom: Anzeichen, Kennzeichen, Merkmal

Szene: Eine abgeschlossene, Bedeutung tragende Einheit innerhalb eines zwischenmenschlichen Geschehens, die beobachtet und erinnert wird.

taktil-kinästhetisch: Die Kombination von Wahrnehmungen, die zum einen über die Haut (fühlen und tasten) und zum anderen über den Bewegungssinn gespürt werden. Fühlen und bewegen wird so kombiniert. Beispiele: kneten, matschen, formen, schwimmen, plantschen u. a.

Teilhabe: Die Teilhabe von Menschen mit Behinderung an der Gemeinschaft bedeutet nach der Definition der WHO das Einbezogensein in eine Lebenssituation. Gesetzlich wird die Teilhabe an Arbeitsleben und Gesellschaft in den Sozialgesetzbüchern über „Leistungen zur Teilhabe", „Eingliederungshilfe" u.a. geregelt.

Teufelskreis: Ein in sich geschlossener Ursache-Wirkungs-Kreis, in dem Handlungsweisen sich aufeinander bezogen gegenseitig verstärken. Z.B.: Fettleibigkeit führt zu Bewegungsarmut und Bewegungsarmut verstärkt die Fettleibigkeit.

Theory of Mind: Perspektivenübernahme. Zirka ab dem 5. Lebensjahr erkennt das Kind, dass andere Personen nicht den gleichen Wissenstand oder die gleichen Überzeugungen wie es selbst haben.

Total Quality Management (TQM): Eine auf die Mitwirkung aller ihrer Mitglieder gestützte Managementmethode einer Organisation, die Qualität in den Mittelpunkt stellt und durch Zufriedenstellung der Kunden auf langfristigen Erfolg sowie Nutzen für die Gesellschaft zielt.

Transaktion: Bestandteil einer Kommunikation (in der Transaktionsanalyse).

traumatisch: Auf schlimme Ereignisse im Leben eines Menschen bezogen.

Typisierung: Die Reduktion auf wenige prägnante Merkmale.

Übergang (Transition): Kinder, Jugendliche und deren Familien durchlaufen im Lauf ihres Lebens verschiedene Übergänge, die entwicklungspsychologisch bedingt und i.d.R. an dem Übergang von einer Institution zur nächsten festgemacht werden. Es handelt sich dabei um komplexe Situation, die auf verschiedenen Ebenen Veränderungen mit sich bringen: auf der individuellen, der interaktionalen und der kontextuellen Ebene. Beispiele sind Eintritt in die Krippe, Einschulung, Änderung der Familienkonstellation.

UN-Behindertenrechtskonvention: „Übereinkommen über die Rechte von Menschen mit Behinderungen" (2006) konkretisiert vertraglich Menschenrechte für Menschen mit Behinderung, um ihnen die gleichberechtigte Teilhabe am gesellschaftlichen Leben zu ermöglichen. Im Übereinkommen finden sich allgemeine Menschenrechte (z. B. Recht auf Leben oder Recht auf Freizügigkeit) und zahlreiche spezielle Bestimmungen, die auf die Lebenssituation von Menschen mit Behinderung eingehen.

Unbewusstes: Verdrängte Erlebnisinhalte, Wünsche, Erinnerungen, Ängste, Gefühle und Vorstellungen, die oft nur durch bestimmte (z. B. therapeutische) Methoden wieder ins Bewusstsein gehoben werden können.

UN-Kinderrechtskonvention: „Übereinkommen über die Rechte des Kindes" (1990). Sie legt wesentliche Standards zum Schutz der Kinder weltweit fest. Die 4 elementaren Grundsätze, auf denen die Konvention beruht, beinhalten das Überleben und die Entwicklung, die Nichtdiskriminierung, die Wahrung der Interessen der Kinder sowie deren Beteiligung.

Verhalten: Alle beobachtbaren, d. h. der Sinneswahrnehmung zugänglichen Lebensäußerungen. Der Gegensatz zum „Erleben".

Vernetzung: Kooperation mit anderen Einrichtungen und im Sozialraum. Sozialraumorientierung.

Visualisierung: bildliche Umsetzung

Vorbewusstsein: Ein Begriff aus der Psychoanalyse; unbewusste Erlebnisinhalte, die man aber schnell wieder bewusst machen kann.

Wahrnehmung: Der Prozess und das Ergebnis der Informationsgewinnung und -verarbeitung von Reizen aus der Umwelt und dem Körperinneren.

Wertevermittlung: Werte sind erstrebenswerte Ideale einer Gesellschaft (z. B. Toleranz, Ehrlichkeit, Achtung vor der Natur), die historisch und kulturell geprägt sind. Zusammen mit den darauf basierenden Normen bieten sie das Orientierungssystem einer Gemeinschaft. Werte können im Zusammenhang mit religiösen Orientierungen stehen. Pädagogen begleiten Kinder und Jugendliche bei der Entwicklung persönlicher Werthaltungen in einer pluralistischen Gesellschaft. Eine der Querschnittsaufgaben des Erziehers.

Wir-Gefühl: Das Zusammengehörigkeitsgefühl einer Gruppe.

Wesentliche Regelungen des Bundes und der Länder sowie Tarifverträge

zu berücksichtigen in der jeweils gültigen Fassung Abkürzung BGBl.: Bundesgesetzblatt

Gesetze des Bundes

Grundgesetz (GG)

Grundgesetz für die Bundesrepublik Deutschland in der im Bundesgesetzblatt Teil III, Gliederungsnummer 100-1, veröffentlichten bereinigten Fassung, zuletzt geänd. durch Artikel 1 des Gesetzes vom 13. Juli 2017 (BGBl. I S. 2347)

Art. 1 (1) Die Würde des Menschen ist unantastbar. Sie zu achten und zu schützen ist Verpflichtung aller staatlichen Gewalt.

Art. 2 (1) Jeder hat das Recht auf die freie Entfaltung seiner Persönlichkeit, soweit er nicht die Rechte anderer verletzt und nicht gegen die verfassungsmäßige Ordnung oder das Sittengesetz verstößt.

Art. 2 (2) Jeder hat das Recht auf Leben und körperliche Unversehrtheit. Die Freiheit der Person ist unverletzlich. In diese Rechte darf nur auf Grund eines Gesetzes eingegriffen werden.

Art. 3 (3) Niemand darf wegen seines Geschlechtes, seiner Abstammung, seiner Rasse, seiner Sprache, seiner Heimat und Herkunft, seines Glaubens, seiner religiösen oder politischen Anschauungen benachteiligt oder bevorzugt werden. Niemand darf wegen seiner Behinderung benachteiligt werden.

Art. 6 (2) Pflege und Erziehung der Kinder sind das natürliche Recht der Eltern und die zuvörderst ihnen obliegende Pflicht. Über ihre Betätigung wacht die staatliche Gemeinschaft.

Bürgerliches Gesetzbuch (BGB)

Bürgerliches Gesetzbuch in der Fassung der Bekanntmachung vom 2. Januar 2002 (BGBl. I S. 42, 2909; 2003 I S. 738), zuletzt geänd. durch Artikel 6 des Gesetzes vom 12. Juli 2018 (BGBl. I S. 1151)

§ 106 Beschränkte Geschäftsfähigkeit Minderjähriger
§ 107 Einwilligung des gesetzlichen Vertreters
§ 108 Vertragsschluss ohne Einwilligung
§ 110 Bewirken der Leistung mit eigenen Mitteln
§§ 611-630 Dienstvertrag
§ 823 Schadensersatzpflicht
§ 1666 Gerichtliche Maßnahmen bei Gefährdung des Kindeswohls

Kinder- und Jugendhilfegesetz (KJHG – SGB VIII)

Sozialgesetzbuch (SGB) – Achtes Buch (VIII) – Kinder- und Jugendhilfe – neugefasst durch Bek. v. 11.9.2012 I 2022; zuletzt geänd. durch Art. 10 Abs. 10 G v. 30.10.2017 I 3618

Gesetz zum weiteren qualitativen und quantitativen Ausbau der Kindertagesbetreuung, BGBl. Nr. 40 v. 29.06.2017

Kinder- und Jugendhilfeweiterentwicklungsgesetz (KICK)

Gesetz zur Weiterentwicklung der Kinder- und Jugendhilfe vom 8. September 2005 (BGBl. I S. 2729)

Bundeskinderschutzgesetz (BKiSchG)

Gesetz zur Stärkung eines aktiven Schutzes von Kindern und Jugendlichen vom 22.12.2011 (BGBl. I S. 2975)

Jugendschutzgesetz (JuSchG)

Jugendschutzgesetz vom 23. Juli 2002 (BGBl. I S. 2730), zuletzt geänd. durch Artikel 11 des Gesetzes vom 10.3.2017 (BGBl. I S. 420)

Gesetz zur Anpassung des Datenschutzrechts an die Verordnung (EU) 2016/679 und zur Umsetzung der Richtlinie 2016/680 (Datenschutz-Anpassungs- und -Umsetzungsgesetz EU-DSAnpUG-EU) vom 30. Juni 2017 (BGBl. I Nr. 44 S. 2097)

Gesetz zur Kooperation und Information im Kinderschutz (KKG)

vom 22. Dezember 2011 (BGBl. I S. 2975) zuletzt geänd. durch Artikel 20 Abs. 1 des Gesetzes vom 23.12.2016 (BGBl. I S. 3234)

Jugendarbeitsschutzgesetz (JArbSchG)

Gesetz zum Schutz der arbeitenden Jugend vom 12. April 1976 (BGBl. I S. 965), zuletzt geänd. durch Artikel 13 des Gesetzes vom 10.3.2017 (BGBl. I S. 420)

Sozialhilfe

Sozialgesetzbuch (SGB) Zwölftes Buch (XII) - Sozialhilfe – Art. 1 des Gesetzes vom 27. Dezember 2003, BGBl. I S. 3022, 3023), zuletzt geänd. durch Hinweis auf von Bundesrecht abweichendes Landesrecht (Berlin) vom 10.8.2018 (BGBl. I S. 1311)

Bundesausbildungsförderungsgesetz (BAföG)

Bundesgesetz über individuelle Förderung der Ausbildung in der Fassung der Bekanntmachung vom 7. Dezember 2010 (BGBl. I S. 1952, 2012 I S. 197), zuletzt geänd. durch Artikel 6 des Gesetzes vom 27.7.2015 (BGBl. I S. 1386)

Waffengesetz (WaffG)

Waffengesetz vom 11. Oktober 2002 (BGBl. I S. 3970, 4592; 2003 I S. 1957, zuletzt geänd. durch Art. 1 des Gesetzes vom 30.6.2017 (BGBl. II S. 2133)

Allgemeines Gleichbehandlungsgesetz (AGG)

Allgemeines Gleichbehandlungsgesetz vom 14. August 2006 (BGBl. I S. 1897), das zuletzt durch Art. 8 G vom 3.4.2013 (BGBl. I S. 610)

Jugendmedienschutz-Staatsvertrag (JMStV)

Staatsvertrag über den Schutz der Menschenwürde und den Jugendschutz in Rundfunk und Telemedien vom 10. September 2002 (aktuelle Fassung beim Landesgesetzgeber), zuletzt geänd. durch Art. 5 Neunzehnter Rundfunkänderungsstaatsvertrag, in Kraft getreten am 1.10.2016)

UN-Kinderrechtskonvention

Übereinkommen über die Rechte des Kindes vom 20. November 1989, am 26. Januar 1990 von der Bundesrepublik Deutschland unterzeichnet (Zustimmung von Bundestag und Bundesrat durch Gesetz vom 17. Februar 1992 – BGBl. II S. 121); am 6. März 1992 Hinterlegung der Ratifikationsurkunde beim Generalsekretär der Vereinten Nationen; am 5. April 1992 für Deutschland in Kraft getreten (Bekanntmachung vom 10. Juli 1992 – BGBl. II S. 990); am 15. Juli 2010 Rücknahme der Vorbehalte zum Übereinkommen (Beschluss Bundesrat vom 26. März 2010; Kabinettsbeschluss vom 3. Mai 2010; formale Übergabe des Rücknahmeschreibens an die Vereinten Nationen am 15. Juli 2010)

UN-Behindertenrechtskonvention

Übereinkommen über die Rechte von Menschen mit Behinderungen vom 13. Dezember 2006 (BGBl. Jahrgang 2008 II S. 1419)

Adoptionsübereinkommens-Ausführungsgesetz (AdÜbAG)

Gesetz zur Ausführung des Haager Übereinkommens vom 29. Mai 1993 über den Schutz von Kindern und die Zusammenarbeit auf dem Gebiet der internationalen Adoption vom 5. November 2001 (BGBl. I S. 2950), zuletzt geänd. durch Artikel 4 Absatz 17 des Gesetzes vom 17. Dezember 2006 (BGBl. I S. 3171)

Entwurf eines Gesetzes zur Weiterentwicklung der Qualität in der Kindertagesbetreuung (Gute-Kita-Gesetz)

Eine Einführung in die einzelnen Regelungen zum Jugendrecht finden Sie zum Beispiel in: Jugendrecht. Verlag C. H. Beck, München

Gesetze der Länder zur Kinderbetreuung

Hinzu kommen länderspezifische Ausführungsbestimmungen (Verordnungen und Erlasse)

Baden-Württemberg: Gesetz über die Betreuung und Förderung von Kindern in Kindergärten, anderen Tageseinrichtungen und der Kindertagespflege (Kindertagesbetreuungsgesetz – KiTaG)

Bayern: Bayerisches Gesetz zur Bildung, Erziehung und Betreuung von Kindern in Kindergärten, anderen Kindertageseinrichtungen und in Tagespflege (Bayerisches Kinderbildungs- und -betreuungsgesetz – BayKiBiG)

Berlin: Gesetz zur Förderung von Kindern in Tageseinrichtungen und Kindertagespflege (Kindertagesförderungsgesetz)

Brandenburg: Zweites Gesetz zur Ausführung des Achten Buches des Sozialgesetzbuches – Kinder- und Jugendhilfe – (Kindertagesstättengesetz – KitaG)

Bremen: Bremisches Tageseinrichtungs- und Kindertagespflegegesetz – BremKTG

Hamburg: Hamburger Kinderbetreuungsgesetz (KibeG)

Hessen: Hessisches Kinder- und Jugendhilfegesetzbuch (HKJGB)

Mecklenburg-Vorpommern: Gesetz zur Förderung von Kindern in Kindertageseinrichtungen und in Kindertagespflege (Kindertagesförderungsgesetz – KiföG M-V)

Niedersachsen: Gesetz über Tageseinrichtungen für Kinder (KiTaG)

Nordrhein-Westfalen: Gesetz zur frühen Bildung und Förderung von Kindern (Kinderbildungsgesetz – KiBiz); Viertes Gesetz zur Ausführung des Kinder- und Jugendhilfegesetzes – SGB VIII –

Rheinland-Pfalz: Kindertagesstättengesetz

Saarland: Saarländisches Kinderbetreuungs- und -bildungsgesetz, SKBBG)

Sachsen: Sächsisches Gesetz zur Förderung von Kindern in Tageseinrichtungen (Gesetz über Kindertageseinrichtungen – SächsKitaG)

Sachsen-Anhalt: Gesetz zur Förderung und Betreuung von Kindern in Tageseinrichtungen und in Tagespflege des Landes Sachsen-Anhalt (Kinderförderungsgesetz – KiFöG)

Schleswig-Holstein: Gesetz zur Förderung von Kindern in Tageseinrichtungen und Tagespflegestellen (Kindertagesstättengesetz – KiTaG)

Thüringen: Thüringer Gesetz über die Bildung, Erziehung und Betreuung von Kindern in Tageseinrichtungen und in Kindertagespflege als Ausführungsgesetz zum Achten Buch Sozialgesetzbuch (Thüringer Kindertagesbetreuungsgesetz – ThürKitaG –)

Vereinbarungen und Rahmenvereinbarungen der Kultusministerkonferenz (KMK)

Weiterentwicklung der Aus-, Fort- und Weiterbildung von Erzieherinnen und Erziehern – Gemeinsamer Orientierungsrahmen „Bildung und Erziehung in der Kindheit" – (Beschluss der Kultusministerkonferenz vom 16.09.2010, Beschluss der Jugend- und Familienministerkonferenz vom 14.12.2010)

Kompetenzorientiertes Qualifikationsprofil für die Ausbildung von Erzieherinnen und Erziehern an Fachschulen und Fachakademien (Beschluss der Kultusministerkonferenz vom 01.12.2011 i.d.F. vom 24.11.2017)

Vereinbarung über den Abschluss der Berufsschule (Beschluss der Kultusministerkonferenz vom 01.06.1979 i.d.F. vom 04.12.1997)

Rahmenvereinbarung über die Berufsschule (Beschluss der Kultusministerkonferenz vom 12.03.2015)

Handreichung für die Erarbeitung von Rahmenlehrplänen der Kultusministerkonferenz für den berufsbezogenen Unterricht in der Berufsschule und ihre Abstimmung mit Ausbildungsordnungen des Bundes für anerkannte Ausbildungsberufe vom 23. September 2011, aktualisierte Auflage: Juli 2017

Rahmenvereinbarung über die Berufsfachschulen (Beschluss der Kultusministerkonferenz vom 17. 10. 2013)

Rahmenvereinbarung über die Fachoberschule (Beschluss der Kultusministerkonferenz vom 16.12.2004 i.d.F. vom 01.10.2010)

Rahmenvereinbarung über Fachschulen (Beschluss der Kultusministerkonferenz vom 07.11.2002 i.d.F. vom 23.2.2018)

Dokumentation der Kultusministerkonferenz über landesrechtlich geregelte Berufsabschlüsse an Fachschulen (Veröffentlichung des Ausschusses für Berufliche Bildung vom 23.2.2018)

Handreichung für die Erarbeitung von Rahmenlehrplänen der Kultusministerkonferenz für den berufsbezogenen Unterricht in der Berufsschule und ihre Abstimmung mit Ausbildungsordnungen des Bundes für anerkannte Ausbildungsberufe vom 23.09.2011, aktualisierte Auflage: Juli 2017

Qualitätsentwicklung an beruflichen Schulen (Veröffentlichung des Unterausschusses für Berufliche Bildung vom 30.01.2014)

Tarifverträge und AVR

Tarifvertrag für den öffentlichen Dienst der Länder (TV-L)
Tarifgebiet West
Tarifgebiet Ost
TV-L Lehrer
TV-L Kr (Pflegedienst)
TV-L Berlin
TV-H Landesdienst Hessen

Im kirchlichen Bereich gelten Arbeitsvertragsrichtlinien (AVR).

Sachwort

Sachwortverzeichnis

Sachwortverzeichnis

Bildquellenverzeichnis

Aehnelt, Robert, Berlin: S. 119
akg-images GmbH, Berlin: S. 266 (akg-images); 272/1
Alamy Ltd., Oxon, Großbritannien: S. 197/2 (ton koene/Alamy Stock Foto)
Alf, Renate, Freiburg: S. 89/1; 213
Averhoff, Cornelia, Hamburg: S. 92; 97; 117; 145; 146/2; 147; 223; 228/1; 229; 230; 231; 232; 235; 244; 248/1; 250; 255; 267; 271; 273
Beyer foto.grafik, Berlin: S. 289; 313
Bundesministerium für Familie, Senioren, Frauen und Jugend, Berlin: S. 21
Dammann, Elisabeth, Recklinghausen: S: 268/1
Diogenes Verlag AG, Zürich; Schweiz: S. 247
dpa-Picture-Alliance GmbH, Frankfurt am Main: S. 12/1 (Infografik),2 (Infografik); 13 (Gero Breloer); 14/1 (vario images); 33 (Julian Stratenschulte); 39 (Patrick Pleul); 47 (picture alliance/Sueddeutsche Zeitung Photo); 50 (dpa - Bildarchiv); 61 (Roland Scheidemann); 82/1 (dpa – Bildarchiv); 170 (Gero Breloer); 191/2 (Rumpf, Stephan); 202 (Uwe Anspach); 205 (Waltraud Grubitzsch); 249 (dpa-Zentralbild); 256 (Jens Büttner); 261 (Wolfgang Thieme); 263/1 (Frank May); 263/2 (Jörg Loeffke); 269/1 (akg-images); 269/2 (epd); 274 (Gero Breloer)
Elbkinder – Vereinigung Hamburger Kindertagesstätten gGmbH, Hamburg: S. 185; 189
Erfahrung + Lernen GbR, Wegberg: S. 220
Escher, Thomas, Hamburg: S. 26/2; 45; 53; 63; 70; 76; 78; 128; 131; 134/1,2; 135; 143; 146/1; 171; 228/2; 322; 323; 345
Ess, Gundula, Hamburg: S. 326; 328; 338
Ev.-luth. Kirchenkreis Göttingen: S. 221
F1online digitale Bildagentur GmbH, Frankfurt a. M. : S. 121 (Moodboard); 134/3 (Robert Daly Caia Image); 158 (Christian Ohde Imagebroker RM); 159 (Christian Ohde Imagebroker RM); 246 (Fancy Beau Lark)
Fotolia Deutschland, Berlin, © www.fotolia.de: S. 79 (Natallia Vintsik); 106 (Serhiy Kobyakov), 107 (Serhiy Kobyakov); 111 (jamesfindlay); 112 (neringafoto); 155 (Alfred Knapp); 162 (S.Kobold); 163/1 (DragoNika); 163/2 (Calek); 174 (penphoto); 193/1 (Jasmin Merdan); 212 (Maksim Kabakou); 251 (federico igea); 282 (ASonne30); 302 (Dan Race); 316 (Liddy Hansdottir); 329 (Ybond); 351 (Julien Eichinger); 357 (Julien Eichinger)
Hartmut W. Schmidt – Fotografie, Freiburg: S. 253
Henneberg, Rosy, Reinheim: S. 196
Herkommer, Dr. Charlotte, Ronnenberg: S. 341
iStockphoto, Berlin: S. 82/2 (JestersCap); 113 (mabe123); 118 (AliasChing); 138 (Marina_Dyakonova), 142 (skynesher); 183 (annedde); 248/2 (Bob Ingelhart); 257 (RobertAntell); 258 (jo unruh); 284 (marcstock); 285 (marcstock); 355/2 (Christopher Futcher)
Jeannot, Godje, Hamburg: S. 309
Krausen, Scott, Mönchengladbach: S. 32/1; 299
Kremer, Anke, Kunstlehrerin an der Stechlinsee-Grundschule/ Berlin, www. kunstgalerie-derrotehahn. de: S. 259/1
Krüper, Werner, Steinhagen: S. 36; 42; 43; 85; 272/2; 321
Landesanstalt für Kommunikation Baden-Württemberg (LFK), Stuttgart: S. 89/2; 90
Mauritius GmbH, Mittenwald: S. 164 (Image Source/Sue Barr); 191/1 (imageBROKER/Judith Thomandl)
Melitta Zentralgesellschaft mbH & Co. KG, Minden: S. 207
Müllner, Beatrix, Fischau-Brunn, Österreich, www.kunstwerkladen.jimdo.com.: S. 355/3
Offene Kinder- & Jugendarbeit, Hombrechtikon: S. 60
Österreichische Friedrich und Lillian Kiesler Privatstiftung 2014, Wien : S. 259/2
Photocase Addicts GmbH, Berlin, www.photocase.de: S. 264 (good_grief)
Schaalburg, Bianca, Berlin: 303
Schmidt, Hartmut W., Fotografie, Freiburg: S. 8; 9; 31; 32/2; 260; 278; 350
Schulz von Thun, Friedemann, Hamburg: S. 347
Shutterstock Images LLC, New York, USA: S. 27 (Robert Kneschke); 54 (Petrenko Andriy); 66 (mangostock); 354 (lucadp)
Staatsinstitut für Frühpädagogik, München: S. 216
The M.C. Escher Company BV, Baarn, The Netherlands: S. 132
Verlag Handwerk und Technik GmbH, Hamburg: S. 14/2; 17; 26/1; 80; 126; 149; 179; 180; 193/2; 200; 245; 293; 314; 315; 355/1
Verlag Herder GmbH, Freiburg: S. 217
Virtuelle Öffentlichkeitsarbeit & Grafik Design, Ahlen: S. 59
Walther, Elke, Bad Rappenau: S. 167
www.wikipedia.de: S. 48

Literaturverzeichnis

Lernfeld 1 Berufliche Identität und professionelle Perspektiven weiterentwickeln

Verwendete Literatur

12. Kinder- und Jugendbericht der Bundesregierung Deutschland www.bmfsfj.de/doku/Publikationen/kjb/data/download/kjb_060228_ak3.pdf Berlin 2006

3. Armuts- und Reichtumsbericht der Bundesrepublik Deutschland, Kurzfassung 9/2008; S. 4 ff.

5. Bildungsbericht „Bildung in Deutschland". www.bildungsbericht.de Bielefeld 2014

Achtes Buch Sozialgesetzbuch (SGB VIII) Kinder- und Jugendhilfe, i.d.F. vom 11. Sept. 2012, zuletzt geändert am 29. August 2013

Böckler-Stiftung/WSI: III. WSI-Kinderarmutsbericht: Kinderarmut & Flüchtlingskrise. April 2017 URL: www.boeckler.de/pdf/wsi_vm_kinderarmut_2015.pdf (Abruf: 12.10.2018)

Bürgerliches Gesetzbuch (BGB) vom 2. Jan. 2002, zuletzt geändert am 07. Mai 2013

Büttner, Ch.: Berufsrolle und -auftrag von Erzieher/-innen im Wandel neuer Anforderungen? in: Kindergartenpädagogik Online-Handbuch v. M. Textor, S. 201, 2006

Büttner, Ch.: Berufsrolle und -auftrag von Erzieher/-innen. Vortrag anlässlich der Fachtagung der Katholischen Hochschule für Soziale Arbeit (Saarbrücken); „Professionalisierung im Bereich der Vorschulerziehung. Die Berufsrolle von Erzieher/-innen im Wandel neuer Anforderungen" am 27. Jan. 2006; in: Kindergartenpädagogik Online-Handbuch v. M. Textor, S. 2, 2004

Calvert, K., Dittmer, S.: Wolkenbilder und Möwendreck, Zürich 2011

Deutscher Qualifikationsrahmen für lebenslanges Lernen, Beschluss der KMK vom 10. März 2011

Gößling-Brunken, A., Rüther, B., Waldhausen, B.: Methoden und Themen – Bausteine für die berufliche Praxis in Erziehung und Heilerziehung, S. 57, Hamburg 2009

Gudjons, H., Pieper, M., Wagener, B.: Auf meinen Spuren, S. 189 f. und S. 251, Hamburg 2008

Hofer, B., Schroll-Decker, I.: Anmerkungen zum „Privatvergnügen" Praxisanleitung, aus: KiTa Kindertageseinrichtungen aktuell, Ausgabe Bayern 2005, Jg. 17, Heft 7/8, S. 155 ff., in: Kindergartenpädagogik Online-Handbuch v. M. Textor, 2005

Kita aktuell Recht, Heft 1/2011 (S. 28), Heft 1/2013 (S. 18), Heft 4/2012 (S. 118)

Krenz, A.: Kompetenz und Karriere, S. 15 ff., Freiburg 1994

Lelord, F.: Hectors Reise oder die Suche nach dem Glück, München 2010

Oberhuemer, P.: Ein neues Berufsprofil? Zur Berufsentwicklung (sozial-)pädagogischer Fachkräfte in Europa, in: Bildung, Erziehung, Betreuung in Bayern S. 13 – 15, Heft 1, 2000

Patzelt, H.: Erzieher/-innen in Heimen, in: Kindergartenpädagogik Online-Handbuch v. M. Textor, o. J.

Prang, Ch.: Stress lass nach! in: Kindergarten Heute, S. 22 ff./S. 27, 10/2002

Roosen-Nef, I.: Viel dazu gelernt – wenig umgesetzt? in: Kindergarten Heute, S. 26 ff., 5/2004

Schütt, B.: Anleiten im Praktikum, Freiburg 1997

Ständige Konferenz der Kultusminister der Länder: Kompetenzorientiertes Qualifikationsprofil für die Ausbildung von Erzieherinnen und Erziehern an Fachschulen/Fachakademien, Stand 01.12.2011

UNICEF-Vergleichsstudie zur Kinderarmut 2012 www.unicef.de/presse/2012/vergleichsstudie-kinderarmut/19308 (Abruf 25.05.2014)

Weiterentwicklung der Aus-, Fort- und Weiterbildung von Erzieherinnen und Erziehern - Gemeinsamer Orientierungsrahmen „Bildung und Erziehung in der Kindheit" - (Beschluss der Kultusministerkonferenz vom 16.09.2010, Beschluss der Jugend- und Familienministerkonferenz vom 14.12.2010)

Literaturempfehlungen

Brandauer, H.: Supervision aus systemischer Sicht, Salzburg 1996

Ellermann, W.: Recht und Organisation. KompaktWISSEN für Erzieherinnen und Erzieher. Hamburg 2013

Fthenakis, W., Oberhuemer, P.: Ausbildungsqualität. Strategiekonzepte zur Weiterentwicklung der Ausbildung von Erzieherinnen und Erziehern, Neuwied 2002

Koordinierungsstelle Männer in Kitas www.koordination-maennerinkitas.de/

Klein, L., Vogt, H.: Leben in der Familiengruppe. Ein Praxisbuch über die große Altersmischung, Freiburg 1998

Laewen, H.-J., Andres, B.: Bildung und Erziehung in der frühen Kindheit – Bausteine zum Bildungsauftrag von Kindertageseinrichtungen, Berlin 2002

Laewen, H.-J.: Alien Kind – das unbekannte Wesen. Neue Forschungen über das Kind und seine Aneignung der Welt, in: Klein und Groß, S. 6 f., 9/1999

Wild, R.: Lebensqualität für Kinder und andere Menschen. Erziehung und der Respekt für das innere

Wachstum von Kindern und Jugendlichen, Weinheim 2010
www.bildungsbericht.de Berichte über das dt. Bildungswesen
www.bildungsserver.de
www.deutscherqualifikationsrahmen.de DQR für lebenslanges Lernen
www.dji.de Deutsches Jugendinstitut
www.dkjs.de Dt. Kinder- und Jugendstiftung
www.fruehe-chancen.de
www.gesetze-im-internet.de Dt. Gesetze in ihrer geltenden Fassung
www.gew.de Gewerkschaft Erziehung und Wissenschaft
www.kindergartenpaedagogik.de
www.liga-kind.de Dt. Liga für das Kind
www.socialnet.de Materialien, Rezension für die Sozialwirtschaft
www.weiterbildungsinitiative.de (WiFF) Weiterbildungsinitiative Frühpädagogische Fachkräfte

Lernfeld 2 Pädagogische Beziehungen gestalten und mit Gruppen pädagogisch arbeiten

Verwendete Literatur

Ates, S.: Der Multi-Kulti-Irrtum, Berlin 2007
Beers, U.: Jugend braucht Autorität. Celle-Osterlohe 1974
Berne, E.: Spiele der Erwachsenen, Reinbek bei Hamburg 2008
Bernstein, S., Lowy, L. (Hrsg.): Untersuchungen zur sozialen Gruppenarbeit in Theorie und Praxis, Freiburg 1982
Bertelsmann Stiftung (Hrsg.): Kinder- und Jugendbeteiligung in Deutschland. Entwicklungsstand und Handlungsansätze. Beitrag von Raingard Knauer. Gütersloh 2007
Bettelheim, B.: Liebe allein genügt nicht, Stuttgart 1997
Bettelheim, B.: So können sie nicht leben, Stuttgart 1999
Bitzen, M./Daigler, C.: Eigensinn und Einmischung, Einführung in die Grundlagen und Perspektiven parteilicher Mädchenarbeit, Weinheim/München 2004
Böhnisch, L./Funk, H.: Soziale Arbeit und Geschlecht, Weinheim 2002
Buchkremer, H.: Über die Troika von Individualpädagogik, Sozialpädagogik, Globalpädagogik mit einem Blick auf die Erlebnispädagogik, in: Buchkremer, H., Emmerich, M. (Hrsg.): Individualpädagogik im internationalen Austausch. Hamburg 2008
Bundesministerium für Familie, Senioren, Frauen und Jugend: 3. Atlas zur Gleichstellung von Frauen und Männern in Deutschland vom 27. Februar 2017. URL: www.bmfsfj.de/blob/114006/738fd7b84c664e8747c8719a163aa7d9/3--atlas-zur-gleichstellung-von-frauen-und-maennern-in-deutschland-deutsch-data.pdf (Abruf 26.11.2018)
Cohn, R.: Von der Psychoanalyse zur themenzentrierten Interaktion, Stuttgart 2009
Finkenzeller, A. u.a.: Praxis- und Methodenlehre Sozialpädagogik. Troisdorf 2004
Gudjons, H., Pieper, M., Wagner, B.: Auf meinen Spuren, Hamburg 2008
Hansen, R.: Kinderstube der Demokratie. Schleswig-Holsteinisches Modellprojekt 2006. Zitiert nach Maywald, J.: Kinder haben Rechte. Weinheim 2012
Harris, T. A.: Ich bin O.k. – Du bist O.k., Reinbek bei Hamburg 2010
Heckmair, B., Michl, W.: Erleben und Lernen, Einführung in die Erlebnispädagogik, München/Basel 2008
Heiliger, A.: Mädchenarbeit im Gendermainstream, München 2002
Hurrelmann, Klaus: Lebensphase Jugend. Beltz Juventa, Weinheim 2012
Jaszus, R. u.a.: Sozialpädagogische Lernfelder für Erzieherinnen und Erzieher, Hamburg/Stuttgart 2014
Kelek, N.: Die fremde Braut, München 2006
Kelek, N.: Die verlorenen Söhne, Köln 2007
KIM-Studie (Kinder und Medien) 2012, Medienpädagogischer Forschungsverbund Südwest (Hrsg.) www.mpfs.de
Klawe, W., Bräuer, W.: Erlebnispädagogik zwischen Alltag und Alaska – Praxis und Perspektiven der Erlebnispädagogik in den Hilfen zur Erziehung, Weinheim/München 2001
Klein, I.: Gruppen leiten ohne Angst, Donauwörth 2000
Knoll, M. (Hrsg.), Hahn, K.: Reform mit Augenmaß. Ausgewählte Schriften eines Politikers und Pädagogen, Stuttgart 1998
Kuntzsch, L.: Vom Autoknacker zum Stallburschen, in: Baltische Rundschau 2/2005
Leiß, M., Kaeding, P. (Hrsg. Redlich, A.): Peermediation an Schulen. Ein Trainingsprogramm. Fachbereich Psychologie Universität Hamburg. 1997
Luft, S.: Abschied von Multikulti, Gräfelfing 2006
Merkle, T./Wippermann, C./Henry-Huthmacher, C./Borchard, M.: Eltern unter Druck, Eine sozialwissenschaftliche Untersuchung von Sinus Sociovision im Auftrag der Konrad-Adenauer-Stiftung e.V., Stuttgart 2008
Nohl, H.: Die pädagogische Bewegung in Deutschland und ihre Theorie, S. 134, Frankfurt 1948
Pallasch, W.: Supervision, Weinheim/München 1997
Pollack, W. F./Parada-Schönleitner: Jungen – was sie vermissen, was sie brauchen, Weinheim 2009
Satir, V.: Kommunikation Selbstwert Kongruenz, Paderborn 2010

Schmidbauer, W.: Helfen als Beruf, Reinbek bei Hamburg 1992
Schmidbauer, W.: Hilflose Helfer, Reinbek bei Hamburg 2008
Schnack, D./Neutzling, R.: Kleine Helden in Not, Reinbek 2006
Sielert, U.: Jungenarbeit, Weinheim/München 2002
Spitz, R., Cobliner, W. G.: Vom Säugling zum Kleinkind, Stuttgart 2005
Spitzer, M.: Vorsicht Bildschirm. München 2008
Steinebach, C.: Pädagogische Psychologie, Lehren und Lernen über die Lebensspanne, Stuttgart 2003
Trieschman, A. E., Whittaker, J. K., Brendtro, L. K.: Erziehung im therapeutischen Milieu, Freiburg, 1994
von Schlippe, A., Schweitzer, J.: Lehrbuch der systemischen Therapie und Beratung, Göttingen 2013
Walter, M.: Jungen sind anders, Mädchen auch. Den Blick schärfen für eine geschlechtergerechte Erziehung, München 2005
Winkelmann, I.: Systemisch-ressourcenorientiertes Arbeiten in der Jugendhilfe, Heidelberg 2014
Ziegenspeck, J.: Lernen für's Leben – lernen mit Herz und Hand. Ein Vortrag zum 100. Geburtstag von Kurt Hahn (1986 – 1974), Lüneburg 1993

Literaturempfehlungen

Albers, T.: Mittendrin statt nur dabei. Inklusion in Krippe und Kindergarten. München 2012
Adler, A: Praxis und Theorie der Individualpsychologie, Frankfurt 1920
Aichinger, A., Holl, W.: Psychodrama – Gruppentherapie mit Kindern, Mainz 2003
Bach, G., Goldberg, H.: Keine Angst vor Aggression. Die Kunst der Selbstbehauptung. Frankfurt 2010
Bandler, R., Grinder, J., Satir, V.: Mit Familien reden – Gesprächsmuster und therapeutische Veränderung, München 2012
Behörde für Schule, Jugend und Berufsbildung Hamburg: Merkblatt zum Sozialdatenschutz in Einrichtungen der Träger der freien Jugendhilfe. www.hamburg.de/contentblob/117786/data/merkblatt-sozialdatenschutz.pdf Hamburg 1999
Beier, D., Pfeiffer, C.: Gewalttätigkeit bei deutschen und nichtdeutschen Jugendlichen. Schülerbefragung 2005. Hannover 2007
Bentheim, May u.a.: Gender Mainstreaming und Jungenarbeit, Weinheim/München 2004
Betterplace lab (Hrsg.): Engagementreport Jugendliche digital www.dkjs.de/fileadmin/Redaktion/Dokumente/themen/Jugend_Zukunft/Engagement_Report_Jugendliche_digital.pdf 2013
Bundesministerium für Familie, Senioren, Frauen und Jugend: Gender-Datenreport. www.bmfsfj.de/Publikationen/genderreport/root.html Berlin 2005
Deutsche Kinder- und Jugendstiftung (Hrsg.): Social Web, jugendliche Lebenswelten und Schulen. www.dkjs.de/fileadmin/Redaktion/Dokumente/themen/Digitale_Bildung/Social_Web__jugendliche_Lebenswelten_und_Schulen.pdf o. J. (Abruf 14. 05. 2014)
Feld, Freise, Müller: Mehrkulturalität im Jugendalter. Die Bedeutung des Migrationshintergrundes in der Sozialen Arbeit. Münster 2005
Freise, J.: Interkulturelle Soziale Arbeit. Theoretische Grundlagen – Handlungsansätze – Übungen zum Erwerb interkultureller Kompetenz, Schwalbach 2007
Fromm, E.: Die Kunst des Liebens, Berlin 2010
Geiger, R. E.: Ihr seid Deutschland, wir auch. Frankfurt a.M. 2008
Haug-Schnabel, G.: Aggressionen bei Kindern. Praxiskompetenz für Erzieherinnen. Freiburg 2011
Jung, C. G.: Die Archetypen und das kollektive Unbewusste, Olten 2002
Kleijwegt, M.: Schaut endlich hin! Wie Gewalt entsteht – Bericht aus der Welt junger Immigranten, Freiburg 2008
Kunkel, P-Ch.: Sozialdatenschutz in Kindergärten www.kindergartenpaedagogik.de/1064.html
Limmer, C./ITPS: 88 Impulse zur Gewaltprävention. 1995
Perls, F., Hefferline, R., Goodman, P.: Gestalttherapie, München 2007
Pühl, H. (Hrsg.): Handbuch der Supervision Band 3, Berlin 2012
Reich, W.: Charakteranalyse, Köln 2010
Zeitschrift für Erlebnispädagogik, Lüneburg

www.dbjr.de Dt. Bundesjugendring
www.dgta.de Dt. Gesellschaft für Transaktionsanalyse
www.dji.de Deutsches Jugendinstitut
www.dji.de/kinder-migrationsreport
www.faustlos.de Gewaltpräventionsprogramm
www.gender-nrw.de/ Fachstelle Gender NRW
www.ikkompetenz.thueringen.de Interkulturelle Kompetenz
www.jugend.bke-beratung.de Online-Beratung für Jugendliche
www.kindergartenpaedagogik.de
www.klicksafe.de Medienkompetenz im Internet
www.konfliktlotsen.de
www.maedchenpolitik.de
www.mpfs.de KIM-Studie (Kinder und Medien) 2012
www.lagjungenarbeit.de
www.schau-hin.info/ Schau hin, was dein Kind mit Medien macht
www.shell.de/aboutshell/our-commitment/shell-youth-study.html Shell-Jugendstudie
www.zeit.de/2012/37/Jugendliche-Medienkonsum-Spitzer-Vorderer Streitgespräch zum Medienkonsum

Lernfeld 3 Lebenswelten und Diversität wahrnehmen, verstehen und Inklusion fördern

Verwendete Literatur

10. Kinder- und Jugendbericht der Bundesregierung Deutschland. 1998

11. Kinder- und Jugendbericht der Bundesregierung Deutschland. 2002

Abram, S.: Die internationale Theoriendiskussion von der Integration zur Inklusion und die Praxisentwicklung in Südtirol. Verlag Freie Universität Bozen 2003

Affolter, F.: Wahrnehmung, Wirklichkeit, Sprache; Villingen-Schwenningen 2007

Böhm, D.: In meiner Sprache bin ich zu Hause. Muttersprache und Mehrsprachigkeit, in: Kindergarten heute 7-8/2001

Bubolz, G., Fischer, H. (Hrsg.): Kursbuch Erziehungswissenschaft. S. 303 ff., Berlin 2014

Der SPIEGEL (Susanne Beyer): Spiegel-Gespräch. Spiegel 17/2013, S. 110

Die WELT (Insa Gall): Inklusion in der Schule führt zu Ernüchterung], aus: Die Welt online vom 30.9.2012 (Abruf 04.09.2013)

Eberwein, H, Knauer, S. (Hrsg.): Integrationspädagogik. Weinheim/Basel (1994) 2002

Ellneby, Y.: Entwicklung der Sinne, S. 129, Freiburg 1998

Fragebogen für Erzieherinnen: Arbeitspapier des IPTS (Institut für Qualitätsentwicklung Schleswig-Holstein, IQSH) Lehrerausbildung Sonderpädagogik, Kiel 1993

Gößling-Brunken, A., Rüther, B., Waldhausen, B.: Methoden und Themen – Bausteine für die berufliche Praxis in Erziehung und Heilerziehung, Hamburg 2009

Götte, R.: Sprache und Spiel im Kindergarten, Berlin 2008

Heitmeyer, W., in: Kursthemen Erziehungswissenschaft – Aggression (Randerath, U., Randerath, G.) S. 34, Berlin 2002

Heller, K.A.: Begabungsdefinition, Begabungserkennung und Begabungsförderung im Schulalter. In: Wagner, H., Begabung und Leistung in der Schule. Modelle der Begabtenförderung in Theorie und Praxis. S. 6-36. Bad Honnef 1995

Heller, K.A.: Förderung durch Differenzierung. Für einen realistischen Begabungsbegriff. In: Zeitschrift für politische Bildung, 35, S. 34-43, 1998

Hinz, A. in: Handlexikon der Behindertenpädagogik. (Hrsg. Bleidick u. a.) S. 97–99, Stuttgart 2006

Hinz, A.: Heterogenität in der Schule. Integration – Interkulturelle Erziehung – Koedukation, Hamburg 2008

Hoffer, H.: Empfehlungen des Deutschen Vereins zur Bedarfsermittlung und Hilfeplanung in der Eingliederungshilfe für Menschen mit Behinderungen. Verabschiedet am 17. 6. 2009 vom Fachausschuss „Rehabilitation und Teilhabe" vom Präsidium des Deutschen Vereins. Berlin 2009

Hurrelmann, K.: Lebensphase Jugend. Eine Einführung in die sozialwissenschaftliche Jugendforschung. S. 64-71, Weinheim 2004

Kammermeyer, G.: Das Abenteuer mit den Buchstaben. Erste Schritte auf dem Weg zur Schriftsprache, in: Kindergarten Heute 1/2000

Largo, R.: Babyjahre. Die frühkindliche Entwicklung aus biologischer Sicht, München 2010

Montanari, E.: Mit zwei Sprachen groß werden. Mehrsprachige Erziehung in Familie, Kindergarten und Schule, München 2002

Neuntes Buch Sozialgesetzbuch (SGB IX) - Rehabilitation und Teilhabe behinderter Menschen, vom 19.06.2001

Oellerich, E. (Interview): Für die Schule bilden, nicht anpassen. Offene Arbeit im Hinblick auf Schulfähigkeit, in: Kindergarten Heute, S. 28 ff., Heft 7 – 8/2000

Pfluger-Jakob, M.: Wahrnehmungsstörungen bei Kindern – Hinweise und Beobachtungshilfen, Kindergarten heute Spezial, Freiburg 2005

Prang, Ch.: Sprache ist mehr als Sprechen, in: Kindergarten Heute, S. 12, S. 27 – 29, Hefte 10/2000 und 11/12/2000

Rolff, H.-G., Zimmermann, P.: Kindheit im Wandel, S. 78, Weinheim/Basel 2001

Ruff, A.: Beurteilungskriterien für Schulfähigkeit, in: Lernsituationen zur Sprachförderung als Spiralcurriculum, Arbeitsgruppe Innovationsvorhaben Bildung/Sprachförderung, Hannover o. J.

Schäfer, G.: Bildungsprozesse im Kindesalter, Dortmund 2011

Schöne, G.: Wenn du glücklich bist, in: Das Kinderliederbuch, Busch Funk- und Musikverlag

Spitzer, M.: Lernen, S. 69 f., Heidelberg 2007

Tillman, Angela: Herausforderungen der Nutzung sozialer Netzwerke für die Identitätsentwicklung Jugendlicher: Vortrag auf dem Pädagogiglehrertag des VdP 9/2018 in Essen

Toronto Preschool Speech and Language Services www.tpsls.on.ca in: Montanari, E., Mit zwei Sprachen groß werden, München 2002

UN-Behindertenrechtskonvention vom 13. Dezember 2006

UN-Kinderrechtskonvention vom 20. November 1989

Wendlandt, W.: Sprachstörungen im Kindesalter. Materialien zur Früherkennung und Beratung, Stuttgart 2011

Wiedenmann, M. (Hrsg.): Handbuch Sprachförderung, Weinheim 2007

Wustmann, C.: Das Konzept der Resilienz und seine Bedeutung für das pädagogische Handeln. in: Bohn, I. (Hrsg.): Resilienz – Was Kinder aus armen Familien stark macht. Dokumentation der Fachtagung am 13.9.2005. Frankfurt am Main. ISS-Aktuell 2/2006

Zimmer, R.: Handbuch der Sinneswahrnehmung. Grundlagen einer ganzheitlichen Bildung und Erziehung, Freiburg 2012

Literaturempfehlungen

Barth, K.: Die Diagnostischen Einschätzskalen (DES) zur Beurteilung des Entwicklungsstandes und der Schulfähigkeit, München 2012

Böhm, D.: In meiner Sprache bin ich zu Hause. Muttersprache und Mehrsprachigkeit, in: Kindergarten Heute, Heft 7 – 8/2001

Booth, T.: Index für Inklusion. GEW 2011

Booth, T.: Wie sollen wir zusammen leben? Inklusion als wertebezogener Rahmen für die pädagogische Praxis. GEW-Broschüre 2011 www.gew.de/Binaries/Binary74925/Inklusion_Werte-End.pdf

Ellneby, Y.: Entwicklung der Sinne, Freiburg 1998

Elschenbroich, D.: Weltwissen der Siebenjährigen, München 2002

Heinrich-Böll-Stiftung: Dossier Diversität und Kindheit - Frühkindliche Bildung, Vielfalt und Inklusion (2012) http://heimatkunde.boell.de/sites/default/files/diversitaet_und_kindheit_kommentierbar.pdf

IFP: Übersicht über Beobachtungsbögen www.ifp.bayern.de/materialien/beobachtungsboegen.html

Kammermeyer, G.: Das Abenteuer mit den Buchstaben. Erste Schritte auf dem Weg zur Schriftsprache, in: Kindergarten Heute, Heft 1/2000

Küspert, P.: Hören, lauschen, lernen – Sprachspiele für Kinder im Vorschulalter, Göttingen 2008

Monschein, M.: Spiele zur Sprachförderung, Bd. 1, München 2011

Montanari, E.: Mit zwei Sprachen groß werden. Mehrsprachige Erziehung in Familie, Kindergarten und Schule, München 2002

Neumann, S.: Ganzheitliche Sprachförderung, Weinheim 2001

Pfluger-Jakob, M.: Wahrnehmungsstörungen bei Kindern – Hinweise und Beobachtungshilfen, in: Kindergarten heute Spezial, Freiburg 2005

Zimmer, R.: Handbuch der Sinneswahrnehmung. Grundlagen einer ganzheitlichen Bildung und Erziehung, Freiburg 2012

www.dghk.de Gesellschaft für das hochbegabte Kind

www.erzieherin.de/die-sprachentwicklung-mehrsprachiger-kinder.php

www.fmks-online.de FMKS Frühe Mehrsprachigkeit an Kitas und Schulen

www.fruehehilfen.de Nationales Zentrum Frühe Hilfen

www.dji.de/kinder-migrationsreport

www.ikkompetenz.thueringen.de Interkulturelle Kompetenz

www.kinderstarkmachen.de Initiative der BzgA zur Suchtprävention bei Kindern

www.via-bund.de Verband für Interkulturelle Arbeit VIA

Lernfeld 4 Sozialpädagogische Bildungsarbeit in den Bildungsbereichen professionell gestalten

Verwendete Literatur

Andres, B., Laewen, H-J.: Ohne Eltern geht es nicht: Die Eingewöhnung von Kindern in Krippen und Tagespflegestellen. Neuwied/Berlin 2012

Arbeitshilfe „Bildungsangebote planen, durchführen, reflektieren" der Anna-Warburg-Schule, mit Beiträgen von S. Czarnecki, D. Strodtmann, R. Welter, G. Keppler, S. Krohn, S. Berwig-Wölting, M. Sandmeyer-Arndt, D. Feddern, B. Reuver, C. Averhoff. Hamburg 2011

Austermann, M.: Zehn kleine Krabbelfinger. In Zeitschrift Musikpraxis München 2002

Baeyer, H.-C. von: Regenbogen, Schneeflocken und Quarks – Physik und die Welt, die wir täglich erleben, S. 61, Reinbek 1996

Bayrisches Staatsministerium für Arbeit und Sozialordnung, Familie und Frauen/Staatsinstitut für Frühpädagogik (Hrsg.): Der Bayerische Bildungs- und Erziehungsplan für Kinder in Tageseinrichtungen bis zur Einschulung. München 2012

Becker-Textor, I.: Friedrich Fröbel – Erst greifen, dann begreifen, in: Kindergarten Heute Spezial Pädagogische Handlungskonzepte, Freiburg 2005

Becker-Textor, I.: Maria Montessori, Erziehung zur Selbstständigkeit, in: Kindergarten Heute Spezial Pädagogische Handlungskonzepte, Freiburg 2005

Behörde für Arbeit, Soziales, Familie und Integration, Abteilung Familie und Kindertagesbetreuung, Hamburg (Hrsg.): Hamburger Bildungsempfehlungen für die Bildung und Erziehung von Kindern in Tageseinrichtungen, 2. überarbeitete Auflage 2012, S. 35

Beller, K., Beller, S.: Kuno Bellers Entwicklungstabelle, Berlin 2010

Bensel, J., Haug-Schnabel, G.: Kinder beobachten und ihre Entwicklung dokumentieren, in: Kindergarten Heute Spezial, Freiburg 2005

Bertelsmann Stiftung (Hrsg.): Guck mal! Bildungsprozesse des Kindes beobachten und dokumentieren, Gütersloh 2005

Braun, D.: Mit Kindern forschen und erfinden, Freiburg 2000

Bundesministerium für Familie, Senioren, Frauen und Jugend (Hrsg.): Auf den Anfang kommt es an. S. 121, Weinheim 2007

Feuser, G./Diakonisches Werk Bremen e.V. (Hrsg.): Integration muss in den Köpfen beginnen. Gemeinsame Erziehung behinderter und nicht behinderter Kinder im Kindertagesheim, Bremen 1984

Finkenzeller, A. u.a.: Praxis- und Methodenlehre Sozialpädagogik und Medienerziehung für die soziale Erstausbildung, Troisdorf 2014

Fischer-Buck, A., Haesner, M.: Situationen als Ursprung des Bildungsprozesses. Strukturen, Beispiele und Erfahrungen, in: Sozialpädagogik, Schulpädagogik, Familien und Behörden, Norderstedt 2000/2001

Friedrich-Ebert-Stiftung; WiR e.V. (Hrsg.): Dokumentation der Fachtagung: Kooperation Kita – Grundschule, Anforderungen und Erfahrungen in der Gestaltung der Zusammenarbeit, Berlin 18. Okt. 2005

Fröbel, F.: Ausgewählte Schriften. Texte zur Vorschulerziehung und Spieltheorie, Stuttgart 1982

Fthenakis, W. E. (Hrsg.): Elementarpädagogik nach PISA. Wie aus Kindertagesstätten Bildungseinrichtungen werden können. Freiburg 2003

Gardner, H.: Die Sieben Intelligenzen, in: Der ungeschulte Kopf – wie Kinder denken, Stuttgart 2001

Grossmann, K., Grossmann, K. (Hrsg.): John Bowlby, Mary Ainsworth und die Grundlagen der Bindungstheorie, in: Bindung und menschliche Entwicklung. Stuttgart 2003

Gudjons, H.: Handlungsorientiert Lehren und Lernen, Hamburg 2008

Haase-Bruns, W.: Der lange Weg zur Integration in unseren Köpfen, in: Kindergarten heute, 6-7/2003

Haug-Schnabel, G., Bensel, J.: Wie kommt das Kind zum Wort? Sprachentwicklung und -förderung, kindergarten heute wissen kompakt 02/2012

Hegger, S.: Die Leuwener Engagiertheitsskala, Online-Ressource o. J

Hoenisch, N., Niggemeyer, E.: Mathe Kings. Weimar/Berlin 2004

Infans: Anmerkungen zur Neufassung der „Grenzsteine der Entwicklung", 2003

Jaszus, R. u.a.: Sozialpädagogische Lernfelder für Erzieherinnen – 1BKSP, S. 244, Hamburg/Stuttgart 2004

Jeannot, G. u.a.: Kompetent in der Kita. Ein Lernbegleiter in der sozialpädagogischen Erstausbildung. Hamburg 2014

Kasten, H.: 0 – 3 Jahre, Entwicklungspsychologische Grundlagen, S. 34, 85, Weinheim 2007

Kasten, H.: 4 – 6 Jahre, Entwicklungspsychologische Grundlagen, Berlin 2009

Kasten, H.: Entwicklung und Vermittlung von Wertorientierungen, in: www.familienhandbuch.de, (Abruf 15.07.2008)

Kita aktuell Recht, Heft 4/2012, S. 127

Laevers, F.: Leuvener Engagiertheitsskala für Kinder (LESK). Erkelenz 1997

Laewen, H.-J., Andres, B.: Forscher, Künstler, Konstrukteure, S. 172, Berlin 2002

Leu, H.-R.: Bildungs- und Lerngeschichten von Kindern. Dossier im DJI-Bulletin, S. 8 – 12, München 2002

Maierhofer, L.: Sim Sala Sing. Esslingen 2005

Mayr, T.; Staatsinstitut für Frühpädagogik (IFP): Beobachtungsbogen zur Erfassung von Entwicklungsrückständen und Verhaltensauffälligkeiten bei Kindergartenkindern (BEK). München 2009

Michaelis, R.; Berger, R.; Nennstiel-Ratzel, U.; Krägeloh-Mann, I.: Validierte und teilvalidierte Grenzsteine der Entwicklung. Ein Entwicklungsscreening für die ersten sechs Lebensjahre. In: Monatsschrift Kinderheilkunde Bd. 161, Heft 10, S. 898- 910, 2013

Nationales Zentrum Frühe Hilfe www.fruehehilfen.de

Oswald, P., Schulz-Benesch, G. (Hrsg.): Grundgedanken der Montessori-Pädagogik, Freiburg 1991

Pousset, R. (Hrsg.): Beltz Handwörterbuch für Erzieherinnen und Erzieher, Weinheim 2006

Preissing, Chr. (Hrsg.): Das Berliner Bildungsprogramm für die Bildung, Erziehung und Betreuung von Kindern in Tageseinrichtungen bis zu ihrem Schuleintritt, Berlin 2004

Preissing, Chr.: Hamburger Bildungsempfehlungen für die Bildung und Erziehung von Kindern in Tageseinrichtungen, Hamburg 2012

Projektgruppe Integration von Kindern mit besonderen Problemen: Gemeinsame Betreuung behinderter und nicht behinderter Kinder im Elementarbereich, S. 37, München 1981

Schäfer, G.: Bildung beginnt mit der Geburt – Für eine Kultur des Lernens in Kindertageseinrichtungen, Berlin 2011

Schein, E.H.: Organisationskultur. Köln 2003

Sozialpädagogisches Institut NRW, Zentrale wissenschaftliche Einrichtung der Fachhochschule Köln (Hrsg.): Den Übergang vom Kindergarten zur Grundschule gestalten – Bildungsarbeit im Kindergarten als Basis schulischen Erfolges, Tagungsdokumentation, Köln 2004

Stiftung Singen mit Kindern: Singen im Kindergarten. 111 Lieder mit Gestaltungsideen zum Singen, Spielen, Bewegen. Helbling 2007

Strätz, R., Demandewitz, H.: Beobachten, Anregungen für Erzieherinnen im Kindergarten, Weinheim 2000

Strätz, R.: Zur Kooperation von Kindergarten und Schule; Vortrag an der FH Köln „Lebensort Kindertageseinrichtung. Bilden – Erziehen – Fördern" 27. März 2003, Hrsg.: Sozialpädagogisches Institut NRW, Zentrale wissenschaftliche Einrichtung der Fachhochschule Köln

Suess, G. J., Burat-Hiemer, E.: Erziehung in Krippe, Kindergarten, Kinderzimmer, Stuttgart 2009

Textor, M.: Projektarbeit im Kindergarten. Planung, Durchführung, Nachbereitung, Freiburg 2012

Thiesen, P.: Beobachten und Beurteilen in Kindergarten, Hort und Heim, Weinheim 2005

Tischler, B.: Musik aktiv erleben. Frankfurt a.M. 1998

TPS Zeitschrift Theorie und Praxis der Sozialpädagogik, Heft 1/2002, Darmstadt 2002

Trost, F.: Die Erziehungsmittel, S. 21, Weinheim 1966

Ulich, M., Mayr, T.: SISMIK Sprachverhalten und Interesse an Sprache bei Migrantenkindern in Kindertageseinrichtungen, S. 4, Freiburg 2008

Universität Salzburg (Paschon, A., Zeilinger, M.): Salzburger Beobachtungskonzept. Entwicklungspsychologischer Teil 0-3 Jahre. 2008 www.sbg.ac.at/erz people/paschon/sbkkg/SBK03-Entwicklungspsychologieteil.pdf (Abruf 02.06.2014)

Vandenbussche, E., Kog, M., Depondt, L., Laevers, F.: Die Leuwener Engagiertheitsskala. Beobachtung und Begleitung von Kindern. Centre for Experiential Education, Leuven, Belgien 1995

Viernickel, S., Völkel, P.: Beobachten und Dokumentieren im pädagogischen Alltag, Freiburg 2013

Wachsmuth-Biller, U.: Multiprofessionelle Teams in Kindertagesstätten; in: Kita aktuell Recht, Heft 4/2012; S. 127 ff.

WDR (Franziska Badenschier), Planet Wissen online: Epigenetik. Stand 12.12.2013 (Abruf 12.3.2014)

Wilde, D.: Die Neugestaltung der Bildungsstrukturen Kita und Grundschule in Berlin – Potenziale und Perspektiven für die Lernentwicklung der Kinder; Vortrag in der Friedrich-Ebert-Stiftung Berlin „Kooperation Kita – Grundschule" 18. Okt. 2005; Hrsg.: Friedrich-Ebert-Stiftung, Landesbüro Berlin; WiR e.V.

Zimbardo, P., Gerrig, R.: Psychologie. Eine Einführung, S. 453, 471, München 2008

Zimmer, R.: Handbuch der Bewegungserziehung. Freiburg 2014

Zimmer, R.: Handbuch der Sinneswahrnehmung, S. 44 f., 56 f. Freiburg 2009

Literaturempfehlungen

5. Bildungsbericht „Bildung in Deutschland 2014". www.bildungsbericht.de

Adamek, K., Blank, T.: Singen in der Kindheit. Eine empirische Studie zur Gesundheit und Schulfähigkeit von Kindergartenkindern. Münster 2010

AID: Das beste Essen für Kinder - Empfehlungen für die Ernährung von Kindern. Bonn 2001

Ayres, J.: Bausteine der kindlichen Entwicklung. Sensorische Integration verstehen und anwenden. Berlin 2014

Bastian, H.-G.: Musik(-erziehung) und ihre Wirkung. Eine Langzeitstudie an Berliner Grundschulen. Schott, Mainz 2000

Berger, M., Berger, L.: Der Baum der Erkenntnis für Kinder und Jugendliche im Alter von 1 – 16 Jahren, Bremen 2004

Blank-Mathieu, M.: Werteerziehung in Kindertageseinrichtungen www.kindergartenpaedagogik.de/1294.html

Biesinger, A.: Religionspädagogische Kompetenzen: Zehn Zugänge für pädagogische Fachkräfte in Kitas. Freiburg 2013

Dienstbier, A.: Kinder, Kunst und Kompetenzen. Hamburg 2013

Dienstbier, A.: Krippenkinder, Kunst und Kompetenzen. Hamburg 2014

Dohrmann, W.: KompaktWISSEN Umweltbildung in der Kita. Hamburg 2014

Elschenbroich, D.: Weltwissen der Siebenjährigen, München 2012

Fthenakis, W., Textor, M. (Hrsg.): Pädagogische Ansätze im Kindergarten, Weinheim 2000

Grenzsteine der Entwicklung nach Michaelis www.frueherziehung.ch/uploads/1/7/9/4/17948117/grenzsteine_der_entwicklung.pdf

Kindergarten heute Spezial: Pädagogische Handlungskonzepte, Von Fröbel bis zum Situationsansatz, Freiburg 2005

Kohlberg, L.: Die Psychologie der Moralentwicklung. Frankfurt 2010

Meinig, U.: Musizieren mit Kindern in der Sozialpädagogik. Hamburg 2013

Michaelis, R.: Die ersten fünf Jahre im Leben eines Kindes, München 2012

Mock-Eibeck, A.: KurzCHECK Motorische Entwicklung von Kindern. Hamburg 2014

Montessori, M.: Kinder lernen schöpferisch. Die Grundgedanken für den Erziehungsalltag mit Kleinkindern (hrsg. von I. Becker-Textor), Freiburg 2001

Montessori, M.: Lernen ohne Druck. Schöpferisches Lernen in Familie und Schule, Freiburg 2007

Reich, M.: Gesundheitserziehung im Kindes- und Jugendalter, Hamburg 2018

Rüther-Dahlmanns, B.: KompaktWISSEN Kinder unter 3 Jahren. Methodik und Didaktik. Hamburg 2014

Spitzer, M.: Lernen. Gehirnforschung und die Schule des Lebens, Heidelberg 2007

Standing, E.M.: Maria Montessori. Leben und Werk, Oberursel/Taunus 1970

Suess, Dr. G.: Sicherer Halt für den Aufbruch ins Leben. Neueste Erkenntnisse der Bindungsforschung. in: Kindergarten Heute, 11 – 12/2005

Textor, M.: Der konstruktivistische Ansatz www.kindergartenpaedagogik.de/145.html

Vandenbussche, E. u.a.: Die Leuwener Engagiertheitsskala. Centre for Experiential Education, Leuven, Belgien 1995

Viernickel, S., Völkel, P.: Beobachten und Dokumentieren im pädagogischen Alltag, Freiburg 2013

Warschburger, P. et al.: Gemeinsam fit- das Elterntraining Adipositas. Stuttgart 2013

Zaiser, D.: Musik und Rhythmik in der Sprachförderung. Expertise erstellt im Auftrag des DJI, www.dji.de/bibs/384_Expertise_Musik_Zaiser.pdf München 2005

Zimmer, R.: Handbuch der Bewegungserziehung. Freiburg 2014

Zimmer, R.: Handbuch der Sinneswahrnehmung. Freiburg 2009

Zimmer, R.: Sport und Spiel im Kindergarten. Aachen 2012

www.5amtag.de/ Kampagne „5 am Tag – Obst und Gemüse"

www.bibernetz.de/wws/informieren.php BIBER frühkindliche Bildung (Praxisprojekte u.a.)

www.dge.de Dt. Gesellschaft für Ernährung

www.entwicklungstabelle.de Beller & Bellers Entwicklungstabelle

www.haus-der-kleinen-forscher.de

www.ifp-bayern.de Staatsinstitut für Frühpädagogik (IFP), u.a. BEK, SISMIK und Sprachförderung

www.jugendliteratur.org

www.lesen-in-deutschland.de Projekte zur Leseförderung

www.liederkiste.de

www.stiftunglesen.de

www.ifvl.de/zahlenland Komm mit ins Zahlenland: Frühe mathematische Bildun g, Sprachförderung

www.zzzebra.de Web-Magazin für Kinder

Lernfeld 5 Erziehungs- und Bildungspartnerschaften mit Eltern und Bezugspersonen gestalten sowie Übergänge unterstützen

Verwendete Literatur

Becker, H., Langosch, I.: Produktivität und Menschlichkeit, S. 28, Stuttgart 2002

Behörde für Arbeit, Soziales, Familie und Integration, Abteilung Familie und Kindertagesbetreuung, Hamburg (Hrsg.): Hamburger Bildungsempfehlungen für die Bildung und Erziehung von Kindern in Tageseinrichtungen, 2. überarbeitete Auflage 2012, S. 35

Bröder, M.: Gesprächsführung in Kita und Kindergarten, S. 54, Freiburg 2004

Bronfenbrenner, U.: Die Ökologie der menschlichen Entwicklung. Stuttgart 1981

Dahlke-Quade, A., Höfelmeyer, A.: Mein Herz denkt arabisch – meine Ohren hören deutsch; in: Kindergarten Heute 6/2002

Elternarbeit als Kundenorientierung, S. 6 ff, in: Kindergarten Heute 4/2000

Gordon, Th.: Familienkonferenz in der Praxis, München 1990

Gordon, Th.: Familienkonferenz. Die Lösung von Konflikten zwischen Eltern und Kind, München 2008

Gößling-Brunken, A., Rüther, B., Waldhausen, B.: Methoden und Themen – Bausteine für die berufliche Praxis in Erziehung und Heilerziehung, S. 254, Hamburg 2009

Griebel, W., Nieser, R.: Transitionen. Fähigkeit von Kindern in der Kindertagesstätte fördern, Veränderungen erfolgreich zu bewältigen. Weinheim/Basel 2004

Griebel, W.: Übergänge zwischen Familie und Bildungssystemen als Herausforderung für die Familienbildung, in: Kindergartenpädagogik Online-Handbuch v. M. Textor, o. J.

Hense, M.: Eltern engagieren sich, München 2001

Hillenbrandt, M., Rietmann, S.: Frühzeitiges Auffangen von Entwicklungsproblemen in Kindergarten und Familienzentren. Vernetzung von Kindertagesstätten und Erziehungsberatung; 2007, in: Kindergartenpädagogik, Online-Handbuch, hrsg. v. M. Textor

Jaszus, R. u.a.: Sozialpädagogische Lernfelder für Erzieherinnen – 1BKSP, Hamburg/Stuttgart 2004

Knauf, T., Schubert, E.: Übergang vom Kindergarten in die Grundschule, in: Kindergartenpädagogik Online-Handbuch v. M. Textor, 2005

Leupold, E. M.: Handbuch der Gesprächsführung, Freiburg 2002

Pausewang, F.: Ziele suchen – Wege finden, Berlin 1995

Perras-Emmer, B.: Lernziel Authentizität; in: Kindergartenpädagogik Online-Handbuch v. M. Textor, o. J.

Rüther-Dahlmanns, B.: KompaktWISSEN Kinder unter 3 Jahren. Methodik und Didaktik in Krippe und Kita. Hamburg 2014

Schulz von Thun, F.: Miteinander Reden Band 1, Hamburg 2010

Textor, M.: Beratung in allgemeinen Fragen in der Erziehung und Entwicklung junger Menschen, in: SGB VIII Online-Handbuch, hrsg. von I. und M. Textor, 1990 – 2005

Textor, M.: Kindertagesstätten – Schule – soziale Dienste. Zusammenarbeit zum Wohl von Kindern und Familien www.kindergartenpaedagogik.de/372.html
Textor, M.R.: 25 Jahre Elternarbeit - Rückblick, Draufblick und Ausblick (2011) www.kindergartenpaedagogik.de/2174.pdf
Watzlawick, P., Beavin, J., Jackson, D.: Menschliche Kommunikation, Bern 2011

Literaturempfehlungen

Griebel, W., Niesel, R.: Die Bewältigung von Übergängen zwischen Familie und Bildungseinrichtungen als Co-Konstruktion aller Beteiligten www.kindergartenpaedagogik.de/1220.html
Krenz, A.: Handbuch der Öffentlichkeitsarbeit, Freiburg 2002
Schulz von Thun, F.: Miteinander Reden Band 1 und 2, Hamburg 2010
Tausch, A., Tausch, R.: Wege zu uns und anderen, Reinbek 1999

www.bildungsserver.de/Institutionen-im-Bereich-Kinderschutz-Kindeswohl-4777.html
www.dji.de Deutsches Jugendinstitut
www.familienhandbuch.de
www.fruehehilfen.de Nationales Zentrum Frühe Hilfen
www.infans.net/ Berliner Eingewöhnungsmodell Infans
www.schulz-von-thun.de Institut für Kommunikation

Lernfeld 6
Institution und Team entwickeln sowie in Netzwerken kooperieren

Verwendete Literatur

Arnold, R., Faber, K.: Qualität entwickeln – aber wie? Qualitätssysteme und ihre Relevanz für Schule. Seelze/Velber 2000
Birner, U., Fexer, H.: Qualitätsmanagement für Soziale Einrichtungen – ein notwendiger Innovationsschub oder eine kostspielige Modeerscheinung? S. 113, Starnberg 1999 und 2000
Bronfenbrenner, U.: Die Ökologie der menschlichen Entwicklung. Stuttgart 1981
Bruhn, M.: Qualitätsmanagement für Dienstleistungen. Grundlagen, Konzepte, Methoden, Berlin 2013
Bundesministerium für Familie, Senioren, Frauen und Jugend (Hrsg.): Kompendium Gesamtausgabe aller QS-Hefte (CD-ROM). Materialien zur Qualitätssicherung in der Kinder- und Jugendhilfe, Berlin 2002
Deutsches Institut für Normung e. V. (Hrsg.): DIN EN ISO 9004:2000 Qualitätsmanagementsysteme. Leitfaden zur Leistungsverbesserung, S. 8–10, Berlin 2000
European Foundation for Quality Management (Hrsg.): Das EFQM-Modell für Excellence. Version für Öffentlichen Dienst und soziale Einrichtungen, S. 12 und 27, Brüssel 2003
Gerull, P.: Qualitätsmanagement light. Beiträge zur ressourcenschonenden Professionalisierung, Münster 2001
Gonon, P., Hügli, E., Landwehr, N., Ricka, R., Steiner. P.: Qualitätssysteme auf dem Prüfstand. Die neue Qualitätsdiskussion in Schule und Bildung, Aarau/ Schweiz 2001
Gößling-Brunken, A., Rüther, B., Waldhausen, B.: Methoden und Themen – Bausteine für die berufliche Praxis in Erziehung und Heilerziehung, Hamburg 2009
Groot-Wilken, B.: Qualität in der Kita: erfassen – sichern – weiterentwickeln, Freiburg 2012
Hillenbrandt, M., Rietmann, S.: Frühzeitiges Auffangen von Entwicklungsproblemen in Kindergarten und Familienzentren. Vernetzung von Kindertagesstätten und Erziehungsberatung; 2007, in: Kindergartenpädagogik, Online-Handbuch, hrsg. v. M. Textor
Hofer, B., Schroll-Decker, I.: Anmerkungen zum „Privatvergnügen" Praxisanleitung; aus: Kita Kindertageseinrichtungen aktuell, Ausgabe Bayern 2005, Jg. 17, Heft 7/8, S. 155–159. in: Kindergartenpädagogik Online-Handbuch v. M. Textor
Kotter, K.-H. (Hrsg.): Unsere Schule auf dem Weg in die Zukunft – Schulentwicklung nach dem EFQM-Modell, Wolnzach 2004
Kronberger Kreis für Qualitätsentwicklung in Kindertageseinrichtungen: Qualität im Dialog entwickeln. Wie Kindertageseinrichtungen besser werden, Seelze/Velber 1998
Meier, R.: Praxis Weiterbildung, S. 298, Offenbach 2005
Oser, F., Kern, M. (Hrsg.): Qualität der beruflichen Bildung – Eine Forschungsbaustelle, Bern 2006
Rustemeyer, R.: Einführung in die Unterrichtspsychologie, Darmstadt 2011
Schratz, M., Iby, M., Radnitzky, E.: Qualitätsentwicklung. Verfahren, Methoden, Instrumente, S. 164 und 174 f., Weinheim/Basel 2000
Schütt, B.: Anleiten im Praktikum, Freiburg 1997
Schwan, R., Kohlhaas, G.: Qualitätsmanagement in Beratungsstellen. Selbstbewertung nach dem EFQM-Excellence Modell am Beispiel Studienberatung. Ein Leitfaden für die Praxis, Weinheim/Basel 2002
Seifert, J. W.: Visualisieren Präsentieren Moderieren, Offenbach 2014

Strätz, R., Hermens, C. u.a.: Qualität für Schulkinder in Tageseinrichtungen und Offenen Ganztagsschulen (QUAST), Berlin/Düsseldorf/Mannheim 2008

Sydow, J.: Management von Netzwerkorganisationen – Zum Stand der Forschung. In: Sydow, J. (Hrsg.), Management von Netzwerkorganisationen: Beiträge aus der „Managementforschung". S. 373 – 470, Wiesbaden 2010

Tietze, W. (Hrsg.): Pädagogische Qualität entwickeln. Praktische Anleitung und Methodenbausteine für Bildung, Betreuung und Erziehung in Tageseinrichtungen für Kinder von 0–6 Jahren, Berlin/Düsseldorf/Mannheim 2007

Tietze, W., Schuster u.a.: Kindergarten-Skala, Feststellung und Unterstützung pädagogischer Qualität in Kindergärten (KES-R), Berlin 2007

Tietze, W., Schuster, K.-M., Roßbach, H.-G.: Kindergarten-Einschätz-Skala, dt. Fassung der Early Childhood Environment Rating Scale von Harms, T., Clifford, R. M., Neuwied/Berlin 1997

Tietze, W., Viernickel, S. (Hrsg.): Pädagogische Qualität in Tageseinrichtungen für Kinder. Ein Nationaler Kriterienkatalog, vollständig überarbeitete und aktualisierte Auflage, Weimar 2016

Wuppertaler Kreis e. V. (Hrsg.): Qualitätsmanagement in der Weiterbildung nach DIN EN ISO 9000 ff., Köln 2000

Ziesche, U. (Hrsg.), Herrnberger, G., Karkow, C.: Qualitätswerkstatt Kita, Zusammenarbeit von Kita und Familie, Weinheim/Basel/Berlin 2003

Ziesche, U.: Werkstatthandbuch zur Qualitätsentwicklung in Kindertagesstätten, Neuwied/Berlin 1999

Zink, K. J.: TQM als integratives Managementkonzept. Das EFQM Excellence Modell und seine Umsetzung, München/Wien 2004

Literaturempfehlungen

Birner, U., Fexer, H.: Qualitätsmanagement für Soziale Einrichtungen – ein notwendiger Innovationsschub oder eine kostspielige Modeerscheinung? Starnberg 1999 und 2000

European Foundation for Quality Management (Hrsg.): Das EFQM-Modell für Excellence. Version für Öffentlichen Dienst und soziale Einrichtungen, Brüssel 2003. Als erste Informationen können die Broschüren „Die Grundkonzepte der Excellence" sowie „Excellence einführen" heruntergeladen werden unter www.deutsche-efqm.de

Gerull, P.: Qualitätsmanagement light. Beiträge zur ressourcenschonenden Professionalisierung, Münster 2001

Gonon, P., Hügli, E. u. a.: Qualitätssysteme auf dem Prüfstand. Die neue Qualitätsdiskussion in Schule und Bildung, Aarau/Schweiz 2001

Gößling-Brunken u.a.: Methoden und Themen – Bausteine für die berufliche Praxis in Erziehung und Heilerziehung, Hamburg 2009

Schratz, M., Iby, M., Radnitzky, E.: Qualitätsentwicklung. Verfahren, Methoden, Instrumente, Weinheim/Basel 2009

Seifert, J. W.: Visualisieren Präsentieren Moderieren, Offenbach 2014

Tietze, W., Viernickel, S. (Hrsg.): Pädagogische Qualität in Tageseinrichtungen für Kinder. Ein Nationaler Kriterienkatalog, vollständig überarbeitete und aktualisierte Auflage, Weimar 2016

www.fruehehilfen.de Bundesinitiative „Frühe Hilfen für Eltern und Kinder und soziale Frühwarnsysteme" (präventiver Kinderschutz, Gesundheitsförderung und Hilfsangebote für Familien u.a.)

www.fruehfoerderstellen.de